PLUTARQUE

VIES

TOME XV

COLLECTION DES UNIVERSITÉS DE FRANCE

publiée sous le patronage de l'ASSOCIATION GUILLAUME BUDÉ

PLUTARQUE

VIES

TOME XV

ARTAXERXÈS — ARATOS
GALBA — OTHON

TEXTE ÉTABLI ET TRADUIT

PAR

Robert FLACELIÈRE

Membre de l'Institut

ET

ÉMILE CHAMBRY

PARIS

SOCIÉTÉ D'ÉDITION « LES BELLES LETTRES »

95, BOULEVARD RASPAIL

1979

Conformément aux statuts de l'Association Guillaume Budé, ce volume a été soumis à l'approbation de la commission technique, qui a chargé M. Robert Klaerr d'en faire la révision et d'en surveiller la correction en collaboration avec M. Robert Flacelière.

© Société d'édition « Les Belles Lettres », Paris, 1979.

ISBN 2-251-00263-4 cartonné
2-251-10263-9 relié

MANUSCRITS

Les principaux manuscrits des *Vies* ont été décrits et étudiés dans l'Introduction du tome I de la présente édition, p. XXXII-LIV.

Manuscrits utilisés pour les *Vies* d'Artaxerxès et d'Aratos :

B = Parisinus 1672.
C = Parisinus 1673.
G = Sangermanensis (Coislinianus) 319.
L = Laurentianus 69,6.
P = Palatinus 283.
R = Vaticanus Urbinas 97 veteris manus.
r = Vaticanus Urbinas 97 novae manus.

Π = sigle représentant l'accord de PR.

Manuscrits utilisés pour les *Vies* de Galba et d'Othon [1] :

V = sigle représentant l'accord de v et w.
v = Vindobonensis phil. Gr. 46.
w = Vindobonensis phil. Gr. 36.
L = Bodleianus Laudianus 55.
α = Ambrosianus 859 avec ses apographes A B γ s.
A = Parisinus 1671.
B = Parisinus 1672.
γ = Vaticanus Gr. 139.
s = Vaticanus Gr. 1012.

1. Les manuscrits de ces deux biographies ne figurent pas dans l'ensemble des *Vies parallèles*, mais dans celui des *Œuvres morales* (Plan., 25-26).

ARTAXERXÈS

VIE D'ARTAXERXÈS

NOTICE

Parmi les Vies de Plutarque qui nous sont parvenues, il en est quatre qui se trouvent isolées, je veux dire : en dehors du cadre du parallélisme. Ce sont celles qui figurent dans le présent tome.

On a pensé qu'elles furent composées avant les autres, car « une fois que Plutarque eut établi sa méthode, il semble s'y être complu sans réserve ; on comprendrait mal pourquoi il l'aurait alors abandonnée »[1]. Mais ce n'est là qu'une hypothèse fragile. En fait nous ignorons la date de rédaction de ces quatre Vies par rapport à celle des Vies parallèles.

La Vie d'Artaxerxès présente en elle-même une autre particularité notable, qui la rend, si je puis dire, doublement hétérogène par rapport à toutes les autres Vies, parallèles ou non, qui retracent toutes l'existence d'un Grec ou d'un Romain. Plutarque reproche à Hérodote d'avoir été φιλοβάρβαρος [2], et pourtant lui-même témoigne ici d'une certaine admiration pour ce roi de Perse.

Artaxerxès II, surnommé Mnémon, régna, semble-t-il, de 405 à 359. Plutarque écrit ici, en 30, 9, que ce souverain vécut quatre-vingt-quatorze ans et régna soixante-deux ans. Dans le traité sur les Μακρόβιοι attribué à Lucien, chap. 15, on lit : « Artaxerxès appelé Mnémon,

---

1. M. Croiset, *Hist. Litt. Gr.*, 5, 526.
2. *De malign. Herodoti*, 857 A.

qui vit son frère Cyrus marcher contre lui, régnait sur
la Perse quand il mourut de maladie à l'âge de quatre-
vingt-six ans, ou selon Deinon, de quatre-vingt-quatorze. »
Mais ces nombres ont paru suspects aux historiens mo-
dernes. Ainsi, d'après K. J. Beloch[1], Artaxerxès n'aurait
eu que vingt-trois ans environ quand il devint roi en 405
et mourut en 359 vers l'âge de soixante-dix ans après
quarante-six ans de règne. A mon avis, seule cette durée
du règne, en dépit de l'indication erronée que donne
Plutarque, paraît bien établie ; celle de sa vie me semble
impossible à préciser, quoiqu'il soit sûr qu'il mourut
vieux.

Plutarque fait un grand éloge du caractère d'Artaxerxès,
et notamment de sa douceur[2], éloge qui paraît cependant
démenti par plusieurs passages de cette biographie,
notamment par la conduite impitoyable du roi à l'égard
de Mithridate : le seul crime de celui-ci était d'avoir
dit la vérité sur la mort de Cyrus le Jeune, à laquelle
il avait grandement contribué, alors qu'Artaxerxès
voulait s'en attribuer tout le mérite (11,5 ; 16,7).
Mais, comme c'est un eunuque de Parysatis, la mère
du roi, qui fut à l'origine de cette odieuse exécution,
on peut penser que la principale responsabilité en incombe
à cette femme cruelle et dénuée de scrupules, qui paraît
avoir été le mauvais génie de son fils ; en tout cas, c'est
elle seule qui prit l'initiative de faire torturer à mort le
Caunien (14, 6-10) et d'empoisonner Stateira, femme
du roi (chap. 19).

Cette biographie contient une véritable galerie de
supplices plus affreux les uns que les autres, que Plutarque
décrit avec minutie : le Caunien met dix jours à mourir
sous les tourments (14, 10), Mithridate en met dix-sept
(16,7) ; l'eunuque Masabatès est écorché vif et empalé
sur trois pieux (17,7) ; la servante Gigis meurt du traite-

---

1. Beloch, *Gr. Gesch.*[2], 3, 1, 29 et 3, 2, 126-131.
2. πρᾷος, πραότης : voir en 2, 1 ; 4, 4, et encore en 30, 9.

ment réservé aux empoisonneurs, la tête écrasée entre deux pierres (19,9).

L'expédition célèbre de Cyrus contre son frère en vue de le détrôner et de prendre sa place faillit bien réussir grâce aux mercenaires grecs, mais, alors que la bataille de Counaxa semblait tourner en faveur du prétendant, sa folle imprudence lui coûta la vie (chap. 8-13). Les chapitres 14-19 racontent avec beaucoup de détails les suites de cette campagne dans l'entourage d'Artaxerxès, qui récompense ou punit ses sujets, non pas toujours selon sa seule volonté, mais poussé selon les cas dans un sens ou dans l'autre par sa mère Parysatis ou sa femme Stateira ; même le sort du Spartiate Cléarque donne lieu à une lutte d'influence entre les deux reines (chap. 18), mais finalement Stateira est éliminée par sa belle-mère (chap. 19).

Ensuite Plutarque ramasse en quelques lignes (20,1), le long récit de l'*Anabase* de Xénophon, à savoir l'extraordinaire équipée des mercenaires grecs, privés de leurs chefs par trahison, à travers l'immensité de l'empire perse, puis il souligne (20, 2-6) que c'est là ce qui enhardit l'Hellade tout entière, et particulièrement Sparte, à secourir les villes grecques d'Asie pour les délivrer du joug des barbares, et il résume à grands traits l'entreprise d'Agésilas, qu'il a eu l'occasion de raconter dans sa biographie de ce roi de Sparte.

Il continue à passer très vite sur la suite de la guerre entre Lacédémone et la Perse jusqu'à la paix d'Antalcidas, sauf qu'il donne quelques détails sur les premiers contacts entre Artaxerxès et l'Athénien Conon (21, 1-6). Cette paix de 387 paraît à Plutarque honteuse pour la Grèce, et son patriotisme hellénique en est tellement blessé qu'il raconte avec une visible satisfaction la suite malheureuse de l'existence d'Antalcidas jusqu'à sa fin misérable (22, 1-7), puis il enchaîne par contraste avec le comportement d'autres ambassadeurs grecs auprès du grand roi lors du Congrès de Suse de 367 : les Thébains Isménias et Pélopidas, qui se conduisirent avec dignité, tandis que l'Athénien Timagoras se laissa corrompre comme Antalcidas et paya de sa vie cette trahison. A propos de Timagoras, Plutarque se plaît à décrire de façon pittoresque les bienfaits d'Artaxerxès à son égard, comme les quatre-vingts vaches laitières dont le roi le faisait suivre pour le traitement qu'exigeait sa santé, et le don d'un lit accompagné des esclaves perses capables de le dresser comme il convenait, dans la pensée que les Grecs ne s'y entendaient pas (22, 8-12).

Après avoir fait allusion à ces événements de 367, Plutarque, peu soucieux de chronologie, mentionne l'exécution de Tissapherne, qui avait eu lieu presque trente ans auparavant (23,1). Puis, parlant de la réconciliation d'Artaxerxès avec sa mère Parysatis, il raconte que celle-ci encouragea le roi à épouser sa propre fille, Atossa, dont il s'était épris (23, 2-7).

La chronologie n'est pas mieux respectée au chapitre suivant, quand Plutarque mentionne l'expédition de Pharnabaze et de l'Athénien Iphicrate contre l'Égypte, qui date de 373, et seulement ensuite celle d'Artaxerxès lui-même contre les Cadusiens, qui est de 385 (24, 1-2). Là, le roi est loué pour son courage et son endurance à la guerre (24, 9-11), puis blâmé pour la cruauté que lui inspirait sa lâcheté en face de ses courtisans (25, 3-4).

La succession du vieux roi donna lieu, comme celle de son père Darios II, à de nombreuses intrigues, à cause de l'ambition du troisième de ses fils légitimes, Ochos, qui entreprend d'imiter Cyrus le Jeune et qui finira par s'imposer, sans hésiter sur le choix des moyens. Pour couper court aux manœuvres d'Ochos, Artaxerxès proclame roi son fils aîné Darios, mais celui-ci, désireux de posséder la « Sage et Belle » Miltô-Aspasie, concubine de Cyrus, puis d'Artaxerxès (elle ne devait plus être jeune alors !), se brouille avec son père et, poussé par Tiribaze, projette de l'assassiner, mais se fait prendre et est exécuté (chap. 26-29).

Dans cette tragédie de palais, les histoires de gynécée, ou plutôt de harem[1] tiennent, comme dans la *Vie de Thémistocle*, une grande place : non seulement Atossa, fille-épouse d'Artaxerxès, paraît se laisser séduire par Ochos (26, 2-3), non seulement Aspasie est objet de rivalité entre le roi et son fils aîné, mais encore Artaxerxès se fait un ennemi de Tiribaze, à qui il avait promis en mariage une de ses filles, puis une autre, en les épousant successivement lui-même ! On a l'impression que Plutarque prend plaisir à se faire l'écho de beaucoup d'invérifiables racontars.

Quel âge avait Darios lorsque, sous l'influence néfaste de Tiribaze, il conçut le projet de faire tuer son père et fut lui-même arrêté et mis à mort ? En 26, 4, il est dit qu'il était âgé de cinquante ans, mais, en 28, 1, il est qualifié de « jeune homme » (νεανίσκος). On a suggéré de corriger, dans le premier de ces deux passages, πεντηκοστὸν en πέμπτον καὶ εἰκοστόν. Darios aurait donc eu seulement vingt-cinq ans, mais cela s'harmonise mal avec l'ensemble du récit, et notamment avec la mention de ses enfants en 29, 8. Nous devons nous résigner à l'admettre : *Quandoque bonus dormitat ... Plutarchus.* L'indication chiffrée qu'il donne en 26, 4 est en tout cas aussi incertaine que celles qu'il fournit, nous l'avons vu, en 30, 9, pour la durée de la vie et du règne d'Artaxerxès.

Darios une fois mort, il n'y avait plus que deux obstacles entre Ochos et le trône : son frère légitime Ariaspès, plus âgé que lui, et l'un des bâtards d'Artaxerxès, que celui-ci chérissait, Arsamès. Ochos réussit, par une sorte d'intoxication mentale, à pousser Ariaspès au suicide,

1. Plutarque, en 27, 2 attribue à Artaxerxès un nombre de concubines (360) presque égal à celui des jours de l'année ; en comparaison, Justin, 10, 1, paraît plutôt modéré en écrivant que ce roi avait 115 fils naturels.

puis il fit tuer Arsamès. Alors Artaxerxès, chargé d'années,
« s'éteignit aussitôt sous l'effet de la douleur et du
découragement..., laissant la réputation d'un prince
doux et ami de ses sujets, surtout par comparaison »
avec son successeur, le cruel et sanguinaire Artaxerxès
Ochos (chap. 30).

* * *

En ce qui concerne les sources[1], Plutarque cite par
leurs noms quatre historiens d'inégale valeur : Xénophon,
Ctésias, Deinon et Héraclide.

L'Athénien Xénophon est trop célèbre pour qu'il soit
utile d'en parler ici. Ctésias de Cnide, Deinon de Colophon
et Héraclide de Cymè, originaires de villes grecques
d'Asie Mineure placées sous la domination du grand roi,
écrivirent tous les trois des Περσικά.

Ctésias est le moins mal connu. Né dans la seconde
moitié du Ve siècle, il appartenait à la confrérie des Asclé-
piades, qui pratiquaient la médecine. Prisonnier de
guerre des Perses, ses connaissances médicales le tirèrent
d'affaire. Les rois de Perse aimant à s'entourer de médecins
grecs, il fut appelé à la cour de Suse, où il resta dix-sept
ans, en grand honneur, ayant accès aux archives officielles
et composant son Histoire. Il assistait à la bataille de
Counaxa, où il guérit une blessure d'Artaxerxès. Vers
la fin de sa vie, il revint en Grèce et s'occupa alors de
la publication de ses ouvrages, qui étaient nombreux :
les Περσικά en vingt livres, des origines jusqu'à l'année 398,
un livre Sur l'Inde, un Périple et divers traités Sur les
montagnes et Sur les fleuves. « Comme historien, il eut
le mérite de savoir beaucoup de choses et le grave défaut
d'être étrangement dépourvu d'esprit scientifique. »[2]

1. Cf. M. Haug, *Die Quellen Plutarchs in den Lebenbeschreibungen
der Griechen*, 87 sqq., Tübingen, 1854 ; C.F. Smith, *A study of Plutarch's Life of Artaxerxes*, diss. Leipzig, 1881.
2. A. Croiset, *Hist Litt. Gr.*, 4, 194.

Deinon fut le père de Cleitarchos, l'historien d'Alexandre[1]. Plutarque le cite ailleurs de façon épisodique[2], mais c'est surtout ici qu'il a utilisé son œuvre.

Enfin d'Héraclide de Cymè, cité ici une seule fois (23, 6) et une autre fois dans la *Vie de Thémistocle* (27, 1), nous ne savons pratiquement rien.

Dès le début de cette biographie, en 1, 4, à propos du véritable nom d'Artaxerxès (Arsicas ou Oarsès?), Plutarque cite Ctésias et Deinon, et, bien qu'il accorde sur ce point plus de crédit à Ctésias, il écrit que celui-ci a introduit dans ses ouvrages « un immense ramassis de contes incroyables et extravagants »[3]. En 6, 9, il constate une nouvelle divergence entre Ctésias et Deinon, à propos de l'époque à laquelle Parysatis fit mourir sa belle-fille Stateira, et il donne encore la préférence à Ctésias, tout en observant que celui-ci « s'écarte souvent de la vérité dans sa narration pour se jeter dans le fabuleux et le théâtral ».

En 2, 3 à propos de la préférence de Parysatis pour Cyrus, Plutarque suit évidemment Xénophon, *Anab.*, 1, 1, 1-4[4], qui ne sera nommé pourtant qu'un peu plus bas, en 4, 2[5]. Pour les préliminaires de la guerre entre

1. Sur Cleitarchos, qui, lui, semble être né à Alexandrie où son père serait venu s'établir, voir P. Goukowsky, *Rev. Ét. Anc.*, 77, 1969, 320-337, et du même, éditeur du livre 17 de Diodore dans la *Coll. Univ. Fr.*, Notice, p. XIX-XXXI.

2. *Thém.*, 27, 1 ; *Alex.*, 36, 4 ; *De Is. et Osir.*, 363 C.

3. Convient-il de remarquer que Ctésias n'est nullement le seul auteur auquel Plutarque fait de larges emprunts tout en le critiquant avec lucidité? Deux exemples suffiront. Dans la *Vie de Nicias*, 19, 5-6 et 28, 5, il tient compte du récit de Timée, historien pour lequel il se montre pourtant sévère dans la même biographie, 1, 1-4. Et il utilise dans sa *Vie de Pompée* le témoignage de Théophane de Mytilène en dépit de sa κακοήθεια et de sa μοχθηρία (voir le tome 8 de la présente édition des *Vies*, p. 154-156).

4. Les mots ἡ μήτηρ ὑπῆρχε τὸν Κῦρον μᾶλλον φιλοῦσα sont empruntés presque littéralement à Xénophon.

5. Quant à l'argument suggéré par Démarate à Xerxès pour convaincre Darios Ier de le préférer comme successeur à son frère aîné (2,4), Plutarque le lisait chez Hérodote, 7, 3.

Artaxerxès et Cyrus, il suit encore de près les premiers chapitres de l'*Anabase*[1]. A propos de la grande bataille, il reproduit, en 7, 2-6, des indications de l'*Anabase*[2], puis il écrit en 8, 1 : « Cette bataille a été relatée par de nombreux auteurs, et Xénophon la met pour ainsi dire sous nos yeux, non pas comme un événement passé, mais comme une action en train de s'accomplir, de sorte qu'il passionne son lecteur et le place au milieu du danger, grâce à la description animée de son récit. Ce serait donc manquer de sens que de raconter à nouveau ce combat tout au long ; on peut seulement noter les particularités dignes de mémoire que Xénophon a omises. » La première des omissions de Xénophon consiste dans le nom même du lieu où cette bataille fut livrée, et que nous révèle Plutarque en 8, 2 : « Counaxa, à cinq cents stades de Babylone. »

Ctésias est cité en 9, 1, à propos du nom du cheval de Cyrus. Puis, en 9, 4, où il s'agit de la mort de Cyrus, Plutarque, constatant que Xénophon, qui ne fut pas témoin de cette mort, « l'a relatée de façon simple et concise », juge utile d'adjoindre ici les récits de Deinon et de Ctésias, ce qu'il fait aux chapitres 10 et 11[3]. Le récit de Ctésias, qui devait être fort long (Plutarque déclare en 11, 1 qu'il l'abrège beaucoup), paraissait pourtant peu convaincant à notre auteur, qui conclut en 11, 11 : « Tel est le récit de Ctésias, où il a tant de peine à achever Cyrus, comme avec un poignard émoussé ! » Plutarque soupçonnait évidemment Ctésias d'avoir ajouté de

1. Voir ci-dessous les notes à 3, 6 ; 4, 3 ; 6, 5 et 6, 6.
2. A une exception près : il donne en 7, 2, pour la tranchée que fit creuser Artaxerxès des dimensions différentes et moins vraisemblables ; il consulte donc en même temps une autre source. Nous savons que, même lorsqu'il suit une source principale, Plutarque n'hésite pas à puiser tel ou tel détail chez un autre écrivain sans en prévenir son lecteur : voir, à propos de *Thém.*, 25, 2, R. Flacelière, *Rev. Ét. Anc.*, 55, 1933, 5-14.
3. Il note en 11, 3 qu'à la bataille de Counaxa Ctésias se trouvait auprès d'Artaxerxès.

son cru des épisodes imaginés pour émouvoir le lecteur.

A propos des effectifs perses à Counaxa, en 13,3, il oppose au témoignage de Ctésias ceux de Deinon et de Xénophon. En ce qui concerne le nombre des morts, en 13, 4, il ne cite que Ctésias, mais il conteste son assertion, puis, en 13, 5-7, il l'accuse de mensonge évident quand le médecin historiographe parle de l'ambassade envoyée par Artaxerxès aux Grecs pour les amener à livrer leurs armes : Ctésias prétend avoir participé à cette ambassade, alors que Xénophon ne fait pas état de sa présence ; or, ailleurs, Xénophon mentionne Ctésias à deux reprises et il semble certain qu'il lisait son œuvre. On voit avec quel soin minutieux Plutarque critiquait ses sources en les comparant les unes aux autres. Ce qui enlève beaucoup de crédibilité à Ctésias, c'est qu'il est à la fois φιλότιμος, φιλολάκων et φιλοκλέαρχος [1], et que, pour satisfaire ces penchants, il n'hésite pas à mentir.

Il est certain que les chapitres 14-17 ont surtout pour source le récit de Ctésias, puisque la plupart des personnages qui y sont nommés figuraient au chapitre 11, où Plutarque déclarait expressément qu'il suivait cet auteur. Puis le nom de Ctésias reparaît plusieurs fois aux chapitres 18 et 19, qui racontent le sort de Cléarque et l'empoisonnement de Stateira. Là encore, Plutarque ne ménage pas ses critiques ; car il écrit en 18, 6-8 : « Ce que Ctésias dit là n'est pas vraisemblable, et le motif qu'il allègue est tout à fait absurde... Il n'est pas douteux que Ctésias ajoute des péripéties tragiques pour honorer la mémoire de Cléarque », allant jusqu'à prétendre que le corps du Lacédémonien, épargné par les chiens et les oiseaux, fut miraculeusement recouvert de terre et ombragé par un bosquet de palmiers ! Le mot ἐπιτραγῳδεῖται que Plutarque emploie ici rappelle

---

1. Ce dernier mot est évidemment un néologisme forgé par Plutarque.

ce qu'on lisait en 6, 9 : πρὸς τὸ μυθῶδες καὶ δραματικὸν ἐκτρεπόμενος τῆς ἀληθείας.

En ce qui concerne l'empoisonnement de Stateira (chap. 19), Plutarque utilise à la fois Ctésias et Deinon, dont les récits divergeaient dans le détail, mais s'accordaient, semble-t-il, pour l'essentiel.

A propos des tractations entre le stratège athénien Conon, réfugié à Chypre depuis la bataille d'Aegos-Potamoi, et Artaxerxès, Plutarque écrit en 21, 1-4, qu'au dire de certains (λέγεται) Ctésias, à qui fut remise la lettre de Conon adressée au roi, y ajouta un paragraphe le concernant lui-même, en vue de se faire envoyer auprès de l'Athénien, « à titre d'homme utile dans les affaires navales », alors que Ctésias lui-même prétend que le roi le désigna spontanément pour cette mission. On peut penser que l'accusation d'avoir modifié par un ajout la lettre de Conon se trouvait chez Deinon. La suite de ce chapitre 21, relative à la bataille de Cnide et à la conclusion de la paix d'Antalcidas, semble tirée, bien que Plutarque ne le précise pas, des *Helléniques* de Xénophon[1].

En 22, 1 Deinon est cité pour avoir dit qu'Artaxerxès considérait les Spartiates comme les hommes les plus impudents du monde.

Les détails pittoresques donnés en 22, 9-11 sur les attentions et les dons dont l'Athénien Timagoras fut comblé en 367 par Artaxerxès peuvent provenir des ouvrages de Ctésias ou de Deinon, mais plutôt de celui d'Héraclide, car Athénée, 2, 48 c-f, se réfère à cet auteur quand il écrit : « Les Perses furent les premiers à inventer ce qu'on appelle des « étendeurs de lits » (στρῶται) pour que la couverture fût élégamment disposée et le contact moelleux... En vue d'honorer Entimos Artaxerxès lui fit cadeau... d'un lit à pieds d'argent et lui envoya

---

1. Voir ci-dessous les références dans les notes à **21**, 5 et 6.

en outre des couvertures précieuses et, avec elles, l'homme chargé de les étendre, disant que les Grecs ne savaient pas le faire »[1]. Puis, dans le même paragraphe, Athénée parle de l'Athénien Timagoras. D'ailleurs Héraclide de Cymè est nommément cité par Plutarque un peu plus bas, en 23, 6, pour avoir, parmi d'autres historiens, affirmé qu'Artaxerxès épousa non seulement Atossa, mais aussi une autre de ses filles, Amestris.

En 30, 9, les nombres (peu vraisemblables) d'années attribués à la durée de la vie et à celle du règne d'Artaxerxès figuraient chez Deinon, comme nous le garantit le passage que j'ai cité plus haut, p. 3-4, du traité sur les Μακρόβιοι qui nous est parvenu sous le nom de Lucien.

Certes Plutarque a probablement utilisé d'autres auteurs que Xénophon, Ctésias, Deinon et Héraclide, car à maintes reprises il fait allusion à plusieurs écrivains qu'il ne nomme pas[2], mais l'on est sûr qu'il a consulté Héraclide à l'occasion, et de façon constante Xénophon, Ctésias et Deinon, Il est certain aussi qu'il ne s'est fait aucune illusion sur la valeur historique des ouvrages de Ctésias et de Deinon, et qu'il a exercé fréquemment son esprit critique sur ses sources en les comparant entre elles pour tâcher, dans toute la mesure du possible, de discerner le vrai du faux.

* * *

Plutarque a ici peu d'occasions de montrer l'ampleur de sa culture littéraire et philosophique. Elle apparaît pourtant en 28, 4-5, lorsqu'il exprime les réflexions que lui inspirent les conseils donnés par Tiribaze à Darios,

---

1. Comparer ici 22, 10.
2. Voir par exemple 3, 5 : οἱ μὲν... φασίν, οἱ δὲ..., — 4, 1 : Ἔνιοι δέ φασιν..., — 7, 3 : ὥς φασι, — 8, 2 : φασι, — 9, 4 : σχεδὸν ἅπαντες ὁμολογοῦσι, — 29, 11 : ἔνιοι δέ φασι...

conseils qui sont à l'origine de la tragédie de palais racontée ensuite. Là, en quelques lignes, il cite un trimètre de Sophocle et le début d'un hexamètre anonyme sur la déesse de Chypre, il fait allusion à un vers célèbre d'Hésiode et il rappelle la leçon de Socrate sur le vice, qui n'est qu'ignorance du bien.

Mais, en tant que moraliste, il est ici plutôt décevant. Dans toute son œuvre il fait l'éloge de la douceur (πρᾳό-της) qu'il considère comme une vertu essentielle. Déjà Artaxerxès I avait été un modèle de « douceur et de grandeur d'âme », et en cela il fut imité par Artaxerxès II (4, 4), « qui était plus doux à tous égards et d'un naturel moins passionné que Cyrus » (2, 1). Nous avons vu pourtant que cette douceur du roi ne l'empêchait pas d'ordonner ou de tolérer d'abominables supplices. Et sa cruauté est mise en cause par Cléarque, qui d'ailleurs sera bientôt exécuté (18, 4-5).

Plutarque, grand ennemi du luxe, reconnaît en 24, 9-10, qu'Artaxerxès pouvait, à la guerre, se montrer courageux et endurant, en dépit « de l'or, de la robe royale et des ornements dont il était toujours couvert et qui valaient douze mille talents ». Cependant, peu après, en 25, 3-4, la cruauté meurtrière du même roi est mise au compte de sa lâcheté à l'égard de ses courtisans. Ces réflexions ne paraissent-elles pas un peu plaquées, et même contradictoires?

La *Vie d'Artaxerxès* ne compte pas à mon avis parmi les meilleures que nous ait laissées Plutarque, sans doute parce que sa documentation, en dehors de Xénophon, ne reposait que sur des historiens médiocres et peu soucieux de vérité. Du moins a-t-elle, comme la *Vie de Thémistocle* dans sa seconde partie, l'intérêt de l'exotisme et le mérite de faire connaître plusieurs aspects des mœurs et des coutumes des Perses. La curiosité bien connue de Plutarque pour les rites s'étend ici aux céré-monies du sacre du grand roi (3, 2).

Enfin, si Plutarque n'avait pas écrit cette biographie, nous ne saurions presque rien de l'œuvre de Ctésias et de celle de Deinon, qui, en dépit de leurs fabulations et de leurs inexactitudes, répondaient tant bien que mal à l'attente des lecteurs grecs, désireux de mieux connaître les « barbares » les plus prestigieux du monde antique.

ARTAXERXÈS

Origine et caractère. — **1**. 1 Le premier des rois
de Perse qui s'appela Artaxerxès et qui les surpassa
tous par sa douceur et sa grandeur d'âme était surnommé
Longue-Main, parce qu'il avait la main droite plus
grande que l'autre ; il était fils de Xerxès*. Le second
Artaxerxès, surnommé Mnémon[1], dont il est question
ici, était issu de la fille du premier[2]. 2 Darios et
Parysatis en effet avaient eu quatre fils, Artaxerxès,
l'aîné, après lui Cyrus, puis deux plus jeunes, Ostanès
et Oxathrès. 3 Cyrus tirait son nom de Cyrus l'Ancien[3],
et celui-là, dit-on, du soleil, les Perses appelant le soleil
Cyrus. 4 Artaxerxès fut d'abord appelé Arsicas.
Deinon prétend, il est vrai, qu'il se nommait Oarsès,
mais il n'est pas vraisemblable que Ctésias, bien qu'il
ait d'ailleurs introduit dans ses ouvrages un immense
ramassis de contes incroyables et extravagants, ait
ignoré le nom du roi auprès de qui il vivait, et qu'il
soignait ainsi que sa femme, sa mère et ses enfants[4].

2. 1 Alors que Cyrus montra dès son plus jeune
âge de la vigueur et de l'énergie, Artaxerxès paraissait
plus doux à tous égards, et d'un naturel moins passionné.
2 Il avait épousé une femme belle et bonne sur l'ordre
de ses parents, et il la garda contre leur gré : en effet
le roi, ayant fait périr le frère de cette femme, songeait
à la tuer elle aussi, mais Arsicas, suppliant sa mère

1. Mnémon : doué d'une bonne mémoire ; cf. *Marius*, 1, 5.
2. A savoir de Parysatis, fille d'Artaxerxès Ier, qui avait épousé son
demi-frère Darios II ; celui-ci régna de 424 à 405.
3. Cyrus le Grand, fondateur de l'empire perse (559-530).
4. Sur Deinon et Ctésias, l'un et l'autre auteurs d'une *Histoire de
la Perse*, voir ci-dessus la Notice, p. 8-9.

ΑΡΤΟΞΕΡΞΗΣ

1. 1 Ὁ μὲν πρῶτος Ἀρτοξέρξης, τῶν ἐν Πέρσαις 1011 e βασιλέων πρᾳότητι καὶ μεγαλοψυχίᾳ πρωτεύσας, Μακρόχειρ ἐπεκαλεῖτο τὴν δεξιὰν μείζονα τῆς ἑτέρας f ἔχων, Ξέρξου δ' ἦν υἱός· ὁ δὲ δεύτερος, περὶ οὗ τάδε γράφεται, Μνήμων ἐπικληθεὶς ἐκ θυγατρὸς ἦν ἐκείνου. 2 Δαρείου γὰρ καὶ Παρυσάτιδος παῖδες ἐγένοντο τέσσαρες, πρεσβύτατος μὲν Ἀρτοξέρξης, μετ' ἐκεῖνον 1012 δὲ Κῦρος, νεώτεροι δὲ τούτων Ὀστάνης καὶ Ὀξάθρης. 3 Ὁ μὲν οὖν Κῦρος ἀπὸ Κύρου τοῦ παλαιοῦ τοὔνομα ἔσχεν, ἐκείνῳ δ' ἀπὸ τοῦ ἡλίου γενέσθαι φασί· Κῦρον γὰρ καλεῖν Πέρσας τὸν ἥλιον· 4 ὁ δ' Ἀρτοξέρξης Ἀρσίκας πρότερον ἐκαλεῖτο· καίτοι Δείνων φησὶν ὅτι Ὀάρσης. Ἀλλὰ τὸν Κτησίαν, εἰ καὶ τἆλλα μύθων ἀπιθάνων καὶ παραφόρων ἐμβέβληκεν εἰς τὰ βιβλία παντοδαπὴν πυλαίαν, οὐκ εἰκός ἐστιν ἀγνοεῖν τοὔνομα τοῦ βασιλέως, παρ' ᾧ διέτριβε θεραπεύων αὐτὸν καὶ γυναῖκα καὶ μητέρα καὶ παῖδας.

2. 1 Ὁ μὲν οὖν Κῦρος ἔντονόν τι καὶ σφοδρὸν εὐθὺς ἐκ πρώτης ἡλικίας εἶχεν, ἅτερος δὲ πρᾳότερος b ἐδόκει περὶ πάντα καὶ ταῖς ὁρμαῖς φύσει μαλακώτερος εἶναι. 2 Γυναῖκα δὲ καλὴν καὶ ἀγαθὴν ἔλαβε μὲν τῶν γονέων κελευόντων, ἐφύλαξε δὲ κωλυόντων· τὸν γὰρ ἀδελφὸν αὐτῆς ἀποκτείνας ὁ βασιλεὺς ἐβουλεύετο κἀκείνην ἀνελεῖν, ὁ δ' Ἀρσίκας τῆς

---

1. 1 ¹ τῶν : τὸν R¹ ‖ ³ ἐπεκαλεῖτο : ἐκαλεῖτο L ‖ 3 ² ἐκείνῳ Π : ἐκεῖνον ‖ 4 ² Ἀρσίκας : Ἀρσάκης Ctesias Photii ‖ 2. 2 ⁴ ἐβουλεύετο : ἐβούλετο L.

et fondant en larmes, obtint finalement qu'on ne la mettrait pas à mort et qu'on ne la séparerait pas de lui. 3 Cependant il se trouvait que sa mère préférait Cyrus et voulait qu'il devînt roi[1]. Aussi, son mari étant tombé malade, elle fit venir aussitôt Cyrus du bord de la mer, et celui-ci monta vers l'intérieur plein d'espoir, pensant que sa mère l'avait fait désigner comme héritier de la royauté*. 4 Parysatis avait en effet un argument plausible, dont Xerxès l'Ancien déjà avait usé sur le conseil de Démarate : c'est qu'elle avait mis au monde Arsicas quand Darios était encore un simple particulier, et Cyrus, alors qu'il était roi*. 5 Mais elle ne fut pas écoutée, et l'aîné fut proclamé roi sous le nom d'Artaxerxès ; quant à Cyrus, il fut nommé satrape de Lydie et gouverneur des provinces maritimes. [2]

3. 1 Peu après la mort de Darios, le roi se rendit à Pasargades[3] pour s'y faire sacrer par les prêtres de Perse. 2 C'est dans le sanctuaire d'une déesse guerrière, que l'on pourrait croire être Athéna : celui que l'on sacre doit s'y rendre, quitter sa propre robe et revêtir celle que Cyrus l'Ancien avait portée avant de devenir roi, goûter d'un gâteau de figues, mâcher du térébinthe et boire jusqu'à la dernière goutte une coupe de petit-lait. [4] Peut-être existe-t-il encore d'autres rites, mais ils sont inconnus du reste des hommes. 3 Artaxerxès se préparait à cette cérémonie lorsque Tissapherne[5] arriva en lui amenant un des prêtres qui, ayant présidé à l'éducation de Cyrus telle qu'elle était en usage pour les enfants[6] et lui ayant enseigné l'art des mages, semblait

1. Cf. Xén., *Anab.*, 1, 1 4 : Παρύσατις μὲν δὴ ἡ μήτηρ ὑπῆρχε τῷ Κύρῳ φιλοῦσα αὐτὸν μᾶλλον ἢ τὸν βασιλεύοντα Ἀρταξέρξην.

2. Cf. Diod., 14, 12, 8.

3. Première capitale de la Perse, où Cyrus avait été enterré ; cf. *Alex.*, 69, 3-5.

4. ὀξύγαλα peut désigner aussi le fromage blanc : voir G. Losfeld, Tyrophagie religieuse et mystique, *Bulletin de l'Assoc. G. Budé*, 1977, 3, p. 268.

5. Tissapherne était satrape d'Ionie.

6. Cette éducation des jeunes Perses est décrite par Xénophon, *Cyrop.*, 1, 2, 2-9.

μητρὸς ἱκέτης γενόμενος καὶ πολλὰ κατακλαύσας
μόλις ἔπεισε μήτ' ἀποκτεῖναι μήτ' αὐτοῦ διαστῆσαι
τὴν ἄνθρωπον. 3 Ἡ δὲ μήτηρ ὑπῆρχε τὸν Κῦρον
μᾶλλον φιλοῦσα καὶ βουλομένη βασιλεύειν ἐκεῖνον.
Διὸ καὶ τοῦ πατρὸς νοσοῦντος ἤδη μετάπεμπτος ἀπὸ
θαλάσσης γενόμενος παντάπασιν ἀνέβαινεν εὔελπις
ὤν, ὡς κατειργασμένης ἐκείνης διάδοχον αὐτὸν ἀπο-
δειχθῆναι τῆς ἀρχῆς. 4 Καὶ γὰρ εἶχεν εὐπρεπῆ
λόγον ἡ Παρύσατις, ᾧ καὶ Ξέρξης ὁ παλαιὸς ἐχρήσατο, Δημαράτου διδάξαντος, ὡς Ἀρσίκαν μὲν
ἰδιώτῃ, Κῦρον δὲ βασιλεύοντι Δαρείῳ τεκεῖν. 5 Οὐ
μὴν ἔπεισεν, ἀλλ' ὁ πρεσβύτερος ἀπεδείχθη βασιλεὺς
Ἀρτοξέρξης μετονομασθείς, Κῦρος δὲ Λυδίας σατρά-
πης καὶ τῶν ἐπὶ θαλάσσῃ στρατηγός.

3. 1 Ὀλίγῳ δ' ὕστερον ἢ τελευτῆσαι Δαρεῖον
ἐξήλασεν εἰς Πασαργάδας ὁ βασιλεύς, ὅπως τε-
λεσθείη τὴν βασιλικὴν τελετὴν ὑπὸ τῶν ἐν Πέρσαις
ἱερέων. 2 Ἔστι δὲ θεᾶς πολεμικῆς ἱερόν, ἣν Ἀθηνᾶν ⟨ἄν⟩ τις εἰκάσειεν. Εἰς τοῦτο δεῖ τὸν τελούμενον
παρελθόντα τὴν μὲν ἰδίαν ἀποθέσθαι στολήν, ἀναλα-
βεῖν δ' ἣν Κῦρος ὁ παλαιὸς ἐφόρει πρὶν ἢ βασιλεὺς
γενέσθαι, καὶ σύκων παλάθης ἐμφαγόντα τερμίνθου
κατατραγεῖν καὶ ποτήριον ἐκπιεῖν ὀξυγάλακτος. Εἰ
δὲ πρὸς τούτοις ἕτερ' ἄττα δρῶσιν, ἄδηλόν ἐστι τοῖς
ἄλλοις. 3 Ταῦτα δρᾶν Ἀρτοξέρξου μέλλοντος, ἀφίκετο Τισσαφέρνης πρὸς αὐτὸν ἄγων ἕνα τῶν ἱερέων,
ὃς ἐν παισὶ Κύρου τῆς νομιζομένης ἀγωγῆς ἐπιστά-
της γενόμενος καὶ διδάξας μαγεύειν αὐτόν, οὐδε-

2. 3 [1] ὑπῆρχε : ὑπέρχεται G ‖ [5] κατειργασμένης : κατεργασα-
μένης G ‖ 4 [3] ὡς del. Bryan ‖ 5 [4] θαλάσσῃ Zie. : -σης ‖ 3. 2 [1] δὲ :
δ' ⟨ἐκεῖ⟩ Zie. ‖ [1-2] Ἀθηνᾶν : -νᾷ Rei. ‖ [2] ἄν add. Cor. ‖ δεῖ : δὴ
PL[1] ‖ [5] σύκων Cor. : σύκου ‖ ἐμφαγόντα G : ἐκφ- ‖ [6] ἐκπιεῖν : πιεῖν
G ‖ 3 [2] Τισσαφέρνης : Τισα- RL ‖ [3] Κύρου : Κύρῳ Mittelhaus.

plus affligé qu'aucun autre Perse que son élève n'eût
pas été désigné comme roi ; aussi fut-il cru lorsqu'il
accusa Cyrus. 4 Il l'accusait de se préparer à tendre
un guet-apens dans le sanctuaire et de vouloir, lorsque
le roi aurait dépouillé son vêtement, se jeter sur lui
et le tuer. 5 Les uns disent que Cyrus fut arrêté à
la suite de cette dénonciation ; les autres, qu'il pénétra
dans le sanctuaire, s'y cacha et fut livré par le prêtre.
6 Il fut sur le point d'être exécuté, mais sa mère, le
prenant dans ses bras, l'enveloppant des tresses de
ses cheveux et pressant son cou contre le sien, obtint sa
grâce à force de gémissements et d'implorations, et
le fit repartir vers la côte. Cyrus, peu satisfait de ce
gouvernement et moins sensible au souvenir de sa libération qu'à celui de son arrestation, était gonflé de
colère et aspirait plus que jamais à la royauté.*

4. 1 Au dire de certains, c'est parce qu'il était
mécontent de ce qu'il recevait pour sa nourriture de
chaque jour, qu'il se révolta contre le roi. C'est là une
sottise : à défaut d'autre ressource, sa mère était là, qui,
sur sa fortune à elle, mettait à sa disposition tout ce
qu'il voulait et lui en faisait don. 2 Ce qui témoigne
de sa richesse, ce sont les troupes de mercenaires qu'en
beaucoup d'endroits ses amis et ses hôtes entretenaient
pour lui, comme le rapporte Xénophon.[1] 3 Il ne
les réunissait pas en bloc, car il cachait encore ses préparatifs, mais il avait de différents côtés des gens qui
lui recrutaient des étrangers sous des prétextes divers ;
sa mère, qui était auprès du roi, dissipait les soupçons
de celui-ci, et Cyrus lui-même écrivait à son frère des
lettres toujours respectueuses, tantôt pour lui demander
quelque grâce, tantôt pour récriminer contre Tissapherne,
comme si c'était avec celui-ci qu'il était en rivalité et
en lutte.[2]

---

1. Renvoi à Xénophon, *Anab.*, 1, 1, 6-11, qui cite les amis et les hôtes
de Cyrus : le Lacédémonien Cléarque, le Thessalien Aristippe, le Béotien
Proxène, etc...
2. Cf. Xén., *Anab.*, 1, 1, 8 : « Le roi ne comprenait pas que l'entreprise
était dirigée contre lui-même. »

νὸς ἧττον ἐδόκει Περσῶν ἀνιᾶσθαι μὴ ἀποδειχθέντος
ἐκείνου βασιλέως · διὸ καὶ πίστιν ἔσχε κατηγορῶν e
Κύρου. 4 Κατηγόρει δ' ὡς μέλλοντος ἐνεδρεύειν
ἐν τῷ ἱερῷ, καὶ ἐπειδὰν ἐκδύηται τὴν ἐσθῆτα ὁ βασιλεύς, ἐπιτίθεσθαι καὶ διαφθείρειν αὐτόν. 5 Οἱ μὲν
ἐκ ταύτης τῆς διαβολῆς τὴν σύλληψιν γενέσθαι
φασίν, οἱ δὲ καὶ παρελθεῖν τὸν Κῦρον εἰς τὸ ἱερὸν
καὶ παραδοθῆναι κρυπτόμενον ὑπὸ τοῦ ἱερέως.
6 Μέλλοντα δ' αὐτὸν ἤδη ἀποθνῄσκειν ἡ μήτηρ
περισχοῦσα ταῖς ἀγκάλαις καὶ τοῖς βοστρύχοις
περιελίξασα καὶ συλλαβοῦσα τὸν ἐκείνου τράχηλον
πρὸς τὸν αὐτῆς, ὀδυρομένη πολλὰ καὶ ποτνιωμένη
παρῃτήσατο καὶ κατέπεμψεν αὖθις ἐπὶ θάλατταν, f
οὐκ ἀγαπῶντα τὴν ἀρχὴν ἐκείνην οὐδὲ μεμνημένον
τῆς διέσεως, ἀλλὰ τῆς συλλήψεως, καὶ δι' ὀργὴν
σπαργῶντα μᾶλλον ἢ πρότερον ἐπὶ τὴν βασιλείαν.

4. 1 Ἔνιοι δέ φασιν οὐκ ἀρκούμενον οἷς ἐλάμ-
βανεν εἰς τὸ καθ' ἡμέραν δεῖπνον ἀποστῆναι βασιλέως, εὐήθη λέγοντες. Εἰ γὰρ ἄλλο μηδέν, ἀλλ' ἡ
μήτηρ ὑπῆρχε χρῆσθαι καὶ λαμβάνειν ὅσα βούλοιτο
τῶν αὐτῆς παρέχουσα καὶ διδοῦσα. 2 Μαρτυρεῖ δὲ
τῷ πλούτῳ καὶ τὸ μισθοφορικὸν πολλαχόθι διὰ τῶν 1013
φίλων καὶ ξένων αὐτῷ παρατρεφόμενον, ὡς Ξενοφῶν
εἴρηκεν. 3 Ἀθρόους μὲν γὰρ οὐ συνῆγεν, ἔτι τὴν
παρασκευὴν ἐπικρυπτόμενος, ἀλλαχόθι δ' ἄλλους
ἐπὶ πολλαῖς προφάσεσι ξενολογοῦντας εἶχε. Βασιλέως δ' ἥ τε μήτηρ παροῦσα τὰς ὑποψίας ἀφῄρει, καὶ
Κῦρος αὐτὸς ἀεὶ θεραπευτικῶς ἔγραφε, τὰ μὲν αἰτούμενος παρ' αὐτοῦ, τὰ δὲ Τισσαφέρνους ἀντικατη-
γορῶν, ὡς δὴ πρὸς ἐκεῖνον αὐτῷ ζήλου καὶ ἀγῶνος
ὄντος.

---

3. 5 ¹ μὲν : μὲν ⟨οὖν⟩ Zie. ‖ 4. 3 ¹ συνῆγεν Π : συνήγαγεν ‖ ⁴ ἀφή-
ρει : ὑφήρει L ‖ ⁶ Τισσαφέρνους : Τισα- GRL.

4 Il y avait d'ailleurs dans le naturel du roi une
certaine lenteur, qui passait aux yeux de la plupart
pour de la modération. Au début, il parut vouloir imiter
en tous points la douceur de son homonyme Artaxerxès[1] :
il exagérait l'affabilité envers ceux qui l'approchaient ;
il prodiguait sans mesure les honneurs et les grâces,
retranchait de toute punition ce qui était outrageant,
manifestait sa joie quand il était l'objet de marques
d'attachement, non moins à ceux qui lui offraient des
présents qu'à ceux qui en recevaient de lui, et, quand
il donnait, il se montrait aimable et bon. 5 Il n'y
avait point de si petit cadeau qu'il n'acceptât de grand
cœur : un certain Omisos lui ayant apporté une grenade
d'une grosseur exceptionnelle, « Par Mithra, dit-il, cet
homme-là ferait bien vite une grande ville d'une petite,
si on la lui confiait. »[2]

5. 1 Lors d'un de ses voyages, chacun lui offrait
un présent ; un paysan, qui n'avait rien pu trouver à
temps, courut au fleuve, puisa de l'eau dans ses deux
mains et la lui apporta. Ravi, Artaxerxès lui envoya une
coupe en or et mille dariques.[3] 2 Comme le Laconien
Eucleidas tenait à son égard des propos d'une audacieuse
liberté, il lui fit dire par son chiliarque[4] : « Tu peux
dire ce que tu veux ; moi, je peux et dire ce que je veux
et le faire. » 3 Tiribaze, à la chasse, lui faisant remarquer
que sa robe était déchirée, il demanda ce qu'il fallait
faire : « Mets-en une autre, répondit Tiribaze, et donne-
moi celle-ci. » Le roi la lui donna en disant : « Je te la
donne, Tiribaze, mais je t'interdis de la porter. » 4 Tiri-

1. Artaxerxès Ier Longue-Main : voir ci-dessus, 1, 1.
2. Cf. *Reg. et Imp. Apopht.* 174 A, où il est question de l'offrande
d'une pomme, et non d'une grenade.
3. La darique est une monnaie d'or à l'effigie de Darios archer. La
même histoire est racontée, *Reg. et Imp. Apopht.*, 172 B, pour montrer qu' « Artaxerxès estimait que, s'il est généreux et royal de faire
des présents importants, il ne l'est pas moins d'en recevoir de petits
avec bonne grâce et empressement ».
4. Littéralement « commandant de mille hommes », les « mèlophores »
de la garde royale ; en fait une sorte de grand vizir, premier personnage
après le roi.

4 Ἦν δέ τις καὶ μέλλησις ἐν τῇ φύσει τοῦ βασιλέως, ἐπιείκεια φαινομένη τοῖς πολλοῖς. Ἐν ἀρχῇ
δὲ καὶ πάνυ ζηλοῦν ἔδοξε τὴν Ἀρτοξέρξου τοῦ ὁμω-
νύμου πραότητα, ἡδίω θ' ἑαυτὸν παρέχων ἐντυγχά-
νεσθαι καὶ περὶ τὸ τιμᾶν καὶ χαρίζεσθαι τὸ κατ' ἀξίαν
ὑπερβάλλων, κολάσεως δὲ πάσης ἀφαιρῶν τὸ ἐφυβρίζον, καὶ ἡδόμενος ἐν τῷ δέχεσθαι χάριτας οὐχ
ἧττον τοῖς διδοῦσιν ἢ τοῖς λαμβάνουσιν, ἐν δὲ τῷ
διδόναι φαινόμενος εὔχαρις καὶ φιλάνθρωπος. 5 Οὐδὲν γὰρ ἦν οὕτως μικρόν τι τῶν διδομένων ὃ μὴ προσεδέξατο προθύμως, ἀλλὰ καὶ ῥόαν μίαν ὑπερφυῆ μεγέθει προσενέγκαντος Ὠμίσου τινὸς αὐτῷ, « Νὴ τὸν
Μίθραν » εἶπεν « οὗτος ὁ ἀνὴρ καὶ πόλιν ἂν ἐκ μικρᾶς
ταχὺ ποιήσειε μεγάλην πιστευθείς. »

5. 1 Ἐπεὶ δ' ἄλλων ἄλλα προσφερόντων καθ'
ὁδὸν αὐτουργὸς ἄνθρωπος οὐδὲν ἐπὶ καιροῦ φθάσας
εὑρεῖν τῷ ποταμῷ προσέδραμε καὶ ταῖν χεροῖν ὑπολαβὼν τοῦ ὕδατος προσήνεγκεν, ἡσθεὶς ὁ Ἀρτοξέρξης φιάλην ἔπεμψεν αὐτῷ χρυσῆν καὶ χιλίους
δαρεικούς. 2 Εὐκλείδᾳ δὲ τῷ Λάκωνι, πολλὰ παρ-
ρησιαζομένῳ πρὸς αὐτὸν αὐθαδῶς, ἐκέλευσεν εἰπεῖν
τὸν χιλίαρχον ὅτι « Σοὶ μὲν ἔξεστιν εἰπεῖν ἃ [βασι-
λεῖ] βούλει, ἐμοὶ δὲ καὶ λέγειν καὶ ποιεῖν.» 3 Ἐν δὲ
θήρᾳ τινὶ Τιριβάζου δείξαντος αὐτῷ τὸν κάνδυν
ἐσχισμένον, ἠρώτησεν ὅ τι δεῖ ποιεῖν. Ἐκείνου
δ' εἰπόντος · « Ἄλλον αὐτὸς ἔνδυσαι, τοῦτον δ'
ἐμοὶ δός · » οὕτως ἐποίησεν εἰπών · « Δίδωμι μέν,
ὦ Τιρίβαζε, σοὶ τοῦτον, φορεῖν δ' ἀπαγορεύω. »

4. 4 ⁴ ἡδίω Ald. ed. : ἥδιον ‖ ⁵ χαρίζεσθαι τὸ Rei. : τὸ χαρ- ‖
⁶⁻⁷ ἐφυβρίζον : ἐφυβριζόμενον L ‖ ⁷ ἡδόμενος L² : -μενον ‖ 5 ² οὕτως μικρόν Schaefer : οὕτω σμικρόν ‖ ³ ὑπερφυῆ : -φυεῖ R¹ ‖
⁴ Ὠμίσου : Ῥωμίσου R¹L² ‖ 5. 1 ⁴ ἡσθείς : ἡσθεὶς οὖν P ‖ 2 ³⁻⁴ βασιλεῖ del. Sint. ‖ 3 ² Τιριβάζου : Τηρι- PLG², item infra ‖ ⁶ φορεῖν :
φρουρεῖν P.

baze ne se soucia pas de cette défense, car, sans être
un méchant homme, il était un peu léger et extravagant :
il revêtit aussitôt la robe royale et se para de colliers
d'or et de bijoux réservés aux reines. Tout le monde
s'indigna, car ce n'était pas permis. Cependant le roi
se mit à rire et dit : « Je te donne à porter ces bijoux d'or
comme à une femme, et cette robe comme à un fou. »
5 Personne ne prenait place à la table du roi, sauf
sa mère ou sa femme, assises, celle-ci, au-dessous et
sa mère au-dessus de lui ; Artaxerxès y invita ses jeunes
frères Ostanès et Oxathrès.[1] 6 Mais ce qui causait
le plus de plaisir aux Perses, c'était de voir sa femme
Stateira toujours portée dans une voiture découverte, sans
rideaux, et permettant aux femmes du peuple de la
saluer et de l'approcher[2] ; aussi la reine était-elle populaire.

Guerre de Cyrus. — **6**. 1 Cependant ceux qui

étaient épris de changement et d'agitation pensaient
que la situation exigeait un homme tel que Cyrus, d'une
valeur éclatante, supérieurement doué pour la guerre
et dévoué à ses amis, et que la grandeur de l'empire
réclamait un roi fier et ambitieux.[3] 2 Ainsi, n'ayant
pas moins confiance dans les Perses du haut pays que
dans ceux qui l'entouraient, Cyrus entreprit la guerre.
3 Il écrivit aux Lacédémoniens pour leur demander
de l'aider[4] et de lui envoyer des soldats, auxquels il
promettait de donner des chevaux, s'ils étaient à pied,
ou des chars attelés, s'ils venaient à cheval, — des villages s'ils possédaient des terres, des villes s'ils possédaient
des villages ; et les combattants seraient rétribués, non
pas au compte, mais à la mesure.* 4 Il ne tarissait

1. Voir ci-dessus, 1, 2.
2. Cf. *Reg. et Imp. Apopht.*, 173 F. — Voir *Thém.*, 26, 4-5 : « Les
femmes perses, quand elles voyagent, sont transportées dans des
voitures entièrement recouvertes d'un baldaquin clos de tous les côtés » ;
Cf. Eschyle, *Perses*, v. 1001 : σκηναῖς τροχηλάτοισιν, et la note de
P. Mazon à ce vers.
3. Voir le portrait que Xénophon, *Anab.*, 1, 9, trace de Cyrus.
4. Cyrus pouvait faire valoir les services qu'il avait rendus aux Lacédémoniens dans les dernières années de la guerre du Péloponnèse :
cf. Xén., *Hell.*, 3, 1, 1.

4 Τοῦ δὲ Τιριβάζου μὴ φροντίσαντος (ἦν γὰρ οὐ
πονηρός, ὑπόκουφος δὲ καὶ παράφορος), ἀλλὰ τόν
τε κάνδυν εὐθὺς ἐκεῖνον ἐνδύντος καὶ δέραια χρυσᾶ
καὶ γυναικεῖα τῶν βασιλικῶν περιθεμένου, πάντες
μὲν ἠγανάκτουν· οὐ γὰρ ἐξῆν· ὁ μέντοι βασιλεὺς
κατεγέλασε καὶ εἶπε· « Δίδωμί σοι καὶ τὰ χρυσία
φορεῖν ὡς γυναικὶ καὶ τὴν στολὴν ὡς μαινομένῳ. »
5 Τραπέζης δὲ τῆς αὐτῆς μηδενὸς μετέχοντος,
ἀλλ᾽ ἢ μητρὸς βασιλέως ἢ γαμετῆς γυναικός, καθε-
ζομένων τῆς μὲν ὑπ᾽ αὐτόν, τῆς δὲ μητρὸς ὑπὲρ αὐτόν, Ἀρτοξέρξης καὶ τοὺς ἀδελφοὺς ἐπὶ τὴν αὐτὴν ἐκάλει τράπεζαν, Ὀστάνην καὶ Ὀξάθρην, νεωτέ-
ρους ὄντας. 6 Ἐν δὲ τοῖς μάλιστα κεχαρισμένην
ὄψιν παρεῖχε τοῖς Πέρσαις ἡ τῆς γυναικὸς Στατείρας ἁρμάμαξα γυμνὴ τῶν παραπετασμάτων ἀεὶ
προφερομένη καὶ διδοῦσα ταῖς δημότισιν ἀσπά-
σασθαι αὐτὴν καὶ προσελθεῖν· ὅθεν ἠγαπᾶτο τοῖς
πολλοῖς ἡ βασίλεια.

6. 1 Τὸν μέντοι Κῦρον οἱ νεωτερισταὶ καὶ πολυ-
πράγμονες ὡς λαμπρὸν ἄνδρα τῇ ψυχῇ καὶ πολε-
μικὸν διαφερόντως καὶ φιλέταιρον ᾤοντο τὰ πράγματα ποθεῖν, καὶ τὸ μέγεθος τῆς ἡγεμονίας βασιλέως
δεῖσθαι φρόνημα καὶ φιλοτιμίαν ἔχοντος. 2 Οὐχ
ἧττον οὖν τοῖς ἄνω πιστεύων ὁ Κῦρος ἢ τοῖς περὶ
αὐτὸν ἐπεχείρει τῷ πολέμῳ· 3 καὶ Λακεδαιμονίοις ἔγραφε παρακαλῶν βοηθεῖν καὶ συνεκπέμπειν
ἄνδρας, οἷς ἔφη δώσειν, ἂν μὲν πεζοὶ παρῶσιν,
ἵππους, ἂν δ᾽ ἱππεῖς, συνωρίδας· ἐὰν δ᾽ ἀγροὺς ἔχωσι,
κώμας· ἐὰν δὲ κώμας, πόλεις· μισθοῦ δὲ τοῖς στρατευομένοις οὐκ ἀριθμόν, ἀλλὰ μέτρον ἔσεσθαι.

5. 4 ³ δέραια Cor. : δῶρα ‖ ⁴ καὶ γυναικεῖα del. Zie. ‖ 5 ² ἢ ante
γαμετῆς : καὶ Zie. ‖ ⁵ Ὀστάνην R² : Ὀξάνην ‖ 6 ³ παραπετασμάτων :
περιπ- L¹ ‖ ⁵ αὐτὴν : ⟨τ᾽⟩ αὐτὴν Sint. (propter hiatum) ‖ 6. 3 ⁶ ἀλλὰ
μέτρον : ἀλλ᾽ ἄμετρον L¹.

pas d'éloges sur lui-même, disant qu'il avait le cœur
plus grand que son frère, qu'il était plus instruit et
s'entendait mieux à l'art des mages,* qu'il buvait et
supportait plus de vin, tandis que son frère était si
lâche et mou qu'il ne se tenait même pas à cheval dans
les chasses, ni à la guerre sur son siège. 5 Les Lacédémoniens envoyèrent donc une scytale à Cléarque,
lui enjoignant de se mettre en tout au service de Cyrus.*
Alors celui-ci monta contre le roi, avec une grande
armée de barbares et près de treize mille mercenaires
grecs* ; il alléguait prétextes sur prétextes pour expliquer
les raisons de son expédition.[1] 6 Mais il ne put
longtemps cacher son dessein : Tissapherne vint lui-même
en porter au roi la nouvelle,[2] qui jeta un grand trouble
dans le palais. On accusait Parysatis de porter la principale responsabilité de la guerre ; soupçons et dénon-
ciations tombèrent sur ses amis. 7 Mais ce qui la
mortifia le plus, ce furent les reproches de Stateira
qui, désolée de ce conflit, lui criait : « Que sont devenues
les garanties que tu donnais ? Qu'en est-il de ces prières
qui ont arraché à la mort celui qui conspirait contre
son frère,[3] et grâce auxquelles tu nous plonges dans
la guerre et le malheur ? » 8 Ces plaintes rendirent
Stateira si odieuse à Parysatis, naturellement vindi-
cative et barbare dans ses colères et ses rancunes, que
celle-ci résolut de la faire mourir. 9 Deinon prétend
qu'elle exécuta ce dessein pendant la guerre, mais Ctésias
dit que ce fut après, et il n'est pas vraisemblable qu'il
ait ignoré l'époque de faits dont il fut témoin ; il n'avait
d'ailleurs aucune raison, en racontant comment l'acte
fut accompli, d'en changer volontairement la date,
encore qu'il lui arrive souvent dans sa narration de
s'écarter de la vérité pour se jeter dans le fabuleux

---

1. Cf. Xén., *Anab.*, 1, 2, 1 : « Cyrus prétexta qu'il voulait chasser
totalement les Pisidiens de son territoire. »

2. Cf. Xén., *Anab.*, 1, 2, 4 : « Tissapherne, qui observait ces préparatifs,
estimant qu'ils étaient trop considérables pour une expédition contre
les Pisidiens, va trouver le roi en toute hâte avec environ cinq cents
cavaliers. »

3. Voir ci-dessus, 3, 3-6.

4 Μεγαληγορῶν δὲ περὶ αὑτοῦ πολλὰ καὶ καρ-
δίαν ἔφη τοῦ ἀδελφοῦ φορεῖν βαρυτέραν καὶ φιλοσο-   1014
φεῖν μᾶλλον καὶ μαγεύειν βέλτιον, οἶνον δὲ πλείονα
πίνειν καὶ φέρειν · ἐκεῖνον δ' ὑπὸ δειλίας καὶ μαλακίας ἐν μὲν τοῖς κυνηγεσίοις μηδ' ἐφ' ἵππου, ἐν
δὲ τοῖς κινδύνοις μηδ' ἐπὶ τοῦ θρόνου καθῆσθαι.
5 Λακεδαιμόνιοι μὲν οὖν σκυτάλην πρὸς Κλέαρχον
ἀπέστειλαν ὑπηρετεῖν Κύρῳ πάντα κελεύοντες. Ὁ
δὲ Κῦρος ἀνέβαινεν ἐπὶ βασιλέα βαρβαρικήν τε πολλὴν ἔχων δύναμιν καὶ μισθοφόρους Ἕλληνας ὀλίγῳ
τρισχιλίων καὶ μυρίων ἀποδέοντας, ἄλλας ἐπ' ἄλλαις
ποιούμενος προφάσεις τῆς στρατείας. 6 Οὐ μὴν
ἔλαθέ γ' εἰς πολὺν χρόνον, ἀλλ' ἧκε βασιλεῖ Τισσαφέρνης αὐτάγγελος · καὶ πολὺς θόρυβος εἶχε τὰ   b
βασίλεια, τῆς τε Παρυσάτιδος τὴν πλείστην αἰτίαν
τοῦ πολέμου φερομένης, καὶ τῶν φίλων αὐτῆς ἐν
ὑποψίαις ὄντων καὶ διαβολαῖς. 7 Μάλιστα δ' ἠνία
τὴν Παρύσατιν ἡ Στάτειρα τῷ πολέμῳ περιπαθοῦσα
καὶ βοῶσα · « Ποῦ νῦν αἱ πίστεις ἐκεῖναι; ποῦ δ' αἱ
δεήσεις, αἷς ἐξελομένη τὸν ἐπιβουλεύσαντα τῷ
ἀδελφῷ πολέμου καὶ κακῶν ἐμπέπληκας ἡμᾶς; »
8 Ἐκ δὴ τούτων μισοῦσα τὴν Στάτειραν ἡ Παρύσατις, καὶ φύσει βαρύθυμος οὖσα καὶ βάρβαρος ἐν
ὀργαῖς καὶ μνησικακίαις, ἐπεβούλευεν αὐτὴν ἀνελεῖν. 9 Ἐπεὶ δὲ Δείνων μὲν ἐν τῷ πολέμῳ συντε-
λεσθῆναι τὴν ἐπιβουλὴν εἴρηκε, Κτησίας δ' ὕστερον,   c
ὃν οὔτ' ἀγνοεῖν τὸν χρόνον εἰκός ἐστι παρόντα ταῖς
πράξεσιν, οὔθ' ἑκὼν αἰτίαν εἶχεν ἐκ τοῦ χρόνου
μεταστῆσαι τὸ ἔργον ὡς ἐπράχθη διηγούμενος, οἷα
πάσχει πολλάκις ὁ λόγος αὐτοῦ πρὸς τὸ μυθῶδες

6. 4 ² βαρυτέραν : βαθυ- Richards ‖ ⁶ τοῦ om. PL ‖ 6 ²⁻³ Τισσαφέρνης : Τισα- codd. ‖ ⁶ ὑποψίαις Benseler : -ψίᾳ ‖ 9 ⁶ μυθῶδες :
θυμῶδες P.

et le théâtral. Ce récit se trouvera donc à la place qu'il lui a assignée. [1]

7. 1 A mesure qu'il avançait, Cyrus apprenait par les rumeurs et les avis qui lui parvenaient que le roi avait résolu de ne pas combattre tout de suite et de ne pas se presser d'en venir aux mains avec lui, mais d'attendre en Perse que les troupes qu'il rassemblait de toutes parts y fussent réunies. 2 Artaxerxès en effet avait fait creuser une tranchée large de dix toises et profonde d'autant* qui s'étendait à travers la plaine sur une longueur de quatre cents stades.* Il laissa d'ailleurs Cyrus passer au-delà et s'approcher non loin de Babylone elle-même.* 3 Mais Tiribaze ayant osé le premier, affirme-t-on, lui dire qu'il ne fallait pas éviter la bataille, ni abandonner la Médie et Babylone ainsi que Suse pour se replier sur la Perse, alors qu'il avait une armée plusieurs fois plus nombreuse que celle des ennemis, et des quantités de satrapes et de généraux meilleurs que Cyrus pour le conseil et pour l'action, il décida de livrer le combat décisif dans le plus bref délai. 4 Et dès l'abord, apparaissant soudain avec neuf cent mille hommes brillamment équipés, il jeta l'étonnement et le trouble chez les adversaires qui marchaient en désordre et sans leurs armes, pleins de confiance et de mépris. Cyrus eut beaucoup de peine, au milieu du tumulte et des cris, à ranger ses troupes en bataille. [2] 5 Puis, l'armée royale s'avançant en silence et lentement, ce bel ordre causa l'admiration des Grecs qui s'attendaient à des cris et à des mouvements désordonnés, et comptaient voir dans une si grande multitude beaucoup de trouble et de dispersion [3]. 6 Artaxerxès avait fort bien rangé face aux Grecs les plus puissants de ses chars armés de faux, en avant de sa propre pha-

1. Ci-dessous, au chap. 19. Sur Deinon et Ctésias, voir ci-dessus la Notice, p. 8-9.
2. Cf. Xén., *Anab.*, 1, 8, 1-3.
3. Cf. Xén., *Anab.*, 1, 8, 11 : contrairement à ce que Cyrus avait laissé prévoir aux Grecs, les soldats du roi « sans clameur, en silence, dans la mesure du possible, s'avançaient en ligne, sans hâte. »

καὶ δραματικὸν ἐκτρεπόμενος τῆς ἀληθείας, τοῦτο
μὲν ἦν ἐκεῖνος ἀπέδωκε χώραν ἕξει.

7. 1 Κύρῳ δὲ προϊόντι φῆμαι καὶ λόγοι προσέπιπτον, ὡς οὐ μάχεσθαι βασιλέως εὐθὺς ἐγνωκότος
οὐδὲ συνδραμεῖν εἰς χεῖρας αὐτῷ σπεύδοντος, ἀλλ᾽ ἐν
Πέρσαις ὑπομένειν ἄχρι ἂν αἱ δυνάμεις ἐκεῖ πανταχόθεν συνέλθωσι. 2 Καὶ γὰρ τάφρον εὖρος ὀρ-
γυιῶν δέκα καὶ βάθος ἴσων ἐπὶ σταδίους διὰ τοῦ   d
πεδίου τετρακοσίους ἐνέβαλε · καὶ ταύτης τε περιεῖδε τὸν Κῦρον ἐντὸς παρελθόντα καὶ Βαβυλῶνος αὐτῆς οὐ μακρὰν γενόμενον. 3 Τιριβάζου δ᾽,
ὥς φασι, πρώτου τολμήσαντος εἰπεῖν ὡς οὐ δεῖ
φυγομαχεῖν οὐδὲ Μηδίας ἐκστάντα καὶ Βαβυλῶνος
ἅμα καὶ Σούσων ἐνδύεσθαι τῇ Περσίδι, πολλαπλα-
σίαν μὲν ἔχοντα δύναμιν τῶν πολεμίων, μυρίους
δὲ σατράπας καὶ στρατηγοὺς Κύρου καὶ φρονεῖν
καὶ μάχεσθαι βελτίονας, ὥρμησε διαγωνίσασθαι
τὴν ταχίστην. 4 Καὶ τὸ μὲν πρῶτον ἐξαίφνης
καταφανεὶς ἐνενήκοντα μυριάσι στρατοῦ διακεκοσμημέναις λαμπρῶς, τοὺς πολεμίους ἀσυντάκτους   e
καὶ ἀνόπλους διὰ τὸ θαρρεῖν καὶ καταφρονεῖν ὁδοι-
ποροῦντας ἐξέπληξε καὶ συνετάραξεν, ὥστε σὺν
θορύβῳ καὶ βοῇ πολλῇ μόλις εἰς τάξιν καθίστασθαι
τὸν Κῦρον · 5 ἔπειτα σιγῇ καὶ σχέδην ἐπάγων θαῦμα
τοῖς Ἕλλησι τῆς εὐταξίας παρεῖχε, κραυγὰς ἀτάκτους καὶ σκιρτήματα καὶ πολὺν τάραχον αὐτῶν
καὶ διασπασμὸν ἐν πλήθει τοσούτῳ προσδεχομένοις.
6 Εὖ δὲ καὶ κατὰ τοὺς Ἕλληνας ἀντέταξε τῶν
δρεπανηφόρων τὰ ῥωμαλεώτατα πρὸ τῆς ἑαυτοῦ

---

6. 9 ⁸ μὲν : μὲν οὖν GP ‖ 7. 1 ¹ προιόντι Zie. : προσιόντι ‖ ³ αὐτῷ :
αὐτοῦ G ‖ 2 ² ἴσων GR : ἴσον ‖ 3 ¹ Τιριβάζου : Τηρ- PLG² ‖ ⁴ ἅμα
Cor. : ἀλλὰ ‖ 4 ²⁻³ διακεκοσμημέναις G : -μένου ‖ ⁵ ὥστε : ὥστε
καὶ L ‖ ⁶ καθίστασθαι : κατασταθῆναι G ‖ 5 ⁴ προσδεχομένοις G¹Π :
προσδεχόμενος.

lange, afin de rompre leurs rangs par l'attaque impé-
tueuse de ces chars avant qu'on en vînt aux mains.*

8. 1 Cette bataille a été relatée par de nombreux
auteurs, et Xénophon la met pour ainsi dire sous nos
yeux, non pas comme un événement passé, mais comme
une action en train de s'accomplir, de sorte qu'il passionne sans cesse son lecteur et le place au milieu du danger grâce à la description animée de son récit.* Ce serait
donc manquer de sens que de raconter à nouveau ce combat tout au long ; on peut seulement noter les particularités dignes de mémoire que Xénophon a omises. 2 L'endroit où les armées s'affrontèrent s'appelle Counaxa et est
à cinq cents stades de Babylone.[1] Comme Cléarque,
avant la bataille, conseillait à Cyrus de se tenir derrière
les combattants et de ne pas exposer sa personne, on
dit que Cyrus répondit : « Que dis-tu là, Cléarque? Tu
veux que je me montre indigne de la royauté à laquelle
j'aspire? » 3 Cyrus fit sans doute une grande faute
en se lançant témérairement et sans aucune précaution
en plein milieu des périls et du risque, mais Cléarque
en commit une non moindre, sinon même plus grave,
en refusant de ranger les Grecs en face du roi et en appuyant son aile droite au fleuve de peur d'être encerclé.
4 S'il recherchait avant tout la sécurité et s'il se préoc-
cupait principalement de ne subir aucun dommage,
le mieux eût été de rester chez lui : après avoir par-
couru dix mille stades[2] à partir de la mer pour gagner
sous les armes le haut pays sans y être forcé par personne* afin de mettre Cyrus sur le trône royal, étudier
ensuite le terrain en vue d'y trouver un emplacement
et une position, non pas d'où il pourrait sauver son
chef qui le payait, mais où il combattrait à son aise
et en sûreté, c'était agir en homme qui, par crainte
du danger présent, sacrifie le souci de l'intérêt général

1. Xénophon ne mentionne nulle part le nom de Counaxa ; c'est
donc bien une omission que répare ici Plutarque. 500 stades font à
peu près 90 kilomètres ; chez Xénophon, *Anab.*, 2, 2, 6, il est question
de 360 stades, soit environ 70 kilomètres.
2. Environ 1.900 kilomètres.

φάλαγγος, ὡς πρὶν ἐν χερσὶ γενέσθαι διακόψοντα
τὰς τάξεις βίᾳ τῆς εἰσελάσεως.

8. 1 Τὴν δὲ μάχην ἐκείνην πολλῶν μὲν ἀπηγγελ- f
κότων, Ξενοφῶντος δὲ μονονουχὶ δεικνύοντος ὄψει
καὶ τοῖς πράγμασιν ὡς οὐ γεγενημένοις, ἀλλὰ γινο-
μένοις, ἐφιστάντος ἀεὶ τὸν ἀκροατὴν ἐμπαθῆ καὶ
συγκινδυνεύοντα διὰ τὴν ἐνάργειαν, οὐκ ἔστι νοῦν
ἔχοντος ἐπεξηγεῖσθαι, πλὴν ὅσα τῶν ἀξίων λόγου
παρῆλθεν εἰπεῖν ἐκεῖνον. 2 Ὁ μὲν οὖν τόπος ἐν
ᾧ παρετάξαντο Κούναξα καλεῖται καὶ Βαβυλῶνος 1015
ἀπέχει σταδίους πεντακοσίους · Κῦρον δὲ πρὸ τῆς
μάχης Κλεάρχου παρακαλοῦντος ἐξόπισθε τῶν
μαχομένων εἶναι καὶ μὴ κινδυνεύειν αὐτόν, εἰπεῖν
φασι · « Τί λέγεις, ὦ Κλέαρχε; σὺ κελεύεις με τὸν
βασιλείας ὀρεγόμενον ἀνάξιον εἶναι βασιλείας; »
3 Ἁμαρτόντος δὲ Κύρου μέγα τῷ δῦναι προπετῶς
εἰς μέσα τὰ δεινὰ καὶ μὴ φυλάξασθαι τὸν κίνδυνον,
οὐχ ἧττον ἥμαρτεν, εἰ μὴ καὶ μᾶλλον, Κλέαρχος ἀντι-
τάξαι κατὰ τὸν βασιλέα μὴ θελήσας τοὺς Ἕλληνας,
ἀλλὰ προσμίξας τῷ ποταμῷ τὸ δεξιόν, ὡς μὴ κυκλω-
θείη. 4 Τὸν γὰρ ἀσφάλειαν ἐξ ἅπαντος διώκοντα
καὶ πλεῖστον λόγον ἔχοντα τοῦ μηδὲν παθεῖν οἴκοι b
μένειν ἦν κράτιστον. Ὁ δὲ μυρίους σταδίους ἀπὸ
θαλάσσης ἐν ὅπλοις ἀναβεβηκὼς μηδενὸς ἀναγκά-
ζοντος, ἀλλ' ὅπως Κῦρον εἰς τὸν θρόνον καθίσῃ τὸν
βασίλειον, εἶτα περισκοπῶν χώραν καὶ τάξιν, οὐκ
ἀφ' ἧς σώσει τὸν ἡγεμόνα καὶ μισθοδότην, ἀλλ' ἐν
τίνι θέμενος ἑαυτὸν ἀσφαλῶς μαχεῖται καθ' ἡσυχίαν, ὅμοιος ἦν ὑπὸ δέους τῶν παρόντων ἐκβεβληκότι
τοὺς περὶ τῶν ὅλων λογισμοὺς καὶ προιεμένῳ τὴν

---

7. 6 [4] εἰσελάσεως : εἰσελεύσεως L[1] ‖ 8. 1 [4] ἐμπαθῆ : ἐν πάθει
GRL ‖ 2 [2] Κούναξα : Κούναξ L ‖ [5] μαχομένων Emp. : μακεδόνων ‖
3 [1] μέγα τῷ δῦναι Bryan : μετὰ τὸ δῦναι GL μετὰ τὸ δοῦναι Π ‖
[3] μὴ καὶ P : καὶ μὴ ‖ 4 [1] Τὸν Zie. : Τὴν ‖ [7] σώσει Madvig : σώσειε ‖
[10] προιεμένῳ : προεμένῳ C.

et oublie le but de l'expédition. 5 Aucun de ceux qui étaient rangés autour du roi n'aurait tenu devant l'attaque des Grecs, et, une fois ces Perses enfoncés et le roi mis en fuite ou tué, Cyrus vainqueur était sauvé et régnait : voilà qui est clair d'après ce qui se passa.[1] 6 C'est donc à la circonspection de Cléarque plutôt qu'à la témérité de Cyrus qu'il faut attribuer la ruine des espoirs et la mort de ce prince. 7 En effet, à supposer que le roi aurait eu lui-même à désigner l'endroit où les Grecs devaient être placés pour que ces ennemis lui fissent le moins de mal possible, il n'en aurait pas trouvé d'autre que celui qui était le plus éloigné de sa personne et de son entourage : en raison de cette disposition, lui-même ne s'aperçut pas de son échec, et Cyrus fut abattu avant d'avoir pu exploiter la victoire de Cléarque. 8 Et pourtant Cyrus avait bien vu ce qu'il convenait de faire, et il avait alors ordonné à Cléarque de se placer au centre, mais Cléarque répondit : « Tout ira pour le mieux, je m'en charge », et il gâta tout.[2]

9. 1 En effet, si les Grecs battaient les barbares tant qu'ils voulaient et les poursuivaient très loin, Cyrus, qui montait un cheval de race, rétif et fougueux, appelé Pasacas au dire de Ctésias, fut chargé par le chef des Cadusiens, Artagersès,* qui lui cria très fort : 2 « Toi qui déshonores le nom de Cyrus, le plus beau de la Perse, toi le plus injuste et le plus insensé des hommes, tu as amené ici ces Grecs maudits par une maudite route pour piller les biens des Perses et dans l'espoir de tuer ton maître et ton frère, qui commande à tant de myriades de sujets meilleurs que toi, comme tu t'en rendras compte à l'instant, car tu vas perdre ici ta propre tête avant d'avoir aperçu le visage du roi. » 3 En

---

1. En effet les Grecs mirent en déroute les Perses placés face à eux sans éprouver aucune perte (Xén., *Anab.*, 1, 8, 20).
2. Cf. Xén., *Anab.*, 1, 8, 12-13 : « Cyrus... cria à Cléarque de mener son armée contre le centre de l'ennemi, parce que c'était là, pensait-il, qu'était le roi... Cléarque refusa d'éloigner du fleuve son aile droite, de peur d'être encerclé de chaque côté, et il répondit à Cyrus : « Tout ira bien, je m'en charge. » (ὅτι αὐτῷ μέλοι ὅπως καλῶς ἔχοι, réponse que Plutarque a reproduite presque littéralement).

τῆς στρατείας ὑπόθεσιν. 5 Ὅτι γὰρ οὐδεὶς ἂν
ὑπέμεινε τῶν τεταγμένων περὶ βασιλέα τοὺς Ἕλληνας ἐμπεσόντας, ὠσθέντων δ' ἐκείνων καὶ βασιλέως
φυγόντος ἢ πεσόντος ὑπῆρχε Κύρῳ νικῶντι σῴζεσθαι
καὶ βασιλεύειν, ἐκ τῶν πεπραγμένων δῆλόν ἐστι.
6 Διὸ τὴν Κλεάρχου μᾶλλον εὐλάβειαν ἢ τὸ τοῦ
Κύρου θράσος αἰτιατέον ὡς τὰ πράγματα καὶ Κῦρον
ἀπολέσασαν. 7 Εἰ γὰρ αὐτὸς ἐσκόπει βασιλεὺς
ὅπου τάξας τοὺς Ἕλληνας ἀβλαβεστάτοις χρήσεται πολεμίοις, οὐκ ἂν ἑτέραν ἐξεῦρεν ἢ τὴν ἀπω-
τάτω χώραν ἑαυτοῦ καὶ τῶν περὶ ἑαυτόν, ἀφ' ἧς οὔτε
νικηθεὶς αὐτὸς ᾔσθετο καὶ Κῦρος ἔφθη κατακοπεὶς ἢ
χρησάμενός τι τῇ Κλεάρχου νίκῃ. 8 Καίτοι Κῦρος τὸ συμφέρον οὐκ ἠγνόησεν, ἀλλ' ἐκεῖ Κλέαρχον ἐκέλευε τάττεσθαι κατὰ μέσον. Ὁ δ' αὐτῷ μέλειν εἰπὼν ὅπως ἕξει κάλλιστα, τὸ πᾶν διέφθειρεν.

9. 1 Οἱ μὲν γὰρ Ἕλληνες ὅσον ἐβούλοντο τοὺς
βαρβάρους ἐνίκων καὶ διώκοντες ἐπὶ πλεῖστον προῆλ-
θον · Κύρῳ δὲ γενναῖον ἵππον, ἄστομον δὲ καὶ ὑβρισ-
τὴν ἐλαύνοντι, Πασακᾶν καλούμενον, ὡς Κτησίας
φησίν, ἀντεξήλασεν ὁ Καδουσίων ἄρχων Ἀρταγέρσης μέγα βοῶν · 2 « Ὦ τὸ κάλλιστον ἐν Πέρσαις
ὄνομα Κύρου καταισχύνων, ἀδικώτατε ἀνδρῶν καὶ
ἀφρονέστατε, κακοὺς μὲν Ἕλληνας ἔρχῃ κακὴν
ὁδὸν ἄγων ἐπὶ τὰ Περσῶν ἀγαθά, δεσπότην δὲ σεαυτοῦ καὶ ἀδελφὸν ἐλπίζων ἀναιρήσειν, ὃς σοῦ μυριάκις μυρίους δούλους ἔχει κρείσσονας. Αὐτίκα
δὲ πειράσῃ · πρότερον γὰρ ἀπολεῖς ἐνταῦθα τὴν
σεαυτοῦ κεφαλὴν ἢ θεάσασθαι τὸ βασιλέως πρόσωπον. » 3 Ταῦτ' εἰπὼν ἐξηκόντισεν ἐπ' αὐτόν. Ὁ

8. 5 [4] φυγόντος Schaefer : φεύγοντος ‖ 8 [2] ἠγνόησεν G : ἠγνόηκεν ‖
ἐκεῖ : καὶ Kronenberg ‖ [3-4] μέλειν : μέλλειν PL[1] ‖ 9. 1 [2] ἐπὶ L :
ἐπὶ τὸ ‖ 2 [2] ἀνδρῶν G : ἀνθρώπων ‖ [3] κακοὺς Bryan : καλούς.

disant ces mots, il lança sur lui un javelot, qui fut arrêté par la solidité de la cuirasse ; Cyrus ne fut pas blessé, mais il chancela sous la violence du choc. Artagersès ayant tourné bride, Cyrus lui lança un trait qui l'atteignit et dont la pointe pénétra le long de la clavicule à travers le cou.　4　Presque tous les auteurs s'accordent pour dire qu'Artagersès fut tué par Cyrus.[1] Quant à la mort de Cyrus lui-même, comme Xénophon la relate de façon simple et concise parce qu'il n'en fut pas témoin,[2] rien n'empêche sans doute de rapporter en particulier le récit de Deinon, puis celui de Ctésias.

10. 1　Deinon raconte donc qu'Artagersès une fois abattu, Cyrus chargea violemment ceux qui étaient rangés devant le roi et lui blessa son cheval, en sorte qu'Artaxerxès tomba à terre. Tiribaze le fit vite monter sur un autre cheval en lui disant : « Roi, souviens-toi de cette journée : elle mérite qu'on ne l'oublie pas ! » Cyrus lança de nouveau son cheval contre Artaxerxès et le renversa.　2　Au troisième assaut, le roi, n'en pouvant plus, dit à ceux qui l'entouraient : « Mieux vaut mourir », et il attaqua Cyrus, qui se jetait témérairement et sans précaution au milieu des traits qui pleuvaient sur lui. Le roi le frappe de son javelot, et les hommes de son entourage le frappent aussi.　3　Cyrus tombe, selon les uns, sous le coup que lui porte le roi, selon certains autres, atteint par un soldat carien, à qui le roi, en récompense de cet exploit, permit de porter toujours sur sa lance, en tête de l'armée dans les expéditions, un coq d'or, car les Perses appelaient coqs les Cariens eux-mêmes à cause des aigrettes dont ils ornent leurs casques.[3]

---

1. Xénophon, *Anab.*, 1, 8, 24, est au nombre de ces auteurs, encore que les mots employés par lui (ἀποκτεῖναι λέγεται) ne soient pas entièrement affirmatifs.

2. Xénophon, *Anab.*, 1, 8, 27, écrit en effet simplement : « Du côté opposé, Cyrus fut tué, et sur son cadavre tombèrent huit des principaux de sa suite. »

3. Voir ci-dessous, 14, 5-10.

δὲ θώραξ στερεῶς ἀντέσχε, καὶ οὐκ ἐτρώθη μὲν ὁ
Κῦρος, ἐκραδάνθη δὲ τῆς πληγῆς ἰσχυρᾶς προσπε-
σούσης. Ἀποστρέψαντος δὲ τὸν ἵππον τοῦ Ἀρταγέρσου, βαλὼν ὁ Κῦρος ἔτυχε, καὶ διήλασε παρὰ
τὴν κλεῖδα διὰ τοῦ τραχήλου τὴν αἰχμήν. 4 Τὸν
μὲν οὖν Ἀρταγέρσην ἀποθανεῖν ὑπὸ τοῦ Κύρου σχεδὸν ἅπαντες ὁμολογοῦσι · περὶ δὲ τῆς αὐτοῦ Κύρου
τελευτῆς ἐπεὶ Ξενοφῶν ἁπλῶς καὶ συντόμως, ἅτε δὴ
μὴ παρὼν αὐτός, εἶπεν, οὐδὲν ἴσως κωλύει τὰ Δείνω-
νος ἰδίᾳ καὶ πάλιν τὰ Κτησίου διελθεῖν.   f

10. 1 Φησὶν οὖν ὁ μὲν Δείνων ὅτι τοῦ Ἀρταγέρσου πεσόντος εἰσελάσας βιαίως ὁ Κῦρος εἰς τοὺς
προτεταγμένους τοῦ βασιλέως κατέτρωσεν αὐτοῦ
τὸν ἵππον, ὁ δ' ἀπερρύη · Τιριβάζου δ' ἀναβαλόντος
αὐτὸν ἐπ' ἄλλον ἵππον ταχὺ καὶ εἰπόντος « Ὦ βασι-   1016
λεῦ, μέμνησο τῆς ἡμέρας ταύτης · οὐ γὰρ ἀξία λή-
θης ἐστί », πάλιν ὁ Κῦρος ἐνσείσας τῷ ἵππῳ κατέ-
βαλε τὸν Ἀρτοξέρξην. 2 Πρὸς δὲ τὴν τρίτην ἐπέ-
λασιν δυσανασχετήσας ὁ βασιλεὺς καὶ εἰπὼν πρὸς
τοὺς παρόντας ὡς βέλτιόν ἐστι μὴ ζῆν, ἀντεξή-
λαυνε τῷ Κύρῳ προπετῶς καὶ ἀπερισκέπτως εἰς ἐναντία βέλη φερομένῳ. Καὶ βάλλει μὲν αὐτὸς ἀκοντίῳ,
βάλλουσι δ' οἱ περὶ αὐτόν. 3 Πίπτει δ' ὁ Κῦρος, ὡς
μὲν ἔνιοι λέγουσι, πληγεὶς ὑπὸ τοῦ βασιλέως, ὡς
δ' ἕτεροί τινες, Καρὸς ἀνθρώπου πατάξαντος, ᾧ
γέρας ἔδωκε τῆς πράξεως ταύτης ὁ βασιλεὺς ἀλεκ-
τρυόνα χρυσοῦν ἐπὶ δόρατος ἀεὶ πρὸ τῆς τάξεως ἐν   b
ταῖς στρατείαις κομίζειν · καὶ γὰρ αὐτοὺς τοὺς
Κᾶρας ἀλεκτρυόνας οἱ Πέρσαι διὰ τοὺς λόφους οἷς
κοσμοῦσι τὰ κράνη προσηγόρευον.

9. 4 [2] τοῦ Κύρου ΠL : Κύρου ‖ 10. 1 [4] Τιριβάζου G[1]R : Τηρι- ‖
ἀναβαλόντος Rei. : ἀναλαβόντος ‖ [7] ἐνσείσας : σείσας L[1] ‖ [7-8] κατέ-
βαλε : κατέλαβε G ‖ 3 [6] στρατείαις G : στρατιαῖς.

11. 1　Quant au récit de Ctésias, le voici à peu près, succinctement abrégé et résumé sur plusieurs points. Après avoir tué Artagersès, Cyrus poussa son cheval sur Artaxerxès lui-même, et le roi dirigea le sien sur lui, tous deux en silence. Ariaeos, l'ami de Cyrus[1], frappa le premier le roi, sans le blesser. 2　Le roi lança son javelot, qui manqua Cyrus, mais atteignit et tua Satiphernès, un brave tout dévoué à Cyrus. Cyrus à son tour lança son javelot et blessa le roi à travers sa cuirasse; le trait pénétra de deux doigts dans la poitrine. Le coup fit tomber le roi de cheval, 3　et ceux qui l'entouraient s'enfuirent en désordre. Il se releva et, avec une poignée d'hommes, parmi lesquels se trouvait notamment Ctésias, il gagna une colline voisine et s'y tint en repos. Cyrus était emporté au loin par la fougue de son cheval au milieu des ennemis qui l'enveloppaient, mais qui ne le reconnaissaient pas parce qu'il faisait déjà nuit, tandis que ses amis le cherchaient. 4　Exalté par la victoire, plein d'ardeur et d'audace, il passait au travers des ennemis en criant : « Écartez-vous, petites gens ! » A ces cris souvent répétés en langue perse, on se rangeait en se prosternant devant lui, mais sa tiare tomba de sa tête, 5　et un jeune Perse, nommé Mithridate, qui passait près de lui en courant, sans savoir qui il était, le frappa de son javelot à la tempe, près de l'œil. Il perdit beaucoup de sang par cette blessure et, pris de vertige, il s'écroula évanoui. 6　Son cheval s'échappa et erra à l'aventure, mais sa housse glissa à terre et fut ramassée, couverte de sang, par un serviteur de celui qui avait blessé Cyrus. 7　Cyrus, se remettant à grand-

---

1. Ariaeos est nommé à mainte reprise comme lieutenant de Cyrus dans l'*Anabase* de Xénophon : 1, 8, 5 ; 1, 9, 31 (où l'on voit qu'à Counaxa il commandait la cavalerie) ; 1, 10, 1, — et surtout, en 2, 1, 4, où Cléarque dit : « Plût aux dieux que Cyrus fût encore en vie ! mais puisqu'il n'est plus, annoncez à Ariaeos que nous, nous avons vaincu le roi, et que, comme vous le voyez, personne ne nous résiste plus... Nous faisons savoir à Ariaeos que, s'il vient ici, nous l'installerons sur le trône royal : c'est à ceux qui ont vaincu, les armes à la main, qu'il convient aussi de commander. »

11. 1 Ἡ δὲ **Κτησίου διήγησις**, ὡς ἐπιτεμόντι πολλὰ συντόμως ἀπαγγεῖλαι, τοιαύτη τίς ἐστι. Κῦρος ἀποκτείνας Ἀρταγέρσην ἤλαυνεν εἰς αὐτὸν βασιλέα τὸν ἵππον, καὶ αὐτὸς εἰς ἐκεῖνον, ἀμφότεροι σιωπῇ. Φθάνει δὲ βαλὼν Ἀριαῖος ὁ Κύρου φίλος βασιλέα, καὶ οὐκ ἔτρωσε. 2 Βασιλεὺς δ᾽ ἀφεὶς τὸ δόρυ Κύρου μὲν οὐκ ἔτυχε, Σατιφέρνην δέ, πιστὸν ἄνδρα Κύρῳ καὶ γενναῖον, ἔβαλε καὶ ἀπέκτεινε. Κῦρος δ᾽ ἐπ᾽ αὐτὸν ἐξακοντίσας διὰ τοῦ θώρακος ἔτρωσε τὸ στῆθος ὅσον ἐνδῦναι δύο δακτύλους τὸ ἀκόντιον, πεσεῖν δ᾽ αὐτὸν ὑπὸ τῆς πληγῆς ἀπὸ τοῦ   c ἵππου. 3 Φυγῆς δὲ καὶ ταραχῆς τῶν περὶ αὐτὸν γενομένης, ὁ μὲν ἀναστὰς μετ᾽ ὀλίγων, ἐν οἷς καὶ Κτησίας ἦν, λόφον τινὰ πλησίον καταλαβὼν ἡσύχαζε · Κῦρον δὲ τοῖς πολεμίοις ἐνειλούμενον ὁ ἵππος ἐξέφερεν ὑπὸ θυμοῦ μακράν, ἤδη σκότους ὄντος ἀγνοούμενον ὑπὸ τῶν πολεμίων καὶ ζητούμενον ὑπὸ τῶν φίλων. 4 Ἐπαιρόμενος δὲ τῇ νίκῃ καὶ μεστὸς ὢν ὁρμῆς καὶ θράσους, διεξήλαυνε βοῶν « Ἐξίστασθε, πενιχροί. » Τοῦτο δὲ Περσιστὶ πολλάκις αὐτοῦ βοῶντος, οἱ μὲν ἐξίσταντο προσκυνοῦντες, ἀποπίπτει δὲ τῆς κεφαλῆς ἡ τιάρα τοῦ Κύρου. 5 Καὶ   d παρατρέχων νεανίας Πέρσης ὄνομα Μιθριδάτης ἀκοντίῳ βάλλει τὸν κρόταφον αὐτοῦ παρὰ τὸν ὀφθαλμόν, ἀγνοῶν ὅστις εἴη. Πολὺ δ᾽ αἷμα τοῦ τραύματος ἐκβαλόντος, ἰλιγγιάσας καὶ καρωθεὶς ὁ Κῦρος ἔπεσε. 6 Καὶ ὁ μὲν ἵππος ὑπεκφυγὼν ἐπλάζετο, τὸν δ᾽ ἐφίππειον πῖλον ἀπορρυέντα λαμβάνει τοῦ τὸν Κῦρον βαλόντος ἀκόλουθος αἵματος περίπλεω. 7 Τὸν δὲ Κῦρον ἐκ τῆς πληγῆς ἀναφέροντα χαλε-

---

11. 1 [3] αὐτὸν : τὸν L[1] ‖ [4] αὐτὸς : οὗτος Schaefer ‖ [5] βαλὼν : βάλλων Π ‖ 2 [2] Σατιφέρνην : Τισαφέρνην L ‖ [3] ἀπέκτεινε L : κατέ- ‖ 4 [2] ὁρμῆς L : ὀργῆς ‖ 5 [4] εἴη : ἐστὶν Π ‖ [5] ἰλιγγιάσας : εἰλ- R[1] ‖ 6 [1] ἐπλάζετο : ὑπεξέστη P.

peine du coup qu'il avait reçu, quelques eunuques qui
se trouvaient là essayèrent de le faire monter sur un
autre cheval pour le sauver. 8 N'ayant pas la force
de se tenir en selle, il voulut marcher à pied, soutenu
et conduit par les eunuques, mais il avait la tête si
lourde qu'il trébuchait. Cependant il se croyait vainqueur
en entendant les fuyards appeler Cyrus leur roi et implorer
sa grâce. 9 A ce moment, de pauvres Cauniens[1]
sans ressources qui suivaient l'armée pour y rendre
d'humbles services, se mêlèrent par hasard aux gens
de Cyrus, qu'ils prenaient pour des amis, mais, à peine
eurent-ils vu les saies de couleur pourpre qui couvraient
leurs cuirasses qu'ils reconnurent en eux des ennemis,
car les hommes du roi portaient tous des saies blanches.
10 Alors l'un deux osa frapper Cyrus par derrière
avec un javelot, sans savoir qui il était ; il lui rompit
la veine du jarret. Cyrus tomba, heurta sa tempe blessée
contre une pierre, et expira. 11 Tel est le récit de
Ctésias, où il a tant de peine à achever Cyrus, comme
avec un poignard émoussé !

12. 1 Cyrus venait d'expirer quand par hasard
Artasyras, l'œil du roi[2], passa à cheval près de là. Il
reconnut les eunuques qui se lamentaient et demanda
au plus dévoué d'entre eux : « Qui est cet homme, Pa-
riscas, que tu pleures assis près de son cadavre ? » L'autre
lui répondit : « Ne vois-tu pas, Artasyras, que c'est
Cyrus mort ? » 2 Étonné, Artasyras l'engagea à
avoir bon courage et à garder le corps, et lui-même
se précipita vers Artaxerxès, qui désespérait alors de
la situation et était physiquement fort mal en point
à cause de la soif et de sa blessure ; tout joyeux, il lui
annonça qu'il venait de voir de ses yeux Cyrus mort.
3 Le roi voulut d'abord courir aussitôt en personne

1. La ville de Caunos se trouve dans le sud de l'Asie Mineure, en
Carie, en face de l'île de Rhodes. Voir ci-dessous, 14,6.
2. Titre d'un haut dignitaire de la cour, chargé par le roi de surveiller
les satrapes et tous les agents de l'administration dans l'empire
achéménide.

πῶς καὶ μόλις εὐνοῦχοί τινες ὀλίγοι παρόντες ἐπεχεί-
ρουν ἐπ' ἄλλον ἵππον ἀναθέσθαι καὶ σῴζειν. 8 Ἀδυ-
νάτως δ' ἔχοντα καὶ δι' αὐτοῦ προθυμούμενον βαδίζειν ὑπολαβόντες ἦγον, τῷ μὲν σώματι καρηβα-
ροῦντα καὶ σφαλλόμενον, οἰόμενον δὲ νικᾶν ἀκού-
οντα τῶν φευγόντων ἀνακαλουμένων Κῦρον βασιλέα καὶ φείδεσθαι δεομένων. 9 Ἐν δὲ τούτῳ
Καύνιοί τινες ἄνθρωποι κακόβιοι καὶ ἄποροι καὶ
ταπεινῶν ὑπουργημάτων ἕνεκα τῇ τοῦ βασιλέως
στρατιᾷ παρακολουθοῦντες ἔτυχον συναναμιχθέντες
ὡς φίλοις τοῖς περὶ τὸν Κῦρον. Ὡς δὲ μόλις συνεῖ-
δον τὰ ἐπιθωρακίδια φοινικᾶ, λευκοῖς χρωμένων
τῶν βασιλικῶν ἁπάντων, ἔγνωσαν πολεμίους ὄντας.
10 Εἷς οὖν ἐκείνων ἐτόλμησεν ἀγνοῶν ἐξόπισθεν
βαλεῖν τὸν Κῦρον ἀκοντίῳ. Τῆς δὲ περὶ τὴν ἰγνύαν
φλεβὸς ἀναρραγείσης, πεσὼν ὁ Κῦρος ἅμα παίει
πρός τινι λίθῳ τὸν τετρωμένον κρόταφον καὶ ἀποθνήσκει. 11 Τοιοῦτος μὲν ὁ Κτησίου λόγος, ᾧ καθάπερ
ἀμβλεῖ ξιφιδίῳ μόλις ἀναιρῶν τὸν ἄνθρωπον ἀνή-
ρηκεν.

12. 1 Ἤδη δ' αὐτοῦ τεθνηκότος, Ἀρτασύρας ὁ
βασιλέως ὀφθαλμὸς ἔτυχεν ἵππῳ παρεξελαύνων.
Γνωρίσας οὖν τοὺς εὐνούχους ὀλοφυρομένους, ἠρώτησε τὸν πιστότατον αὐτῶν · « Τίνα τοῦτον, ὦ
Παρίσκα, κλαίεις παρακαθήμενος; » Ὁ δ' εἶπεν ·
« Οὐχ ὁρᾷς, ὦ Ἀρτασύρα, Κῦρον τεθνηκότα; »
2 Θαυμάσας οὖν ὁ Ἀρτασύρας τῷ μὲν εὐνούχῳ
θαρρεῖν παρεκελεύσατο καὶ φυλάττειν τὸν νεκρόν,
αὐτὸς δὲ συντείνας πρὸς τὸν Ἀρτοξέρξην, ἀπεγνωκότα μὲν ἤδη τὰ πράγματα, κακῶς δὲ καὶ τὸ σῶμα
διακείμενον ὑπό τε δίψης καὶ τοῦ τραύματος, χαί-
ρων φράζει ὡς αὐτὸς ἴδοι τεθνηκότα Κῦρον. 3 Ὁ

11. 9 [5] φίλοις Cor. : φίλοι ‖ 12. 1 [5] Παρίσκα : Παρσίσκα L.

à cet endroit et commanda à Artasyras de l'y conduire.
Mais, comme on parlait beaucoup des Grecs avec effroi
en disant que, dans leur poursuite, ils avaient l'avantage
et l'emportaient sur tous les points, il parut préférable
d'envoyer plusieurs personnes se rendre compte, et
trente hommes partirent avec des flambeaux.[1] 4 Mais,
comme le roi mourait presque de soif, l'eunuque Sati-
barzanès courut de tous côtés lui chercher à boire : il
n'y avait pas d'eau en ce lieu, et le camp était loin ;
5 il finit par rencontrer un de ces pauvres Cauniens[2]
qui portait une méchante petite outre contenant à peu
près huit cotyles[3] d'une eau mauvaise et corrompue.
Il la prit, la porta au roi et la lui donna. 6 Quand
le roi eut tout bu, il lui demanda si cette eau n'était
pas trop désagréable. Le roi prit les dieux à témoin qu'il
n'avait jamais bu avec autant de plaisir du vin ni de
l'eau, si légère et si pure qu'elle fût, et il ajouta : « Si
je n'arrive pas à retrouver pour le récompenser l'homme
qui te l'a donnée, je prie les dieux de le rendre heureux
et riche. »[4]

13. 1 A ce moment les trente envoyés revenaient,
tout rayonnants de joie, lui annoncer son bonheur ines-
péré. Déjà une foule d'hommes accouraient et se réunissaient de nouveau autour de lui ; reprenant alors confiance, il descendit de la colline à la clarté d'une multitude de lumières. 2 Quand il fut près du mort,
et que, selon un usage des Perses, on eut coupé la tête
et la main droite de Cyrus[5], il ordonna qu'on lui remît
la tête, et, la saisissant par la chevelure qui était épaisse

1. La nuit était tombée : voir ci-dessus, 11, 3 ; et ci-dessous, 13, 1.
2. Sur ces Cauniens, voir ci-dessus, 11, 9.
3. Huit cotyles font un peu plus de deux litres.
4. Cette anecdote n'est pas sans rappeler celle qu'on a lue ci-dessus,
en 5, 1. — Voir ci-dessous, 14,2.
5. Cf. Xén., *Anab.*, 1, 10, 1. — Ce n'était pas seulement un usage
des Perses : le corps de Cicéron fut amputé de la même manière,
cf. *Cic.*, 48, 6 ; *Ant.*, 20, 3 ; Appien, *Bell. Civ.*, 4, 20. — Le cadavre
de Cyrus fut mutilé par un eunuque du roi, Masabatès : voir ci-dessous,
17, 1 sqq.

δὲ πρῶτον μὲν εὐθὺς ὥρμησεν αὐτὸς ἰέναι καὶ τὸν
Ἀρτασύραν ἄγειν ἐκέλευσεν ἐπὶ τὸν τόπον · ἐπεὶ δὲ
πολὺς ἦν λόγος τῶν Ἑλλήνων καὶ φόβος ὡς διω-
κόντων καὶ πάντα νικώντων καὶ κρατούντων, ἔδοξε
πλείονας πέμψαι τοὺς κατοψομένους · καὶ τριάκοντα λαμπάδας ἔχοντες ἐπέμφθησαν. 4 Αὐτῷ δὲ
μικρὸν ἀπολείποντι τοῦ τεθνάναι διὰ τὸ διψῆν Σατι-
βαρζάνης ὁ εὐνοῦχος περιθέων ἐζήτει ποτόν · οὐ
γὰρ εἶχε τὸ χωρίον ὕδωρ, οὐδ' ἦν ἐγγὺς τὸ στρατόπεδον. 5 Μόλις οὖν ἐπιτυγχάνει τῶν Καυνίων
ἐκείνων τῶν κακοβίων ἑνὸς ἐν ἀσκίῳ φαύλῳ διεφθαρ-
μένον ὕδωρ καὶ πονηρὸν ἔχοντος, ὅσον ὀκτὼ κοτύλας ·
καὶ λαβὼν τοῦτο καὶ κομίσας τῷ βασιλεῖ δίδωσιν.
6 Ἐκπιόντα δ' ἅπαν ἠρώτησεν εἰ μὴ πάνυ δυσχεραί-
νει τὸ ποτόν. Ὁ δ' ὤμοσε τοὺς θεοὺς μήτ' οἶνον ἡδέως
οὕτως πώποτε πεπωκέναι μήθ' ὕδωρ τὸ κουφότατον
καὶ καθαρώτατον, « Ὥστ' » ἔφη « τὸν δόντα σοι
τοῦτ' ἄνθρωπον, ἂν ἐγὼ μὴ δυνηθῶ ζητήσας ἀμεί-
ψασθαι, τοὺς θεοὺς εὔχομαι ποιῆσαι μακάριον καὶ
πλούσιον. »

13. 1 Ἐν δὲ τούτῳ προσήλαυνον οἱ τριάκοντα
λαμπροὶ καὶ περιχαρεῖς, ἀναγγέλλοντες αὐτῷ τὴν
ἀνέλπιστον εὐτυχίαν. Ἤδη δὲ καὶ πλήθει τῶν συν-
τρεχόντων πάλιν πρὸς αὐτὸν καὶ συνισταμένων ἐθάρ-
ρει, καὶ κατέβαινεν ἀπὸ τοῦ λόφου φωτὶ πολλῷ
περιλαμπόμενος. 2 Ὡς δ' ἐπέστη τῷ νεκρῷ καὶ
κατὰ δή τινα νόμον Περσῶν ἡ δεξιὰ χεὶρ ἀπεκόπη
καὶ ἡ κεφαλὴ τοῦ σώματος, ἐκέλευσε τὴν κεφαλὴν
αὐτῷ κομισθῆναι · καὶ τῆς κόμης δραξάμενος οὔσης

---

12. 4 ² ἀπολείποντι : ἀπολιπόντι Π ‖ 5 ⁴ τῷ om. Π ‖ 6 ¹⁻² δυσχε-
ραίνει : -νοι G ‖ ⁵ ζητήσας : ζήσας C Cor. ‖ 13. 1 ³ πλήθει : πλήθη
G¹Π ‖ 2 ⁴ αὐτῷ Bryan : αὐτοῦ.

et touffue, il la montrait à ceux qui doutaient encore et qui fuyaient. 3 Étonnés, ils se prosternaient, et bientôt il eut autour de lui soixante-dix mille hommes, avec lesquels il retourna dans son camp. Il avait mené à la bataille, au dire de Ctésias, quatre cent mille hommes ; mais Deinon et Xénophon parlent d'un effectif de combattants beaucoup plus considérable.[1] 4 Quant au nombre des morts, Ctésias dit que, d'après les rapports faits au roi, il fut de neuf mille, mais que lui-même en vit non moins de vingt mille. Ce point reste donc douteux, 5 mais ailleurs Ctésias ment de façon évidente quand il prétend avoir été lui-même envoyé aux Grecs avec Phallynos de Zacynthe et quelques autres. 6 En effet Xénophon n'ignorait pas que Ctésias vivait dans l'entourage du roi ; il fait mention de lui,[2] et il est visible qu'il a lu ses ouvrages : si Ctésias était allé servir d'interprète pour des négociations si importantes, Xénophon n'aurait pas omis son nom, alors qu'il cite Phallynos de Zacynthe.[3] 7 Mais Ctésias, à ce qu'il semble, aimait extraordinairement la renommée, et il n'aimait pas moins les Laconiens et Cléarque ; constamment il ménage dans son récit des passages où il puisse prodiguer des louanges à Cléarque et à Lacédémone.[4]

14. 1 Après la bataille le roi envoya des présents considérables et magnifiques au fils d'Artagersès, qui avait été tué par Cyrus, et il combla d'honneurs Ctésias et les autres.[5] 2 Ayant retrouvé le Caunien qui lui avait donné son outre, d'obscur et pauvre qu'il était il le rendit puissant et riche.* 3 Il prit soin aussi

1. Renvoi à Xénophon, *Anab.*, 1, 7, 11 : « Les ennemis étaient, disait-on, douze cent mille avec deux cents chars à faux, sans compter six mille cavaliers commandés par Artagersès. »

2. Renvoi à Xénophon, *Anab.*, 1, 8, 26-27. F. Durrbach, *Rev. Ét. Gr.*, 6, 1893, p. 363, note 1, a prétendu, certainement à tort, que cette double mention de Ctésias devait être une glose.

3. Renvoi à Xénophon, *Anab.*, 2, 1, 7-23.

4. Ce qui explique qu'il ait gonflé le nombre des ennemis tués par les troupes de Cléarque.

5. « Les autres », ce sont les hommes de l'entourage du roi qui, avec Ctésias, prirent soin de lui après sa blessure : voir ci-dessus, 11, 3.

βαθείας καὶ λασίας ἐπεδείκνυε τοῖς ἀμφιδοξοῦσιν　　d
ἔτι καὶ φεύγουσιν. 3 Οἱ δ' ἐθαύμαζον καὶ προσεκύνουν, ὥστε ταχὺ μυριάδας ἑπτὰ περὶ αὐτὸν γενέσθαι
καὶ συνεισελάσαι πάλιν εἰς τὸ στρατόπεδον. Ἐξελη-
λάκει δ', ὡς ὁ Κτησίας φησίν, ἐπὶ τὴν μάχην τεσσαράκοντα μυριάσιν. Οἱ δὲ περὶ Δείνωνα καὶ Ξενοφῶντα
πολὺ πλείονας γενέσθαι λέγουσι τὰς μεμαχημένας.
4 Ἀριθμὸν δὲ νεκρῶν ὁ Κτησίας ἐνακισχιλίους ἀνε-
νεχθῆναί φησι πρὸς τὸν Ἀρτοξέρξην, αὐτῷ δὲ δισμυρίων οὐκ ἐλάττους φανῆναι τοὺς κειμένους. Ταῦτα　　e
μὲν οὖν ἔχει διαμφισβήτησιν · 5 ἐκεῖνο δὲ τοῦ
Κτησίου λαμπρὸν ἤδη ψεῦσμα, τὸ πεμφθῆναι φάναι
πρὸς τοὺς Ἕλληνας αὐτὸν μετὰ Φαλλύνου τοῦ Ζα-
κυνθίου καί τινων ἄλλων. 6 Ὁ γὰρ Ξενοφῶν
ἠπίστατο συνδιατρίβοντα βασιλεῖ Κτησίαν · μέμνη-
ται γὰρ αὐτοῦ καὶ τοῖς βιβλίοις τούτοις ἐντετυχηκὼς
δῆλός ἐστιν · οὐκ ἂν οὖν ἐλθόντα καὶ λόγων τοσούτων ἑρμηνέα γενόμενον παρῆκεν ἀνώνυμον, Φαλλῦνον
δὲ τὸν Ζακύνθιον ὠνόμαζεν. 7 Ἀλλὰ δαιμονίως
ὁ Κτησίας, ὡς ἔοικε, φιλότιμος ὢν καὶ οὐχ ἧττον
φιλολάκων καὶ φιλοκλέαρχος, ἀεί τινας ἐν τῇ διηγή-
σει χώρας ἑαυτῷ δίδωσιν ἐν αἷς γενόμενος πολλὰ καὶ
καλὰ μεμνήσεται Κλεάρχου καὶ τῆς Λακεδαίμονος.　　f

14. 1 Μετὰ δὲ τὴν μάχην δῶρα κάλλιστα μὲν
ἐξέπεμψε καὶ μέγιστα τῷ Ἀρταγέρσου παιδὶ τοῦ
πεσόντος ὑπὸ Κύρου, καλῶς δὲ καὶ Κτησίαν καὶ
τοὺς ἄλλους ἐτίμησε. 2 Τὸν δὲ Καύνιον ἐκεῖνον
ἐξανευρὼν ὃς ἐπέδωκε τὸ ἀσκίον, ἐξ ἀδόξου καὶ
πένητος ἔντιμον καὶ πλούσιον ἐποίησεν. 3 Ἦν δέ

13. 4 ²⁻³ δισμυρίων : -ρίους G ‖ 5 ³ Φαλλύνου PLG²R¹ : Φαύλ-
λου G¹R² (Φαλῖνος Xén., *Anab.*, 2, 1, 7 Φάλυνος Diod., 14, 25, 1) ‖
6 ⁵ Φαλλῦνον : Φάλλον GΠ Φάυλον L ‖ ⁶ δὲ : δὲ καὶ P ‖ 14. 1 ⁴ ἐτίμησε Rei. : ἐπετίμησε.

de punir ceux qui étaient en faute. Un Mède, nommé
Arbacès, avait passé à Cyrus pendant le combat, et
avait réintégré le parti du roi après la mort de Cyrus [1] ; Artaxerxès l'accusa de lâcheté et de faiblesse, mais non
de trahison et de malveillance, et il le condamna à prendre
sur ses épaules une courtisane nue et à la promener
ainsi toute une journée à travers la place publique.
4 Un autre, qui non seulement avait déserté, mais
de plus s'était vanté faussement d'avoir tué deux ennemis,
eut, par ordre du roi, la langue percée de trois aiguilles.
5 Croyant et voulant que tout le monde pensât et
dît que c'était lui qui avait tué Cyrus, il envoya des
cadeaux à Mithridate, qui le premier avait frappé Cyrus,
avec ordre à ceux qui les portaient de dire : « Le roi t'honore
parce qu'ayant trouvé la housse du cheval de Cyrus,
tu la lui as apportée. » [2] 6 Le Carien qui, en frappant
Cyrus au jarret, l'avait fait tomber, [3] ayant demandé
lui aussi une récompense, il ordonna aux porteurs du
présent de lui dire : « Le roi te fait ce don comme second
prix de la bonne nouvelle, car c'est Artasyras le premier, [4]
et toi après lui, qui lui avez annoncé la mort de Cyrus. »
7 Mithridate se retira en silence, bien qu'il fût attristé,
mais le malheureux Carien fut, comme il arrive souvent,
victime de sa sottise : 8 gâté, semble-t-il, par sa
faveur présente et persuadé qu'il pouvait tout de
suite revendiquer une situation supérieure à sa condition,
il n'admit point que le cadeau du roi fût le salaire d'une
bonne nouvelle ; il se fâcha et protesta en criant que
personne autre que lui n'avait tué Cyrus et qu'on lui
en retirait injustement la gloire. 9 Le roi, apprenant
ces propos, fut très irrité, et ordonna de lui trancher

1. On lit chez Xénophon, *Anabase*, 1, 7, 12 : « Les chefs de l'armée
du roi étaient quatre, chacun ayant sous ses ordres trois cent mille
hommes ; c'étaient Abrocomas, Tissapherne, Gobryas, Arbacès... »,
mais il paraît très peu probable qu'il s'agisse ici du même Arbacès.

2. Voir ci-dessus, 11, 5, 6.

3. Voir ci-dessus, 11, 9, 10, où ce Carien est désigné comme Caunien. Caunos était d'ailleurs une ville de Carie.

4. Voir ci-dessus, 12, 1-2.

τις ἐπιμέλεια καὶ περὶ τὰς τῶν ἐξαμαρτόντων δικαιώσεις. Ἀρβάκην μὲν γάρ τινα Μῆδον ἐν τῇ μάχῃ πρὸς 1018
Κῦρον φυγόντα καὶ πάλιν ἐκείνου πεσόντος με-
ταστάντα δειλίαν καὶ μαλακίαν καταγνούς, οὐ προδοσίαν οὐδὲ κακόνοιαν, ἐκέλευσε γυμνὴν ἀναλα-
βόντα πόρνην περιβάδην ἐπὶ τοῦ τραχήλου δι' ἡμέρας ὅλης ἐν ἀγορᾷ περιφέρειν. 4 Ἑτέρου δὲ πρὸς
τῷ μεταστῆναι ψευσαμένου καταβαλεῖν δύο τῶν
πολεμίων, προσέταξε διαπεῖραι τρισὶ βελόναις τὴν
γλῶτταν. 5 Οἰόμενος δὲ καὶ βουλόμενος δοκεῖν
καὶ λέγειν πάντας ἀνθρώπους ὡς αὐτὸς ἀπεκτόνοι
Κῦρον, Μιθριδάτῃ τε τῷ βαλόντι πρώτῳ Κῦρον ἐξέπεμψε δῶρα καὶ λέγειν ἐκέλευσε τοὺς διδόντας ὡς   b
« Τούτοις σε τιμᾷ ὁ βασιλεὺς ὅτι τὸν ἐφίππειον
Κύρου πῖλον εὑρὼν ἀνήνεγκας · » 6 τοῦ τε Καρὸς
ὑφ' οὗ τὴν ἰγνύαν πληγεὶς ὁ Κῦρος ἔπεσε καὶ αὐτοῦ δωρεὰν αἰτοῦντος, ἐκέλευσεν εἰπεῖν τοὺς διδόντας ὅτι « Σοὶ ταῦτα δίδωσιν ὁ βασιλεὺς εὐαγγελίων δευτερεῖα · πρῶτος γὰρ Ἀρτασύρας, μετ' ἐκεῖνον δὲ σὺ τὴν Κύρου τελευτὴν ἀπήγγειλας. » 7 Ὁ
μὲν οὖν Μιθριδάτης ἀπῆλθε σιωπῇ λυπούμενος ·
τὸν δ' ἄθλιον Κᾶρα κοινόν τι πάθος ἐξ ἀβελτερίας
κατέσχε. 8 Διαφθαρεὶς γὰρ ὑπὸ τῶν παρόντων,
ὡς ἔοικεν, ἀγαθῶν, καὶ ἀναπεισθεὶς εὐθὺς ἀντιποιεῖσ-
θαι τῶν ὑπὲρ αὐτόν, οὐκ ἠξίου τὰ δοθέντα μισθὸν
εὐαγγελίων ἔχειν, ἀλλ' ἠγανάκτει μαρτυρόμενος   c
καὶ βοῶν ὅτι Κῦρον οὐδεὶς ἕτερος, ἀλλ' αὐτὸς ἀπεκτόνοι καὶ τὴν δόξαν ἀδίκως ἀποστεροῖτο. 9 Ταῦτα
δ' ἀκούσας ὁ βασιλεὺς σφόδρα παρωξύνθη καὶ τὴν
κεφαλὴν ἐκέλευσεν ἀποτεμεῖν τοῦ ἀνθρώπου. Πα-

14. 3 ²⁻³ δικαιώσεις : διορθώσεις G ‖ ⁴ φυγόντα corr. ant. : φεύ-
γοντα ‖ 4 ² τῷ : τὸ G ‖ 5 ⁴ δῶρα : δῶρον P ‖ 6 ¹ τε Zie. : δὲ ‖
⁴ ὁ βασιλεὺς PL : βα- ‖ ⁶ τὴν : τὴν τοῦ L ‖ 8 ⁴ εὐαγγελίων : -λίου L ‖
⁶ ἀδίκως : οὐ δικαίως Π.

la tête, mais sa mère, qui était là, lui dit : « Roi, ce n'est
pas de cette façon que tu dois te débarrasser de ce maudit
Carien ; il recevra de moi le juste salaire de ce qu'il
a l'audace de prétendre. » 10 Le roi le lui ayant
abandonné, Parysatis le mit entre les mains des bourreaux,
auxquels elle ordonna de le torturer pendant dix jours,
puis de lui arracher les yeux et de couler dans ses oreilles
du cuivre fondu jusqu'à ce qu'il mourût.[1]

15. 1 Mithridate aussi périt misérablement un
peu plus tard, victime de la même sottise. Invité à un
dîner auquel assistaient des eunuques du roi et de sa
mère, il y vint paré du costume et des bijoux d'or qu'il
avait reçus d'Artaxerxès. 2 Quand on se fut mis
à boire, le plus influent des eunuques de Parysatis lui
dit : « Quel bel habit le roi t'a donné, Mithridate ! Quels
beaux bracelets, quels beaux colliers, quel riche cimeterre !
Certes, il t'a rendu heureux et enviable entre tous ! »
3 Mithridate, qui était déjà ivre, répondit : « Qu'est-ce
que cela, Sparamizès? Je me suis montré au roi ce jour-là
digne de plus grandes et plus belles récompenses. »
4 Sparamizès reprit en souriant : « On ne te jalouse
pas, Mithridate, mais puisque, au dire des Grecs, la
vérité est dans le vin, est-ce un grand et brillant exploit,
mon cher, que de trouver une housse tombée d'un cheval
et de la rapporter? » 5 Il parlait ainsi, non pas qu'il
ignorât la vérité, mais parce qu'il voulait découvrir
Mithridate devant l'assistance en excitant la légèreté
d'un homme que le vin avait rendu bavard et incapable

---

1. Pour ce supplice de la mort lente et pour celui de Mithridate,
rapporté ensuite et qui enchérit encore sur celui-ci (Mithridate aurait
mis dix-sept jours à mourir : 16, 7), Plutarque suit évidemment
Ctésias. Il sait pourtant que ce médecin-historiographe s'écarte souvent de la vérité et ajoute volontiers des péripéties tragiques (18, 7),
mais il n'a pas voulu renoncer à émouvoir son lecteur par de telles
descriptions. Le conteur chez lui peut donc faire tort à l'historien.
En outre, loin d'être φιλοβάρβαρος comme il en accuse Hérodote
(*De malignitate Herodoti*, 857 A), il n'est pas fâché de faire ressortir
la cruauté des Perses, qui se manifeste dans de tels supplices, inconnus en Grèce. Telles sont les deux raisons, je pense, pour lesquelles
il a reproduit ces descriptions horrifiantes, en dépit du peu de confiance
que lui inspirait l'auteur auquel il les empruntait.

ροῦσα δ᾽ ἡ μήτηρ « Μὴ σύ γε » εἶπεν «· οὕτω τὸν
Κᾶρα τοῦτον, ὦ βασιλεῦ, τὸν ὄλεθρον ἀπαλλάξῃς,
ἀλλὰ παρ᾽ ἐμοῦ τὸν ἄξιον ἀπολήψεται μισθὸν ὧν
τολμᾷ λέγειν. » 10 Ἐπιτρέψαντος δὲ τοῦ βασιλέως, ἐκέλευσε τοὺς ἐπὶ τῶν τιμωριῶν ἡ Παρύσατις
λαβόντας τὸν ἄνθρωπον ἐφ᾽ ἡμέρας δέκα στρε-
βλοῦν, εἶτα τοὺς ὀφθαλμοὺς ἐξορύξαντας εἰς τὰ
ὦτα θερμὸν ἐντήκειν χαλκὸν ἕως ἀποθάνῃ.

15. 1 Κακῶς δ᾽ ἀπώλετο καὶ Μιθριδάτης μετ᾽
ὀλίγον χρόνον ἐκ τῆς αὐτῆς ἀβελτερίας. Κληθεὶς γὰρ
ἐπὶ δεῖπνον, ἔνθα καὶ βασιλέως καὶ τῆς μητρὸς
εὐνοῦχοι παρῆσαν, ἧκεν ἐσθῆτι καὶ χρυσῷ κεκοσμη-
μένος οἷς ἔλαβε παρὰ βασιλέως. 2 Ἐπεὶ δ᾽ εἰς τὸ
πίνειν ἀφίκοντο, λέγει πρὸς αὐτὸν ὁ μέγιστον δυνάμενος τῶν Παρυσάτιδος εὐνούχων · « Ὡς καλὴν μὲν
ἐσθῆτά σοι ταύτην, ὦ Μιθριδάτα, ὁ βασιλεὺς δέδωκε,
καλὰ δὲ στρεπτὰ καὶ ψέλια · πολλοῦ δ᾽ ἄξιος ὁ ἀκι-
νάκης. Ἦ μακάριόν σε καὶ περίβλεπτον ἅπασι πε-
ποίηκεν. » 3 Ἤδη δὲ μεθύων ὁ Μιθριδάτης « Τί
δὲ ταῦτά ἐστιν, » εἶπεν « ὦ Σπαραμίζη; μειζόνων
γὰρ ἐγὼ καὶ καλλιόνων βασιλεῖ τὴν ἡμέραν ἐκείνην
ἄξιον ἐμαυτὸν παρέσχον. » 4 Καὶ ὁ Σπαραμίζης
ἐπιμειδιάσας « Φθόνος μὲν οὐδείς, ὦ Μιθριδάτα »
εἶπεν · « ἐπεὶ δέ φασιν Ἕλληνες οἶνον καὶ ἀλήθειαν
εἶναι, τί λαμπρόν, ὦ τᾶν, ἢ μέγα, πῖλον εὑρεῖν ἵππου
περιρρυέντα καὶ τοῦτον ἀνενεγκεῖν; » 5 Ταῦτα
δ᾽ οὐκ ἀγνοῶν τὸ ἀληθὲς ἔλεγεν, ἀλλὰ βουλόμενος
ἐκκαλύψαι πρὸς τοὺς παρόντας ὑπεκίνει τὴν κουφότητα τοῦ ἀνθρώπου λάλου καὶ ἀκράτους γεγο-

---

15. 1 ¹ Μιθριδάτης : Μητροδάτης R²PL Μιτροδάτης R¹ et item
infra ‖ 2 ² πίνειν : δειπνεῖν Π ‖ ⁴ ὁ del. Zie. ‖ ⁵ καλὰ δὲ στρεπτὰ : καλὸν δὲ στέμμα P¹ ‖ 4 ³ εἶπεν : εἰπεῖν GL ‖ ³⁻⁴ οἶνον καὶ
ἀλήθειαν εἶναι : οἴνῳ καὶ ἀλήθειαν ἐνεῖναι corr. ant.

de se contenir. 6   Alors Mithridate, n'étant plus maître de lui, répondit : « Vous autres, dites ce que vous voulez en fait de housses et de sornettes, mais moi, je vous dis franchement que c'est cette main-ci qui a tué Cyrus, car je ne lui ai pas, comme Artagersès, décoché un javelot vain et sans effet : si j'ai manqué l'œil de peu, j'ai atteint et percé la tempe, et j'ai ainsi renversé l'homme, qui est mort de cette blessure »[1].   7   Tous les convives, prévoyant déjà la fin et le malheur de Mithridate, baissèrent les yeux vers la terre, et celui qui donnait le repas dit : « Cher Mithridate, pour l'instant buvons et mangeons en adorant le Génie du roi[2], et laissons là des propos qui nous dépassent. »

16. 1 Puis l'eunuque rapporta les propos de Mithridate à Parysatis, et celle-ci au roi, qui fut indigné de se voir démenti et privé de ce qu'il y avait de plus beau et de plus flatteur pour lui dans sa victoire, 2 car il voulait persuader à tous, barbares et Grecs, que, dans les assauts et les mêlées du combat, il avait donné et reçu un coup, et qu'il avait été lui-même blessé, mais avait tué son adversaire. Il ordonna donc que Mithridate pérît par le supplice des auges. 3 Voici en quoi consiste ce supplice.[3] On prend deux auges faites pour s'ajuster l'une sur l'autre. On couche le condamné sur le dos dans l'une d'elles, 4 puis on met l'autre par-dessus, et on l'adapte de manière que la tête, les mains et les pieds débordent en dehors et que tout le reste du corps soit couvert. On donne à manger au patient et, s'il refuse, on l'y force en lui piquant les yeux. Quand il a mangé, on lui verse dans la bouche comme boisson un mélange de miel

1. Voir ci-dessus, 11, 5-6.
2. Quelle valeur convient-il d'attribuer à cette mention du δαίμων d'Artaxerxès? Cf. D. Babut, *Plutarque et le Stoïcisme*, 391 : « Souvent on a l'impression que Plutarque se contente d'exprimer des croyances populaires, sans les reprendre nécessairement à son compte, comme... dans les passages, particulièrement nombreux dans les *Vies*, où il est question du démon personnel, présenté comme tantôt bienveillant, tantôt redoutable, tantôt distinct de la personnalité à laquelle il est attaché, tantôt confondu avec elle. »
3. Cf. Eunape, *Vitae philos. et sophist.*, p. 478 B : ἡ Περσῶν λεγομένη σκάφευσις.

νότος διὰ τὸν οἶνον. 6 Εἶπεν οὖν μὴ κατασχών ·
« Ὑμεῖς μὲν ὅ τι βούλεσθε πίλους λέγετε καὶ
φλυάρους · ἐγὼ δ' ὑμῖν λέγω διαρρήδην ὑπὸ ταύτης   f
ἀνῃρῆσθαι Κῦρον τῆς χειρός. Οὐ γὰρ ὡς Ἀρταγέρσης
ἠκόντισα κενὸν καὶ μάταιον, ἀλλὰ τοῦ μὲν ὀφθαλμοῦ
μικρὸν ἥμαρτον, τοῦ δὲ κροτάφου τυχὼν καὶ διελάσας
κατέβαλον τὸν ἄνδρα · καὶ τέθνηκεν ὑπ' ἐκείνου τοῦ
τραύματος. » 7 Οἱ μὲν οὖν ἄλλοι τὸ τέλος ἤδη τοῦ
Μιθριδάτου καὶ τὴν κακοδαιμονίαν ὁρῶντες εἰς τὴν
γῆν ἔκυψαν · ὁ δ' ἑστιῶν αὐτούς · « Ὦ τᾶν » ἔφη   1019
« Μιθριδάτα, πίνωμεν ἐν τῷ παρόντι καὶ ἐσθίωμεν τὸν
βασιλέως δαίμονα προσκυνοῦντες, λόγους δὲ μείζους
ἢ καθ' ἡμᾶς ἐάσωμεν. »

16. 1 Ἐκ τούτου τῇ μὲν Παρυσάτιδι φράζει τὸν
λόγον ὁ εὐνοῦχος, ἐκείνη δὲ βασιλεῖ · βασιλεὺς
δ' ἠγανάκτησεν ὥσπερ ἐξελεγχόμενος καὶ τὸ κάλλιστον καὶ ἥδιστον ἀπολλύων τῆς νίκης. 2 Ἐβούλετο γὰρ βαρβάρους ἅπαντας πεπεῖσθαι καὶ Ἕλληνας ὡς ἐν ταῖς ἐξελάσεσι καὶ συμπλοκαῖς δοὺς καὶ
λαβὼν πληγὴν ἐτρώθη μὲν αὐτός, ἔκτεινε δ' ἐκεῖνον.
Ἐκέλευσεν οὖν τὸν Μιθριδάτην ἀποθανεῖν σκαφευ-
θέντα. 3 Τὸ δὲ σκαφευθῆναι τοιοῦτόν ἐστι · σκάφας
δύο πεποιημένας ἐφαρμόζειν ἀλλήλαις λαβόντες,   b
εἰς τὴν ἑτέραν κατακλίνουσι τὸν κολαζόμενον
ὕπτιον · 4 εἶτα τὴν ἑτέραν ἐπάγοντες καὶ συναρ-
μόζοντες ὥστε τὴν κεφαλὴν καὶ τὰς χεῖρας ἔξω καὶ
τοὺς πόδας ἀπολαμβάνεσθαι, τὸ δ' ἄλλο σῶμα πᾶν
ἀποκεκρύφθαι, διδόασιν ἐσθίειν τῷ ἀνθρώπῳ, κἂν
μὴ θέλῃ, προσβιάζονται κεντοῦντες τὰ ὄμματα ·
φαγόντι δὲ πιεῖν μέλι καὶ γάλα συγκεκραμένον
ἐγχέουσιν εἰς τὸ στόμα καὶ κατὰ τοῦ προσώπου κατα-

15. 6 ³ ἀνῃρῆσθαι : ἀναιρεῖσθαι G ‖ 16. 2 ⁵ οὖν : δὲ G.

et de lait, que l'on répand aussi sur le visage. 5 Ensuite on lui tient sans cesse les yeux tournés vers le soleil, et les mouches, s'abattant en foule sur son visage, le recouvrent tout entier. 6 Comme il est obligé de satisfaire à l'intérieur de son auge tous les besoins que produisent la nourriture et la boisson, les vers et les helminthes pullulent par suite de la corruption et de la putréfaction des excréments ; ils pénètrent à l'intérieur du corps et le font pourrir. 7 Quand on constate que l'homme est mort, on enlève l'auge du dessus, et l'on voit la chair rongée par les essaims de ces animaux qui se fixent sur les entrailles et les dévorent. C'est ainsi que Mithridate mourut à grand-peine après dix-sept jours de supplice. [1]

17. 1 Parysatis avait encore une cible à atteindre : celui qui avait coupé la tête et la main de Cyrus, l'eunuque du roi Masabatès. [2] 2 Comme il ne donnait sur lui aucune prise, voici quelle sorte de machination elle trama. 3 Habile en tout, elle était particulièrement adroite au jeu de dés. Aussi, avant la guerre, jouait-elle souvent avec le roi. 4 Après la guerre, s'étant réconciliée avec lui, [3] loin d'éviter les réunions amicales, elle partageait ses divertissements, et, vivant à ses côtés, était la confidente de ses amours et les favorisait. Bref, elle ne laissait que très peu de temps à Stateira pour le voir et être en sa compagnie, car elle la détestait plus que personne au monde, [4] et voulait que son influence à elle fût dominante. 5 Un jour, voyant Artaxerxès, sans occupation, sur le point de s'ennuyer, elle lui proposa une partie de dés avec un enjeu de mille dariques. Il joua, elle le laissa gagner et lui paya l'or. Puis, feignant

1. Sur les raisons qui ont pu pousser Plutarque à suivre Ctésias dans cette description d'un réalisme presque insoutenable, voir ci-dessus la note à 14, 10.
2. Voir ci-dessus, 13, 2.
3. Voir ci-dessus, 6, 6 sqq. : la nouvelle de la rébellion de Cyrus, qui était le fils préféré de Parysatis (2, 3 ; 3, 6), avait éloigné d'elle toute la cour et Artaxerxès lui-même.
4. Voir ci-dessus, 6, 8.

χέουσιν. 5 Εἶτα πρὸς τὸν ἥλιον ἀεὶ στρέφουσιν
ἐναντία τὰ ὄμματα, καὶ μυιῶν προσκαθημένων πλῆθος πᾶν ἀποκρύπτεται τὸ πρόσωπον. 6 Ἐντὸς
δὲ ποιοῦντος ὅσα ποιεῖν ἀναγκαῖόν ἐστιν ἐσθίοντας
ἀνθρώπους καὶ πίνοντας, εὐλαὶ καὶ σκώληκες ὑπὸ   c
φθορᾶς καὶ σηπεδόνος ἐκ τοῦ περιττώματος ἀναζέου-
σιν, ὑφ᾽ ὧν ἀναλίσκεται τὸ σῶμα διαδυομένων εἰς τὰ
ἐντός. 7 Ὅταν γὰρ ἤδη φανερὸς ᾖ τεθνηκὼς ὁ
ἄνθρωπος, ἀφαιρεθείσης τῆς ἐπάνω σκάφης ὁρῶσι
τὴν μὲν σάρκα κατεδηδεσμένην, περὶ δὲ τὰ σπλάγχνα τοιούτων θηρίων ἑσμοὺς ἐσθιόντων καὶ προσ-
πεφυκότων. Οὕτως ὁ Μιθριδάτης ἑπτακαίδεκα ἡμέρας
φθειρόμενος μόλις ἀπέθανε.

17. 1 Λοιπὸς δ᾽ ἦν τῇ Παρυσάτιδι σκοπὸς ὁ
τὴν κεφαλὴν ἀποτεμὼν καὶ τὴν χεῖρα τοῦ Κύρου Μα-
σαβάτης, βασιλέως εὐνοῦχος. 2 Ὡς οὖν αὐτὸς
οὐδεμίαν καθ᾽ ἑαυτοῦ λαβὴν παρεδίδου, τοιοῦτον
ἐπιβουλῆς τρόπον ἡ Παρύσατις συνέθηκεν. 3 Ἦν
τά τ᾽ ἄλλα θυμόσοφος γυνὴ καὶ δεινὴ κυβεύειν · διὸ   d
καὶ βασιλεῖ πρὸ τοῦ πολέμου πολλάκις συνεκύ-
βευε · 4 μετὰ δὲ τὸν πόλεμον διαλυθεῖσα πρὸς
αὐτὸν οὐκ ἔφευγε τὰς φιλοφροσύνας, ἀλλὰ καὶ
συνέπαιζε καὶ τῶν ἐρωτικῶν ἐκοινώνει συμπράτ-
τουσα καὶ παροῦσα, καὶ ὅλως μικρότατον αὐτοῦ
τῇ Στατείρᾳ μετεδίδου χρῆσθαι καὶ συνεῖναι, μι-
σοῦσά τε μάλιστα πάντων ἐκείνην καὶ μέγιστον
αὐτὴ βουλομένη δύνασθαι. 5 Λαβοῦσα δή ποτε τὸν
Ἀρτοξέρξην ὡρμημένον ἀλύειν σχολῆς οὔσης, προὐ-
καλεῖτο περὶ χιλίων δαρεικῶν κυβεῦσαι · καὶ κυ-
βεύοντα περιεῖδε νικῆσαι καὶ τὸ χρυσίον ἀπέδωκε.

16. 5 ² ἐναντία : -τίον LG² ‖ μυιῶν : μυῶν GP ‖ ²⁻³ πλῆθος L¹R :
πλήθους (⟨ὑπὸ⟩ πλήθους Cor.) ‖ 7 ¹ φανερὸς Π : -ρῶς ‖ ⁵ ἡμέρας :
-ραις GL ‖ **17.** 3 ¹ Ἦν : Ἦν ⟨γὰρ⟩ Zie. ‖ ² γυνὴ : ἡ γ- L.

la contrariété et le désir de revanche, elle lui demanda
de faire une nouvelle partie avec pour enjeu un eunuque,
et il y consentit. 6 Ils convinrent que chacun d'eux
excepterait cinq de ses eunuques les plus dévoués, mais
que, parmi les autres, le perdant livrerait celui que le
gagnant choisirait. Ces conventions faites, ils se mirent
au jeu. 7 Parysatis y fut très attentive et appliquée,
et sans doute eut-elle aussi de la chance en jetant les
dés, car elle gagna et se fit remettre Masabatès, qui
n'était pas au nombre de ceux qui avaient été exceptés,
et, avant que le roi se doutât de rien, elle le livra aux
bourreaux en leur ordonnant de l'écorcher vif, de fixer
son corps en travers sur trois pieux, et de clouer sa
peau à part. 8 Ce supplice fâcha et irrita vivement
le roi contre elle ; alors elle lui dit ironiquement en riant :
« Vraiment, tu es plaisant et admirable de te mettre
en colère pour un vieux et méchant eunuque, alors
que moi, qui ai perdu mille dariques, je me tais et me
résigne ! » 9 Bien qu'il regrettât d'avoir été dupé,
le roi se tint tranquille, mais Stateira qui d'ailleurs
s'opposait ouvertement en tout à Parysatis, se plaignit
avec indignation qu'elle fît périr, pour venger Cyrus,
de façon cruelle et criminelle des eunuques et de fidèles
sujets du roi.

Mort de Cléarque, puis de Stateira. — **18**. 1 Lorsque

Tissapherne eut trompé Cléarque et les autres stratèges en violant la trêve au mépris de ses serments,
et que, les ayant fait arrêter, il les eut envoyés enchaînés
au roi,[1] Cléarque, au dire de Ctésias, pria celui-ci de
lui procurer un peigne ; 2 l'ayant obtenu, il arrangea
sa chevelure[2] et fut si heureux de ce bon office qu'il

1. Cet événement est raconté par Xénophon, *Anab.*, 2, 5 ; cf. Diod.,
14, 26, 5 5-7.
2. Cf. *Lycurgue*, 22, 2 : « Ils (les jeunes Lacédémoniens) portaient
les cheveux longs à partir de l'âge de l'éphébie, et ils les soignaient
particulièrement dans les dangers ; ils les faisaient briller et les divi-
saient en deux. Ils se rappelaient un mot de Lycurgue disant qu'une
longue chevelure augmente la beauté et rend la laideur plus terrible. »
Voir Hérodote, 7, 208-209 ; Xénophon, *Resp. Lac.*, 11, 3 et 13, 8 ; et
comparer *Lysandre*, 1 ; *Reg. et Imp. Apopht.*, 189 E ; *Apopht. Lacon.*,
228 E ; *Romulus*, 15, 7.

Προσποιουμένη δ' ἀνιᾶσθαι καὶ φιλονικεῖν ἐκέλευσεν αὖθις ἐξ ἀρχῆς περὶ εὐνούχου διακυβεῦσαι ·
κἀκεῖνος ὑπήκουσε. 6 Ποιησάμενοι δὲ συνθήκας
πέντε μὲν ἑκάτερον ὑπεξελέσθαι τοὺς πιστοτάτους,
ἐκ δὲ τῶν λοιπῶν, ὃν ἂν ὁ νικῶν ἕληται, δοῦναι τὸν
ἡττώμενον, ἐπὶ τούτοις ἐκύβευον. 7 Σφόδρα δὴ   e
γενομένη πρὸς τῷ πράγματι καὶ σπουδάσασα περὶ
τὴν παιδιάν, εὖ δέ πως αὐτῇ καὶ τῶν κύβων πεσόντων,
νικήσασα λαμβάνει τὸν Μασαβάτην · οὐ γὰρ ἦν ἐν
τοῖς ὑπεξῃρημένοις. Καὶ πρὶν ἐν ὑποψίᾳ γενέσθαι
βασιλέα τοῦ πράγματος, ἐγχειρίσασα τοῖς ἐπὶ τῶν
τιμωριῶν προσέταξεν ἐκδεῖραι ζῶντα, καὶ τὸ μὲν
σῶμα πλάγιον διὰ τριῶν σταυρῶν ἀναπῆξαι, τὸ δὲ
δέρμα χωρὶς διαπατταλεῦσαι. 8 Γενομένων δὲ τούτων, καὶ βασιλέως χαλεπῶς φέροντος καὶ παροξυ-
νομένου πρὸς αὐτήν, εἰρωνευομένη μετὰ γέλωτος
« Ὡς ἡδὺς » ἔφασκεν « εἶ καὶ μακάριος, εἰ χαλεπαί-   f
νεις διὰ γέροντα πονηρὸν εὐνοῦχον, ἐγὼ δὲ χιλίους
ἐκκυβευθεῖσα δαρεικοὺς σιωπῶ καὶ στέργω. » 9 Βασιλεὺς μὲν οὖν ἐφ' οἷς ἐξηπατήθη μεταμελόμενος
ἡσυχίαν ἦγεν, ἡ δὲ Στάτειρα καὶ πρὸς τἆλλα φανερῶς ἠναντιοῦτο καὶ τούτοις ἐδυσχέραινεν, ὡς ἄνδρας
εὐνούχους καὶ πιστοὺς βασιλεῖ διὰ Κῦρον ὠμῶς
καὶ παρανόμως ἀπολλυούσης αὐτῆς.

18. 1 Ἐπεὶ δὲ Κλέαρχον καὶ τοὺς ἄλλους στρατη-   1020
γοὺς Τισσαφέρνης ἐξηπάτησε καὶ παρεσπόνδησεν
ὅρκων γενομένων, καὶ συλλαβὼν ἀνέπεμψεν ἐν πέδαις
δεδεμένους, δεηθῆναί φησιν αὐτοῦ τὸν Κλέαρχον
ὁ Κτησίας, ὅπως κτενὸς εὐπορήσειε. 2 Τυχόντα δὲ
καὶ τημελήσαντα τὴν κεφαλὴν ἡσθῆναί τε τῇ χρείᾳ

---

17. 5 ⁵ φιλονικεῖν : φιλονεικεῖν codd. ‖ 7 ¹ δὴ : δὲ R² ‖ ⁴ Μασαβάτην : Μεσα- ΠL ‖ 9 ⁵ εὐνούχους : εὐνοϊκοὺς Zie. εὔνους Sint. ‖
18. 1 ¹⁻² στρατηγοὺς : βασιλεῖς L¹.

donna à Ctésias son anneau, pour qu'il s'en servît comme
d'un signe de reconnaissance auprès des parents et amis
de Cléarque à Lacédémone ; sur le sceau de cet anneau
était gravée une danse de Caryatides.[1] 3 Selon Ctésias
encore, les soldats emprisonnés avec Cléarque s'appro-
priaient et consommaient les vivres qu'on lui envoyait,
en ne lui laissant que de minuscules portions ; Ctésias
prétend avoir aussi remédié à cet abus et avoir fait en
sorte que l'on adressât à Cléarque des vivres en plus
grande abondance, en en donnant d'autres à part aux
soldats ; il ajoute qu'il servit et ravitailla les Grecs grâce
à l'accord et aux bonnes dispositions de Parysatis.*
4 Cléarque, qui recevait chaque jour du jambon en
plus des autres provisions, lui fit dire et le pria de lui
envoyer un petit poignard qu'il devrait mettre et cacher
dans la viande, afin de ne pas laisser sa vie exposée à
la cruauté du roi ; mais Ctésias dit qu'il eut peur et
refusa. 5 Il rapporte également que le roi fut prié
par sa mère de ne pas faire tuer Cléarque et qu'il s'y
engagea par serment, mais qu'ensuite il changea d'avis
à l'instigation de Stateira et ordonna le meurtre de
tous les prisonniers, excepté Ménon.* 6 C'est à partir
de ce moment selon Ctésias que Parysatis se prépara
à attenter à la vie de Stateira par le poison. Mais ce qu'il
dit là manque de vraisemblance, et le motif allégué
est tout à fait absurde, quand il prétend que ce fut à cause
de Cléarque que Parysatis commit un acte si terrible
et si dangereux pour elle-même en osant tuer la femme
légitime du roi, qui lui avait donné des enfants élevés
pour régner. 7 Non, il n'est pas douteux que Ctésias
ajoute des péripéties tragiques pour honorer la mémoire
de Cléarque. Il dit en effet que, lorsque les stratèges
eurent été exécutés,* ils furent déchirés par des chiens
et des oiseaux, à l'exception de Cléarque, dont le cadavre

1. Pausanias, 3, 10, 7, écrit dans sa description de la Laconie : « ... Un
chemin mène à Caryai et à son sanctuaire d'Artémis. En effet le bourg
de Caryai est consacré à Artémis et aux nymphes. Une statue
d'Artémis Caryatis se dresse dans un lieu découvert ; c'est là que
chaque année les jeunes filles de Lacédémone forment des chœurs,
et leur genre de danse est particulier à ce pays. »

καὶ τὸν δακτύλιον αὐτῷ δοῦναι σύμβολον φιλίας
πρὸς τοὺς ἐν Λακεδαίμονι συγγενεῖς καὶ οἰκείους ·
εἶναι δὲ γλυφὴν ἐν τῇ σφραγῖδι Καρυάτιδας ὀρχου-
μένας. 3 Τὰ δὲ πεμπόμενα σιτία τῷ Κλεάρχῳ τοὺς
συνδεδεμένους στρατιώτας ἀφαιρεῖσθαι καὶ κατα-
ναλίσκειν, ὀλίγα τῷ Κλεάρχῳ διδόντας ἀπ' αὐτῶν.
Ἰάσασθαι δὲ καὶ τοῦτό φησιν ὁ Κτησίας, πλείονα
τῷ Κλεάρχῳ πέμπεσθαι διαπραξάμενος, ἰδίᾳ δ' ἕτερα   b
τοῖς στρατιώταις δίδοσθαι · καὶ ταῦτα μὲν ὑπουργῆσαι καὶ παρασχεῖν χάριτι καὶ γνώμῃ τῆς Παρυσάτιδος. 4 Πεμπομένου δὲ καθ' ἡμέραν τῷ Κλεάρχῳ
κωλῆνος ἐπὶ τοῖς σιτίοις, παρακαλεῖν αὐτὸν καὶ
διδάσκειν ὡς χρὴ μικρὸν εἰς τὸ κρέας ἐμβαλόντα
μαχαίριον ἀποκρύψαντα πέμψαι καὶ μὴ περιιδεῖν
ἐν τῇ βασιλέως ὠμότητι τὸ τέλος αὐτοῦ γενόμενον ·
αὐτὸν δὲ φοβούμενον μὴ ἐθελῆσαι. 5 Βασιλέα δὲ
τῇ μὲν μητρὶ παραιτουμένῃ μὴ κτεῖναι τὸν Κλέαρχον ὁμολογῆσαι καὶ ὀμόσαι · πεισθέντα δ' αὖθις   c
ὑπὸ τῆς Στατείρας ἀποκτεῖναι πάντας πλὴν Μένωνος.
6 Ἐκ δὲ τούτου τὴν Παρύσατιν ἐπιβουλεῦσαι τῇ
Στατείρᾳ καὶ συσκευάσασθαι τὴν φαρμακείαν κατ'
αὐτῆς, οὐκ εἰκότα λέγων, ἀλλὰ πολλὴν ἀλογίαν
ἔχοντα τῆς αἰτίας, εἰ δεινὸν ἔργον οὕτως ἔδρασε καὶ
παρεκινδύνευσεν ἡ Παρύσατις διὰ Κλέαρχον, ἀνελεῖν τολμήσασα τὴν γνησίαν βασιλέως γυναῖκα
καὶ τέκνων κοινωνὸν ἐπὶ βασιλείᾳ τρεφομένων.
7 Ἀλλὰ ταῦτα μὲν οὐκ ἄδηλον ὡς ἐπιτραγῳδεῖται
τῇ Κλεάρχου μνήμῃ. Καὶ γὰρ ἀναιρεθέντων φησὶ
τῶν στρατηγῶν τοὺς μὲν ἄλλους ὑπὸ κυνῶν σπα-
ράττεσθαι καὶ ὀρνέων, τῷ δὲ Κλεάρχου νεκρῷ θύελλαν   d

18. 2 ⁵ γλυφὴν : γλυφίδας L ‖ 3 ⁴ Ἰάσασθαι L² : ἰᾶσθαι ‖ 4 ⁶ αὐτὸν δὲ φοβούμενον : -τὸς -νος Bekker ‖ 6 ⁷ βασιλείᾳ Junt. : -λείας ‖
7 ¹ ἐπιτραγῳδεῖται : ἐπιτραγῳδεῖ Cor.

fut recouvert et enseveli par un grand amas de terre qu'apporta un tourbillon de vent ; 8 il dit enfin que, comme on avait jeté là des dattes de palmier, il y poussa en peu de temps un merveilleux bosquet qui ombragea l'endroit, si bien que le roi conçut un violent regret à la pensée d'avoir fait mourir en Cléarque un ami des dieux[1].

19. 1 Donc Parysatis, chez qui la haine et la jalousie contre Stateira couvaient depuis longtemps[2], voyait que son influence ne venait que du respect et de l'estime du roi, tandis que celle de Stateira était solidement fondée sur l'amour et la confiance[3] ; ce fut pour ce motif, le plus important à ses yeux, qu'elle se risqua à cet attentat.[4] 2 Elle avait une servante dévouée, nommée Gigis, qui jouissait auprès d'elle du plus grand crédit ; selon Deinon, Gigis prit part à l'empoisonnement, mais Ctésias dit qu'elle fut seulement dans le secret et malgré elle ; il appelle Bélitaras celui qui donna le poison, tandis que Deinon le nomme Mélantas. 3 Les deux reines, après leurs soupçons et leurs précédents conflits, avaient recommencé à se fréquenter et à prendre ensemble leurs repas ; cependant, comme elles avaient peur et se méfiaient l'une de l'autre, elles ne mangeaient que des mêmes mets servis par les mêmes mains. 4 Il existe en Perse un petit oiseau que l'on n'a point à vider et dont l'intérieur est tout rempli de graisse, ce qui fait croire que cet animal ne se nourrit que de vent et de rosée ; on l'appelle rhyntacès. 5 Suivant Ctésias, Parysatis coupa en deux un de ces oiseaux avec un petit couteau enduit de poison d'un seul côté, tandis que sur l'autre côté elle avait essuyé et enlevé le poison ; elle porta à sa bouche et mangea la moitié saine

1. Cléarque aurait donc été θεοφιλής. Sur ces hommes favorisés par la divinité, voir *Numa*, 4, 7-12 : l'amitié divine se marqua par exemple, dans le cas du poète Sophocle, en ceci qu'elle lui permit d'obtenir un tombeau.

2. Voir ci-dessus, 6, 8.

3. Voir ci-dessus, 2, 2.

4. Et non pas, comme le prétendait Ctésias, à cause de la mort de Cléarque : voir ci-dessus, 18, 6.

ἀνέμου γῆς θῖνα πολλὴν φέρουσαν ἐπιχῶσαι καὶ
ἐπικρύψαι τὸ σῶμα · 8 φοινίκων δέ τινων διασπαρέντων, ὀλίγῳ χρόνῳ θαυμαστὸν ἄλσος ἀναφῦναι
καὶ κατασκιάσαι τὸν τόπον, ὥστε καὶ βασιλεῖ σφόδρα
μεταμέλειν, ὡς ἄνδρα θεοῖς φίλον ἀνῃρηκότι τὸν
Κλέαρχον.

19. 1 Ἡ δ' οὖν Παρύσατις, μίσους τε πρὸς τὴν
Στάτειραν ἐξ ἀρχῆς ὑποκειμένου καὶ ζηλοτυπίας,
ὁρῶσα τὴν μὲν αὑτῆς δύναμιν αἰδουμένου βασιλέως
καὶ τιμῶντος οὖσαν, τὴν δ' ἐκείνης ἔρωτι καὶ πίστει
βέβαιον καὶ ἰσχυράν, ἐπεβούλευσεν ὑπὲρ τῶν μεγίστων, ὡς ᾤετο, παραβαλλομένη. 2 Θεράπαιναν   e
εἶχε πιστὴν καὶ δυναμένην παρ' αὐτῇ μέγιστον
ὄνομα Γίγιν, ἣν ὁ μὲν Δείνων ὑπουργῆσαι τῇ φαρμα-
κείᾳ φησί, συγγνῶναι δὲ μόνον ἄκουσαν ὁ Κτησίας.
Τὸν δὲ δόντα τὸ φάρμακον οὗτος μὲν ὀνομάζει Βελιτάραν, ὁ δὲ Δείνων Μελάνταν. 3 Ἐκ δὲ τῆς πρόσθεν ὑποψίας καὶ διαφορᾶς ἀρξάμεναι πάλιν εἰς τὸ
αὐτὸ φοιτᾶν καὶ συνδειπνεῖν ἀλλήλαις, ὅμως τῷ
δεδιέναι καὶ φυλάττεσθαι τοῖς αὐτοῖς σιτίοις καὶ
ἀπὸ τῶν αὐτῶν ἐχρῶντο. 4 Γίνεται δὲ μικρὸν ἐν
Πέρσαις ὀρνίθιον, ᾧ περιττώματος οὐδὲν ⟨ἔν⟩εστιν,
ἀλλ' ὅλον διάπλεως πιμελῆς τὰ ἐντός, ᾗ καὶ νομίζουσιν ἀνέμῳ καὶ δρόσῳ τρέφεσθαι τὸ ζῷον · ὀνομάζεται   f
δὲ ῥυντάκης. 5 Τοῦτό φησιν ὁ Κτησίας μικρᾷ
μαχαιρίδι κεχρισμένῃ τῷ φαρμάκῳ κατὰ θάτερα
τὴν Παρύσατιν διαιροῦσαν ἐκμάξαι τῷ ἑτέρῳ μέ-
ρει τὸ φάρμακον · καὶ τὸ μὲν ἄχραντον καὶ καθαρὸν

---

18. 8 ⁴⁻⁵ τὸν Κλέαρχον del. Herwerden ‖ **19.** 1 ³ βασιλέως : τοῦ
β- P ‖ 2 ³ Γίγιν : Γίγγην vocat Ctesias ‖ ⁵⁻⁶ Βελιτάραν : βελετά-
ραν P μελιτάραν L ‖ 3 ³ τῷ : τὸ GL¹ ⟨διὰ⟩ τὸ Zie. ‖ 4 ² ἔνεστιν
Zie. : ἔστιν ‖ ³ ᾗ om. GL ‖ 5 ῥυντάκης : ῥυνδάκκην vel ῥυνδάκην
Ctes. et Hesych. ‖ 5 ² κεχρισμένῃ : κεχρημένη PR¹.

et inoffensive, et donna à Stateira la moitié empoisonnée.
6 Cependant, au dire de Deinon, ce ne fut pas Parysatis,
mais Mélantas, qui coupa le mets avec le couteau et
qui servit le morceau empoisonné à Stateira. 7 Celle-ci,
en mourant au milieu de grandes souffrances et convulsions, se douta elle-même d'où venait le mal et amena
le roi à soupçonner sa mère, dont il connaissait le caractère
implacable et sauvage. 8 Aussi se livra-t-il aussitôt
à une enquête, faisant arrêter et mettre à la torture
les serviteurs de sa mère et ceux qui prenaient soin de
sa table. Parysatis tint longtemps Gigis enfermée auprès
d'elle en refusant de la livrer au roi qui la réclamait ;
enfin, Gigis l'ayant priée de la laisser aller de nuit à
sa propre maison, le roi, averti, organisa secrètement
un guet-apens, la fit saisir et la condamna à mort.
9 Voici de quelle manière les Perses ont coutume de
faire mourir les empoisonneurs : on prend une grande
pierre plate sur laquelle on place leur tête, que l'on
frappe et écrase avec une autre pierre jusqu'à ce que
le visage et la tête soient broyés. 10 Tel fut le supplice
de Gigis. Quant à Parysatis, le roi ne lui dit ni ne lui
fit rien de mal, mais il la relégua, consentante, à Babylone,
en disant que tant qu'elle vivrait, lui-même ne reverrait
pas Babylone.[1] Voilà ce qui se passait au palais d'Artaxerxès.

Guerre contre Sparte. — **20.** 1 Le roi n'avait
pas moins à cœur de s'emparer des Grecs qui étaient
montés en Asie avec Cyrus que de vaincre Cyrus lui-même
et de conserver le trône, mais il ne put y parvenir : après
avoir perdu leur chef Cyrus et leurs propres stratèges,
ils se sauvèrent, ou peu s'en faut, du palais royal lui-même[2]

1. Cf. Corn. Nepos, *De regibus*, 1, 4 : « Mnémon eut une grande réputation de justice, car, un crime de sa mère lui ayant fait perdre sa
femme, il sut sacrifier sa douleur au devoir de la piété filiale. »
2. Je crois que tout ce passage est une réminiscence du *Panégyrique*
d'Isocrate, 145-149, développement qui se termine par ces mots
appliqués aux Perses : καὶ τελευτῶντες ὑπ' αὐτοῖς τοῖς βασιλείοις
καταγέλαστοι γεγόνασιν.

εἰς τὸ στόμα βαλοῦσαν αὐτὴν ἐσθίειν, δοῦναι δὲ τῇ
Στατείρᾳ τὸ πεφαρμαγμένον · 6 ὁ δὲ Δείνων οὐ
τὴν Παρύσατιν, ἀλλὰ τὸν Μελάνταν τέμνοντα τῷ
μαχαιρίῳ τὰ φαρμασσόμενα τῶν κρεῶν τιθέναι κατὰ
τὴν Στάτειραν. 7 Ἀποθνήσκουσα οὖν ἡ γυνὴ μετὰ   1021
πόνων μεγάλων καὶ σπαραγμῶν αὐτή τε συνῃσθάνετο
τοῦ κακοῦ καὶ βασιλεῖ παρέσχεν ὑποψίαν κατὰ τῆς
μητρός, εἰδότι τὸ θηριῶδες αὐτῆς καὶ δυσμείλικτον.
8 Ὅθεν εὐθὺς ἐπὶ τὴν ζήτησιν ὁρμήσας τοὺς μὲν
ὑπηρέτας καὶ τραπεζοκόμους τῆς μητρὸς συνέλαβε
καὶ κατεστρέβλωσε, τὴν δὲ Γίγιν ἡ Παρύσατις πολὺν
χρόνον εἶχεν οἴκοι μεθ' αὑτῆς καὶ βασιλέως ἐξαι-
τοῦντος οὐκ ἔδωκεν, ἀλλ' ὕστερον αὐτῆς δεηθείσης
εἰς τὸν οἶκον ἀφεθῆναι νυκτὸς αἰσθόμενος καὶ λόχον
ὑφεὶς συνήρπασε καὶ κατέγνω θάνατον. 9 Ἀπο-
θνήσκουσι δ' οἱ φαρμακεῖς ἐν Πέρσαις κατὰ νόμον   b
οὕτως · λίθος ἐστὶ πλατύς, ἐφ' οὗ τὴν κεφαλὴν
καταθέντες αὐτῶν ἑτέρῳ λίθῳ παίουσι καὶ πιέζουσιν,
ἄχρι οὗ συνθλάσωσι τὸ πρόσωπον καὶ τὴν κεφαλήν.
10 Ἡ ⟨μὲν⟩ οὖν Γίγις οὕτως ἀπέθανε, τὴν δὲ
Παρύσατιν ὁ Ἀρτοξέρξης ἄλλο μὲν οὐδὲν οὔτ' εἶπε
κακὸν οὔτ' ἐποίησεν, εἰς δὲ Βαβυλῶνα βουλομένην
ἐξέπεμψεν εἰπὼν ἕως ἐκείνη περίεστιν αὐτὸς οὐκ
ὄψεσθαι Βαβυλῶνα. Τὰ μὲν οὖν κατὰ τὴν οἰκίαν
οὕτως εἶχεν.

20. 1 Ἐπεὶ δὲ τοὺς Κύρῳ συναναβάντας Ἕλληνας σπουδάσας λαβεῖν ὁ βασιλεὺς οὐδὲν ἧττον
ἢ Κύρου περιγενέσθαι καὶ τὴν βασιλείαν κατασχεῖν   c
οὐκ ἔλαβεν, ἀλλὰ Κῦρον τὸν ἡγεμόνα καὶ τοὺς αὐτῶν
στρατηγοὺς ἀποβαλόντες ἐξ αὐτῶν μονονουχὶ τῶν βα-

19. 7 [1] οὖν : ⟨δ'⟩ οὖν Sint. ‖ 8 [4] μεθ' αὑτῆς corr. ant. : μετ'
αὐτῆς ‖ βασιλέως : τοῦ β- P ‖ 9 [5] συνθλάσωσι : -σουσι G ‖ 10 [1] μὲν
add. Bens. ‖ [5] οὖν om. PL[1].

et firent voir à l'évidence que la grandeur des Perses et de leur roi ne consistait que dans l'abondance de l'or, dans le luxe et les femmes, tout le reste n'étant que vanité et forfanterie. 2 C'est pourquoi la Grèce entière s'enhardit et méprisa les barbares ; les Lacédémoniens en particulier jugèrent scandaleux de ne pas affranchir de la servitude, maintenant du moins, les Grecs établis en Asie, et de ne pas mettre un terme aux outrages que leur infligeaient les Perses. 3 C'est Thimbron d'abord, puis Dercyllidas qu'ils chargèrent de cette guerre, mais, n'arrivant ainsi à aucun résultat appréciable, ils confièrent la conduite des hostilités à leur roi Agésilas.* Celui-ci, étant passé par mer en Asie, déploya aussitôt une grande activité et s'acquit beaucoup de gloire en remportant une victoire sur Tissapherne et en poussant les cités à la rébellion.* 4 Ces événements firent comprendre à Artaxerxès de quelle manière il devait faire la guerre : il envoya en Grèce Timocratès de Rhodes avec des quantités d'or considérables, qu'il était chargé de remettre aux personnages les plus influents des villes pour les corrompre et susciter une offensive des Grecs contre Lacédémone. 5 Timocratès accomplissant sa mission, les plus grandes villes entraient dans la coalition,[1] et le Péloponnèse était bouleversé, de sorte que les autorités de Sparte rappelèrent d'Asie Agésilas.[2] 6 On rapporte qu'en partant il dit à ses amis : « Le roi me chasse de l'Asie grâce à trente mille archers », car la monnaie perse était à l'emblème de l'archer.[3]

21. 1 Le roi chassa aussi de la mer les Lacédémoniens, en adjoignant à Pharnabaze le stratège athénien Conon. Celui-ci en effet n'avait pas quitté Chypre depuis la bataille navale d'Aegos-Potamoi, moins par souci de

1. Les villes les plus importantes étaient Athènes et Thèbes : voir G. Glotz, *Hist. Gr.*, 3, 80 sq.

2. Cf. *Agés.*, 15, 2-7 : dès qu'il eut reçu la scytale de rappel, Agésilas prépara son départ. Voir aussi Xén., *Hell.*, 4, 2, 1-8.

3. Cette monnaie d'or à l'emblème de Darios tirant de l'arc est la darique : cf. *Agés.*, 15, 8 ; *Apopht. Lacon.*, 211 B.

σιλείων ἐσώθησαν, ἐξελέγξαντες καὶ ἀποφήναντες τὰ
Περσῶν καὶ βασιλέως πράγματα χρυσὸν ὄντα πολὺν καὶ
τρυφὴν καὶ γυναῖκας, τὰ δ' ἄλλα τῦφον καὶ ἀλαζονείαν,
2 πᾶσα μὲν ἡ Ἑλλὰς ἐξεθάρρησε καὶ κατεφρόνησε
τῶν βαρβάρων, Λακεδαιμονίοις δὲ καὶ δεινὸν ἐφαίνετο μὴ νῦν γε δουλείας ἐξελέσθαι τοὺς τὴν Ἀσίαν
κατοικοῦντας Ἕλληνας μηδὲ παῦσαι προπηλακιζο-
μένους ὑπ' αὐτῶν. 3 Πρότερον δὲ διὰ Θίμβρωνος,
εἶτα διὰ Δερκυλλίδου πολεμοῦντες, οὐδὲν δὲ πράττοντες ἀξιόλογον, Ἀγησιλάῳ τῷ βασιλεῖ τὸν πόλεμον ἐπέτρεψαν. Ὁ δὲ περαιωθεὶς ναυσὶν εἰς Ἀσίαν
εὐθὺς ἦν ἐνεργὸς καὶ δόξαν εἶχε μεγάλην, καὶ Τισσα-   d
φέρνην παραταξάμενος ἐνίκησε καὶ τὰς πόλεις ἀφίστη.
4 Τούτων δὲ γενομένων, συμφρονήσας ὁ Ἀρτοξέρξης
ὃν τρόπον αὐτοῖς ἐστι πολεμητέον, ἔπεμψε Τιμο-
κράτην τὸν Ῥόδιον εἰς τὴν Ἑλλάδα χρυσίον πολὺ
κομίζοντα, διδόναι καὶ διαφθείρειν τοὺς πλεῖστον
ἐν ταῖς πόλεσι δυναμένους κελεύσας καὶ πόλεμον
Ἑλληνικὸν κινεῖν ἐπὶ τὴν Λακεδαίμονα. 5 Τοῦ δὲ
Τιμοκράτους ταῦτα πράττοντος καὶ τῶν μεγίστων
πόλεων συνισταμένων καὶ τῆς Πελοποννήσου διατα-
ραττομένης, μετεπέμποντο τὸν Ἀγησίλαον ἐκ τῆς
Ἀσίας οἱ ἄρχοντες. 6 Ὅτε δὴ καί φασιν αὐτὸν
ἀπιόντα πρὸς τοὺς φίλους εἰπεῖν ὡς τρισμυρίοις
τοξόταις ἐξελαύνοιτο τῆς Ἀσίας ὑπὸ βασιλέως · τὸ   e
γὰρ Περσικὸν νόμισμα τοξότην ἐπίσημον εἶχεν.

21. 1 Ἐξέβαλε δὲ καὶ τῆς θαλάττης Λακεδαιμονίους, Κόνωνι τῷ Ἀθηναίῳ μετὰ Φαρναβάζου στρατηγῷ χρησάμενος. Ὁ γὰρ Κόνων διέτριβε μὲν ἐν

20. 3 ¹ Θίμβρωνος : Θρίμβωνος L ‖ ² Δερκυλλίδου L : -υλίδου ‖
⁴ ἐπέτρεψαν : ἔτρεψαν P ‖ ⁵⁻⁶ Τισσαφέρνην : Τισα- G ‖ 4 ²⁻³ Τιμο-
κράτην Sint. : Ἑρμοκράτην ‖ 5 ² Τιμοκράτους : Δημοκράτους P ‖
6 ³ ἐξελαύνοιτο : ἐλαύνοιτο L.

sécurité que pour y attendre un retournement de la
situation, comme on attend en mer un changement
de vent.[1] 2 Constatant que ses projets personnels
exigeaient de la puissance et que celle du roi avait besoin
d'un homme habile, il écrivit à Artaxerxès pour lui
faire connaître ses vues, 3 et il chargea son messager
de lui communiquer sa lettre de préférence par le Crétois
Zénon ou par Polycritos de Mendé[2] (Zénon était un
danseur et Polycritos un médecin), ou, s'ils n'étaient
pas là, par le médecin Ctésias. 4 On dit que ce fut
Ctésias qui reçut la lettre et qu'il ajouta à ce qu'elle
contenait un paragraphe où Conon priait le roi de lui
envoyer Ctésias, à titre d'homme utile dans les affaires
navales. Mais Ctésias affirme que le roi lui confia spontanément cette mission. 5 Lorsqu'Artaxerxès, par
la victoire navale que Pharnabaze et Conon remportèrent
pour lui à Cnide,[3] eut enlevé l'empire de la mer aux
Lacédémoniens, il attira sur lui les regards de toute
la Grèce et se vit en mesure d'imposer aux Hellènes
cette fameuse paix que l'on désigne du nom d'Antalcidas.
6 Celui-ci était un Spartiate, fils de Léon, si dévoué
au roi qu'il lui fit céder par les Lacédémoniens toutes
les villes grecques d'Asie et les îles qui se rattachent
à la côte asiatique, avec les tributs qu'il pouvait en tirer,
à la condition que les Grecs jouiraient de la paix, si
l'on doit appeler de ce nom un traité qui outrageait
et livrait l'Hellade, et tel qu'aucune guerre n'eut jamais
d'issue plus honteuse pour les vaincus.[4]

1. Cf. *Alc.*,37, 4, et *Lys.*, 11, 8, où on lit : « Conon s'échappa (de la
bataille d'Aegos-Potamoi) avec huit vaisseaux et put se réfugier
sain et sauf à Chypre auprès d'Évagoras. » Xénophon, *Hell.*, 2, 1,
29, donne plus de détails.

2. Mendé est une ville de Chalcidique, dans la presqu'île Pallène.

3. L'importante bataille navale de Cnide eut lieu au début d'août
394 ; l'amiral spartiate Pisandre y fut vaincu et tué. Cf. *Agés.*, 17, 4,
et surtout Xén., *Hell.*, 4, 3, 10-12.

4. La paix d'Antalcidas, appelée aussi « paix du Roi », fut conclue
en 387. Cf. *Agés.*, 23, 1-5, et surtout Xén., *Hell.*, 4, 8, 12 sqq. (premières négociations, en 392, d'Antalcidas et d'autres Grecs avec
le roi), et 5, 1, 25-34.

Κύπρῳ μετὰ τὴν ἐν Αἰγὸς ποταμοῖς ναυμαχίαν, οὐ
τὴν ἀσφάλειαν ἀγαπῶν, ἀλλὰ τὴν τῶν πραγμάτων
μεταβολήν, ὥσπερ ἐν πελάγει τροπήν, περιμένων.
2 Ὁρῶν δὲ καὶ τοὺς ἑαυτοῦ λογισμοὺς δυνάμεως
καὶ τὴν βασιλέως δύναμιν ἀνδρὸς ἔμφρονος δεομέ-
νην, ἔπεμψεν ἐπιστολὴν βασιλεῖ περὶ ὧν διενοεῖτο.
3 Καὶ ταύτην ἐκέλευσε τὸν κομίζοντα μάλιστα μὲν   f
ἀποδοῦναι διὰ Ζήνωνος τοῦ Κρητὸς ἢ Πολυκρίτου
τοῦ Μενδαίου (τούτων δ' ἦν ὁ μὲν Ζήνων ὀρχηστής,
ὁ δὲ Πολύκριτος ἰατρός)· ἂν δ' οὗτοι μὴ παρῶσι,
διὰ Κτησίου τοῦ ἰατροῦ. 4 Λέγεται δ' ὁ Κτησίας
τὴν ἐπιστολὴν λαβὼν παρεγγράψαι τοῖς ὑπὸ τοῦ
Κόνωνος ἐπεσταλμένοις, ὅπως καὶ Κτησίαν ἀποστείλῃ
πρὸς αὐτόν, ὡς ὠφέλιμον ὄντα ταῖς ἐπὶ θαλάσσῃ
πράξεσιν. Ὁ δὲ Κτησίας αὐτὸν ἀφ' ἑαυτοῦ βασιλέα
φησὶ προσθεῖναι τὴν λειτουργίαν αὐτῷ ταύτην.
5 Ἀλλ' ἐπεὶ κρατήσας τῇ περὶ Κνίδον ναυμαχίᾳ   1022
διὰ Φαρναβάζου καὶ Κόνωνος ἀφείλετο τὴν κατὰ
θάλατταν ἀρχὴν Λακεδαιμονίους, ἐπέστρεψε πᾶσαν
ὁμοῦ τὴν Ἑλλάδα πρὸς αὐτόν, ὥστε καὶ τὴν περιβόη-
τον εἰρήνην βραβεῦσαι τοῖς Ἕλλησι τὴν ἐπ' Ἀν-
ταλκίδου προσαγορευομένην. 6 Ὁ δ' Ἀνταλκίδας Σπαρτιάτης ἦν, Λέοντος υἱός, καὶ σπουδάσας
βασιλεῖ διεπράξατο τὰς ἐν Ἀσίᾳ πόλεις Ἑλληνίδας
ἁπάσας καὶ νήσους ὅσαι προσκυροῦσιν Ἀσίᾳ
παρεῖναι Λακεδαιμονίους αὐτῷ κεκτῆσθαι φόρων
ὑποτελεῖς, εἰρήνης γενομένης τοῖς Ἕλλησιν, εἰ δεῖ
τὴν τῆς Ἑλλάδος ὕβριν καὶ προδοσίαν εἰρήνην
καλεῖν, ἧς πόλεμος οὐδεὶς ἀκλεέστερον ἤνεγκε   b
τέλος τοῖς κρατηθεῖσι.

21. 4 [4] ὄντα : ὄντα ποτὲ L ‖ [5] ἀφ' Cor. : ὑφ' ‖ 6 [1-2] Ἀνταλκίδας Cor. :
-δης ‖ [2] σπουδάσας : ⟨συ⟩ σπου- Zie..

22. 1 Voilà pourquoi Artaxerxès qui avait toujours eu les Spartiates en horreur et qui, au dire de Deinon, les regardait comme les hommes les plus impudents du monde, se prit d'une vive amitié pour Antalcidas, quand celui-ci monta chez les Perses. 2 Un jour, à table, il prit une des couronnes de fleurs, la trempa dans le parfum le plus précieux et la fit porter à Antalcidas, faveur dont tous furent surpris.* 3 Antalcidas d'ailleurs, à ce qu'il paraît, était fait pour vivre dans les délices et pour accepter une telle couronne, lui qui avait parodié en dansant devant des Perses Léonidas et Callicratidas.[1] 4 Agésilas alors, semble-t-il, quelqu'un lui disant : « Malheur à la Grèce si nous voyons les Laconiens prendre le parti des Mèdes ! », repartit : « Ne faut-il pas dire plutôt que ce sont les Mèdes qui prennent le parti des Laconiens? »[2] 5 La joliesse de ce mot n'effaça point la honte de l'action, et, si les Lacédémoniens ne perdirent l'hégémonie qu'après leur triste défaite de Leuctres,[3] la gloire de Sparte avait déjà été flétrie auparavant par ce traité. 6 Tant que Lacédémone tenait le premier rang, le roi traita Antalcidas comme son hôte et l'appela son ami ; mais lorsque les Spartiates eurent été battus à Leuctres et que, réduits à s'humilier par besoin d'argent, ils eurent envoyé Agésilas en Égypte,* Antalcidas retourna auprès d'Artaxerxès pour le prier de secourir ses concitoyens,* 7 mais alors le roi ne lui accorda plus attention ni égard et le renvoya avec mépris, si bien que le Spartiate, de retour chez lui, bafoué par ses ennemis et redoutant en outre les éphores, se laissa mourir de faim.

8 Isménias de Thèbes, et Pélopidas, déjà vainqueur à la bataille de Leuctres, montèrent aussi auprès du roi. Pélopidas n'y fit rien dont il eut à rougir ; quant à Isménias, invité à se prosterner devant le roi, il retira son anneau,

---

1. Léonidas est sans doute le héros des Thermopyles. Callicratidas est le général spartiate qui, en 406, fut vaincu et tué par les Athéniens à la bataille des îles Arginuses.

2. Cf. *Agés.*, 23, 4 ; *Apopht. Lacon.*, 213 B.

3. A Leuctres, en 371, les Spartiates furent vaincus par les Béotiens d'Épaminondas et de Pélopidas. Cf. *Agés.*, 28, 5 sqq. ; *Pélop.*, 20-23.

22. 1 Διὸ καὶ τοὺς ἄλλους Σπαρτιάτας ἀεὶ βδελυττόμενος ὁ Ἀρτοξέρξης καὶ νομίζων, ὥς φησι Δείνων, ἀνθρώπων ἁπάντων ἀναιδεστάτους εἶναι, τὸν Ἀνταλκίδαν ὑπερηγάπησεν εἰς Πέρσας ἀναβάντα. 2 Καί ποτε λαβὼν ἕνα τῶν ἀνθινῶν στεφάνων καὶ βάψας εἰς μύρον τὸ πολυτελέστατον ἀπὸ δείπνου ἔπεμψε τῷ Ἀνταλκίδα · καὶ πάντες ἐθαύμασαν τὴν φιλοφροσύνην. 3 Ἦν δ᾽, ὡς ἔοικεν, ἐπιτήδειος οὗτος ἐντρυφηθῆναι καὶ τοιοῦτον λαβεῖν στέφανον, ἐξορχησάμενος ἐν Πέρσαις τὸν Λεωνίδαν καὶ τὸν Καλλικρατίδαν. 4 Ὁ μὲν γὰρ Ἀγησίλαος, ὡς ἔοικε, πρὸς τὸν εἰπόντα · « Φεῦ τῆς Ἑλλάδος, ὅπου μηδίζουσιν ἡμῖν οἱ Λάκωνες · » « Οὐ μᾶλλον » εἶπεν « οἱ Μῆδοι λακωνίζουσι; » 5 Τοῦ δὲ ῥήματος ἡ κομψότης τὴν τοῦ πράγματος αἰσχύνην οὐκ ἀφεῖλεν, ἀλλὰ τὴν μὲν ἡγεμονίαν ἀπώλεσαν ἐν Λεύκτροις ἀγωνισάμενοι κακῶς, ἡ δὲ δόξα τῆς Σπάρτης προαπώλετο ταῖς ὁμολογίαις ἐκείναις. 6 Ἄχρι μὲν οὖν ἐπρώτευεν ἡ Σπάρτη, ξένον ἐποιεῖτο καὶ φίλον ὠνόμαζεν ἑαυτοῦ τὸν Ἀνταλκίδαν · ἐπεὶ δ᾽ ἡττήθησαν ἐν Λεύκτροις, ταπεινὰ πράττοντες ἐδέοντο μὲν χρημάτων καὶ τὸν Ἀγησίλαον εἰς Αἴγυπτον ἐξέπεμψαν, ὁ δ᾽ Ἀνταλκίδας ἀνέβη πρὸς τὸν Ἀρτοξέρξην παρακαλῶν ἐπαρκέσαι τοῖς Λακεδαιμονίοις. 7 Ὁ δ᾽ οὕτως ἐξημέλησε καὶ παρεῖδε καὶ ἀπέρριψεν αὐτὸν ὥστε καταβάντα καὶ χλευαζόμενον ὑπὸ τῶν ἐχθρῶν, φοβούμενον δὲ καὶ τοὺς ἐφόρους, ἀποκαρτερῆσαι.

8 Ἀνέβη δὲ πρὸς τὸν βασιλέα καὶ Ἰσμηνίας ὁ Θηβαῖος καὶ Πελοπίδας ἤδη τὴν ἐν Λεύκτροις μάχην νενικηκώς. Ἀλλ᾽ οὗτος μὲν οὐδὲν αἰσχρὸν ἐποίησεν · Ἰσμηνίας δὲ προσκυνῆσαι κελευόμενος ἐξέβαλε

22. 5 [5] προαπώλετο Sol. : προσα-.

qu'il jeta à terre devant lui, et, se baissant pour le ra-
masser, il donna à croire qu'il se prosternait.[1] 9 L'Athénien Timagoras,[2] lui, envoya au roi par l'intermédiaire
du secrétaire Bélouris un billet confidentiel, et Artaxerxès
en fut si content qu'il lui donna dix mille dariques,
et, comme Timagoras avait besoin de lait de vache
pour sa santé, il le fit suivre de quatre-vingts vaches
à traire. 10 Il lui envoya aussi un lit avec des couvertures et des gens pour les étendre, dans la pensée
que les Grecs ne s'y connaissaient pas*, et enfin des porteurs
qui, en raison de sa faiblesse physique, le conduisirent
jusqu'à la mer. 11 Tant que Timagoras était à la
cour, on lui faisait parvenir des repas magnifiques,
si bien qu'Ostanès, frère du roi,* lui dit : « Timagoras,
souviens-toi de cette table, car ce n'est pas pour rien
qu'elle t'est si splendidement servie. » 12 C'était
là lui faire injure pour sa trahison plutôt que l'engager
à se souvenir du bienfait. Aussi les Athéniens condam-
nèrent-ils Timagoras à mort pour s'être laissé acheter.*

Atossa, fille et épouse du roi. — **23**. 1 Artaxerxès
procura aux Grecs un seul plaisir en échange de toutes
les peines qu'il leur causait : il fit mettre à mort Tissapherne,
le plus haineux et le plus acharné de leurs ennemis ;
Parysatis avait contribué à sa perte en appuyant les
accusations portées contre lui.* 2 Le roi en effet
n'avait pas gardé longtemps son ressentiment contre
sa mère, mais il s'était réconcilié avec elle et l'avait
rappelée*, en lui reconnaissant de l'intelligence et une
élévation de sentiments digne de la royauté. D'ailleurs
il n'y avait plus de motif qui les empêchât de vivre
ensemble et qui pût renouveler leurs soupçons et leurs
griefs mutuels. 3 Dès lors elle s'appliqua à lui complaire
en tout et à ne rien désapprouver de ce qu'il faisait ;
elle avait un grand pouvoir sur lui et en obtenait tout

---

1. Il s'agit du Congrès de Suse en 367 : cf. *Pélop.*, 30. 1-7 (A cet endroit, Plutarque ne parle pas d'Isménias), et surtout Xénophon,
Hell., 7, 1, 33-38.
2. Timagoras avait été envoyé avec Léon pour représenter Athènes
au Congrès de Suse : cf. Xén., *Hell.*, 7, 1, 35-38.

πρὸ αὐτοῦ χαμᾶζε τὸν δακτύλιον, εἶτα κύψας ἀνείλετο καὶ παρέσχε δόξαν προσκυνοῦντος. 9 Τι-
μαγόρᾳ δὲ τῷ Ἀθηναίῳ διὰ Βηλούριδος τοῦ γραμ-
ματέως εἰσπέμψαντι γραμματίδιον ἀπόρρητον, ἡσθεὶς μυρίους τε δαρεικοὺς ἔδωκε καὶ γάλακτος βοείου
δεομένῳ δι' ἀσθένειαν ὀγδοήκοντα βοῦς ἀμέλ-
γεσθαι παρηκολούθουν · 10 ἔτι δὲ κλίνην καὶ στρώ-
ματα καὶ τοὺς στρωννύντας ἔπεμψεν, ὡς οὐ μεμαθη-
κότων Ἑλλήνων ὑποστρωννύναι, καὶ φορεῖς τοὺς
κομίζοντας αὐτὸν μέχρι θαλάσσης μαλακῶς ἔχοντα.
11 Παρόντι δὲ δεῖπνον ἐπέμπετο λαμπρότατον,
ὥστε καὶ τὸν ἀδελφὸν τοῦ βασιλέως Ὀστάνην
« Ὦ Τιμαγόρα, » φάναι « μέμνησο ταύτης τῆς τραπέζης · οὐ γὰρ ἐπὶ μικροῖς οὕτω σοι κεκοσμημένη
παράκειται. » 12 Τοῦτο δ' ἦν ὀνειδισμὸς εἰς προδοσίαν μᾶλλον ἢ χάριτος ὑπόμνησις. Τιμαγόρου
μὲν οὖν διὰ τὴν δωροδοκίαν Ἀθηναῖοι θάνατον
κατέγνωσαν.

23. 1 Ὁ δ' Ἀρτοξέρξης ἓν ἀντὶ πάντων ὧν ἐλύπει τοὺς Ἕλληνας ηὔφραινε, Τισσαφέρνην τὸν ἔχθιστον αὐτοῖς καὶ δυσμενέστατον ἀποκτείνας. Ἀπέκτεινε δὲ ταῖς διαβολαῖς αὐτοῦ τῆς Παρυσάτιδος
συνεπιθεμένης. 2 Οὐ γὰρ ἐνέμεινε τῇ ὀργῇ πολὺν
χρόνον ὁ βασιλεύς, ἀλλὰ διηλλάγη τῇ μητρὶ καὶ
μετεπέμψατο, νοῦν μὲν ὁρῶν ἔχουσαν καὶ φρόνημα
βασιλείας ἄξιον, αἰτίας δὲ μηδεμιᾶς οὔσης ἐμποδὼν
ἔτι δι' ἣν ὑπόψωνται συνόντες ἀλλήλους ἢ λυπή-
σουσιν. 3 Ἐκ δὲ τούτου πάντα πρὸς χάριν ὑπουρ-
γοῦσα βασιλεῖ, καὶ τῷ πρὸς μηδὲν ὧν ἐκεῖνος ἔπραττε
δυσκολαίνειν ἔχουσα τὸ δύνασθαι παρ' αὐτῷ καὶ

ce qu'elle voulait. Elle s'aperçut qu'il était terriblement
épris de l'une de ses propres filles, Atossa. Il s'en cachait
surtout à cause de sa mère et, suivant certains auteurs,
s'efforçait de réprimer sa passion, bien qu'il eût eu
déjà des rapports secrets avec la jeune fille. 4 Quand
donc elle soupçonna l'affaire, Parysatis témoigna à
cette enfant plus d'affection qu'auparavant, et devant
Artaxerxès elle vanta sa beauté et son caractère comme
étant d'une splendeur royale. 5 Finalement elle lui
persuada d'épouser la jeune fille et de la déclarer sa
femme légitime, en laissant de côté les opinions et les
coutumes des Grecs, puisque la divinité l'avait désigné
aux Perses pour être lui-même la loi et le juge du bien
et du mal. 6 Quelques auteurs, parmi lesquels Héraclide de Cymè[1], disent qu'il n'épousa pas seulement
une de ses filles, mais encore une seconde, Amestris,
dont nous parlerons un peu plus bas.[2] 7 Quant à
Atossa, son père l'aima tellement, quand elle fut devenue
sa femme, qu'il ne fut nullement dégoûté d'elle par une
lèpre qui lui envahit le corps : il se mit à prier pour elle
Héra devant qui, seule de toutes les divinités, il se prosternait jusqu'à toucher de ses mains la terre[3]. Sur sa
demande, ses satrapes et ses amis envoyèrent à cette
déesse une si grande quantité de présents que l'espace
de seize stades qui séparait du palais son sanctuaire
se trouva rempli d'or, d'argent, de pourpre et de chevaux.*

Expéditions. — **24.** 1 Artaxerxès fit porter la
guerre en Égypte par Pharnabaze et Iphicrate, mais
subit un échec à cause du dissentiment de ces deux
généraux,* 2 et il marcha en personne contre les
Cadusiens avec trois cent mille fantassins et dix mille
cavaliers : ayant envahi un pays âpre et rude,

---

1. Sur cet auteur de Περσικά, voir ci-dessus la Notice, p. 9.
2. Ci-dessous, 27, 7.
3. A quelle divinité iranienne correspond cette Héra? On ne peut
guère songer qu'à Anaïtis (Anahita), mais plus bas, en 27, 4 (voir
la note à cet endroit), Plutarque identifie Anaïtis à l'Artémis d'Ecbatane. — J'ai consulté M. Roman Ghirshman, qui pense que le sanctuaire en question se trouvait peut-être aux environs de Persépolis.

τυγχάνειν ἁπάντων, ᾔσθετο τῆς ἑτέρας τῶν θυγατέρων, Ἀτόσσης, ἐρῶντος ἔρωτα δεινόν, ἐπικρυπτο-
μένου δὲ δι' ἐκείνην οὐχ ἥκιστα καὶ κολάζοντος τὸ
πάθος, ὥς φασιν ἔνιοι, καίτοι γεγενημένης ἤδη πρὸς
τὴν παρθένον ὁμιλίας αὐτῷ λαθραίας. 4 Ὡς οὖν
ὑπώπτευσεν ἡ Παρύσατις, τὴν παῖδα μᾶλλον ἢ
πρότερον ἠσπάζετο καὶ πρὸς τὸν Ἀρτοξέρξην ἐπή-   b
νει τό τε κάλλος αὐτῆς καὶ τὸ ἦθος, ὡς βασιλικῆς
καὶ μεγαλοπρεποῦς. 5 Τέλος οὖν γῆμαι τὴν κόρην
ἔπεισε καὶ γνησίαν ἀποδεῖξαι γυναῖκα, χαίρειν
ἐάσαντα δόξας Ἑλλήνων καὶ νόμους, Πέρσαις δὲ
νόμον αὐτὸν ὑπὸ τοῦ θεοῦ καὶ δικαιωτὴν αἰσχρῶν
καὶ καλῶν ἀποδεδειγμένον. 6 Ἔνιοι μέντοι λέγουσιν, ὧν ἐστὶ καὶ Ἡρακλείδης ὁ Κυμαῖος, οὐ μίαν
μόνον τῶν θυγατέρων, ἀλλὰ καὶ δευτέραν, Ἄμηστριν,
γῆμαι τὸν Ἀρτοξέρξην, περὶ ἧς ὀλίγον ὕστερον
ἀπαγγελοῦμεν. 7 Τὴν δ' Ἄτοσσαν οὕτως ἠγάπησεν
ὁ πατὴρ συνοικοῦσαν ὥστ' ἀλφοῦ κατανεμηθέντος
αὐτῆς τὸ σῶμα, δυσχερᾶναι μὲν ἐπὶ τούτῳ μηδ'   c
ὁτιοῦν, εὐχόμενος δὲ περὶ αὐτῆς τῇ Ἥρᾳ προσκυνῆσαι μόνην θεῶν ἐκείνην ταῖς χερσὶ τῆς γῆς ἁψάμε-
νος, δῶρά τε τῇ θεῷ τοσαῦτα πέμψαι τοὺς σατράπας
καὶ φίλους αὐτοῦ κελεύσαντος, ὥστε τὰ μεταξὺ τοῦ
ἱεροῦ καὶ τῶν βασιλείων ἑκκαίδεκα στάδια χρυσοῦ
καὶ ἀργύρου καὶ πορφύρας καὶ ἵππων ἐμπλησθῆναι.

24. 1 Πόλεμον δὲ πρὸς μὲν Αἰγυπτίους διὰ Φαρναβάζου καὶ Ἰφικράτους ἐξενεγκὼν ἀπέτυχε, στασιασάντων ἐκείνων · 2 ἐπὶ δὲ Καδουσίους αὐτὸς
ἐστράτευσε τριάκοντα μυριάσι πεζῶν καὶ μυρίοις
ἱππεῦσιν. Ἐμβαλὼν δ' εἰς χώραν τραχύτητι χαλε-   d

23. 5 ¹ οὖν Sol. : γοῦν (δ' οὖν Zie.) ‖ ³ Πέρσαις δὲ : ὡς Πέρσαις
Stegmann Πέρσαις γὰρ Cor. ‖ 7 ⁹ ἵππων : λίθων Dacier.

couvert de brouillards et impropre aux semailles, qui ne nourrissait ses habitants belliqueux et vaillants que de poires, de pommes et d'autres fruits non cultivés, il tomba par son imprudence dans des embarras et des dangers graves.[1] 3 On ne trouvait rien à manger, et l'on ne pouvait apporter des vivres du dehors ; on n'avait que les bêtes de somme, que l'on dépeçait, de sorte que l'on pouvait à peine acheter une tête d'âne pour soixante drachmes ; la table même du roi cessa d'être approvisionnée, et il ne restait plus que quelques chevaux : on avait consommé les autres pour se nourrir. 4 Alors Tiribaze, homme que son courage avait souvent élevé au premier rang, d'où sa légèreté l'avait précipité aussi souvent, et qui végétait à ce moment sans crédit ni considération,[2] sauva le roi et l'armée. 5 Les Cadusiens avaient deux rois, qui campaient chacun à distance de l'autre. Tiribaze alla trouver Artaxerxès et lui expliqua ce qu'il avait l'intention de faire, puis il se rendit lui-même chez un des rois des Cadusiens et envoya secrètement son fils[3] chez l'autre. 6 Chacun d'eux trompa chacun des deux rois en l'assurant que l'autre envoyait des ambassadeurs à Artaxerxès afin de lui demander pour lui seul son amitié et son alliance : « Si donc tu es sage, disaient-ils, tu te mettras le premier en rapport avec Artaxerxès, et je te seconderai moi-même en tout. » 7 Les deux rois, ajoutant foi à leurs paroles et chacun croyant se devancer mutuellement, envoyèrent des ambassadeurs, l'un avec Tiribaze, l'autre avec le fils de celui-ci. 8 Comme ils tardaient à arriver, Artaxerxès recevait soupçons et calomnies contre Tiribaze ; lui-même était mécontent et se repentait d'avoir eu confiance en Tiribaze et donnait ainsi aux envieux l'occasion de l'accuser. 9 Mais quand Tiribaze et

1. Les Cadusiens habitaient sur la côte Sud-Ouest de la mer Caspienne, aux confins de la Médie Atropatène. — Cette expédition d'Artaxerxès eut lieu en 385 : cf. Diod., 15, 8, 5 et 15, 10, 1 ; Corn. Nepos, *Datamès*, 1, 2.

2. Sur Tiribaze voir ci-dessus, 5, 3-4 ; 7, 3 ; 10, 1.

3. Ce fils de Tiribaze s'appelait Arpatès : voir ci-dessous, 30, 8.

πὴν καὶ ὁμιχλώδη καὶ τῶν ἀπὸ σπόρου καρπῶν ἄγο-
νον, ἀπίοις δὲ καὶ μήλοις καὶ τοιούτοις ἄλλοις
ἀκροδρύοις τρέφουσαν ἀνθρώπους πολεμικοὺς καὶ
θυμοειδεῖς, ἔλαθε μεγάλαις ἀπορίαις καὶ κινδύνοις
περιπεσών. 3 Οὐδὲν γὰρ ἐδώδιμον ἦν λαμβάνειν
οὐδ' ἔξωθεν ἐπεισάγεσθαι, τὰ δ' ὑποζύγια μόνον
κατέκοπτον, ὥστ' ὄνου κεφαλὴν μόλις δραχμῶν
ἑξήκοντα ὤνιον εἶναι. Τὸ δὲ βασιλικὸν δεῖπνον
ἐξελείφθη, καὶ τῶν ἵππων ὀλίγοι περιῆσαν ἔτι, τοὺς
δ' ἄλλους ἐσθίοντες κατανηλώκεσαν. 4 Ἐνταῦθα
Τιρίβαζος, ἀνὴρ πολλάκις μὲν ἐν πρώτῃ δι' ἀνδραγαθίαν τάξει γενόμενος, πολλάκις δ' ἀπορριφεὶς διὰ
κουφότητα καὶ τότε ταπεινὰ πράττων καὶ περιορώ-
μενος, ἔσωσε βασιλέα καὶ τὸν στρατόν. 5 Ὄντων
γὰρ δυεῖν ἐν τοῖς Καδουσίοις βασιλέων, ἑκατέρου δὲ
χωρὶς στρατοπεδεύοντος, ἐντυχὼν τῷ Ἀρτοξέρξῃ
καὶ φράσας περὶ ὧν διενοεῖτο πράττειν, ἐβάδιζεν
αὐτὸς πρὸς τὸν ἕτερον τῶν Καδουσίων καὶ πρὸς τὸν ἕτερον κρύφα τὸν υἱὸν ἔπεμπεν. 6 Ἐξηπάτα δ' ἑκάτερον
ἑκάτερος λέγων ὡς ἅτερος ἐπιπρεσβεύεται πρὸς τὸν
Ἀρτοξέρξην φιλίαν μόνῳ πράττων ἑαυτῷ καὶ συμμαχίαν · οὐκοῦν, εἰ σωφρονεῖ, χρῆναι πρότερον ἐντυγχά-
νειν ἐκείνῳ, αὐτὸν δὲ συμπράξειν ἅπαντα. 7 Τούτοις
ἐπείσθησαν ἀμφότεροι, καὶ φθάνειν ἀλλήλους νο-
μίζοντες ὁ μὲν τῷ Τιριβάζῳ συνέπεμψε πρέσβεις, ὁ δὲ
τῷ παιδὶ τοῦ Τιριβάζου. 8 Διατριβῆς δὲ γενομένης, ὑποψίαι καὶ διαβολαὶ κατὰ τοῦ Τιριβάζου
τῷ Ἀρτοξέρξῃ προσέπιπτον · αὐτὸς δὲ δυσθύμως
εἶχε καὶ μετενόει πιστεύσας τῷ Τιριβάζῳ καὶ τοῖς
φθονοῦσιν ἐγκαλεῖν παρεῖχεν. 9 Ἐπεὶ δ' ἧκεν ὁ

24. 3 ² μόνον ⟨οὐ πάντα⟩ Rei. ‖ 3 ⁶ κατανηλώκεσαν : κατηναλώ-
κεσαν Π ‖ 4 ² Τιρίβαζος : Τηρί- PLG² et sic deinceps ‖ 6 ⁴ σωφρονεῖ Steph. : -νεῖς ‖ ⁵ αὐτὸν Sint. : αὐτὸν ‖ 7 ² φθάνειν ἀλλήλους Bekker : φθονεῖν ἀλλήλοις ‖ ⁴ τοῦ : τῷ τοῦ Π.

aussi son fils furent de retour, amenant les Cadusiens,
un traité de paix fut conclu avec chacun des deux rois.
Dès lors Tiribaze fut un grand personnage au prestige écla-
tant, et, quand on repartit, il était aux côtés du roi,
qui montra en cette circonstance que la lâcheté et la
mollesse ne proviennent pas toujours, comme on le
croit communément, des délices et du luxe, mais d'une
nature dépravée et basse qui se laisse entraîner à des
opinions perverses. 10   En effet ni l'or ni la robe royale,
ni les ornements dont le roi était toujours couvert et
qui valaient douze mille talents, ne l'empêchaient de
peiner et d'endurer comme le premier venu : le carquois
au dos, le bouclier en main, il marchait lui-même en
tête par des chemins escarpés de montagnes, sans se
servir de son cheval, si bien que la vue de son entrain
et de sa vigueur donnait de la légèreté et des ailes à
ses troupes, 11   car il couvrait chaque jour une distance de plus de deux cents stades.[1]

25. 1 Quand il fut descendu dans une résidence
royale où se trouvaient des parcs admirables et splendidement disposés,[2] au milieu d'un pays nu et sans
végétation, comme il faisait un froid glacial, il permit
à ses soldats de prendre du bois dans le parc en coupant
les arbres, sans épargner ni pin ni cyprès. 2 Les
voyant qui hésitaient et n'osaient toucher aux arbres
à cause de leur taille et de leur beauté, il saisit lui-même
une hache et donna le premier coup au plus grand et
au plus beau de tous. Alors les soldats débitèrent les
arbres, allumèrent beaucoup de feux et passèrent ainsi
une bonne nuit. 3 Cependant le roi rentrait chez lui
après avoir perdu de nombreux braves et presque tous ses
chevaux. Se croyant méprisé à cause de sa malchance

1. Environ 38 kilomètres.
2. Ces « paradis » perses avaient de très grandes dimensions. Voir
par exemple Xénophon, *Anabase*, 1, 2, 7 : « De là... il arrive à Célènes,
ville habitée de Phrygie, grande et riche. Cyrus y avait une résidence
royale et un « paradis » rempli de bêtes sauvages qu'il chassait à
cheval quand il voulait s'exercer avec ses chevaux. Au milieu de ce
« paradis » coule le Méandre, qui prend sa source dans la résidence
royale et qui traverse ensuite la ville de Célènes. »

Τιρίβαζος, ἧκε δὲ καὶ ὁ υἱὸς αὐτοῦ τοὺς Καδου- 1024
σίους ἄγοντες, ἐγένοντο δὲ σπονδαὶ πρὸς ἀμφοτέρους καὶ εἰρήνη, μέγας ὢν ὁ Τιρίβαζος ἤδη καὶ
λαμπρὸς ἀνεζεύγνυε μετὰ τοῦ βασιλέως, ἐπιδεικνυ-
μένου πᾶσαν τὴν δειλίαν καὶ τὴν μαλακίαν οὐ τρυφῆς
καὶ πολυτελείας, ὥσπερ οἱ πολλοὶ νομίζουσιν, ἔκγονον οὖσαν, ἀλλὰ μοχθηρᾶς φύσεως καὶ ἀγεννοῦς
καὶ δόξαις πονηραῖς ἑπομένης. 10 Οὔτε γὰρ χρυ-
σὸς οὔτε κάνδυς οὔθ' ὁ τῶν μυρίων καὶ δισχιλίων
ταλάντων περικείμενος ἀεὶ τῷ βασιλέως σώματι
κόσμος ἐκεῖνον ἀπεκώλυε πονεῖν καὶ ταλαιπωρεῖν
ὥσπερ οἱ τυχόντες, ἀλλὰ τήν τε φαρέτραν ἐνημμένος
καὶ τὴν πέλτην φέρων αὐτὸς ἐβάδιζε πρῶτος ὁδοὺς　　b
ὀρεινὰς καὶ προσάντεις, ἀπολιπὼν τὸν ἵππον, ὥστε
τοὺς ἄλλους πτεροῦσθαι καὶ συνεπικουφίζεσθαι τὴν
ἐκείνου προθυμίαν καὶ ῥώμην ὁρῶντας · 11 καὶ
γὰρ διακοσίων καὶ πλειόνων σταδίων κατήνυεν ἡμέρας ἑκάστης πορείαν.

25. 1 Ἐπεὶ δ' εἰς σταθμὸν κατέβη βασιλικὸν
παραδείσους ἔχοντα θαυμαστοὺς καὶ κεκοσμημένους
διαπρεπῶς ἐν τῷ πέριξ ἀδένδρῳ καὶ ψιλῷ χωρίῳ,
κρύους ὄντος, ἐπέτρεψε τοῖς στρατιώταις ἐκ τοῦ
παραδείσου ξυλίζεσθαι τὰ δένδρα κόπτοντας, μήτε
πεύκης μήτε κυπαρίττου φειδομένους. 2 Ὀκνούν-
των δὲ καὶ φειδομένων διὰ τὰ κάλλη καὶ τὰ μεγέθη,　　c
λαβὼν πέλεκυν αὐτὸς ὅπερ ἦν μέγιστον καὶ κάλλιστον
τῶν φυτῶν ἔκοψεν. Ἐκ δὲ τούτου ξυλιζόμενοι καὶ
πολλὰ πυρὰ ποιοῦντες εὐμαρῶς ἐνυκτέρευσαν.
3 Οὐ μὴν ἀλλὰ πολλοὺς καὶ ἀγαθοὺς ἀποβαλὼν
ἄνδρας, ἵππους δ' ὁμοῦ τι πάντας ἐπανῆλθε. Καὶ
δόξας καταφρονεῖσθαι διὰ τὴν ἀτυχίαν καὶ τὴν

24. 9 [2] δὲ καὶ ὁ R[2] : δὲ ὁ ‖ [6] πᾶσαν : πᾶσιν Bryan Cor.

et de l'échec de son expédition, il tint en suspicion les premiers de ses courtisans, et il en fit périr plusieurs par colère, et plus encore par crainte. 4 En effet la lâcheté est le sentiment le plus sanguinaire chez les tyrans, tandis que le courage est clément, doux et sans méfiance. C'est pourquoi aussi les animaux difficiles à apprivoiser et sauvages sont les animaux craintifs et timides, tandis que ceux qui sont courageux, ayant plus de confiance en raison de leur bravoure, ne fuient par les caresses.[1]

Drame de la succession. — **26**. 1 Artaxerxès, déjà avancé en âge,[2] s'aperçut que ses fils étaient en lutte pour sa succession auprès de ses amis et des grands du royaume. Les gens sensés trouvaient juste qu'il laissât le trône à Darios par droit d'aînesse, comme lui-même l'avait reçu.[3] 2 Mais le plus jeune de ses fils,[4] Ochos, qui était vif et violent, avait jusque dans le palais d'assez nombreux partisans, et il espérait surtout gagner son père grâce à Atossa, 3 à qui il faisait la cour, promettant de l'épouser après la mort de son père et de la faire régner avec lui. Le bruit courait que, sans attendre cette mort, il avait avec elle des rapports secrets, mais Artaxerxès n'en sut rien ; 4 cependant celui-ci, voulant immédiatement enlever tout espoir à Ochos et l'empêcher d'imiter l'audace de Cyrus en jetant à nouveau le royaume dans des troubles et des guerres, proclama roi Darios, âgé de cinquante ans,* et lui permit de porter droite la coiffure appelée *citaris*.* 5 C'est l'usage en Perse que l'héritier désigné demande un présent à celui qui l'a désigné et qui doit, si cela est possible, lui accorder tout ce qu'il demande. Darios demanda Aspasie, autrefois maîtresse préférée

1. Voir ci-dessus la Notice, p. 14.
2. Plutarque, ci-dessous, 30, 9, dit qu'Artaxerxès vécut 94 ans, mais cela paraît douteux : voir ci-dessus la Notice, p. 3-4.
3. Voir ci-dessus, 1, 2.
4. Νεώτατος, et non νεώτερος, est la leçon de la plupart des manuscrits, et en effet, en 30, 1, nous voyons que Darios avait un troisième fils légitime, Ariaspès, que sa date de naissance situait entre Darios et Ochos ; Justin, 10, 1, appelle ce fils Ariarathès.

ἀπότευξιν τῆς στρατείας, ἐν ὑποψίαις εἶχε τοὺς
πρώτους · καὶ πολλοὺς μὲν ἀνῄρει δι' ὀργήν, πλείονας δὲ φοβούμενος. 4 Ἡ γὰρ δειλία φονικώτατόν
ἐστιν ἐν ταῖς τυραννίσιν, ἵλεων δὲ καὶ πρᾷον καὶ
ἀνύποπτον ἡ θαρραλεότης. Διὸ καὶ τῶν θηρίων τὰ   d
ἀτιθάσευτα καὶ δυσεξημέρωτα ψοφοδεῆ καὶ δειλά,
τὰ δὲ γενναῖα πιστεύοντα μᾶλλον διὰ τὸ θαρρεῖν οὐ
φεύγει τὰς φιλοφροσύνας.

26. 1 Ὁ δ' Ἀρτοξέρξης ἤδη πρεσβύτερος ὢν
ᾐσθάνετο τοὺς υἱοὺς ἀγῶνα περὶ τῆς βασιλείας ἐν τοῖς
φίλοις καὶ τοῖς δυνατοῖς ἔχοντας. Οἱ μὲν γὰρ εὐγνώ-
μονες ἠξίουν, ὡς ἔλαβεν αὐτός, οὕτως ἀπολιπεῖν
πρεσβεῖα Δαρείῳ τὴν ἀρχήν. 2 Ὁ δὲ νεώτατος
Ὦχος ὀξὺς ὢν καὶ βίαιος εἶχε μὲν καὶ τῶν περὶ τὸ
βασίλειον οὐκ ὀλίγους σπουδαστάς, ἤλπιζε δὲ
μάλιστα κατεργάσεσθαι τὸν πατέρα διὰ τῆς Ἀτόσσης.
3 Ἐκείνην γὰρ ἐθεράπευεν ὡς γαμησομένην καὶ συμ-   e
βασιλεύσουσαν αὐτῷ μετὰ τὴν τοῦ πατρὸς τελευτήν.
Ἦν δὲ λόγος ὅτι καὶ ζῶντος ἐλάνθανεν αὐτῇ πλη-
σιάζων. Ἀλλὰ τοῦτο μὲν ἠγνόησεν ὁ Ἀρτοξέρξης ·
4 ταχὺ δὲ βουλόμενος ἐκκροῦσαι τῆς ἐλπίδος τὸν
Ὦχον, ὅπως μὴ τὰ αὐτὰ Κύρῳ τολμήσαντος αὐτοῦ πόλεμοι καὶ ἀγῶνες αὖθις καταλάβωσι τὴν βασιλείαν, ἀνέδειξε τὸν Δαρεῖον βασιλέα πεντηκοστὸν
ἔτος γεγονότα, καὶ τὴν καλουμένην κίταριν ὀρθὴν
φέρειν ἔδωκε. 5 Νόμου δ' ὄντος ἐν Πέρσαις δωρεὰν
αἰτεῖν τὸν ἀναδειχθέντα καὶ διδόναι τὸν ἀναδείξαντα
πᾶν τὸ αἰτηθέν, ἄνπερ ᾖ δυνατόν, ᾔτησεν Ἀσπα-
σίαν ὁ Δαρεῖος τὴν μάλιστα σπουδασθεῖσαν ὑπὸ

25. 4 ⁴ ἀτιθάσευτα Sint. : -θάσσευτα ‖ δυσεξημέρωτα : -μερώτατα
GΠ ‖ **26.** 2 ¹ νεώτατος : νεώτερος G ‖ ⁴ κατεργάσεσθαι Steph. : -σασ-
θαι ‖ 3 ¹ ἐθεράπευεν : -πευσεν Π ‖ 4 ⁴ πεντηκοστὸν : πέμπτον καὶ
εἰκοστὸν Vulc. ‖ 5 ³ ἄνπερ ᾖ δυνατόν : ἄπερ ἠδύνατο Π.

de Cyrus et maintenant concubine du roi. C'était une Phocéenne, née en Ionie de parents libres, qui l'avaient convenablement élevée.* 6 Un soir elle fut menée avec d'autres femmes au dîner de Cyrus : les autres, assises aux côtés du prince, le laissaient s'amuser avec elles, les toucher et les plaisanter, en accueillant volontiers ses caresses, 7 mais elle, debout près du lit, gardait le silence et, quand Cyrus l'appela, elle n'obéit pas. Comme les serviteurs voulaient la faire avancer près de lui, elle s'écria : « Malheur à celui d'entre vous qui portera les mains sur moi ! » Les assistants la jugèrent grossière et sauvage, 8 mais Cyrus, enchanté, se mit à rire et dit à celui qui avait amené les femmes : « Ne vois-tu pas que, de toutes celles qui sont venues, c'est la seule qui soit libre et intacte? » 9 Il commença dès lors à s'intéresser à elle, puis il l'aima plus que toutes ses autres maîtresses et lui donna le nom de Sage.[1] Quand Cyrus fut tombé dans la bataille, lors du pillage de son camp elle fut faite prisonnière.

27. 1 La demande qu'en fit Darios chagrina son père. Les barbares en effet sont terriblement sensibles en ce qui concerne la licence des mœurs ; c'est au point que, non seulement si l'on s'approche de l'une des concubines du roi et si on la touche, mais même si, en voyage, on dépasse et l'on frôle les chariots qui les transportent, on est puni de mort.[2] 2 Bien qu'il eût épousé Atossa par amour et contre la loi, il entretenait en outre trois cent soixante concubines d'une éminente beauté.* 3 Néanmoins il répondit à la demande de son fils qu'elle était libre et qu'il l'autorisait à la prendre, si elle y consentait, en ajoutant que, si elle refusait, il ne pourrait la contraindre. On fit donc venir Aspasie qui, contre l'attente du roi, choisit Darios. Pour obéir à l'usage,

1. Cf. Xén., *Anab.*, 1, 10, 2 : … τὴν Φωκαΐδα τὴν Κύρου παλλακίδα τὴν σοφὴν καὶ καλὴν λεγομένην εἶναι λαμβάνει (βασιλεύς).
2. Comparer *Thém.*, 26, 4-5, où il est précisé que les femmes du roi, légitimes ou non, « quand elles voyagent, sont transportées dans des voitures entièrement recouvertes d'un baldaquin clos de tous les côtés. »

Κύρου, τότε δὲ τῷ βασιλεῖ παλλακευομένην. Ἦν
δὲ Φωκαῖς τὸ γένος ἀπ' Ἰωνίας, ἐλευθέρων γονέων   f
καὶ τεθραμμένη κοσμίως. 6 Ἐπεὶ δὲ Κύρου δειπ-
νοῦντος εἰσήχθη μεθ' ἑτέρων γυναικῶν, αἱ μὲν
ἄλλαι παρακαθεζόμεναι προσπαίζοντος αὐτοῦ καὶ
ἁπτομένου καὶ σκώπτοντος οὐκ ἀηδῶς ἐνεδέχοντο
τὰς φιλοφροσύνας, 7 ἐκείνη δὲ παρὰ τὴν κλίνην
εἱστήκει σιωπῇ καὶ Κύρου καλοῦντος οὐχ ὑπήκουε ·
βουλομένων δὲ προσάγειν τῶν κατευναστῶν « Οἰμώ-   1025
ξεται μέντοι τούτων » εἶπεν « ὃς ἂν ἐμοὶ προσαγάγῃ
τὰς χεῖρας. » Ἔδοξεν οὖν ἄχαρις τοῖς παροῦσιν εἶναι
καὶ ἄγροικος. 8 Ὁ δὲ Κῦρος ἡσθεὶς ἐγέλασε καὶ
εἶπε πρὸς τὸν ἀγαγόντα τὰς γυναῖκας · « Ἆρ' ἤδη
συνορᾷς ὅτι μοι μόνην ταύτην ἐλευθέραν καὶ ἀδιάφθορον ἥκεις κομίζων; » 9 Ἐκ δὲ τούτου προσεῖχεν
ἀρξάμενος αὐτῇ, καὶ μάλιστα πασῶν ἔστερξε καὶ
σοφὴν προσηγόρευσεν. Ἑάλω δὲ Κύρου πεσόντος
ἐν τῇ μάχῃ καὶ διαρπαζομένου τοῦ στρατοπέδου.

27. 1 Ταύτην ὁ Δαρεῖος αἰτήσας ἠνίασε τὸν πατέρα · δύσζηλα γὰρ τὰ βαρβαρικὰ δεινῶς περὶ τὸ
ἀκόλαστον, ὥστε μὴ μόνον τὸν προσελθόντα καὶ   b
θιγόντα παλλακῆς βασιλέως, ἀλλὰ καὶ τὸν ἐν πορείᾳ
προεξελθόντα καὶ διεξελάσαντα τὰς ἁμάξας ἐφ' αἷς
κομίζονται, θανάτῳ κολάζεσθαι. 2 Καίτοι τὴν μὲν
Ἄτοσσαν εἶχεν ἔρωτι ποιησάμενος γυναῖκα παρὰ
τὸν νόμον, ἑξήκοντα δὲ καὶ τριακόσιαι παρετρέφοντο
κάλλει διαφέρουσαι παλλακίδες. 3 Οὐ μὴν ἀλλὰ
καὶ αἰτηθεὶς ἐκείνην ἐλευθέραν ἔφησεν εἶναι καὶ
λαμβάνειν ἐκέλευσε βουλομένην, ἄκουσαν δὲ μὴ
βιάζεσθαι. Μεταπεμφθείσης δὲ τῆς Ἀσπασίας καὶ
παρ' ἐλπίδας τοῦ βασιλέως ἑλομένης τὸν Δαρεῖον,

---

26. 5 ⁵ τῷ del. Junt. ed. ‖ ⁶ Φωκαῖς : Φωκία Π ‖ 27. 1 ⁵ προεξελθόντα P : προσεξελ- (παρεξελ- Poutsma Zie.).

il la lui céda, mais il ne tarda pas à la lui reprendre, 4 en la désignant comme prêtresse de l'Artémis d'Ecbatane, que les Perses appellent Anaïtis, pour qu'elle passât le reste de sa vie dans la chasteté.* Il crut ainsi tirer de son fils une vengeance, non pas dure, mais en quelque sorte modérée et plaisante. 5 Cependant Darios ne la supporta pas avec modération, soit qu'il fût passionnément amoureux d'Aspasie, soit qu'il se considérât comme outragé et bafoué par son père.

6 Tiribaze, trouvant Darios dans de telles dispositions, l'excita encore davantage, car il se voyait dans le même cas que lui. 7 Voici ce qu'il en était : le roi, qui avait plusieurs filles, avait promis de donner pour femme l'une d'elles, Apama, à Pharnabaze, de même que Rhodogune à Orontès et Amestris à Tiribaze.[1] 8 Il tint parole aux deux premiers, mais il déçut Tiribaze en épousant lui-même Amestris.[2] A la place de celle-ci, il lui promit alors sa fille la plus jeune, Atossa, 9 mais lorsque, s'étant épris encore de celle-ci, il l'eut épousée, comme je l'ai dit[3], Tiribaze conçut contre lui une violente haine. Il n'avait d'ailleurs aucune stabilité de caractère, mais il était d'humeur inégale et emportée. 10 Aussi, soit qu'il fût comblé d'honneurs autant que les premiers de la cour, soit qu'il se sentît vexé et méprisé, il ne supportait avec équilibre aucun changement de Fortune : honoré, il se rendait odieux par vanité ; disgracié, il ne savait ni s'abaisser ni demeurer en repos, mais se montrait rude et arrogant.[4]

28. 1 Tiribaze donc, ajoutant des tisons au feu, poursuivait sans cesse le jeune homme[5] et lui répétait : « Il ne sert à rien d'avoir la tiare droite sur la tête,[6]

---

1. Pour Pharnabaze, voir ci-dessus, 21, 1, et pour Tiribaze, 24, 4, avec la note.
2. Voir ci-dessus, 23, 6.
3. En 23, 3-7.
4. Ces lignes complètent le portrait moral de Tiribaze, que Plutarque a déjà esquissé en 5, 4 et 24, 4.
5. Voir ci-dessus, 26, 4, et la Notice, p. 6-7.
6. Voir ci-dessus, 26, 4.

ἔδωκε μὲν ὑπ' ἀνάγκης τοῦ νόμου, δοὺς δ' ὀλίγον
ὕστερον ἀφείλετο. 4 Τῆς γὰρ Ἀρτέμιδος τῆς　　c
ἐν Ἐκβατάνοις, ἣν Ἀναῖτιν καλοῦσιν, ἱέρειαν ἀνέ-
δειξεν αὐτήν, ὅπως ἁγνὴ διάγῃ τὸν ἐπίλοιπον βίον,
οἰόμενος οὐ χαλεπήν, ἀλλὰ καὶ μετρίαν τινὰ καὶ
παιδιᾷ μεμιγμένην ταύτην λήψεσθαι δίκην παρὰ τοῦ
παιδός. 5 Ὁ δ' ἤνεγκεν οὐ μετρίως, εἴτ' ἔρωτι τῆς
Ἀσπασίας περιπαθὴς γεγονώς, εἴθ' ὑβρίσθαι καὶ
κεχλευάσθαι νομίζων ὑπὸ τοῦ πατρός.

6 Αἰσθόμενος δ' αὐτὸν οὕτως ἔχοντα Τιρίβαζος
ἔτι μᾶλλον ἐξετράχυνεν ἐν τοῖς ἐκείνου συνιδὼν τὰ
καθ' αὑτόν. 7 Ἦν δὲ τοιαῦτα. Πλειόνων οὐσῶν
βασιλεῖ θυγατέρων, ὡμολόγησε Φαρναβάζῳ μὲν
Ἀπάμαν δώσειν γυναῖκα, Ῥοδογούνην δ' Ὀρόντῃ,
Τιριβάζῳ δ' Ἄμηστριν. 8 Καὶ τοῖς μὲν ἄλλοις　　d
ἔδωκε, Τιρίβαζον δ' ἐψεύσατο γήμας αὐτὸς τὴν
Ἄμηστριν, ἀντ' ἐκείνης δὲ τῷ Τιριβάζῳ τὴν νεωτά-
την Ἄτοσσαν ἐνεγύησεν. 9 Ἐπεὶ δὲ καὶ ταύτην
ἐρασθεὶς ἔγημεν, ὡς εἴρηται, παντάπασι δυσμενῶς
πρὸς αὐτὸν ὁ Τιρίβαζος ἔσχεν, οὐδ' ἄλλως στάσιμος
ὢν τὸ ἦθος, ἀλλ' ἀνώμαλος καὶ παράφορος. 10 Διὸ
καὶ νῦν μὲν εὐημερῶν ὅμοια τοῖς πρώτοις, νῦν δὲ
προσκρούων καὶ σκορακιζόμενος οὐδεμίαν ἔφερεν
ἐμμελῶς μεταβολήν, ἀλλὰ καὶ τιμώμενος ἦν ἐπαχθὴς
ὑπὸ χαυνότητος, καὶ τὸ κολουόμενον οὐ ταπεινὸν
οὐδ' ἡσυχαῖον, ἀλλὰ τραχὺ καὶ ἀγέρωχον εἶχε.

28. 1 Πῦρ οὖν ἐπὶ πῦρ ἐγένετο τῷ νεανίσκῳ　　e
προσκείμενος ὁ Τιρίβαζος ἀεὶ καὶ λέγων ὡς οὐδὲν
ὀνίνησιν ἡ κίταρις ἑστῶσα περὶ τῇ κεφαλῇ τοὺς

27. 4 ² Ἀναῖτιν Cor. : Ἀνεῖτιν vel Ἀνείτιν codd. ‖ ²⁻³ ἀνέ-
δειξεν C : ἔδειξεν ‖ 6 ¹ Τιρίβαζος : Τηρί- PLG² et sic deinceps ‖
7 ³ Ὀρόντῃ Xyl. : Ὀροίτῃ ‖ 8 ⁴ ἐνεγύησεν L : ἐνεγγύησεν vel ἐνηγ-
γύησεν ‖ 9 ³ ἔσχεν : εἶχεν G ‖ 10 ⁴ ἐμμελῶς RL² : εὐμενῶς G
ὁμαλῶς P.

lorsqu'on ne cherche pas à redresser par soi-même sa situation. Tu es bien sot de croire, quand ton frère s'insinue dans les affaires par le gynécée* et quand ton père a un caractère si léger et instable, que la succession au trône t'est assurée. 2 Celui qui, pour une petite femme grecque, a violé l'usage inviolable des Perses* n'offre certes aucune garantie de fidélité à ses promesses dans les intérêts les plus grands. 3 Ce n'est pas la même chose pour Ochos de manquer son but et pour toi d'être privé de la royauté : rien n'empêchera Ochos de vivre heureux dans une condition privée, tandis que toi, proclamé roi, tu dois nécessairement régner ou cesser de vivre. » 4 Sans doute ce mot de Sophocle est-il généralement vrai :

« La Persuasion va vite en conseillant le mal. »*
Car le chemin qui mène à ce que l'on désire est une pente douce et unie,[1] et la plupart des hommes désirent le mal par inexpérience et ignorance du bien.[2] 5 D'ailleurs la grandeur du royaume et la crainte que Darios avait d'Ochos fournissaient un fondement aux arguments de Tiribaze. Et puis « la déesse de Chypre n'était pas tout à fait innocente »,[3] en ce qui concernait l'éloignement d'Aspasie.

29. 1 Darios s'abandonna donc à Tiribaze, et les conjurés étaient déjà nombreux lorsqu'un eunuque révéla au roi la conspiration et les modalités d'exécution, qu'il connaissait exactement : ils avaient résolu de pénétrer de nuit dans la chambre à coucher d'Artaxerxès et de le tuer pendant son sommeil. 2 Ainsi instruit, le roi jugea qu'il serait grave de mépriser un si grand danger en négligeant cette dénonciation, mais plus grave encore d'y ajouter foi sans aucune preuve. 3 Voici

---

1. Réminiscence probable d'un passage très souvent cité d'Hésiode, *Travaux et Jours*, 288 : vers la κακότης, « λείη μὲν ὁδός, μάλα δ' ἐγγύθι ναίει. »

2. Ici Plutarque semble se souvenir de la grande leçon de Socrate, transmise notamment par Platon : nul n'est méchant volontairement, le vice étant ignorance, et la vertu, savoir.

3. Ces mots, si l'on ne tient pas compte du δέ ajouté comme liaison, forment les quatre premiers pieds d'un hexamètre.

ὑφ' αὑτῶν μὴ ζητοῦντας ὀρθοῦσθαι τοῖς πράγμασι,
κἀκεῖνον ἀβέλτερα φρονεῖν, ⟨εἰ⟩ τοῦ μὲν ἀδελφοῦ
διὰ τῆς γυναικωνίτιδος ἐνδυομένου τοῖς πράγμασι,
τοῦ δὲ πατρὸς οὕτως ἔμπληκτον ἦθος καὶ ἀβέβαιον
ἔχοντος, οἴεται βέβαιον αὑτῷ τὴν διαδοχὴν ὑπάρχειν.
2 Ὁ γὰρ Ἑλληνικοῦ χάριν γυναίου τὸν ἄψευστον
ἐν Πέρσαις ψευσάμενος νόμον οὐ δή που πιστός ἐστι
τὰς περὶ τῶν μεγίστων ὁμολογίας ἐμπεδώσειν.
3 Οὐ ταὐτὸ δ' εἶναι τὸ μὴ τυχεῖν Ὤχῳ κἀκείνῳ
τὸ στέρεσθαι τῆς βασιλείας · Ὦχον μὲν γὰρ οὐδὲν
κωλύσειν ἰδιώτην βιοῦν μακαρίως, ἐκείνῳ δ' ἀποδε-
δειγμένῳ βασιλεῖ βασιλεύειν ἀνάγκην ἢ μηδὲ ζῆν
εἶναι. 4 Καθόλου μὲν οὖν ἴσως, τὸ Σοφόκλειον,
      ταχεῖα πειθὼ τῶν κακῶν ὁδοιπορεῖ ·
λεία γάρ τις ἡ πορεία καὶ κατάντης ἐπὶ τὸ βουλόμενον, βούλονται δ' οἱ πλεῖστοι τὰ φαῦλα δι' ἀπει-
ρίαν τῶν καλῶν καὶ ἄγνοιαν · 5 οὐ μὴν ἀλλὰ τὸ
μέγεθος τὸ τῆς ἀρχῆς καὶ τὸ πρὸς τὸν Ὦχον τοῦ
Δαρείου δέος ὑπόθεσιν τῷ Τιριβάζῳ παρεῖχε ·
« Κυπρογένεια δ' οὐ πάμπαν ἀναίτιος », ἡ τῆς
Ἀσπασίας ἀφαίρεσις.

29. 1 Ἐπέδωκεν οὖν ἑαυτὸν τῷ Τιριβάζῳ · καὶ
πολλῶν ἤδη συνισταμένων, εὐνοῦχος ἐδήλωσε τῷ
βασιλεῖ τὴν ἐπιβουλὴν καὶ τὸν τρόπον, εἰδὼς ἀκριβῶς ὅτι νυκτὸς ἐγνώκασιν ἐν τῷ θαλάμῳ κατακείμενον
ἀναιρεῖν αὐτὸν ἐπεισελθόντες. 2 Ἀκούσαντι δὲ
τῷ Ἀρτοξέρξῃ καὶ τὸ παριδεῖν κίνδυνον τηλικοῦτον,
ἀμελήσαντα τῆς διαβολῆς, δεινὸν ἐδόκει, καὶ τὸ
πιστεῦσαι μηδενὸς ἐλέγχου γενομένου δεινότερον.

---

28. 1 ⁴ ὑφ' αὑτῶν Steph. : ὑπ' αὐτῶν vel ὑπ'αὐτὸν ‖ ⁵ εἰ add.
ant. ‖ 3 ² οὐδὲν Rei. : οὐδένα ‖ ⁴ ἀνάγκην Steph. : -κη ‖ 4 ² ὁδοι-
πορεῖ : ὠδοιπόρει GL ‖ 5 ² τὸ τῆς : τῆς Schaefer (an τό τε μέγεθος? Zie.) ‖ 29. 2 ³ ἀμελήσαντα : -σαντι L ‖ ⁴ γενομένου G : γιν-.

donc ce qu'il fit. Il ordonna à l'eunuque de ne pas quitter les conjurés et de les suivre, et lui-même fit percer la paroi de sa chambre qui était derrière son lit et y mit une porte que l'on dissimula derrière une tenture. 4 L'heure de l'action étant venue, au moment précis indiqué par l'eunuque, il attendit sur son lit et ne bougea pas avant d'avoir bien regardé les visages des conjurés qui arrivaient sur lui et d'avoir nettement reconnu chacun d'eux. 5 Quand il les vit tirer leurs poignards et s'avancer, il souleva vite la tenture et se retira dans la pièce intérieure en claquant la porte et en poussant des cris. 6 Les meurtriers, se voyant découverts par lui, se retirèrent, sans avoir rien fait, gagnèrent les issues et s'enfuirent, en conseillant à Tiribaze de se sauver puisqu'il avait été reconnu. 7 Ils se dispersèrent tous dans leur fuite, sauf Tiribaze qui, au moment où on voulait l'arrêter, tua plusieurs des gardes du roi ; on eut peine à l'atteindre par un javelot lancé de loin, qui le fit périr. 8 Quant à Darios, appréhendé avec ses enfants, Artaxerxès le fit comparaître devant les juges royaux, sans assister lui-même au procès ; il le fit accuser par d'autres et ordonna aux appariteurs de mettre par écrit les avis de chaque juge et de les lui apporter. 9 Tous prirent la même décision, et Darios fut condamné à mort[1]. Les appariteurs le saisirent et l'emmenèrent dans une pièce voisine, où l'exécuteur, convoqué, vint avec le rasoir dont on se sert pour couper la tête des criminels, mais, saisi de stupeur à la vue de Darios, il recula vers la porte en détournant les yeux, comme s'il ne pouvait ni n'osait tuer le roi de sa main. 10 Cependant les juges, qui étaient dehors, à force de menaces et d'injonctions, l'obligèrent à revenir sur ses pas ; il saisit alors Darios

---

1. Darios aurait été âgé de cinquante ans (26, 4), mais il est ailleurs (28, 1) qualifié de jeune homme. Voir ci-dessus la Notice, p. 7. Cf. Justin, 10, 2 : « La colère du jeune homme (*juvenis*) éclata en menaces ; bientôt il conspira avec ses frères ; mais, tandis qu'il préparait l'exécution de son crime, il fut arrêté avec ses complices et satisfit par son supplice aux dieux vengeurs de la dignité paternelle. On mit à mort toutes ses femmes pour effacer les traces d'un si terrible attentat. »

3 Οὕτως οὖν ἐποίει · τὸν μὲν εὐνοῦχον ἐκείνοις
ἐκέλευσε παρεῖναι καὶ παρακολουθεῖν, αὐτὸς δὲ τοῦ   b
θαλάμου τὸν ὄπισθεν τῆς κλίνης τοῖχον ἐκκόψας καὶ
θυρώσας κατεκάλυψεν αὐλαίᾳ τὰς θύρας. 4 Ἐνστά-
σης δὲ τῆς ὥρας καὶ φράσαντος τοῦ εὐνούχου τὸν
καιρόν, ἐπὶ τῆς κλίνης ὑπέμεινε καὶ οὐκ ἐξανέστη πρότερον ἢ τῶν ἐπ' αὐτὸν ἐρχομένων τὰ πρόσωπα κατι-
δεῖν καὶ γνωρίσαι σαφῶς ἕκαστον. 5 Ὡς δ' εἶδεν
ἐσπασμένους τὰ ἐγχειρίδια καὶ προσφερομένους, ταχὺ
τὴν αὐλαίαν ὑπολαβὼν ἀνεχώρησεν εἰς τὸ ἐντὸς οἴκημα καὶ τὰς θύρας ἐπήραξε κράζων. 6 Ὀφθέντες
οὖν οἱ σφαγεῖς ὑπ' αὐτοῦ, πράξαντες δὲ μηθέν,   c
ἀπεχώρουν φυγῇ διὰ θυρῶν, καὶ τοὺς περὶ τὸν Τιρίβαζον ἐκέλευον ἀποχωρεῖν ὡς φανεροὺς γεγονότας.
7 Οἱ μὲν οὖν ἄλλοι διαλυθέντες ἔφυγον · ὁ δὲ Τιρίβαζος συλλαμβανόμενος πολλοὺς ἀπέκτεινε τῶν
βασιλέως δορυφόρων καὶ μόγις ἀκοντίῳ πληγεὶς πόρ-
ρωθεν ἔπεσε. 8 Τῷ δὲ Δαρείῳ μετὰ τῶν τέκνων ἀναχ-
θέντι καθίσας τοὺς βασιλείους δικαστάς, οὐ παρὼν
αὐτός, ἀλλ' ἑτέρων κατηγορησάντων, ἐκέλευσεν
ὑπηρέτας τὴν ἑκάστου γραψαμένους ἀπόφασιν ὡς
αὐτὸν ἐπανενεγκεῖν. 9 Ἀποφηναμένων δὲ πάντων
ὁμοίως καὶ καταγνόντων τοῦ Δαρείου θάνατον, οἱ
μὲν ὑπηρέται συλλαβόντες αὐτὸν εἰς οἴκημα πλησίον ἀπήγαγον, ὁ δὲ δήμιος κληθεὶς ἧκε μὲν ξυρὸν   d
ἔχων, ᾧ τὰς κεφαλὰς ἀποτέμνουσι τῶν κολαζομένων,
ἰδὼν δὲ τὸν Δαρεῖον ἐξεπλάγη καὶ ἀνεχώρει πρὸς τὰς
θύρας ἀποβλέπων, ὡς οὐ δυνησόμενος οὐδὲ τολμήσων
αὐτόχειρ γενέσθαι βασιλέως. 10 Ἔξωθεν δὲ τῶν
δικαστῶν ἀπειλούντων καὶ διακελευομένων, ἀναστρέψας καὶ τῇ ἑτέρᾳ χειρὶ δραξάμενος τῆς κόμης

---

29. 5 ⁴ τὰς θύρας ΠL² : ταῖς θύραις ‖ ἐπήραξε LR¹ : ἐπήρραξε
6 ² οὖν L : γ' οὖν vel γοῦν (δ' οὖν Zie.).

d'une main par les cheveux en lui abaissant la tête, et, de l'autre, il lui trancha le cou avec son rasoir. 11 Quelques auteurs pourtant prétendent que le jugement eut lieu en présence du roi lui-même et que Darios, accablé par les preuves, se jeta le visage contre terre en priant et suppliant son père, mais que celui-ci se dressa sous le coup de la colère, tira son cimeterre et l'en frappa jusqu'à ce qu'il mourût, 12 puis qu'il s'avança dans la cour du palais pour adorer le Soleil et dire : « Perses, retournez joyeusement chez vous, et dites aux autres que le grand Oromasdès a puni ceux qui avaient préparé un attentat inique et criminel. »[1]

La mort. — **30**. 1 Tel fut l'aboutissement de ce complot. Désormais Ochos conçut les plus brillantes espérances, encouragé en cela par Atossa. Cependant il craignait encore Ariaspès, le seul de ses frères légitimes encore vivant,* et, parmi les bâtards, Arsamès. 2 Les Perses jugeaient qu'Ariaspès méritait de régner, non pas tant parce qu'il était né avant Ochos, mais parce qu'il était doux, simple et humain ; quant à Arsamès, Ochos n'ignorait pas qu'il passait pour intelligent et qu'il était le plus cher à son père. 3 Il s'en prit donc à l'un et à l'autre, et, comme il était à la fois rusé et sanguinaire, il employa sa cruauté naturelle contre Arsamès et son habile fourberie contre Ariaspès. 4 Il envoya secrètement à ce dernier des eunuques et des amis du roi, qui lui rapportaient sans cesse des menaces et des paroles terribles attribuées à son père, celui-ci, disaient-ils, ayant résolu de lui infliger une mort cruelle et ignominieuse. 5 Ces rapports que l'on se donnait l'air de lui faire chaque jour en grand mystère, en répétant que le roi exécuterait plus tard ses menaces ou qu'il était à la veille de les accomplir, frappèrent tellement l'esprit d'Ariaspès et lui causèrent tant d'effroi, de

1. Pour Oromasdès (Ahuramazda), cf. *Alex.*, 30, 5 et surtout *De Is. et Osir.*, 369 D-370 C (chap. 46-47), où Plutarque expose ce qu'il sait de « la doctrine du mage Zoroastre », c'est-à-dire, en fait, de la religion perse. Voir R. Ghirshman, *L'Iran des origines à l'Islam*, 150 sqq. — Quant au Soleil, il est d'ordinaire identifié à Mithra.

αὑτοῦ καὶ καταγαγὼν ἀπέτεμε τῷ ξυρῷ τὸν τράχηλον.
11 Ἔνιοι δέ φασι τὴν κρίσιν γενέσθαι βασιλέως αὐτοῦ
παρόντος, τὸν δὲ Δαρεῖον, ὡς κατελαμβάνετο τοῖς
ἐλέγχοις, ἐπὶ στόμα πεσόντα δεῖσθαι καὶ ἱκετεύειν ·
τὸν δ' ὑπ' ὀργῆς ἀναστάντα καὶ σπασάμενον τὸν
ἀκινάκην τύπτειν, ἕως ἀπέκτεινεν · 12 εἶτ' εἰς τὴν
αὐλὴν προελθόντα τὸν Ἥλιον προσκυνῆσαι καὶ
εἰπεῖν · « Εὐφραίνεσθ' ἀπιόντες, ὦ Πέρσαι, καὶ
λέγετε τοῖς ἄλλοις ὅτι τοῖς ἄθεσμα καὶ παράνομα
διανοηθεῖσιν ὁ μέγας Ὠρομάζης δίκην ἐπιτέθεικεν. »

30. 1 Ἡ μὲν οὖν ἐπιβουλὴ τοιοῦτον ἔσχε τέλος.
Ὁ δ' Ὦχος ἤδη μὲν ἦν ταῖς ἐλπίσι λαμπρὸς ὑπὸ τῆς
Ἀτόσσης ἐπαιρόμενος, ἔτι δ' ἐφοβεῖτο τῶν μὲν
γνησίων τὸν ὑπόλοιπον Ἀριάσπην, τῶν δὲ νόθων
Ἀρσάμην. 2 Ὁ μὲν γὰρ Ἀριάσπης οὐ διὰ τὸ πρεσβύτερος εἶναι τοῦ Ὤχου, πρᾷος δὲ καὶ ἁπλοῦς καὶ
φιλάνθρωπος, ἠξιοῦτο βασιλεύειν ὑπὸ τῶν Περσῶν ·
ὁ δ' Ἀρσάμης καὶ νοῦν ἔχειν ἐδόκει καὶ μάλιστα τῷ
πατρὶ προσφιλὴς ὢν οὐκ ἐλάνθανε τὸν Ὦχον. 3 Ἐπι-
βουλεύων οὖν ἀμφοτέροις καὶ δολερὸς ὢν ὁμοῦ καὶ
φονικὸς ἐχρήσατο τῇ μὲν ὠμότητι τῆς φύσεως πρὸς
τὸν Ἀρσάμην, τῇ δὲ κακουργίᾳ καὶ δεινότητι πρὸς
τὸν Ἀριάσπην. 4 Ὑπέπεμψε γὰρ πρὸς αὐτὸν
εὐνούχους καὶ φίλους βασιλέως ἀπειλάς τινας ἀεὶ
καὶ λόγους φοβεροὺς ἀπαγγέλλοντας, ὡς τοῦ πατρὸς
ἐγνωκότος ἀποκτιννύειν αὐτὸν ὠμῶς καὶ ἐφυβρίστως.
5 Οἱ δὲ ταῦτα καθ' ἡμέραν ἐκφέρειν δοκοῦντες ὡς
ἀπόρρητα, καὶ τὰ μὲν μέλλειν, τὰ δ' ὅσον οὔπω
πράσσειν βασιλέα λέγοντες, οὕτως ἐξέπληξαν τὸν
ἄνθρωπον καὶ τοσαύτην ἐνέβαλον πτοίαν αὐτῷ καὶ

29. 12 ² προελθόντα : προσελ- P ‖ ⁵ Ὠρομάζης GL : Ὠραμά-
ζης ‖ 30. 1 ⁴ Ἀριάσπην R² : -πον ‖ 2 ¹ Ἀριάσπης G¹Π : -πος ‖
οὐ : οὐ ⟨μόνον⟩ Zie.

trouble et de découragement qu'il en perdit la tête, se procura un poison mortel et le but, se délivrant ainsi de la vie. 6 Le roi, en apprenant de quelle façon il était mort, le pleura et soupçonna la cause de son suicide, 7 mais son grand âge l'empêcha d'ouvrir une enquête et de rechercher les coupables. Il s'attacha davantage encore à Arsamès et laissa voir que c'était en lui qu'il avait le plus de confiance et avec lui qu'il s'entretenait le plus librement. 8 Aussi Ochos ne différa-t-il plus l'exécution de son projet : il s'acquit la complicité d'Arpatès, fils de Tiribaze, par lequel il fit tuer Arsamès. 9 Le moindre choc suffisait désormais pour abattre Artaxerxès en raison de sa vieillesse. Quand on lui annonça la fin d'Arsamès, il ne résista plus, si peu que ce fût : il s'éteignit aussitôt sous l'effet de la douleur et du découragement. Il était âgé de quatre-vingt-quatorze ans et en avait régné soixante-deux.[1] Il laissait la réputation d'un prince doux et ami de ses sujets, surtout par comparaison avec son fils Ochos, qui surpassa tous les souverains par sa cruauté et son goût du sang.*

1. Artaxerxès II mourut en 359-8. Sur la durée réelle de sa vie et de son règne, voir ci-dessus la Notice, p. 3-4.

ταραχὴν καὶ δυσθυμίαν εἰς τοὺς λογισμοὺς ὥστε
φάρμακον σκευάσαντα τῶν θανασίμων καὶ πιόντα τοῦ
ζῆν ἀπαλλαγῆναι. 6 Πυθόμενος δ' ὁ βασιλεὺς τὸν
τρόπον τῆς τελευτῆς, ἐκεῖνον μὲν ἀπέκλαυσε, τὴν
δ' αἰτίαν ὑπώπτευεν. 7 Ἐλέγχειν δὲ καὶ ζητεῖν
ἐξαδυνατῶν διὰ γῆρας, ἔτι μᾶλλον ἠσπάζετο τὸν
Ἀρσάμην καὶ δῆλος ἦν μάλιστα πιστεύων ἐκείνῳ
καὶ παρρησιαζόμενος. 8 Ὅθεν οἱ περὶ τὸν Ὦχον
οὐκ ἀνεβάλοντο τὴν πρᾶξιν, ἀλλ' Ἁρπάτην υἱὸν
Τιριβάζου παρασκευάσαντες ἀπέκτειναν δι' ἐκείνου
τὸν ἄνθρωπον. 9 Ἦν μὲν οὖν ἐπὶ ῥοπῆς μικρᾶς ὁ
Ἀρτοξέρξης διὰ τὸ γῆρας ἤδη τότε · προσπεσόντος
δ' αὐτῷ τοῦ περὶ τὸν Ἀρσάμην πάθους, οὐδ' ὀλίγον
ἀντέσχεν, ἀλλ' εὐθὺς ὑπὸ λύπης καὶ δυσθυμίας
ἀπεσβέσθη, βιώσας μὲν ἐνενήκοντα καὶ τέσσαρα ἔτη,
βασιλεύσας δὲ δύο καὶ ἑξήκοντα, δόξας δὲ πρᾷος
εἶναι καὶ φιλυπήκοος οὐχ ἥκιστα διὰ τὸν υἱὸν Ὦχον,
ὠμότητι καὶ μιαιφονίᾳ πάντας ὑπερβαλόμενον.

30. 7 ² γῆρας : τὸ γ- L ‖ 8 ² ἀνεβάλοντο : -βάλλοντο G ‖
9 ⁸ ὑπερβαλόμενον e ras. L : -βαλλόμενον GΠ et ante ras. L.

ARATOS

VIE D'ARATOS

NOTICE[1]

Aratos de Sicyone, fils de Cleinias, vécut de 271-0[2] à 213-2 avant J.-C., donc jusqu'à l'âge de cinquante-huit ans.

Polybe, 4, 8, 1-7, résume son opinion sur Aratos dans ce portrait, auquel nous verrons que Plutarque n'a guère apporté de retouches : « Aratos était, presque à tous égards, un homme d'État accompli. En effet il savait parler et concevoir, et aussi garder secrets ses desseins. Il n'était inférieur à personne pour supporter avec douceur les différends politiques, pour s'attacher des amis et s'acquérir des alliés ; il se montrait aussi très habile pour combiner des intrigues contre l'ennemi et les mener à bien grâce à sa patience et à son audace. Beaucoup de preuves sont là pour attester de tels dons ;

---

1. Deux éditions séparées de cette biographie ont paru en 1937 et sont citées dans la suite par le seul nom de leurs auteurs : celle de W. H. Porter, *Plutarch's Life of Aratus*, Dublin, et celle de A. J. Koster, *Plutarchi Vita Arati*, Leiden. On peut consulter aussi le livre de F. W. Walbank, *Aratos of Sicyon*, Cambridge, 1933, et celui de Charles H. Skalet, *Ancient Sicyon with a Prosopographia Sicyonia*, Baltimore, 1928.

2. Cette date de naissance n'est pas certaine : K. J. Beloch, *Gr. Gesch.*[2], 4, 2, 228-230, se refusant à admettre qu'Aratos ait pu être élu stratège des Achéens en 245 avant d'avoir atteint l'âge de trente ans (cf. P. Roussel, *Étude sur le principe de l'ancienneté*, 21 et note 6), le fait naître en 276-5, malgré Polybe, 2, 43, 3, qui affirme qu'Aratos avait vingt ans lorsqu'il libéra Sicyone en 251. Voir ci-dessous en 4, 1 la note sur μειράκιον.

les plus frappantes, pour ceux qui étudient l'histoire en détail, concernent la prise de Sicyone et celle de Mantinée, la façon dont il chassa de Pellène les Étoliens, et surtout l'affaire de l'Acrocorinthe. Et pourtant ce même homme, quand il voulait diriger une opération en rase campagne, était hésitant dans ses décisions et manquait de hardiesse dans l'exécution, ne pouvant regarder le danger en face. C'est pourquoi il remplit le Péloponnèse de trophées le concernant, et ainsi fut toujours vaincu facilement par ses adversaires. C'est que la nature humaine est chose complexe au physique, et plus encore au moral... »

Aratos n'avait que sept ans lorsque son père Cleinias, que les Sicyoniens avaient placé à la tête de leur cité, fut tué par un candidat à la tyrannie. Recherché par les sbires du nouveau maître, l'enfant leur échappe : il est sauvé par une tante, qui est pourtant la propre sœur du tyran (chap. 2). A Argos, où il peut ainsi se réfugier, il reçoit, grâce aux amis et aux hôtes que son père possédait dans cette ville, une éducation libérale, plus tournée, semble-t-il, vers la gymnastique et l'athlétisme que vers la rhétorique et les études littéraires. De bonne heure, Aratos, plein de haine contre les tyrans qui se succèdent à Sicyone (Abantidas, meurtrier de Cleinias, puis Paséas, père d'Abantidas, enfin Nicoclès), songe à libérer sa patrie (chap. 3).

Il y parviendra à l'âge de vingt ans[1]. Aratos jouit déjà d'une considération méritée par ses qualités morales qui sont grandes[2], si bien que Nicoclès se méfie de lui et le fait surveiller secrètement à Argos (4, 2). En dépit de ces espions, qu'Aratos sait habilement duper (6, 4-5), les préparatifs les plus minutieux sont faits en vue d'attaquer Sicyone par surprise avec une poignée d'hommes (chap. 5-6), et une entreprise qui pouvait paraître follement

1. Si l'on en croit Polybe : voir la notre précédente.
2. Cf. 4, 1 : εὐγένεια, φρόνημα, ἐμβριθές, γνώμη.

téméraire va réussir : Aratos pénètre dans Sicyone,
neutralise le tyran ainsi que les mercenaires de sa garde
et, devant la foule médusée qui se réunit au théâtre,
appelle les citoyens par la voix du héraut à la liberté (8, 6).
Puis il prend une décision dont les conséquences devaient
être immenses en faisant entrer Sicyone dans la Confédération achéenne, qui allait acquérir grâce à lui une
importance qu'elle n'avait jamais eue auparavant (chap. 9).

Après ce coup d'éclat, qui, grâce à la Fortune, « resta
pur et ne fut pas souillé du sang d'une guerre civile » (9, 3),
Plutarque marque un temps d'arrêt pour compléter
le portrait moral d'Aratos, déjà ébauché en 4, 1. Il
constate, comme Polybe, qu'Aratos, ce grand homme
d'État, si habile dans les actions secrètement concertées
et exécutées par surprise, n'était pas à l'aise sur les
champs de bataille et à découvert, comme s'il craignait,
à la façon de certains animaux, la lumière du plein
jour. « Une telle anomalie, écrit-il, provient d'un manque
de formation philosophique dans les âmes bien douées,
où la nature produit la valeur sans la science, comme un
fruit qui croît spontanément et sans culture » (10, 1-5).
Plutarque était professeur de philosophie.

A l'histoire du voyage très mouvementé d'Aratos
vers l'Égypte afin d'obtenir du roi Ptolémée des subsides
destinés à calmer les troubles civils de Sicyone consé-
cutifs au retour des bannis, s'entremêlent de curieuses
indications sur les goûts artistiques d'Aratos, ami de
plusieurs peintres et lui-même fin connaisseur en ce
domaine (12, 6). En effet des œuvres de l'École d'art
de Sicyone avaient été envoyées par lui à Ptolémée,
dont il se ménageait ainsi les bonnes grâces. Tout ce qui
concerne, en 13, 1-5, le tableau représentant l'ancien
tyran Aristratos auprès d'un char conduit par une
Victoire constitue certes une digression, mais très instructive, particulièrement pour l'histoire de la peinture
grecque. Aratos, grâce à l'argent égyptien et aussi à

sa sagesse et à sa modération (14, 1-2), rétablit la paix civile à Sicyone, et est honoré par ses concitoyens, notamment par les bannis qu'il avait fait revenir et qui lui érigent une statue de bronze avec une dédicace très élogieuse (14, 3-4).

Mais les difficultés vont lui venir du roi de Macédoine, Antigone Gonatas, jaloux de son entente avec Ptolémée, qu'il tente de faire rompre (15, 1-5). Dès lors la lutte, d'abord sourde et latente, entre la Macédoine et l'Achaïe, va devenir ouverte et rude. Aratos, dès sa seconde stratégie (249-2), entreprend d'enlever à Antigone l'Acrocorinthe, cette « entrave de la Grèce » (16, 2-6). A ce propos Plutarque, comme il le fait assez souvent, revient en arrière pour raconter comment le roi de Macédoine s'était lui-même emparé de cette citadelle par un habile stratagème, lors des noces de son fils Démétrios avec Nicaia, veuve d'Alexandros. Cet épisode est « romanesque, coloré, — suspect, et il pose divers problèmes » aux historiens[1].

Comme pour la libération de Sicyone, Aratos, en ce qui concerne l'Acrocorinthe, profite d'un renseignement qui lui signale un point faible du rempart (18, 5-7). Le chapitre 19 présente un éloge enthousiaste du désintéressement et de la grandeur d'âme d'Aratos, qui n'hésite pas à engager ses biens personnels dans l'entreprise. Puis les chapitres 20-23 racontent, avec beaucoup de minutieux détails, la mémorable prise de Corinthe et de sa formidable acropole. De même qu'à Sicyone précédemment, c'est au théâtre que la foule des Corinthiens se réunit pour acclamer Aratos et approuver sa proposition de faire entrer la cité dans la Confédération achéenne (23, 1-4). Plutarque célèbre cet exploit d'Aratos comme le dernier en date et l'un des plus grands de tous ceux qu'accomplirent jamais des Grecs (24, 2).

1. Ed. Will, *Hist. pol. du monde hellénistique*, 1, 293.

Il faut reconnaître qu'ensuite, du chapitre 25 au chapitre 34, Plutarque présente les faits selon une chronologie incertaine et déroutante. En effet, comme l'a écrit Ed. Will, « premièrement, il place son récit (très détaillé) des hostilités entre Aratos et Aristippos [tyran d'Argos] avant son récit de l'expédition étolienne en Achaïe de 241, alors que cet épisode ne peut être situé qu'entre l'expédition étolienne et la mort de Gonatas, — et, deuxièmement, il poursuit d'un trait son exposé des affaires argiennes jusqu'à une époque postérieure à la mort de Gonatas, qu'il ne mentionne cependant qu'ensuite. »[1] Nous remarquons donc ici, comme en plusieurs autres endroits des *Vies*, que Plutarque groupe ses récits selon des critères qui n'obéissent pas à une stricte chronologie, mais ici, par exemple, au désir de présenter d'un trait l'histoire des rapports, qu'il juge importants, entre Aratos et Argos[2].

Il reprend donc, après la digression du chapitre 26 opposant à la tranquille sécurité d'Aratos la vie, jalousée à tort, mais en réalité craintive et misérable du tyran Aristippos, le récit du conflit entre Achéens et Argiens, qui connut des hauts et des bas. Finalement Aristippos, voulant reconquérir Cléones, qu'Aratos avait fait entrer dans sa Confédération, fut vaincu et tué, mais Argos, par l'effet d'une intervention macédonienne, tomba aux mains d'un autre tyran et échappa donc à Aratos (29, 1-6). L'affaire de Pellène, ville d'où les Achéens chassèrent les Étoliens qui venaient de s'en emparer, fut un grand succès, qui accrut encore le prestige d'Aratos et fut célébré par une peinture de Timanthès (chap. 31-32).

Après quoi, Aratos conclut une alliance avec les Étoliens qu'il venait de battre à Pellène (33, 1), et reprit la longue suite de ses tentatives en Attique pour libérer

1. Ed. Will, *op. cit.*, 1, 305, qui renvoie sur le premier point à Tarn, *Ant. Gon.*, 404, n. 22, et à Beloch, *Gr. Gesch.*[2], 4, 1, 629, n. 3.
2. Voir ci-dessous les notes à 27, 1 et à 29, 6.

Athènes de l'emprise macédonienne ; ses échecs successifs ne le découragent jamais, à la façon d'un amant éconduit qui sans cesse revient à la charge (33, 2-6). Finalement ce sont les Athéniens eux-mêmes qui l'appellent, et il va négocier sur place à prix d'argent, bien qu'étant alors malade et obligé de voyager en litière, le retrait des garnisons macédoniennes (34, 1-6). Puis il obtient enfin la libération d'Argos par l'abdication volontaire du tyran Aristomachos (35, 1-5).

Aratos est au comble de la gloire, et il peut espérer que la Confédération achéenne englobera bientôt le Péloponnèse tout entier. Mais c'est alors qu'apparaît le roi de Sparte Cléomène, dont Plutarque nous a laissé une biographie, et dont l'activité énergique et inlassable va tout remettre en cause (35, 6-7). Désormais Aratos, sauf à Mantinée (36, 2-3), va subir partout des échecs : à Pallantion (35, 7), au mont Lycée (36, 1) à Mégalopolis enfin, où tombe Lydiadas, ancien tyran de cette ville et qui, ayant abdiqué, avait été stratège des Achéens (36, 4 ; 37, 1-5).

A partir de 227, date de la révolution accomplie à Sparte par Cléomène, ce roi, dès lors maître absolu chez lui, devient pour les Achéens un adversaire encore plus redoutable, allant jusqu'à prétendre diriger lui-même comme stratège leur Confédération. Devant ce danger imminent et qu'il juge terrible, Aratos songe à un renversement inouï des alliances : il médite de substituer à Ptolémée, trop lointain, le roi de Macédoine, son ennemi acharné depuis la libération de Sicyone, et surtout de Corinthe. En 38, 5-12, comme au chapitre 16 de la *Vie de Cléomène*, Plutarque reproche à Aratos, en dépit des essais de justification de celui-ci dans ses *Mémoires*, d'avoir ainsi trahi la cause de la démocratie dont il s'était fait le glorieux champion au profit du « barbare » macédonien (38, 5).

Les remarquables talents militaires et aussi la popularité de Cléomène, célèbre par sa réforme agraire qui favorisait le petit peuple, ont pour effet de faire perdre aux Achéens presque tous leurs accroissements, et Aratos voit la situation empirer sans cesse (chap. 39). Il tente de réagir, mais en vain : à Corinthe, il n'échappe que de justesse, par son sang-froid, à l'arrestation, et probablement à la mort (chap. 40). La pression de Cléomène augmente sans cesse : il vient assiéger Sicyone pendant trois mois (41, 7). Alors les Achéens, réunis dans leur centre fédéral d'Aigion, prennent la décision capitale, à laquelle Aratos songeait depuis longtemps : ils appellent à l'aide les Macédoniens, auxquels ils livrent l'Acrocorinthe (42, 1-3).

La rencontre d'Antigone Doson et d'Aratos a lieu en Mégaride, à Pègai, et le roi, paraît-il, a vite fait de reconnaître dans le Sicyonien un homme supérieur, qui devient son ami et son collaborateur (chap. 43)[1]. Après des combats autour de Corinthe et un soulèvement à Argos, Cléomène est contraint par le poids de la phalange macédonienne d'abandonner toutes ses conquêtes et de se retirer vers Mantinée, en direction de Sparte (chap. 44). Mais l'alliance contre nature avec Antigone a des conséquences qui nuisent gravement à la réputation d'Aratos en Grèce (chap. 45).

Et c'est bientôt le choc décisif, dans l'été de 222 : la grande bataille de Sellasie ruine les espoirs de Cléomène et l'oblige à s'enfuir vers l'Égypte. Plutarque, jugeant inutile de raconter cette bataille, la mentionne ici en deux lignes (46, 1). Il en a parlé dans la *Vie de Cléomène*, chap. 27-29, d'ailleurs plutôt succinctement. Pour son dessein de biographe, « un petit fait, un mot, une plai-

---

1. Philippe V lui aussi, du moins au début, sera pareillement bien disposé pour Aratos (chap. 48). On peut comparer l'accueil que Ptolémée Évergète fera à Cléomène en Égypte, *Cléom.*, 32, 3, où les mots ἐπεὶ δὲ γνώμης διδοὺς πεῖραν ἀνὴρ ἐφαίνετο ἔμφρων rappellent ceux que nous lisons ici, en 43, 3 : καὶ τἆλλα πειρώμενος ἀνδρὸς ἀγαθοῦ καὶ νοῦν ἔχοντος...

santerie montrent mieux le caractère d'un homme
que les combats qui font des milliers de morts, les batailles
rangées et les sièges les plus importants »[1].

Aratos est battu à Caphyai par les Étoliens, ses anciens
alliés (47, 4). Les Achéens font alors de nouveau appel
à la Macédoine, que gouverne maintenant le jeune roi
Philippe V (47, 6). Celui-ci apprécie d'abord beaucoup
le stratège achéen, suit ses conseils en dépit de plusieurs
courtisans hostiles et s'en trouve bien (chap. 48). Mais
les relations entre les deux hommes vont vite se gâter.
Philippe, logeant à Sicyone chez Aratos, séduit la bru
de son hôte et en fait sa maîtresse (49, 2), puis « l'obscure
affaire de Messène »[2] — cette fois sur le plan politique,
et non plus privé — semble bien consommer la rupture
(49, 3 — 50, 1-10). Aratos dès lors s'écarte peu à peu
de Philippe et de sa cour. Il refuse de participer à l'expédition d'Illyrie en 214, qui tournera au désastre pour
Philippe. Enfin une nouvelle attaque macédonienne contre
la Messénie l'éloigne encore du roi, dont la *métabolè*
l'épouvante (chap. 51).

Aratos serait mort, selon Plutarque, sous l'effet d'un
poison lent qui lui aurait été administré sur ordre de
Philippe. On peut en douter, et M. Holleaux a écrit :
« Aratos mourut peu après [le nouvel attentat macédonien contre Messène], triste, rongé d'amertume, et
se croyant empoisonné par Philippe (212). Le vrai poison
auquel il succomba fut la cruelle déception que Philippe
lui causait ; joignons-y la révélation des amours du roi
avec sa bru, Polykratéia d'Argos, qui bientôt le suivit
en Macédoine et fut probablement la mère de Perseus. »[3]

Lorsqu'il mourut à Aigion, en 213-12, Aratos exerçait sa dix-septième (ou seizième) stratégie[4]. Les Sicyoniens

1. *Vie d'Alexandre*, 1, 2.
2. Voir M. Holleaux, *Ét. d'épigr. et d'hist. gr.*, 5, 300 sq.
3. M. Holleaux, *op. cit.*, 5, 303. Voir aussi *id., ibid.*, 4, 117.
4. 53, 1 : voir la note à cet endroit.

lui consacrèrent dans leur ville, sa patrie, un *hérôon*, l'*Arateion*, où un culte solennel lui était rendu deux fois l'an, aux jours anniversaires de sa naissance et de la libération de la cité (53, 2-7).

Le chapitre 54 est une sorte d'épilogue consacré, d'une part, à la fin lamentable d'Aratos le Jeune, dont les drogues altérèrent la raison, et d'autre part, au sort de Philippe qui fut puni de ses crimes par la vengeance divine, à laquelle Plutarque a consacré tout un traité, vengeance qui, dans ce cas, eut pour « bras séculiers », si l'on peut dire, les Romains, et qui le poursuivit jusque dans son fils Persée. En celui-ci s'éteignit la dynastie des Antigonides, « tandis que la descendance d'Aratos subsiste encore de nos jours à Sicyone et à Pellène. » Telle est la fin morale et remarquable de cette biographie, qui s'ouvrait précisément par un hommage rendu à un ami de Plutarque, Polycratès de Sicyone, lequel comptait parmi ses aïeux le grand Aratos.

* * *

Plutarque ne mentionne pas toujours ses sources. Celles qu'il reconnaît ici sont, les unes, principales, les autres, secondaires. Les premières sont, énumérées en ordre d'importance décroissante : les *Mémoires* d'Aratos, Polybe et Phylarque ; les secondaires, selon le même ordre : Deinias, Polémon, Myrsilos.

Les *Mémoires* d'**Aratos** constituent certainement la source essentielle, primordiale de cette biographie, dont l'un des premiers mérites est de nous restituer une grande partie de cette œuvre si utile pour l'histoire de la Grèce au IIIe siècle avant notre ère, — « œuvre écrite » par un homme d'action « au milieu de ses luttes, à ses moments perdus et à la hâte avec les premiers mots venus » (3, 3) au dire de Plutarque, qui en conteste donc la valeur littéraire, tout en en appréciant généralement la véracité[1]. Lorsqu'il abandonne le récit des *Mémoires*, il arrive qu'il nous en prévienne : « Aratos dans ses *Mémoires* ne dit rien de semblable » (32, 5). Malheureusement il néglige alors de nous indiquer sa source, mais cette remarque du moins nous confirme que l'ouvrage laissé par le Sicyonien est bien celui qu'il a consulté constamment et qui sert vraiment de base à cette biographie.

Plutarque ne suit pas toujours aveuglément les *Mémoires* et exerce sur eux sa critique, par exemple en 33, 2-5 : c'est contre toute vraisemblance, écrit-il, qu'Aratos tente de reporter sur Erginos la responsabilité d'avoir attaqué le Pirée en dépit de l'armistice conclu avec la Macédoine, qui contrôlait alors l'Attique. Des *Mémoires*, quels qu'ils soient, prennent souvent, ici ou là, l'aspect d'un plaidoyer *pro domo*, et Plutarque, on le voit, était capable de se méfier même de sa source principale, bien loin d'être un simple compilateur comme on l'a tant prétendu autrefois.

Polybe, le grand historien achéen, naquit à Mégalopolis en 208, c'est-à-dire cinq ans à peine après la mort d'Aratos. Ici, à partir du chapitre 9, où se trouve relatée l'adhésion de Sicyone libérée à la Confédération achéenne, Plutarque s'inspire fréquemment de l'*Histoire* de Polybe, notamment en ce qui concerne la des-

---

1. Polybe évidemment avait lu les *Mémoires* d'Aratos (voir par exemple Pol., 2, 47, 11). Un autre lecteur de ces *Mémoires* fut certainement Cicéron (voir M. Holleaux, *Ét. d'épigr. et d'hist. gr.*, 3, 45, note 1) : celui-ci, *De off.*, 2, 81-83, décrit avec admiration la sagesse du Sicyonien qui, ayant libéré sa patrie, parvint à y rétablir la paix entre les anciens bannis et les détenteurs, parfois légitimes, de leurs biens ; il donne même à cet égard des détails que n'a pas retenus Plutarque (voir ci-dessous la note à 14, 2), et, songeant aux guerres civiles de Rome, il finit par proposer Aratos comme modèle à ses concitoyens : *O virum magnum dignumque qui in re publica nostra natus esset!*

cription de l'Achaïe, et l'éloge de ses institutions politiques[1].

A propos du retournement d'Aratos négociant secrètement avec Antigone Doson pour l'appeler à l'aide contre Cléomène, en 38, 11, Plutarque résume les pages de Polybe, 2, 47-50, qui viennent opportunément combler des lacunes volontaires des *Mémoires*, où Aratos, écrit Plutarque au même endroit, « se récrie de toutes ses forces [contre la grave accusation d'avoir librement fait venir les Macédoniens dans le Péloponnèse] et allègue la nécessité. » Polybe, 2, 47, 10-11, va plus loin et dénonce la politique de double jeu menée par le stratège achéen : « Aratos était obligé de dire et de faire au grand jour des choses contraires à ses véritables intentions, pensant dissimuler ainsi l'intrigue qu'il avait nouée. C'est la raison pour laquelle certains de ses actes ne sont même pas mentionnés dans ses *Mémoires*. » Il est donc bien clair que Plutarque ne s'est pas privé de contrôler les assertions d'Aratos en les confrontant avec celles de Polybe, voire de Phylarque, et peut-être d'autres historiens qu'il ne nomme pas. Cette méthode me paraît louable.

Le chapitre 48, relatif à la bonne influence d'Aratos sur Philippe en dépit de la jalousie des courtisans, est entièrement constitué d'éléments que l'on retrouve tous sans exception chez Polybe[2].

De même le chapitre 50 présente dès le début des ressemblances littérales avec Polybe[3], puis l'anecdote célèbre de l'examen des entrailles lors d'un sacrifice offert par Philippe au Zeus de l'Ithome est racontée par Polybe, 7, 12, 1-10, et par Plutarque, 50, 5-10, de façon tellement analogue que la filiation d'un texte à l'autre paraît évidente[4].

1. 9, 6 : cf. Pol., 2, 38, 2, — 9, 7 : cf. Pol., 2, 39.
2. Voir les notes à ce chapitre 48.
3. Voir la note à 50, 1.
4. Cependant le discours d'Aratos, identique pour le sens général, invoque ici et là des exemples différents.

Le récit des circonstances de la mort d'Aratos, au chapitre 52, concorde trop bien dans l'ensemble[1] avec celui de Polybe, 8, 12, pour que l'on puisse douter que Plutarque, ici encore, s'est inspiré de l'*Histoire* du Mégalopolitain[2].

Finalement l'on a pu dire sans invraisemblance que, du chapitre 47 à la fin, cette biographie est comme un « précis » des passages de Polybe relatifs à Aratos, en dépit d'une ou deux minimes divergences de détail[3].

Phylarque, plutôt Athénien (métèque?) que Naucratite, écrivait peu de temps après l'époque d'Aratos[4]. Il n'est nommé ici qu'une seule fois, en 38, 12, mais l'on peut soupçonner que Plutarque a utilisé son ouvrage en plusieurs autres endroits, surtout quand il s'agit de reproches faits à Aratos[5], car cet historien, spartophile passionné et admirateur inconditionnel de Cléomène, détestait le stratège achéen et « ne cessait, comme dans un procès, de requérir contre lui », à quoi Plutarque ajoute : « Son témoignage ne mériterait guère de confiance s'il n'était confirmé ici par celui de Polybe » (38, 12).

A propos de l'exécution à Cenchrées de l'ancien tyran d'Argos, Aristomachos, qui, après avoir abdiqué et avoir fait entrer sa cité dans la Confédération achéenne, s'était rangé au parti de Cléomène, si l'on compare les quelques lignes de Plutarque en 44, 6 aux deux cha-

---

1. Plutarque ajoute sur les effets de la maladie causée par le poison des détails qui ne figurent pas chez Polybe, et qu'il a pu prendre ailleurs, ou simplement imaginer lui-même.

2. Voir les notes à 52, 2 et 4.

3. Cf. Schulz, *Quibus ex fontibus fluxerint Ag. Cleom. Arat. Vitae Plut.* (Berlin, 1886), et Walbank, *Philip V of Macedon*, 284 sqq.

4. Polybe, 2, 56-63, l'a sévèrement critiqué. Phylarque a de nos jours fait l'objet d'une tentative de réhabilitation : Thomas W. Africa, *Phylarchus and the Spartan Revolution*, 1961 (cf. *Rev. Ét. Gr.*, 75, 1962, 259-262). Plutarque, qui le cite une douzaine de fois dans l'ensemble de son œuvre, semble l'avoir apprécié justement peut-être à cause de sa tendance à la dramatisation et de son sens théâtral que lui reproche Polybe. Pourtant Plutarque ne se faisait guère d'illusions sur son objectivité.

5. Par exemple en 31, 2 : voir la note à cet endroit.

pitres 59-60 du livre 2 de Polybe, on ne peut échapper à la conclusion que Plutarque a écrit ce paragraphe en suivant Phylarque, constamment hostile à Aratos.

Il semble en aller de même pour le récit de la prise de Mantinée et de ses suites (45, 6-9) : la source doit être Phylarque, comme l'on peut s'en convaincre en lisant Polybe, 2, 56-58. Puis, au chapitre 47, si Plutarque paraît suivre surtout Polybe, 4, 7-15, une légère divergence avec cet historien donne à penser que Plutarque a pu ici encore utiliser Phylarque[1].

Deinias d'Argos, cité en 29, 5 à propos de la mort du tyran Aristippos, avait écrit des 'Αργολικά, dont il ne nous reste que de misérables fragments. On l'a parfois identifié, sans preuve, au Deinias meurtrier du tyran Abantidas[2]. Il paraît presque certain que Plutarque a emprunté à l'ouvrage de Deinias plusieurs autres détails relatifs à Argos dans les chapitres 25-29.

Polémon le Périégète, d'Ilion, vécut au début du IIIe siècle avant J.-C. et avait composé un traité Περὶ τῶν ἐν Σικυῶνι πινάκων ; il est cité en 13, 2 à propos de l'École de peinture de Sicyone, et il est probablement la source de la plus grande partie de ce chapitre 13, notamment de la curieuse anecdote concernant les retouches apportées à un tableau de Mélanthos et de ses élèves pour faire disparaître l'effigie abhorrée d'un ancien tyran de Sicyone.

Enfin le paradoxographe **Myrsilos** de Méthymna est cité en 3, 5 dans une digression (plutôt oiseuse) sur les ressemblances étonnantes entre des personnages d'époques très diverses.

Il ne me paraît pas douteux que Plutarque, pour écrire cette biographie, s'est entouré d'une documentation considérable et a cherché honnêtement le vrai en exerçant son esprit critique.

1. Voir la note à 47, 2.
2. 3, 4 : voir la note à cet endroit.

* * *

Au début de cette biographie, dans l'aimable dédicace à son ami Polycratès de Sicyone, descendant d'Aratos, Plutarque cite en quelques lignes le Stoïcien Chrysippe, l'obscur parémiographe Dionysodore et quelques mots d'une *Pythique* de Pindare. Tout ce premier chapitre est donc nourri de souvenirs littéraires. Il exprime aussi une idée dont nous savons qu'elle tenait au cœur de Plutarque : pour bien vivre il faut avant tout s'efforcer d'imiter les héros. Les exploits du grand Aratos (héroïsé après sa mort) doit donc être un exemple à méditer et à suivre, en dépit de la différence des temps, par Polycratès et ses deux fils. Si Plutarque écrit des *Vies* (il nous le confie souvent), c'est pour s'inciter lui-même et inviter ses lecteurs à prendre pour modèles les grands hommes du passé[1].

La culture de Plutarque s'étendait aux sciences, et notamment à celles de la nature. En 10, 4, voulant faire comprendre pourquoi Aratos, si hardi dans les coups de main nocturnes, semblait privé de tout moyen dans les batailles livrées de jour en rase campagne, il le compare à ces animaux qui voient dans l'obscurité, et que la grande lumière éblouit et aveugle ; évidemment l'explication qu'il propose de ce phénomène (par la sécheresse des yeux et la raréfaction de l'humidité pendant le jour) nous laisse sceptiques : Plutarque est tributaire des connaissances scientifiques de son temps.

Professeur de philosophie, il savait par expérience quels sujets étaient débattus et quels exemples étaient choisis « par les philosophes dans leurs écoles » (29, 8).

En ce qui concerne les arts, et notamment la peinture,

---

1. Les biographies de Démétrios et d'Antoine font seules exception à cette règle (sans parler bien sûr d'Artaxerxès) : ces deux personnages sont aussi des exemples, mais qu'il convient de ne pas imiter.

Plutarque prend occasion des envois par Aratos à Ptolémée de tableaux exécutés à Sicyone pour faire une digression en ce domaine où il se pique d'être un connaisseur, comme Aratos lui-même[1]. Le célèbre Apelle ne dédaignait pas de fréquenter les ateliers de Sicyone, et Plutarque conte une anecdote où l'on voit s'affronter chez Aratos, à propos d'un tableau, l'amour de l'art et la haine de la tyrannie (chap. 13).

Plutarque enfin évoque volontiers des fables du recueil ésopique[2], et il cite Simonide de Céos en 45, 7, puis, en 45, 9, un hémistiche du catalogue des vaisseaux de l'*Iliade*, à propos de « l'aimable Mantinée. »

*   *   *

Ce n'est pas seulement dans la Préface que transparaît la personnalité de Plutarque. En 9, 7, faisant l'éloge de la Confédération achéenne, dont le premier grand homme fut Aratos, il suit sans doute Polybe, 2, 42, mais il ajoute une généralisation que lui inspire son patriotisme panhellénique : « Mieux qu'aucun autre peuple les Achéens firent voir que la force des Grecs est invincible chaque fois qu'elle est ordonnée, cimentée par la concorde et dirigée par un chef intelligent. »

Dans le jugement porté par Plutarque sur Aratos, qui fut dès sa jeunesse un bon athlète (3, 1-2), on sent le dédain, qu'exprimait déjà Euripide, de l'intellectuel pour les prouesses musculaires. Il insiste sur la médiocre valeur littéraire des *Mémoires* et sur le manque de formation philosophique de leur auteur. Ce manque serait même la cause de certaines déficiences de son comportement : le Sicyonien avait tous les dons naturels, l'*euphyia*, mais la *paideia*, c'est-à-dire la culture, lui faisait défaut (10,5).

---

1. 12, 6 : κρίσιν ἔχων οὐκ ἄμουσον ὁ Ἄρατος.
2. En 30, 8 et 38, 9 ; voir de même *Crass.*, 32, 5, et *Agis*, 2, 5.

Plutarque croit à l'existence du surnaturel. Il paraît probable que, lors de la prise de l'Acrocorinthe, l'alternance, toujours favorable à Aratos, des moments où la pleine lune répandait toute sa clarté et de ceux où elle était voilée par des nuages, a semblé au biographe la manifestation d'une protection divine (voir surtout 22, 2).

De même, au chapitre 32, l'apparition d'une superbe jeune fille casquée, que l'on aurait prise pour Artémis sortant de son temple de Pellène, met les ennemis en fuite, mais Plutarque semble préférer une autre version du même fait, selon laquelle c'est la statue même de la déesse, portée par sa prêtresse, qui aurait produit ce résultat.

Prêtre du sanctuaire prophétique d'Apollon à Delphes, Plutarque cite avec complaisance un oracle de la Pythie (53, 2-3), mais il s'intéresse aussi à tous les genres de divination : en 43, 6-9, il raconte en détail comment un présage tiré de l'examen du foie d'une victime par un devin se serait réalisé plus tard lors d'un banquet offert par Antigone Doson. Aratos lui-même se fiait plus au raisonnement qu'aux prédictions (43, 7), et pourtant, dans cette circonstance, il dut reconnaître en riant que le devin avait dit vrai.

Plutarque, comme le prouvent tant de passages et des traités entiers de ses *Moralia*, était curieux de tous les rites du culte rendu aux dieux et aux héros. C'est avec une remarquable minutie qu'il décrit, en 53, 5-7, les deux sacrifices offerts chaque année à Aratos héroïsé : le bandeau du prêtre, où se mêlaient le blanc et la pourpre, la présence des artistes dionysiaques chantant au son de la cithare, la procession conduite par le gymnasiarque précédant les enfants, les éphèbes, les membres du Conseil, des couronnes sur la tête, puis la foule des citoyens, rien ne manque à ce tableau plein de notations sonores et colorées.

* * *

L'art du conteur apparaît même là où Plutarque ne fait apparemment que suivre les *Mémoires* d'Aratos, auxquels il dénie pourtant, nous l'avons vu, tout mérite littéraire. C'est le cas notamment aux chapitres 5-9, qui racontent la préparation et l'exécution du coup d'éclat tenté et réussi par le jeune exilé d'Argos, à savoir la libération de Sicyone par surprise, au moyen d'une poignée d'hommes habilement conduits par lui, qui semble avoir tout prévu. Il berne si complètement les espions envoyés par le tyran que ceux-ci s'esclaffent : « Il n'y a vraiment rien de plus peureux qu'un tyran, puisque Nicoclès lui-même, maître d'une ville et d'une armée si puissantes, tremble devant un garçon qui dépense à s'amuser et à boire au long des jours les ressources dont il dispose dans son exil ! » (6, 5), et dès le lendemain Aratos libérait Sicyone. Ce trait comique a-t-il été emprunté tel quel aux *Mémoires*? Pour ma part, j'en doute, et je pense que Plutarque y a mis quelque peu du sien.

Certes, au chapitre 20, on a l'impression que Plutarque aurait eu avantage à abréger le récit des *Mémoires* et à supprimer certains détails, mais il a voulu montrer que la prise de l'Acrocorinthe, opération entre toutes difficile, fut à deux doigts d'échouer par suite d'une méprise dont l'effet put être réparé à temps ; si un second hasard n'avait pas succédé au premier[1], tout était perdu.

En revanche, c'est à Plutarque, je crois, qu'il faut attribuer, plutôt qu'à Aratos, le mérite de décrire de façon si frappante l'état de la ville de Corinthe quand la trompette eut sonné l'alarme (21, 7), car c'est le

---

1. Voir en 20, 4 : κατὰ τύχην, et en 20, 7 : ἀπὸ τύχης αὖ πάλιν.

même « coup de patte » que l'on retrouve ailleurs, notamment *Pyrrhos*, 32, 7 sqq.

La ville et la citadelle une fois prises, Aratos se rend au théâtre de Corinthe où la foule afflue. Là, « il s'avança du fond de la scène, revêtu de sa cuirasse, le visage altéré par la fatigue et l'insomnie. Il tenait sa lance de la main droite en pliant légèrement le genou et en appuyant son corps incliné sur son arme » (23, 2-3). De telles lignes, si évocatrices, ne seraient-elles pas inspirées d'un tableau que Plutarque aurait vu? Aratos avait plusieurs amis peintres.

Cette biographie me paraît être l'une des plus vivement écrites, et aussi l'une des plus riches en détails concrets et instructifs pour notre connaissance de l'antiquité[1] que nous ait laissées Plutarque.

---

1. Je pense notamment à ce qui concerne l'École artistique de Sicyone et, dans le domaine militaire, les rondes de surveillance aux remparts et le rôle des chiens de forteresse.

ARATOS

Dédicace. — **1**. 1 Il existe, Polycratès,* un vieux proverbe dont le philosophe Chrysippe* me semble avoir craint l'aspect blasphématoire puisqu'il le cite, non pas tel qu'il est, mais sous une forme qu'il jugeait meilleure, à savoir :

« Qui louera son père, sinon des fils heureux ? »

2 Mais Dionysodore de Trézène* contredit Chrysippe en rétablissant le véritable texte, qui est le suivant :

« Qui louera son père, sinon des fils malheureux ? »*

Et il dit que le sens de ce proverbe est de fermer la bouche à ceux qui, n'ayant par eux-mêmes aucune valeur, se couvrent des vertus de certains ascendants, à qui ils prodiguent des éloges excessifs. 3 Tout au contraire, celui qui, comme toi, selon l'expression de Pindare, « brille par nature de la vertu de ses ancêtres »* et conforme sa vie aux plus beaux modèles que lui offre sa famille, doit éprouver du bonheur à se souvenir des meilleurs de ses aïeux en écoutant ou en faisant sans cesse le récit de quelqu'un de leurs exploits. 4 Car ce n'est point alors faute de mérites personnels que l'on fait dépendre sa renommée de louanges données à d'autres, mais, en rattachant ses propres actions à celles de ses ancêtres, on célèbre en eux non seulement les auteurs de sa lignée, mais aussi les guides de sa vie. 5 Voilà pourquoi j'ai composé pour toi et je t'envoie la biographie d'Aratos, ton compatriote et ton aïeul, dont tu n'es pas indigne par la réputation dont tu jouis et l'influence que tu exerces. Ce n'est pas que tu n'aies pris soin, plus que personne, de t'instruire très exactement dès ton jeune âge des actions de ce grand homme, mais c'est pour que tes fils Polycratès et Pythoclès soient éle-

ΑΡΑΤΟΣ

1. 1 Παροιμίαν τινὰ παλαιάν, ὦ Πολύκρατες, 1027 c
δείσας μοι δοκεῖ τὸ δύσφημον αὐτῆς, ὁ φιλόσοφος
Χρύσιππος, οὐχ ὃν ἔχει τρόπον, ἀλλ᾽ ὡς αὐτὸς
ᾤετο βέλτιον εἶναι, διατίθεται·

Τίς πατέρ᾽ αἰνήσει, εἰ μὴ εὐδαίμονες υἱοί;
2 Διονυσόδωρος δ᾽ ὁ Τροιζήνιος ἐλέγχων αὐτὸν
ἀντεκτίθησι τὴν ἀληθινὴν οὕτως ἔχουσαν·   d

Τίς πατέρ᾽ αἰνήσει, εἰ μὴ κακοδαίμονες υἱοί;
καί φησι τοὺς ἀφ᾽ αὑτῶν οὐδενὸς ἀξίους ὄντας, ὑπο-
δυομένους δὲ προγόνων τινῶν ἀρετὰς καὶ πλεονά-
ζοντας ἐν τοῖς ἐκείνων ἐπαίνοις ὑπὸ τῆς παροιμίας
ἐπιστομίζεσθαι. 3 Ἀλλ᾽ ᾧ γε « φύσει τὸ γενναῖον
ἐπιπρέπει ἐκ πατέρων », κατὰ Πίνδαρον, ὥσπερ σοί,
πρὸς τὸ κάλλιστον ἀφομοιοῦντι τῶν οἴκοθεν παρα-
δειγμάτων τὸν βίον, εὔδαιμον ἂν εἴη τὸ μεμνῆσθαι
τῶν ἀπὸ γένους ἀρίστων, ἀκούοντας περὶ αὐτῶν
ἀεί τι καὶ λέγοντας. 4 Οὐ γὰρ ἰδίων ἀπορίᾳ καλῶν
ἐξαρτῶσιν ἀλλοτρίων ἐπαίνων τὴν δόξαν, ἀλλὰ
τοῖς ἐκείνων τὰ οἰκεῖα συνάπτοντες, ὡς καὶ τοῦ γένους
καὶ τοῦ βίου καθηγεμόνας εὐφημοῦσι. 5 Διὸ κἀγὼ   e
τὸν Ἀράτου τοῦ σοῦ πολίτου καὶ προπάτορος βίον,
ὃν οὔτε τῇ δόξῃ τῇ περὶ σεαυτὸν οὔτε τῇ δυνάμει
καταισχύνεις, ἀπέσταλκά σοι συγγραψάμενος, οὐχ
ὡς οὐχὶ πάντων ἀκριβέστατά σοι μεμεληκὸς ἐξ ἀρχῆς
ἐπίστασθαι τὰς ἐκείνου πράξεις, ἀλλ᾽ ὅπως οἱ παῖδές
σου Πολυκράτης καὶ Πυθοκλῆς οἰκείοις παραδείγμα-

---

1. 1 ⁴ διατίθεται P : -θεσθαι ‖ ⁵ αἰνήσει Π : αἰνέσει ‖ 2 ⁵ ἀρετὰς Π :
-ταῖς ‖ 3 ¹ ᾧ : οἷς Sol. ‖ 4 ³ συνάπτοντες : συνάψαντες G.

vés au milieu de ces exemples familiaux, et qu'ils entendent raconter ou qu'ils lisent ce qu'ils doivent imiter[1] ;
6 car c'est le fait d'une personne éprise d'elle-même,
et non pas du beau, de se croire toujours la meilleure
de toutes.

Enfance. — **2**. 1 La ville de Sicyone, dès que la
pure aristocratie dorienne y eut été renversée, à la façon
d'une harmonie détruite, tomba dans les luttes des
factions et les rivalités des démagogues, et elle ne cessa
pas d'être malade et en état de trouble, passant d'un
tyran à l'autre, [2] jusqu'à ce que, Cléon ayant été tué,
elle choisit pour chefs Timocleidas et Cleinias qui étaient,
entre tous les citoyens, les plus renommés et les plus
influents.* 2 Comme déjà une certaine stabilité politique paraissait s'installer, Timocleidas mourut, et
Abantidas, fils de Paséas, voulant s'emparer lui-même
de la tyrannie, tua Cleinias, dont il chassa ou fit mettre
à mort les amis et les proches. Il cherchait aussi son
fils Aratos, devenu orphelin à sept ans, pour se défaire
de lui.* 3 Mais au milieu du désarroi de la maison,
l'enfant s'était échappé avec ceux qui fuyaient et, errant
dans la ville effrayé et dénué de tout secours, il entra par
hasard et sans qu'on le vît, dans la maison d'une femme,
sœur d'Abantidas et épouse de Prophantos, le frère
de Cleinias, qui s'appelait Soso ; 4 cette femme était
d'un caractère généreux, et, pensant que c'était un
dieu qui avait conduit l'enfant à se réfugier chez elle,
elle le cacha dans sa demeure, puis l'envoya secrètement
de nuit à Argos.*

3. 1 Mis ainsi furtivement à l'abri et ayant échappé
au danger, Aratos sentit aussitôt naître et croître en
lui une haine violente et ardente contre les tyrans.

1. L'imitation des héros, principe essentiel de la morale de Plutarque,
est d'ailleurs à l'origine de toute son entreprise biographique.
2. Pour l' « harmonie » que représente aux yeux de Plutarque l'antique constitution dorienne dont le modèle était attribué à Lycurgue,
voir par exemple *Cléom.*, 16, 6. — Sur l'histoire de Sicyone avant
l'époque d'Aratos, cf. Porter, 49-50, et C. H. Skalet, *Chapters in
the History of ancient Sicyon*, diss. Baltimore, 1928.

σιν ἐντρέφωνται, τὰ μὲν ἀκούοντες, τὰ δ' ἀναγι-
νώσκοντες, ἅπερ [οὖν] αὐτοὺς μιμεῖσθαι προσήκει.
6 Φιλαύτου γὰρ ἀνδρός, οὐ φιλοκάλου, πάντων ἀεὶ
βέλτιστον ⟨ἑαυτὸν⟩ ἡγεῖσθαι.

2. 1 Ἡ Σικυωνίων πόλις, ἐπεὶ τὸ πρῶτον ἐκ τῆς
ἀκράτου καὶ Δωρικῆς ἀριστοκρατίας ὥσπερ ἁρμο-
νίας συγχυθείσης εἰς στάσεις ἐνέπεσε καὶ φιλοτι-   f
μίας δημαγωγῶν, οὐκ ἐπαύσατο νοσοῦσα καὶ ταρατ-
τομένη καὶ τύραννον ἐκ τυράννου μεταβάλλουσα,
μέχρι οὗ Κλέωνος ἀναιρεθέντος εἵλοντο Τιμοκλείδαν
ἄρχοντα καὶ Κλεινίαν, ἄνδρας ἐνδόξους τὰ μάλιστα
καὶ ἐν δυνάμει τῶν πολιτῶν ὄντας. 2 Ἤδη δέ τινα
τῆς πολιτείας κατάστασιν ἔχειν δοκούσης, Τιμο-   1028
κλείδας μὲν ἀπέθανεν, Ἀβαντίδας δ' ὁ Πασέου τυραννίδα πράττων ἑαυτῷ τὸν Κλεινίαν ἀπέκτεινε καὶ τῶν
φίλων καὶ οἰκείων τοὺς μὲν ἐξέβαλε, τοὺς δ' ἀνεῖλεν.
Ἐζήτει δὲ καὶ τὸν υἱὸν αὐτοῦ ἀνελεῖν Ἄρατον,
ἑπταετῆ καταλελειμμένον. 3 Ἐν δὲ τῇ περὶ τὴν
οἰκίαν ταραχῇ συνεκπεσὼν τοῖς φεύγουσιν ὁ παῖς καὶ
πλανώμενος ἐν τῇ πόλει περίφοβος καὶ ἀβοήθητος
κατὰ τύχην ἔλαθεν εἰς οἰκίαν παρελθὼν γυναικός,
ἀδελφῆς μὲν Ἀβαντίδου, Προφάντῳ δὲ τῷ Κλεινίου
ἀδελφῷ γεγαμημένης, ὄνομα Σωσοῦς. 4 Αὕτη δὲ
καὶ τὸ ἦθος οὖσα γενναία καὶ σὺν θεῷ τινι τὸ παι-   b
δίον οἰομένη καταπεφευγέναι πρὸς αὐτὴν ἀπέκρυψεν
ἔνδον, εἶτα νυκτὸς εἰς Ἄργος ὑπεξέπεμψεν.

3. 1 Οὕτω δ' ἐκκλαπέντι τῷ Ἀράτῳ καὶ διαφυ-
γόντι τὸν κίνδυνον εὐθὺς μὲν ἐνεφύετο καὶ συνηύξετο
τὸ σφοδρὸν καὶ διάπυρον μῖσος ἐπὶ τοὺς τυράννους.

1. 5 ⁹ οὖν del. Ald. ed. ‖ 6 ¹ πάντων C : πάντως ‖ ² ἑαυτὸν add.
Xyl. ‖ 2. 2 ³ Πασέου : Πασαίου G¹R¹ ‖ ⁶ αὐτοῦ ἀνελεῖν Ἄρατον GΠ :
αὐτοῦ Ἄρ- ἀν- L αὐτοῦ del. Zie. (propter hiatum) αὐτοῦ ⟨τὸν⟩ Ἄρατον Benseler αὐτὸν Porter.

Il reçut à Argos chez les hôtes et les amis de son père
une éducation libérale. Voyant son corps grandir et
devenir robuste, il s'adonna aux exercices de la palestre
avec tant de succès qu'il concourut au pentathle* et
remporta des couronnes. 2 On reconnaît du reste
dans ses statues* une certaine apparence athlétique,
et le visage intelligent et d'aspect royal ne dissimule
pas complètement le gros mangeur et l'utilisateur de la
pioche.* 3 Aussi s'appliqua-t-il peut-être à l'éloquence
moins qu'il ne convenait à un homme politique ; cependant il était vraisemblablement plus habile à parler
qu'il ne paraît à certains auteurs, qui jugent son style
d'après les Mémoires qu'il a laissés et qui sont une œuvre
écrite au milieu de ses luttes, à ses moments perdus
et à la hâte avec les premiers mots venus.*

4 Dans la suite, Deinias et Aristote le dialecticien,[1]
profitant du fait qu'Abantidas avait l'habitude d'assister
à chacun des entretiens philosophiques qu'ils avaient
ensemble à l'agora et de se mêler à la discussion, l'engagèrent dans un débat de ce genre et, ayant préparé
un guet-apens, le tuèrent. Paséas, père d'Abantidas,
se saisit alors du pouvoir, mais il fut traîtreusement
assassiné par Nicoclès, qui se proclama tyran. 5 On
prétend que la figure de ce Nicoclès rappelait de façon
très frappante celle de Périandre, fils de Cypsélos, de
même que le Perse Orontès ressemblait à Alcméon,
fils d'Amphiaraos, et à Hector ce jeune Lacédémonien
qui, au dire de Myrsilos, fut foulé aux pieds par la
multitude des curieux, quand cette ressemblance fut
aperçue.*

Libération de Sicyone. — 4. 1 Nicoclès, depuis
quatre mois qu'il exerçait la tyrannie, avait fait subir
à la ville beaucoup de maux, en dépit des manœuvres

---

1. On a voulu identifier ce Deinias à celui qui écrivit une Histoire
d'Argos citée ci-dessous, 29, 5 (cf. Beloch, *Gr. Gesch.*[2], 4, 1, 613,
note 1), et Aristote le dialecticien à l'Argien Aristote, ami d'Aratos
(ci-dessous, 44, 2). Ici et là, je reste sceptique, d'autant plus que
Pausanias, 2, 8, 2, désigne les meurtriers d'Abantidas comme Sicyoniens : Ἀβαντίδαν μὲν οὖν κτείνουσιν ἄνδρες τῶν ἐπιχωρίων.

Τρεφόμενος δὲ παρὰ τοῖς ἐν Ἄργει ξένοις καὶ φίλοις
πατρῴοις ἐλευθερίως, καὶ τὸ σῶμα βλαστάνον ὁρῶν
εἰς εὐεξίαν καὶ μέγεθος, ἐπέδωκεν ἑαυτὸν ἀσκήσει
τῇ περὶ παλαίστραν, ὥστε καὶ πένταθλον ἀγωνίσασθαι
καὶ στεφάνων τυχεῖν. 2 Ἐπιφαίνεται δ' ἀμέλει
καὶ ταῖς εἰκόσιν ἀθλητική τις ἰδέα, καὶ τὸ συνετὸν
τοῦ προσώπου καὶ βασιλικὸν οὐ παντάπασιν ἀρνεῖ-   c
ται τὴν ἀδηφαγίαν καὶ τὸ σκαφεῖον. 3 Ὅθεν ἐνδεέστερον ἴσως ἢ πολιτικῷ προσῆκον ἦν ἀνδρὶ περὶ
τὸν λόγον ἐσπούδασε · καίτοι γεγονέναι κομψό-
τερο⟨ν εἰκὸ⟩ς εἰπεῖν ἢ δοκεῖ τισιν ἐκ τῶν Ὑπομνη-
μάτων κρίνουσιν, ἃ παρέργως καὶ ὑπὸ χεῖρα διὰ
τῶν ἐπιτυχόντων ὀνομάτων ἁμιλλησάμενος κατέ-
λιπε.

4 Χρόνῳ δ' ὕστερον Ἀβαντίδαν μὲν οἱ περὶ Δει-
νίαν καὶ Ἀριστοτέλη τὸν διαλεκτικόν, εἰωθότα τοῖς
λόγοις αὐτῶν κατ' ἀγορὰν σχολαζόντων ἑκάστοτε
παρεῖναι καὶ συμφιλονικεῖν, ἐμβαλόντες εἰς τοιαύτην
διατριβὴν καὶ κατασκευάσαντες ἐπιβουλὴν ἀνεῖλον,
Πασέαν δὲ τὸν Ἀβαντίδου πατέρα τὴν ἀρχὴν ὑπολα-   d
βόντα Νικοκλῆς δολοφονήσας, ἑαυτὸν ἀνέδειξε τύραννον. 5 Τοῦτον ἐμφερέστατον λέγουσι τὴν ὄψιν
Περιάνδρῳ τῷ Κυψέλου γενέσθαι, καθάπερ Ἀλκμαί-
ωνι μὲν τῷ Ἀμφιάρεω τὸν Πέρσην Ὀρόντην, Ἕκτορι
δὲ τὸν Λακεδαιμόνιον νεανίσκον, ὃν ἱστορεῖ Μυρσίλος
ὑπὸ πλήθους τῶν θεωμένων, ὡς τοῦτ' ἔγνωσαν, κατα-
πατηθῆναι.

4. 1 Τοῦ δὲ Νικοκλέους τέσσαρας μῆνας τυραν-
νοῦντος, ἐν οἷς πολλὰ κακὰ τὴν πόλιν ἐργασάμενος

---

3. 2 ⁴ σκαφεῖον Sint. : σκάφιον GPL σκαφίον R ‖ 3 ³ γεγονέναι :
γέγονε Madvig ‖ ³⁻⁴ κομψότερο⟨ν εἰκὸ⟩ς Henry ap. Porter : κομ-
ψότερος ‖ ⁴ δοκεῖ G : δοκεῖν ‖ 4 ³ αὐτῶν : αὐτοῖς L ‖ ⁴ ἐμβαλόντες :
ἐκβ- G ‖ 5 ² Κυψέλου : -λῳ Π ‖ ⁴ Μυρσίλος : Μυρτίλος GL².

des Étoliens qui risquaient de lui faire perdre le pouvoir.[1] A ce moment Aratos, devenu jeune homme[2], était déjà très considéré pour sa noblesse et sa grandeur d'âme, qui ne laissaient transparaître ni petitesse ni paresse, mais seulement une gravité mêlée à une prudence plus ferme qu'il n'est habituel à cet âge. 2 C'est pourquoi les bannis comptaient beaucoup sur lui, et Nicoclès ne se désintéressait pas de son activité ; il le faisait observer secrètement et surveillait toutes ses démarches, non qu'il craignît un coup d'audace ni aucun acte aussi hardi que celui qui allait être tenté, mais il le soupçonnait de mener des pourparlers avec les rois qui avaient été les amis et les hôtes de son père. 3 Et de fait, Aratos essaya de s'engager dans cette voie, mais, comme Antigone, tout en lui faisant des promesses, le négligeait et laissait le temps s'écouler, et que les espoirs fondés sur l'Égypte et sur Ptolémée étaient lointains, il résolut de renverser le tyran par ses propres moyens.*

5. 1 Il communiqua d'abord son dessein à Aristomachos et à Ecdélos ; le premier était un exilé de Sicyone, et Ecdélos un Arcadien de Mégalopolis, philosophe et homme d'action, qui avait été à Athènes le familier d'Arcésilas l'Académicien.* 2 Accueilli par eux avec empressement, il se mit en rapport avec les autres bannis : quelques-uns, qui auraient eu honte d'abandonner leurs espoirs, s'associèrent à l'entreprise, mais la plupart cherchèrent même à en détourner Aratos, que son inexpérience, pensaient-ils, rendait téméraire. 3 Il projetait de s'emparer, sur le territoire de Sicyone, de quelque place qui pût lui servir de base pour combattre le tyran[3], lorsqu'arriva à Argos un Sicyonien évadé

---

1. Voir R. Flacelière, *Les Aitoliens à Delphes*, 205 sq. — Selon Porter, XXXIX, note 19, il s'agissait seulement d'une tentative pour faire rentrer dans leur pays, en renversant le tyran, les quatre-vingts Sicyoniens bannis par Nicoclès (cf. ci-dessous, 9, 4).

2. Le mot μειράκιον, selon l'usage qu'en fait Plutarque, s'applique fort bien à un jeune homme de vingt ans ; voir Porter, 51 sq. — Peut-être serait-il moins approprié, si Aratos avait eu alors vingt-quatre ans comme le veut Beloch ; voir ci-dessus, la Notice, p. 54, note 2.

3. Voir L. et J. Robert, *Journal des Savants*, 1976, 213-214.

ἐκινδύνευεν ὑπ' Αἰτωλῶν ἐπιβουλευομέμην αὐτὴν
ἀποβαλεῖν, ἤδη μειράκιον ὁ "Αρατος ὢν ἀξίωμα
λαμπρὸν εἶχε δι' εὐγένειαν καὶ φρόνημα, ὃ διέφαινεν
οὐ μικρὸν οὐδ' ἀργόν, ἐμβριθὲς δὲ καὶ παρ' ἡλικίαν　　e
ἀσφαλεστέρᾳ γνώμῃ κεκραμένον. 2 Ὅθεν οἵ τε
φυγάδες μάλιστα τὸν νοῦν ἐκείνῳ προσεῖχον, ὅ τε
Νικοκλῆς οὐκ ἠμέλει τῶν πραττομένων, ἀλλ' ἀδήλως
ἀπεθεώρει καὶ παρεφύλαττεν αὐτοῦ τὴν ὁρμήν,
τόλμημα μὲν οὐδὲν τηλικοῦτον δεδιὼς οὐδ' ἔργον
οὐδὲν οὕτω παρακεκινδυνευμένον, ὑποπτεύων δὲ
τοῖς βασιλεῦσιν αὐτὸν διαλέγεσθαι φίλοις οὖσι καὶ
ξένοις πατρῴοις. 3 Καὶ γὰρ ἀληθῶς ὁ "Αρατος
ἐπεχείρησε τὴν ὁδὸν ἐκείνην βαδίζειν. Ὡς δ' Ἀντίγονος μὲν ὑπισχνούμενος ἠμέλει καὶ παρῆγε τὸν
χρόνον, αἱ δ' ἀπ' Αἰγύπτου καὶ παρὰ Πτολεμαίου
μακρὰν ἦσαν ἐλπίδες, ἔγνω δι' αὑτοῦ καταλύειν τὸν
τύραννον.

5. 1 Πρώτοις δὲ κοινοῦται τὴν γνώμην Ἀριστο-　　f
μάχῳ καὶ Ἐκδήλῳ. Τούτων ὁ μὲν ἐκ Σικυῶνος ἦν
φυγάς, ὁ δ' "Εκδηλος Ἀρκὰς ἐκ Μεγάλης πόλεως,
ἀνὴρ φιλόσοφος καὶ πρακτικός, Ἀρκεσιλάου τοῦ
Ἀκαδημιακοῦ γεγονὼς ἐν ἄστει συνήθης. 2 Δεξαμένων δὲ τούτων προθύμως, διελέγετο τοῖς ἄλλοις
φυγάσιν, ὧν ὀλίγοι μὲν αἰσχυνθέντες ἐγκαταλιπεῖν
τὴν ἐλπίδα μετεῖχον τῶν πραττομένων, οἱ δὲ πολλοὶ　1029
καὶ τὸν "Αρατον ἐπειρῶντο κατακωλύειν ὡς ἀπειρίᾳ
πραγμάτων θρασυνόμενον. 3 Βουλευομένου δ' αὐτοῦ χωρίον τι τῆς Σικυωνίας καταλαβεῖν, ὅθεν ὁρμη-
μένος διαπολεμήσει πρὸς τὸν τύραννον, ἧκεν εἰς "Αρ-
γος ἀνὴρ Σικυώνιος ἐκ τῆς εἱρκτῆς ἀποδεδρακώς ·

---

4. 2 [4] ἀπεθεώρει : παρεθ- G ‖ 3 [3] παρῆγε G : παρῆκε ‖ 5. 1 [3] Ἔκδηλος : Ἔκδημος Plut., *Philop.*, 1, 3, et Pol., 10, 22, 2 ‖ [5] Ἀκαδημιακοῦ Sint. : -μαϊκοῦ codd.

de sa prison. Il était frère de Xénoclès, un des bannis.
Amené à Aratos par Xénoclès, il lui dit que l'endroit
de la muraille qu'il avait franchi pour s'échapper était,
à l'intérieur, presque de plain-pied avec le sol de la ville,
à côté de hauts rochers, et que, du dehors, le rempart
n'était pas tellement élevé qu'on ne pût le gravir avec
des échelles. 4 En possession de ces renseignements, Aratos envoie avec Xénoclès deux de ses propres serviteurs,
Seuthas et Technon, pour examiner la muraille, résolu,
s'il était possible, à risquer d'un seul coup, à la hâte et
secrètement le tout pour le tout, au lieu de s'engager dans
une longue guerre et des combats en rase campagne,
lui simple particulier contre le tyran. 5 Xénoclès
et ses compagnons revinrent après avoir pris les
mesures du rempart, et lui rapportèrent que la nature
du lieu ne comportait rien d'inaccessible ni de difficile,
mais qu'il était malaisé de s'en approcher sans être
découvert, à cause des jeunes chiens d'un jardinier,
petits il est vrai, mais extrêmement hargneux et impos-
sibles à calmer. Aussitôt Aratos se mit à l'œuvre.

6. 1 Il était habituel de se procurer des armes,
tout le monde, pour ainsi dire, pratiquant alors le brigandage et faisant des incursions chez ses voisins.[1]
Quant aux échelles, l'artisan Euphranor les fabriqua
ouvertement, son métier n'excitant aucun soupçon ;
il était aussi lui-même l'un des bannis. 2 Chacun de ses
amis d'Argos fournit à Aratos dix hommes sur le petit
nombre de ses serviteurs, et lui-même en arma trente
des siens. Il prit aussi à sa solde quelques mercenaires
par l'intermédiaire des chefs de bandes Protos et Xéno-
philos, répandant parmi eux le bruit qu'il allait faire
une sortie sur le territoire de Sicyone afin d'enlever les

---

1. Appréciation peut-être excessive, mais il est vrai que le IIIe siècle
avant J.-C. fut marqué en Grèce par d'innombrables guerres et opérations de brigandage ou de piraterie, dont les principaux respon-
sables, d'après Polybe (qui est partial), auraient été les Étoliens.
Voir par exemple Pol., 4, 3, 1 : « Les Étoliens étaient accoutumés à
vivre aux dépens de leurs voisins ; toujours animés du même esprit
de convoitise, ils mènent une existence de bêtes sauvages. »

ἦν δὲ τῶν φυγάδων ἑνὸς Ξενοκλέους ἀδελφός · καὶ
τῷ Ἀράτῳ προσαχθεὶς ὑπὸ τοῦ Ξενοκλέους ἔλεγε
τοῦ τείχους καθ' ὃν ὑπερβὰς αὐτὸς ἐσώθη τόπον
ἐντὸς μὲν ὀλίγου δεῖν ἐπίπεδον εἶναι, προσπεφυκότα
χωρίοις πετρώδεσι καὶ ὑψηλοῖς, τὸ δ' ἔξωθεν ὕψος
ὑπὸ κλιμάκων οὐ πάνυ ἀνέφικτον. 4 Ὡς δὲ ταῦτ'
ἤκουσεν ὁ Ἄρατος, ἐκπέμπει μετὰ τοῦ Ξενοκλέους
οἰκέτας ἰδίους δύο, Σεύθαν τε καὶ Τέχνωνα, κα-
τασκεψομένους τὸ τεῖχος, ἐγνωκώς, εἰ δύναιτο,
κρύφα καὶ πρὸς ἕνα κίνδυνον ὀξέως τὸ πᾶν ἀναρρῖψαι
μᾶλλον ἢ μακρῷ πολέμῳ καὶ φανεροῖς ἀγῶσιν ἰδιώτης
ἀντικαθίστασθαι πρὸς τύραννον. 5 Ὡς δ' ἐπαν-
ῆλθον οἱ περὶ τὸν Ξενοκλέα, τοῦ μὲν τείχους εἰληφό-
τες μέτρα καὶ τοῦ τόπου τὴν φύσιν ἀπαγγέλλοντες
οὐκ ἄπορον οὐδὲ χαλεπήν, τὸ δὲ λαθεῖν προσελ-
θόντας ἐργῶδες εἶναι φάσκοντες ὑπὸ κηπουροῦ
τινος κυναρίων, μικρῶν μέν, ἐκτόπως δὲ μαχίμων καὶ
ἀπαρηγορήτων, εὐθὺς ἐνίστατο τὴν πρᾶξιν.

6. 1 Ἡ μὲν οὖν τῶν ὅπλων παρασκευὴ συνήθης
ἦν, πάντων, ὡς ἔπος εἰπεῖν, τότε κλωπείαις χρωμένων καὶ καταδρομαῖς ἐπ' ἀλλήλους · τὰς δὲ κλίμακας
Εὐφράνωρ ὁ μηχανοποιὸς ἀναφανδὸν ἐπήξατο, τῆς
τέχνης αὐτῷ τὸ ἀνύποπτον διδούσης, ἐπεὶ καὶ αὐτὸς
ἦν τῶν φυγάδων. 2 Ἄνδρας δ' αὐτῷ τῶν μὲν ἐν
Ἄργει φίλων ἕκαστος ἐξ ὀλίγων δέκα παρέσχεν, αὐτὸς
δὲ τῶν ἰδίων οἰκετῶν τριάκοντα καθώπλισεν. Ἐμισ-
θώσατο δὲ καὶ διὰ Πρώτου ⟨καὶ⟩ Ξενοφίλου τῶν
ἀρχικλώπων οὐ πολλοὺς στρατιώτας, οἷς διεδόθη
λόγος ὡς ἐπὶ τὰς ἵππους τὰς βασιλικὰς εἰς τὴν Σικυω-

5. 3 [10] ἀνέφικτον : δυσέφ- Sint. Porter (propter hiatum) ‖ 5 [4] ἄπορον : ἄβατον Π ‖ 6. 1 [4] Εὐφράνωρ : Εὐφράνων G[1] Εὐφάνωρ R ‖
2 [2] ἕκαστος ἐξ ὀλίγων δέκα παρέσχεν : ἕκαστος ἕξ, ὀλίγοι δέκα
παρέσχον Sint. ἐξ ὀλίγων del. Zie. ‖ [4] καὶ add. Madvig.

juments du roi.* La plupart furent envoyés en avant
par petits groupes à la tour de Polygnote,* avec ordre
de l'y attendre. 3 Il fit aussi prendre les devants
à Caphisias en tenue de voyage avec quatre autres :
ils devaient arriver de nuit chez le jardinier en disant
qu'ils étaient des voyageurs, et, s'installant là, l'enfermer,
lui et ses chiens, car il n'y avait pas d'autre passage.
Les échelles, étant démontables, furent mises dans des
corbeilles qui les dissimulaient et expédiées à l'avance
sur des chariots. 4 A ce moment, certains espions
de Nicoclès arrivèrent à Argos, et l'on disait qu'ils
y circulaient en cachette pour observer Aratos.[1] Celui-
ci sortit donc au point du jour et se montra sur la place
publique, où il s'entretint quelque temps avec ses amis,
puis il se fit frotter d'huile au gymnase,[2] et, prenant avec
lui certains des jeunes gens de la palestre avec lesquels il
avait coutume de boire et de passer le temps, il les emmena
dans sa maison. Quelques moments plus tard, on vit
sur la place publique quelques-uns de ses serviteurs,
dont l'un portait des couronnes,[3] tandis qu'un autre
achetait des flambeaux et qu'un troisième parlementait
avec les femmes accoutumées à jouer de la cithare ou de
la flûte dans les festins. 5 Voyant tout cela, les espions
de Nicoclès furent trompés, et ils se disaient les uns
aux autres en s'esclaffant : « Il n'y a vraiment rien de
plus peureux qu'un tyran, puisque Nicoclès lui-même,
maître d'une ville et d'une armée si puissantes, tremble
devant un garçon qui dépense à s'amuser et à boire au
long des jours les ressources dont il dispose dans son
exil ! »

7. 1 Ainsi abusés dans leurs conjectures, ils s'en
retournèrent. Aratos sortit aussitôt après déjeuner,
rejoignit les hommes qui l'attendaient à la tour de Polygnote et les conduisit à Némée, où il découvrit alors

1. Voir ci-dessus, 4, 2.
2. Voir ci-dessus, 3, 1-2. Peut-être ce gymnase est-il le Cylarabion :
cf. *Cléom.*, 17, 2 et 26, 2 ; *Pyrr.*, 32, 5 ; Paus., 2, 22, 8.
3. Il s'agit de ces couronnes que les convives se mettaient sur
la tête dans les banquets.

νίαν ἔξοδος ἔσοιτο. Καὶ προεπέμφθησαν οἱ πολλοὶ
σποράδες ἐπὶ τὸν Πολυγνώτου πύργον, ἐκεῖ κε-
λευσθέντες περιμεῖναι. 3 Προεπέμφθη δὲ καὶ Καφισίας ὑπ' αὐτοῦ μετὰ τεσσάρων ἄλλων εὔζωνος, οὓς
ἔδει πρὸς τὸν κηπουρὸν ἀφικέσθαι σκοταίους, φάσ-
κοντας ὁδοιπόρους εἶναι καὶ καταυλισαμένους
αὐτόν τε συγκλεῖσαι καὶ τοὺς κύνας · οὐ γὰρ ἦν
ἄλλῃ παρελθεῖν. Τὰς δὲ κλίμακας διαλυτὰς οὔσας
ἐμβαλόντες εἰς ἀχάνας καὶ κατακαλύψαντες ἐφ' ἁμαξῶν προαπέστειλαν. 4 Ἐν τούτῳ δὲ κατασκόπων
τινῶν ἐν Ἄργει τοῦ Νικοκλέους φανέντων καὶ πε-
ριϊέναι λεγομένων ἀδήλως καὶ παραφυλάττειν τὸν
Ἄρατον, ἅμ' ἡμέρᾳ προελθὼν καὶ φανερὸς ὢν ἐν
ἀγορᾷ διέτριβε μετὰ τῶν φίλων · εἶτ' ἀλειψάμενος
ἐν τῷ γυμνασίῳ καὶ παραλαβών τινας ἐκ τῆς πα-
λαίστρας τῶν εἰωθότων πίνειν καὶ ῥαθυμεῖν μετ' αὐτοῦ
νεανίσκων ἀπῆγεν οἴκαδε · καὶ μετὰ μικρὸν ἑωρᾶτο
τῶν οἰκετῶν αὐτοῦ δι' ἀγορᾶς ὁ μὲν στεφάνους φέρων, ὁ δὲ λαμπάδας ὠνούμενος, ὁ δὲ τοῖς εἰθισμέ-
νοις παρὰ πότον ψάλλειν καὶ αὐλεῖν γυναίοις διαλεγόμενος. 5 Ταῦτα δ' οἱ κατάσκοποι πάνθ' ὁρῶντες
ἐξηπατῆντο καὶ πρὸς ἀλλήλους ἀναγελῶντες ἔλε-
γον · « Οὐδὲν ἦν ἄρα τυράννου δειλότερον, εἰ καὶ
Νικοκλῆς τηλικαύτην πόλιν ἔχων καὶ τοσαύτην
δύναμιν ὀρρωδεῖ μειράκιον εἰς ἡδονὰς καὶ πότους
μεθημερινοὺς τὰ τῆς φυγῆς ἐφόδια καταχρώμε-
νον. »

7. 1 Οἱ μὲν οὖν οὕτω παραλογισθέντες ἀπηλλάγησαν · ὁ δ' Ἄρατος εὐθὺς μετ' ἄριστον ἐξελθὼν καὶ
συνάψας πρὸς τὸν Πολυγνώτου πύργον τοῖς στρα-

6. 4 ⁴ προελθὼν Sol. : προσελ- ‖ ⁸ ἀπῆγεν Sint. : ἀπῆρεν.

son projet pour la première fois à la plupart d'entre
eux, en leur adressant promesses et exhortations. 2 Puis
il leur donna comme mot d'ordre « Apollon Hyperdexios »* et les mena vers la ville, en réglant sur le mouvement de la lune sa marche, qu'il accélérait ou au
contraire ralentissait, de façon à profiter de la clarté
sur le chemin et à atteindre le jardin près du rempart
au moment où l'astre se couchait. 3 Là, Caphisias
vint à sa rencontre : il n'avait pas pu se rendre maître
des chiens (qui s'étaient trop vite échappés), mais il
avait mis le jardinier sous clé. Découragés, la plupart
des hommes demandaient à se retirer ; Aratos les rassura
en promettant de les ramener si les chiens leur causaient
trop d'embarras. 4 En même temps il envoyait
en avant ceux qui portaient les échelles, sous la conduite
d'Ecdélos* et de Mnasithéos, et il les suivit lentement.
Les petits chiens aboyaient déjà avec force et couraient
à côté d'Ecdélos et de sa troupe. Cependant ceux-ci
s'approchèrent du mur et y appuyèrent solidement
leurs échelles. 5 Comme les premiers commençaient
à monter, l'officier qui transmettait à un autre la garde
du matin faisait sa ronde avec une clochette[1], suivi de
soldats qui portaient de nombreuses torches et menaient
grand bruit. Les gens d'Ecdélos se tapirent sans bouger,
tels quels, sur leurs échelles et se dérobèrent aisément
à la vue. Mais la garde montante qui arrivait à son tour
en sens opposé les mit dans le plus grave danger.
6 Quand elle fut passée, elle aussi, sans les apercevoir,
aussitôt Mnasithéos et Ecdélos escaladèrent les premiers
la muraille, s'emparèrent des deux côtés du chemin de
ronde qui surmontait le rempart et envoyèrent Technon*
à Aratos pour lui faire dire de se hâter.

---

1. Comparer Thuc., 4, 135, et cette scholie aux vers 841 sq. des
Oiseaux d'Aristophane (à propos du mot κωδωνοφορῶν) : οἱ πε-
ρίπολοι οἱ τὰς φυλακὰς περισκοποῦντες ἐρχόμενοι ἐπὶ τοὺς φύλακας
κώδωνας εἶχον καὶ διὰ τούτων ἐψήφουν, πειράζοντες τὸν καθεύδοντα
καὶ ἵνα οἱ φυλάττοντες ἀντιφθέγγωνται. Cf. aussi le v. 1160 des
Oiseaux : ἐφοδεύεται, κωδωνοφορεῖται, où l'on voit que le mot
ἐφοδεύω est également un terme technique du langage militaire (de
même que φυλακὴν παραδίδωμι).

τιώταις εἰς Νεμέαν προῆγεν, ὅπου τὴν πρᾶξιν
ἐξέφηνε τοῖς πολλοῖς τότε πρῶτον, ὑποσχέσεις τε καὶ
παρακλήσεις ἐποιήσατο · 2 καὶ σύνθημα παρα- 1030
δοὺς Ἀπόλλωνα Ὑπερδέξιον προῆγεν ἐπὶ τὴν πόλιν,
συμμέτρως τῇ περιφορᾷ τῆς σελήνης ἐπιταχύνων καὶ
πάλιν ἀνιεὶς τὴν πορείαν, ὥστε τῷ μὲν φωτὶ χρῆσθαι
καθ' ὁδόν, ἤδη δὲ δυομένης περὶ τὸν κῆπον εἶναι
πλησίον τοῦ τείχους. 3 Ἐνταῦθα Καφισίας ἀπήν-
τησεν αὐτῷ, τῶν μὲν κυναρίων οὐ κρατήσας (ἔφθη
γὰρ ἀποπηδήσαντα), τὸν δὲ κηπουρὸν ἐγκεκλεικώς.
Ἀθύμους δὲ τοὺς πλείστους γενομένους καὶ κε-
λεύοντας ἀπαλλάττεσθαι παρεθάρρυνεν ὁ Ἄρατος,
ὡς ἀπάξων, ἂν οἱ κύνες ἄγαν ἐνοχλῶσιν αὐτοῖς.
4 Ἅμα δὲ τοὺς τὰς κλίμακας φέροντας προπέμψας,
ὧν Ἔκδηλος ἡγεῖτο καὶ Μνασίθεος, αὐτὸς ἐπηκολού-   b
θει σχολαίως, ἤδη τῶν κυναρίων εὐτόνως ὑλακτούν-
των καὶ συμπαρατρεχόντων τοῖς περὶ τὸν Ἔκδηλον.
Οὐ μὴν ἀλλὰ προσέμιξάν τε τῷ τείχει καὶ προσήρεισαν
τὰς κλίμακας ἀσφαλῶς. 5 Ἀναβαινόντων δὲ τῶν
πρώτων, ὁ τὴν ἑωθινὴν φυλακὴν παραδιδοὺς ἐφώδευε
κώδωνι, καὶ φῶτα πολλὰ καὶ θόρυβος ἦν τῶν ἐπιπορευομένων. Οἱ δ', ὥσπερ εἶχον, αὐτοῦ πτήξαντες ἐπὶ
τῶν κλιμάκων τούτους μὲν οὐ χαλεπῶς ἔλαθον,
ἄλλης δὲ φυλακῆς ἐναντίας ταύτῃ προσερχομένης
εἰς τὸν ἔσχατον κίνδυνον ἦλθον. 6 Ὡς δὲ κἀκείνην
διέφυγον παρελθοῦσαν, εὐθὺς ἀνέβαινον οἱ πρῶτοι   c
Μνασίθεος καὶ Ἔκδηλος, καὶ τὰς ἑκατέρωθεν ὁδοὺς
τοῦ τείχους διαλαβόντες ἀπέστελλον Τέχνωνα πρὸς
Ἄρατον ἐπείγεσθαι κελεύοντες.

7. 1 ⁴ προῆγεν Junt. ed. : προσῆγεν ‖ ⁵ τότε Schaefer : τὸ δὲ ‖
2 ¹ σύνθημα : συνθήματα Π ‖ ² προῆγεν G : προσῆγεν ‖ 3 4 ' Ἀθύμους : -μως G ‖ 4 ³ εὐτόνως : ἐντ - Π ‖ 5 ³⁻⁴ ἐπιπορευομένων : ἀποπ-
Henry ap. Porter ‖ 6 ²⁻³ οἱ πρῶτοι Μνασίθεος καὶ Ἔκδηλος : οἱ περὶ
τὸν Μνασίθεον καὶ Ἔκδηλον Sint.

8. 1 Il n'y avait qu'une courte distance du jardin au mur et à la tour, où un grand chien de chasse faisait le guet.[1] Mais cet animal ne sentit pas leur approche, soit qu'il fût indolent par nature, soit qu'il se fût trop fatigué le jour précédent. Mais, comme les petits chiens du jardinier l'appelaient d'en bas, il répondit d'abord par un grondement sourd et indistinct, puis, quand les assaillants passèrent devant lui, il donna davantage de la voix, 2 et dès lors tout le voisinage retentit d'aboiements, si bien que la sentinelle postée de l'autre côté[2] demanda à grands cris au maître du chien contre qui la bête aboyait si rudement, et s'il ne se passait rien d'insolite. 3 De la tour, l'homme lui répondit qu'il n'y avait rien d'inquiétant, et que son chien avait été excité par les lumières de la ronde et par le bruit de la clochette. Cette réponse contribua beaucoup à encourager les soldats d'Aratos, qui crurent que le maître du chien voulait les cacher parce qu'il était du complot et que beaucoup d'autres dans la ville se tenaient prêts à les seconder. 4 Cependant, parvenus au mur, ils se trouvèrent en grand danger : l'affaire traînait en longueur et les échelles pliaient s'ils n'y montaient un par un et lentement ; le temps pressait d'autant plus que les coqs déjà chantaient et que les paysans qui apportaient des denrées au marché étaient sur le point d'arriver. 5 Aussi Aratos se hâta-t-il de monter, après s'être fait précéder seulement par quarante de ses hommes. Après avoir encore attendu quelques-uns de ceux qui étaient restés en bas, il marcha vers la maison du tyran et le quartier général, car c'est là que les mercenaires passaient la nuit. Il fondit sur eux à l'improviste, les prit tous sans en tuer

1. Sur le rôle important des chiens dans la garde des forteresses, cf. Énée le Tacticien, 22, 14 ; Végèce, *Epit. rei militaris*, 4, 26, et voir P. Roussel, *Rev. Ét. Gr.*, 43, 1930, 361-371, *Les* κυνηγοὶ *à l'époque hellénistique et romaine*, où se trouvent commentés deux passages de la *Vie d'Aratos* : celui-ci, et 24, 1. Voir surtout enfin L. et J. Robert, *Journal des Savants*, 1976, p. 206-209.
2. P. Roussel, *Rev. Ét. Gr.* 43, 1930, 365, suppose que cette « sentinelle se tenait apparemment sur la courtine, de l'autre côté de la tour ».

8. 1 Ἦν δ' οὐ πολὺ διάστημα ἀπὸ τοῦ κήπου
πρὸς τὸ τεῖχος καὶ τὸν πύργον, ἐν ᾧ κύων μέγας
ἐφρούρει θηρατικός. Αὐτὸς μὲν οὖν οὐκ ᾔσθετο τὴν
ἔφοδον, εἴτε φύσει νωθὴς ὤν, εἴτε μεθ' ἡμέραν κα-
τάκοπος γεγονώς. Τῶν δὲ τοῦ κηπουροῦ κυναρίων
κάτωθεν ἐκκαλουμένων αὐτόν, ὑπεφθέγγετο τυφλὸν
καὶ ἄσημον τὸ πρῶτον, εἶτα μᾶλλον ἐπέτεινε παρερχο-
μένων · 2 καὶ κατεῖχεν ἤδη πολὺς ὑλαγμὸς τὸ χω-　　d
ρίον, ὥστε τὸν πέραν φύλακα κραυγῇ μεγάλῃ πυνθάνεσθαι τοῦ κυνηγοῦ πρὸς τίνα τραχέως οὕτως ὁ
κύων ὑλακτεῖ, καὶ μή τι γίνεται καινότερον. 3 Ὁ
δ' ἀπὸ τοῦ πύργου ⟨πρὸς⟩ αὐτὸν ἀντεφώνησε μηδὲν εἶναι δεινόν, ἀλλὰ τὸν κύνα πρὸς τὸ φῶς τῶν
τειχοφυλάκων καὶ τὸν ψόφον τοῦ κώδωνος παρωξύνθαι. Τοῦτο μάλιστα τοὺς Ἀράτου στρατιώτας
ἐπέρρωσεν, οἰομένους τὸν κυνηγὸν ἐπικρύπτειν κοι-
νωνοῦντα τῇ πράξει, εἶναι δὲ πολλοὺς καὶ ἄλλους
ἐν τῇ πόλει τοὺς συνεργοῦντας. 4 Οὐ μὴν ἀλλὰ
τῷ τείχει προσβαλόντων, χαλεπὸς ἦν ὁ κίνδυνος καὶ
μῆκος ἐλάμβανε τῶν κλιμάκων κραδαινομένων, εἰ μὴ
καθ' ἕνα καὶ σχολαίως ἀναβαίνοιεν · ἡ δ' ὥρα κατή-　　e
πειγεν, ἤδη φθεγγομένων ἀλεκτρυόνων καὶ ὅσον οὔπω
τῶν ἐξ ἀγροῦ τι φέρειν εἰωθότων πρὸς ἀγορὰν ἐπερ-
χομένων. 5 Διὸ καὶ σπεύδων ὁ Ἄρατος ἀνέβαινε,
τεσσαράκοντα τῶν πάντων ἀναβεβηκότων πρὸ
αὐτοῦ · καὶ προσδεξάμενος ἔτι τῶν κάτωθεν ὀλίγους ἐπὶ τὴν οἰκίαν τοῦ τυράννου καὶ τὸ στρατήγιον
ἀνῆλθεν · ἐνταῦθα γὰρ οἱ μισθοφόροι παρενυκτέ-
ρευον. Ἄφνω δ' ἐπιπεσὼν αὐτοῖς καὶ συλλαβὼν
ἅπαντας, οὐδένα δ' ἀποκτείνας, εὐθὺς διεπέμπετο

8. 3 ² πρὸς add. Steph. ‖ αὐτὸν Π : αὐτῷ ‖ ⁴ τοῦ κώδωνος G²ΠL :
τῶν κωδώνων G¹ ante ras. ‖ ⁴⁻⁵ παρωξύνθαι G : παροξύνεσθαι ‖
5 ⁵ ἀνῆλθεν Cor. : ἐπῆλθεν vel ἐπανῆλθεν codd.

aucun, et envoya sur-le-champ presser chacun de ses amis de sortir de chez lui. 6 Ils accoururent de tous côtés, comme le jour commençait à luire, et le théâtre se remplit d'une foule qui était encore en suspens devant la rumeur incertaine et ne savait pas au juste ce qui se passait, mais alors le héraut s'avança, proclamant qu'Aratos, fils de Cleinias, appelait les citoyens à la liberté.[1]

9. 1 Persuadés alors que l'événement qu'ils attendaient depuis longtemps était arrivé, ils coururent en masse à la demeure du tyran et y mirent le feu. Une grande flamme s'éleva de la maison embrasée et fut visible jusqu'à Corinthe,* de sorte que les habitants de cette ville, étonnés, furent sur le point de venir porter secours.[2] 2 Quant à Nicoclès, il s'était glissé sans être vu dans un souterrain, par où il s'échappa de la cité, tandis que les soldats, avec l'aide des Sicyoniens, éteignaient l'incendie et pillaient la demeure ; non seulement Aratos ne s'y opposa point, mais il mit à la disposition des citoyens ce qui restait des richesses des tyrans. 3 Personne absolument ne fut tué ni blessé parmi les assaillants comme parmi les ennemis : la Fortune fit en sorte que cette action demeurât pure et ne fût pas souillée du sang d'une guerre civile.

4 Aratos fit revenir ceux qui avaient été bannis par Nicoclès, au nombre de quatre-vingts, ainsi que ceux qui avaient été expulsés sous les tyrans précédents et qui n'étaient pas moins de cinq cents ; l'exil de ces derniers s'était même prolongé pendant près de cinquante ans.* 5 La plupart rentraient pauvres et tentaient de recouvrer les biens qui avaient été jadis les leurs. En revendiquant ainsi leurs domaines et leurs maisons, ils mirent dans un grand embarras Aratos,* qui voyait Antigone menacer du dehors Sicyone et la regarder

---

1. Sur ce théâtre de Sicyone, où devait s'élever par la suite une statue d'Aratos portant le bouclier, cf. Paus., 2, 7, 5, et voir le commentaire de G. Roux, *Pausanias en Corinthie*, 138-142.

2. Beloch, *Gr. Gesch.*[2], 4, 2, 520, tire de cette phrase des conclusions qui paraissent excessives sur les rapports de Corinthe et de Sicyone à cette date : voir Porter, p. XXXIX-XLI.

πρὸς τοὺς φίλους ἀνακαλούμενος ἕκαστον ἀπ᾽ οἰκίας. 6 Καὶ συνδραμόντων πανταχόθεν, ἡμέρα μὲν
ὑπέλαμπεν ἤδη καὶ τὸ θέατρον ἦν ὄχλου μεστόν, ἔτι
πρὸς τὴν ἄδηλον αἰωρουμένων φήμην καὶ σαφὲς   f
οὐδὲν εἰδότων ὑπὲρ τῶν πραττομένων, πρίν γε δὴ
προελθὼν ὁ κῆρυξ εἶπεν ὡς ᾽Ἄρατος ὁ Κλεινίου πα-
ρακαλεῖ τοὺς πολίτας ἐπὶ τὴν ἐλευθερίαν.

9. 1 Τότε δὲ πιστεύσαντες ἥκειν ἃ πάλαι προσε-
δόκων, ὥρμησαν ἀθρόοι πρὸς τὰς θύρας τοῦ τυράννου πῦρ ἐπιφέροντες. Ἤρθη δὲ φλὸξ μεγάλη καὶ
καταφανὴς μέχρι Κορίνθου τῆς οἰκίας ἀναφθείσης,
ὥστε θαυμάσαντας τοὺς ἐν Κορίνθῳ παρὰ μικρὸν 1031
ὁρμῆσαι πρὸς τὴν βοήθειαν. 2 Ὁ μὲν οὖν Νικοκλῆς
ἔλαθε διά τινων ὑπονόμων ὑπεκδὺς καὶ ἀποδρὰς ἐκ
τῆς πόλεως, οἱ δὲ στρατιῶται καταπαύσαντες μετὰ
τῶν Σικυωνίων τὸ πῦρ διήρπαζον τὴν οἰκίαν. Καὶ
οὔτε ταῦτ᾽ ἐκώλυσεν ὁ ῎Ἄρατος, τά τε λοιπὰ χρήματα
τῶν τυράννων εἰς μέσον ἔθηκε τοῖς πολίταις. 3 Ἀπέθανε δ᾽ οὐδεὶς οὐδ᾽ ἐτρώθη τὸ παράπαν τῶν ἐπελ-
θόντων οὐδὲ τῶν πολεμίων, ἀλλὰ καθαρὰν καὶ ἄθικτον
αἵματος ἐμφυλίου τὴν πρᾶξιν ἡ τύχη διεφύλαξε.

4 Κατήγαγε δὲ φυγάδας τοὺς μὲν ὑπὸ Νικοκλέους
ἐκπεπτωκότας ὀγδοήκοντα, τοὺς δ᾽ ἐπὶ τῶν ἔμ-   b
προσθεν τυράννων οὐκ ἐλάττους πεντακοσίων, οἷς
μακρὰ μὲν ἡ πλάνη καὶ ὁμοῦ τι πεντηκονταετὴς ἐγε-
γόνει· 5 κατελθόντες δ᾽ οἱ πλεῖστοι πένητες ὧν
κύριοι πρότερον ἦσαν ἐπελαμβάνοντο · καὶ βαδί-
ζοντες ἐπὶ τὰ χωρία καὶ τὰς οἰκίας δεινὴν ἀπορίαν
τῷ ᾽Ἀράτῳ παρεῖχον, ἐπιβουλευομένην μὲν ἔξωθεν
καὶ φθονουμένην ὑπ᾽ Ἀντιγόνου τὴν πόλιν ὁρῶντι

8. 6 ⁴ εἰδότων R² in ras. : εἰδότος R¹PGL ‖ ⁵ προελθὼν : προσε-
P ‖ 9. 1 ¹ δὲ : δὴ P ‖ ³ ἐπιφέροντες : εἰσφ- P ‖ 2 ⁵ οὔτε Cor. :
οὐδὲ ‖ 4 ² ἐπὶ : ὑπὸ corr. ant.

avec convoitise maintenant qu'elle était libre et en proie
aux séditions intestines.* 6 Aussi, jugeant d'après
les conjonctures présentes que c'était le meilleur parti
à prendre, s'empressa-t-il de rattacher Sicyone aux
Achéens.* Les Sicyoniens étaient des Doriens ; ils adop-
tèrent volontiers le nom et le régime politique de l'Achaïe,*
qui n'avait alors ni prestige brillant ni puissance importante. La plupart des Achéens n'avaient que des petites
villes ; leurs terres n'étaient ni bonnes ni fertiles ; la côte
qu'ils habitaient était dépourvue de ports, et presque
partout la mer menaçait de franchir la barrière des
brisants pour pénétrer dans l'intérieur.* 7 Cependant
ils firent voir mieux qu'aucun peuple que la force des
Grecs est invincible chaque fois qu'elle est ordonnée,
cimentée par la concorde et dirigée par un chef intelligent.
Et en effet les Achéens, qui n'étaient qu'une partie insigni-
fiante pour ainsi dire de la puissance grecque d'autrefois,
et qui maintenant, à eux tous, n'atteignaient pas à l'influence d'une seule ville de quelque importance, parvinrent
cependant, par leur sagesse, leur bonne entente et parce
qu'au lieu de jalouser celui que sa valeur portait au
premier rang, ils ne voulaient que le suivre et lui obéir,
non seulement à maintenir leur liberté au milieu de
tant de cités, de puissances et de tyrannies si considérables, mais encore à affranchir et à sauver de façon
durable la plupart des autres Grecs.*

10. 1 Aratos avait le caractère d'un homme d'État
magnanime, plus soucieux de l'intérêt général que du
sien propre[1], ennemi acharné des tyrans[2] et qui n'avait
constamment d'autre mesure de ses haines et de ses
amitiés que l'utilité publique. 2 Aussi semble-t-il
avoir été moins exact comme ami que clément et
doux comme ennemi : suivant les circonstances la
politique le faisait évoluer d'un côté ou de l'autre ;
la concorde des peuples, l'association des villes, l'assemblée et le théâtre,* tout proclamait d'une seule voix

---

1. Cf. Pol., 4, 8, 1 : τέλειος ἀνὴρ εἰς τὸν πραγματικὸν τρόπον.
2. Pour cette haine de la tyrannie, voir ci-dessus, 3, 1.

διὰ τὴν ἐλευθερίαν, ταραττομένην δ' ὑφ' αὐτῆς καὶ
στασιάζουσαν. 6 Ὅθεν ἐκ τῶν παρόντων ἄριστα
κρίνας προσέμιξεν αὐτὴν φέρων τοῖς Ἀχαιοῖς· καὶ
Δωριεῖς ὄντες ὑπέδυσαν ἑκουσίως ὄνομα καὶ πολιτείαν τὴν Ἀχαιῶν, οὔτ' ἀξίωμα λαμπρὸν οὔτε μεγάλην ἰσχὺν ἐχόντων τότε. Μικροπολῖται γὰρ ἦσαν
οἱ πολλοί, καὶ γῆν οὔτε χρηστὴν οὔτ' ἄφθονον
ἐκέκτηντο, καὶ θαλάττῃ προσῴκουν ἀλιμένῳ, τὰ
πολλὰ κατὰ ῥαχίας ἐκφερομένῃ πρὸς τὴν ἤπειρον.
7 Ἀλλὰ μάλιστα δὴ διέδειξαν οὗτοι τὴν Ἑλληνικὴν ἀλκὴν ἀπρόσμαχον οὖσαν, ὁσάκις τύχοι κόσμου
καὶ συντάξεως ὁμοφρονούσης καὶ νοῦν ἔχοντος
ἡγεμόνος, οἳ τῆς μὲν πάλαι τῶν Ἑλλήνων ἀκμῆς
οὐδέν, ὡς εἰπεῖν, μέρος ὄντες, ἐν δὲ τῷ τότε μιᾶς
ἀξιολόγου πόλεως σύμπαντες ὁμοῦ δύναμιν οὐκ
ἔχοντες, εὐβουλίᾳ καὶ ὁμονοίᾳ καὶ ὅτι τῷ πρώτῳ
κατ' ἀρετὴν ἐβούλοντο μὴ φθονεῖν, ἀλλὰ πείθεσθαι
καὶ ἀκολουθεῖν, οὐ μόνον αὑτοὺς ἐν μέσῳ πόλεων
καὶ δυνάμεων τηλικούτων καὶ τυραννίδων διεφύ-
λαξαν ἐλευθέρους, ἀλλὰ καὶ τῶν ἄλλων Ἑλλήνων
ὡς πλείστους ἐλευθεροῦντες καὶ σῴζοντες διετέ-
λουν.

10. 1 Ἦν δ' Ἄρατος τῷ τρόπῳ πολιτικός, μεγαλόφρων, ἀκριβέστερος εἰς τὰ κοινὰ μᾶλλον τῶν
ἰδίων, πικρῶς μισοτύραννος, ἔχθρας ὅρῳ καὶ φιλίας
ἀεὶ τῷ κοινῷ συμφέροντι χρώμενος. 2 Ὅθεν οὐχ
οὕτως δοκεῖ γεγονέναι φίλος ἀκριβὴς ὡς ἐχθρὸς
εὐγνώμων καὶ πρᾷος, ὑπὸ τῆς πολιτείας ἐπ' ἀμφό-
τερα τῷ καιρῷ μεταβαλλόμενος, ὁμονοίας ἐθνῶν καὶ
κοινωνίας πόλεων καὶ συνεδρίου καὶ θεάτρου μίαν

9. 6 ³ ἑκουσίως : ἀκουσίως E. Curtius ‖ 7 ⁵ τότε ⟨χρόνῳ⟩ Zie. ‖
⁸ ἐβούλοντο Mittelhaus : ἐδύναντο ‖ 10. 1 ³ πικρῶς : -κρὸς G²R²PL ‖
2 ⁴ μεταβαλλόμενος : ⟨συμ⟩μετα- Zie. ‖ ⁵ πόλεων : -λεως L.

qu'Aratos n'était épris que du bien, et que, s'il se montrait manifestement timide et méfiant dans la guerre et les combats, il était, pour cacher ses desseins et mettre secrètement la main sur les cités et les tyrans, le plus efficace des hommes.[1] 3 De là vient qu'après avoir obtenu beaucoup de réussites inespérées grâce à son audace, il semble avoir gâché tout autant de succès possibles par excès de prudence. 4 En fait, de même, semble-t-il, que certains animaux, dont la vue est active dans l'obscurité, sont aveugles pendant le jour, parce que la sécheresse de leurs yeux, affectés par la raréfaction de l'humidité, ne supporte point le contact de la lumière, ainsi il y a des hommes dont l'habileté et l'intelligence sont par nature sujettes au trouble quand il faut agir au grand jour et dans les guerres déclarées,[2] alors qu'ils reprennent leur assurance dans les entreprises secrètes et cachées. 5 Une telle anomalie provient d'un manque de formation philosophique dans les âmes bien douées, où la nature produit la valeur sans la science, comme un fruit qui pousse spontanément et sans culture. C'est là ce qu'il faudra vérifier par les faits.

11. 1 Après s'être associé, lui et sa ville, aux Achéens, Aratos servit dans la cavalerie et il se fit aimer des chefs par sa docilité : bien qu'il eût apporté à la cause commune de grandes contributions par le don de sa renommée personnelle et de la puissance de sa patrie, il se mit comme le dernier des soldats à la disposition de celui qui était successivement stratège des Achéens,* soit qu'il fût de Dymè, de Tritaïa ou de toute autre ville encore plus petite.* 2 Il lui vint de la part du roi un présent de vingt-cinq talents[3] ; il les accepta,

1. Plutarque ici encore fait écho au jugement de Polybe, cité ci-dessus dans la Notice, p. 54-55. Comparer aussi *Philop.*, 8, 6.

2. Comparer ci-dessous, 29, 6-8.

3. On a cru que ce roi pouvait être celui d'Égypte, Ptolémée Philadelphe. M. Holleaux, *Hermes*, 41 (1906), 475-478 (= *Études d'épigr. et d'hist. grecques*, 3, 43-46) a montré de façon décisive qu'il ne peut s'agir que du roi de Macédoine, Antigone Gonatas ; cf. ci-dessus, 4, 3 et 9, 5 ; et ci-dessous, 15, 1. Voir Walbank, *Aratos of Sicyon*, 35.

φωνὴν ἀφιέντος ὡς οὐδενὸς ἄλλου τῶν καλῶν ἐραστής,
πολέμῳ καὶ ἀγῶνι χρήσασθαι φανερῶς ἀθαρσὴς καὶ
δύσελπις, κλέψαι δὲ πράγματα καὶ συσκευάσασθαι
κρύφα πόλεις καὶ τυράννους ἐπιβολώτατος. 3 Διὸ καὶ
πολλὰ τῶν ἀνελπίστων κατορθώσας ἐν οἷς ἐτόλμησεν,
οὐκ ἐλάττονα δοκεῖ τῶν δυνατῶν ἐγκαταλιπεῖν δι'
εὐλάβειαν. 4 Οὐ γὰρ μόνον, ὡς ἔοικε, θηρίων τινῶν
ὄψεις ἐνεργοὶ διὰ σκότους οὖσαι μεθ' ἡμέραν ἀπο-
τυφλοῦνται ξηρότητι καὶ λεπτότητι τῆς περὶ τὸν
ὀφθαλμὸν ὑγρότητος μὴ φερούσης τὴν πρὸς τὸ φῶς
σύγκρασιν, ἀλλὰ καὶ δεινότης τίς ἐστιν ἀνθρώπου   f
καὶ σύνεσις ἐν τοῖς ὑπαίθροις καὶ διακεκηρυγμένοις
εὐτάρακτος φύσει, πρὸς δὲ τὰς ἐπικρύφους καὶ
λαθραίους ἀναθαρσοῦσα πράξεις. 5 Τὴν δὲ τοιαύτην ἀνωμαλίαν ἔνδεια λόγου φιλοσόφου περὶ τὰς
εὐφυῖας ἀπεργάζεται, τὴν ἀρετήν, ὥσπερ καρπὸν
αὐτοφυῆ καὶ ἀγεώργητον, ἐκφερούσας δίχα τῆς   1032
ἐπιστήμης. Ταῦτα μὲν οὖν ἐξεταζέσθω τοῖς παρα-
δείγμασιν.

11. 1 Ὁ δ' Ἄρατος, ἐπεὶ κατέμιξε τοῖς Ἀχαιοῖς
ἑαυτὸν καὶ τὴν πόλιν, ἐν τοῖς ἱππεῦσι στρατευόμενος
ἠγαπᾶτο δι' εὐπείθειαν ὑπὸ τῶν ἀρχόντων, ὅτι, καίπερ συμβολὰς τῷ κοινῷ μεγάλας δεδωκὼς τὴν ἑαυτοῦ
δόξαν καὶ τὴν τῆς πατρίδος δύναμιν, ὡς ἑνὶ τῶν ἐπιτυχόντων χρῆσθαι παρεῖχεν αὐτῷ τὸν ἀεὶ στρατηγοῦντα τῶν Ἀχαιῶν, εἴτε Δυμαῖος, εἴτε Τριταιεύς,
εἴτε μικροτέρας τινὸς ὢν τύχοι πόλεως. 2 Ἧκε
δ' αὐτῷ καὶ χρημάτων δωρεὰ παρὰ τοῦ βασιλέως

10. 2 ⁶ ἄλλου Cor. : ἀλλ' ἢ codd. ‖ ⁹ ἐπηβολώτατος : ἐπιβουλό- Π ‖
3 ⁴ εὐλάβειαν : εὐσέβειαν Π ‖ 4 ⁶ ὑπαίθροις : ὑπαιθρίοις Π ‖
⁸ λαθραίους : -θραίας L ‖ 5 ⁴ ἐκφερούσας Emp. : ἐκφέρουσα ‖
11. 1 ⁴ συμβολὰς : -βουλὰς P ‖ ⁶⁻⁷ αὐτῷ τὸν ἀεὶ στρατηγοῦντα :
αὐτὸν τῷ ἀεὶ στρατηγοῦντι Sint. ‖ ⁷ Τριταιεύς G² : Τριτεὺς vel
Τριτεεύς.

mais pour les affecter aux besoins de ses concitoyens sans ressources, et aussi au rachat des prisonniers.

Voyage en Égypte. — **12**. 1 Cependant les anciens bannis étaient intraitables et s'en prenaient aux détenteurs de leurs biens. Comme la ville risquait les affres d'une guerres civile, Aratos, ne voyant d'espoir que dans la générosité de Ptolémée, résolut de prendre la mer et d'aller prier ce roi de lui fournir l'argent nécessaire à l'apaisement de ces différends.* 2 Il s'embarqua donc à Méthonè, au-dessus du Malée, dans l'intention de faire la traversée d'une seule traite.[1] Mais un vent impétueux et de grosses vagues qui déferlaient du large contre le navire entraînèrent le pilote hors de sa route ; il s'abandonna aux flots et aborda avec peine à Hydria, terre ennemie.* 3 Elle était sous la domination d'Antigone, qui y avait une garnison. Aratos prit les devants et débarqua, puis, ayant abandonné son vaisseau, il s'éloigna de la mer avec un seul de ses amis, Timanthès.* Ils se jetèrent dans un lieu très boisé, où ils passèrent une nuit pénible. 4 Peu après, le commandant de la garnison arriva à la recherche d'Aratos, mais il fut trompé par les serviteurs de celui-ci, qui avaient la consigne de dire que leur maître s'était enfui aussitôt et naviguait vers l'Eubée. Le commandant déclara de bonne prise la cargaison, le navire et les serviteurs, et saisit le tout. 5 Au bout de quelques jours, Aratos, ne sachant que faire, eut la chance qu'un vaisseau romain* relâcha près du lieu où il passait le temps, soit à observer la mer du haut d'un tertre, soit à se tenir caché. Le vaisseau faisait route vers la Syrie ; il y monta, après avoir obtenu du patron qu'il le menât en Carie. Il y fut conduit en effet, mais non sans avoir subi sur

1. Indications énigmatiques. Le Malée est le cap redouté des navigateurs, qui se trouve à l'extrémité méridionale de la Laconie. Quant à Méthonè, on l'identifie ordinairement au port de la côte ouest de la Messénie, mais voir les objections de Koster, 59, qui songe à la ville de Méthana entre Épidaure et Trézène ; cf. Thuc., 4, 45, 2 (où les manuscrits de Thucydide portent Μεθώνην ; cf. Strabon, 374).

πέντε καὶ εἴκοσι τάλαντα. Ταῦτ' ἔλαβε μὲν ὁ Ἄρατος,
λαβὼν δὲ τοῖς ἑαυτοῦ πολίταις ἐπέδωκεν ἀπορου-
μένοις εἴς τε τἆλλα καὶ λύτρωσιν αἰχμαλώτων.   b

12. 1 Ἐπεὶ δ' οἱ φυγάδες ἦσαν ἀπαρηγόρητοι
τοῖς ἔχουσι τὰς κτήσεις ἐνοχλοῦντες, ἥ τε πόλις ἐκινδύνευεν ἀνάστατος γενέσθαι, μίαν ὁρῶν ἐλπίδα τὴν
Πτολεμαίου φιλανθρωπίαν ὥρμησεν ἐκπλεῦσαι καὶ
δεηθῆναι τοῦ βασιλέως ὅπως αὐτῷ χρήματα συμ-
βάληται πρὸς τὰς διαλύσεις. 2 Ἀνήχθη μὲν οὖν
ἀπὸ Μεθώνης ὑπὲρ Μαλέας, ὡς τῷ διὰ πόρου δρόμῳ
χρησόμενος. Πρὸς δὲ μέγα πνεῦμα καὶ πολλὴν θάλασσαν ἐκ πελάγους κατιοῦσαν ἐνδόντος τοῦ κυβερνή-
του, παραφερόμενος μόλις ἥψατο τῆς Ὑδρίας πολε-   c
μίας οὔσης. 3 Ἐκρατεῖτο γὰρ ὑπ' Ἀντιγόνου καὶ
φυλακὴν εἶχεν · ἣν φθάσας ἀπέβη, καὶ τὴν ναῦν κατα-
λιπὼν ἀπεχώρησε μακρὰν ἀπὸ θαλάσσης ἔχων ἕνα
τῶν φίλων σὺν αὑτῷ Τιμάνθη. Καὶ καταβαλόντες
ἑαυτοὺς εἴς τινα τόπον ὕλης γέμοντα χαλεπῶς
ἐνυκτέρευον. 4 Ὀλίγῳ δ' ὕστερον ὁ φρούραρχος
ἐπελθὼν καὶ ζητῶν τὸν Ἄρατον ὑπὸ τῶν θεραπόν-
των ἐξηπατήθη τῶν ἐκείνου, δεδιδαγμένων λέγειν
ὡς εὐθὺς ἀποδρὰς εἰς Εὔβοιαν ἐξέπλευσε. Τὰ μέντοι
κομιζόμενα καὶ τὴν ναῦν καὶ τοὺς θεράποντας ἀπέφηνε πολέμια καὶ κατέσχε. 5 Μετὰ δ' ἡμέρας οὐ
πολλὰς ἐν ἀπόροις ὄντι τῷ Ἀράτῳ γίνεταί τις εὐτυ-   d
χία, Ῥωμαϊκῆς νεὼς παραβαλούσης κατὰ τὸν τόπον
ἐν ᾧ τὰ μὲν ἐπὶ σκοπὴν ἀνιών, τὰ δὲ κρυπτόμενος
διῆγεν. Ἔπλει μὲν οὖν ἡ ναῦς εἰς Συρίαν, ἐπέβη δὲ
πείσας τὸν ναύκληρον ἄχρι Καρίας διακομισθῆναι ·

11. 2 [5] αἰχμαλώτων : τῶν αἰχ- P ‖ **12.** 1 [4] ἐκπλεῦσαι : ἐπιπλ-
L ‖ 2 [2] Μεθώνης Junt. ed. : Μοθ- ‖ [5] Ὑδρίας Bergk Ἀνδρίας Pal-
merius : Ἀδρίας ‖ 3 [4] Τιμάνθη : -θην R[2] ‖ 5 [4] ἐπὶ σκοπὴν : ἐπισ-
κοπεῖν G.

mer dans ce second voyage autant de périls que dans le premier. 6 Il mit ensuite beaucoup de temps à passer de Carie en Égypte. Aussitôt arrivé, il obtint une audience du roi, qu'il trouva bien disposé à son égard, et dont il avait gagné les bonnes grâces par les tableaux et les peintures qu'il lui avait fait parvenir de Grèce. Aratos en effet, qui était un fin connaisseur, rassemblait et achetait sans cesse des œuvres des grands maîtres, surtout de Pamphilos et de Mélanthos, puis les envoyait au roi.*

13. 1 La renommée de l'École artistique de Sicyone et de ses excellents peintres était encore dans tout son éclat, car on pensait que là seulement la beauté restait inaltérable.* C'est au point que le fameux Apelle, déjà admiré, s'y rendit et se fit pour un talent l'élève de ces maîtres, moins pour se perfectionner dans son art que pour avoir part à leur réputation.* 2 Aussi Aratos qui, après avoir libéré sa patrie, avait aussitôt détruit les effigies des tyrans, hésita longtemps devant celle d'Aristratos, dont l'apogée datait de l'époque de Philippe.* Ce tyran avait été peint par les élèves de Mélanthos, debout près d'un char de victoire, et Apelle avait mis la main à cet ouvrage, selon ce que rapporte Polémon le Périégète.[1] 3 C'était une pièce admirable, au point qu'Aratos se sentait fléchir devant cet art achevé, mais, emporté de nouveau par sa haine des tyrans, il en ordonna la destruction. 4 Alors, dit-on, le peintre Néalcès[2], qui était un ami d'Aratos, lui demanda grâce en pleurant pour ce tableau, puis, comme il ne réussissait pas à le persuader, lui déclara qu'il fallait faire la guerre aux tyrans, mais non à leurs portraits. « Laissons donc le char et la Victoire, ajouta-t-il ; quant à la personne d'Aristratos, moi, je te la ferai disparaître du tableau.* » 5 Aratos ayant consenti, Néalcès

----

1. Ce Polémon vécut au début du iie siècle avant J.-C. ; il était l'auteur, entre autres ouvrages, d'un traité Περὶ τῶν ἐν Σικυῶνι πινάκων.
2. Sur ce peintre, cf. Pline, *N. H.*, 35, 101, 142, et voir E. Pfuhl, *Malerei und Zeichnung der Griechen*, 2, paragr. 888-890.

καὶ διεκομίσθη κινδύνοις αὖθις οὐκ ἐλάττοσι χρησάμενος κατὰ θάλατταν. 6 Ἐκ δὲ Καρίας χρόνῳ
πολλῷ περαιωθεὶς εἰς Αἴγυπτον, αὐτόθεν τε τῷ βασιλεῖ
διακειμένῳ πρὸς αὐτὸν οἰκείως ἐνέτυχε καὶ τεθεραπευμένῳ γραφαῖς καὶ πίναξιν ἀπὸ τῆς Ἑλλάδος, ἐν οἷς
κρίσιν ἔχων οὐκ ἄμουσον ὁ Ἄρατος ἀεί τι τῶν τεχνι-
κῶν καὶ περιττῶν, μάλιστα δὲ Παμφίλου καὶ Μελάν-
θου, συνάγων καὶ κτώμενος ἀπέστελλεν.

e

13. 1 Ἤνθει γὰρ ἔτι δόξα τῆς Σικυωνίας μούσης
καὶ χρηστογραφίας, ὡς μόνης ἀδιάφθορον ἐχούσης
τὸ καλόν, ὥστε καὶ Ἀπελλῆν ἐκεῖνον ἤδη θαυμα-
ζόμενον ἀφικέσθαι καὶ συγγενέσθαι τοῖς ἀνδράσιν
ἐπὶ ταλάντῳ, τῆς δόξης μᾶλλον ἢ τῆς τέχνης δεόμε-
νον μεταλαβεῖν. 2 Διὸ τὰς μὲν ἄλλας εἰκόνας
τῶν τυράννων ἀνεῖλεν εὐθὺς ὁ Ἄρατος, ὅτε τὴν πόλιν ἠλευθέρωσε, περὶ δὲ τῆς Ἀριστράτου τοῦ κατὰ
Φίλιππον ἀκμάσαντος ἐβουλεύσατο πολὺν χρόνον.
Ἐγράφη μὲν γὰρ ὑπὸ [πάντων] τῶν περὶ τὸν Μέ-
λανθον ἅρματι νικηφόρῳ παρεστὼς ὁ Ἀρίστρατος,
Ἀπελλοῦ συνεφαψαμένου τῆς γραφῆς, ὡς Πολέμων
ὁ περιηγητὴς ἱστόρηκεν. 3 Ἦν δὲ τὸ ἔργον ἀξιο-
θέατον, ὥστε γνάμπτεσθαι τὸν Ἄρατον ὑπὸ τῆς
τέχνης, αὖθίς τε μίσει τῷ πρὸς τοὺς τυράννους ἐξαγό-
μενον κελεύειν καθαιρεῖν. 4 Τὸν οὖν ζωγράφον
Νεάλκη φίλον ὄντα τοῦ Ἀράτου παραιτεῖσθαί φασι
καὶ δακρύειν, ὡς δ' οὐκ ἔπειθεν, εἰπεῖν ὅτι τοῖς τυράν-
νοις πολεμητέον, οὐ τοῖς τῶν τυράννων. « Ἐάσωμεν
οὖν τὸ ἅρμα καὶ τὴν Νίκην, αὐτὸν δέ σοι παρέξω
τὸν Ἀρίστρατον ἐγὼ παραχωροῦντα τοῦ πίνακος. »
5 Ἐπιτρέψαντος οὖν τοῦ Ἀράτου, διήλειψεν ὁ Νεάλ-

f

1033

---

12. 6 ² αὐτόθεν : πατρόθεν Zie. ‖ ³⁻⁴ τεθεραπευμένῳ G : θεραπευο-
μένῳ ‖ 13. 2 ³ τοῦ G : om. ΠL ‖ ⁵ πάντων del. Cor. ‖ 4 ² φασι :
φησὶ Π ‖ 5 ¹ διήλειψεν corr. ant. (διήλειφεν Vulc.) : διείληφεν codd.

effaça Aristratos et peignit à sa place une simple palme,
sans rien oser ajouter d'autre. On prétend qu'il lui
échappa que les pieds d'Aristratos ainsi effacé demeuraient au bas du char.

6 Donc les envois d'Aratos lui avaient gagné l'affection du roi, qui, en le voyant de près, l'estima encore
davantage, et lui fit présent pour sa ville de cent cinquante talents. Sur cette somme, Aratos emporta
aussitôt avec lui quarante talents en retournant dans
le Péloponnèse ; quant au reste, le roi le partagea en plusieurs versements, qu'il lui envoya par la suite à différentes reprises. [1]

14. 1 Ce fut pour Aratos une grande gloire d'avoir
procuré à ses concitoyens une somme si importante,
alors que d'autres stratèges ou démagogues, recevant des
rois beaucoup moins, violaient toute justice en asservissant et en leur livrant leur patrie ; c'en fut une plus
grande encore d'employer cet argent à apaiser les différends entre les pauvres et les riches, à rétablir la concorde et à assurer à tout le peuple le salut et la sécurité.
Admirable fut aussi la modération d'Aratos quand il
fut doté d'une si grande autorité, 2 car, nommé conci-
liateur avec pleins pouvoirs et autorité souveraine
pour régler les affaires des bannis, il ne voulut pas exercer
seul cette fonction, mais il s'adjoignit quinze citoyens
avec le concours desquels, au prix de grands efforts et
de longues négociations, il parvint à rétablir l'amitié
et la paix dans la cité.* 3 En reconnaissance, non
seulement les citoyens lui attribuèrent en commun,
à l'unanimité, les honneurs qui lui étaient dus, mais
les bannis en particulier lui élevèrent une statue de
bronze portant cette inscription en vers élégiaques :
4 « Les desseins de cet homme, ses combats, sa défense
                                      [de la Grèce
Sont parvenus jusqu'aux colonnes d'Héraclès.
Et nous, Aratos, à qui nous devons notre retour, nous
                                      [t'avons dressé

1. Sur ce voyage en Égypte, voir aussi Cicéron, *De off.*, 2, 82.

κης τὸν Ἀρίστρατον, εἰς δὲ τὴν χώραν φοίνικα μόνον
ἐνέγραψεν, ἄλλο δ' οὐδὲν ἐτόλμησε παραβαλεῖν.
Τοὺς δὲ πόδας ἐξαλειφομένου τοῦ Ἀριστράτου
διαλαθεῖν ὑπὸ τὸ ἅρμα λέγουσιν.

6 Ἔκ τε δὴ τούτων ὁ Ἄρατος ἠγαπᾶτο, καὶ διδοὺς πεῖραν ἔτι μᾶλλον ἥψατο τοῦ βασιλέως, καὶ
δωρεὰν ἔλαβε τῇ πόλει πεντήκοντα καὶ ἑκατὸν τάλαντα. Καὶ τούτων τεσσαράκοντα μὲν εὐθὺς μεθ' ἑαυτοῦ κομίζων εἰς Πελοπόννησον κατῆρε, τὰ δὲ λοιπὰ
διελὼν εἰς δόσεις ὁ βασιλεὺς ὕστερον κατὰ μέρος
ἀπέστειλεν.

14. 1 Ἦν μὲν οὖν μέγα καὶ τὸ χρήματα τοσαῦτα
πορίσαι τοῖς πολίταις, ὅσων μικρὸν μέρος ἄλλοι
στρατηγοὶ καὶ δημαγωγοὶ λαμβάνοντες παρὰ βασιλέων ἠδίκουν καὶ κατεδουλοῦντο καὶ προέπινον
αὐτοῖς τὰς πατρίδας, μεῖζον δ' ἢ διὰ τῶν χρημάτων
τούτων κατασκευασθεῖσα τοῖς μὲν ἀπόροις πρὸς τοὺς
πλουσίους διάλυσις καὶ ὁμόνοια, τῷ δὲ δήμῳ παντὶ
σωτηρία καὶ ἀσφάλεια, θαυμαστὴ δ' ἡ τοῦ ἀνδρὸς ἐν
δυνάμει τοσαύτῃ μετριότης. 2 Ἀποδειχθεὶς γὰρ
αὐτοκράτωρ διαλλακτὴς καὶ κύριος ὅλως ἐπὶ τὰς
φυγαδικὰς οἰκονομίας, μόνος οὐχ ὑπέμεινεν, ἀλλὰ
πεντεκαίδεκα τῶν πολιτῶν προσκατέλεξεν ἑαυτῷ,
μεθ' ὧν πόνῳ πολλῷ καὶ μεγάλαις πραγματείαις
κατειργάσατο καὶ συνήρμοσε φιλίαν καὶ εἰρήνην
τοῖς πολίταις. 3 Ἐφ' οἷς οὐ μόνον κοινῇ σύμπαντες οἱ πολῖται τιμὰς ἀπέδοσαν αὐτῷ πρεπούσας,
ἀλλὰ καὶ κατ' ἰδίαν οἱ φυγάδες εἰκόνα χαλκῆν ἀνα-
στήσαντες ἐπέγραψαν τόδε τὸ ἐλεγεῖον·

4   Βουλαὶ μὲν καὶ ἄεθλα καὶ ἃ περὶ Ἑλλάδος ἀλκά
     τοῦδ' ἀνδρὸς στάλαις πλάθεται Ἡρακλέους·

14. 1 ² ὅσων Π : ὅσον ‖ ⁵ μεῖζον B et Rei. : μείζων ‖ 4 ² στάλαις
corr. ant. : στᾶλαι ΠL² τάλαι G¹.

Cette statue pour reconnaître ta valeur et ta justice,
Statue de notre sauveur dédiée aux dieux sauveurs,
                                    [parce qu'à ta patrie
Tu as donné, avec l'égalité civique, de bonnes et
                                    [divines lois. »[1]

15. 1 Ces services rendus par Aratos à ses concitoyens l'avaient placé dans sa patrie au-dessus de l'envie.
Mais le roi Antigone, contrarié à son sujet, et désireux
soit de le gagner entièrement à son amitié, soit de le
brouiller avec Ptolémée, lui témoignait des attentions
qu'Aratos ne sollicitait nullement.* Ainsi, alors qu'il
sacrifiait aux dieux à Corinthe,* il lui envoya à Sicyone
des portions des victimes, 2 et, au cours du festin,*
devant de nombreux convives, il prit la parole et dit :
« Je pensais que ce jeune Sicyonien n'avait qu'une nature
généreuse et de l'amour pour son pays, mais il semble
aujourd'hui savoir fort bien juger de la conduite et
des affaires des rois. 3 Auparavant il nous dédaignait,
parce qu'il portait ses espérances au dehors et qu'il
admirait la richesse de l'Égypte, en entendant parler
de ses éléphants, de ses flottes et du faste de sa cour ;
mais maintenant que, regardant derrière la scène, il
a vu que tout cet apparat de là-bas n'est que pompe
théâtrale et décor, il se tourne entièrement vers nous.
J'accueille donc moi-même ce jeune homme, décidé
que je suis à l'employer en toute occasion, et je vous
prie de le considérer comme un ami. » 4 Les envieux
et les méchants, prenant prétexte de ces paroles, riva-
lisèrent entre eux, dans les lettres qu'ils envoyèrent
à Ptolémée, pour prodiguer contre Aratos les imputations
désobligeantes, au point que Ptolémée lui adressa un
émissaire chargé de lui faire des reproches. 5 Tant
à ces amitiés des rois et des tyrans, où les disputes étaient

1. Il est possible que cette statue d'Aratos soit celle que Pausanias,
2, 7, 5, dit avoir vue au théâtre de Sicyone, mais cette statue était
en bronze, et les fouilleurs américains n'ont retrouvé dans les
ruines de ce théâtre qu'une statue de marbre mutilée, qui d'ailleurs
ne semble pas avoir représenté Aratos (voir G. Roux, *Pausanias
en Corinthie*, 142).

ἄμμες δ' εἰκόν', Ἄρατε, τεὰν νόστοιο τυχόντες
στάσαμεν ἀντ' ἀρετᾶς ἠδὲ δικαιοσύνας
σωτῆρος σωτῆρσι θεοῖς, ὅτι πατρίδι τᾷ σᾷ
δᾶμον ἴσον θείαν τ' ὤπασας εὐνομίαν.

d

15. 1 Ταῦτα διαπραξάμενος ὁ Ἄρατος τοῦ μὲν
πολιτικοῦ φθόνου μείζων ἐγεγόνει διὰ τὰς χάριτας,
Ἀντίγονος δ' ὁ βασιλεὺς ἀνιώμενος ἐπ' αὐτῷ καὶ
βουλόμενος ἢ μετάγειν ὅλως τῇ φιλίᾳ πρὸς αὐτὸν
ἢ διαβάλλειν πρὸς τὸν Πτολεμαῖον, ἄλλας τε φιλαν-
θρωπίας ἐνεδείκνυτο μὴ πάνυ προσιεμένῳ, καὶ θύων
θεοῖς ἐν Κορίνθῳ μερίδας εἰς Σικυῶνα τῷ Ἀράτῳ
διέπεμπε. 2 Καὶ παρὰ τὸ δεῖπνον, ἑστιωμένων πολλῶν, εἰς μέσον φθεγξάμενος « Ὤιμην » ἔφη « τὸν
Σικυώνιον τοῦτον νεανίσκον ἐλευθέριον εἶναι τῇ
φύσει μόνον καὶ φιλοπολίτην · ὁ δὲ καὶ βίων ἔοικε
καὶ πραγμάτων βασιλικῶν ἱκανὸς εἶναι κριτής.

e

3 Πρότερον γὰρ ἡμᾶς ὑπερεώρα ταῖς ἐλπίσιν ἔξω
βλέπων καὶ τὸν Αἰγύπτιον ἐθαύμαζε πλοῦτον, ἐλέφαν-
τας καὶ στόλους καὶ αὐλὰς ἀκούων, νυνὶ δ' ὑπὸ
σκηνὴν ἑωρακὼς πάντα τὰ ἐκεῖ πράγματα τραγῳδίαν ὄντα καὶ σκηνογραφίαν, ὅλος ἡμῖν προσκεχώ-
ρηκεν. Αὐτός τ' οὖν ἀποδέχομαι τὸ μειράκιον ἐγνω-
κὼς εἰς ἅπαντα χρῆσθαι, καὶ ὑμᾶς ἀξιῶ φίλον νο-
μίζειν. » 4 Τούτους τοὺς λόγους ὑπόθεσιν λαβόντες οἱ φθονεροὶ καὶ κακοήθεις διημιλλῶντο ταῖς
ἐπιστολαῖς ⟨πρὸς⟩ ἀλλήλους πολλὰ καὶ δυσχερῆ
κατὰ τοῦ Ἀράτου τῷ Πτολεμαίῳ γράφοντες, ὥστε

f

κἀκεῖνον ἐγκαλοῦντα πέμψαι. 5 Ταῖς μὲν οὖν
περιμαχήτοις καὶ διαπύρῳ τοξευομέναις ἔρωτι φιλίαις

---

14. 4 ³ ἄμμες GL : ἄμεις ‖ ⁶ δᾶμον ἴσον Rei. : δαίμονισον codd.
plerique (δαιμόνιον Zeitz ἁρμονίαν Jacobs) ‖ **15.** 2 ³ ἐλευθέριον :
ἐλεύθερον P ‖ 3 ⁵ ὅλος : ὅλως L ‖ 4 ³ πρὸς add. Rei. ‖ 5 ² διαπύρῳ Salvinius : -ροις codd. ‖ ἔρωτι : -σι corr. ant..

ardentes comme les flèches de l'amour, se mêlait de jalousie et de malveillance !

Prise de l'Acrocorinthe. — **16**.

1 Aratos, élu stratège pour la première fois par les Achéens, alla ravager la Locride et la Calydonie, situées en face de l'Achaïe, puis il se porta avec dix mille hommes au secours des Béotiens, mais il arriva après la bataille où ceux-ci furent vaincus à Chéronée par les Étoliens et où leur béotarque Abaiocritos tomba avec mille des siens.[1]

2 Un an plus tard, étant de nouveau stratège,* Aratos engagea l'affaire de l'Acrocorinthe, non pas dans le seul intérêt des Sicyoniens et des Achéens, mais dans l'intention d'en chasser la garnison macédonienne qui, de là, tenait la Grèce entière sous un joug tyrannique. 3 L'Athénien Charès, ayant eu l'avantage dans une bataille contre les généraux du roi de Perse, écrivit au peuple d'Athènes qu'il venait de remporter une victoire sœur de celle de Marathon* ; 4 on ne se tromperait pas en disant que cette entreprise d'Aratos fut la sœur de celles du Thébain Pélopidas et de l'Athénien Thrasybule quand ils éliminèrent les tyrans*, avec cette différence, à l'avantage du Sicyonien, que la sienne n'était pas dirigée contre des Grecs, mais contre une puissance étrangère et intruse. 5 En effet l'Isthme, qui sépare les deux mers, rattache et unit notre continent au Péloponnèse, mais l'Acrocorinthe, haute montagne qui se dresse au beau milieu de la Grèce, dès qu'elle est occupée par une garnison, contrôle tout le territoire en deçà de l'Isthme et coupe les communications, les passages, les expéditions et les transactions terrestres et maritimes, 6 et rend seul maître et souverain celui qui occupe la place avec des troupes.

1. La première stratégie d'Aratos date de 245-4. Sur cette guerre, cf. Pol., 20, 4, 4, et voir R. Flacelière, *Les Ait. à Delphes*, 205-208 (et notamment, p. 207, ce qui concerne le béotarque Abaiocritos, connu par des inscriptions delphiques). La Locride occidentale ou *Ozole*, et le pays de Calydon faisaient alors partie de l'Étolie, de l'autre côté du golfe de Corinthe par rapport à l'Achaïe.

βασιλέων καὶ τυράννων τοσοῦτον προσῆν φθόνου
καὶ κακοηθείας.

16. 1 Ὁ δ' Ἄρατος αἱρεθεὶς στρατηγὸς τὸ πρῶτον ὑπὸ τῶν Ἀχαιῶν τὴν μὲν ἀντιπέρας Λοκρίδα
καὶ Καλυδωνίαν ἐπόρθησε, Βοιωτοῖς δὲ μετὰ μυρίων
στρατιωτῶν βοηθῶν ὑστέρησε τῆς μάχης, ἣν ὑπ' Αἰ-   1034
τωλῶν περὶ Χαιρώνειαν ἡττήθησαν, Ἀβαιοκρίτου τε
τοῦ βοιωτάρχου καὶ χιλίων σὺν αὐτῷ πεσόντων.

2 Ἐνιαυτῷ δ' ὕστερον αὖθις στρατηγῶν ἐνίστατο
τὴν περὶ τὸν Ἀκροκόρινθον πρᾶξιν, οὐ Σικυωνίων
οὐδ' Ἀχαιῶν κηδόμενος, ἀλλὰ κοινήν τινα τῆς Ἑλλάδος ὅλης τυραννίδα, τὴν Μακεδόνων φρουράν,
ἐκεῖθεν ἐξελάσαι διανοούμενος. 3 Χάρης μὲν γὰρ ὁ
Ἀθηναῖος ἔν τινι μάχῃ πρὸς τοὺς βασιλέως στρατηγοὺς εὐτυχήσας ἔγραψε τῷ δήμῳ τῶν Ἀθηναίων ὡς
νενικήκοι τῆς ἐν Μαραθῶνι μάχης ἀδελφήν · 4 ταύτην δὲ τὴν πρᾶξιν οὐκ ἂν ἁμάρτοι τις ἀδελφὴν προσ-
ειπὼν τῆς Πελοπίδου τοῦ Θηβαίου καὶ Θρασυβού-   b
λου τοῦ Ἀθηναίου τυραννοκτονίας, πλὴν ὅτι τῷ
μὴ πρὸς Ἕλληνας, ἀλλ' ἐπακτὸν ἀρχὴν γεγονέναι
καὶ ἀλλόφυλον αὕτη διήνεγκεν. 5 Ὁ μὲν γὰρ
Ἰσθμὸς ἐμφράσσων τὰς θαλάσσας εἰς ταὐτὸ συνάγει
τῷ τόπῳ καὶ συνάπτει τὴν ἤπειρον ἡμῶν, ὁ δ' Ἀκρο-
κόρινθος, ὑψηλὸν ὄρος ἐκ μέσης ἀναπεφυκὸς τῆς
Ἑλλάδος, ὅταν λάβῃ φρουράν, ἐνίσταται καὶ ἀπο-
κόπτει τὴν ἐντὸς Ἰσθμοῦ πᾶσαν ἐπιμιξιῶν τε καὶ
παρόδων καὶ στρατειῶν ἐργασίας τε κατὰ γῆν καὶ
κατὰ θάλατταν, 6 καὶ ἕνα κύριον ποιεῖ καὶ ἄρχοντα τὸν κατέχοντα φρουρᾷ τὸ χωρίον, ὥστε μὴ   c

16. 1 ⁵ Ἀβαιοκρίτου cf. Syll.³ 446 : Ἀβοιοκρίτου L Ἀβαιωκρίτου
cet. (Ἀμαιόκριτος codd. Pol., 20, 4) ‖ 2 ⁴ ὅλης : ὅλην L ‖ 5 ⁴ ἀναπεφυκὸς G : -κῶς ‖ ⁷ στρατειῶν Π : -τιῶν ‖ 6 ¹⁻² καὶ ἄρχοντα τὸν
Zeitz : τὸν ἄρχοντα καί.

Aussi peut-on croire que Philippe le Jeune ne plaisantait
pas, mais qu'il était dans le vrai en désignant à tout
propos la ville de Corinthe comme l'entrave de la Grèce.[1]

17. 1 Aussi cette position était-elle constamment
disputée par tous les rois et tous les princes. Antigone
en particulier la convoitait avec une passion qui ressemblait à l'amour le plus fou, et il appliquait toutes
ses pensées aux moyens de l'enlever par ruse à ceux
qui l'occupaient, car il ne pouvait espérer s'en saisir
ouvertement de force. 2 Alexandros, qui en était
maître, mourut, empoisonné, dit-on, par lui,* mais sa
femme Nicaia prit en main le pouvoir et la garde de
la citadelle. Alors, tout aussitôt, Antigone lui envoya
secrètement son fils Démétrios[2], et la flatta du doux
espoir d'épouser ce prince royal et d'unir sa vie à celle
d'un jeune homme qui n'était pas pour déplaire à une
femme plus âgée. Le roi était parvenu ainsi à la cir-
convenir, en utilisant contre elle son fils comme un appât
choisi parmi d'autres. 3 Cependant, loin d'abandonner
la citadelle, Nicaia continuait à la faire solidement
garder. Alors, feignant de s'en désintéresser, Antigone
se mit en devoir de sacrifier aux dieux pour célébrer
les noces à Corinthe, donnant des spectacles et organisant
tous les jours des festins, en homme qui, entraîné par
le plaisir et la gaieté, songeait avant tout à s'amuser et à
profiter de ses loisirs. 4 Le moment venu, comme
Amoibeus chantait au théâtre,* il escorta en personne
Nicaia se rendant au spectacle dans une litière royalement
ornée ; toute fière de cet honneur, elle était fort loin
de prévoir ce qui allait se passer, 5 car, arrivé au
carrefour du chemin qui monte à l'acropole, il ordonna
aux porteurs de la conduire au théâtre, et lui-même,
envoyant promener Amoibeus et aussi la noce, il monta

1. Philippe V, roi de Macédoine de 220 à 179, d'après Polybe, 18,
11, 4-5 « appelait avec raison πέδας Ἑλληνικὰς ces trois lieux : Chalcis,
Corinthe et Démétrias. » Plutarque n'a pas tort de penser que cela
est plus vrai encore de Corinthe que des deux autres places.
2. Le futur Démétrios II, qui règnera après la mort de son père
sur la Macédoine, de 239 à 229.

παίζοντα δοκεῖν τὸν νεώτερον Φίλιππον, ἀλλ' ἀληθῶς ἑκάστοτε πέδας τῆς Ἑλλάδος τὴν Κορινθίων
πόλιν προσαγορεύειν.

17. 1 Πᾶσι μὲν οὖν περιμάχητος ἦν ὁ τόπος
ἀεὶ καὶ βασιλεῦσι καὶ δυνάσταις, ἡ δ' Ἀντιγόνου
σπουδὴ περὶ αὐτὸν οὐδὲν ἀπέλειπε πάθει τῶν ἐμμα-
νεστάτων ἐρώτων, ἀλλ' ὅλος ἀνήρτητο ταῖς φρον-
τίσιν ὅπως ἀφαιρήσεται δόλῳ τοὺς ἔχοντας, ἐπεὶ
φανερῶς ἀνέλπιστος ἦν ἡ ἐπιχείρησις. 2 Ἀλεξάνδρου γάρ, ὑφ' ὃν τὸ χωρίον ἦν, ἀποθανόντος, ὡς
λέγεται, φαρμάκοις ὑπ' αὐτοῦ, Νικαίας δὲ τῆς ἐκείνου γυναικὸς ἐπὶ τῶν πραγμάτων γενομένης καὶ
φυλαττούσης τὸν Ἀκροκόρινθον, εὐθὺς ὑποπέμπων
Δημήτριον τὸν υἱὸν αὐτῇ καὶ γλυκείας ἐλπίδας   d
ἐνδιδοὺς γάμων βασιλικῶν καὶ συμβιώσεως πρὸς
οὐκ ἀηδὲς ἐντυχεῖν γυναικὶ πρεσβυτέρᾳ μειράκιον,
αὐτὴν μὲν ᾑρήκει τῷ παιδὶ χρησάμενος ὥσπερ ἄλλῳ
τινὶ τῶν δελεασμάτων ἐπ' αὐτῇ, 3 τὸν δὲ τόπον οὐ
προϊεμένης, ἀλλ' ἐγκρατῶς φυλαττούσης, ἀμελεῖν
προσποιούμενος ἔθυε γάμους αὐτῶν ἐν Κορίνθῳ καὶ
θέας ἐπετέλει καὶ πότους συνῆγε καθ' ἡμέραν, ὡς
ἄν τις μάλιστα παίζειν καὶ σχολάζειν τὴν διάνοιαν
ὑφ' ἡδονῆς καὶ φιλοφροσύνης ἀφεικώς. 4 Ἐπεὶ δὲ
καιρὸς ἦν, ᾄδοντος Ἀμοιβέως ἐν τῷ θεάτρῳ, παρέ-   e
πεμπε τὴν Νίκαιαν αὐτὸς ἐπὶ τὴν θέαν ἐν φορείῳ
κεκοσμημένῳ βασιλικῶς, ἀγαλλομένην τε τῇ τιμῇ
καὶ πορρωτάτω τοῦ μέλλοντος οὖσαν. 5 Γενόμενος δὲ τῆς ὁδοῦ κατὰ τὴν ἐκτροπὴν τὴν ἄνω φέρουσαν,
ἐκείνην μὲν ἐκέλευσε προάγειν εἰς τὸ θέατρον, αὐτὸς
δὲ χαίρειν μὲν Ἀμοιβέα, χαίρειν δὲ τοὺς γάμους

17. 1 ² καὶ post ἀεὶ Sint. : δὲ ‖ ³ ἀπέλειπε : -λιπε PLG²R² ‖ 4 ² Ἀμοιβέως R² : -βαίως R¹ -βέου GL (Ἀμοιβεὺς Polyen, 4, 6, 1) ‖ 5 ⁴ Ἀμοιβέα PR² : -βαῖα R¹ -βέαν GL.

à la citadelle avec une promptitude étonnante pour son âge.[1] Trouvant la porte fermée, il frappa de son bâton en ordonnant d'ouvrir, et, stupéfiés, les gens qui étaient à l'intérieur obéirent[2]. 6 Devenu ainsi maître de la place, il ne se contint plus : il exultait au point de plaisanter et de boire en pleine rue, puis de traverser la place publique en compagnie de joueuses de flûte, une couronne sur la tête. Ce vieillard, qui avait éprouvé tant de changements de Fortune,[3] allait chantant et dansant, en interpellant et saluant ceux qu'il rencontrait.* 7 Tant la joie non tempérée par la raison agite l'homme dans son âme, plus encore que le chagrin et la peur, et le fait sortir de lui-même !

18. 1 Antigone, s'étant emparé comme je l'ai dit de l'Acrocorinthe, la fit garder par les hommes en qui il avait le plus de confiance et en donna le commandement au philosophe Persaios.* 2 Aratos avait projeté son entreprise alors qu'Alexandros était encore vivant, mais, une alliance étant intervenue entre celui-ci et les Achéens, il y avait renoncé. A ce moment s'offrit à lui une nouvelle occasion de reprendre son projet : 3 il y avait à Corinthe quatre frères d'origine syrienne, dont l'un, nommé Dioclès, servait comme mercenaire dans la garnison. 4 Les trois autres, ayant dérobé de l'or appartenant au roi, étaient venus à Sicyone auprès d'Égias, un banquier, avec qui Aratos était en relation d'affaires. Ils lui avaient aussitôt remis une partie de cet or, et l'un d'eux, Erginos, se rendait fréquemment chez lui pour échanger peu à peu le reste.* 5 Devenu dès lors un familier d'Égias, un jour que celui-ci avait amené la conversation sur la garde de la citadelle, Erginos lui dit qu'en

---

1. En 245, Antigone Gonatas avait plus de 70 ans.
2. Ce « stratagème » est naturellement raconté aussi par Polyen, *Strateg.*, 4, 6, 1, qui a pris tous les éléments de ce récit chez Plutarque ici même ; il lui a emprunté aussi beaucoup d'autres anecdotes : voir Philip A. Stadter, *Plutarch's historical methods.*
3. Fils de Démétrios Poliorcète, Antigone Gonatas avait connu de longues épreuves avant de parvenir à reconquérir le trône de Macédoine en 277, et, même depuis cette date, les difficultés ne lui avaient pas manqué.

ἐάσας ἀνῄει πρὸς τὸν Ἀκροκόρινθον ἁμιλλώμενος
παρ' ἡλικίαν · καὶ κεκλεισμένην τὴν πύλην εὑρὼν
ἔκοπτε τῇ βακτηρίᾳ κελεύων ἀνοίγειν. Οἱ δ' ἔνδον
ἀνέῳξαν καταπλαγέντες. 6 Οὕτω δὲ τοῦ τόπου
κρατήσας οὐ κατέσχεν αὐτόν, ἀλλ' ἔπινε παίζων   f
ὑπὸ χαρᾶς ἐν τοῖς στενωποῖς, καὶ δι' ἀγορᾶς αὐλη-
τρίδας ἔχων καὶ στεφάνους περικείμενος, ἀνὴρ γέρων
καὶ τηλικαύταις πραγμάτων μεταβολαῖς κεχρημένος,
ἐκώμαζε δεξιούμενος καὶ προσαγορεύων τοὺς ἀπαν-
τῶντας. 7 Οὕτως ἄρα καὶ λύπης καὶ φόβου μᾶλλον
ἐξίστησι καὶ σάλον παρέχει τῇ ψυχῇ τὸ χαίρειν ἄνευ
λογισμοῦ παραγινόμενον.

18. 1 Ἀλλὰ γὰρ Ἀντίγονος μέν, ὥσπερ εἴρηται, κτησάμενος τὸν Ἀκροκόρινθον ἐφύλαττε μετὰ
τῶν ἄλλων, οἷς ἐπίστευε μάλιστα, καὶ Περσαῖον
ἐπιστήσας ἄρχοντα τὸν φιλόσοφον. 2 Ὁ δ' Ἄρα-   1035
τος ἔτι μὲν καὶ Ἀλεξάνδρου ζῶντος ἐπεχείρησε τῇ
πράξει, γενομένης δὲ συμμαχίας τοῖς Ἀχαιοῖς πρὸς
τὸν Ἀλέξανδρον ἐπαύσατο. Τότε δ' αὖθις ἐξ ὑπαρ-
χῆς ἑτέραν ἔλαβε τῆς πράξεως ὑπόθεσιν τοιαύτην.
3 Ἦσαν ἐν Κορίνθῳ τέσσαρες ἀδελφοὶ Σύροι τὸ
γένος, ὧν εἷς ὄνομα Διοκλῆς ἐν τῷ φρουρίῳ μισθοφόρων διέτριβεν. 4 Οἱ δὲ τρεῖς κλέψαντες βασιλικὸν χρυσίον ἦλθον εἰς Σικυῶνα πρὸς Αἰγίαν τινὰ
τραπεζίτην, ᾧ διὰ τὴν ἐργασίαν ὁ Ἄρατος ἐχρῆτο.
Καὶ μέρος μὲν εὐθὺς διέθεντο τοῦ χρυσίου, τὸ δὲ λοιπὸν εἷς αὐτῶν Ἐργῖνος ἐπιφοιτῶν ἡσυχῇ κατήλλατ-
τεν. 5 Ἐκ δὲ τούτου γενόμενος τῷ Αἰγίᾳ συνήθης   b
καὶ προαχθεὶς εἰς λόγον ὑπ' αὐτοῦ περὶ τῆς φρουρᾶς
ἔφη πρὸς τὸν ἀδελφὸν ἀναβαίνων παρὰ τὸ κρημνώ-

17. 5 ⁵ ἀνῄει : ἀνίει PR¹ ‖ 18. 2 ³ πράξει corr. ant. : πατρίδι :
4 ⁵ Ἐργῖνος : Ἀργ- R ‖ 5 ¹ γενόμενος : γιν- L ‖ ² προαχθεὶς :
προσα- L ‖ ³ παρὰ Porter ex Polyeno, 6, 5 : πρὸς.

montant voir son frère il avait remarqué dans le rocher escarpé une fente oblique, qui menait à un endroit où le mur de l'acropole était le plus bas. 6 Égias, sur le ton de la plaisanterie, lui dit : « Ainsi, cher ami, vous écornez de si peu d'or les finances du roi,[1] quand vous pourriez vendre si cher une heure de votre temps ! Est-ce que les perceurs de murs[2] et les traîtres, quand ils sont pris, ne s'exposent pas à une même peine, la mort ? » 7 Erginos alors se mit à rire et convint avec lui de sonder Dioclès, disant qu'il ne se fiait guère à ses autres frères. Il revint quelques jours plus tard, et s'engagea à conduire Aratos à un endroit où la muraille n'avait pas plus de quinze pieds de haut,[3] et à le seconder dans la suite de son entreprise avec Dioclès.[4]

19. 1 Aratos s'engagea à leur donner, s'il réussissait, soixante talents, et, s'il échouait et en réchappait avec eux, une maison et un talent à chacun des deux. 2 Comme les soixante talents devaient être déposés chez Égias pour Erginos et son frère, Aratos, qui ne les possédait pas lui-même et ne voulait pas, en les empruntant, laisser deviner à quiconque son dessein, prit la plupart de ses coupes et les bijoux d'or de sa femme, et les mit en gage chez Égias comme caution de la somme. 3 Tant il était plein de grandeur d'âme et épris des belles actions ! Sachant que Phocion et Épaminondas passaient pour avoir été les plus justes et les meilleurs des Grecs parce qu'ils avaient refusé de grands présents et n'avaient pas sacrifié l'honneur à l'argent,[5] il prit lui-même le parti de dépenser secrètement son bien pour cette entreprise et d'en avancer les fonds,

1. Sens conjectural, le texte étant douteux.
2. A savoir les voleurs.
3. C'est-à-dire un peu moins de 4 mètres et demi.
4. Pour ce chapitre et les suivants, comparer Polyen, *Strateg.*, 5, 6, qui, comme plus haut (voir la note à 17, 5), a raconté d'après Plutarque la prise de l'Acrocorinthe par Aratos.
5. La *Vie d'Épaminondas*, qu'avait écrite Plutarque, est perdue, mais l'incorruptible probité du grand Thébain est attestée par exemple, *Philop.*, 3, 2. La *Vie de Phocion*, quant à elle, affirme en maints endroits (18, 1-5 ; 21, 3-4 ; 30, 1-5) la sourcilleuse honnêteté du stratège athénien.

δες ἐντομὴν καθεωρακέναι πλαγίαν, ἄγουσαν ᾗ χθα-
μαλώτατον ἐπῳκοδόμηται τῷ φρουρίῳ τὸ τεῖχος.
6 Προσπαίξαντος δ' αὐτῷ τοῦ Αἰγίου καὶ εἰπόντος ·
« Εἶτ', ὦ βέλτιστε, διὰ μικρὸν οὕτω χρυσίον ἀνα-
σπᾶτε τὰς βασιλικὰς πράξεις δυνάμενοι μίαν ὥραν
πολλῶν ἀποδόσθαι χρημάτων; ἢ γὰρ οὐχὶ καὶ τοι-
χωρύχοις καὶ προδόταις ἁλοῦσιν ἅπαξ ἀποθανεῖν
ὑπάρχει; » 7 Γελάσας ὁ Ἐργῖνος τότε μὲν ὡμολόγησεν ἀποπειρᾶσθαι τοῦ Διοκλέους, τοῖς γὰρ ἄλλοις
ἀδελφοῖς μὴ πάνυ τι πιστεύειν, ὀλίγαις δ' ὕστερον
ἡμέραις ἐπανελθὼν συντίθεται τὸν Ἄρατον ἄξειν
πρὸς τὸ τεῖχος, ὅπου τὸ ὕψος οὐ μεῖζον ἦν πεντεκαίδεκα ποδῶν, καὶ τἄλλα συμπράξειν μετὰ τοῦ Διοκλέους.

19. 1 Ὁ δ' Ἄρατος ἐκείνοις μὲν ἑξήκοντα τάλαντα δώσειν κατορθώσας ὡμολόγησεν, ἢν δ' ἀπο-
τύχῃ, σωθῇ δὲ μετ' ἐκείνων, οἰκίαν ἑκατέρῳ καὶ τά-
λαντον. 2 Ἐπεὶ δ' ἔδει παρὰ τῷ Αἰγίᾳ τὰ ἑξήκοντα
τάλαντα κεῖσθαι τοῖς περὶ τὸν Ἐργῖνον, ὁ δ' Ἄρατος
οὔτ' αὐτὸς εἶχεν οὔτ' ἐβούλετο δανειζόμενος αἴσθησιν ἑτέρῳ τῆς πράξεως παρασχεῖν, λαβὼν τῶν ἐκπω-
μάτων τὰ πολλὰ καὶ τὰ χρυσία τῆς γυναικὸς ὑπέ-
θηκε τῷ Αἰγίᾳ πρὸς τὸ ἀργύριον. 3 Οὕτω γὰρ
ἐπῆρτο τῇ ψυχῇ καὶ τοσοῦτον ἔρωτα τῶν καλῶν
πράξεων εἶχεν ὥστε τὸν Φωκίωνα καὶ τὸν Ἐπαμει-
νώνδαν ἐπιστάμενος Ἑλλήνων δικαιοτάτους καὶ
κρατίστους γεγονέναι δοκοῦντας ἐπὶ τῷ διώσασθαι
δωρεὰς μεγάλας καὶ μὴ προέσθαι χρημάτων τὸ καλόν,
αὐτὸς εἰς ταῦτα δαπανᾶσθαι κρύφα καὶ προεισφέρειν,

18. 6 ² μικρὸν L : σμικρὸν ‖ ³ πράξεις : φράξεις corr. ant. γά-
ζας Madvig εἰσπράξεις Henry apud Porter ‖ 7 ² ἀποπειρᾶσθαι :
-ράσεσθαι Cor. ‖ ⁵ ἦν : ᾖ G¹ (ᾗ Zie.) ‖ ⁶ ποδῶν : πηχῶν L ‖
19. 3 ¹ Οὕτω Xyl. : Ὁ δὲ οὕτω codd. ‖ ⁷ προεισφέρειν : προσεισ-
RG.

malgré le danger qu'il courait seul pour tous ses concitoyens,
qui ignoraient même ce qu'il faisait pour eux. 4 Qui
donc n'admirerait et ne soutiendrait, aujourd'hui encore,
la magnanimité d'un héros qui achetait à tel prix un
si grand péril, qui engageait des biens considérés comme
les plus précieux pour se faire conduire de nuit au milieu
des ennemis et y combattre en risquant sa vie, et qui
ne recevait des siens d'autre gage que l'espoir de l'honneur, et rien de plus?

20. 1 L'entreprise, en elle-même dangereuse, le
devint encore davantage par une faute qu'une méprise
fit commettre au début. 2 Aratos avait chargé son
serviteur Technon d'aller reconnaître la muraille avec
Dioclès.[1] Technon n'avait pas rencontré Dioclès auparavant et ne l'avait jamais vu ; il croyait pourtant avoir
une idée de sa figure et de ses traits d'après les indications
d'Erginos, qui le lui avait dépeint comme un homme
aux cheveux crépus, brun de teint et sans barbe. 3 Arrivé au lieu du rendez-vous où Erginos devait venir
avec Dioclès, Technon attendait devant la ville, à un
endroit appelé Ornis[2]. 4 A ce moment passa là par
hasard en premier lieu un frère d'Erginos et de Dioclès,[3]
nommé Denys, qui n'était pas du complot et s'en savait
rien,[4] mais qui ressemblait à Dioclès. Technon, frappé
de la ressemblance de cet homme avec le portrait qu'on
lui avait fait de Dioclès, lui demanda s'il n'avait pas
quelque lien avec Erginos. 5 Denys lui ayant répondu
qu'il était son frère, Technon fut complètement persuadé
qu'il parlait à Dioclès, et, sans lui demander son nom
ni attendre aucun autre indice, il lui prend la main,
bavarde au sujet des conventions passées avec Erginos
et se met à lui poser des questions. 6 L'autre, adroi-

1. Technon a été déjà mentionné ci-dessus, 5, 4 et 7, 6, à propos de
la libération de Sicyone, avant laquelle il avait accompli une mission
semblable de reconnaissance des lieux.

2. Ornis, c'est-à-dire l'Oiseau. En dépit de Porter, 63, qui renvoie
à Pausanias, 2, 2, 4, il me paraît impossible de localiser cet endroit
autrement que de façon purement hypothétique, aux abords de
Corinthe.

3. Les mots πρῶτος ἀδελφὸς sont traduits d'ordinaire «le frère aîné»,
comme s'il y avait ὁ πρεσϐύτατος ἀδελφός.

4. Cf. ci-dessus, 18, 7 : Erginos « ne se fiait guère à ses frères autres
(que Dioclès) ».

ἐν οἷς ἐκινδύνευε μόνος ὑπὲρ πάντων οὐδ' εἰδότων
τὰ πραττόμενα, ᾑρεῖτο. 4 Τίς γὰρ οὐκ ἂν θαυμά-
σειε καὶ συναγωνίσαιτο ἔτι νῦν τῇ μεγαλοψυχίᾳ τοῦ
ἀνδρός, ὠνουμένου χρημάτων τοσούτων κίνδυνον
τηλικοῦτον καὶ τὰ τιμιώτατα δοκοῦντα τῶν κτημάτων ὑποτιθέντος, ὅπως παρεισαχθεὶς νυκτὸς εἰς   e
τοὺς πολεμίους διαγωνίσηται περὶ τῆς ψυχῆς, ἐνέ-
χυρον λαβὼν τὴν ἐλπίδα τοῦ καλοῦ παρ' αὐτῶν, ἄλλο
δ' οὐδέν;

20. 1 Οὖσαν δὲ καθ' αὐτὴν ἐπισφαλῆ τὴν πρᾶξιν ἐπισφαλεστέραν ἐποίησεν ἁμαρτία τις εὐθὺς ἐν
ἀρχῇ συμβᾶσα δι' ἄγνοιαν. 2 Ὁ γὰρ οἰκέτης τοῦ
Ἀράτου Τέχνων ἐπέμφθη μὲν ὡς μετὰ τοῦ Διοκλέους
κατασκεψόμενος τὸ τεῖχος, οὔπω δ' ἦν τῷ Διοκλεῖ
πρότερον ἐντετυχηκὼς κατ' ὄψιν, ἀλλὰ τὴν μορφὴν
αὐτοῦ καὶ τὸ εἶδος δοκῶν κατέχειν ἐξ ὧν ὁ Ἐργῖνος
ἐπεσήμηνεν οὐλοκόμην καὶ μελάγχρουν καὶ ἀγένειον ·   f
3 ἐλθὼν οὖν ὅπου συνετέτακτο, τὸν Ἐργῖνον ὡς ἀφι-
ξόμενον μετὰ τοῦ Διοκλέους ἀνέμενε πρὸ τῆς πόλεως
πρὸ τοῦ καλουμένου Ὄρνιθος. 4 Ἐν δὲ τούτῳ
πρῶτος ἀδελφὸς Ἐργίνου καὶ Διοκλέους ὄνομα
Διονύσιος οὐ συνειδὼς τὴν πρᾶξιν οὐδὲ κοινωνῶν,
ὅμοιος δὲ τῷ Διοκλεῖ, προσῄει κατὰ τύχην. Ὁ δὲ
Τέχνων, πρὸς τὰ σημεῖα τῆς μορφῆς τῇ ὁμοιότητι
κινηθείς, ἠρώτησε τὸν ἄνθρωπον εἴ τι συμβόλαιον   1036
αὐτῷ πρὸς Ἐργῖνον εἴη. 5 Φήσαντος δ' ἀδελφὸν
εἶναι, παντάπασιν ὁ Τέχνων ἐπείσθη τῷ Διοκλεῖ
διαλέγεσθαι · καὶ μήτε τοὔνομα πυθόμενος μήτ' ἄλλο
μηδὲν προσμείνας τεκμήριον ἐμβάλλει τε τὴν δεξιὰν
αὐτῷ καὶ περὶ τῶν συγκειμένων πρὸς τὸν Ἐργῖνον
ἐλάλει κἀκεῖνον ἀνέκρινεν. 6 Ὁ δὲ δεξάμενος αὐ-

19. 3 ⁹ ᾑρεῖτο : ⟨προ⟩ηρεῖτο Zie.

tement, profitant de la méprise, tombait d'accord sur tout, et, rebroussant chemin en direction de la ville, il emmena Technon qui causait toujours avec lui sans soupçon. 7 Ils approchaient de la cité, et Denys était sur le point d'arrêter Technon lorsqu'un nouveau hasard amena auprès d'eux Erginos ; celui-ci, se rendant compte de l'erreur et du danger, fit signe à Technon de s'enfuir, et tous deux s'élancèrent en courant ; ils arrivèrent sains et saufs chez Aratos, 8 qui ne renonça pas pour autant à ses espoirs : il envoya aussitôt Erginos porter de l'or à Denys pour acheter son silence. Erginos s'acquitta de la commission, et il revint en ramenant avec lui Denys auprès d'Aratos. 9 Quand Denys fut là, ils ne le lâchèrent pas, mais le lièrent et le gardèrent enfermé dans une petite pièce. Puis ils se préparèrent à l'action.

21. 1 Quand tout fut prêt, Aratos donna l'ordre à une partie de ses troupes de passer la nuit sous les armes, et lui-même, emmenant quatre cents soldats d'élite, qui, à l'exception de quelques-uns, ne savaient pas ce qui se tramait, il les conduisit aux portes de Corinthe, près du sanctuaire d'Héra.[1] 2 On était au cœur de l'été, à la pleine lune,[2] par une nuit sans nuages et très claire, en sorte que l'éclat des armes qui réfléchissaient la lumière de la lune leur fit craindre d'être aperçus par les gardes, mais ceux qui marchaient en tête étaient déjà tout près lorsque des nuages s'élevèrent de la mer, couvrirent la ville elle-même et ombragèrent tous les alentours. 3 Alors les hommes s'assirent pour ôter leurs chaussures, parce que, lorsqu'on est pieds nus, on ne fait guère de bruit et l'on ne glisse pas en gravissant les échelles. Erginos, prenant avec lui

---

1. Il est possible qu'il s'agisse du sanctuaire d'Héra *Bounaia*, mentionné par Pausanias, 2, 4, 6, dans un passage où il énumère les monuments que l'on rencontre en montant à l'Acrocorinthe. Sur le chemin que suivit peut-être Aratos aux abords de Corinthe, voir le croquis très hypothétique donné par Porter à la fin de son édition (d'après Theunissen).

2. En juillet ou bien août 243 : cf. Beloch, *Gr. Gesch.*[2], 4, 2, 225.

τοῦ τὴν ἁμαρτίαν πανούργως ὡμολόγει τε πάντα
καὶ πρὸς τὴν πόλιν ἀναστρέψας ὑπῆγεν ἀνυπόπτως
διαλεγόμενος. 7 Ἤδη δὲ πλησίον ὄντος αὐτοῦ
καὶ μέλλοντος ὅσον οὔπω τὸν Τέχνωνα διαλαμβά-
νειν, ἀπὸ τύχης αὖ πάλιν ὁ Ἐργῖνος αὐτοῖς ἀπήντη-
σεν. Αἰσθόμενος δὲ τὴν ἀπάτην καὶ τὸν κίνδυνον διὰ
νεύματος ἐδήλωσε τῷ Τέχνωνι φεύγειν · καὶ ἀπο-
πηδήσαντες ἀμφότεροι δρόμῳ πρὸς τὸν Ἄρατον   b
ἀπεσώθησαν. 8 Οὐ μὴν ἀπέκαμε ταῖς ἐλπίσιν ἐκεῖνος, ἀλλ' ἔπεμψεν εὐθὺς τὸν Ἐργῖνον χρυσίον τε τῷ
Διονυσίῳ κομίζοντα καὶ δεησόμενον αὐτοῦ σιωπᾶν.
Ὁ δὲ καὶ τοῦτ' ἐποίησε καὶ τὸν Διονύσιον ἄγων μεθ'
ἑαυτοῦ πρὸς τὸν Ἄρατον ἦλθεν. 9 Ἐλθόντα δ' αὐτὸν οὐκέτι διῆκαν, ἀλλὰ δήσαντες ἐφύλαττον ἐν οἰ-
κίσκῳ κατακεκλεισμένον · αὐτοὶ δὲ παρεσκευάζοντο
πρὸς τὴν ἐπίθεσιν.

21. 1 Ἐπεὶ δ' ἦν ἕτοιμα πάντα, τὴν μὲν ἄλλην
δύναμιν ἐκέλευσεν ἐπὶ τῶν ὅπλων νυκτερεύειν, ἀναλαβὼν δὲ λογάδας τετρακοσίους οὐδ' αὐτοὺς εἰδό-   c
τας τὰ πραττόμενα, πλὴν ὀλίγων, ἦγε πρὸς τὰς πύλας παρὰ τὸ Ἡραῖον. 2 Ἦν δὲ τοῦ ἔτους ἡ περὶ
θέρος ἀκμάζον ὥρα, τοῦ δὲ μηνὸς πανσέληνος, ἡ δὲ
νὺξ ἀνέφελος καὶ καταφανής, ὥστε καὶ φόβον τὰ
ὅπλα παρέχειν ἀντιλάμποντα πρὸς τὴν σελήνην
μὴ τοὺς φύλακας οὐ λάθωσιν. Ἤδη δὲ τῶν πρώτων
ἐγγὺς ὄντων, ἀπὸ θαλάσσης ἀνέδραμε νέφη καὶ
κατέσχε τήν τε πόλιν αὐτὴν καὶ τὸν ἔξω τόπον ἐπί-
σκιον γενόμενον. 3 Ἐνταῦθα δ' οἱ μὲν ἄλλοι συγ-
καθίσαντες ὑπελύοντο τὰς κρηπῖδας · οὔτε γὰρ
ψόφον ποιοῦσι πολὺν οὔτ' ὀλισθήματα λαμβά-   d
νουσι γυμνοῖς τοῖς ποσὶν ἀντιλαμβανόμενοι τῶν

20. 8 ² Ἐργῖνον : Ἐρ- ἐκεῖνον P ‖ 21. 2 ⁴ παρέχειν G : κατέχειν ‖ 3 ⁴ γυμνοῖς : ⟨οἱ⟩ γ- Schaefer.

sept jeunes gens vêtus en voyageurs, s'approcha de
la porte[1] sans être vu ; ils tuèrent le chef de poste et
les gardes qui étaient avec lui. 4 En même temps
on appliquait les échelles. Aratos y fit monter cent
hommes en toute hâte, et ordonna aux autres de suivre
le plus vite possible ; les échelles une fois retirées, il se
lança dans la ville avec ses cent hommes pour gagner
la citadelle, plein de joie et ne doutant déjà plus du succès,
puisqu'il n'avait pas été découvert. 5 Lui et les siens
virent venir de loin une patrouille de quatre hommes,
qui s'avançaient avec des torches dans leur direction ; ils
n'en furent pas aperçus parce que, là, les nuages cachaient
la lune, tandis qu'eux-mêmes les voyaient approcher en
face. 6 Aratos se retira un peu à l'abri de murs et
de maisons, où il tint ses gens en embuscade. Ils tombèrent
sur la patrouille et en tuèrent trois soldats, mais le
quatrième, frappé d'un coup d'épée à la tête, s'enfuit
en criant que les ennemis étaient à l'intérieur de la ville.
7 Quelques instants plus tard, les trompettes son-
naient l'alarme, et la cité était sur pied dans l'attente
des événements : les rues se remplissaient de gens qui
couraient dans tous les sens, une quantité de lumières
brillaient déjà, les unes d'en bas, les autres du haut de
la citadelle ; une clameur confuse éclatait de tous côtés.

22. 1 Cependant Aratos, poursuivant obstinément
sa marche, s'efforçait de gravir les rochers escarpés,
d'abord lentement et péniblement, parce qu'il s'était
égaré et ne tenait pas le sentier qui, profondément enfoncé
sous la falaise abrupte et ombragé par elle, conduisait
au rempart à travers plusieurs détours et lacets.[2] 2 Mais

---

1. Peut-être la porte donnant sur la route de Phlious.
2. Il s'agit de l'accès signalé par Erginos : voir ci-dessus, 18, 5.
— Pausanias, à propos de l'*hérôon* du Sicyonien à Corinthe, résume
en 2, 8, 4, l'histoire d'Aratos, mais, loin de nous éclairer sur le chemin
suivi lors de l'attaque, il se contente d'un résumé sommaire : « Antigone tenait Corinthe, occupée par une garnison macédonienne. Aratos
déconcerta les Macédoniens par la soudaineté de son attaque, et,
vainqueur, tua entre autres Persaios, commandant de la garnison,
qui avait étudié la philosophie auprès de Zénon, fils de Mnaséas. »

κλιμάκων · ὁ δ' Ἐργῖνος ἑπτὰ λαβὼν νεανίσκους
ἐσταλμένους ὁδοιπορικῶς ἔλαθε τῇ πύλῃ προσμίξας.
Καὶ τὸν πυλωρὸν ἀποκτιννύουσι καὶ τοὺς μετ' αὐτοῦ
φύλακας. 4 Ἅμα δ' αἵ τε κλίμακες προσετίθεντο
καὶ κατὰ σπουδὴν ὁ Ἄρατος ὑπερβιβάσας ἑκατὸν
ἄνδρας, τοὺς δ' ἄλλους ἕπεσθαι κελεύσας ὡς ἂν δύ-
νωνται τάχιστα, τὰς κλίμακας ἀνασπάσας ἐχώρει
διὰ τῆς πόλεως μετὰ τῶν ἑκατὸν ἐπὶ τὴν ἄκραν, ἤδη
περιχαρὴς διὰ τὸ λανθάνειν ὡς κατορθῶν. 5 Καί
πως ἔτι πρόσωθεν αὐτοῖς ἀπήντα σὺν φωτὶ φυλακὴ
τεσσάρων ἀνδρῶν οὐ καθορωμένοις · ἔτι γὰρ ἦσαν
ἐν τῷ σκιαζομένῳ τῆς σελήνης · ἐκείνους δὲ προσ-　　e
ιόντας ἐξ ἐναντίας καθορῶσι. 6 Μικρὸν οὖν ὑπο-
στείλας τειχίοις τισὶ καὶ οἰκοπέδοις ἐνέδραν ἐπὶ τοὺς
ἄνδρας καθίζει. Καὶ τρεῖς μὲν αὐτῶν ἐμπεσόντες
ἀποθνήσκουσιν, ὁ δὲ τέταρτος πληγεὶς ξίφει τὴν
κεφαλὴν ἔφυγε, βοῶν ἔνδον εἶναι τοὺς πολεμίους.
7 Καὶ μετὰ μικρὸν αἵ τε σάλπιγγες ἐπεσήμαινον,
ἥ τε πόλις ἐξανίστατο πρὸς τὰ γινόμενα, πλήρεις
τ' ἦσαν οἱ [τε] στενωποὶ διαθεόντων, καὶ φῶτα πολλά,
τὰ μὲν κάτωθεν ἤδη, τὰ δ' ἄνωθεν ἀπὸ τῆς ἄκρας πε-
ριέλαμπε, καὶ κραυγὴ συνερρήγνυτο πανταχόθεν
ἄσημος.

22. 1 Ἐν τούτῳ δ' ὁ μὲν Ἄρατος ἐμφὺς τῇ πορείᾳ παρὰ τὸ κρημνῶδες ἡμιλλᾶτο, βραδέως καὶ
ταλαιπώρως τὸ πρῶτον, οὐ κατακρατῶν, ἀλλ' ἀπο-　　f
πλανώμενος τοῦ τρίβου παντάπασιν ἐνδεδυκότος
καὶ περισκιαζομένου ταῖς τραχύτησι καὶ διὰ [τῶν]
πολλῶν ἑλιγμῶν καὶ παραβόλων περαίνοντος πρὸς
τὸ τεῖχος. 2 Εἶτα θαυμάσιον οἷον ἡ σελήνη λέγεται

21. 4 ⁴ ἀνασπάσας C : ἀναρπάσας ‖ 7 ³ τε del. Sint. ‖ ⁵ συνερρήγνυτο : συνδιερ- G ‖ 22. 1 ⁵ τραχύτησι : βραχ- LG² ‖ τῶν del.
Junt. ed.

tout à coup, comme par miracle, la lune, dit-on, sortant
des nuages, fit briller sa clarté et lui découvrit la partie
la plus difficile du chemin jusqu'à ce qu'il eût atteint
le rempart à l'endroit voulu ; alors, les nuages, s'assem-
blant de nouveau, le replongèrent dans l'ombre et le
dissimulèrent. 3 Les soldats, au nombre de trois
cents*, qu'Aratos avait laissés hors des portes près du
sanctuaire d'Héra, avaient pénétré dans la ville, pleine
de lumières et de bruits de toutes sortes, mais n'ayant
pu trouver le même sentier ni suivre les autres à la
trace, ils se blottirent tous dans une cavité du rocher dont
l'ombre les couvrait, et, serrés les uns contre les autres,
ils attendirent patiemment malgré leur perplexité et
leur inquiétude, 4 car les gens d'Aratos étaient déjà
aux prises avec les gardes de la citadelle qui lançaient
sur eux leurs javelots, et les cris des combattants parvenaient jusqu'en bas, mais c'était un bruit confus
que répercutait l'écho des collines, et l'on ne pouvait
discerner d'où il venait. 5 Les trois cents hommes
ne savaient donc de quel côté se tourner, lorsqu'Archélaos, chef des troupes royales[1], passa près d'eux, à la
tête d'un nombreux corps de soldats, en montant
vers la citadelle au milieu des clameurs et au son des trompettes pour aller attaquer Aratos et les siens ; 6 ils se
dressent alors, comme au sortir d'une embuscade, se
jettent sur lui, tuent les premiers qui leur tombent sous
la main et, effrayant Archélaos et les autres, les mettent
en déroute et les poursuivent jusqu'à ce qu'ils se dispersent
et s'éparpillent dans la ville. 7 A peine avaient-ils
remporté ce succès qu'Erginos, envoyé par ceux qui
combattaient en haut, vint leur annoncer qu'Aratos
était aux prises avec les ennemis qui se défendaient
vigoureusement, et que, soutenant un rude combat
près du rempart lui-même, il avait besoin d'un prompt
secours. 8 Ils lui dirent de les y mener aussitôt ;
ils montèrent en s'annonçant par des cris afin de rassurer

---

1. Antigone avait préposé le philosophe Persaios à la garde de l'Acrocorinthe (18, 1, et voir ci-dessous, 23, 5), mais il lui avait donc adjoint
cet Archélaos comme chef militaire.

διαστέλλουσα τὰ νέφη καὶ ὑπολάμπουσα τῆς ὁδοῦ
τὸ χαλεπώτατον σαφηνίζειν, ἕως ἥψατο τοῦ τείχους
καθ' ὃν ἔδει τόπον · ἐκεῖ δὲ πάλιν συνεσκίασε καὶ
ἀπέκρυψε νεφῶν συνελθόντων. 3 Οἱ δὲ περὶ τὰς
πύλας ἔξω περὶ τὸ Ἡραῖον ἀπολειφθέντες τοῦ Ἀράτου στρατιῶται τριακόσιοι τὸ πλῆθος ὄντες, ὥς ποτε
παρεισέπεσον εἰς τὴν πόλιν θορύβου τε παντοδαποῦ 1037
καὶ φώτων γέμουσαν, οὐ δυνηθέντες ἐξανευρεῖν τὸν
αὐτὸν τρίβον οὐδ' εἰς ἴχνος ἐμβῆναι τῆς ἐκείνων
πορείας, ἔπτηξαν ἀθρόοι πρός τινι παλινσκίῳ λαγόνι
τοῦ κρημνοῦ συστείλαντες ἑαυτούς, καὶ διεκαρτέρουν
ἐνταῦθα περιπαθοῦντες καὶ δυσανασχετοῦντες.
4 Βαλλομένων γὰρ ἀπὸ τῆς ἄκρας ἤδη τῶν περὶ τὸν
Ἄρατον καὶ μαχομένων, ἀλαλαγμὸς ἐναγώνιος ἐχώρει
κάτω καὶ κραυγὴ περιήχει διὰ τὴν ἀπὸ τῶν ὀρῶν
ἀνάκλασιν συγκεχυμένη καὶ ἄδηλος ὅθεν εἴληφε τὴν
ἀρχήν. 5 Διαπορούντων δ' αὐτῶν ἐφ' ὅ τι χρὴ b
τραπέσθαι μέρος, Ἀρχέλαος ὁ τῶν βασιλικῶν ἡγεμὼν
στρατιώτας ἔχων πολλοὺς μετὰ κραυγῆς ἀνέβαινε
καὶ σαλπίγγων, ἐπιφερόμενος τοῖς περὶ τὸν Ἄρατον,
καὶ παρήλλαττε τοὺς τριακοσίους. 6 Οἱ δ' ὥσπερ
ἐξ ἐνέδρας ἀναστάντες ἐμβάλλουσιν αὐτῷ καὶ δια-
φθείρουσιν οἷς ἐπέθεντο πρώτοις, τοὺς δ' ἄλλους καὶ
τὸν Ἀρχέλαον φοβήσαντες ἐτρέψαντο καὶ κατεδίωξαν ἄχρι τοῦ σκεδασθῆναι περὶ τὴν πόλιν διαλυθέν-
τας. 7 Ἄρτι δὲ τούτων νενικηκότων, Ἐργῖνος ἀπὸ
τῶν ἄνω μαχομένων ἦλθεν, ἀγγέλλων συμπεπλέχθαι
τοῖς πολεμίοις τὸν Ἄρατον ἀμυνομένοις εὐρώστως,
καὶ μέγαν ἀγῶνα περὶ αὐτὸ τὸ τεῖχος εἶναι καὶ τάχους c
δεῖν τῆς βοηθείας. 8 Οἱ δ' εὐθὺς ἐκέλευον ἡγεῖσθαι ·
καὶ προσβαίνοντες ἅμα φωνῇ διεσήμαινον ἑαυτούς,

---

22. 2 ² ὑπολάμπουσα corr. ant. : ὑπολαβοῦσα ‖ 3 ⁴ τε Junt. ed. :
δὲ ‖ ⁶ αὐτὸν : αὐτῶν LP ‖ 7 ² ἦλθεν G : ἦκεν.

leurs amis. La pleine lune faisait briller leurs armes, et ils paraissaient ainsi aux ennemis, tout au long de la montée, plus nombreux qu'ils n'étaient en réalité, de même que l'écho qui répercutait dans la nuit leurs cris de guerre donnait l'idée d'une troupe plusieurs fois plus importante. 9 A la fin, rejoignant leurs camarades, ils repoussent les adversaires et se rendent maîtres de la citadelle et de sa garnison au moment où le jour commence à poindre. Le soleil aussitôt éclaira leur victoire, et, le reste de l'armée d'Aratos étant arrivé de Sicyone, les Corinthiens s'empressèrent de lui ouvrir leurs portes, puis ils aidèrent à la capture des soldats du roi.

23. 1 Comme tout paraissait en sûreté, Aratos descendit de la citadelle au théâtre[1], où une foule immense accourait pour le voir et entendre les paroles qu'il allait adresser aux Corinthiens. 2 Après avoir fait ranger les Achéens de chaque côté des deux entrées, il s'avança lui-même du fond de la scène au milieu, revêtu de sa cuirasse, le visage altéré par la fatigue et l'insomnie au point que son abattement physique reléguait au second plan la fierté et la joie de son âme. 3 Dès qu'il parut, le peuple se répandit en manifestations d'amitié. Quand à lui, il tenait sa lance de la main droite en pliant légèrement le genou et en appuyant son corps incliné sur son arme[2]; il resta longtemps dans cette attitude et reçut en silence les applaudissements et les acclamations de la multitude, qui louait sa valeur et le félicitait de sa Fortune. 4 Après tout ce bruit, quand le calme fut rétabli, il recueillit ses forces et prononça à la louange des Achéens un discours en rapport avec l'action accomplie, et il persuada les Corinthiens

1. Sur ce théâtre, cf. Paus., 2, 4, 5, et voir G. Roux, *Pausanias en Corinthie*, 125 sq. et la figure 22, mais entre le temps d'Aratos et l'époque romaine ce théâtre, sur le même site, avait subi des transformations, d'autant plus que Corinthe avait été détruite en 146 avant J.-C.

2. Peut-être est-ce dans cette attitude qu'Aratos sera représenté par une statue au même lieu. Cf. Pausanias, 2, 7, 5 : « Le théâtre est construit en contre-bas de l'Acropole. L'homme au bouclier figuré sur la scène est, dit-on, Aratos, fils de Cleinias. »

ἐπιθαρρύνοντες τοὺς φίλους · ἥ τε πανσέληνος ἀπέφαινε τὰ ὅπλα πλείονα φαινόμενα τοῖς πολεμίοις διὰ
τὸ μῆκος τῆς πορείας, καὶ τὸ τῆς νυκτὸς ἠχῶδες τὸν
ἀλαλαγμὸν ἀπὸ πολλαπλασιόνων ἢ τοσούτων ἐποίει
δοκεῖν φέρεσθαι. 9 Τέλος δὲ συνερείσαντες ἐξω-
θοῦσι τοὺς πολεμίους καὶ καθυπέρτεροι τῆς ἄκρας
ἦσαν καὶ τὸ φρούριον εἶχον ἡμέρας ἤδη διαυγούσης,
ὅ θ' ἥλιος εὐθὺς ἐπέλαμπε τῷ ἔργῳ, καὶ παρῆν ἐκ
Σικυῶνος ἡ λοιπὴ δύναμις τῷ Ἀράτῳ, δεχομένων κατὰ
πύλας τῶν Κορινθίων προθύμως καὶ τοὺς βασιλι-   d
κοὺς συλλαμβανόντων.

23. 1 Ἐπεὶ δ' ἀσφαλῶς ἐδόκει πάντ' ἔχειν, κατέβαινεν εἰς τὸ θέατρον ἀπὸ τῆς ἄκρας, πλήθους
ἀπείρου συρρέοντος ἐπιθυμίᾳ τῆς τ' ὄψεως αὐτοῦ καὶ
τῶν λόγων οἷς ἔμελλε χρῆσθαι πρὸς τοὺς Κορινθίους.
2 Ἐπιστήσας δὲ ταῖς παρόδοις ἑκατέρωθεν τοὺς
Ἀχαιούς, αὐτὸς ἀπὸ τῆς σκηνῆς εἰς μέσον προῆλθε,
τεθωρακισμένος καὶ τῷ προσώπῳ διὰ τὸν κόπον καὶ
τὴν ἀγρυπνίαν ἠλλοιωμένος, ὥστε τῆς ψυχῆς τὸ
γαυρούμενον καὶ χαῖρον ὑπὸ τῆς περὶ τὸ σῶμα βαρύτητος κατακρατεῖσθαι. 3 Τῶν δ' ἀνθρώπων ἅμα   e
τῷ προελθεῖν αὐτὸν ἐκχυθέντων ταῖς φιλοφροσύναις,
μεταλαβὼν εἰς τὴν δεξιὰν τὸ δόρυ, καὶ τὸ γόνυ καὶ
τὸ σῶμα τῇ ῥοπῇ μικρὸν ἐγκλίνας καὶ ἐπερεισάμενος,
εἱστήκει πολὺν χρόνον σιωπῇ δεχόμενος αὐτῶν
τοὺς κρότους καὶ τὰς ἐπιβοήσεις, ἐπαινούντων μὲν
τὴν ἀρετήν, ζηλούντων δὲ τὴν τύχην. 4 Ὡς
δ' ἐπαύσαντο καὶ κατέστησαν, συναγαγὼν ἑαυτὸν
διεξῆλθε λόγον ὑπὲρ τῶν Ἀχαιῶν τῇ πράξει πρέποντα, καὶ συνέπεισε τοὺς Κορινθίους Ἀχαιοὺς

22. 8 ³⁻⁴ ἀπέφαινε G¹ : ἀπέφηνε ‖ 9 ³ ἡμέρας : ἡμ- ⟨δ'⟩ Emp. ‖
⁴ εὐθὺς G : αὐτοῖς εὐθύς ‖ 23. 2 ² προῆλθε : παρῆλθε L² ‖ 3 ² προελθεῖν Zie. : προσε- ‖ ⁴ ἐπερεισάμενος Cor. : ἀπερ-.

de se faire Achéens, puis il leur remit les clefs de leur ville, qui n'étaient plus entre leurs mains depuis l'époque de Philippe.* 5 Quant aux généraux d'Antigone, il mit en liberté Archélaos qui était à sa merci, mais fit mourir Théophraste, qui refusait de quitter la ville. Persaios, après la prise de la citadelle, s'était enfui à Cenchrées.* 6 On raconte que Persaios, plus tard, discutant à loisir avec quelqu'un qui lui disait qu'à son avis le sage seul était un bon général, répondit : « Par les dieux, il est vrai que cette maxime de Zénon était de celles que jadis j'approuvais le plus, mais aujourd'hui je n'ai plus la même opinion après la leçon que m'a donnée ce jeune homme de Sicyone. » Ce mot de Persaios est rapporté par de nombreux auteurs.*

24. 1 Aratos se rendit maître aussitôt de l'Héraïon* et du Léchaïon,* s'empara de vingt-cinq vaisseaux du roi et prit cinq cents chevaux et quatre cents Syriens[1] qu'il fit vendre. Les Achéens gardèrent l'Acrocorinthe avec quatre cents hoplites, et aussi cinquante chiens et leurs maîtres en nombre égal, que l'on entretint dans la citadelle.[2]

2 Les Romains, pleins d'admiration pour Philopoemen, l'ont appelé le dernier des Grecs dans la pensée qu'aucun grand homme n'apparut plus en Grèce après lui[3] ; pour moi, je dirais volontiers que, parmi les exploits accomplis par des Grecs, celui-ci fut le dernier en date et qu'il est égal aux plus grands par l'audace et la chance, ainsi que les événements ne tardèrent pas à le montrer. 3 En effet les Mégariens, faisant défection à Antigone, se joignirent à Aratos, et les Trézéniens avec les Épidauriens se rangèrent au côté des Achéens.[4] Aratos, à sa première expédition, se jeta sur l'Attique, et, passant à Salamine, il mit cette île au pillage, en employant les Achéens comme une force tirée de captivité

1. Nous avons vu en 18, 3 qu'il y avait à Corinthe des Syriens, notamment parmi les mercenaires.
2. Sur ces chiens de garde, voir ci-dessus, 8, 1, et la note à cet endroit.
3. Cf. *Philop.*, 1, 7, et Paus., 8, 52, 1.
4. Cf. Paus., 2, 8, 5.

γενέσθαι, καὶ τῶν πυλῶν τὰς κλεῖς ἀπέδωκε, τότε
πρῶτον ἀπὸ τῶν Φιλιππικῶν καιρῶν ὑπ' ἐκείνοις γενο-
μένας. 5 Τῶν δ' 'Αντιγόνου στρατηγῶν 'Αρχέλαον μὲν   f
ἀφῆκεν ὑποχείριον γενόμενον, Θεόφραστον δ' ἀνεῖλεν
οὐ βουλόμενον ἀπαλλάττεσθαι · Περσαῖος δὲ τῆς
ἄκρας ἁλισκομένης εἰς Κεγχρεὰς διεξέπεσεν. 6 Ὕστερον δὲ λέγεται σχολάζων πρὸς τὸν εἰπόντα μόνον
αὐτῷ δοκεῖν στρατηγὸν εἶναι τὸν σοφὸν « 'Αλλὰ
νὴ θεοὺς » φάναι « τοῦτο μάλιστα κἀμοί ποτε τῶν
Ζήνωνος ἤρεσκε δογμάτων · νῦν δὲ μεταβάλλομαι
νουθετηθεὶς ὑπὸ τοῦ Σικυωνίου νεανίου. » Ταῦτα μὲν
περὶ Περσαίου πλείονες ἱστοροῦσιν.

24. 1 Ὁ δ' Ἄρατος εὐθὺς τό θ' Ἡραῖον ὑφ'   1038
ἑαυτῷ καὶ τὸ Λέχαιον ἐποιήσατο · καὶ νεῶν μὲν εἰ-
κοσιπέντε βασιλικῶν ἐκυρίευσεν, ἵππους δὲ πεντακοσίους καὶ Σύρους τετρακοσίους ἀπέδοτο · τόν
τ' 'Ακροκόρινθον ἐφύλαττον οἱ 'Αχαιοὶ τετρακο-
σίοις ὁπλίταις καὶ πεντήκοντα κυσὶ καὶ κυνηγοῖς
ἴσοις ἐν τῷ φρουρίῳ τρεφομένοις.

2 Οἱ μὲν οὖν Ῥωμαῖοι τὸν Φιλοποίμενα θαυμάζοντες Ἑλλήνων ἔσχατον προσηγόρευον, ὡς μηδενὸς μεγάλου μετ' ἐκεῖνον ἐν τοῖς Ἕλλησι γενομένου · ἐγὼ δὲ
τῶν Ἑλληνικῶν πράξεων ταύτην ἐσχάτην καὶ νεωτά-
την φαίην ἂν πεπρᾶχθαι, τοῦτο μὲν τόλμῃ, τοῦτο
δὲ τύχῃ ταῖς ἀρίσταις ἐνάμιλλον, ὡς ἐδήλωσεν εὐθὺς
τὰ γινόμενα. 3 Μεγαρεῖς τε γὰρ ἀποστάντες 'Αντιγόνου τῷ 'Αράτῳ προσέθεντο, καὶ Τροιζήνιοι μετ'   b
'Επιδαυρίων συνετάχθησαν εἰς τοὺς 'Αχαιούς, ἔξο-
δόν τε πρώτην θέμενος εἰς τὴν 'Αττικὴν ἐνέβαλε καὶ
τὴν Σαλαμῖνα διαβὰς ἐλεηλάτησεν, ὥσπερ ἐξ εἰρκτῆς
λελυμένῃ τῇ δυνάμει τῶν 'Αχαιῶν ἐφ' ὅ τι βούλοιτο

pour la faire servir à tous ses projets. 4 Il renvoya aux Athéniens les hommes libres sans rançon, afin de les encourager à recouvrer leur indépendance.* Il fit de Ptolémée l'allié des Achéens, en lui donnant la direction de la guerre sur terre et sur mer.[1] 5 Telle fut son influence parmi les Achéens que, s'il ne pouvait être stratège tous les ans, il le fut tous les deux ans,* et ne cessa, par ses actes et ses conseils, d'exercer l'autorité en tout temps ; car ils voyaient bien que ni la richesse, ni la gloire , ni l'amitié des rois, ni l'intérêt de sa propre patrie, ni rien enfin ne passait pour lui avant l'accroissement de la Confédération achéenne. 6 Aratos pensait en effet que les villes, isolément faibles, se sauvent les unes par les autres quand elles sont liées par l'intérêt commun, et que, comme les parties du corps vivent et respirent ensemble grâce à leur mutuelle cohésion, mais s'atrophient et pourrissent quand elles se séparent et se mettent à l'écart, d'une manière analogue les villes périssent par la faute de ceux qui déchirent leur communauté, tandis qu'elles grandissent les unes par les autres, lorsque, devenues parties d'un grand tout, elles ont un dessein collectif.

Tentatives sur Argos. — 25. 1 Voyant que les

meilleurs des peuples voisins étaient indépendants, et étant indigné de la servitude des Argiens, Aratos projetait de faire disparaître leur tyran Aristomachos, car il avait à la fois l'ambition de rendre la liberté à cette ville comme prix de l'éducation qu'il y avait reçue* et de l'associer aux Achéens. 2 On trouva pour cette entreprise des hommes résolus, à la tête desquels étaient Eschyle et le devin Chariménès. Mais ils manquaient d'épées : il était interdit d'en avoir, et le tyran infligeait des peines graves à ceux qui en possédaient. Aussi Aratos fit-il fabriquer pour eux à Corinthe de petits poignards qui, cousus dans des bâts, furent chargés sur des bêtes

---

1. Sur les rapports antérieurs d'Aratos avec Ptolémée, voir ci-dessus, chap. 12-13, et sur cette alliance, cf. Paus., 2, 8, 5. Voir aussi ci-dessous, 41, 5.

χρώμενος. 4 Ἀθηναίοις δὲ τοὺς ἐλευθέρους ἀφῆκεν
ἄνευ λύτρων, ἀρχὰς ἀποστάσεως ἐνδιδοὺς αὐτοῖς.
Πτολεμαῖον δὲ σύμμαχον ἐποίησε τῶν Ἀχαιῶν ἡγεμονίαν ἔχοντα πολέμου καὶ κατὰ γῆν καὶ θάλατταν.
5 Οὕτω δ' ἴσχυσεν ἐν τοῖς Ἀχαιοῖς ὥστ', εἰ μὴ κατ'   c
ἐνιαυτὸν ἐξῆν, παρ' ἐνιαυτὸν αἱρεῖσθαι στρατηγὸν
αὐτόν, ἔργῳ δὲ καὶ γνώμῃ διὰ παντὸς ἄρχειν. Ἑώρων
γὰρ αὐτὸν οὐ πλοῦτον, οὐ δόξαν, οὐ φιλίαν βασιλι-
κήν, οὐ τὸ τῆς αὐτοῦ πατρίδος συμφέρον, οὐκ ἄλλο
τι τῆς αὐξήσεως τῶν Ἀχαιῶν ἐπίπροσθεν ποιούμε-
νον. 6 Ἡγεῖτο γὰρ ἀσθενεῖς ἰδίᾳ τὰς πόλεις ὑπαρ-
χούσας σῴζεσθαι δι' ἀλλήλων ὥσπερ ἐνδεδεμένας
τῷ κοινῷ συμφέροντι, καὶ καθάπερ τὰ μέρη τοῦ σώματος ζῶντα καὶ συμπνέοντα διὰ τὴν πρὸς ἄλληλα
συμφυΐαν, ὅταν ἀποσπασθῇ καὶ γένηται χωρίς,
ἀτροφεῖ καὶ σήπεται, παραπλησίως τὰς πόλεις
ἀπόλλυσθαι μὲν ὑπὸ τῶν διασπώντων τὸ κοινόν,
αὔξεσθαι δ' ὑπ' ἀλλήλων, ὅταν ὅλου τινὸς μεγάλου
μέρη γενόμεναι κοινῆς προνοίας τυγχάνωσιν.   d

25. 1 Ὁρῶν δὲ τοὺς ἀρίστους τῶν προσοίκων
αὐτονομουμένους, Ἀργείοις δὲ δουλεύουσιν ἀχθό-
μενος, ἐπεβούλευεν ἀνελεῖν τὸν τύραννον αὐτῶν
Ἀριστόμαχον, ἅμα τῇ τε πόλει θρεπτήρια τὴν ἐλευθερίαν ἀποδοῦναι φιλοτιμούμενος καὶ τοῖς Ἀχαιοῖς
προσκομίσαι τὴν πόλιν. 2 Οἱ μὲν οὖν τολμῶντες
εὑρέθησαν, ὧν Αἰσχύλος προειστήκει καὶ Χαριμένης
ὁ μάντις, ξίφη δ' οὐκ εἶχον, ἀλλ' ἀπείρητο κεκτῆσθαι
καὶ ζημίαι μεγάλαι τοῖς κεκτημένοις ἐπῆσαν ὑπὸ τοῦ
τυράννου. Κατασκευάσας οὖν ὁ Ἄρατος αὐτοῖς ἐν
Κορίνθῳ μικρὰς παραξιφίδας ἐνέρραψεν εἰς σάγματα ·

24. 5 ¹ εἰ : ἐπεὶ Cor. (εἰ καὶ Wil.) ‖ ³ δὲ : τε P ‖ 6 ⁵ συμφυῖαν :
συμφωνίαν Stephani codex ‖ ⁸ ὅλου Sol. : ἄλλου ‖ 25. 1 ¹ δὲ corr.
ant. : τε.

de somme et transportés ainsi, parmi d'autres objets
sans valeur, jusqu'à Argos. 3 Mais le devin Chariménès
ayant associé un homme* à la conjuration, Eschyle
et les autres en furent si fâchés qu'ils résolurent d'agir
seuls en renonçant à l'aide de Chariménès ; celui-ci,
l'ayant su, fut pris de colère et dénonça les conspirateurs,
alors qu'ils marchaient déjà contre le tyran ; la plupart
d'entre eux purent s'enfuir à temps de la place publique
et se réfugier à Corinthe. 4 Cependant, peu après,
Aristomachos fut tué par ses esclaves, mais Aristippos
s'empara en hâte du pouvoir, et ce fut un tyran pire
que le précédent. Aratos alors, emmenant tous les Achéens
en âge de porter les armes, s'élança au secours d'Argos,
en comptant sur l'accueil empressé des habitants. 5 Mais
la plupart s'étaient habitués à une servitude acceptée,
et comme personne ne se déclarait pour lui, il dut se
retirer. Il fit tomber ainsi sur les Achéens le reproche
d'avoir suscité une guerre en pleine paix : ils furent pour-
suivis de ce chef devant les Mantinéens, et, Aratos
n'ayant pas comparu, Aristippos, qui était le plaignant,
gagna sa cause ; l'amende fut estimée à trente mines.[1]
6 Dès lors, Aristippos, qui haïssait et redoutait tout
ensemble Aratos, chercha à le faire périr, secondé dans
ce dessein par le roi Antigone ; ils avaient presque partout
des gens apostés qui travaillaient pour eux et guettaient
l'occasion. 7 Mais, pour un chef, il n'est pas de protection plus sûre qu'une sincère et solide affection :
le peuple et les notables se sont accoutumés à ne pas
craindre celui qui commande, mais à craindre pour
lui ; il voit par beaucoup d'yeux, entend par beaucoup
d'oreilles et est prévenu de ce qui se passe. 8 Aussi
vais-je ici interrompre un peu mon récit pour donner

---

1. Trente mines font la moitié d'un talent ou 3.000 drachmes. Il
y a là un intéressant exemple d'arbitrage international exercé par
une cité entre deux autres, ou plutôt ici entre la ville d'Argos et
la Confédération achéenne. Voir Walbank, *Aratos of Sicyon*, 56, et
Tod, *International Arbitration amongst the Greeks* (Oxford, 1913),
59. — Pour la chronologie peu stricte de cette affaire d'Argos et de
tout ce qui suit jusqu'au chapitre 34, voir ci-dessus la Notice, p. 58 sq.

καὶ ταῦτα περιθεὶς ὑποζυγίοις σκεύη τινὰ παρημελη-   e
μένα κομίζουσιν εἰς Ἄργος ἀπέστειλε. 3 Χαριμένους δὲ τοῦ μάντεως προσλαβόντος ἐπὶ τὴν πρᾶξιν
ἄνθρωπον, οἱ περὶ τὸν Αἰσχύλον ἠγανάκτουν καὶ δι᾽
ἑαυτῶν ἔπραττον, τοῦ Χαριμένους καταγνόντες. Αἰσθόμενος δ᾽ ἐκεῖνος ὀργῇ κατεμήνυσε τοὺς ἄνδρας
ἤδη βαδίζοντας ἐπὶ τὸν τύραννον · ὧν οἱ πλεῖστοι
φθάσαντες ἐξ ἀγορᾶς ἀπέφυγον καὶ διεξέπεσον εἰς
Κόρινθον. 4 Οὐ μὴν ἀλλὰ χρόνου βραχέος διελ-
θόντος, ἀποθνήσκει μὲν ὑπὸ δούλων Ἀριστόμαχος,
ὑπολαμβάνει δὲ τὴν ἀρχὴν φθάσας Ἀρίστιππος,   f
ἐξωλέστερος ἐκείνου τύραννος. Ὅσοι δὴ τῶν Ἀχαιῶν
ἐν ἡλικίᾳ παρόντες ἔτυχον, τούτους ἀναλαβὼν ὁ Ἄρατος ἐβοήθει πρὸς τὴν πόλιν ὀξέως, οἰόμενος εὑρήσειν
τὰ τῶν Ἀργείων πρόθυμα. 5 Τῶν δὲ πολλῶν ἤδη
διὰ συνήθειαν ἐθελοδούλως ἐχόντων καὶ μηδενὸς
ἀφισταμένου πρὸς αὐτόν, ἀνεχώρησεν, ἔγκλημα
κατεσκευακὼς τοῖς Ἀχαιοῖς, ὡς ἐν εἰρήνῃ πόλεμον
ἐξενηνοχόσι. Καὶ δίκην ἔσχον ἐπὶ τούτῳ παρὰ Μαν-
τινεῦσιν, ἣν Ἀράτου μὴ παρόντος Ἀρίστιππος εἷλε   1039
διώκων καὶ μνῶν ἐτιμήθη τριάκοντα. 6 Τὸν δ᾽ Ἄρατον αὐτὸν ἅμα καὶ μισῶν καὶ δεδοικὼς ἐπεβούλευεν
ἀνελεῖν, συνεργοῦντος Ἀντιγόνου τοῦ βασιλέως ·
καὶ πανταχοῦ σχεδὸν ἦσαν οἱ τοῦτο πράττοντες αὐτοῖς
καὶ καιρὸν ἐπιτηροῦντες. 7 Ἀλλ᾽ οὐδὲν οἷον ἀλη-
θινὴ καὶ βέβαιος εὔνοια φυλακτήριον ἀνδρὸς ἄρχοντος. Ὅταν γὰρ ἐθισθῶσιν οἵ τε πολλοὶ καὶ οἱ δυνατοὶ
μὴ τὸν ἡγούμενον, ἀλλ᾽ ὑπὲρ τοῦ ἡγουμένου δεδιέναι, πολλοῖς μὲν ὄμμασιν ὁρᾷ, διὰ πολλῶν δ᾽ ὤτων
ἀκούει καὶ προαισθάνεται τὰ γινόμενα. 8 Διὸ καὶ
βούλομαι τὸν λόγον ἐπιστήσας ἐνταῦθά που διεξελ-

25. 3 ³ ἄνθρωπον : ⟨ἄλλον⟩ vel ⟨ἀνάξιον⟩ vel ⟨ἄδοξον⟩ ἄνθρ- con-
jec. edit. ‖ ἠγανάκτουν G¹Π : -τησαν ‖ 5 ⁵ ἐξενηνοχόσι : ἐξενηνό-
χασι P ‖ 6 ⁴ πράττοντες : ⟨συμ⟩πρ- Zie.

quelques détails sur le genre de vie qu'imposaient à Aristippos cette tyrannie tant enviée et ce faste du pouvoir absolu dont on célèbre le bonheur.

26. 1 Donc ce fameux tyran qui avait pour allié Antigone, qui entretenait tant de gens pour la sûreté de sa personne, qui n'avait laissé vivant dans la ville aucun de ses ennemis, ordonnait pourtant à ses troupes de gardes de demeurer hors de chez lui dans le péristyle, 2 et chaque jour, aussitôt après le repas du soir, il mettait tous ses serviteurs à la porte, fermait la cour intérieure et se retirait avec sa concubine dans une petite chambre à l'étage supérieur, close par une trappe sur laquelle il plaçait son lit ; il y dormait autant que l'on peut dormir dans un pareil état de trouble et d'effroi ; 3 la mère de sa concubine retirait la petite échelle et l'enfermait dans une autre pièce, puis, au point du jour, elle la remettait en place et faisait redescendre ce tyran admiré, tel un serpent sortant de son gîte.[1] 4 Tout au contraire, Aratos, qui s'était ménagé une autorité perpétuelle[2] non par les armes et la violence, mais par son mérite et par la loi, vêtu d'un manteau et d'une chlamyde quelconques, lui qui s'était déclaré l'ennemi commun de tous les tyrans, il a laissé une postérité très glorieuse aujourd'hui encore parmi les Grecs,[3] 5 tandis que très peu de ces usurpateurs de forteresses qui, en vue de leur sûreté personnelle, entretiennent leurs gardes du corps et se retranchent derrière leurs armes, leurs portes et leurs trappes, ont échappé à une mort violente, celle des lièvres,* et aucun n'a laissé une maison, une race, un tombeau avec une mémoire honorée.

---

1. Dans le passage littéralement parallèle du traité *Ad princ. inerud.*, 781 D-E, Plutarque, sans doute par simple inadvertance, écrit Ἀριστό-δημος ὁ Ἀργεῖος, au lieu d'Aristippos.

2. Même lorsqu'il n'était pas stratège des Achéens une année sur deux : voir ci-dessus, 24, 5.

3. Polycratès de Sicyone par exemple, ami de Plutarque à qui est dédiée cette biographie, était un descendant d'Aratos (1, 5), et voir ci-dessous, 54, 8.

θεῖν περὶ τῆς Ἀριστίππου διαίτης, ἣν ἡ ζηλοτυ-
πουμένη τυραννὶς αὐτῷ καὶ ὁ τῆς μακαρίας καὶ περι-
βοήτου μοναρχίας ὄγκος περιέθηκεν.

26. 1 Ἐκεῖνος γὰρ Ἀντίγονον μὲν ἔχων σύμμαχον, τρέφων δὲ πολλοὺς ἕνεκα τῆς τοῦ σώματος
ἀσφαλείας, οὐδένα δ᾽ ἐν τῇ πόλει ζῶντα τῶν ἐχθρῶν
ὑπολελοιπώς, τοὺς μὲν δορυφόρους καὶ φύλακας ἔξω
παρεμβάλλειν ἐκέλευεν ἐν τῷ περιστύλῳ, 2 τοὺς
δ᾽ οἰκέτας, ὁπότε δειπνῆσαι, τάχιστα πάντας ἐξε-
λαύνων καὶ τὴν μέταυλον ἀποκλείων μετὰ τῆς ἐρωμένης αὐτὸς εἰς οἴκημα κατεδύετο μικρὸν ὑπερῷον
θύρᾳ καταρρακτῇ κλειόμενον · ἧς ὑπεράνω τὴν   c
κλίνην ἐπιτιθεὶς ἐκάθευδεν, ὡς εἰκὸς καθεύδειν τὸν
οὕτως ἔχοντα, ταραχωδῶς καὶ περιφόβως. 3 Τὸ
δὲ κλιμάκιον ἡ τῆς ἐρωμένης μήτηρ ὑφαιροῦσα
κατέκλειεν εἰς ἕτερον οἴκημα καὶ πάλιν ἅμ᾽ ἡμέρᾳ
προσετίθει καὶ κατεκάλει τὸν θαυμαστὸν τύραννον,
ὥσπερ ἑρπετὸν ἐκ φωλεοῦ κατερχόμενον. 4 Ὁ
δ᾽ οὐχ ὅπλοις κατὰ βίαν, νόμῳ δ᾽ ὑπ᾽ ἀρετῆς ἀκατά-
παυστον ἀρχὴν περιπεποιημένος, ἐν ἱματίῳ καὶ χλα-
μυδίῳ τῷ τυχόντι, τῶν πώποτε τυράννων κοινὸς
ἀποδεδειγμένος ἐχθρός, ἄχρι τῆς τήμερον ἡμέρας
γένος εὐδοκιμώτατον ἀπολέλοιπεν ἐν τοῖς Ἕλλησιν.
5 Ἐκείνων δὲ τῶν τὰς ἄκρας καταλαμβανόντων καὶ   d
τοὺς δορυφόρους τρεφόντων καὶ τὰ ὅπλα καὶ τὰς
πύλας καὶ τοὺς καταρράκτας προβαλλομένων ὑπὲρ
τῆς τοῦ σώματος ἀσφαλείας ὀλίγοι τὸν ἐκ πληγῆς
θάνατον, ὥσπερ οἱ λαγωοί, διέφυγον · οἶκος δ᾽ ἢ
γένος ἢ τάφος ἔχων τιμωμένην μνήμην οὐδενὸς
λέλειπται.

26. 2 ² δειπνῆσαι GL² : -σειεν L¹ -σαιεν Π ‖ 4 ⁴ τυχόντι ⟨περι-
φοιτῶν⟩ vel sim. Zie.

27. 1 Donc Aratos, à l'encontre d'Aristippos, tenta à plusieurs reprises, soit subrepticement, soit ouvertement de s'emparer d'Argos, mais sans y réussir. Une fois entre autres,[1] il avait dressé des échelles et était monté témérairement avec une poignée d'hommes sur le rempart, et il avait tué ceux des gardes qui étaient accourus là pour le défendre. 2 Puis, le jour venu, le tyran l'attaqua de tous les côtés ; les Argiens, comme si le combat ne se livrait pas pour leur liberté, et comme s'ils étaient en train d'arbitrer les concours néméens,* se contentèrent de regarder ce qui se passait, en spectateurs équitables et impartiaux, sans faire le moindre mouvement.[2] 3 Aratos, qui luttait vigoureusement, reçut un coup de javelot qui lui traversa la cuisse ; il n'en resta pas moins maître du terrain qu'il occupait, et, bien qu'étant harcelé par les ennemis, il n'en fut pas repoussé avant la nuit. 4 S'il avait tenu en combattant encore pendant la nuit, il n'aurait pas échoué, car le tyran s'apprêtait déjà à fuir, et il avait envoyé d'avance vers la mer une grande partie de ses biens, mais en fait personne n'en avertit Aratos, et, comme l'eau était venue à lui manquer et qu'il ne pouvait plus payer de sa personne à cause de sa blessure, il remmena ses soldats.

28. 1 Renonçant dès lors à cette voie, il envahit ouvertement l'Argolide avec son armée et ravagea le pays. Ayant engagé sur les bords du Charès[3] un grand combat contre Aristippos, il encourut le reproche d'avoir abandonné la lutte et laissé échapper la victoire : 2 une partie de son armée en effet avait remporté sans conteste l'avantage et s'était avancée fort loin dans la poursuite quand lui-même, sans être forcé dans sa position par les ennemis qu'il avait en face de lui, mais, ne croyant

---

1. A une date incertaine, peut-être en 237 ou 235. Pour grouper tout ce qui concerne les rapports d'Aratos et d'Argos, Plutarque abandonne la rigueur chronologique : voir ci-dessus la Notice, p. 58 sq.
2. Sur l'attitude passive des Argiens, voir ci-dessus, 25, 4-5.
3. On pense généralement qu'il s'agit du Charadros (mentionné notamment par Pausanias, 2, 25, 2) : voir Beloch, *Gr. Gesch.*[2], 4, 1, 632, note 1 ; Walbank, *Aratos of Sicyon*, 187.

27. 1 Πρὸς δ' οὖν τὸν Ἀρίστιππον ὁ Ἄρατος καὶ κρύφα πολλάκις καὶ φανερῶς προσέπταισεν ἐπιχειρήσας καταλαμβάνειν τὸ Ἄργος. Ἅπαξ δὲ κλίμακας προσθεὶς μετ' ὀλίγων ἐπὶ τὸ τεῖχος ἀνέβη παραβόλως, καὶ τοὺς βοηθοῦντας ἐνταῦθα τῶν φυλάκων ἀπέκτεινεν. 2 Εἶθ' ἡμέρας ἐπιφανείσης καὶ τοῦ τυράννου πανταχόθεν αὐτῷ προσβάλλοντος, οἱ μὲν Ἀργεῖοι, καθάπερ οὐχ ὑπὲρ τῆς ἐκείνων ἐλευθερίας τῆς μάχης οὔσης, ἀλλ' ὡς τὸν ἀγῶνα τῶν Νεμείων βραβεύοντες, ἴσοι καὶ δίκαιοι θεαταὶ καθῆντο τῶν γινομένων, πολλὴν ἡσυχίαν ἄγοντες, 3 ὁ δ' Ἄρατος εὐρώστως ἀμυνόμενος λόγχῃ μὲν ἐκ χειρὸς διελαύνεται τὸν μηρόν, ἐκράτησε δὲ τῶν τόπων ἐν οἷς ἦν, καὶ οὐκ ἐξεώσθη μέχρι νυκτὸς ἐνοχλούμενος ὑπὸ τῶν πολεμίων. 4 Εἰ δὲ καὶ τὴν νύκτα τῷ πόνῳ προσεταλαιπώρησεν, οὐκ ἂν διήμαρτεν· ὁ γὰρ τύραννος ἤδη περὶ δρασμὸν εἶχε καὶ πολλὰ τῶν ἰδίων ἐπὶ θάλασσαν προεξέπεμψε· νῦν δὲ τοῦτο μὲν οὐδενὸς ἐξαγγείλαντος πρὸς τὸν Ἄρατον, ὕδατος δ' ἐπιλιπόντος, ἑαυτῷ δὲ χρήσασθαι διὰ τὸ τραῦμα μὴ δυνάμενος ἀπήγαγε τοὺς στρατιώτας.

28. 1 Ἐπεὶ δὲ ταύτην ἀπέγνω τὴν ὁδόν, ἐμβαλὼν φανερῶς τῷ στρατοπέδῳ τὴν Ἀργολίδα χώραν ἐπόρθει· καὶ περὶ τὸν Χάρητα ποταμὸν ἰσχυρᾶς μάχης γενομένης πρὸς Ἀρίστιππον, αἰτίαν ἔσχεν ὡς ἐγκαταλιπὼν τὸν ἀγῶνα καὶ προέμενος τὸ νίκημα. 2 Τῆς γὰρ ἄλλης δυνάμεως ὁμολογουμένως ἐπικρατούσης καὶ τῷ διωγμῷ πολὺ προελθούσης εἰς τοὔμπροσθεν, αὐτὸς οὐχ οὕτως ἐκβιασθεὶς ὑπὸ τῶν καθ' αὑτόν, ὡς ἀπιστῶν τῷ κατορθώματι καὶ φοβη-

27. 2 ⁴ ἀλλ' ὡς : ἀλλὰ Π ‖ 4 ⁶ ἐπιλιπόντος G¹ : -λείποντος ‖ ἑαυτῷ δὲ : ἑαυτῷ τε Π ‖ 28. 1 ³ Χάρητα : Χάραδρον Herwerden.

pas au succès et pris de frayeur, se retira en désordre dans son camp. 3 Les autres, au retour de la poursuite, se plaignirent qu'après avoir mis l'adversaire en déroute et lui avoir tué beaucoup plus de monde qu'ils n'en avaient eux-mêmes perdu, on avait laissé les vaincus dresser un trophée contre eux. Pris de honte, Aratos résolut de combattre à nouveau pour le trophée, et, ayant attendu une journée, il remit son armée en ordre de bataille. 4 Mais il s'aperçut alors que les troupes du tyran avaient augmenté en nombre et se préparaient à l'affrontement avec plus de hardiesse ; il n'osa donc pas risquer le combat et se retira, après avoir conclu une trêve pour enlever les morts.* 5 Cependant, grâce à son habileté de négociateur, à son crédit et à son expérience politique, il répara cette faute en attirant Cléones au parti des Achéens, et il fit célébrer à Cléones les concours néméens, en vertu d'un droit que cette ville tenait des ancêtres et qui lui appartenait plus légitimement qu'à Argos.* 6 Les Argiens les célébrèrent aussi chez eux, et ce fut alors que l'on viola pour la première fois la sûreté et l'immunité garanties aux concurrents,[1] car les Achéens firent vendre comme ennemis tous ceux qui avaient concouru à Argos et qui passèrent par leur territoire : tant Aratos était ardent et implacable dans sa haine des tyrans !

29. 1 Peu après,* Aratos, informé qu'Aristippos épiait l'occasion de surprendre Cléones, mais qu'il craignait sa présence à lui à Corinthe, donna l'ordre de rassembler l'armée, 2 lui fit prendre des vivres pour plusieurs jours et descendit à Cenchrées, voulant ainsi tromper Aristippos en le faisant croire à son absence pour l'engager à attaquer Cléones, ce qu'il fit en effet : il partit aussitôt d'Argos et parut devant Cléones avec ses troupes.* 3 Mais Aratos était déjà retourné de Cenchrées à Corinthe pendant la nuit, et, après avoir

---

1. En vertu de la trêve sacrée qui était proclamée avant la célébration de la fête néméenne, comme des autres concours panhelléniques. Voir G. Rougemont, *Bull. Corr. Hell.*, 97, 1973,101-106.

θεὶς ἀνεχώρησε τεταραγμένος εἰς τὸ στρατόπεδον.
3 Ἐπεὶ δ' ἀπὸ τῆς διώξεως ἐπανελθόντες οἱ λοιποὶ
χαλεπῶς ἔφερον ὅτι τρεψάμενοι τοὺς πολεμίους καὶ
πολὺ πλείονας ἐκείνων καταβαλόντες ἢ σφῶν αὐτῶν ἀπολέσαντες παραλελοίπασι τοῖς ἡττημένοις
στῆσαι κατ' αὐτῶν τρόπαιον, αἰσχυνθεὶς πάλιν ἔγνω
διαμάχεσθαι περὶ τοῦ τροπαίου, καὶ μίαν ἡμέραν
διαλιπὼν αὖθις ἐξέταττε τὴν στρατιάν. 4 Ὡς
δ' ᾔσθετο πλείονας γεγονότας καὶ θαρραλεώτερον
ἀνθισταμένους τοὺς περὶ τὸν τύραννον, οὐκ ἐτόλμη-   b
σεν, ἀλλ' ἀπῆλθε τοὺς νεκροὺς ὑποσπόνδους ἀνελό-
μενος. 5 Οὐ μὴν ἀλλὰ τῇ περὶ τὴν ὁμιλίαν καὶ πολιτείαν ἐμπειρίᾳ καὶ χάριτι τὴν διαμαρτίαν ταύτην
ἀναμαχόμενος προσηγάγετο τὰς Κλεωνὰς τοῖς
Ἀχαιοῖς, καὶ τὸν ἀγῶνα τῶν Νεμείων ἤγαγεν ἐν
Κλεωναῖς, ὡς πάτριον ὄντα καὶ μᾶλλον προσήκοντα
τούτοις. 6 Ἤγαγον δὲ καὶ Ἀργεῖοι καὶ συνεχύθη
τότε πρῶτον ἡ δεδομένη τοῖς ἀγωνισταῖς ἀσυλία
καὶ ἀσφάλεια, πάντας τῶν Ἀχαιῶν ὅσους ἔλαβον
ἠγωνισμένους ἐν Ἄργει, διὰ τῆς χώρας πορευομέ-
νους ὡς πολεμίους ἀποδομένων. Οὕτω σφοδρὸς ἦν   c
καὶ ἀπαραίτητος ἐν τῷ μισεῖν τοὺς τυράννους.

29. 1 Ὀλίγῳ δ' ὕστερον ἀκούσας τὸν Ἀρίστιππον ἐπιβουλεύειν μὲν ταῖς Κλεωναῖς, φοβεῖσθαι
δ' ἐκεῖνον ἐν Κορίνθῳ καθεζόμενον, ἤθροισεν ἐκ
παραγγέλματος στρατιάν. 2 Καὶ σιτία κελεύσας
πλειόνων ἡμερῶν κομίζειν εἰς Κεγχρεὰς κατῆλθεν,
ἐκκαλούμενος δι' ἀπάτης τὸν Ἀρίστιππον ὡς αὐτοῦ
μὴ παρόντος ἐπιθέσθαι τοῖς Κλεωναίοις · ὃ καὶ
συνέβη. Παρῆν γὰρ εὐθὺς ἐξ Ἄργους ἔχων τὴν δύναμιν. 3 Ὁ δ' Ἄρατος εἰς Κόρινθον ἤδη σκοταῖος

28. 3 ⁷ στρατιάν : -τείαν PR¹ ‖ 29. 1 ⁴ στρατιάν R² : -τείαν ‖ 2 ² κομίζειν : ἀθροίζειν P.

disposé de place en place des postes de garde sur les
routes, il emmena les Achéens, qui le suivirent avec
tant d'ordre, de promptitude et d'ardeur que non seulement ils ne furent pas découverts pendant leur marche,
mais qu'ils entrèrent cette nuit même à Cléones et prirent
leur dispositif de combat sans qu'Aristippos se doutât
de rien. 4 Au point du jour, Aratos fit ouvrir les
portes et sonner la trompette, puis fondit sur les ennemis
en courant et poussant le cri de guerre ; il les mit aussitôt
en déroute et les poursuivit énergiquement par la route
qu'il supposait que prendrait Aristippos, car le terrain
offrait plusieurs issues. 5 La poursuite se prolongea
jusqu'à Mycènes,* où le tyran fut rattrapé et égorgé,
au dire de Deinias,[1] par un Crétois nommé Tragiscos ;
les ennemis avaient perdu en outre plus de quinze cents
des leurs. 6 Cependant, en dépit de cette éclatante
victoire, et n'ayant perdu aucun de ses soldats, Aratos
ne put prendre ni délivrer Argos : Agias et Aristomachos
le Jeune[2] y entrèrent avec des troupes du roi[3] et s'emparèrent du pouvoir.

7 Cet événement contribua beaucoup à faire taire
les calomnies, les méchants propos, les sarcasmes et les
bouffonneries de ceux qui, pour flatter les tyrans et
leur complaire, prétendaient que le stratège des Achéens
éprouvait lors des batailles des maux de ventre, qu'il
était pris d'étourdissements et de vertiges dès qu'il entendait la trompette, puis, qu'après avoir rangé son armée
en ordre de bataille et donné le mot de ralliement, il
demandait à ses lieutenants et à ses chefs de compagnies
si sa présence restait nécessaire (puisque les dés étaient
jetés), et qu'alors il allait attendre de loin l'issue

---

1. Sur Deinias d'Argos, voir ci-dessus la Notice p. 66.
2. Agias était-il le chef des Macédoniens, comme le veut Porter,
ou un Argien ? Quant à Aristomachos « le jeune », il était certainement
le fils du tyran homonyme d'Argos, nommé ci-dessus en 25, 1 et 4.
3. Un lecteur naïf pourrait croire que ce roi était Antigone Gonatas,
car Plutarque ne mentionne que plus loin, en 34, 1, la mort de Gonatas
en 239 et l'avènement de son fils Démétrios II. Or l'affaire de Cléones
et la mort d'Aristippos datent de 235. Sur cette chronologie, voir
ci-dessus la Notice. p. 58 : Plutarque a voulu grouper les événements
relatifs à Argos, sans tenir compte des dates.

ἐκ Κεγχρεῶν ὑποστρέψας, καὶ τὰς ὁδοὺς φυλακαῖς
διαλαβών, ἦγε τοὺς Ἀχαιοὺς ἑπομένους οὕτω μὲν
εὐτάκτως, οὕτω δὲ ταχέως καὶ προθύμως ὥστε μὴ
μόνον ὁδεύοντας, ἀλλὰ καὶ παρελθόντας εἰς τὰς
Κλεωνὰς ἔτι νυκτὸς οὔσης καὶ συνταξαμένους ἐπὶ
μάχην ἀγνοεῖσθαι καὶ λανθάνειν τὸν Ἀρίστιππον.
4 Ἅμα δ' ἡμέρα τῶν πυλῶν ἀνοιχθεισῶν καὶ τῆς
σάλπιγγος ἐγκελευσαμένης, δρόμῳ καὶ ἀλαλαγμῷ
προσπεσὼν τοῖς πολεμίοις εὐθὺς ἐτρέψατο, καὶ
κατεῖχε διώκων ᾗ μάλιστα φεύγειν ὑπενόει τὸν
Ἀρίστιππον, ἐκτροπὰς πολλὰς τῶν χωρίων ἐχόντων.
5 Γενομένης δὲ τῆς διώξεως ἄχρι Μυκηνῶν, ὁ μὲν
τύραννος ὑπὸ Κρητός τινος, ὡς Δεινίας ἱστορεῖ,
τοὔνομα Τραγίσκου καταληφθεὶς ἀποσφάττεται,
τῶν δ' ἄλλων ἔπεσον ὑπὲρ χιλίους πεντακοσίους.
6 Ὁ δ' Ἄρατος οὕτω λαμπρῶς εὐτυχήσας καὶ μηδένα τῶν αὑτοῦ στρατιωτῶν ἀποβαλών, ὅμως οὐκ
ἔλαβε τὸ Ἄργος οὐδ' ἠλευθέρωσε, τῶν περὶ Ἀγίαν
καὶ τὸν νεώτερον Ἀριστόμαχον μετὰ δυνάμεως
βασιλικῆς παρεισπεσόντων καὶ κατασχόντων τὰ
πράγματα.

7 Τὸ μὲν οὖν πολὺ τῆς διαβολῆς καὶ λόγους καὶ
σκώμματα καὶ βωμολοχίας παρείλετο τῶν κολακευόν-
των τοὺς τυράννους καὶ διεξιόντων, ἐκείνοις χαρι-
ζομένων, ὡς τοῦ στρατηγοῦ τῶν Ἀχαιῶν ἐκταράτ-
τοιτο μὲν ἡ κοιλία παρὰ τὰς μάχας, κάρος δὲ προσ-
πίπτοι καὶ ἴλιγγος ἅμα τῷ παραστῆναι τὸν σαλπιγ-
κτήν, ἐκτάξας δὲ τὴν δύναμιν καὶ τὸ σύνθημα παρεγ-
γυήσας καὶ πυθόμενος τῶν ὑποστρατήγων καὶ λοχαγῶν μή τις αὑτοῦ χρεία παρόντος (βεβλῆσθαι γὰρ
τοὺς ἀστραγάλους), ἀπέρχοιτο καραδοκήσων πόρ-

29. 3 ³ τούς : πρὸς τοὺς Π ‖ 4 ² ἐγκελευσαμένης : ἐκκε- G ‖
6 ³ ἠλευθέρωσε : ἠλευθέρωσε τοὺς ἐν αὐτῷ Phot. bibl. cod. 245,
p. 398 ‖ Ἀγίαν vel Ἀγίαν codd. : Ἄγιν Phot.

du combat. 8 De tels bruits s'étaient tellement accrédités que, lorsque les philosophes dans leurs écoles recherchaient si les palpitations du cœur, l'altération du teint et les coliques lors de l'apparition des dangers proviennent de la lâcheté ou d'une mauvaise constitution physique et d'une froideur du tempérament, ils citaient sans cesse Aratos comme exemple d'un bon général, qui pourtant était toujours sujet à ces troubles dans les combats.*

Lydiadas de Mégalopolis. — **30**. 1 Aratos, dès qu'il eut fait périr Aristippos, se mit aussitôt à manœuvrer contre Lydiadas de Mégalopolis, tyran de sa propre patrie. 2 Ce personnage ne manquait pas de noblesse naturelle et d'amour de l'honneur ; il n'avait pas commis cette injuste usurpation, comme la plupart des despotes, par dérèglement et cupidité, mais, épris de gloire et encore jeune, il avait naïvement ajouté foi aux propos vains et trompeurs qui représentent la tyrannie comme un état bienheureux et magnifique ; plein d'une grande fierté, il s'était donc fait tyran, mais il n'avait pas tardé à se lasser des lourdes contraintes du pouvoir absolu. 3 Jalousant le bonheur d'Aratos et en même temps redoutant ses intrigues, il changea de sentiments et forma le généreux dessein de se libérer d'abord de la crainte, de la haine et de la troupe de ses gardes du corps, puis de devenir le bienfaiteur de sa patrie. 4 Il fit venir auprès de lui Aratos, déposa son pouvoir et fit entrer sa ville dans la Confédération achéenne. Les Achéens le comblèrent de louanges et l'élurent stratège.[1] 5 Mais il se piqua aussitôt de surpasser la gloire d'Aratos, s'engagea dans plusieurs entreprises qui ne paraissaient pas nécessaires, et en particulier voulut diriger une expédition contre Lacédémone. 6 Aratos, en s'y

1. En 234-3 : voir Walbank, *Aratos of Sicyon*, 175 ; cette première stratégie de Lydiadas s'intercale entre la sixième et la septième d'Aratos. Cf. Polybe, 2, 44, 5 : « Du vivant même de Démétrios [Démétrios II, fils de Gonatas et roi depuis 239], Lydiadas de Mégalopolis, qui, en homme sagace et avisé, prévoyait ce qui allait se passer, déposa le pouvoir pour adhérer à la Confédération. »

ρωθεν τὸ συμβησόμενον. 8 Ταῦτα γὰρ οὕτως
ἴσχυσεν ὥστε καὶ τοὺς φιλοσόφους ἐν ταῖς σχο-
λαῖς ζητοῦντας εἰ τὸ πάλλεσθαι τὴν καρδίαν καὶ τὸ
χρῶμα τρέπεσθαι καὶ τὴν κοιλίαν ἐξυγραίνεσθαι παρὰ
τὰ φαινόμενα δεινὰ δειλίας ἐστὶν ἢ δυσκρασίας τινὸς
περὶ τὸ σῶμα καὶ ψυχρότητος, ὀνομάζειν ἀεὶ τὸν
Ἄρατον, ὡς ἀγαθὸν μὲν ὄντα στρατηγόν, ἀεὶ δὲ ταῦτα
πάσχοντα παρὰ τοὺς ἀγῶνας.

30. 1 Ὡς δ' οὖν τὸν Ἀρίστιππον ἀνεῖλεν, εὐθὺς   1041
ἐπεβούλευσε Λυδιάδῃ τῷ Μεγαλοπολίτῃ τυραννοῦντι
τῆς ἑαυτοῦ πατρίδος. 2 Ὁ δ' οὐκ ὢν ἀγεννὴς
οὐδ' ἀφιλότιμος τὴν φύσιν, οὐδ' ὥσπερ οἱ πολλοὶ
τῶν μονάρχων ἀκρασίᾳ καὶ πλεονεξίᾳ πρὸς ταύτην
ῥυεὶς τὴν ἀδικίαν, ἀλλ' ἐπαρθεὶς ἔρωτι δόξης ἔτι
νέος καὶ λόγους ψευδεῖς καὶ κενοὺς λεγομένους περὶ
τυραννίδος, ὡς μακαρίου καὶ θαυμαστοῦ πράγματος,
εἰς μέγα φρόνημα παραδεξάμενος ἀνοήτως, καὶ
καταστήσας ἑαυτὸν τύραννον ταχὺ μεστὸς ἦν τῆς
ἐκ μοναρχίας βαρύτητος. 3 Ἅμα δὲ ζηλῶν εὐημε-
ροῦντα καὶ δεδοικὼς ἐπιβουλεύοντα τὸν Ἄρατον,   b
ὥρμησε καλλίστην ὁρμὴν μεταβαλόμενος, πρῶτον
μὲν ἑαυτὸν ἐλευθερῶσαι μίσους καὶ φόβου καὶ φρουρᾶς καὶ δορυφόρων, εἶτα τῆς πατρίδος εὐεργέτης
γενέσθαι. 4 Καὶ μεταπεμψάμενος τὸν Ἄρατον ἀφῆκε
τὴν ἀρχήν, καὶ τὴν πόλιν εἰς τοὺς Ἀχαιοὺς μετεκόμισεν. Ἐφ' οἷς μεγαλύνοντες αὐτὸν οἱ Ἀχαιοὶ
στρατηγὸν εἵλοντο. 5 Φιλοτιμούμενος δ' εὐθὺς
ὑπερβαλεῖν δόξῃ τὸν Ἄρατον, ἄλλας τε πολλὰς
πράξεις οὐκ ἀναγκαίας εἶναι δοκούσας καὶ στρατείαν ἐπὶ Λακεδαιμονίους παρήγγελλεν. 6 Ἐνιστά-

29. 8 4 καὶ τὴν κοιλίαν ἐξυγραίνεσθαι Phot. : om. codd. Plut. ‖
30. 1 2 Λυδιάδῃ : Λυσιάδῃ e corr. P ‖ 3 3 μεταβαλόμενος e ras. L :
-βαλλό- ‖ 4 2-3 μετεκόμισεν GL1 : μετεκόσμησεν ‖ 5 4 παρήγγελλεν : παρήγγειλεν L.

opposant,[1] passa pour n'agir que par envie, et Lydiadas fut élu stratège pour la seconde fois,[2] en dépit de l'hostilité déclarée d'Aratos, qui fit tous ses efforts pour que la charge fût confiée à un autre. Aratos en effet n'exerçait le pouvoir que tous les deux ans, comme il a été dit.[3] 7 Lydiadas continua à jouir de la faveur du peuple jusqu'à sa troisième élection à la fonction de stratège, qu'il exerçait alternativement avec Aratos.* Mais, s'étant déclaré ouvertement son ennemi et l'ayant accusé à plusieurs reprises devant les Achéens,* il se fit rejeter et mépriser, car on jugea qu'il voulait rivaliser par un semblant de mérite avec une véritable et pure valeur. 8 Le coucou, dit Ésope, demanda aux petits oiseaux pourquoi ils le fuyaient : « C'est, répondirent-ils, parce que tu seras un jour faucon. »* Il paraît de même que Lydiadas, ayant été tyran, traînait derrière lui une certaine suspicion, qui nuisait à la confiance que l'on avait dans la sincérité de son changement.

Affaire de Pellène. — 31.

1 Aratos se fit apprécier aussi dans ses démêlés avec les Étoliens. Les Achéens se disposaient à leur livrer bataille en avant de la Mégaride,* et le roi des Lacédémoniens, Agis, qui était venu les rejoindre avec une armée les excitait vivement au combat.* 2 Aratos s'y opposa et supporta de ce fait mille injures, mille plaisanteries et railleries sur sa mollesse et son manque d'audace, mais la crainte de passer pour lâche ne lui fit pas abandonner ce qu'il considérait comme l'intérêt public, et il laissa les ennemis franchir sans coup férir la Géranie et pénétrer dans le Péloponnèse.* 3 Mais lorsqu'ils se furent au passage emparés brusquement de Pellène,* il ne resta plus le même et, sans perdre un instant, sans attendre que ses troupes fussent rassemblées en venant de tout côté et concentrées au même endroit, il s'élança aussitôt, avec ce qu'il avait

---

1. L'opposition d'Aratos semble avoir fait échouer ce projet d'expédition contre Sparte : voir Walbank, *Aratos of S.*, 64.
2. Année 232-1.
3. Renvoi à 24, 5.

μενος δ' ὁ Ἄρατος αὐτῷ φθονεῖν ἐδόκει · καὶ τό γε
δεύτερον ὁ Λυδιάδης στρατηγὸς ᾑρέθη, ἀντιπράτ-
τοντος ἄντικρυς Ἀράτου καὶ σπουδάζοντος ἑτέρῳ
παραδοθῆναι τὴν ἀρχήν. Αὐτὸς μὲν γάρ, ὡς εἴρηται,
παρ' ἐνιαυτὸν ἦρχε. 7 Μέχρι μὲν οὖν τρίτης
στρατηγίας ὁ Λυδιάδης εὖ φερόμενος διετέλει καὶ
παρ' ἐνιαυτὸν ἦρχεν ἐναλλὰξ τῷ Ἀράτῳ στρατηγῶν ·
φανερὰν δ' ἐξενεγκάμενος ἔχθραν καὶ πολλάκις αὐτοῦ κατηγορήσας ἐν τοῖς Ἀχαιοῖς ἀπερρίφη καὶ
παρώφθη, πεπλασμένῳ δοκῶν ἤθει πρὸς ἀληθινὴν
καὶ ἀκέραιον ἀρετὴν ἁμιλλᾶσθαι. 8 Καὶ καθάπερ
τῷ κόκκυγί φησιν Αἴσωπος ἐρωτῶντι τοὺς λεπτοὺς
ὄρνιθας ὅ τι φεύγοιεν αὐτόν, εἰπεῖν ἐκείνους ὡς
ἔσται ποθ' ἱέραξ, οὕτως ἔοικε τῷ Λυδιάδῃ παρακολουθεῖν ἐκ τῆς τυραννίδος ὑποψία βλάπτουσα τὴν
πίστιν αὐτοῦ τῆς μεταβολῆς.

31. 1 Ὁ δ' Ἄρατος εὐδοκίμησε καὶ περὶ τὰς
Αἰτωλικὰς πράξεις, ὅτε συμβαλεῖν μὲν αὐτοῖς πρὸ
τῆς Μεγαρικῆς ὡρμημένων τῶν Ἀχαιῶν, καὶ τοῦ
βασιλέως τῶν Λακεδαιμονίων Ἄγιδος ἀφικομένου
μετὰ δυνάμεως καὶ συνεξορμῶντος ἐπὶ τὴν μάχην
τοὺς Ἀχαιούς, 2 ἐναντιωθεὶς καὶ πολλὰ μὲν ὀνείδη,
πολλὰ δ' εἰς μαλακίαν καὶ ἀτολμίαν [καὶ] σκώμματα
καὶ χλευασμὸν ὑπομείνας οὐ προήκατο τὸν τοῦ
συμφέροντος λογισμὸν διὰ τὸ φαινόμενον αἰσχρόν,
ἀλλὰ παρεχώρησε τοῖς πολεμίοις ὑπερβαλοῦσι τὴν
Γεράνειαν ἀμαχεὶ παρελθεῖν εἰς Πελοπόννησον.
3 Ὡς μέντοι παρελθόντες ἐξαίφνης Πελλήνην κατέ-
λαβον, οὐκέτ' ἦν ὁ αὐτὸς οὐδ' ἔμελλε διατρίβων καὶ
περιμένων ἀθροισθῆναι καὶ συνελθεῖν εἰς ταὐτὸ παν-

30. 6 ³ Λυδιάδης G¹ : Λυσιάδης (item infra, 7 ²) ‖ 7 ³ ἦρχεν corr.
ant. : ἦρχε μὲν codd. ‖ 6 παρώφθη Pflugk : γὰρ ὤφθη ‖ 8 6 πίστιν corr.
ant. : φύσιν ‖ 31. 1 ⁴ ἀφικομένου C : ἀφικνουμένου ‖ 2 ² καὶ del. Rei.

de soldats sous la main, sur les ennemis, alors très affaiblis par un succès qui les avait rendus indisciplinés et présomptueux. 4 En effet, à peine entrés dans la ville, les hommes s'étaient dispersés dans les maisons, se bousculant les uns les autres et se disputant le butin. Les officiers et les chefs de compagnies, courant partout, enlevaient les femmes et les filles des Pelléniens, et, ôtant leurs casques, les leur mettaient sur la tête, pour que personne d'autre ne les prît et que l'on reconnût au casque le maître de chacune. 5 Comme ils étaient ainsi occupés et se livraient à ces violences, soudain la nouvelle se répandit qu'Aratos fondait sur eux. Saisis de panique, ainsi qu'il est naturel dans un pareil désordre, avant même que tous fussent avertis du danger, les premiers qui rencontrèrent les Achéens aux portes de la ville et dans les faubourgs, s'enfuirent, déjà vaincus, et, dans leur débandade, jetèrent l'épouvante et le désarroi parmi ceux qui se ralliaient pour les secourir.

32. 1 Au milieu de ce tumulte, l'une des prisonnières, fille d'Épigéthès, un homme en vue, et remarquable elle-même par sa beauté et sa haute taille, se trouvait assise dans le sanctuaire d'Artémis,[1] où l'avait placée le chef d'un corps d'élite, qui l'avait prise pour lui et l'avait coiffée de son casque à triple aigrette. 2 Le bruit la fit soudain courir vers l'extérieur, et, debout devant la porte du sanctuaire, elle regarda d'en haut les combattants avec la tête surmontée de ses trois panaches. Ses concitoyens eux-mêmes crurent voir en elle une figure d'une majesté surhumaine ; quant aux ennemis, ils la prirent pour une apparition divine, et, pris de frisson et d'effroi, aucun d'eux ne songea plus à se défendre. 3 Les Pelléniens, eux, disent que la statue de la déesse demeure ordinairement enfermée,

---

1. Cf. Paus, 7, 27, 3 : « Au-delà du temple d'Athéna se trouve un bois entouré d'un mur et consacré à Artémis appelée Soteira... », et *ibid.*, 4 : « Près du sanctuaire d'Apollon, il y a un temple d'Artémis, où la déesse est représentée tirant de l'arc. » C'est sans doute de ce temple qu'il s'agit ici.

ταχόθεν τὴν δύναμιν, ἀλλ' εὐθὺς ὥρμησε μετὰ τῶν
παρόντων ἐπὶ τοὺς πολεμίους ἐν τῷ κρατεῖν ἀσθενεστά-
τους δι' ἀταξίαν καὶ ὕβριν ὄντας. 4 Ἅμα γὰρ τῷ
παρελθεῖν εἰς τὴν πόλιν, οἱ μὲν στρατιῶται διασπα-
ρέντες ἐν ταῖς οἰκίαις ἦσαν, ἐξωθοῦντες ἀλλήλους
καὶ διαμαχόμενοι περὶ τῶν χρημάτων, ἡγεμόνες δὲ
καὶ λοχαγοὶ τὰς γυναῖκας καὶ τὰς θυγατέρας τῶν
Πελληνέων περιϊόντες ἥρπαζον, καὶ τὰ κράνη τὰ
αὑτῶν ἀφαιροῦντες ἐκείναις περιετίθεσαν τοῦ μηδένα   f
λαβεῖν ἄλλον, ἀλλὰ τῷ κράνει δῆλον εἶναι τὸν
δεσπότην ἑκάστης. 5 Οὕτω δὲ διακειμένοις αὐτοῖς
καὶ ταῦτα πράττουσιν ἐξαίφνης ὁ Ἄρατος ἐπιπεσὼν
προσηγγέλθη. Καὶ γενομένης ἐκπλήξεως, οἵαν εἰκὸς
ἐν ἀταξίᾳ τοιαύτῃ, πρὶν ἢ πάντας πυθέσθαι τὸν
κίνδυνον, οἱ πρῶτοι περὶ τὰς πύλας τοῖς Ἀχαιοῖς
καὶ τὰ προάστεια συμπεσόντες ἔφευγον ἤδη νενικη-   1042
μένοι, καὶ κατεπίμπλασαν ἐλαυνόμενοι προτροπάδην
ἀπορίας τοὺς συνισταμένους καὶ προσβοηθοῦντας.

32 1 Ἐν τούτῳ δὲ τῷ ταράχῳ μία τῶν αἰχμαλώτων, Ἐπιγήθους ἀνδρὸς ἐνδόξου θυγάτηρ, αὐτὴ δὲ
κάλλει καὶ μεγέθει σώματος εὐπρεπής, ἔτυχε μὲν ἐν
τῷ ἱερῷ καθεζομένη τῆς Ἀρτέμιδος, οὗ κατέστησεν
αὐτὴν ὁ ἐπιλέκταρχης ἑλὼν ἑαυτῷ καὶ περιθεὶς τὴν
τριλοφίαν, 2 ἄφνω δ' ἐκδραμοῦσα πρὸς τὸν θόρυβον, ὡς ἔστη πρὸ τῶν θυρῶν τοῦ ἱεροῦ καὶ κατέβλεψεν
εἰς τοὺς μαχομένους ἄνωθεν ἔχουσα τὴν τριλοφίαν,   b
αὐτοῖς τε τοῖς πολίταις θέαμα σεμνότερον ἢ κατ' ἄνθρωπον ἐφάνη, καὶ τοῖς πολεμίοις φάσμα θεῖον ὁρᾶν
δοκοῦσι φρίκην ἐνέβαλε καὶ θάμβος, ὥστε μηδένα
τρέπεσθαι πρὸς ἀλκήν. 3 Αὐτοὶ δὲ Πελληνεῖς λέγουσι τὸ βρέτας τῆς θεοῦ τὸν μὲν ἄλλον ἀποκεῖσθαι

31. 4 [6] Πελληνέων : -ναίων LR[1] ‖ 32. 1 [2] αὐτὴ : αὕτη Π.

sans qu'on y touche, mais que, lorsque la prêtresse la déplace et la porte au dehors, personne ne la regarde en face, tout le monde détournant les yeux parce que sa vue est effrayante et dangereuse pour les hommes, et même pour les arbres, qu'elle rend stériles et dont elle fait avorter les fruits partout où on la promène. 4 Ils prétendent donc que la prêtresse la fit sortir en cette occasion et lui tourna constamment le visage du côté des Étoliens, ce qui les mit hors d'eux-mêmes et leur ôta l'entendement.[1] 5 Mais Aratos ne rapporte rien de semblable dans ses Mémoires* ; il dit seulement qu'après avoir fait tourner le dos aux Étoliens et avoir pénétré dans la ville avec les fuyards, il les en chassa de vive force et leur tua sept cents hommes. 6 Cet exploit fut célébré parmi les plus grands,* et le peintre Timanthès a représenté la bataille dans un tableau tout à fait expressif.*

33. 1 Cependant, comme beaucoup de peuples et de souverains se liguaient contre les Achéens, Aratos chercha aussitôt à gagner l'amitié des Étoliens* ; il fut aidé en cela par Pantaléon, le plus influent d'entre eux* et conclut non seulement la paix, mais encore une alliance entre Achéens et Étoliens.*

Libération d'Athènes. — 2 Comme il consacrait ses efforts à libérer Athènes,* il fut en butte à la critique et aux mauvais propos des Achéens, disant qu'il tentait de s'emparer du Pirée à un moment où ils avaient conclu une trêve avec les Macédoniens et que cet armistice restait en vigueur. 3 Il nie lui-même le fait dans les Mémoires qu'il a laissés, et il en accuse Erginos, son collaborateur dans l'affaire de l'Acrocorinthe* ; il prétend qu'Erginos attaqua le Pirée de son propre chef, et que, se voyant poursuivi après que l'échelle se fût rompue, celui-ci appela à plusieurs reprises Aratos par son nom comme s'il était présent, et que c'est ainsi

1. Le récit de Polyen, *Strateg.*, 8, 59, avec des variantes (il s'agit là d'une prêtresse d'Athéna, et non pas d'Artémis), s'accorde dans l'ensemble avec la seconde des versions présentées par Plutarque.

χρόνον ἄψαυστον, ὅταν δὲ κινηθὲν ὑπὸ τῆς ἱερείας
ἐκφέρηται, μηδένα προσβλέπειν ἐναντίον, ἀλλ' ἀπο-
τρέπεσθαι πάντας · οὐ γὰρ ἀνθρώποις μόνον ὅραμα
φρικτὸν εἶναι καὶ χαλεπόν, ἀλλὰ καὶ δένδρα ποιεῖν
ἄφορα καὶ καρποὺς ἀπαμβλίσκειν δι' ὧν ἂν κομίζη-
ται. 4 Τοῦτο δὴ τότε τὴν ἱέρειαν ἐξενεγκαμένην καὶ
τρέπουσαν ἀεὶ κατὰ τοὺς Αἰτωλοὺς ἀντιπρόσωπον
ἔκφρονας καταστῆσαι καὶ παρελέσθαι τὸν λογισμόν.
5 Ὁ δ' Ἄρατος οὐδὲν ἐν τοῖς Ὑπομνήμασιν εἴρηκε
τοιοῦτον, ἀλλά φησι τρεψάμενος τοὺς Αἰτωλοὺς καὶ
φεύγουσι συνεισπεσὼν εἰς τὴν πόλιν ἐξελάσαι κατὰ
κράτος, ἑπτακοσίους δ' ἀποκτεῖναι. 6 Τὸ δ' ἔργον
ἐν τοῖς μεγίστοις διεβοήθη, καὶ Τιμάνθης ὁ ζωγράφος
ἐποίησεν ἐμφαντικῶς τῇ διαθέσει τὴν μάχην ἔχουσαν.

33. 1 Οὐ μὴν ἀλλὰ πολλῶν ἐθνῶν καὶ δυναστῶν
ἐπὶ τοὺς Ἀχαιοὺς συνισταμένων, εὐθὺς ὁ Ἄρατος
ἔπραττε φιλίαν πρὸς τοὺς Αἰτωλούς, καὶ Πανταλέοντι
τῷ πλεῖστον Αἰτωλῶν δυναμένῳ συνεργῷ χρησάμενος,
οὐ μόνον εἰρήνην, ἀλλὰ καὶ συμμαχίαν τοῖς Ἀχαιοῖς
πρὸς τοὺς Αἰτωλοὺς ἐποίησε.

2 Τοὺς δ' Ἀθηναίους σπουδάζων ἐλευθερῶσαι
διεβλήθη καὶ κακῶς ἤκουσεν ὑπὸ τῶν Ἀχαιῶν, ὅτι
σπονδὰς πεποιημένων αὐτῶν πρὸς τοὺς Μακεδόνας
καὶ ἀνοχὰς ἀγόντων, ἐπεχείρησε τὸν Πειραιᾶ καταλαβεῖν. 3 Αὐτὸς δ' ἀρνούμενος ἐν τοῖς Ὑπομνήμασιν
οἷς ἀπολέλοιπεν Ἐργῖνον αἰτιᾶται, μεθ' οὗ τὰ περὶ
τὸν Ἀκροκόρινθον ἔπραξεν. Ἐκεῖνον γὰρ ἰδίᾳ τῷ
Πειραιεῖ προσβαλόντα καὶ τῆς κλίμακος συντρι-
βείσης διωκόμενον ὀνομάζειν καὶ καλεῖν συνεχῶς
Ἄρατον ὥσπερ παρόντα, καὶ διαφυγεῖν οὕτως ἐξ-

32. 3 ⁶ ἀλλὰ καὶ supr. scr. C : ἀλλὰ ‖ 5 ¹ εἴρηκε : εἰρήκει P ‖
33. 1 ¹ δυναστῶν : δυνατῶν P ‖ 2 ⁴ ἀγόντων : ἐχόντων LG² ‖
3 ⁴ προσβαλόντα Cor. : -βάλλοντα.

qu'il trompa les ennemis et s'échappa. 4 Mais cet essai de justification n'est guère convaincant, car il ne serait nullement vraisemblable qu'Erginos, simple particulier et Syrien, se fût mis en tête un pareil projet, s'il n'avait eu Aratos pour chef et s'il n'avait reçu de lui des troupes et l'indication du moment favorable à cette entreprise. 5 Aratos le prouva lui-même en s'attaquant au Pirée, non par deux ou trois fois, mais plus souvent encore, à la façon des amants malheureux, sans se laisser rebuter par des échecs, et reprenant toujours espoir et confiance parce qu'à chaque tentative il n'avait manqué son coup que de fort peu et s'était trouvé tout près du but. 6 Une fois même il se cassa la jambe en fuyant à travers la plaine de Thria* ; le traitement qu'il dut subir comporta plusieurs incisions, et pendant longtemps il fit ses expéditions porté dans une litière.

34. 1 Antigone étant mort et Démétrios étant devenu roi à sa place,[1] Aratos poursuivit avec plus d'ardeur encore ses projets sur Athènes, et il ne tenait absolument aucun compte des Macédoniens. 2 Aussi fut-il battu à Phylacia par Bithys, général de Démétrios,* et le bruit s'étant répandu partout, soit qu'il avait été fait prisonnier, soit même qu'il était mort, Diogène, chef de la garnison du Pirée*, écrivit à Corinthe pour enjoindre aux Achéens de quitter la ville, puisqu'Aratos avait péri. 3 Or le hasard fit que, lorsque la lettre fut apportée à Corinthe, Aratos s'y trouvait en personne, et les émissaires de Diogène durent s'en retourner, non sans avoir provoqué le rire et s'être fait beaucoup moquer d'eux. Le roi lui-même avait envoyé de Macédoine un navire qui devait lui amener Aratos enchaîné. 4 Les Athéniens, dépassant les bornes de la légèreté dans leurs flatteries à l'égard des Macédoniens, s'étaient coiffés de couronnes à la

---

1. C'est en 239 que mourut Antigone Gonatas et que lui succéda son fils Démétrios II, qui régna dix ans (239-229). — Il convient de rappeler que plusieurs des événements racontés par Plutarque depuis le chapitre 25 sont en réalité postérieurs à 239 : voir ci-dessus la Notice, p. 58.

ἀπατήσαντα τοὺς πολεμίους. 4 Οὐ μὴν δοκεῖ πιθανῶς ἀπολογεῖσθαι. Τὸν γὰρ Ἐργῖνον, ἄνθρωπον ἰδιώτην καὶ Σύρον, ἀπ' οὐδενὸς ἦν εἰκότος ἐπὶ νοῦν βαλέσθαι τὴν τηλικαύτην πρᾶξιν, εἰ μὴ τὸν Ἄρατον εἶχεν ἡγεμόνα καὶ παρ' ἐκείνου τὴν δύναμιν καὶ τὸν καιρὸν εἰλήφει πρὸς τὴν ἐπίθεσιν. 5 Ἐδήλωσε δὲ καὶ αὐτὸς ὁ Ἄρατος οὐ δὶς οὐδὲ τρίς, ἀλλὰ πολλάκις, ὥσπερ οἱ δυσέρωτες, ἐπιχειρήσας τῷ Πειραιεῖ καὶ πρὸς τὰς διαμαρτίας οὐκ ἀποκαμών, ἀλλὰ τῷ παρὰ μικρὸν ἀεὶ καὶ σύνεγγυς ἀποσφάλλεσθαι τῶν ἐλπίδων πρὸς τὸ θαρρεῖν ἀνακαλούμενος. 6 Ἅπαξ δὲ καὶ τὸ σκέλος ἔσπασε διὰ τοῦ Θριασίου φεύγων · καὶ τομὰς ἔλαβε πολλὰς θεραπευόμενος, καὶ πολὺν χρόνον ἐν φορείῳ κομιζόμενος ἐποιεῖτο τὰς στρατείας. f

34. 1 Ἀντιγόνου δ' ἀποθανόντος καὶ Δημητρίου τὴν βασιλείαν παραλαβόντος, ἔτι μᾶλλον ἐνέκειτο ταῖς Ἀθήναις καὶ ὅλως κατεφρόνει τῶν Μακεδόνων. 2 Διὸ καὶ κρατηθέντος αὐτοῦ μάχῃ περὶ Φυλακίαν ὑπὸ Βίθυος τοῦ Δημητρίου στρατηγοῦ, καὶ λόγου γενομένου πολλοῦ μὲν ὡς ἑάλωκε, πολλοῦ δ' ὡς τέθνηκεν, ὁ μὲν τὸν Πειραιᾶ φρουρῶν Διογένης ἔπεμψεν ἐπιστολὴν εἰς Κόρινθον ἐξίστασθαι τῆς πόλεως κελεύων τοὺς Ἀχαιούς, ἐπειδὴ Ἄρατος ἀπέθανεν · 3 ἔτυχε δὲ τῶν γραμμάτων κομισθέντων παρὼν αὐτὸς ἐν Κορίνθῳ, καὶ διατριβὴν οἱ τοῦ Διογένους καὶ γέλωτα πολὺν παρασχόντες ἀπηλλάγησαν. Αὐτὸς δ' ὁ βασιλεὺς ἐκ Μακεδονίας ναῦν ἔπεμψεν, ἐφ' ἧς κομισθήσεται πρὸς αὐτὸν ὁ Ἄρατος δεδεμένος. 4 Πᾶσαν δ' Ἀθηναῖοι κουφότητα κολακείας τῆς πρὸς Μακεδόνας ὑπερβάλλοντες ἐστεφανηφόρησαν 1043

33. 4 ³ εἰκότος : -τως GL¹ ‖ 5 ² αὐτὸς : αὖθις LG² ‖ 5 τῶν ἐλπίδων LG² : τὴν ἐλπίδα ‖ **34.** 2 ⁶ ἐπειδὴ : ἐπειδή⟨περ⟩ Porter ‖ 4 ¹ κολακείας τῆς : κολακείᾳ τῇ Madvig.

première nouvelle de la mort d'Aratos. Celui-ci, dans
son irritation, marcha immédiatement contre eux et
s'avança jusqu'à l'Académie, puis il se laissa fléchir
et ne leur fit aucun mal. 5 Les Athéniens finirent
par reconnaître son mérite, et voulant, après la mort
de Démétrios,[1] recouvrer leur liberté, l'appelèrent à
eux. 6 Bien qu'un autre que lui fût cette année-là
à la tête des Achéens,[2] et que lui-même fût alité en
raison d'une longue maladie, il se fit porter à Athènes
en litière pour se rendre utile, et il décida Diogène,
commandant de la garnison, à rendre aux Athéniens
le Pirée, Mounychie, Salamine et le Sounion, moyennant
cent cinquante talents, dont vingt-cinq furent versés
à la ville par lui.[3]   7 Aussitôt les Éginètes et les Her-
mionéens passèrent aux Achéens, et la plus grande
partie de l'Arcadie se joignit aussi à eux.[4] Les embarras
des Macédoniens, occupés à guerroyer contre certains
peuples voisins de leurs frontières,* et, d'autre part,
l'alliance avec les Étoliens accroissaient considérablement
la puissance achéenne.

Libération d'Argos. — **35.** 1 Aratos, poursuivant
son vieux projet* et supportant impatiemment le voisinage de la tyrannie d'Argos, envoya proposer à Aristomachos de faire entrer sa ville dans la communauté,
de l'associer aux Achéens et de préférer devenir, à l'exemple
de Lydiadas,* le stratège respecté et honoré d'un si
grand peuple plutôt que le tyran menacé et haï d'une
seule cité. 2 Aristomachos consentit et le pria de lui
envoyer cinquante talents pour rétribuer en les congé-
diant les soldats qui l'entouraient. La somme demandée

1. En 229 ; à Démétrios II succéda Antigone Doson, comme tuteur
du futur Philippe V, alors enfant.
2. A savoir Lydiadas, dont la troisième et dernière stratégie se place
en 230-29 (voir ci-dessus, 30, 1-7).
3. Cf. Paus., 2, 8, 6 : « Aratos persuada Diogène, chef des garnisons,
de rendre les places moyennant cent cinquante talents, et il versa
personnellement aux Athéniens le sixième de cette somme. »
4. Égine suivait le sort du Pirée. — A Hermionè (en Argolide), le
tyran Xénon abdiqua : cf. Pol., 2, 44, 6. — L'Arcadie passa aux Achéens
sauf Tégée, Mantinée et Orchomène : cf. Pol., 2, 46, 2.

ὅτε πρῶτον ἠγγέλθη τεθνηκώς. Διὸ καὶ πρὸς ὀργὴν
εὐθὺς ἐκστρατεύσας ἐπ' αὐτοὺς ἄχρι τῆς Ἀκαδημείας
προῆλθεν · εἶτα πεισθεὶς οὐδὲν ἠδίκησεν. 5 Οἱ
δ' Ἀθηναῖοι συμφρονήσαντες αὐτοῦ τὴν ἀρετήν,
ἐπεὶ Δημητρίου τελευτήσαντος ὥρμησαν ἐπὶ τὴν
ἐλευθερίαν, ἐκεῖνον ἐκάλουν. 6 Ὁ δέ, καίπερ ἑτέρου
μὲν ἄρχοντος τότε τῶν Ἀχαιῶν, αὐτὸς δ' ἀρρωστίᾳ
μακρᾷ κλινήρης ὑπάρχων, ὅμως ἐν φορείῳ κομιζόμενος ὑπήντησε τῇ πόλει πρὸς τὴν χρείαν, καὶ τὸν
ἐπὶ τῆς φρουρᾶς Διογένη συνέπεισεν ἀποδοῦναι τόν
τε Πειραιᾶ καὶ τὴν Μουνυχίαν καὶ τὴν Σαλαμῖνα
καὶ τὸ Σούνιον τοῖς Ἀθηναίοις ἐπὶ πεντήκοντα καὶ
ἑκατὸν ταλάντοις, ὧν αὐτὸς ὁ Ἄρατος εἴκοσι τῇ
πόλει συνεβάλετο. 7 Προσεχώρησαν δ' εὐθὺς Αἰ-
γινῆται καὶ Ἑρμιονεῖς τοῖς Ἀχαιοῖς, ἥ τε πλείστη
τῆς Ἀρκαδίας αὐτοῖς συνετέλει. Καὶ Μακεδόνων
μὲν ἀσχόλων ὄντων διά τινας προσοίκους καὶ ὁμό-
ρους πολέμους, Αἰτωλῶν δὲ συμμαχούντων, ἐπίδοσιν
μεγάλην ἡ τῶν Ἀχαιῶν ἐλάμβανε δύναμις.

35. 1 Ὁ δ' Ἄρατος ἐξεργαζόμενος τὴν παλαιὰν
ὑπόθεσιν, καὶ δυσανασχετῶν τὴν ἐν Ἄργει τυραννίδα
γειτνιῶσαν αὐτοῖς, ἔπειθε πέμπων τὸν Ἀριστόμαχον
εἰς μέσον θεῖναι καὶ προσαγαγεῖν τοῖς Ἀχαιοῖς τὴν
πόλιν, καὶ ζηλώσαντα Λυδιάδην ἔθνους τηλικούτου
μετ' εὐφημίας καὶ τιμῆς στρατηγὸν εἶναι μᾶλλον ἢ
μιᾶς πόλεως κινδυνεύοντα καὶ μισούμενον τύραννον.
2 Ὑπακούσαντος δὲ τοῦ Ἀριστομάχου καὶ κελεύσαντος αὐτῷ πεντήκοντα τάλαντα πέμψαι τὸν Ἄρατον, ὅπως ἀπαλλάξῃ καὶ διαλύσηται τοὺς παρ' αὐτῷ
στρατευομένους, καὶ τῶν χρημάτων ποριζομένων,

34. 4 ⁴ Ἀκαδημείας Sint. : -μίας ‖ 6 ²⁻³ ἀρρωστίᾳ μακρᾷ G : δι'
ἀρρωστίαν τινὰ μακρὰν ‖ ⁹ συνεβάλετο GL² : -βάλλετο ‖ 35. 1 ² ὑπόθεσιν corr. ant. : ὑπόσχεσιν ‖ 2 ² πεντήκοντα P : τὰ πεντ-.

fut fournie, 3 mais Lydiadas, qui était encore stratège[1]
et qui ambitionnait de voir cette négociation passer
aux yeux des Achéens pour son propre ouvrage, dénigra
Aratos auprès d'Aristomachos en le représentant comme
l'ennemi toujours irréconciliable des tyrans ; il lui persuada
de remettre l'affaire entre ses mains à lui et l'introduisit
devant les Achéens. 4 Ce fut en cette occasion surtout
que les membres du Conseil achéen manifestèrent leur
affection et leur confiance à l'égard d'Aratos : celui-ci
s'étant mis en colère et ayant exprimé son opposition,
ils repoussèrent la demande d'Aristomachos, 5 puis,
lorsqu'Aratos, revenant sur son avis, se mit à parler
lui-même en faveur d'Aristomachos, ils votèrent
aussitôt et avec empressement tout ce qu'il conseillait
et admirent dans leur Confédération les Argiens et
les Phliasiens,[2] et l'année suivante ils élurent même Aristomachos stratège.*

6 Celui-ci, se voyant en crédit auprès des Achéens,
voulut envahir la Laconie et appela d'Athènes Aratos,
qui lui écrivit pour le détourner de cette expédition,
parce qu'il ne voulait pas mettre les Achéens aux prises
avec Cléomène, chef audacieux dont la force croissait
dangereusement. Mais, Aristomachos s'étant mis en route,
Aratos se plaça entièrement sous ses ordres et le suivit
à l'armée. 7 Cependant, lorsque Cléomène se montra
soudainement près de Pallantion,* Aratos empêcha
Aristomachos d'engager la bataille et s'attira ainsi les
accusations de Lydiadas, qui entra en lutte et en con-
currence avec lui pour la fonction de stratège ; le vote
fut favorable à Aratos, qui fut élu stratège pour la douzième fois.*

Conflits avec Cléomène. — **36.** 1 Au cours de
cette stratégie, il fut battu par Cléomène près du Lycée,*
prit la fuite et, s'étant égaré pendant la nuit, passa pour
mort, si bien que le bruit de sa disparition se répandit

---

1. En 230-29 : voir ci-dessus la note à 34, 6.
2. Phlious (au sud de Sicyone, sur la rive droite du fleuve Asopos)
avait alors un tyran, Cléonymos, qui imita Lydiadas et Aristomachos
en se retirant volontairement : Pol., 2, 44, 6.

3 ὁ Λυδιάδης ἔτι στρατηγῶν καὶ φιλοτιμούμενος
ἴδιον αὑτοῦ πολίτευμα τοῦτο πρὸς τοὺς Ἀχαιοὺς
γενέσθαι, τοῦ μὲν Ἀράτου κατηγόρει πρὸς Ἀριστόμαχον ὡς δυσμενῶς καὶ ἀδιαλλάκτως ἀεὶ πρὸς τοὺς
τυράννους ἔχοντος, αὑτῷ δὲ πείσας τὴν πρᾶξιν ἐπι-
τρέψαι προσήγαγε τοῖς Ἀχαιοῖς τὸν ἄνθρωπον.   e
4 Ἔνθα δὴ μάλιστα φανερὰν ἐποίησαν οἱ σύνεδροι
τῶν Ἀχαιῶν τὴν πρὸς τὸν Ἄρατον εὔνοιαν καὶ
πίστιν. Ἀντειπόντος μὲν γὰρ αὐτοῦ δι᾽ ὀργήν,
ἀπήλασαν τοὺς περὶ τὸν Ἀριστόμαχον · 5 ἐπεὶ δὲ
συμπεισθεὶς πάλιν αὐτὸς ἤρξατο περὶ αὐτῶν διαλέγεσθαι παρών, πάντα ταχέως καὶ προθύμως ἐψηφίσαντο, καὶ προσεδέξαντο μὲν τοὺς Ἀργείους καὶ
Φλιασίους εἰς τὴν πολιτείαν, ἐνιαυτῷ δ᾽ ὕστερον καὶ
τὸν Ἀριστόμαχον εἵλοντο στρατηγόν.

6 Ὁ δ᾽ εὐημερῶν παρὰ τοῖς Ἀχαιοῖς καὶ βουλόμενος εἰς τὴν Λακωνικὴν ἐμβαλεῖν ἐκάλει τὸν Ἄρατον ἐξ Ἀθηνῶν. Ὁ δ᾽ ἔγραφε μὲν αὐτῷ τὴν στρατείαν
ἀπαγορεύων καὶ τῷ Κλεομένει θράσος ἔχοντι καὶ
παραβόλως αὐξανομένῳ συμπλέκεσθαι τοὺς Ἀχαιοὺς   f
μὴ βουλόμενος, ὡρμημένου δὲ πάντως ὑπήκουσε
καὶ παρὼν συνεστράτευεν. 7 Ὅτε δὴ καὶ κωλύσας,
περὶ τὸ Παλλάντιον τοῦ Κλεομένους ἐπιφανέντος
αὐτοῖς, μάχην συνάψαι τὸν Ἀριστόμαχον, ὑπὸ
Λυδιάδου κατηγορήθη, καὶ περὶ τῆς στρατηγίας εἰς
ἀγῶνα καὶ ἀντιπαραγγελίαν αὐτῷ καταστὰς ἐκράτησε
τῇ χειροτονίᾳ καὶ τὸ δωδέκατον ᾑρέθη στρατηγός.

36. 1 Ἐν ταύτῃ τῇ στρατηγίᾳ περὶ τὸ Λύκαιον
ἡττηθεὶς ὑπὸ τοῦ Κλεομένους ἔφευγε · καὶ πλανη-   1044
θεὶς νυκτὸς ἔδοξε μὲν τεθνάναι καὶ πάλιν οὗτος ὁ
λόγος κατ᾽ αὐτοῦ πολὺς ἐξεφοίτησεν εἰς τοὺς Ἕλλη-

---

35. 6 ³ στρατείαν : -τιὰν L¹ ‖ ⁴ καὶ ante τῷ del. Sint. ‖ 36. 1 ² ἔφευγε :
ἔφυγε L.

à nouveau* parmi les Grecs. 2 Mais il était sain
et sauf, et, non content de s'être retiré en sécurité, il
rallia ses soldats, puis, profitant au mieux de l'occasion,
alors que personne ne s'y attendait ni ne se doutait de
ce qui allait se passer, il tomba brusquement sur les
Mantinéens, alliés de Cléomène, 3 s'empara de leur
ville, y mit une garnison et donna le droit de cité aux
métèques.* A lui seul, il avait ainsi acquis pour les Achéens
vaincus ce qu'ils auraient obtenu non sans peine par
une victoire.[1] 4 Les Lacédémoniens firent une nouvelle
expédition, cette fois contre Mégalopolis. Aratos vint
au secours de la ville, mais il hésitait à donner prise
à Cléomène, qui le harcelait par des escarmouches,
et il résista aux Mégalopolitains, qui voulaient le contraindre à livrer bataille.[2] 5 Outre qu'il était naturellement peu doué pour les combats de front, et qu'il
se trouvait alors inférieur en nombre, il avait affaire
à un homme hardi et jeune, quand il sentait déjà son
ardeur à lui décliner et son ambition diminuer ; il pensait
que si Cléomène brûlait d'acquérir par son audace une
gloire qu'il ne possédait pas encore, lui-même devait
conserver par sa prudence celle qu'il avait amassée.*

37. 1 Cependant les troupes légères firent une
sortie au pas de course et repoussèrent les Spartiates
jusqu'à leur camp, où elles se répandirent autour des
tentes ; même alors Aratos ne fit pas avancer ses hoplites :
il les retint devant un ravin qui séparait les deux armées
et qu'il leur interdit de traverser. 2 Lydiadas, indigné
de cette conduite et maudissant Aratos, appela à lui les
cavaliers et leur demanda de se montrer au milieu des
troupes qui poursuivaient l'ennemi, pour ne pas laisser
échapper la victoire et ne pas l'abandonner, lui, dans
ce combat qu'il soutenait pour sa patrie.* 3 De nombreux braves s'étant groupés autour de lui, Lydiadas
ainsi renforcé chargea l'aile droite des ennemis, la mit

---

1. Sur l'affaire du Lycée et celle de Mantinée, cf. *Cléom.*, 5, 1 ; Pol.,
2, 51, 3 et 57, 1-8. Ces événements eurent lieu au printemps de 227 :
voir Beloch, *Gr. Gesch.*[2], 4, 1, 699.
2. Cf. *Cléom.*, 6, 3, et Pol., 2, 51, 3.

νας · 2 ἀνασωθεὶς δὲ καὶ τοὺς στρατιώτας συναγαγὼν οὐκ ἠγάπησεν ἀσφαλῶς ἀπελθεῖν,
ἀλλ' ἄριστα τῷ καιρῷ χρησάμενος, οὐδενὸς προσ-
δοκῶντος οὐδὲ συλλογιζομένου τὸ μέλλον, ἐξαίφνης
ἐπέπεσε Μαντινεῦσι συμμάχοις οὖσι τοῦ Κλεομένους · 3 καὶ τὴν πόλιν ἑλὼν φρουρὰν ἐνέβαλε καὶ
τοὺς μετοίκους πολίτας ἐποίησεν αὐτῶν, καὶ μόνος
ἃ νικῶντες οὐκ ἂν ῥᾳδίως ἔσχον ἐκτήσατο νενικημέ-
νοις τοῖς Ἀχαιοῖς. 4 Αὖθις δὲ τῶν Λακεδαιμονίων
ἐπὶ Μεγάλην πόλιν στρατευσάντων, βοηθήσας ὤκνει
μὲν ἀψιμαχοῦντι τῷ Κλεομένει λαβὴν παρασχεῖν
καὶ τοῖς Μεγαλοπολίταις βιαζομένοις ἀντεῖχεν,
5 οὔτ' ἄλλως πρὸς τὰς κατὰ στόμα μάχας εὖ
πεφυκὼς καὶ τότε λειπόμενός τε πλήθει καὶ πρὸς
ἄνδρα τολμητὴν καὶ νέον ἤδη παρακμάζοντι τῷ
θυμῷ καὶ κεκολασμένῃ τῇ φιλοτιμίᾳ συνεστηκώς,
καὶ νομίζων ἣν διὰ τοῦ τολμᾶν ἐκεῖνος ἐξ οὐχ
ὑπαρχόντων ἐκτᾶτο δόξαν αὐτῷ κεκτημένῳ φυλακ-
τέον εἶναι διὰ τῆς εὐλαβείας.

37. 1 Οὐ μὴν ἀλλὰ τῶν ψιλῶν ἐκδραμόντων καὶ
ὠσαμένων τοὺς Σπαρτιάτας ἄχρι τοῦ σρτατοπέδου
καὶ περὶ τὰς σκηνὰς διασπαρέντων, ὁ μὲν Ἄρατος
οὐδ' ὡς ἐπήγαγεν, ἀλλ' ἐν μέσῳ λαβὼν χαράδραν
ἐπέστησε καὶ κατεκώλυσε διαβῆναι τοὺς ὁπλίτας ·
2 ὁ δὲ Λυδιάδης περιπαθῶν πρὸς τὰ γιγνόμενα καὶ
τὸν Ἄρατον κακίζων ἀνεκαλεῖτο τοὺς ἱππεῖς ὡς
αὑτόν, ἀξιῶν ἐπιφανῆναι τοῖς διώκουσι καὶ μὴ
προέσθαι τὸ νίκημα μηδ' ἐγκαταλιπεῖν αὐτὸν ὑπὲρ
τῆς πατρίδος ἀγωνιζόμενον. 3 Πολλῶν δὲ συστρα-
φέντων καὶ ἀγαθῶν, ἐπιρρωσθεὶς ἐνέβαλε τῷ δεξιῷ
τῶν πολεμίων καὶ τρεψάμενος ἐδίωκεν, ὑπὸ θυμοῦ

36. 5 [2] πεφυκὼς : πεφοιτηκὼς L[1] ‖ 37. 1 [5] ὁπλίτας Bryan : πολίτας ‖ 2 [3] αὐτόν Cor. : αὐτὸς ‖ [4] αὐτὸν Rei. : αὐτόν.

en déroute et la poursuivit, mais, emporté inconsidé-
rément par sa fougue et son amour de la gloire dans
des endroits impraticables, pleins de plantations d'arbres
et de larges fossés, il y fut attaqué par Cléomène et tomba
après avoir brillamment et magnifiquement combattu
aux portes de sa cité. 4 Le reste de cette cavalerie
s'enfuit vers la phalange, jeta le désordre parmi les
hoplites et entraîna ainsi l'armée entière dans sa défaite.*
5 Aratos, vivement critiqué parce qu'il paraissait
avoir abandonné Lydiadas, fut contraint par les Achéens,
qui se retiraient en colère, de les suivre à Aigion ; là,
s'étant formés en assemblée,* ils décrétèrent qu'ils ne
lui fourniraient plus d'argent et cesseraient de pourvoir
à l'entretien de ses mercenaires, et que, s'il voulait
continuer la guerre, ce serait à ses frais.

38. 1 Se voyant si outrageusement traité, il songea
d'abord à rendre le sceau public et à se démettre de
sa fonction de stratège ; mais, après réflexion, il patienta
pour le moment, puis il conduisit les Achéens à Orchomène,
où il livra bataille à Mégistonous, beau-père de Cléomène,
le battit, lui tua trois cents hommes et le prit vivant.*
2 Il était habitué à être stratège une année sur deux,
mais cette fois, quand son tour fut venu, il refusa
d'être désigné, et c'est Timoxénos qui fut élu à cette
charge.* 3 On donnait pour raison de ce refus son
irritation contre la foule, mais ce motif ne paraît pas
vraisemblable ; la véritable cause en était la situation
des Achéens. 4 Cléomène en effet n'avançait plus
maintenant pas à pas et lentement comme auparavant,
lorsque les magistrats entravaient ses desseins : quand
il eut fait périr les éphores, partagé les terres et admis
dans le corps civique un grand nombre de métèques, [1]
détenant désormais un pouvoir sans contrôle, il menaça
aussitôt les Achéens et revendiqua pour lui-même

---

1. C'est en 227 que Cléomène, après le massacre de quatre éphores
(le cinquième, blessé, réussit à s'échapper), réalisa sa grande réforme ;
cf. *Cléom.*, chap. 8-13. — Plutarque écrit ici μετοίκων, mais, dans
le passage parallèle *Cléom.*, 11, 3 : περιοίκων. Il ne faisait donc pas
une différence nette entre ces deux mots.

καὶ φιλοτιμίας ἀταμιεύτως ἐπισπασθεὶς εἰς χωρία
σκολιὰ καὶ μεστὰ δένδρων πεφυτευμένων καὶ τάφρων
πλατειῶν, ἐν οἷς ἐπιθεμένου τοῦ Κλεομένους ἔπεσε
λαμπρῶς ἀγωνισάμενος τὸν κάλλιστον τῶν ἀγώνων
ἐπὶ θύραις τῆς πατρίδος. 4 Οἱ δ' ἄλλοι φεύγοντες
εἰς τὴν φάλαγγα καὶ συνταράξαντες τοὺς ὁπλίτας
ὅλον τὸ στράτευμα τῆς ἥττης ἐνέπλησαν. 5 Αἰτίαν
δὲ μεγάλην ὁ Ἄρατος ἔλαβε δόξας προέσθαι τὸν
Λυδιάδην · καὶ βιασθεὶς ὑπὸ τῶν Ἀχαιῶν ἀπερχο-
μένων πρὸς ὀργὴν ἠκολούθησεν αὐτοῖς εἰς Αἴγιον.
Ἐκεῖ δὲ συνελθόντες ἐψηφίσαντο μὴ διδόναι χρή-
ματ' αὐτῷ μηδὲ μισθοφόρους τρέφειν, ἀλλ' αὐτῷ
πορίζειν, εἰ δέοιτο πολεμεῖν.

38. 1 Οὕτω δὲ προπηλακισθεὶς ἐβουλεύσατο μὲν
εὐθὺς ἀποθέσθαι τὴν σφραγῖδα καὶ τὴν στρατηγίαν
ἀφεῖναι, λογισμῷ δὲ χρησάμενος τότε μὲν ὑπέμεινε,
καὶ πρὸς Ὀρχομενὸν ἐξαγαγὼν τοὺς Ἀχαιοὺς μάχην
ἔθετο πρὸς Μεγιστόνουν τὸν Κλεομένους πατρῷον,
ἐν ᾗ κρατήσας τριακοσίους μὲν ἀπέκτεινε, ζῶντα
δὲ τὸν Μεγιστόνουν συνέλαβεν. 2 Εἰωθὼς δὲ
στρατηγεῖν παρ' ἐνιαυτόν, ὡς ἡ τάξις αὐτῷ περιῆλθε,
καλούμενος ἐξωμόσατο, καὶ Τιμόξενος ᾑρέθη στρατηγός. 3 Ἐδόκει δ' ἡ μὲν πρὸς τοὺς ὄχλους ὀργὴ
πρόφασις εἶναι λεγομένη τῆς ἐξωμοσίας ἀπίθανος,
αἰτία δ' ἀληθὴς τὰ περιεστῶτα τοὺς Ἀχαιούς,
4 οὐκέθ' ὡς πρότερον ἀτρέμα καὶ σχέδην τοῦ Κλεομένους ἐπιβαίνοντος οὐδ' ἐμπλεκομένου ταῖς πολι-
τικαῖς ἀρχαῖς, ἀλλ' ἐπεὶ τοὺς ἐφόρους ἀποκτείνας
καὶ τὴν χώραν ἀναδασάμενος καὶ πολλοὺς τῶν
μετοίκων ἐμβαλὼν εἰς τὴν πολιτείαν ἔσχεν ἰσχὺν
ἀνυπεύθυνον, εὐθὺς ἐπικειμένου τοῖς Ἀχαιοῖς καὶ

l'hégémonie. 5 Aussi reproche-t-on à Aratos d'avoir, en ce temps de grande agitation et d'orage, lâché et abandonné pour ainsi dire à un autre le gouvernail du navire dont il était le pilote,* alors que l'honneur lui commandait de rester à la tête des Achéens, même réticents, et de sauver leur Confédération. 6 S'il désespérait des affaires et de la force des Achéens, il valait mieux céder à Cléomène que livrer de nouveau le Péloponnèse aux barbares des garnisons macédoniennes[1] et remplir l'Acrocorinthe de troupes d'Illyriens et de Galates. Ces hommes que lui-même avait vaincus en fait militairement et politiquement et qu'il ne cesse d'injurier dans ses Mémoires, il ne devait pas les introduire en maîtres dans les villes, en les appelant aimablement des alliés. 7 Si Cléomène était (car il faut bien le dire) injuste et tyrannique, du moins descendait-il des Héraclides, et il avait Sparte pour patrie. Or il eût mieux valu prendre pour chef le plus obscur des Spartiates que le premier des Macédoniens, si l'on tenait en quelque estime le noble caractère des Grecs. 8 Cléomène d'ailleurs, en réclamant aux Achéens le pouvoir, promettait, en reconnaissance de cet honneur et de ce titre, de faire beaucoup de bien à leurs villes ; 9 Antigone au contraire n'accepta d'être proclamé chef absolu sur terre et sur mer[2] qu'après avoir obtenu comme salaire de son hégémonie l'Acrocorinthe. En cela il imitait tout à fait le chasseur d'Ésope, 10 car il ne monta sur le dos des Achéens qui l'en priaient et se soumettaient eux-mêmes par leurs ambassades et leurs décrets que lorsqu'il les eut bridés et assujettis par la garnison et les otages.* 11 Il est vrai qu'Aratos se récrie de toutes ses forces et allègue la nécessité.

---

1. Plutarque, comme Démosthène, considère donc les Macédoniens comme des barbares, c'est-à-dire comme n'étant pas de véritables Grecs.

2. Aratos avait accordé ce titre et ce pouvoir à Ptolémée (ci-dessus, 24, 4) ; il se proposait donc d'opérer un véritable renversement des alliances. — Cet Antigone était bien entendu Antigone Doson, qui régna de 229 à 220 ; cf. *Paul-Émile*, 8, 3. Sur la date de la mort de Démétrios II, voir M. Holleaux, *Ét. d'épigr. et d'hist. gr.* 4, 20-22.

τῆς ἡγεμονίας ἑαυτὸν ἀξιοῦντος. 5 Διὸ καὶ μέμφον-
ται τὸν Ἄρατον ἐν σάλῳ μεγάλῳ καὶ χειμῶνι τῶν
πραγμάτων φερομένων ὥσπερ κυβερνήτην ἀφέντα   1045
καὶ προέμενον ἑτέρῳ τοὺς οἴακας, ὅτε καλῶς εἶχε
καὶ ἀκόντων ἐπιστάντα σῴζειν τὸ κοινόν · 6 ⟨εἰ
δ'⟩ ἀπεγνώκει τὰ πράγματα καὶ τὴν δύναμιν τῶν
Ἀχαιῶν, εἶξαι τῷ Κλεομένει καὶ μὴ πάλιν τὴν Πελοπόννησον ἐκβαρβαρῶσαι φρουραῖς Μακεδόνων, μηδὲ
πληρῶσαι τὸν Ἀκροκόρινθον Ἰλλυρικῶν ὅπλων καὶ
Γαλατικῶν, μηδ' οὓς αὐτὸς ἐν ταῖς πράξεσι καταστρα-
τηγῶν καὶ καταπολιτευόμενος, ἐν δὲ τοῖς Ὑπομνή-
μασι λοιδορῶν διετέλει, τούτους ἐπάγεσθαι δεσπό-
τας ταῖς πόλεσι συμμάχους ὑποκοριζόμενον. 7 Εἰ
δὲ Κλεομένης ἦν (λεγέσθω γὰρ οὕτως) παράνομος
καὶ τυραννικός, ἀλλ' Ἡρακλεῖδαι πατέρες αὐτῷ καὶ
Σπάρτη πατρίς, ἧς τὸν ἀφανέστατον ἄξιον ἦν ἀντὶ   b
τοῦ πρώτου Μακεδόνων ἡγεμόνα ποιεῖσθαι τοὺς
ἔν τινι λόγῳ τὴν Ἑλληνικὴν τιθεμένους εὐγένειαν.
8 Καίτοι Κλεομένης ᾔτει τὴν ἀρχὴν παρὰ τῶν
Ἀχαιῶν, ὡς πολλὰ ποιήσων ἀγαθὰ τὰς πόλεις ἀντὶ
τῆς τιμῆς καὶ τῆς προσηγορίας ἐκείνης, 9 Ἀντίγονος δὲ καὶ κατὰ γῆν καὶ κατὰ θάλατταν αὐτοκράτωρ
ἡγεμὼν ἀναγορευθεὶς οὐχ ὑπήκουσε πρὶν τὸν μισθὸν
αὐτῷ τῆς ἡγεμονίας ὁμολογηθῆναι τὸν Ἀκροκόρινθον, ἀτεχνῶς τὸν Αἰσώπου μιμησάμενος κυνηγόν ·
10 οὐ γὰρ πρότερον ἐπέβη τοῖς Ἀχαιοῖς δεομένοις
καὶ ὑποβάλλουσιν αὑτοὺς διὰ τῶν πρεσβειῶν καὶ
τῶν ψηφισμάτων ἢ τῇ φρουρᾷ καὶ τοῖς ὁμήροις
ὥσπερ χαλινουμένους ἀνασχέσθαι. 11 Καίτοι πᾶ-   c
σαν ὁ Ἄρατος ἀφίησι φωνὴν ἀπολογιζόμενος τὴν

38. 6 ¹⁻² εἰ δ' add. Anon. (ἀπεγνωκότα ⟨δὲ⟩ Zie.) ‖ ⁴ μηδὲ Cor. :
μήτε ‖ 7 ⁴ ἄξιον ἦν Cor. : ἠξίουν vel ἠξίου codd. ‖ 8 ¹ Καίτοι :
Καὶ ⟨μέν⟩ τοι ⟨καὶ⟩ Wilam. Zie.

Mais Polybe affirme que, depuis longtemps et avant d'y être forcé, se méfiant de l'audace de Cléomène, il était entré en pourparlers secrets avec Antigone et lui avait envoyé en avant les Mégalopolitains, qui demandaient aux Achéens d'appeler le roi de Macédoine ; c'étaient eux en effet qui avaient le plus à souffrir de la guerre en raison des incursions et des pillages incessants de Cléomène sur leur territoire.* 12 Cette version est également celle de l'historien Phylarque, qui ne mériterait d'ailleurs guère de confiance s'il n'avait pour lui le témoignage de Polybe, car Phylarque, dès qu'il touche à Cléomène, pousse jusqu'à l'enthousiasme l'affection qu'il lui porte, et son Histoire ressemble à un procès, où sans cesse il requiert contre Aratos et plaide en faveur de Cléomène. [1]

39. 1 Quoi qu'il en soit, les Achéens perdirent Mantinée, que Cléomène leur reprit, puis, vaincus dans une grande bataille près de l'Hécatombaion, ils furent si désemparés qu'ils envoyèrent aussitôt inviter Cléomène à venir à Argos pour prendre le commandement.* 2 Mais lorsqu'Aratos apprit qu'il arrivait et approchait de Lerne avec son armée, sa frayeur fut telle qu'il lui adressa des ambassadeurs pour le prier de venir avec trois cents hommes seulement, comme chez des amis et alliés, et, s'il se méfiait, de recevoir des otages.* 3 Cléomène répondit que c'était là l'outrager et se moquer de lui, puis il s'en retourna et écrivit aux Achéens une lettre pleine de reproches et d'invectives contre Aratos. Celui-ci, à son tour, écrivit des lettres contre Cléomène. Les injures et les mauvais propos étaient tels, de part et d'autre, qu'ils allaient jusqu'à diffamer leurs mariages et leurs femmes.* 4 Après quoi, Cléomène envoya aux Achéens un héraut pour leur déclarer la guerre,[2] et il fut sur le point de leur enlever Sicyone grâce à une trahison,

---

1. Sur Phylarque, voir ci-dessus la Notice, p. 65 sq. — Tout ce passage depuis le paragraphe 3 est à comparer au chapitre 16 de la *Vie de Cléomène*, qui apporte d'ailleurs sur plusieurs points des compléments.
2. Ce héraut fut envoyé « non pas à Argos, mais à Aigion, comme le dit Aratos » (*Cléom.*, 17, 4).

ἀνάγκην. Ὁ Πολύβιος δ' αὐτὸν ἐκ πολλοῦ φησι καὶ
πρὸ τῆς ἀνάγκης ὑφορώμενον τὸ θράσος τὸ τοῦ
Κλεομένους κρύφα τῷ Ἀντιγόνῳ διαλέγεσθαι καὶ
τοὺς Μεγαλοπολίτας προκαθιέναι δεομένους Ἀχαιῶν
ἐπικαλεῖσθαι τὸν Ἀντίγονον · οὗτοι γὰρ ἐπιέζοντο
τῷ πολέμῳ μάλιστα, συνεχῶς ἄγοντος αὐτοὺς καὶ
φέροντος τοῦ Κλεομένους. 12 Ὁμοίως δὲ καὶ Φύ-
λαρχος ἱστόρηκε περὶ τούτων, ᾧ μὴ τοῦ Πολυβίου
μαρτυροῦντος οὐ πάνυ τι πιστεύειν ἄξιον ἦν · ἐνθου-
σιᾷ γάρ, ὅταν ἅψηται τοῦ Κλεομένους, ὑπ' εὐνοίας,
καὶ καθάπερ ἐν δίκῃ τῇ ἱστορίᾳ τῷ μὲν ἀντιδικῶν   d
διατελεῖ, τῷ δὲ συναγορεύων.

39. 1 Ἀπέβαλον δ' οὖν οἱ Ἀχαιοὶ τὴν Μαντίνειαν, πάλιν ἑλόντος αὐτὴν τοῦ Κλεομένους, καὶ
μάχῃ μεγάλῃ περὶ τὸ Ἑκατόμβαιον ἡττηθέντες οὕτω
κατεπλάγησαν ὥστε πέμπειν εὐθὺς ἐφ' ἡγεμονίᾳ
τὸν Κλεομένη καλοῦντες εἰς Ἄργος. 2 Ὁ δ' Ἄρατος ὡς ᾔσθετο βαδίζοντα καὶ περὶ Λέρναν ὄντα
μετὰ τῆς δυνάμεως, φοβηθεὶς ἀπέστελλε πρέσβεις
τοὺς ἀξιοῦντας ὡς παρὰ φίλους καὶ συμμάχους
αὐτὸν ἥκειν μετὰ τριακοσίων · εἰ δ' ἀπιστεῖ, λαβεῖν
ὁμήρους. 3 Ταῦθ' ὕβριν εἶναι καὶ χλευασμὸν αὑτοῦ φήσας ὁ Κλεομένης ἀνέζευξεν, ἐπιστολὴν γράψας
τοῖς Ἀχαιοῖς ἐγκλήματα πολλὰ κατὰ τοῦ Ἀράτου   e
καὶ διαβολὰς ἔχουσαν. Ἔγραφε δὲ κἀκεῖνος ἐπιστολὰς κατὰ τοῦ Κλεομένους · καὶ ἐφέροντο λοιδορίαι
καὶ βλασφημίαι μέχρι γάμων καὶ γυναικῶν ἀλλήλους
κακῶς λεγόντων. 4 Ἐκ τούτου κήρυκα πέμψας ὁ
Κλεομένης πόλεμον προεροῦντα τοῖς Ἀχαιοῖς,
μικροῦ μὲν ἔλαθε τὴν Σικυωνίων πόλιν ἁρπάσας διὰ

---

39. 1 [1] Ἀπέβαλον GL² : ἀπεβάλοντο vel ἀπεβάλλοντο ‖ 2 [3] ἀπέστελλε G : ἀπέστειλε ‖ 3 [4] Ἔγραφε Bekker : γέγραφε ‖ 4 [3] Σικυωνίων : -νίαν P.

mais, après s'être approché, il s'en détourna et se jeta
sur Pellène, dont il s'empara, le général des Achéens
s'étant enfui. Peu après il prit aussi Phénéos et Pentéléion.[1] 5 Aussitôt les Argiens passèrent à son parti
et les Phliasiens reçurent une garnison. Bref, plus rien
ne restait de sûr dans les conquêtes des Achéens, et Aratos
fut soudain envahi d'un grand trouble en voyant l'agitation
qui régnait dans le Péloponnèse, où de toutes parts
les révolutionnaires soulevaient les villes.[2]

40. 1 En effet personne ne restait tranquille,
ni n'était satisfait de la situation présente ; même à
Sicyone et à Corinthe on découvrit beaucoup de gens
qui étaient entrés en pourparlers avec Cléomène, et
qui, désireux d'exercer eux-mêmes le pouvoir, nourris-
saient depuis longtemps en secret de mauvais desseins
à l'égard de la Confédération. 2 Aratos, investi d'une
autorité sans contrôle contre ces novateurs,* fit mourir
à Sicyone ceux qui avaient été corrompus, mais, en
essayant de rechercher et de punir ceux de Corinthe,
il exaspéra le peuple, déjà atteint par la contagion et
las de la domination achéenne. 3 Les Corinthiens
s'assemblèrent en hâte au sanctuaire d'Apollon* et con-
voquèrent Aratos, résolus à le tuer, ou du moins à l'arrêter
avant de faire défection. 4 Il s'y rendit, conduisant
lui-même son cheval par la bride, comme s'il n'éprouvait
ni méfiance ni soupçon. Une foule de gens se lèvent
soudain, l'injurient et l'accusent. Lui, d'un air calme
et d'un ton doux, les invite à se rasseoir, au lieu de rester
debout en poussant des cris tumultueux, et il les engage
même à faire entrer ceux qui se tiennent aux portes. Et,
tout en parlant, il se retire pas à pas, comme pour remettre

1. Sur Pellène, voir ci-dessus, 31, 3-5. — Cf. *Cléom*., 17, 6, 19, 1-6 ;
et Pol., 2, 52, 1-2. Phénéos se trouve en Arcadie au sud-ouest de Pellène,
et Pentéléion était sans doute une place forte située dans la montagne,
entre ces deux villes.

2. Les Achéens semblent avoir été socialement conservateurs, tandis
que Cléomène, après la réforme agraire qu'il avait accomplie à Sparte,
apparaissait comme le chef de file de tous ceux qui, dans les cités
grecques, aspiraient à des changements profonds dans la répartition
des richesses.

προδοσίας, ἔγγυθεν δ' ἀποτραπεὶς Πελλήνῃ προσέ-
βαλε καὶ τοῦ στρατηγοῦ τῶν Ἀχαιῶν ἐκπεσόντος
ἔσχε τὴν πόλιν. Ὀλίγῳ δ' ὕστερον καὶ Φενεὸν ἔλαβε
καὶ Πεντέλειον. 5 Εἶτ' εὐθὺς Ἀργεῖοι προσεχώρησαν αὐτῷ καὶ Φλιάσιοι φρουρὰν ἐδέξαντο · καὶ
ὅλως οὐδὲν ἔτι τῶν ἐπικτήτων βέβαιον ἦν τοῖς   f
Ἀχαιοῖς, ἀλλὰ θόρυβος πολὺς ἄφνω περιειστήκει
τὸν Ἄρατον ὁρῶντα τὴν Πελοπόννησον κραδαινο-
μένην καὶ τὰς πόλεις ἐξανισταμένας ὑπὸ τῶν νεωτε-
ριζόντων πανταχόθεν.

40. 1 Ἠτρέμει γὰρ οὐδεὶς οὐδ' ἔστεργεν ἐπὶ
τοῖς παροῦσιν, ἀλλὰ καὶ Σικυωνίων αὐτῶν καὶ Κο-   1046
ρινθίων ἐγένοντο πολλοὶ καταφανεῖς διειλεγμένοι τῷ
Κλεομένει καὶ πάλαι πρὸς τὸ κοινὸν ἰδίων ἐπιθυμίᾳ
δυναστειῶν ὑπούλως ἔχοντες. 2 Ἐπὶ τούτους ἐξουσίαν ἀνυπεύθυνον ὁ Ἄρατος λαβών, τοὺς μὲν ἐν
Σικυῶνι διεφθαρμένους ἀπέκτεινε, τοὺς δ' ἐν Κορίνθῳ πειρώμενος ἀναζητεῖν καὶ κολάζειν ἐξηγρίαινε
τὸ πλῆθος, ἤδη νοσοῦν καὶ βαρυνόμενον τὴν ὑπὸ
τοῖς Ἀχαιοῖς πολιτείαν. 3 Συνδραμόντες οὖν εἰς
τὸ τοῦ Ἀπόλλωνος ἱερὸν μετεπέμποντο τὸν Ἄρατον,
ἀνελεῖν ἢ συλλαβεῖν πρὸ τῆς ἀποστάσεως ἐγνω-
κότες. 4 Ὁ δ' ἧκε μὲν αὐτὸς ἐφελκόμενος τὸν ἵππον ὡς οὐκ ἀπιστῶν οὐδ' ὑποπτεύων, ἀναπηδησάντων   b
δὲ πολλῶν καὶ λοιδορουμένων αὐτῷ καὶ κατηγο-
ρούντων, εὖ πως καθεστῶτι τῷ προσώπῳ καὶ τῷ λόγῳ
πράως ἐκέλευε καθίσαι καὶ μὴ βοᾶν ἀτάκτως ἑστῶτας, ἀλλὰ καὶ τοὺς περὶ θύρας ὄντας εἴσω παριέναι ·
καὶ ταῦθ' ἅμα λέγων ὑπεξῄει βάδην ὡς παραδώσων

39. 5 [4] ἄφνω Bryan : ἄνω ‖ 40. 1 [1] Ἠτρέμει : ἠρέμει GP ‖ γὰρ :
μὲν γὰρ P ‖ οὐδεὶς nos : οὐδὲν ‖ 2 [1] τούτους : τούτοις L ‖ [3] Σικυῶνι
διεφθαρμένους Sint. : Σικυωνίαι ἐφθαρμένους ‖ [5] ὑπὸ : ἐπὶ L.

son cheval à quelqu'un. 5 Il se glisse ainsi au dehors, adressant la parole sans se troubler à ceux des Corinthiens qu'il rencontre pour leur dire d'aller au sanctuaire d'Apollon. Quand il fut arrivé sans être inquiété près de la citadelle, il sauta sur son cheval, recommanda à Cléopatros, chef de la garnison, de garder fermement la place, puis partit au galop pour Sicyone, suivi de trente soldats seulement, les autres l'ayant abandonné et s'étant dispersés.* 6 Les Corinthiens ne tardèrent pas à apprendre sa fuite ; ils le poursuivirent sans réussir à le rejoindre, puis appelèrent Cléomène et lui livrèrent leur cité ; le roi pensa ainsi recevoir d'eux moins qu'ils ne lui avaient fait perdre en laissant échapper Aratos.[1] 7 Lorsque les habitants de la côte que l'on appelle Actè se furent joints à lui et lui eurent livré leurs villes,[2] il fit entourer l'Acrocorinthe d'une palissade et d'un mur.[3]

41. 1 A Sicyone la plupart des Achéens se groupèrent autour d'Aratos, formèrent une assemblée et l'élurent stratège avec pleins pouvoirs.[4] 2 Il s'entoura d'une garde recrutée parmi ses concitoyens. Il y avait trente-trois ans qu'il dirigeait les affaires publiques des Achéens et qu'il était en puissance et en réputation le premier des Grecs* ; à présent en revanche, isolé et sans moyens, il flottait brisé comme une épave dans le naufrage de sa patrie, au milieu de la tourmente et des périls. 3 Il demanda le secours des Étoliens, qui le lui refusèrent, et Athènes, bien disposée pourtant en sa faveur, fut empêchée de venir à son aide par Eurycleidès et Micion.* 4 Aratos avait à Corinthe des biens et une maison ;

1. Cf. *Cléom.*, 19, 3, 5.
2. Cf. *Démétr.*, 25, 1 : τὴν καλουμένην Ἀκτήν ; Pol., 5, 91, 8 ; Diod., 12, 43, 1 (avec une note erronée dans l'édition de la *Coll. Univ. Fr.*). Il s'agit de la côte orientale de l'Argolide, où se trouvent notamment les villes d'Épidaure, de Trézène et d'Hermionè, qui sont énumérées toutes les trois, *Cléom.*, 19, 6.
3. Afin d'assiéger la garnison achéenne commandée par Cléopatros, dont il vient d'être question au paragraphe 5. Cf. *Cléom.*, 19, 5.
4. Cette assemblée fut non pas une *synodos*, mais une *synclétos* : cf. A. Aymard, *Les assemblées de la Conféd. achaïenne*, 312. — Il s'agit de la onzième stratégie d'Aratos, en 224-3.

τινὶ τὸν ἵππον. 5 Οὕτως δ' ὑπεκδὺς καὶ τοῖς ὑπαντῶσι τῶν Κορινθίων ἀθορύβως διαλεγόμενος καὶ
κελεύων πρὸς τὸ Ἀπολλώνιον βαδίζειν, ὡς ἔλαθε
πλησίον τῆς ἄκρας γενόμενος, ἀναπηδήσας ἐπὶ
τὸν ἵππον καὶ Κλεοπάτρῳ τῷ ἄρχοντι τῆς φρουρᾶς
διακελευσάμενος ἐγκρατῶς φυλάττειν, ἀφίππευσεν
εἰς Σικυῶνα, τριάκοντα μὲν αὐτῷ στρατιωτῶν ἑπο-
μένων, τῶν δ' ἄλλων ἐγκαταλιπόντων καὶ διαρ-
ρυέντων. 6 Αἰσθόμενοι δ' οἱ Κορίνθιοι μετ' ὀλίγον
τὴν ἀπόδρασιν αὐτοῦ καὶ διώξαντες, ὡς οὐ κατέλα-
βον, μετεπέμψαντο τὸν Κλεομένη καὶ παρέδοσαν
τὴν πόλιν, οὐδὲν οἰομένῳ λαμβάνειν παρ' αὐτῶν
τοσοῦτον ὅσου διήμαρτον ἀφέντες τὸν Ἄρατον.
7 Οὗτος μὲν οὖν, προσγενομένων αὐτῷ τῶν τὴν
λεγομένην Ἀκτὴν κατοικούντων καὶ τὰς πόλεις
ἐγχειρισάντων, ἀπεσταύρου καὶ περιετείχιζε τὸν
Ἀκροκόρινθον.

41. 1 Τῷ δ' Ἀράτῳ συνῆλθον εἰς Σικυῶνα τῶν
Ἀχαιῶν οἱ πολλοί · καὶ γενομένης ἐκκλησίας ᾑρέθη
στρατηγὸς αὐτοκράτωρ. 2 Καὶ περιεστήσατο φρουρὰν ἐκ τῶν ἑαυτοῦ πολιτῶν, τριάκοντα μὲν ἔτη καὶ
τρία πεπολιτευμένος ἐν τοῖς Ἀχαιοῖς, πεπρωτευκὼς
δὲ καὶ δυνάμει καὶ δόξῃ τῶν Ἑλλήνων, τότε δ' ἔρημος
καὶ ἄπορος, συντετριμμένος ὥσπερ ἐπὶ ναυαγίου τῆς
πατρίδος ἐν τοσούτῳ σάλῳ καὶ κινδύνῳ διαφερό-
μενος. 3 Καὶ γὰρ Αἰτωλοὶ δεομένου βοηθεῖν ἀπεί-
παντο, καὶ τὴν Ἀθηναίων πόλιν χάριτι τοῦ Ἀράτου
πρόθυμον οὖσαν οἱ περὶ Εὐρυκλείδην καὶ Μικίωνα
διεκώλυσαν. 4 Ὄντων δὲ τῷ Ἀράτῳ καὶ χρημάτων

40. 5 [1-2] ὑπαντῶσι : ἀπαντῶσι G[1] ‖ 6 [5] ὅσου R : ὅσον ‖ διήμαρτον : -τεν Ald. et editt. ‖ ἀφέντες τὸν G : ἀφέντων ‖ 7 [1] αὐτῷ : αὐτόθι G ‖ **41.** 1 [2] οἱ Π : οὐ ‖ 2 [5] συντετριμμένος : -μένης Mittelhaus ‖
3 [3] Εὐρυκλείδην Bergk : Εὐκλείδην.

Cléomène n'y toucha pas et ne permit à personne d'y toucher ; il convoqua les amis et les intendants d'Aratos et leur recommanda de conserver et de gérer le tout dans la pensée qu'ils devraient rendre des comptes à Aratos, 5 à qui il envoya, à titre privé, Tripylos, puis son beau-père Mégistonous,* chargés de lui promettre, parmi beaucoup d'autres avantages, une pension annuelle de douze talents, le double de celle que lui servait Ptolémée ; en effet le roi d'Égypte lui envoyait chaque année six talents* ; 6 en retour, Cléomène demandait à être proclamé chef des Achéens et à garder l'Acrocorinthe de concert avec eux. 7 Aratos répondit que, loin de tenir en mains les affaires, c'étaient plutôt elles qui le tenaient.[1] Cléomène pensa qu'il se moquait de lui, et il se jeta aussitôt sur le territoire de Sicyone, le pilla, le ravagea, puis resta trois mois devant la ville, sans faire fléchir Aratos qui se demandait s'il accueillerait Antigone et lui livrerait l'Acrocorinthe, car le Macédonien ne voulait l'aider qu'à ce prix.[2]

Les Achéens appellent les Macédoniens. — 42. 1 Les Achéens se réunirent à Aigion[3] et y appelèrent Aratos. Mais, comme Cléomène campait devant Sicyone, il ne pouvait faire ce trajet sans danger, et les citoyens cherchaient à le retenir par leurs prières en disant qu'ils ne le laisseraient pas exposer sa personne quand les ennemis étaient si proches. Même les femmes et les enfants le serraient alors dans leurs bras en pleurant sans vouloir le lâcher, lui, leur père commun et leur sauveur. 2 Aratos les rassura et les réconforta, puis il partit à cheval vers la mer avec dix de ses amis et son fils qui était déjà un jeune homme.[4] Il y avait là des vaisseaux

---

1. Cette réponse d'Aratos figure, littéralement identique, *Cléom.*, 19, 5, où Plutarque ajoute : « Voilà ce qu' a écrit Aratos », évidemment dans ses Mémoires.
2. Cf. *Cléom.*, 19, 9, et Pol., 2, 52, 2-3.
3. Voir ci-dessus, 37, 5, et la note à cet endroit.
4. Sicyone, près de l'Asopos, était peu distante de la côte du golfe de Corinthe, où elle possédait un port. — Le fils d'Aratos portait le même nom que son père ; voir ci-dessous, 49, 2 : τὸν νεώτερον Ἄρατον.

ἐν Κορίνθῳ καὶ οἰκίας, ὁ Κλεομένης ἥψατο μὲν
οὐδενὸς οὐδ' ἄλλον εἴασε, μεταπεμψάμενος δὲ τοὺς   e
φίλους αὐτοῦ καὶ τοὺς διοικητὰς ἐκέλευε πάντα
ποιεῖν καὶ φυλάσσειν ὡς Ἀράτῳ λόγον ὑφέξοντας·
5 ἰδίᾳ δὲ πρὸς αὐτὸν ἔπεμψε Τρίπυλον καὶ πάλιν
Μεγιστόνουν τὸν πατρῷον ὑπισχνούμενος ἄλλα τε
πολλὰ καὶ δώδεκα τάλαντα σύνταξιν ἐνιαύσιον,
ὑπερβαλλόμενος τῷ ἡμίσει Πτολεμαῖον· ἐκεῖνος γὰρ
ἓξ τάλαντα τῷ Ἀράτῳ κατ' ἐνιαυτὸν ἀπέστελλεν.
6 Ἠξίου δὲ τῶν Ἀχαιῶν ἡγεμὼν ἀναγορευθῆναι καὶ
κοινῇ μετ' αὐτῶν φυλάσσειν τὸν Ἀκροκόρινθον.
7 Τοῦ δ' Ἀράτου φήσαντος ὡς οὐκ ἔχοι τὰ πράγ-   f
ματα, μᾶλλον δ' ὑπ' αὐτῶν ἔχοιτο, καὶ κατειρωνεύσασθαι δόξαντος, ἐμβαλὼν εὐθὺς τὴν Σικυωνίαν
ἐπόρθει καὶ κατέφθειρε καὶ προσεκάθητο τῇ πόλει
τρεῖς μῆνας, ἐγκαρτεροῦντος τοῦ Ἀράτου καὶ δια-
ποροῦντος εἰ δέξεται τὸν Ἀντίγονον ἐπὶ τῷ παρα-
δοῦναι τὸν Ἀκροκόρινθον· ἄλλως γὰρ οὐκ ἐβούλετο
βοηθεῖν.

42. 1 Οἱ μὲν οὖν Ἀχαιοὶ συνεληλυθότες εἰς
Αἴγιον ἐκεῖ τὸν Ἄρατον ἐκάλουν. Ἦν δὲ κίνδυνος,
τοῦ Κλεομένους πρὸς τῇ πόλει στρατοπεδεύοντος,
διελθεῖν. Καὶ κατεῖχον οἱ πολῖται δεόμενοι καὶ   1047
προήσεσθαι τὸ σῶμα τῶν πολεμίων ἐγγὺς ὄντων
οὐ φάσκοντες· ἐξήρτηντο δ' αὐτοῦ καὶ γυναῖκες
ἤδη καὶ παῖδες ὥσπερ πατρὸς κοινοῦ καὶ σωτῆρος
περιεχόμενοι καὶ δακρύοντες. 2 Οὐ μὴν ἀλλὰ θαρ-
ρύνας καὶ παραμυθησάμενος αὐτοὺς ἐξίππευσεν ἐπὶ
τὴν θάλατταν, ἔχων δέκα φίλους καὶ τὸν υἱὸν ἤδη

---

41. 4 [5] ποιεῖν : διοικεῖν Sint. cl. *Cléom.*, 19, 7 ‖ 5 [1] Τρίπυλον :
Τριτύμαλλον τὸν Μεσσήνιον *Cléom.*, 19, 8 ‖ [4] ἡμίσει Ald. : μίσει ‖
7 [2-3] κατειρωνεύσασθαι : -νεύεσθαι L ‖ 42. 1 [8] δακρύοντες : δια-
κρούοντες G[1] ut vid.

au mouillage ; ils embarquèrent et se firent transporter
à Aigion, où se tenait l'assemblée. On y résolut d'appeler
Antigone et de lui livrer l'Acrocorinthe. 3 Aratos
joignit même son fils aux autres otages qu'on lui envoya.*
Irrités de cette décision, les Corinthiens pillèrent les
biens d'Aratos et firent présent de sa maison à Cléomène.*

43. 1 Comme Antigone approchait déjà avec son
armée (il amenait vingt mille fantassins macédoniens
et treize cents cavaliers), Aratos, accompagné des démiurges,* alla par mer à sa rencontre jusqu'à Pègai,[1]
à l'insu des ennemis. Il n'avait pas grande confiance
en Antigone et il se méfiait des Macédoniens, 2 car
il savait que ses propres accroissements provenaient
des dommages qu'il leur avait causés, et que le premier
et le plus grand principe de sa politique avait été sa
haine contre Antigone l'Ancien.[2] Mais se voyant pressé
par l'inflexible nécessité et par les circonstances auxquelles se soumettent même ceux qui passent pour être
les maîtres, il marchait au-devant du danger. 3 Antigone, quand on lui annonça l'arrivée d'Aratos, salua les
autres poliment, mais de façon banale, tandis qu'il accueillit Aratos, dès cette première entrevue, avec des honneurs
exceptionnels, et, ensuite, découvrant en lui à l'usage
un homme plein de valeur et d'intelligence, il l'admit
plus avant dans son intimité. 4 Aratos en effet
n'était pas seulement utile dans les grandes affaires,
mais il apportait au roi, quand celui-ci était de loisir,
une compagnie plus agréable que personne d'autre.
5 C'est pourquoi Antigone , bien qu'il fût encore jeune,*
n'eut pas plus tôt observé en lui une nature qui n'était
nullement inapte pour une amitié royale,* qu'il le préféra

1. Pègai ou Pagai est, en Mégaride (cf. *Pér.*, 19, 2), un port sur le
golfe de Corinthe. — Antigone, à qui les Étoliens interdirent le passage des Thermopyles, gagna l'Isthme en passant par l'Eubée : cf.
Pol., 2, 52, 7-8.
2. Antigone Gonatas.

νεανίαν ὄντα · καὶ παρορμούντων ἐκεῖ πλοίων ἐπι-
βάντες εἰς Αἴγιον παρεκομίσθησαν ἐπὶ τὴν ἐκκλησίαν,
ἐν ᾗ καλεῖν τὸν Ἀντίγονον ἐψηφίσαντο καὶ παρα-
διδόναι τὸν Ἀκροκόρινθον. 3 Ἔπεμψε δὲ καὶ τὸν
υἱὸν Ἄρατος πρὸς αὐτὸν μετὰ τῶν ἄλλων ὁμήρων.
Ἐφ᾽ οἷς οἱ Κορίνθιοι χαλεπῶς φέροντες τά τε χρήματα
διήρπασαν αὐτοῦ καὶ τὴν οἰκίαν τῷ Κλεομένει δωρεὰν
ἔδωκαν.

43. 1 Τοῦ δ᾽ Ἀντιγόνου προσιόντος ἤδη μετὰ
τῆς δυνάμεως (ἦγε δὲ πεζοὺς δισμυρίους Μακεδόνας,
ἱππεῖς δὲ χιλίους καὶ τριακοσίους) ἀπήντα μετὰ
τῶν δημιουργῶν ὁ Ἄρατος αὐτῷ κατὰ θάλατταν εἰς
Πηγάς, λαθὼν τοὺς πολεμίους, οὐ πάνυ τι θαρρῶν
τὸν Ἀντίγονον οὐδὲ πιστεύων τοῖς Μακεδόσιν.
2 Ἤιδει γὰρ ηὐξημένον ἑαυτὸν ἐξ ὧν ἐκείνους κακῶς
ἐποίησε καὶ πρώτην εἰληφότα ⟨καὶ⟩ μεγίστην ὑπόθεσιν τῆς πολιτείας τὴν πρὸς Ἀντίγονον τὸν παλαιὸν
ἔχθραν. Ἀλλ᾽ ὁρῶν ἀπαραίτητον ἐπικειμένην ⟨τὴν⟩
ἀνάγκην καὶ τὸν καιρόν, ᾧ δουλεύουσιν οἱ δοκοῦντες
ἄρχειν, ἐχώρει πρὸς τὸ δεινόν. 3 Ὁ δ᾽ Ἀντίγονος,
ὥς τις αὐτῷ προσιόντα τὸν Ἄρατον ἔφρασε, τοὺς
μὲν ἄλλους ἠσπάσατο μετρίως καὶ κοινῶς, ἐκεῖνον
δὲ καὶ περὶ τὴν πρώτην ἀπάντησιν ἐδέξατο τῇ τιμῇ
περιττῶς, καὶ τἆλλα πειρώμενος ἀνδρὸς ἀγαθοῦ
καὶ νοῦν ἔχοντος ἐνδοτέρω τῆς χρείας προσηγάγετο.
4 Καὶ γὰρ ἦν ὁ Ἄρατος οὐ μόνον ἐν πράγμασι
μεγάλοις ὠφέλιμος, ἀλλὰ καὶ σχολάζοντι βασιλεῖ
συγγενέσθαι παρ᾽ ὀντινοῦν ἐπίχαρις. 5 Διό, καίπερ
ὢν νέος ὁ Ἀντίγονος, ὡς κατενόησε τὴν φύσιν τοῦ
ἀνδρὸς μηδὲν ἀργὸν εἰς φιλίαν βασιλικὴν οὖσαν,

43. 2 ² εἰληφότα G : -τι ‖ καὶ add. Zie. ‖ ⁴ τὴν add. Zie. ‖ 3 ⁵ καὶ
τἆλλα B : καὶ κατ᾽ ἄλλα GL ‖ 5 ³ μηδὲν ἀργὸν corr. vid. : μηδενὸς
δευτέραν Madvig ‖ ³ οὖσαν : ἔχουσαν Rei. Wil.

à tous, non seulement aux Achéens, mais même aux Macédoniens qu'il avait avec lui, de façon qu'il l'employa constamment. 6 Et le présage se réalisa comme le dieu l'avait indiqué par les entrailles des victimes : on raconte en effet que, peu de temps auparavant, lors d'un sacrifice offert par Aratos, on avait trouvé dans le foie d'un animal deux vésicules de fiel enveloppées dans une même couche de graisse ; le devin annonça qu'Aratos se lierait bientôt de l'amitié la plus étroite avec ce qu'il haïssait et détestait le plus. 7 Sur le moment, il négligea cette prédiction. Il avait d'ailleurs peu de confiance dans les prophéties et les sacrifices, et il ne se conduisait que d'après sa raison. 8 Mais, par la suite, Antigone, à un moment où il remportait des succès à la guerre, donna à Corinthe un festin, où il reçut de nombreux invités et fit placer Aratos au-dessus de lui[1] ; au bout d'un moment, il réclama une couverture et demanda à Aratos s'il ne trouvait pas, lui aussi, qu'il faisait froid ; Aratos ayant répondu qu'il était tout à fait gelé, il le pria de s'approcher plus près de lui, et les esclaves apportèrent un tapis dont ils les enveloppèrent tous les deux. 9 Alors Aratos, se souvenant du sacrifice, éclata de rire et raconta au roi le présage et la prédiction. Mais ce fait n'eut lieu que plus tard.

44. 1 A Pègai donc ils se prêtèrent serment l'un à l'autre, puis marchèrent aussitôt à l'ennemi. Les Corinthiens se défendant vaillamment et Cléomène s'étant bien retranché, des combats eurent lieu autour de cette ville[2]. 2 Mais à ce moment Aristotélès d'Argos, ami d'Aratos, lui envoie dire en secret qu'il suscitera la défection de sa cité, si Aratos vient avec des troupes.[3] 3 Aratos en parla avec Antigone, puis emmena quinze cents hommes et avec eux se rendit en toute hâte par mer de l'Isthme à Épidaure, mais les Argiens n'atten-

---

1. Sur le même lit de salle à manger (κατέκλινεν).
2. Sur ces combats autour de Corinthe, Plutarque donne plus de détails, *Cléom.*, 20, 1-4 ; voir aussi Pol., 2, 52, 5.
3. Argos se trouvait alors du côté de Cléomène : voir ci-dessus, 39, 5. Cf. *Cléom.*, 20, 5-6 : « Vers le soir arrivèrent d'Argos par mer des amis d'Aratos, qui venaient l'appeler en disant que les Argiens s'étaient révoltés contre Cléomène. Celui qui avait machiné la défection s'appelait Aristotélès. »

οὐ μόνον Ἀχαιῶν, ἀλλὰ καὶ Μακεδόνων τῶν σὺν
αὐτῷ πάντ⟨ων μάλιστ⟩α χρώμενος ἐκείνῳ διετέλει ·
6 καὶ τὸ σημεῖον ἀπέβαινεν, ὡς ὁ θεὸς ἐπὶ τῶν
ἱερῶν ἔδειξε. Λέγεται γὰρ οὐ πρὸ πολλοῦ θύοντι
τῷ Ἀράτῳ δύο χολὰς ἐν ἥπατι φανῆναι μιᾷ πιμελῇ
περιεχομένας · καὶ τὸν μάντιν εἰπεῖν ὡς ταχὺ πρὸς
τὰ ἔχθιστα καὶ πολεμιώτατα σύνεισιν εἰς ἄκραν
φιλίαν. 7 Τότε μὲν οὖν παρήνεγκε τὸ ῥηθέν,
οὐδ' ἄλλως πολὺ νέμων πίστεως ἱεροῖς καὶ μαντεύ-
μασιν, ἀλλὰ τῷ λογισμῷ χρώμενος. 8 Ἐπεὶ
δ' ὕστερον εὖ χωροῦντι τῷ πολέμῳ συναγαγὼν ὁ Ἀντίγονος ἑστίασιν ἐν Κορίνθῳ καὶ πολλοὺς ὑποδεχό-
μενος τὸν Ἄρατον ἐπάνω κατέκλινεν ἑαυτοῦ, καὶ
μετὰ μικρὸν αἰτήσας περιβόλαιον ἠρώτησεν εἰ
δοκεῖ κἀκείνῳ ψῦχος εἶναι, τοῦ δὲ καὶ πάνυ ῥιγοῦν
φήσαντος, ἐκέλευσε προσχωρεῖν ἐγγυτέρω καὶ δάπι-
δος κομισθείσης ἀμφοτέρους ὁμοῦ περιέβαλον οἱ
παῖδες, 9 τότε δὴ τὸν Ἄρατον ἀναμνησθέντα τῶν
ἱερῶν ἐκείνων γέλως ἔλαβε, καὶ διηγεῖτο τῷ βασιλεῖ
τὸ σημεῖον καὶ τὴν προαγόρευσιν. Ἀλλὰ ταῦτα
μὲν ἐπράχθη χρόνοις ὕστερον.

44. 1 Ἐν δὲ ταῖς Πηγαῖς δόντες καὶ λαβόντες
ὅρκους εὐθὺς ἐβάδιζον ἐπὶ τοὺς πολεμίους. Καὶ
περὶ τὴν πόλιν ἀγῶνες ἦσαν, εὖ πεφραγμένου τοῦ
Κλεομένους καὶ τῶν Κορινθίων ἀμυνομένων προθύμως. 2 Ἐν τούτῳ δ' Ἀριστοτέλης ὁ Ἀργεῖος
φίλος ὢν Ἀράτου διαπέμπεται κρύφα πρὸς αὐτὸν
ὡς ἀποστήσων τὴν πόλιν, εἰ στρατιώτας ἐκεῖνος ἔχων
ἔλθοι. 3 Τοῦ δ' Ἀράτου φράσαντος τῷ Ἀντιγόνῳ
καὶ μετὰ χιλίων καὶ πεντακοσίων εἰς Ἐπίδαυρον ἐξ
Ἰσθμοῦ πλοίοις κομιζομένου κατὰ τάχος, οἱ μὲν

---

43. 5 ⁵ πάντων μάλιστα Rei. : πάντα ‖ 8 ⁸ περιέβαλον Junt. : -έβαλ-
λον ‖ 44. 1 ³ τὴν πόλιν : τὴν ⟨Κορινθίων⟩ πόλιν Zie.

dirent pas son arrivée pour attaquer les soldats de Cléomène ; ils les enfermèrent dans l'acropole. A cette nouvelle,
Cléomène, craignant de se voir couper la retraite vers
son pays par les ennemis devenus maîtres d'Argos,
abandonna l'Acrocorinthe et vint pendant la nuit au
secours des siens. 4 Il devança Aratos, entra dans
Argos et mit en fuite quelques adversaires. Mais peu
après, comme Aratos approchait et que le roi apparaissait
avec son armée, il se retira vers Mantinée.* 5 Dès
lors toutes les villes revinrent au parti des Achéens,
Antigone prit possession de l'Acrocorinthe, et Aratos,
élu stratège par les Argiens, leur persuada de faire présent
à Antigone des biens des tyrans et des traîtres. 6 On
fit torturer et jeter à la mer, à Cenchrées, [1] Aristomachos.
Ce supplice fit grand tort à la réputation d'Aratos :
il lui fut reproché d'avoir laissé périr illégalement
un homme qui n'était pas mauvais, qui l'avait beaucoup
fréquenté et qui, sur ses conseils, avait renoncé au pouvoir et avait joint sa ville aux Achéens. [2]

45. 1 Déjà on le rendait responsable aussi des
autres sujets de mécontentement : c'était sa faute, par
exemple, si l'on avait fait cadeau à Antigone de la ville
de Corinthe, comme s'il s'agissait d'une quelconque bour-
gade ; si on l'avait laissé piller Orchomène et y mettre
une garnison macédonienne [3] ; 2 si l'on avait décrété
de n'écrire et de n'envoyer d'ambassadeur à un autre
roi sans l'autorisation d'Antigone [4], si l'on avait accepté
par contrainte de nourrir et de payer les Macédoniens,
3 si l'on célébrait des sacrifices, des processions et des
concours en l'honneur d'Antigone, à commencer par
les concitoyens d'Aratos qui avaient reçu dans leur cité

1. Port de Corinthe sur le golfe Saronique ; cf. 23, 5.
2. Voir ci-dessus, 31, 2-5. Polybe, 2, 59-60, en polémiquant contre
Phylarque, parle longuement de la mort d'Aristomachos, qu'il estime,
lui, parfaitement juste, car il nous apprend qu'Aristomachos, ayant
pris le parti de Cléomène, avait fait périr cruellement 80 notables
de la ville. Voir la Notice, p. 65-66.
3. Orchomène (d'Arcadie) avait été prise par Aratos (ci-dessus, 38, 1),
mais ensuite récupérée sans doute par Cléomène. Cf. *Cléom.*, 23, 1 ;
Pol., 2, 54, 10-11.
4. Voir A. Aymard, *Les premiers rapports de Rome et de la Conf.
achaïenne*, 55, et note 35.

Ἀργεῖοι προεξαναστάντες ἐπέθεντο τοῖς τοῦ Κλεο-   1048
μένους καὶ κατέκλεισαν εἰς τὴν ἀκρόπολιν, ὁ δὲ
Κλεομένης πυθόμενος ταῦτα καὶ δείσας μὴ κατα-
σχόντες οἱ πολέμιοι τὸ Ἄργος ἀποκόψωσιν αὐτὸν
τῆς οἴκαδε σωτηρίας, ἐκλιπὼν τὸν Ἀκροκόρινθον
ἔτι νυκτὸς ἐβοήθει. 4 Καὶ παρελθὼν μὲν εἰς Ἄργος
ἔφθη καὶ τροπήν τινα τῶν πολεμίων ἐποίησεν, ὀλίγῳ
δ' ὕστερον Ἀράτου προσφερομένου καὶ τοῦ βασιλέως ἐπιφαινομένου μετὰ τῆς δυνάμεως, ἀπεχώρησεν
εἰς Μαντίνειαν. 5 Ἐκ τούτου τοῖς μὲν Ἀχαιοῖς
πάλιν αἱ πόλεις ἅπασαι προσεχώρησαν, Ἀντίγονος
δὲ τὸν Ἀκροκόρινθον παρέλαβεν, Ἄρατος δὲ στρατηγὸς αἱρεθεὶς ὑπ' Ἀργείων ἔπεισεν αὐτοὺς Ἀντιγόνῳ τά τε τῶν τυράννων καὶ τὰ τῶν προδοτῶν   b
χρήματα δωρεὰν δοῦναι. 6 Τὸν δ' Ἀριστόμαχον
ἐν Κεγχρεαῖς στρεβλώσαντες κατεπόντισαν, ἐφ' ᾧ
καὶ μάλιστα κακῶς ἤκουσεν ὁ Ἄρατος, ὡς ἄνθρωπον
οὐ πονηρόν, ἀλλὰ καὶ κεχρημένον ἐκείνῳ καὶ πεπεισ-
μένον ἀφεῖναι τὴν ἀρχὴν καὶ προσαγαγεῖν τοῖς
Ἀχαιοῖς τὴν πόλιν ὅμως περιιδὼν παρανόμως
ἀπολλύμενον.

45. 1 Ἤδη δὲ καὶ τῶν ἄλλων ἐκείνῳ τὰς αἰτίας
ἐπέφερον, οἷον ὅτι τὴν μὲν Κορινθίων πόλιν Ἀντιγόνῳ δωρεὰν ἔδωκαν, ὥσπερ κώμην τὴν τυχοῦσαν,
τὸν Ὀρχομενὸν δὲ συνεχώρησαν αὐτῷ διαρπάσαντι
φρουρὰν ἐμβαλεῖν Μακεδονικήν, 2 ἐψηφίσαντο   c
δ' ἄλλῳ μὴ γράφειν βασιλεῖ μηδὲ πρεσβεύειν πρὸς
ἄλλον ἄκοντος Ἀντιγόνου, τρέφειν τε καὶ μισθο-
δοτεῖν ἠναγκάζοντο τοὺς Μακεδόνας, 3 θυσίας δὲ
καὶ πομπὰς καὶ ἀγῶνας Ἀντιγόνῳ συνετέλουν,
ἀρξαμένων τῶν Ἀράτου πολιτῶν καὶ δεξαμένων

44. 3 ⁵ εἰς : πρὸς P ‖ 6 ⁶ περιιδὼν corr. ant. : -ιδόντα ‖ ⁷ ἀπολλύμενον LG² : ἀπολόμενον ‖ 45. 1 ² ὅτι : ὅτε Zie. ‖ 2 ³ τε : δὲ G.

Antigone, qu'Aratos y traitait en hôte. 4 On l'accusait donc de tout, sans réfléchir qu'ayant remis les
rênes aux mains d'Antigone, il était entraîné par le
torrent de la puissance royale et n'était plus maître que
de sa seule voix, dont la franchise même pouvait être
dangereuse. 5 Il laissait assez voir la peine que
lui causaient de nombreux actes d'Antigone, en particulier dans l'affaire des statues : Antigone avait relevé
celles des tyrans d'Argos, qui avaient été abattues,[1]
et renversé les effigies, restées debout, des hommes qui
avaient pris l'Acrocorinthe, à l'exception d'une seule,
celle d'Aratos ; il avait eu beau prier Antigone à se
sujet, il n'avait rien obtenu. 6 On jugeait aussi qu'à
l'égard de Mantinée les Achéens ne s'étaient pas conduits
en vrais Grecs : devenus maîtres de cette ville grâce à
l'aide d'Antigone, ils firent périr les premiers et les plus
illustres des citoyens ; quant au reste des habitants,
ils vendirent les uns et envoyèrent les autres, enchaînés,
en Macédoine ; enfin ils réduisirent en esclavage les
enfants et les femmes, partagèrent entre eux le tiers
de l'argent ainsi obtenu et donnèrent les deux autres
tiers aux Macédoniens.[2] 7 C'était, il est vrai, la loi
des représailles.* En effet, s'il est odieux d'assouvir
ainsi sa colère sur des hommes de même origine et de
même sang, en cas de nécessité même la dureté devient
douce, au dire de Simonide, en accordant soulagement
et satisfaction au cœur endolori, qu'enflamme le ressentiment.* 8 Mais ce que l'on fit ensuite à l'égard
de cette ville ne permet d'attribuer à Aratos aucun
motif honorable ni l'excuse de la nécessité : les Achéens
ayant reçu d'Antigone la cité en présent et ayant résolu
de la repeupler, c'est Aratos qui fut choisi comme fondateur et fit décider, en sa qualité de stratège,* qu'on ne
l'appellerait plus désormais Mantinée, mais Antigonéia,
et c'est ainsi qu'on la nomme aujourd'hui encore.*

---

1. Ces tyrans d'Argos avaient été des amis de la Macédoine.
2. Sur la prise de Mantinée par Antigone, cf. *Cléom.*, 23, 1 ; Pol., 2,
54, 11-12, et surtout 2, 56-58, où l'historien s'étend longuement
sur cette affaire de Mantinée et accuse Phylarque (que Plutarque
semble suivre ici) d'avoir outré et dramatisé les faits.

τῇ πόλει τὸν Ἀντίγονον ὑπ' Ἀράτου ξενιζόμενον,
4 ᾐτιῶντο πάντων ἐκεῖνον, ἀγνοοῦντες ὅτι τὰς
ἡνίας ἐκείνῳ παραδεδωκὼς καὶ τῇ ῥύμῃ τῆς βασιλικῆς ἐφελκόμενος ἐξουσίας οὐδενὸς ἦν ἢ μόνης
φωνῆς ἔτι κύριος, ἐπισφαλῆ τὴν παρρησίαν ἐχούσης.
5 Ἐπεὶ φανερῶς γε πολλὰ τῶν πραττομένων ἐλύπει
τὸν Ἄρατον, ὥσπερ τὸ περὶ τῶν εἰκόνων · ὁ γὰρ   d
Ἀντίγονος τὰς μὲν τῶν ἐν Ἄργει τυράννων κατα-
βεβλημένας ἀνέστησε, τὰς δὲ τῶν ἑλόντων τὸν
Ἀκροκόρινθον ἑστώσας ἀνέτρεψε πλὴν μιᾶς τῆς
ἐκείνου · καὶ πολλὰ περὶ τούτων δεηθεὶς ὁ Ἄρατος
οὐκ ἔπεισεν. 6 Ἐδόκει δὲ καὶ τὰ περὶ Μαντίνειαν
οὐχ Ἑλληνικῶς διῳκῆσθαι τοῖς Ἀχαιοῖς. Κρατή-
σαντες γὰρ αὐτῶν δι' Ἀντιγόνου, τοὺς μὲν ἐνδο-
ξοτάτους καὶ πρώτους ἀπέκτειναν, τῶν δ' ἄλλων
τοὺς μὲν ἀπέδοντο, τοὺς δ' εἰς Μακεδονίαν ἀπέστειλαν πέδαις δεδεμένους, παῖδας δὲ καὶ γυναῖκας
ἠνδραποδίσαντο, τοῦ δὲ συναχθέντος ἀργυρίου τὸ
τρίτον αὐτοὶ διείλοντο, τὰς δὲ δύο μοίρας ἔνειμαν
τοῖς Μακεδόσι. 7 Καὶ ταῦτα μὲν ἔσχε τὸν τῆς
ἀμύνης νόμον · καὶ γὰρ εἰ δεινὸν ἄνδρας ὁμοφύλους   e
καὶ συγγενεῖς οὕτω μεταχειρίσασθαι δι' ὀργήν,
ἀλλ' ἐν ἀνάγκαις γλυκὺ γίνεται καὶ τὸ σκληρόν,
κατὰ Σιμωνίδην, ὥσπερ ἀλγοῦντι τῷ θυμῷ καὶ φλεγ-
μαίνοντι θεραπείαν καὶ ἀναπλήρωσιν προσφερόντων.
8 Τὰ δὲ μετὰ ταῦτα πραχθέντα περὶ τὴν πόλιν
οὔτ' εἰς καλὴν οὔτ' εἰς ἀναγκαίαν ἔστι θέσθαι τῷ
Ἀράτῳ πρόφασιν. Τῶν γὰρ Ἀχαιῶν τὴν πόλιν
παρ' Ἀντιγόνου δωρεὰν λαβόντων καὶ κατοικίζειν
ἐγνωκότων αὐτὸς οἰκιστὴς αἱρεθεὶς καὶ στρατηγὸς
ὢν ἐψηφίσατο μηκέτι καλεῖν Μαντίνειαν, ἀλλ' Ἀν-

45. 5 ¹ γε Steph. : τε ‖ 6 ⁶ πέδαις : ⟨ἐν⟩ π- Sint. ‖ 7 ⁴ τὸ Madvig:
οὐ codd. (del. Bergk) ‖ 8 ³ Ἀχαιῶν E. Curtius : Ἀργείων.

9 C'est donc par sa faute, semble-t-il, que « l'aimable Mantinée »[1] a complètement perdu son nom et garde celui des meurtriers et des bourreaux de ses citoyens.

Bataille de Sellasie et ses suites. — 46. 1 Ensuite

Cléomène fut vaincu dans une grande bataille près de Sellasie ; il quitta Sparte et s'embarqua pour l'Égypte.[2] Quant à Antigone, après s'être montré en tout juste et humain à l'égard d'Aratos, il retourna en Macédoine. 2 Il y tomba bientôt malade et envoya dans le Péloponnèse celui qui devait lui succéder comme roi, Philippe, encore un tout jeune homme,* en lui recommandant d'écouter surtout Aratos et d'user de son entremise dans les rapports avec les villes et pour se faire connaître des Achéens. 3 De fait, Aratos, ayant accueilli Philippe, le mit dans de telles dispositions qu'il était plein de dévouement pour lui et rempli de zèle et d'ardeur pour les intérêts des Grecs lorsqu'il repartit pour la Macédoine.

47. 1 Après la mort d'Antigone,[3] les Étoliens qui méprisaient les Achéens à cause de leur insouciance (ils les voyaient habitués à recevoir leur salut des mains d'autrui, à se retirer à l'abri des armes des Macédoniens et à vivre dans l'oisiveté et l'indiscipline)*, s'ingérèrent dans les affaires du Péloponnèse. 2 Ils pillèrent au passage Patrai et Dymè,* et envahirent la Messénie qu'ils ravagèrent. 3 Aratos s'indignait et voyait que Timoxénos, alors stratège des Achéens,* hésitait et temporisait parce qu'il était presque au terme de sa fonction ; étant lui-même élu pour lui succéder, il

---

1. Hom., *Il.*, 2, 607 : Μαντινέην ἐρατεινήν.

2. C'est, semble-t-il, au début de l'été 222 (plutôt que 221) qu'Antigone Doson descendit dans le Péloponnèse à la tête d'une puissante armée et commença la campagne qui devait se terminer par la grande et décisive bataille de Sellasie, en juillet 222 : voir Ed. Will, *Hist pol. du monde hellénistique*, 1, 360 sq. et 363. Cf. *Cléom.*, chap. 27-29, et Pol., 2, 65-69. Sellasie se trouvait en Laconie sur les bords de l'Oinous, affluent de l'Eurotas, au carrefour des routes qui, de Tégée et d'Argos, menaient à Sparte.

3. Dans l'été de 221.

τιγόνειαν, ὃ καὶ μέχρι νῦν καλεῖται. 9 Καὶ δοκεῖ   f
δι᾽ ἐκεῖνον ἡ μὲν ἐρατεινὴ Μαντίνεια παντάπασιν
ἐξαληλίφθαι, διαμένει δ᾽ ἡ πόλις ἐπώνυμος τῶν
ἀπολεσάντων καὶ ἀνελόντων τοὺς πολίτας.

46. 1 Ἐκ τούτου Κλεομένης μὲν ἡττηθεὶς μάχῃ
μεγάλῃ περὶ Σελλασίαν ἐξέλιπε τὴν Σπάρτην καὶ
ἀπέπλευσεν εἰς Αἴγυπτον, Ἀντίγονος δὲ πάντα τὰ
δίκαια καὶ φιλάνθρωπα τῷ Ἀράτῳ πεποιηκὼς ἀνέ-   1049
ζευξεν εἰς Μακεδονίαν, 2 κἀκεῖ νοσῶν ἤδη τὸν
διάδοχον τῆς βασιλείας Φίλιππον, οὔπω πάνυ μειράκιον ὄντα, πέμπων εἰς Πελοπόννησον Ἀράτῳ μάλιστα προσέχειν ἐκέλευσε καὶ δι᾽ ἐκείνου ταῖς πό-
λεσιν ἐντυχεῖν καὶ γνωρισθῆναι τοῖς Ἀχαιοῖς.
3 Καὶ μέντοι καὶ παραλαβὼν αὐτὸν ὁ Ἄρατος
οὕτως διέθηκεν ὥστε πολλῆς μὲν εὐνοίας πρὸς
αὐτόν, πολλῆς δὲ πρὸς τὰς Ἑλληνικὰς πράξεις
φιλοτιμίας καὶ ὁρμῆς μεστὸν εἰς Μακεδονίαν ἀποστεῖ-
λαι.

47. 1 Τελευτήσαντος δ᾽ Ἀντιγόνου, καταφρονή-
σαντες Αἰτωλοὶ τῶν Ἀχαιῶν διὰ τὴν ῥαθυμίαν
(ἐθισθέντες γὰρ ἀλλοτρίαις σῴζεσθαι χερσὶ καὶ
τοῖς Μακεδόνων ὅπλοις αὐτοὺς ὑπεσταλκότες ἐν
ἀργίᾳ πολλῇ καὶ ἀταξίᾳ διῆγον) ἐπέθεντο τοῖς   b
κατὰ Πελοπόννησον πράγμασι· 2 καὶ τὴν μὲν
Πατρέων καὶ Δυμαίων λεηλασίαν ὁδοῦ πάρεργον
ἐποιήσαντο, τὴν δὲ Μεσσήνην ἐμβαλόντες ἐπόρθουν.
3 Ἐφ᾽ οἷς ὁ Ἄρατος ἀγανακτῶν καὶ τὸν στρατηγοῦντα τότε τῶν Ἀχαιῶν Τιμόξενον ὁρῶν ὀκνοῦντα
καὶ διατρίβοντα τὸν χρόνον ἤδη τῆς στρατηγίας
αὐτῷ τελευτώσης, αὐτὸς ᾑρημένος ἄρχειν μετ᾽ ἐκεῖ-

devança de cinq jours sa prise de commandement afin
d'aller au secours des Messéniens.* 4 Il rassembla
les Achéens, mais, comme ils manquaient d'entraînement
physique et d'énergie morale pour faire la guerre, il
fut vaincu près de Caphyai.[1] 5 Il semblait avoir
dirigé les opérations avec trop de fougue,[2] mais, re-
froidi à nouveau par cet échec, il laissa aller les affaires et
renonça à espérer, au point que, malgré la prise que les
Étoliens lui donnèrent plusieurs fois sur eux, il resta
tranquille et leur permit de parcourir le Péloponnèse
comme en partie de plaisir, avec beaucoup d'audace
et d'insolence. 6 Les Achéens tendirent donc les
mains une fois encore vers la Macédoine et ils cherchèrent
à attirer à eux Philippe pour qu'il vînt s'occuper des
affaires de la Grèce, espérant surtout que son amitié
et sa confiance envers Aratos leur feraient trouver
en lui un roi facile et maniable, dont ils disposeraient
en tout à leur gré.*

Philippe de Macédoine. — **48.** 1 Alors, tout d'abord,
comme Apellès, Mégaléas et quelques autres courtisans
calomniaient Aratos,* le roi les écouta, soutint pour
l'élection du stratège achéen le parti hostile à Aratos
et fit ainsi élire Épératos. 2 Mais celui-ci étant tout à
fait méprisé par les Achéens* et Aratos ne s'occupant pas
des affaires, il ne se faisait plus rien de bon, et Philippe
reconnut qu'il s'était complètement trompé. 3 Il
revint alors à Aratos et s'en remit tout entier à lui,
puis, voyant ses affaires gagner en puissance et en bonne
renommée, il s'attacha à lui comme à l'homme à qui
il devait sa gloire et sa grandeur. 4 Tout le monde
reconnaissait qu'Aratos était un excellent précepteur
non seulement de démocratie, mais aussi de monarchie,
5 car sa ligne de conduite et son caractère se reflétaient

---

1. Dans le nord de l'Arcadie. Cette bataille est longuement racontée par Polybe, 4, chap. 11-13.
2. Polybe en 4, 7, 8, juste avant de raconter la bataille de Caphyai,
a écrit d'Aratos : θυμικώτερον ἐχρῆτο τοῖς πράγμασιν. Plus loin
Polybe, en 4, 7, 14, énumère les nombreux reproches qu'Aratos eut à
subir devant l'assemblée des Achéens.

νον προέλαβεν ἡμέραις πέντε τὴν ἀρχὴν ἕνεκα τοῦ
βοηθῆσαι Μεσσηνίοις. 4 Καὶ συναγαγὼν τοὺς
Ἀχαιοὺς τοῖς τε σώμασιν ἀγυμνάστους ὄντας καὶ
ταῖς διανοίαις ἐκλελυμένους πρὸς τὸν πόλεμον,
ἡττᾶται περὶ Καφύας · 5 καὶ θυμικώτερον ἐστρα-
τηγηκέναι δόξας, οὕτως αὖ πάλιν ἀπημβλύνθη καὶ
προήκατο τὰ πράγματα καὶ τὰς ἐλπίδας, ὥστε
πολλάκις λαβὴν τοὺς Αἰτωλοὺς παρασχόντας ἀνέ-
χεσθαι καὶ περιορᾶν ὥσπερ κωμάζοντας ἐν τῇ Πε-
λοποννήσῳ μετὰ πολλῆς ἀσελγείας καὶ θρασύτητος.
6 Αὖθις οὖν τὰς χεῖρας ὀρέγοντες εἰς Μακεδονίαν
ἐπεσπῶντο καὶ κατῆγον ἐπὶ τὰς Ἑλληνικὰς πράξεις
τὸν Φίλιππον, οὐχ ἥκιστα διὰ τὴν πρὸς τὸν Ἄρατον
εὔνοιαν αὐτοῦ καὶ πίστιν ἐλπίζοντες εὐκόλῳ περὶ
πάντα χρήσεσθαι καὶ χειροήθει.

48. 1 Καὶ τότε πρῶτον Ἀπελλοῦ καὶ Μεγαλέου
καί τινων αὐλικῶν ἄλλων διαβαλλόντων τὸν Ἄρατον,
ἀναπεισθεὶς ὁ βασιλεὺς καὶ συναρχαιρεσιάσας τοῖς
ἀπὸ τῆς ἐναντίας στάσεως, ἐσπούδασε τοὺς Ἀχαιοὺς
ἑλέσθαι στρατηγὸν Ἐπήρατον. 2 Ὡς δ' ἐκείνου
μὲν καταφρονουμένου τελέως ὑπὸ τῶν Ἀχαιῶν,
τοῦ δ' Ἀράτου παραμελοῦντος, ἐγίνετο τῶν χρησί-
μων οὐδέν, ἔγνω διαμαρτάνων τοῦ παντὸς ὁ Φίλιππος. 3 Καὶ ἀνακρουσάμενος αὖθις ἐπὶ τὸν Ἄρατον ὅλος ἦν ἐκείνου, καὶ τῶν πραγμάτων αὐτῷ
πρός τε δύναμιν καὶ πρὸς εὐδοξίαν ἐπιδιδόντων,
ἐξήρτητο τοῦ ἀνδρός, ὡς δι' ἐκεῖνον εὐδοκιμῶν
καὶ αὐξόμενος. 4 Ἐδόκει τε πᾶσιν ὁ Ἄρατος
οὐ μόνον δημοκρατίας, ἀλλὰ καὶ βασιλείας ἀγαθὸς
εἶναι παιδαγωγός. 5 Ἡ γὰρ προαίρεσις αὐτοῦ καὶ

47. 6 ³ πρὸς : εἰς L ‖ **48.** 1 ¹ Μεγαλέου Sint. : -λαίου ‖ ⁴ τοὺς
Ἀχαιοὺς : τοῖς Ἀχαιοῖς L ‖ 2 ² τελέως G : τελείως ‖ ⁴ παντὸς Ald. :
πατρὸς ‖ 3 ³ ἐπιδιδόντων LG² : ἐπιδόντων ‖ 4 ¹ τε : δὲ G.

avec éclat dans les actions du roi. Et en effet la modération du jeune homme à l'égard des Lacédémoniens, pourtant fautifs,[1] les entretiens qu'il eut avec les Crétois et qui lui gagnèrent l'île entière en quelques jours[2] et son expédition merveilleusement efficace contre les Étoliens[3] acquirent à Philippe la réputation d'être docile aux avis et à Aratos celle de bon conseiller. 6 Ces succès ne firent qu'augmenter la jalousie des courtisans envers Aratos et, comme ils n'arrivaient à rien en le calomniant secrètement, ils se mirent à l'insulter publiquement et à lui chercher noise dans les banquets avec beaucoup de grossièreté et d'insolence. Un jour même, comme il se retirait dans sa tente après dîner, ils le poursuivirent en lui jetant des pierres. 7 Philippe alors se fâcha et leur infligea une amende de vingt talents, puis, voyant qu'ils continuaient à troubler et ruiner ses affaires, il les fit périr.*

49. 1 Mais Philippe, exalté par cet heureux cours de sa Fortune, laissa croître en lui beaucoup de grandes passions, et sa perversité naturelle, faisant éclater et détruisant le masque artificiel dont il la couvrait, mettait à nu et révélait peu à peu son caractère.* 2 Il commença par un outrage privé envers Aratos le Jeune dont il séduisit la femme ; cette liaison resta longtemps secrète, le roi vivant en hôte à leur foyer.* Ensuite il se montra plus rude envers les villes grecques, et l'on vit que déjà il secouait la tutelle d'Aratos. 3 Ce furent les affaires de Messène qui firent naître les premiers soupçons. La discorde s'étant installée parmi les habitants de cette cité, Aratos qui venait à leur secours arriva trop tard ; Philippe le devança d'un jour, et, à peine entré dans la ville, il excita, comme un taon, les citoyens les uns contre les autres : 4 d'un côté, il demandait aux stratèges des Messéniens s'ils n'avaient pas de

1. Les graves incidents de Lacédémone en 220 et la façon dont Philippe rétablit la paix civile sont racontés par Polybe, 4, chap. 22-24.
2. Cf. Pol., 4, 53-55 et 7, 11, 9.
3. Il s'agit de la guerre des Alliés (220-217), qui se termina par la paix de Naupacte, et que Polybe a racontée dans ses livres 4 et 5.

τὸ ἦθος ὡς χρῶμα ταῖς πράξεσι τοῦ βασιλέως ἐπεφαίνετο. Καὶ γὰρ ἡ πρὸς Λακεδαιμονίους ἁμαρτόν-
τας μετριότης τοῦ νεανίσκου, καὶ ἡ πρὸς Κρῆτας
ὁμιλία δι' ἧς ὅλην προσηγάγετο τὴν νῆσον ἡμέραις ὀλίγαις, ἥ τε πρὸς Αἰτωλοὺς στρατεία γενομένη θαυμαστῶς ἐνεργὸς εὐπειθείας μὲν τῷ Φιλίππῳ
δόξαν, εὐβουλίας δὲ τῷ Ἀράτῳ προσετίθει. 6 Καὶ
διὰ ταῦτα μᾶλλον οἱ βασιλικοὶ φθονοῦντες, ὡς
οὐδὲν ἐπέραινον κρύφα διαβάλλοντες, ἀναφανδὸν
ἐλοιδοροῦντο καὶ προσέκρουον αὐτῷ παρὰ τοὺς
πότους μετὰ πολλῆς ἀσελγείας καὶ βωμολοχίας ·
ἅπαξ δὲ καὶ λίθοις βάλλοντες ἀπιόντα εἰς τὴν   f
σκηνὴν μετὰ τὸ δεῖπνον κατεδίωξαν. 7 Ἐφ' οἷς
ὁ Φίλιππος ὀργισθεὶς εὐθὺς μὲν αὐτοὺς ἐζημίωσεν
εἴκοσι ταλάντοις, ὕστερον δὲ λυμαίνεσθαι τὰ πράγματα καὶ ταράττειν δοκοῦντας ἀπέκτεινεν.

49. 1 Ἐπεὶ δὲ τῆς τύχης εὐροούσης ἐπαιρόμενος τοῖς πράγμασι πολλὰς μὲν ἀνέφυε καὶ μεγάλας
ἐπιθυμίας, ἡ δ' ἔμφυτος κακία τὸν παρὰ φύσιν   1050
σχηματισμὸν ἐκβιαζομένη καὶ ἀναλύουσα κατὰ
μικρὸν ἀπεγύμνου καὶ διέφαινεν αὐτοῦ τὸ ἦθος,
2 πρῶτον μὲν ἰδίᾳ τὸν νεώτερον Ἄρατον ἠδίκει περὶ
τὴν γυναῖκα καὶ πολὺν χρόνον ἐλάνθανεν ἐφέστιος
ὢν καὶ ξενιζόμενος ὑπ' αὐτῶν · ἔπειτα πρὸς τὰς
Ἑλληνικὰς ἐξετραχύνετο πολιτείας καὶ φανερὸς ἦν
ἤδη τὸν Ἄρατον ἀποσειόμενος. 3 Ἀρχὴν δ' ὑποψίας τὰ Μεσσηνιακὰ παρέσχε. Στασιασάντων γὰρ
αὐτῶν, ὁ μὲν Ἄρατος ὑστέρει βοηθῶν, ὁ δὲ Φίλιππος ἡμέρᾳ μιᾷ πρότερον ἐλθὼν εἰς τὴν πόλιν εὐθὺς
οἶστρόν τινα κατ' ἀλλήλων ἐνέβαλε τοῖς ἀνθρώποις,   b
4 ἰδίᾳ μὲν ἐρωτῶν τοὺς στρατηγοὺς τῶν Μεσσηνίων

lois pour réprimer les excès de la multitude, et, d'un
autre côté, aux chefs du peuple s'ils n'avaient pas de
bras pour se défaire des tyrans. 5 Enhardis par ces
propos, les magistrats voulaient se saisir des démagogues,
mais ceux-ci, se jetant sur eux avec la foule, les tuèrent,
et en même temps près de deux cents autres citoyens.[1]

50. 1 Alors que le roi s'était comporté de façon
si scandaleuse en aggravant encore l'animosité mutuelle
des Messéniens, Aratos arriva et laissa lui-même paraître
son mécontentement ; il n'empêcha pas non plus son
fils d'adresser à Philippe d'amers reproches et des injures.[2]
2 Ce jeune homme, qui semblait aimer Philippe, lui
dit alors, entre autres paroles, qu'après ce qu'il avait fait,
il ne le trouvait plus beau, mais le plus laid de tous
les hommes. 3 Philippe ne lui répondit rien, alors
que l'on s'attendait à ce qu'il poussât sous l'effet de
la colère, en entendant ces mots, beaucoup de hurlements ;
mais, comme supportant avec douceur ces paroles en
homme naturellement modéré et civil, il prit la main
droite du vieil Aratos, le fit sortir du théâtre* et l'emmena
au sanctuaire de l'Ithome pour y offrir à Zeus un sacrifice et inspecter la place.[3] 4 Celle-ci n'est pas moins
forte que l'Acrocorinthe, et, si elle se trouve munie
d'une garnison, elle devient redoutable et inexpugnable
pour ses voisins. 5 Quand le roi y fut monté et eut
fait le sacrifice, le devin lui présenta les entrailles du
bœuf ; il les prit à deux mains et, les montrant à Aratos
et à Démétrios de Pharos en se penchant tour à tour
vers l'un et vers l'autre, il leur demanda si, d'après ce
qu'ils voyaient dans ces entrailles, il devait s'emparer de

---

1. Cf. Pol., 7, 14, 2-5. Cette « obscure affaire de Messène » semble
avoir eu lieu en 214 : voir M. Holleaux, *Ét. d'épigr. et d'hist. gr.*,
5, 300 sq., et aussi Walbank, *Aratos of Sicyon*, 156 et 202.
2. Cf. Pol., 7, 12, 9 : « Aratos le Jeune avait déjà adressé à Philippe
d'amers reproches pour le meurtre des hommes. » Les mots ἐπιτετι-
μημένος... πικρῶς sont à rapprocher de ἐπιτιμῶντα πικρῶς chez
Plutarque, qui suit ici Polybe.
3. L'acropole fortifiée de Messène occupait une partie du mont Ithome,
au sommet duquel se trouvait le célèbre sanctuaire de Zeus Itho-
matas ; cf. Pausanias, 4, 3, 9 et 4, 33, 1-2.

εἰ νόμους κατὰ τῶν πολλῶν οὐκ ἔχουσιν, ἰδίᾳ δὲ
πάλιν τοὺς τῶν πολλῶν προεστῶτας εἰ χεῖρας κατὰ
τῶν τυραννούντων οὐκ ἔχουσιν. 5 Ἐκ δὲ τούτου
θαρρήσαντες οἱ μὲν ἄρχοντες ἐπελαμβάνοντο τῶν
δημαγωγῶν, ἐκεῖνοι δὲ μετὰ τῶν πολλῶν ἐπελθόντες
τούς τ᾽ ἄρχοντας ἀπέκτειναν καὶ τῶν ἄλλων ὀλίγον
ἀπολείποντας διακοσίων.

50. 1 Οὕτω δὲ δεινὸν ἔργον ἐξειργασμένου τοῦ
Φιλίππου καὶ συγκρούοντος ἔτι μᾶλλον ἑαυτοῖς
τοὺς Μεσσηνίους, ἐπελθὼν ὁ Ἄρατος αὐτός τε
δῆλος ἦν φέρων βαρέως καὶ τὸν υἱὸν ἐπιτιμῶντα
πικρῶς τῷ Φιλίππῳ καὶ λοιδορούμενον οὐκ ἐκώλυ-   c
σεν. 2 Ἐδόκει δ᾽ ὁ νεανίσκος ἐρᾶν τοῦ Φιλίππου ·
καὶ τότε λέγων εἶπε πρὸς αὐτὸν ὡς οὐδὲ καλὸς ἔτι
φαίνοιτο τὴν ὄψιν αὐτῷ τοιαῦτα δράσας, ἀλλὰ πάντων
αἴσχιστος. 3 Ὁ δὲ Φίλιππος ἐκείνῳ μὲν οὐδὲν
ἀντεῖπε, καίπερ ἐπίδοξος ὢν ὑπ᾽ ὀργῆς καὶ πολλάκις ἐξυλακτήσας λέγοντος αὐτοῦ, τὸν δὲ πρεσβύ-
τερον, ὡς ἐνηνοχὼς πράως τὰ λεχθέντα καί τις ὢν
μέτριος καὶ πολιτικὸς τὴν φύσιν, ἀνέστησεν ἐκ
τοῦ θεάτρου τὴν δεξιὰν ἐμβαλών, καὶ προσῆγεν
εἰς τὸν Ἰθωμάταν, τῷ τε Διὶ θύσων καὶ θεωρήσων
τὸν τόπον. 4 Ἔστι γὰρ οὐχ ἧττον εὐερκὴς τοῦ
Ἀκροκορίνθου, καὶ λαβὼν φρουρὰν γίνεται χαλεπὸς
καὶ δυσεκβίαστος τοῖς παροικοῦσιν. 5 Ἀναβὰς δὲ   d
καὶ θύσας, ὡς προήνεγκεν αὐτῷ τὰ σπλάγχνα τοῦ
βοὸς ὁ μάντις, ἀμφοτέραις ταῖς χερσὶν ὑπολαβὼν
ἐδείκνυε τῷ τ᾽ Ἀράτῳ καὶ τῷ Φαρίῳ Δημητρίῳ, παρὰ
μέρος ἀποκλίνων εἰς ἑκάτερον καὶ πυνθανόμενος τί καθ-
ορῶσιν ἐν τοῖς ἱεροῖς, κρατοῦντα τῆς ἄκρας αὐτὸν

49. 4 ³ πολλῶν Bryan : πόλεων ‖ 50. 3 ⁶ προσῆγεν GL¹ : προῆγεν ‖
4 ³ δυσεκβίαστος G : παρεκ- ‖ 5 ² προήνεγκεν PL : προσή-.

la citadelle ou la rendre aux Messéniens. 6 Démétrios[1]
se mit à rire et dit : « Si tu as l'âme d'un devin, tu lâcheras
la place ; mais si tu as l'âme d'un roi, tu tiendras le
bœuf par les deux cornes », donnant à entendre par
là que, si Philippe ajoutait l'Ithome à l'Acrocorinthe,
le Péloponnèse lui serait entièrement soumis et asservi. [2]
7 Aratos se tut longtemps, mais, pressé par Philippe
de donner son opinion, il répondit : « Il existe, Philippe,
plusieurs grandes montagnes en Crète ; beaucoup de
sommets se dressent en Béotie et en Phocide ; en Acarnanie
il y a aussi sans doute beaucoup de lieux admirablement
fortifiés, soit au milieu des terres, soit au bord de la mer ;
8 or tu n'as pris aucun de ces points forts, et pourtant
tous y exécutent volontairement tes ordres. Ce sont les
brigands qui s'accrochent aux rochers et vivent entourés
de précipices, mais, pour un roi, il n'y a rien de plus solide
ni de plus sûr que la confiance et l'amour des peuples :
9 c'est ce qui t'ouvre la mer de Crète,* ce qui t'ouvre
le Péloponnèse, et c'est en t'appuyant là-dessus que tu
es déjà devenu, à ton âge, le chef des uns et le maître
des autres. » 10 Il finissait à peine de parler que
Philippe remit les entrailles au devin et, emmenant
Aratos par la main, il lui dit : « Reprenons donc ici le
même chemin », comme se trouvant contraint de renoncer
à cette ville sous la pression d'Aratos.*

51. 1 Cependant Aratos prenait désormais ses
distances avec la cour et renonçait peu à peu à ses relations
habituelles avec Philippe. Quand le roi passa par mer
en Épire* et le pria de l'accompagner dans cette expédition,
il refusa et ne bougea pas, craignant de s'attirer une
mauvaise réputation en participant à l'entreprise.
2 Lorsque Philippe eut perdu honteusement sa flotte

1. Le dynaste Démétrios de Pharos (petite île de l'Adriatique, près
de la côte d'Illyrie), joua un rôle politique à partir de la guerre des
Romains contre la reine Teuta (229-8). Allié ensuite à Antigone
Doson, il devint l'un des conseillers de Philippe V.
2. Cf. Pol., 7, 12, 2-3, où Démétrios fait la même réponse, après quoi
l'historien ajoute : « Par les deux cornes il entendait l'Ithome et
l'Acrocorinthe, le taureau étant le Péloponnèse. » Voir aussi Strabon,
8, 4, 8, 361. L'anecdote était célèbre.

ἢ τοῖς Μεσσηνίοις ἀποδιδόντα. 6 Γελάσας οὖν
ὁ Δημήτριος « Εἰ μὲν » ἔφη « μάντεως ἔχεις ψυχήν,
ἀφήσεις τὸν τόπον · εἰ δὲ βασιλέως, ἀμφοτέρων
τῶν κεράτων τὸν βοῦν καθέξεις, » αἰνιττόμενος τὴν
Πελοπόννησον ὡς, εἰ προσλάβοι τὸν Ἰθωμάταν
τῷ Ἀκροκορίνθῳ, παντάπασιν ἐσομένην ὑποχείριον
καὶ ταπεινήν. 7 Ὁ δ᾽ Ἄρατος ἐπὶ πολὺ μὲν ἡσύχαζε,
δεομένου δὲ τοῦ Φιλίππου τὸ φαινόμενον λέγειν,
« Πολλὰ μέν, » εἶπεν « ὦ Φίλιππε, Κρητῶν ὄρη καὶ
μεγάλα, πολλαὶ δὲ Βοιωτῶν ἄκραι καὶ Φωκέων
ἐκπεφύκασι τῆς γῆς · εἰσὶ δέ που πολλοὶ καὶ τῆς
Ἀκαρνάνων τοῦτο μὲν χερσαῖοι, τοῦτο δ᾽ ἔναλοι
τόποι θαυμαστὰς ὀχυρότητας ἔχοντες · 8 ἀλλ᾽ οὐδένα τούτων κατείληφας, καὶ πάντες ἑκουσίως σοι
ποιοῦσι τὸ προστασσόμενον. Λῃσταὶ γὰρ ἐμφύονται
πέτραις καὶ κρημνῶν περιέχονται, βασιλεῖ δὲ πίστεως
καὶ χάριτος ἰσχυρότερον οὐδὲν οὐδ᾽ ὀχυρώτερον.
9 Ταῦτά σοι τὸ Κρητικὸν ἀνοίγει πέλαγος, ταῦτα
τὴν Πελοπόννησον. Ἀπὸ τούτων ὁρμώμενος σὺ
τοσοῦτος ἡλικίαν τῶν μὲν ἡγεμών, τῶν δὲ κύριος
ἤδη καθέστηκας. » 10 Ἔτι λέγοντος αὐτοῦ, τὰ
μὲν σπλάγχνα τῷ μάντει παρέδωκεν ὁ Φίλιππος,
ἐκεῖνον δὲ τῆς χειρὸς ἐπισπασάμενος « Δεῦρο τοίνυν » ἔφη « τὴν αὐτὴν ὁδὸν ἴωμεν », ὥσπερ ἐκβε-
βιασμένος ὑπ᾽ αὐτοῦ καὶ τὴν πόλιν ἀφῃρημένος.

51. 1 Ὁ δ᾽ Ἄρατος ἀπορρέων ἤδη τῆς αὐλῆς
καὶ κατὰ μικρὸν ἑαυτὸν ἀνακομιζόμενος ἐκ τῆς
πρὸς τὸν Φίλιππον συνηθείας, διαβαίνοντος εἰς
Ἤπειρον αὐτοῦ καὶ δεομένου συστρατεύειν, ἀπείπατο
καὶ κατέμεινε, δεδιὼς ἀναπλησθῆναι δόξης πονηρᾶς
ἀφ᾽ ὧν ἐκεῖνος ἔπραττεν. 2 Ἐπεὶ δὲ τάς τε ναῦς

50. 10 ¹ Ἔτι : Ἔτι ⟨δὲ⟩ Zie.

du fait des Romains et eut échoué totalement dans son dessein, il retourna dans le Péloponnèse et chercha de nouveau à gagner les Messéniens par la ruse, mais, se voyant découvert, il eut recours ostensiblement à la violence et ravagea leur pays.[1] 3 Alors Aratos se détourna tout à fait de lui et devint son ennemi. Il connaissait maintenant la liaison criminelle de son gynécée,[2] et il en était personnellement très affligé, mais il n'en dit rien à son fils, qui n'aurait pu qu'apprendre l'outrage sans avoir aucun moyen de s'en venger. 4 En effet le changement le plus radical et le plus incroyable s'était produit chez Philippe : le roi bienveillant, le sage jouvenceau[3] de naguère était devenu un homme débauché et un odieux tyran ; à vrai dire, ce ne fut pas un changement de nature, mais la manifestation, due à une impunité assurée, de sa perversité foncière, restée longtemps ignorée en raison de la crainte qui la réprimait.*

La mort. — **52**. 1 Car l'affection qu'il avait nourrie au début pour Aratos était mêlée de respect et de crainte, comme il le montra par sa conduite envers lui : 2 bien qu'il fût désireux de le supprimer et persuadé qu'il ne serait jamais libre, ni, à plus forte raison, tyran ou roi tant qu'Aratos vivrait, il n'entreprit rien par la force, mais il chargea Taurion, l'un de ses généraux et de ses amis,* d'agir secrètement à cette fin, de préférence par le poison et en son absence. 3 Taurion, s'étant lié avec Aratos, lui donna un de ces poisons qui ne sont ni violents ni prompts, mais qui provoquent d'abord dans le corps des échauffements amollissants et une faible toux, puis conduisent peu à peu à une consomption mortelle. 4 Cependant Aratos s'en aperçut, mais, comme il n'eût servi à rien de dénoncer le crime, il supporta son mal doucement et en silence,

---

1. Sans doute à l'automne de 214, Philippe lança contre Messène Démétrios de Pharos, qui fut repoussé et tué : voir M. Holleaux, *Ét. d'épigr. et d'hist. gr.*, 5, 302 sq.

2. Voir ci-dessus, 49, 2.

3. J'emprunte cette traduction de μειρακίου σώφρονος à M. Holleaux, *Ét. d'épigr. et hist. gr.*, 5, 301.

ὑπὸ Ῥωμαίων ἀπολέσας αἴσχιστα καὶ ὅλως ἀπο-
τυχὼν ταῖς πράξεσιν ἐπανῆλθεν εἰς Πελοπόννησον,
καὶ τοὺς Μεσσηνίους αὖθις ἐπιχειρήσας φενακίζειν
καὶ μὴ λαθὼν ἠδίκει φανερῶς καὶ τὴν χώραν αὐτῶν
ἐπόρθει, 3 παντάπασιν ὁ Ἄρατος ἀπεστράφη καὶ
διεβλήθη πρὸς αὐτόν, ἤδη καὶ τῶν περὶ τὴν γυναικω-
νῖτιν ἀδικημάτων αἰσθόμενος καὶ φέρων ἀνιαρῶς
αὐτός, ἀποκρυπτόμενος δὲ τὸν υἱόν · εἰδέναι γὰρ
ὑβρισμένον περιῆν, ἄλλο δ' οὐδὲν ἀμύνασθαι μὴ
δυναμένῳ. 4 Μεγίστην γὰρ ὁ Φίλιππος δοκεῖ καὶ   b
παραλογωτάτην μεταβαλέσθαι μεταβολήν, ἐξ ἡμέ-
ρου βασιλέως καὶ μειρακίου σώφρονος ἀνὴρ ἀσελγὴς
καὶ τύραννος ἐξώλης γενόμενος. Τὸ δ' οὐκ ἦν ἄρα
μεταβολὴ φύσεως, ἀλλ' ἐπίδειξις ἐν ἀδείᾳ κακίας
πολὺν χρόνον διὰ φόβον ἀγνοηθείσης.

52. 1 Ὅτι γὰρ ἦν μεμιγμένον αἰσχύνῃ καὶ φόβῳ
τὸ πρὸς τὸν Ἄρατον αὐτοῦ πάθος ἀπ' ἀρχῆς συν-
τεθραμμένον, ἐδήλωσεν οἷς ἔπραξε περὶ αὐτόν.
2 Ἐπιθυμῶν γὰρ ἀνελεῖν τὸν ἄνδρα καὶ νομίζων
οὐδ' ἂν ἐλεύθερος ἐκείνου ζῶντος εἶναι, μή τί γε
τύραννος ἢ βασιλεύς, βίᾳ μὲν οὐδὲν ἐπεχείρησε,   c
Ταυρίωνα δὲ τῶν στρατηγῶν τινα καὶ φίλων ἐκέλευσεν [ἐν] ἀδήλῳ τρόπῳ τοῦτο πρᾶξαι, μάλιστα
διὰ φαρμάκων, αὐτοῦ μὴ παρόντος. 3 Ὁ δὲ ποιησάμενος τὸν Ἄρατον συνήθη φάρμακον αὐτῷ δίδωσιν,
οὐκ ὀξὺ καὶ σφοδρόν, ἀλλὰ τῶν θέρμας τε μαλακὰς
τὸ πρῶτον ἐν τῷ σώματι καὶ βῆχα κινούντων ἀμ-
βλεῖαν, εἶθ' οὕτως κατὰ μικρὸν εἰς φθορὰν περαι-
νόντων. 4 Οὐ μὴν ἔλαθέ γε τὸν Ἄρατον · ἀλλ' ὡς
οὐδὲν ἦν ὄφελος ἐλέγχοντι, πράως καὶ σιωπῇ τὸ

---

51. 3 [4] αὐτός corr. ant. : αὐτὸν ‖ 4 [4] Τὸ : Τῷ G¹R¹ ‖ **52**. 2 [5] ἐν del.
Bryan ‖ 3 [5] φθοράν : φθόαν Rei. Zie.

comme s'il souffrait d'une maladie banale et ordinaire. Un jour seulement, ayant craché du sang devant l'un de ses familiers qui se trouvait dans sa chambre, et qui s'étonnait à cette vue : « Voilà, Céphalon, lui dit-il, ce qu'on gagne à l'amitié d'un roi. »*

53. 1 C'est ainsi qu'il mourut à Aigion, alors qu'il était stratège pour la dix-septième fois.* Si les Achéens ambitionnaient de l'enterrer là[1] et d'y élever un monument digne de la vie de ce grand homme, les Sicyoniens regardaient comme un malheur que son corps ne fût pas déposé chez eux. 2 Ils persuadèrent aux Achéens de le leur remettre, mais il existait une loi antique, fortifiée encore d'une peur superstitieuse, qui interdisait d'ensevelir personne à l'intérieur des murs ;* ils envoyèrent donc à Delphes consulter sur ce point la Pythie, qui leur rendit cet oracle :
3 « Dois-tu toujours délibérer, Sicyone, pour payer le prix de ton salut,
Par des sacrifices et des fêtes, à Aratos, ton chef défunt ?
Car ce qui accablerait cet homme en serait accablé,
Et serait une impiété sur terre, sur mer et dans le ciel. »*
4 Quand cette réponse leur parvint, les Achéens se réjouirent unanimement, et de façon toute spéciale les Sicyoniens. Ceux-ci, changeant leur deuil en une fête, avec des couronnes sur la tête et en vêtements blancs, ramenèrent aussitôt d'Aigion le corps dans leur ville, au son des péans et des chœurs ; ils choisirent un lieu bien en vue et l'y enterrèrent comme le fondateur et le sauveur de la cité. 5 Cet endroit s'appelle aujourd'hui encore l'Aratéion ; on y offre des sacrifices,[2] l'un, le jour même où Aratos avait libéré Sicyone de la tyrannie, le cinq du mois Daesios, que les Athéniens nomment Anthestérion,* et ce sacrifice s'appelle Sotéria* ; l'autre

1. Aigion était le centre politique et religieux de la Confédération achéenne.
2. Cf. Pol., 8, 12, 8 : θυσίας αὐτῷ καὶ τιμὰς ἡρωικὰς ἐψηφίσαντο. Il s'agit donc d'un ἡρῷον, dont parle Pausanias, 2, 8, 1 et 2, 9, 4 : voir G. Roux, *Pausanias en Corinthie*, 145, et P. Foucart, *Le culte des héros*, 141.

πάθος, ὡς δή τινα νόσον κοινὴν καὶ συνήθη νοσῶν
διήντλει. Πλὴν ἑνός γε τῶν συνήθων ἐν τῷ δωματίῳ
παρόντος ἀναπτύσας δίαιμον, ἰδόντος ἐκείνου καὶ
θαυμάσαντος, «Ταῦτα,» εἶπεν «ὦ Κεφάλων, ἐπί-   d
χειρα τῆς βασιλικῆς φιλίας.»

53. 1 Οὕτω δ' αὐτοῦ τελευτήσαντος ἐν Αἰγίῳ
τὸ ἑπτακαιδέκατον στρατηγοῦντος, καὶ τῶν Ἀχαιῶν
φιλοτιμουμένων ἐκεῖ γενέσθαι ταφὰς καὶ μνήματα
πρέποντα τῷ βίῳ τοῦ ἀνδρός, Σικυώνιοι συμφορὰν
ἐποιοῦντο μὴ παρ' αὐτοῖς τεθῆναι τὸ σῶμα. 2 Καὶ
τοὺς μὲν Ἀχαιοὺς ἔπεισαν ἐφιέναι, νόμου δ' ὄντος
ἀρχαίου μηδένα θάπτεσθαι τειχῶν ἐντός, ἰσχυρᾶς
τε τῷ νόμῳ δεισιδαιμονίας προσούσης, ἔπεμψαν
εἰς Δελφοὺς ὑπὲρ τούτων ἐρησόμενοι τὴν Πυθίαν.
Ἡ δ' αὐτοῖς ἀναιρεῖ τὸν χρησμὸν τόνδε ·

3 Βουλεύῃ, Σικυών, ζωάγριον αἰὲν Ἀράτου   e
  ἀμφ' ὁσίῃ θαλίῃ τε κατοιχομένοιο ἄνακτος;
  ὡς τὸ βαρυνόμενον τῷδ' ἀνέρι καὶ τὸ βαρῦνον
  γαίης ἔστ' ἀσέβημα καὶ οὐρανοῦ ἠδὲ θαλάσσης.

4 Κομισθείσης δὲ τῆς μαντείας οἵ τ' Ἀχαιοὶ σύμπαντες ᾔσθησαν, καὶ διαφερόντως οἱ Σικυώνιοι
μεταβαλόντες εἰς ἑορτὴν τὸ πένθος εὐθὺς ἐκ τοῦ
Αἰγίου τὸν νεκρὸν ἐστεφανωμένοι καὶ λευχειμο-
νοῦντες ὑπὸ παιάνων καὶ χορῶν εἰς τὴν πόλιν
ἀνῆγον, καὶ τόπον ἐξελόμενοι περίοπτον ὥσπερ οἰ-
κιστὴν καὶ σωτῆρα τῆς πόλεως ἐκήδευσαν. 5 Καὶ
καλεῖται μέχρι νῦν Ἀράτειον, καὶ θύουσιν αὐτῷ   f
θυσίας, τὴν μέν, ᾗ τὴν πόλιν ἀπήλλαξε τῆς τυραννίδος, ἡμέρᾳ πέμπτῃ Δαισίου μηνός, ὃν Ἀθηναῖοι
καλοῦσιν Ἀνθεστηριῶνα, καὶ τὴν θυσίαν ἐκείνην

---

52. 4 ⁶⁻⁷ ἐπίχειρα : τἀπίχειρα Zie. cl. Pol., 8, 12, 5-6 ‖ 53. 2 ² ἐφιέναι : ἀφιέναι L ‖ ⁶ ἀναιρεῖ R : ἀνερεῖ P ‖ 3 ¹ Βουλεύῃ : -λεύου
Schaefer ‖ 5 ² Ἀράτειον Rei. : -τιον ‖ ³ θυσίας Zie. : -σίαν.

était célébré au jour anniversaire de sa naissance. 6 Le premier sacrifice était offert par le prêtre de Zeus Sotèr, le second par celui d'Aratos,[1] ceint d'un bandeau qui n'était pas entièrement blanc, mais mêlé de pourpre. Les artistes dionysiaques chantaient des mélodies accompagnées par la cithare[2] ; le gymnasiarque conduisait le cortège à la tête des enfants et des éphèbes ; à leur suite venaient les membres du Conseil avec des couronnes sur la tête, puis tous les autres citoyens qui le voulaient. 7 Il subsiste encore maintenant en ces jours-là quelques petits vestiges des cérémonies d'autrefois, conservés par un sentiment de piété, mais la plupart de ces honneurs solennels ont cessé par l'effet du temps et des circonstances changeantes.

Épilogue. — **54**. 1 Telle fut donc la vie, tel fut le caractère d'Aratos l'Ancien au dire des historiens. 2 Quant à son fils, Philippe, étant pervers de nature et outrageusement cruel, lui fit donner un poison qui, sans être mortel, lui enleva la raison, 3 altérant ainsi son comportement et le conduisant à des désordres étranges et affreux : il désirait commettre des actions anormales et concevait des passions honteuses et funestes. Aussi, bien qu'il fût encore à la fleur de l'âge, la mort devint-elle pour lui moins un malheur qu'une délivrance de ses maux et une voie de salut.*

4 Philippe, quant à lui, ne cessa de payer pendant le reste de sa vie[3] à Zeus protecteur des hôtes et des amis le juste prix de cette impiété. 5 Vaincu par les Romains,[4] il dut se remettre à leur discrétion, fut chassé des pays qu'il avait dominés, livra tous ses vaisseaux à l'exception de cinq, s'engagea à verser en outre mille talents et donna son fils en otage.* On lui laissa par

---

1. On comprend d'ordinaire « par le fils d'Aratos » ; j'ai préféré le sens proposé par Koster, car Aratos, héroïsé, jouissait d'un culte auquel était affecté un prêtre.

2. C'étaient donc des κιθαρῳδοί.

3. Il ne mourra qu'en 179.

4. A Cynoscéphales en 197 : voir *Paul-Ém.*, 8, 5 ; *Tit. Flamininus*, chap. 2-8.

Σωτήρια προσαγορεύουσι, τὴν δὲ [τοῦ μηνὸς] ἐν
ᾗ γενέσθαι τὸν ἄνδρα διαμνημονεύουσι. 6 Τῆς μὲν   1052
οὖν προτέρας ⟨ὁ⟩ τοῦ Διὸς τοῦ Σωτῆρος κατήρχετο
θυηπόλος, τῆς δὲ δευτέρας ὁ τοῦ Ἀράτου, στρό-
φιον οὐχ ὁλόλευκον, ἀλλὰ μεσοπόρφυρον ἔχων,
μέλη δ' ᾖδετο πρὸς κιθάραν ὑπὸ τῶν περὶ τὸν Διόνυ-
σον τεχνιτῶν, καὶ συνεπόμπευεν ὁ γυμνασίαρχος
ἡγούμενος τῶν τε παίδων καὶ τῶν ἐφήβων, εἶτ' ἐφεί-
πετο ἡ βουλὴ στεφανηφοροῦσα καὶ τῶν ἄλλων
πολιτῶν ὁ βουλόμενος. 7 Ὧν ἔτι δείγματα μικρὰ
ταῖς ἡμέραις ἐκείναις ἐξοσιούμενοι διαφυλάττουσιν ·
αἱ δὲ πλεῖσται τῶν τιμῶν ὑπὸ χρόνου καὶ πραγμάτων
ἄλλων ἐκλελοίπασιν.

54. 1 Ἀλλὰ γὰρ ὁ μὲν πρεσβύτερος Ἄρατος   b
οὕτω βιῶσαι καὶ τοιοῦτος γενέσθαι τὴν φύσιν ἱστο-
ρεῖται · 2 τὸν δ' υἱὸν αὐτοῦ μιαρὸς ὢν φύσει καὶ
μετ' ὠμότητος ὑβριστὴς ὁ Φίλιππος οὐ θανασί-
μοις, ἀλλὰ μανικοῖς ἐξέστησε τοῦ λογισμοῦ φαρμάκοις · 3 καὶ παρέτρεψεν εἰς δεινὰς καὶ ἀλλοκότους
ἐπιφορὰς πράξεων ἀτόπων καὶ σὺν αἰσχύνῃ παθῶν
ὀλεθρίων ὀρεγόμενον, ὥστε τὸν θάνατον αὐτῷ,
καίπερ ὄντι νέῳ καὶ ἀνθοῦντι, μὴ συμφοράν, ἀλλ' ἀπό-
λυσιν κακῶν καὶ σωτηρίαν γενέσθαι.

4 Δίκας γε μὴν ὁ Φίλιππος οὐ μεμπτὰς Διὶ ξενίῳ
καὶ φιλίῳ τῆς ἀνοσιουργίας ταύτης τίνων διετέλεσε.
5 Καταπολεμηθεὶς μὲν γὰρ ὑπὸ Ῥωμαίων ἐπέ-
τρεψεν ἐκείνοις τὰ καθ' αὑτόν, ἐκπεσὼν δὲ τῆς ἄλλης
ἀρχῆς καὶ τὰς ναῦς πλὴν πέντε πάσας προέμενος   c
καὶ χίλια προσεκτίσειν ὁμολογήσας τάλαντα καὶ
τὸν υἱὸν ὁμηρεύσοντα παραδούς, δι' οἶκτον ἔτυχε

53. 5 ⁶ τοῦ μηνὸς del. Porter ‖ ⁷ ᾗ : ᾧ Rei. ‖ 6 ² ὁ add. Rei. ‖
⁴ ὁλόλευκον Cob. : ὅλον λευκὸν ‖ 54. 1 ² τοιοῦτος : τοσοῦτος L ‖
3 ³ ὀρεγόμενον Ald. : -νος ‖ 4 ² τίνων : τείνων GP¹.

pitié la Macédoine et ses dépendances immédiates.
6 Il continua de faire mourir ses sujets les meilleurs
et ses plus proches parents, remplissant tout le royaume
d'horreur et de haine à son égard. 7 L'unique bonheur
qui lui restait au milieu de tant de maux était un fils
d'une rare vertu : envieux et jaloux des honneurs que
les Romains rendaient à ce fils, il le fit périr.* Il laissa
la royauté à son autre fils, Persée, qui n'était pas, dit-on,
un enfant légitime, mais supposé, né d'une couturière
nommée Gnathaenion.* 8 C'est celui dont Paul-
Émile triompha[1] et en qui finit la lignée royale des
Antigonides, tandis que la descendance d'Aratos subsiste
encore de nos jours à Sicyone et à Pellène. [2]

1. A Pydna, en 168 : voir *Paul-Ém.*, chap. 17-22, et aussi chap. 8, où
Plutarque a donné un aperçu de toute la dynastie des Antigonides,
depuis Antigone le Borgne et son fils Démétrios Poliorcète jusqu'à
Persée.

2. Voir ci-dessus, 1, 5 et 26, 4. — Sur Pellène, cf. 31, 3 et la note.

Μακεδονίας καὶ τῶν συντελούντων. 6 Ἀποκτείνων
δ' ἀεὶ τοὺς ἀρίστους καὶ συγγενεστάτους φρίκης
ἐνέπλησε καὶ μίσους ὅλην τὴν βασιλείαν πρὸς
αὑτόν. 7 Ἓν δὲ μόνον ἐν τοσούτοις κακοῖς εὐ-
τύχημα κτησάμενος, υἱὸν ἀρετῇ διαφέροντα, τοῦτον φθόνῳ καὶ ζηλοτυπίᾳ τῆς παρὰ Ῥωμαίοις τιμῆς
ἀνεῖλε, Περσεῖ δὲ θατέρῳ τὴν ἀρχὴν παρέδωκεν,
ὃν οὐ γνήσιον, ἀλλ' ὑπόβλητον εἶναί φασιν, ἐκ
Γναθαινίου τινὸς ἀκεστρίας γενόμενον. 8 Τοῦτον
Αἰμίλιος ἐθριάμβευσε · καὶ κατέστρεψεν ἐνταῦθα
τῆς Ἀντιγονικῆς βασιλείας ἡ διαδοχή. Τὸ δ' Ἀρά-   d
του γένος ἐν τῇ Σικυῶνι καὶ τῇ Πελλήνῃ διέμεινε
καθ' ἡμᾶς.

54. 8 [2] Αἰμίλιος : Αἰμ- codd. ‖ [4] ἐν τῇ Steph. : ἔν τε (ἔν τε ⟨τῇ⟩
Zie.).

GALBA ET OTHON

VIES DE GALBA ET D'OTHON

NOTICE

D'après le Catalogue dit « de Lamprias »[1], Plutarque avait écrit les Vies d'Auguste, Tibère, Caligula, Claude, Néron, Galba, Othon et Vitellius, donc des huit empereurs antérieurs à Vespasien et aux Flaviens. Six de ces Vies ont disparu[2] ; seules nous ont été conservées par les caprices du hasard celles de Galba et d'Othon, deux sur trois des empereurs éphémères des années 68-69.

Ces deux Vies ont fait l'objet d'une édition séparée de E. G. Hardy en 1890[3], puis d'une dissertation inaugurale de l'Université d'Utrecht : Laur. Alma, *Studia in Plutarchi Vitas Galbae et Othonis*, 1897 ; cette étude déjà ancienne reste très utile, et je la citerai désormais par le seul nom de son auteur.

Les biographies de Galba et d'Othon, à elles deux, forment un tout[4], et l'on est tenté de les comparer de

1. Voir K. Ziegler, *R. E.*, *s. v.* Plut. von Chair., col. 696-702, et F. H. Sandbach, *Plut. Moralia*, Teubner, VII (1967), 1-10, et *Plut. Moralia*, Loeb, XV (1969), 9-29.
2. Voir ci-dessous, p. 207 sqq., l'Appendice sur les Vies perdues, nos 2, 3, 4, 11, 15, 16, et C. P. Jones, *Plut. and Rome*, 79 sq.
3. E. G. Hardy, *Plutarch's Lives of Galba and Otho*, Londres.
4. Voir K. Ziegler, *Plut. Vitae Parall.*, III, 2, *Præf.*, p. xiv-xv, et p. 379, *in fine*. — Alors que Suétone commence sa *Vie d'Othon* par la généalogie et la naissance du futur empereur, Plutarque, lui, a raconté dans sa *Vie de Galba* tout ce qu'il sait d'Othon avant le jour de son avènement (15 janvier 69), et il n'y revient pas dans sa *Vie d'Othon*, le récit des événements reprenant au point précis où s'est achevée sa biographie de Galba.

ce point de vue aux *Vies d'Agis et Cléomène* et à celles de *Tiberius et Caïus Gracchus*[1], mais il faut se souvenir qu'elles appartenaient à une série de *Vies des Césars*, et que, par exemple, celle de Vitellius continuait apparemment le récit de la *Vie d'Othon*, de la même façon que celle-ci reprenait le fil des événements racontés dans la *Vie de Galba*[2].

* * *

Néron, qui se donna la mort en juin 68, fut le dernier représentant de la famille julio-claudienne ; il ne laissait après lui ni fils ni sucesseur désigné. « La carence du pouvoir apparaissait totale. Le grand malentendu sur lequel reposait tout entier le système du principat se dévoilait tout à coup. Le pouvoir civil représenté par le Sénat, le pouvoir militaire incarné par l'armée — la fiction et la réalité — allaient se trouver brusquement face à face et se disputer la nomination de l'empereur. »[3]

De même que Tacite ouvre le premier livre de ses *Histoires* par un tableau de l'état d'esprit des armées en 68[4], il a paru naturel à Plutarque de commencer sa *Vie de Galba* par des considérations à vrai dire beaucoup plus générales, sur la discipline et l'obéissance nécessaires de l'élément militaire dans un pays quelconque et de citer à se sujet les idées de son maître Platon (1, 4). Si, après la mort d'Alexandre, selon le mot de Démade, l'armée macédonienne, désemparée et agitée de mouvements contraires, ressemblait au Cyclope aveuglé (1, 5), l'empire romain, lui, après la mort de Néron, va dépendre de la soldatesque, disposée

1. Dans le tome XI de la présente édition.
2. Voir ma note à *Oth.*, 18, 1.
3. Léon Homo, *Hist. Rom.*, 3, 323.
4. Tac., *Hist.*, 1, 4, 2 : « Un secret d'État venait d'être divulgué : on pouvait faire un empereur ailleurs qu'à Rome ». On lit avec intérêt Alain Michel, *Tacite et le destin de l'Empire*, 188-194.

à conférer le pouvoir suprême à celui des prétendants qui offrirait le *donativum* le plus élevé. L'empire est dès lors à l'encan. La faute en incombe d'abord au préfet du prétoire Nymphidius Sabinus, qui d'ailleurs sera la première victime de ses promesses inconsidérées (2, 1-4).

Servius Sulpicius Galba, né autour de l'année 4 avant J.-C., mourra en janvier 69 à l'âge de soixante-treize ans environ[1], après avoir régné pendant un peu plus de sept mois. Avant d'accéder à l'empire, il avait traversé cinq principats, comme le font remarquer Plutarque et Tacite[2] : ceux d'Auguste (à la mort de qui il avait à peu près dix-huit ans), puis ceux de Tibère, Caligula, Claude et Néron. D'une famille noble et riche, protégé par Livie, il servit en Germanie, en Afrique et en Espagne, où il était gouverneur depuis sept ans lors de la révolte de Vindex, propréteur de Gaule, en 68 contre Néron. Vindex offre à Galba de prendre la tête de la révolte et de devenir empereur (4, 4-7) ; il accepte seulement le titre de « légat du Sénat et du peuple romain. » (5, 2) Mais la mort de Vindex place soudain Galba dans une situation difficile et même angoissante (6, 4-6), de laquelle il sort enfin lorsque le Sénat et le peuple le proclament empereur, à la mort de Néron (7, 1-5). Galba entreprend donc le voyage qui, d'Espagne, va le conduire à Rome.

Cependant, à Rome, le préfet du prétoire Nymphidius Sabinus se conduit lui-même en souverain et intrigue pour devenir empereur (chap. 8-9). Galba peut craindre aussi un moment le vainqueur de Vindex, Verginius Rufus, que ses troupes veulent porter à l'empire, mais, sagement, Verginius refuse et se rallie à Galba (10, 1-5).

C'est à Narbonne que Galba rencontre les envoyés du Sénat ; il les reçoit avec une aimable simplicité,

---

1. Tac., *Hist.*, 1, 49, 3 ; Suét., *Gal.*, 23. Cf. *R. E.*, *s. v.* Sulpicius, 63 (Fluss), col. 775.
2. Plut., *Gal.*, 29, 2 ; Tac., *Hist.*, 1, 49, 3.

mais l'influence de Titus Vinius, un homme cupide et taré, a de plus en plus d'emprise sur lui (11, 1-4). Deux anecdotes, également rapportées par Tacite, montrent ce personnage sous un aspect fort peu recommandable (12, 1-5).

Nymphidius, voyant le pouvoir lui échapper au profit de Vinius et de Laco, nommé préfet du prétoire, tente vainement de réagir (13, 1-4) : les prétoriens l'égorgent dans leur camp (chap. 14).

Galba va faire son entrée à Rome, mais plusieurs exécutions sans jugement qu'il a ordonnées ou tolérées sous l'influence de son entourage, surtout celle du vieux consulaire Petronius Turpilianus, jettent une ombre sur l'image favorable qu'on se faisait de lui jusque-là (15, 1-4), et, aux portes de Rome, il noie dans le sang une manifestation d'anciens marins devenus légionnaires qui réclament à grands cris le maintien de leur statut octroyé par Néron. On voit là un très fâcheux présage (15, 5-8) : « si auparavant on le méprisait parce qu'on le voyait faible et vieux, alors il devint aux yeux de tous effrayant et terrible » (15, 9). Et puis, il se montre économe des deniers de l'État, ce qui est bien (16, 2), mais il va trop loin dans cette voie (16, 3-5). Il châtie plusieurs des amis de Néron, mais il épargne, à la demande de Vinius, le plus compromis et le plus coupable de tous, Tigellin, ce qui mécontente vivement le peuple (17, 1-7). Enfin et surtout, il devient de plus en plus impopulaire aussi parmi les troupes cantonnées à Rome, auxquelles il refuse obstinément de verser l'énorme *donativum* promis par Nymphidius (18, 3-6). Il est très mal vu également de l'armée de Haute Germanie, naguère sous les ordres de Verginius Rufus, qu'il a remplacé par l'incapable Flaccus Hordeonius (18, 7-9).

Bientôt les troupes de Basse Germanie, commandées par Vitellius, le futur empereur, se rangent dans le camp hostile à Galba. Celui-ci pense affermir sa position en se désignant un jeune successeur (19, 1), et c'est alors que Plutarque présente Marcus Othon, compagnon de débauche de Néron et second mari de Poppée (19, 2 — 20, 1-7). Othon, soutenu par Vinius, met tout en œuvre pour accéder lui-même à l'empire (chap. 21).

Galba hésite, mais les événements se précipitent. Les deux armées de Germanie, au début de l'année 69, s'entendent pour proclamer Vitellius empereur (chap. 22). Galba, acculé à une décision, proclame alors comme son fils adoptif et successeur le jeune Pison, plein de nombreux mérites, mais à peu près inconnu. La colère d'Othon, terriblement déçu alors qu'il se croyait tout près du but, éclate aussitôt (chap. 23). L'adoption de Pison avait eu lieu le 10 janvier 69 ; cinq jours après, le 15, les préparatifs du complot sont achevés (chap. 24), et la révolte se produit en faveur d'Othon, de façon d'abord timide et incohérente, mais finalement victorieuse (chap. 25).

Le vieil empereur s'avance vers le Forum, où sa litière, prise au milieu d'une foule animée de mouvements opposés, est ballottée et oscille dangereusement, pour être finalement assaillie par des soldats à coups de javelots, puis d'épées (chap. 26). Et c'est bientôt le meurtre, suivi de décapitation. Meurent aussi Pison, Vinius, Laco et beaucoup d'autres. Seul Marius Celsus échappe à la rage sanguinaire de la soldatesque, grâce à Othon (chap. 27). Celui-ci est proclamé empereur par le Sénat (28, 1). Le chapitre 29 et dernier consiste en un coup d'œil rétrospectif sur la vie et le caractère de Galba, qui reçoit là de grands éloges et est même comparé, au moins pour ses intentions, qu'il ne put guère réaliser, à des hommes tels que Camille, Fabricius et Scipion ; il fut « un empereur intègre et digne du passé de Rome » ; à cause de son détestable entourage, « il ne laissa de regret à personne pour son gouvernement, mais sa mort du moins inspira de la pitié au plus grand nombre. »[1]

1. Le jugement lapidaire de Tacite, *Hist.*, 1, 49, 8 ne contredit

* * *

Le principat de Galba n'avait pas duré beaucoup plus de sept mois ; celui de son successeur n'en dura que trois.

Othon pourtant semble commencer son règne sous de bons auspices : sa bienveillance à l'égard de Marius Celsus et du Sénat dissipe les craintes suscitées par son avènement (chap. 1) ; il fait mourir l'odieux Tigellin et accroît ainsi sa popularité (chap. 2.) Il ne craint pas, il est vrai, d'associer à son nom celui de Néron, et cela plaît d'ailleurs à la foule, mais, comme l'élite des citoyens en est offusquée, il y renonce (3, 1-2). Un tumulte ambigu de prétoriens venus d'Ostie sème la panique jusque dans le palais impérial et menace la vie d'un grand nombre de sénateurs et de leurs femmes, invités du nouvel empereur, qui parvient cependant à les sauver et à rétablir le calme en faisant preuve de diplomatie (3, 3-13).

Mais alors se précise la menace de Vitellius qui, en Germanie, avait été proclamé empereur par son armée dès avant le meurtre de Galba. Le chapitre 4 donne un rapide aperçu du partage des forces dans l'empire, qui est plutôt à l'avantage d'Othon, puis relate l'échange de lettres entre les deux adversaires éventuels, et enfin les principaux prodiges qui annoncent la guerre imminente.

Bientôt les Vitelliens occupent la région des Alpes (5, 1) et Othon quitte Rome le 14 mars 69 pour se rendre en Gaule cispadane, dans la plaine du Pô, à Brixellum, dont il fait son quartier général et d'où il envoie ses généraux contre l'ennemi. Des deux côtés, les troupes sont indociles et récalcitrantes, mais celles de Vitellius possèdent tout de même un avantage : elles ont l'expérience des fatigues de la guerre et des combats, tandis que

---

pas celui de Plutarque : *omnium consensu capax imperii nisi imperasset.*

celles d'Othon, affaiblies par l'oisiveté et les plaisirs
de Rome, paraissent inférieures à leur tâche (5, 5-10).
Pourtant le général othonien Spurinna, assiégé dans
Plaisance par le vitellien Caecina, le repousse et le bat
(chap. 6). Un peu plus à l'est, vers Crémone (au lieu-dit
des Castors, selon Tacite, mais Plutarque ne donne
pas cette précision), Caecina tend une embuscade aux
Othoniens ; elle est déjouée grâce aux indications d'un
transfuge, et les troupes de Caecina ne doivent leur
salut qu'à la lenteur de certains de leurs adversaires
(chap. 7). Jusque-là les hostilités ont donc tourné
nettement à l'avantage d'Othon.

Il rejoint en personne ses troupes arrivées au camp
de Bédriac, « bourg situé près de Crémone », et, au Conseil
de guerre qui se tient alors, il décide le combat immédiat
en dépit des arguments, qui paraissent très forts, de
ses généraux Paulinus, Celsus et Gallus (chap. 8) :
l'empereur tranche ainsi pour diverses raisons qui
s'expliquent par son caractère, et peut-être aussi par
l'état d'esprit de ses troupes (chap. 9). Othon retourne
à Brixellum, commettant ainsi, au dire de Plutarque,
une seconde faute (10, 1). En son absence, les généraux
continuent à discuter : Proculus veut marcher à l'ennemi
sans retard, Paulinus tente de s'y opposer, mais un message
pressant d'Othon vient rappeler à tous son ordre irrévocable : il faut livrer bataille, et tout de suite (chap. 11).

Cette bataille du 14 avril 69, engagée sur plusieurs
points à la fois en raison des irrégularités du terrain,
fut d'abord indécise entre les soldats inexpérimentés
d'Othon, mais jeunes et ardents, et les vétérans de Vitellius (12, 5). Finalement cependant, les Othoniens,
malgré des succès locaux, s'enfuirent en grand nombre
en direction de leur camp (12, 10). Dès le lendemain
les généraux d'Othon envoyèrent des parlementaires
à Caecina, qui accorda la paix. « Tous se rallièrent à
Vitellius et lui prêtèrent serment » (chap. 13, 13). Plutarque

mentionne ensuite, trop brièvement à notre gré, une visite qu'il fit lui-même dans la suite à Bédriac, en compagnie de son grand ami et « patron », le consulaire Mestrius Florus, qui avait accompagné Othon dans cette campagne (chap. 14).

La victoire des Vitelliens n'était ni décisive, ni complète, en raison des renforts qu'attendait Othon, notamment de l'armée de Mœsie, dont on annonçait déjà l'arrivée prochaine (15, 6). Pourtant l'empereur était las de ces tueries fratricides, et, en dépit de la fidélité et du dévouement de ses soldats, il décida noblement de se donner la mort pour assurer « la paix et la concorde » entre les Romains (15, 8).

Il organise alors le départ de ses amis et des sénateurs présents, prend soin de garantir la sécurité de leur voyage en ordonnant d'envoyer des lettres aux villes à ce sujet, et fait des adieux émouvants à son jeune neveu Cocceianus, qu'il avait eu l'intention d'adopter comme fils et successeur (chap. 16). Enfin, après avoir distribué de l'argent à ses serviteurs selon leurs mérites et avoir passé une nuit calme, il se tue à l'aube en se jetant la poitrine en avant sur son poignard tenu à terre (17, 1-5). Son convoi funèbre montre l'attachement indéfectible de ses soldats, dont certains vont jusqu'à se tuer près du bûcher où brûle son corps (17, 6-12). Au chap. 18 enfin, Plutarque parle de la tombe très simple d'Othon, qu'il a vue de ses yeux à Brixellum, souligne le contraste frappant entre la vie si condamnable et la mort si noble de ce personnage déconcertant, puis raconte en quelques mots comment les troupes qui demeuraient près de lui finirent par se rendre à Caecina et à prêter serment, elles aussi, à Vitellius.

* * *

Le récit des événements dramatiques des années 68-69 nous a été conservé très partiellement par Dion

Cassius, et de façon plus continue, en dehors de Plutarque, par Suétone dans ses *Vies de Galba* et *d'Othon*, et surtout par Tacite dans les deux premiers livres de ses *Histoires*.

La chronologie rend très improbable que Plutarque ait pu lire Suétone, et l'on constate d'autre part de nombreuses différences entre ces deux auteurs. Par exemple, l'astrologue qui prédit à Othon qu'il survivrait à Néron et deviendrait lui-même empereur s'appelait Ptolémée d'après Plutarque et Tacite, Séleucos d'après Suétone[1] ; le meurtre de Galba est préparé par un affranchi d'Othon, Onomastus, et deux sous-officiers, Barbius Proculus et Veturius, noms donnés par Tacite et Plutarque, alors que Suétone les omet[2]. Le récit de Suétone, encombré de prodiges de toute sorte, est d'ailleurs assez lâche, souvent vague et diffus[3].

En revanche, si l'on compare au texte de Plutarque le récit des *Histoires* de Tacite, on est frappé par une ressemblance et une convergence presque constantes jusque dans le détail. La constatation a été faite mainte fois[4] ; pour la rendre évidente au lecteur, j'ai reproduit ci-dessous dans les notes à ma traduction la plupart des passages parallèles de Tacite.

Quelques remarques suffiront ici. Les deux premières lignes du chapitre 24 de la *Vie de Galba*, inintelligibles dans les manuscrits de Plutarque, ont pu être restituées

1. Voir *Gal.*, 23, 7, et la note à cet endroit, qui donne les références.
2. Voir *Gal.*, 24, 1-2, et les notes.
3. Dans ma Notice à la Vie de Cicéron, t. XII, p. 56 sq., j'ai rappelé qu'un Américain, A. Gudeman, adepte de la *Quellenforschung*, a soutenu que la *Vita Ciceronis* de Suétone, qui est perdue, aurait été la source principale de Plutarque, opinion que j'ai osé qualifier d'aberrante. Les Vies de Galba et d'Othon, également conservées dans l'œuvre de Plutarque et dans celle de Suétone, permettent une instructive contre-épreuve, qui achève de ruiner l'hypothèse branlante de Gudeman.
4. Notamment, de la manière la plus suivie et détaillée, par Philippe Fabia, *Les sources de Tacite...*, p. 1-129. Voir aussi R. Syme, *Tacitus*, 674-676.

de façon quasiment certaine par le passage parallèle de Tacite, *Hist.*, 1, 25, 1. A partir de ce même chapitre 24, tous les noms des moindres acteurs du drame qui aboutit à la mort du vieil empereur se retrouvent chez Tacite : Veturius, Barbius, Martialis, Marius Celsus, Julius Atticus, Atilius Vergilio, Sempronius Densus, Murcus, et plusieurs de ces noms, écorchés par les scribes chez Plutarque, sont rétablis d'après le texte de Tacite. Il en va de même, *Oth.*, 18, 4, pour le nom du préfet du prétoire : Πλωτίου, et non Πολλίωνος, comme K. Ziegler l'imprimait encore en 1973, à tort.

Un passage caractéristique est celui où Plutarque, *Oth.*, 4, 7-10, et Tacite, *Hist.*, 1, 86, racontent les prodiges qui annoncèrent, paraît-il, la guerre imminente entre Othon et Vitellius. Les trois présages « majeurs » (la Victoire du Capitole laisssant tomber les rênes du char sur lequel elle se trouvait ; la statue de César dans l'île Tibérine, qui se tourne de l'occident vers l'orient ; la crue catastrophique du Tibre) sont rapportés dans le même ordre ici et là, tandis que les prodiges considérés comme mal attestés ou insignifiants sont omis chez Plutarque, qui y fait pourtant allusion par prétérition, Tacite, lui, en mentionnant deux à titre d'exemples.

Il me paraît inutile de poursuivre la liste de ces rapprochements, que le lecteur, je l'ai dit, trouvera ci-dessous dans les notes.

Cependant l'on décèle aussi quelques rares différences entre le récit de Plutarque et celui de Tacite. *Gal.*, 27, 2-3, le nom du meurtrier de Galba n'étant pas connu avec certitude, Plutarque, après avoir cité les trois hommes qu'énumère Tacite : Camurius, Terentius et Lecanius, en ajoute un quatrième, qui ne figure pas chez l'historien latin : Fabius Fabullus. En revanche, pour le meurtre de Pison, *Gal.*, 27, 6, Plutarque ne cite que Murcus, alors que Tacite donne deux noms : celui de Statius Murcus, mais aussi celui de Sulpicius Florus. En *Gal.*,

26, 5, est mentionnée « la basilique de Paul » (sans doute l'*Æmilia*), alors que Tacite, *Hist.*, 1, 40, ne parle qu'en général des basiliques et des temples du Forum sans préciser davantage. Il existe encore d'autres menues divergences entre Plutarque et Tacite[1]. Le sort des corps décapités et des têtes de Galba, Pison et Vinius est rappelé de façon très semblable, *Gal.*, 28, 2-4, et *Hist.*, 1, 47 et 49, mais deux détails fournis par Plutarque ne sont pas chez Tacite : le rachat de la tête de Pison par sa femme Verania au prix de 2.500 deniers, et le rôle d'Helvidius Priscus dans la sépulture de Galba. — En ce qui concerne la mort de Tigellin, rapportée *Oth.*, 2, 3-4, Plutarque est d'accord avec Tacite, *Hist.*, 1, 72, 4, pour la placer à Sinuessa, mais il ajoute des détails qui ne figurent pas chez l'historien latin. Enfin, *Oth.*, 13, à propos des négociations engagées au lendemain de la bataille de Bédriac, Plutarque raconte les allées et venues d'émissaires entre les deux camps et un discours de Marius Celsus, alors que le récit de Tacite, *Hist.*, 2, 45, 1-5, d'ailleurs concordant pour l'essentiel, est beaucoup plus court et concis[2].

Donc, même si l'on pensait que Plutarque a lu Tacite (hypothèse qui n'est pas absurde, et sur laquelle nous allons revenir), il faudrait bien admettre qu'il disposait aussi d'autres sources. D'ailleurs il nous dit lui-même en maint endroit qu'il consultait plusieurs auteurs : ὥς φασιν ἔνιοι est sa formule la plus habituelle, et on lit aussi, *Oth.*, 9, 1 : Αἰτίαι δὲ πλείονες ἄλλαι ὑπ' ἄλλων λέγονται. Nous ne partageons nullement, quant à nous, la thèse d'une certaine *Quellenforschung*, aujourd'hui périmée, pour laquelle de telles affirmations de Plutarque sont mensongères et auraient pour objet de disssimuler le fait qu'il

1. Voir par exemple la note à *Gal.*, 26, 10.
2. Cf. Hans Drexler, *Klio* 37, 1959, 153-178 : *Zur Geschichte Kaiser Othos bei Tacitus und Plutarch*, surtout p. 163 sqq.

utilisait une source unique et se contentait de la plagier[1].

Il est légitime de se demander si Plutarque a connu les deux premiers livres des *Histoires* de Tacite. L. Alma (p. 43-56) le croyait, et la chronologie ne s'y oppose pas. Il est admis que Tacite a commencé à publier cet ouvrage en 106, et Plutarque a vécu, à mon avis, jusqu'aux environs de 127. Je sais bien que C. P. Jones a soutenu l'opinion selon laquelle le Chéronéen aurait écrit ses *Vies des Césars* entre 79 et 93 environ[2], mais rien n'est moins sûr. Pour ma part, j'ignore la date de composition de ces biographies, mais je crois que rien ne s'oppose à ce qu'elle soit postérieure, même de plusieurs années, à 106[3].

Cependant, il reste indémontrable et hypothétique que Tacite soit la source principale de Plutarque. Je pense plutôt que les innombrables ressemblances entre les deux auteurs s'expliquent par l'utilisation d'une source commune, à laquelle ils auraient l'un et l'autre abondamment puisé.

Quelle est cette source? La question a été fort débattue, et je crois inutile de faire ici l'historique de ces controverses.

On a songé à Pline l'Ancien, ce prodigieux érudit qui écrivit non seulement sa fameuse *Histoire Naturelle*, mais aussi des *Histoires* perdues qui semblent avoir englobé la période comprise entre les dernières années de Claude et le règne de Vespasien. Tacite a certainement utilisé cet ouvrage dans ses *Annales* et dans ses *Histoires*, mais nous n'avons aucune raison de croire que Plutarque ait fait de même.

En revanche, il existe un historien et un seul, témoin

---

1. J'ai donné mon opinion à ce sujet dans les *Actes du VIIIe Congrès de l'Ass. G. Budé*, État présent des études sur Plutarque, p. 493.
2. C. P. Jones, *Plutarch and Rome* (1971), 72-80, et voir la Table Chronologique, 135.
3. Je me propose de revenir ailleurs sur cette question.

et acteur des événements sous les règnes de Néron et de ses trois éphémères successeurs des années 68-69, que Tacite et Plutarque citent l'un et l'autre : Cluvius Rufus. On a déjà pensé, et avec raison, je crois, que c'est lui dont le récit a été suivi de près par Tacite et par Plutarque[1].

En un seul endroit, en effet, Plutarque renonce à ces formules vagues du genre de ὥς φασιν ἔνιοι : c'est dans la *Vie d'Othon*, en 3, 2. Il écrit là : « Cluvius Rufus rapporte que des documents expédiés en Espagne à ceux à qui l'on envoyait (de Rome) des courriers portaient le nom de Néron placé en ajout à celui d'Othon. » Plutarque cite une autre fois le même historien dans les *Quaest. Rom.*, 107, 289 C.-D, à propos de l'étymologie du mot latin *histrio*.

On s'est demandé, il est vrai, si les *Historiae* de Cluvius Rufus, que Tacite a certainement utilisées comme source dans ses *Annales* (13, 20 et 14, 2) pour des événements du règne de Néron, englobaient aussi les principats de Galba et d'Othon. A mon avis, il est impossible d'en douter. Lorsque Tacite écrit, *Hist.*, 1, 76, 2, à propos des ralliements à Othon : *Idem ex Hispania adlatum, laudatusque per edictum Cluvius Rufus*, il se peut, certes, qu'il ne considère là Cluvius qu'en tant que gouverneur de l'Espagne Tarraconaise, et non en tant qu'historien. Mais Plutarque fait certainement allusion aux mêmes événements dans le passage de la *Vie d'Othon* que je viens de citer : Κλούβιος δὲ Ῥοῦφος εἰς Ἰβηρίαν φησὶ κομισθῆναι διπλώματα. Le mot φησί garantit que Plutarque lisait cela dans l'ouvrage de Rufus, qui touchait donc au règne d'Othon et, à plus forte raison, à celui de Galba. Il est même très probable que cet ouvrage, écrit sous Vespasien, racontait aussi le règne de Vitellius, comme on peut l'inférer de Tacite, *Hist.*, 3, 65, 4[2].

1. C'est l'opinion notamment de H. Peter, *Die Quellen Plutarchs in den Biographieen der Römer*, p. 44.
2. Voir à ce sujet H. Peter, *Die Quellen Plutarchs...*, 41 et 42, en

* * *

Plutarque fait souvent allusion dans ses biographies à des sources orales. L'époque d'Othon et de Galba étant toute proche de lui (en 68 il avait déjà plus de vingt ans), il a pu connaître et interroger personnellement plusieurs des acteurs ou témoins de la grande crise intervenue entre Néron et Vespasien.

Il indique, *Oth.*, 9, 1-3, que l'une des raisons de la décision désastreuse prise par Othon de livrer sans délai la bataille de Bédriac était due à son caractère, notamment à son impatience et à son manque de sang-froid devant l'avenir incertain, dans lequel il préférait se jeter tête baissée, et il ajoute : « C'est du moins ce que racontait l'orateur Secundus, secrétaire d'Othon. » Julius Secundus, originaire de Gaule, devint en effet un célèbre orateur et, à ce titre, il est l'un des interlocuteurs du *Dialogue des orateurs* de Tacite. Certes, le verbe employé par Plutarque : διηγοῦμαι, s'applique aussi bien à un récit écrit qu'à un récit oral, mais l'imparfait διηγεῖτο, rend très improbable qu'il s'agisse d'un livre ou d'un opuscule ; Plutarque aurait écrit alors διηγεῖται[1]. Il s'agit donc bien avec Secundus d'une source orale, comme avec L. Mestrius Florus (dont nous allons parler dans un instant), mais nous n'avons pas de raison de croire que Secundus ait été un ami attitré de Plutarque, comme l'était certainement Mestrius Florus.

Un passage capital de ces biographies est le court chapitre 14 de la *Vie d'Othon*. Plutarque y remarque d'abord avec lucidité qu'aucun des combattants de Bédriac qui racontèrent ensuite leurs souvenirs ne pouvait

---

note. — Sur Cluvius Rufus, voir aussi H. Peter, *Hist. Rom. Fr.*, 313 sq., et la *R. E.*, *s. v.* Cluvius 12 (Groag).

1. Cf. C. P. Jones, *Plut. and Rome*, 50 : « Julius Secundus is only mentioned by Plutarch once, as an orator from whom *he had heard* about Otho's behaviour before the fatal battle of Bedriacum. »

connaître tous les détails de la bataille[1]. Puis il continue :
« Plus tard, comme je passais par cette plaine, Mestrius
Florus, personnage consulaire et l'un de ceux qui
avaient suivi Othon, non par conviction, mais par nécessité,
me dit en me montrant un vieux temple que, survenant
sur le champ de bataille après le combat, il avait vu
là un monceau de cadavres si énorme qu'ils atteignaient
le niveau des frontons. » Nous apprenons donc d'abord
que Plutarque lui-même visita ce champ de bataille,
puis qu'il le fit en compagnie d'un ami qui avait assisté
à l'affrontement du 14 avril 69. Il est permis de supposer
que Mestrius Florus avait communiqué à Plutarque
d'autres souvenirs que celui qui est mentionné ici.

Au cours de ce même voyage en Italie du nord, Plutarque vit aussi de ses propres yeux à Brixellum le
modeste tombeau d'Othon (*Oth.*, 18, 1-2).

Lucius Mestrius Florus, qui devait avoir une dizaine
d'années de plus que Plutarque, fut à Rome un personnage
considérable, consul peut-être déjà sous Néron, et en
tout cas sous Vespasien, dont il devint le familier[2]. Sous
Domitien il sera proconsul d'Asie[3]. C'est lui qui fit
décerner à Plutarque la qualité de citoyen romain,
avec son propre gentilice[4]. Il fut donc un très grand
ami de Plutarque, dont les *Propos de table* évoquent de
façon très précise la figure et la conversation en de
nombreuses circonstances, notamment lorsque Mestrius
le recevait chez lui ou était reçu à son tour par lui[5].

1. On pense ici au héros de Stendhal, Fabrice, à Waterloo...
2. Voir l'amusante anecdote que rapporte Suétone, *Vesp.*, 22, 3.
3. Cf. *Syll.*[3], 820.
4. Cf. *Syll.*[3], 829 A : Μεστρίου Πλουτάρχου.
5. *Quæst. Conv.*, I, 9 ; III, 3, 4, 5 ; V, 7, 10, ; VII, 1, 2, 4, 6 ; VIII,
1, 2, Voir F. Fuhrmann, éditeur des *Propos de table* dans la C. U. F,
livres I-III, p. 103-104, et C. P. Jones, *Plut. and Rome*, 48-49 et
passim.

* * *

Plutarque a commis quelques erreurs, qui viennent sans doute de ce qu'il avait appris tard le latin et ne le savait pas très bien, comme il le reconnaît lui-même, *Démosth.*, 2, 2-4. La plus grave est d'écrire, *Gal.*, 3, 1, que Galba appartenait à la *gens* Servia, alors qu'il s'appelait Servius Sulpicius Galba, Servius étant son *praenomen* et Sulpicius son *nomen*, son gentilice.

On lit, *Gal.*, 3, 2, que Galba était quelque peu apparenté à Livie, la femme d'Auguste, ce qui est fort possible, mais il ajoute : « C'est pourquoi Livie le fit sortir du Palatium pour aller prendre ses fonctions de consul ». Or, lorsque Galba fut consul pour la première fois, en 33, Livie était déjà morte depuis plusieurs années.

Il est probable que le nom d'Asiaticus, affranchi de Vitellius, donné *Gal.*, 20, 6, est une erreur, soit des scribes, soit de Plutarque lui-même.

Enfin les parents du jeune Pison adopté par Galba au début de l'année 69 n'avaient pas péri victimes de Néron, comme le dit Plutarque, *Gal.*, 23, 2, mais de Claude.

Sur tous ces points le lecteur est prié de se reporter aux notes jointes à la traduction des passages cités.

* * *

La vaste culture de Plutarque n'a guère d'occasions d'apparaître ici. Cependant, dès la Préface, *Gal.*, 1, 3-4, Plutarque évoque les idées de Platon, son maître, relatives à la formation des soldats, défenseurs de la cité, qui doivent être « capables de mêler harmonieusement au courage et à l'énergie la douceur et l'humanité », ces deux vertus capitales.

Un vers des *Travaux et Jours* d'Hésiode est cité, *Gal.*, 16, 5.

Puis, notant, *Gal.*, 19, 2, qu'Othon était désigné à Rome comme le mari de Poppée, Plutarque rappelle qu'Homère nommait Alexandre-Pâris « l'époux d'Hélène aux beaux cheveux. »

Deux vers ironiques d'Archiloque sont reproduits, *Gal.*, 27, 9, à propos des gens qui se vantaient faussement auprès d'Othon d'avoir tué des amis de Galba.

Enfin, *Gal.*, 27, 4, les mots ὥσπερ αἱ βάκχαι me paraissent suggérer que Plutarque se souvient ici des *Bacchantes* d'Euripide[1].

* * *

Les chapitres 24 et 25 de la Vie de Galba racontent comment, au matin du 15 janvier 69, Galba offrait un sacrifice aux dieux devant le Palatium, et comment la prédiction funeste de l'haruspice Umbricius, alors qu'il examinait les entrailles de la victime, fut presque instantanément confirmée par la nouvelle qui parvint à ce moment de la révolte d'Othon, salué empereur et suivi par un nombre sans cesse croissant de prétoriens. On lit en 25, 7 : « La nouvelle fut aussitôt portée à Galba, au Palatium, alors que le sacrificateur était encore là et tenait entre ses mains les entrailles de la victime, de sorte que même ceux qui ne croyaient pas du tout à ses prédictions et étaient les plus fermes dans leur incrédulité furent frappés de stupeur et admirèrent la divinité. » Or le récit parallèle des *Histoires* de Tacite, 1, 27, 1 sq., fait mention de la prédiction d'Umbricius et de la nouvelle qui en montre l'accomplissement immédiat, mais l'on y chercherait en vain ce commentaire personnel par lequel Plutarque affirme la foi que nous lui connaissons par ailleurs dans la divination.

Cependant il est capable aussi d'exercer un jugement

1. Voir ci-dessous, p. 151.

critique et de faire un choix entre les présages rapportés par la tradition, pour ne conserver que ceux qui lui paraissent le mieux attestés. C'est ainsi qu'il écrit, *Oth.*, 4, 7, au moment où la guerre va éclater entre Othon et Vitellius : « On parlait de beaucoup de prodiges et d'apparitions ; il ne s'agissait le plus souvent que de rumeurs anonymes et incertaines », après quoi il énumère trois « signes » qui lui semblent bien établis, concernant la statue de la Victoire au Capitole, celle de César dans l'île du Tibre, enfin l'inondation désastreuse de ce fleuve. Ces trois prodiges sont également rapportés par Tacite, *Hist.*, 1, 86, dans le même ordre, nous l'avons dit[1], mais l'historien latin, entre le deuxième et le troisième, intercale cette phrase : « Un bœuf avait parlé en Étrurie, plusieurs animaux avaient donné naissance à des monstres, sans compter bien d'autres faits merveilleux, auxquels on avait jadis égard, même en temps de paix, dans les siècles grossiers, mais dont on n'entend plus parler aujourd'hui que dans les moments d'angoisse. » Tacite choisit donc, lui aussi, parmi les présages, mais il donne deux exemples de ceux qui lui paraissent insignifiants ; Plutarque, lui, les passe complètement sous silence.

* * *

Dramatique déjà est le récit du meurtre de Nymphidius Sabinus par les prétoriens, au moment où il espérait s'entendre proclamer empereur par eux (*Gal.*, chap. 15), mais les événements du 15 janvier 69, qui aboutirent au meurtre de Galba et de Pison, sont plus tragiques encore. Si l'on compare son récit à celui de Tacite, on constate que le trait chez notre auteur est souvent plus appuyé. Ainsi Tacite, *Hist.*, 1, 27, 1, écrit seulement qu'Othon entendait l'haruspice Umbricius annoncer

---

1. Voir ci-dessus, p. 142.

à Galba son malheur prochain d'après les entrailles des victimes, mais Plutarque, *Gal.*, 24, 4-6, dramatise visiblement la scène : « Peu s'en fallut que la divinité ne livrât ainsi aux mains de l'autorité Othon, qui, placé derrière Galba, écoutait ce que disait Umbricius et regardait attentivement ce qu'il montrait. Comme Othon se troublait et que la peur le faisait sans cesse changer de couleur, son affranchi Onomastus s'approcha… »

De même la description de la litière de Galba oscillant sur le Forum au milieu d'une foule compacte et agitée de mouvements désordonnés, *Gal.*, 26, 4-5, est au moins aussi forte que celle de Tacite, *Hist.*, 1, 40. Galba est finalement décapité par un soldat, et sa tête chauve est promenée au haut d'une pique dégouttante de sang par son meurtrier, qui court en se retournant souvent « à la façon des Bacchantes » (27, 4). Si l'on rapproche cette page du chapitre 33 de la *Vie de Crassus*, on ne doutera guère que Plutarque a ici dans l'esprit la tragédie d'Euripide, où Agavé rapporte comme un trophée la tête de son fils Penthée. Les mots ὥσπερ αἱ βάκχαι sont assurément un trait personnel de l'écrivain qui a raconté de façon si frappante la fin de Crassus, que rappelle en quelque manière celle de Galba. Ce qui peut-être aggrave ici l'horreur, c'est que Galba soit ainsi traité, non pas par les Parthes, ennemis de Rome, mais par un soldat romain.

Enfin le récit, *Oth.*, chap. 17, du suicide et du convoi funèbre d'Othon, en parfait accord pour l'essentiel avec ceux de Tacite et de Suétone, est notablement plus développé et d'un ton certainement plus pathétique.

GALBA

Préface. — **1**. 1 Si l'Athénien Iphicrate* voulait
que le soldat mercenaire fût avide de richesses et de
plaisirs, afin que, cherchant à acquérir de l'argent pour
satisfaire ses passions, il s'exposât plus audacieusement
au danger dans les combats, en revanche la plupart
des généraux souhaitent que la troupe ne suive
jamais son impulsion propre et ne soit mue, comme
un seul corps, que par celle de son chef. 2 Aussi
dit-on que Paul-Émile, en prenant le commandement
de l'armée de Macédoine, alors pleine de bavards et
d'indiscrets qui jouaient aux stratèges, enjoignit que
chacun eût la main prompte et l'épée tranchante, lui-
même se chargeant du reste.[1] 3 Quant à Platon,
voyant qu'il ne sert à rien d'avoir un bon chef et un
bon général si les soldats ne sont pas disciplinés et d'accord
avec lui, il pense que la vertu d'obéissance, comme la
vertu royale, demande une nature généreuse et une
éducation philosophique, par excellence capables de
mêler harmonieusement au courage et à l'énergie la
douceur et l'humanité[2] ; 4 une foule d'exemples
témoignent en faveur de son opinion, et en particulier
les malheurs qui suivirent à Rome la mort de Néron[3]
montrent qu'il n'y a rien de plus redoutable dans un
empire qu'une force militaire qui se conduit selon des
impulsions grossières et déraisonnables. 5 Démade,
voyant après la mort d'Alexandre l'armée macédonienne

---

1. Cf. *Paul-Ém.*, 13, 6 ; *Reg. et Imp. Apopht.*, 198 A (3) ; Tite-Live, 44, 34, 2-3.
2. Plutarque doit penser en particulier aux livres 3 et 4 de la *République*, où est décrite l'éducation que doivent recevoir les « gardiens ».
3. Néron se donna la mort le 9 juin 68.

ΓΑΛΒΑΣ

1. 1 Ὁ μὲν Ἀθηναῖος Ἰφικράτης τὸν μισθο-
φόρον ἠξίου στρατιώτην καὶ φιλόπλουτον εἶναι
καὶ φιλήδονον, ὅπως ταῖς ἐπιθυμίαις χορηγίαν ἐπιζη-
τῶν ἀγωνίζηται παραβολώτερον, οἱ δὲ πλεῖστοι,
καθάπερ ἓν μόνον σῶμα, τὸ στρατιωτικὸν ἀξιοῦσιν
ἰδίᾳ μηδέποτε χρώμενον ὁρμῇ συγκινεῖσθαι τῇ τοῦ
στρατηγοῦ. 2 Διὸ καὶ Παῦλον Αἰμίλιον λέγουσι
τὴν ἐν Μακεδονίᾳ δύναμιν παραλαβόντα λαλιᾶς
καὶ περιεργίας, οἷον διαστρατηγοῦσαν, ἀνάπλεων,
παρεγγυῆσαι τὴν χεῖρα ποιεῖν ἑτοίμην καὶ τὴν
μάχαιραν ὀξεῖαν ἕκαστον, αὐτῷ δὲ τῶν ἄλλων   b
μελήσειν. 3 Ὁ δὲ Πλάτων, οὐδὲν ἔργον ὁρῶν
ἄρχοντος ἀγαθοῦ καὶ στρατηγοῦ στρατιᾶς μὴ
σωφρονούσης μηδ' ὁμοπαθούσης, ἀλλὰ τὴν πει-
θαρχικὴν ἀρετὴν ὁμοίως τῇ βασιλικῇ νομίζων φύσεως
γενναίας καὶ τροφῆς φιλοσόφου δεῖσθαι, μάλιστα
τῷ πρᾴῳ καὶ φιλανθρώπῳ τὸ θυμοειδὲς καὶ δραστή-
ριον ἐμμελῶς ἀνακεραννυμένης, 4 ἄλλα τε πάθη
πολλὰ καὶ τὰ Ῥωμαίοις συμπεσόντα μετὰ τὴν
Νέρωνος τελευτὴν ἔχει μαρτύρια καὶ παραδείγματα
τοῦ μηδὲν εἶναι φοβερώτερον ἀπαιδεύτοις χρωμένης
καὶ ἀλόγοις ὁρμαῖς ἐν ἡγεμονίᾳ στρατιωτικῆς δυ-   c
νάμεως. 5 Δημάδης μὲν γὰρ Ἀλεξάνδρου τελευτήσαντος εἴκαζε τὴν Μακεδόνων στρατιὰν ἐκτετυφλω-

---

1. 1 [5] ἓν μόνον Alma (αἰωρούμενον Sol. Cor.) : ἑωρωμένον ante
corr. α ἐρρωμένον α corr. et apogr. et VL ‖ 2 [1] Αἰμίλιον : Αἰμύλιον V ‖
3 [2] στρατιᾶς : στρατείας Vα[1] ‖ 4 [4] χρωμένης : -νοις V ‖ 5 [2] στρατιὰν :
στρατείαν Vα[1].

sans cesse agitée de mouvements tumultueux et désordonnés, la comparait au Cyclope aveugle;*　6　c'est ainsi que l'empire romain, en proie à ces mêmes troubles et convulsions que l'on appelle Titaniques,[1] se déchira en de nombreuses factions et se tourna de toutes parts à plusieurs reprises contre lui-même, moins encore par l'ambition de ceux qui étaient proclamés empereurs que par la cupidité et la licence de la soldatesque, qui éliminait les empereurs les uns par les autres, comme un clou chasse l'autre.　7　Denys[2] disait du tyran de Phères Polyphron, qui avait détenu le pouvoir en Thessalie pendant dix mois et avait été tué aussitôt après, que c'était un tyran de tragédie,[3] se moquant ainsi de la rapidité du changement,　8　mais la maison des Césars au Palatin vit en moins de temps quatre empereurs entrer et disparaître successivement comme sur une scène.*　9　Sans doute existait-il une consolation pour les victimes, qui n'avaient pas besoin d'autre vengeance contre les auteurs de leurs maux, qu'ils voyaient se massacrer eux-mêmes les uns les autres; le premier à périr, et de la façon la plus juste, fut celui qui avait séduit les Romains en leur faisant espérer du changement de César tout ce qu'il promettait lui-même, déshonorant par ce salaire la plus belle des entreprises, la révolte contre Néron, qui dégénéra ainsi en trahison.*

2.　1　En effet Nymphidius Sabinus, qui était, comme nous l'avons dit,* préfet du prétoire avec Tigellin, voyant que la situation de Néron était tout à fait désespérée et qu'il semblait certain qu'il allait se réfugier en Égypte, persuada aux soldats, comme s'il n'était plus là et avait déjà pris la fuite, de proclamer empereur Galba,

---

1. Par allusion à la Titanomachie, contée par Hésiode dans la *Théogonie*. — Pour les événements de Rome, comparer Tacite, *Hist.*, 1, 2-3.

2. Probablement Denys l'Ancien, tyran de Syracuse.

3. Le nom de Polyphron ne figure pas dans les manuscrits, mais il est restitué avec vraisemblance d'après *Pélop.*, 29, 8, et Xénophon, *Hell.*, 6, 4, 34, selon qui Polyphron régna pendant une année (en 370-369 avant J.-C. : voir Beloch, *Gr. Gesch.* [2], 3[2], 81).

μένῳ τῷ Κύκλωπι, πολλὰς κινουμένην ὁρῶν κινήσεις
ἀτάκτους καὶ παραφόρους · 6 τὴν δὲ Ῥωμαίων
ἡγεμονίαν ὅμοια τοῖς λεγομένοις Τιτανικοῖς πάθεσι
καὶ κινήμασι κατελάμβανεν, εἰς πολλὰ διασπωμένην
ἅμα καὶ πολλαχόθεν αὖθις ἑαυτῇ συμπίπτουσαν,
οὐχ οὕτως ὑπὸ φιλαρχίας τῶν ἀναγορευομένων
αὐτοκρατόρων ὡς φιλοπλουτίας καὶ ἀκολασίας τοῦ
στρατιωτικοῦ, δι' ἀλλήλων ὥσπερ ἥλους τοὺς
ἡγεμόνας ἐκκρούοντος. 7 Καίτοι Διονύσιος ⟨Πο-
λύφρονα τὸν⟩ Φεραῖον ἄρξαντα Θετταλῶν δέκα
μῆνας, εἶτ' εὐθὺς ἀναιρεθέντα, τὸν τραγικὸν ἀπεκά- d
λει τύραννον, ἐπισκώπτων τὸ τάχος τῆς μεταβολῆς.
8 Ἡ δὲ τῶν Καισάρων ἑστία, τὸ Παλάτιον, ἐν ἐλάσ-
σονι χρόνῳ τέσσαρας αὐτοκράτορας ὑπεδέξατο,
τὸν μὲν εἰσαγόντων ὥσπερ διὰ σκηνῆς, τὸν δ' ἐξαγόν-
των. 9 Ἀλλ' ἦν γε παραμυθία τοῖς κακῶς πάσ-
χουσι μία τὸ μὴ δεηθῆναι δίκης ἑτέρας ἐπὶ τοὺς
αἰτίους, ἀλλ' ὁρᾶν αὐτοὺς ὑφ' ἑαυτῶν φονευομέ-
νους, πρῶτον δὲ καὶ δικαιότατα πάντων τὸν δελεά-
σαντα καὶ διδάξαντα τοσοῦτον ἐλπίζειν ἐπὶ μετα-
βολῇ Καίσαρος, ὅσον αὐτὸς ὑπέσχετο, κάλλιστον
ἔργον διαβαλὼν τῷ μισθῷ τὴν ἀπὸ Νέρωνος ἀπόστασιν προδοσίαν γενομένην.

2. 1 Νυμφίδιος γὰρ Σαβῖνος ὢν ἔπαρχος, ὥσπερ e
εἴρηται, μετὰ Τιγελλίνου τῆς αὐλῆς, ἐπεὶ τὰ Νέρωνος ἀπέγνωστο παντάπασι καὶ δῆλος ἦν ἀποδρα-
σόμενος εἰς Αἴγυπτον, ἔπεισε τὸ στρατιωτικόν, ὡς
μηκέτι παρόντος, ἀλλ' ἤδη πεφευγότος, αὐτοκρά-

---

1. 6 [4] αὖθις : αὐτὴν Sint. ‖ 7 [1-2] Πολύφρονα τὸν add. Zie. : Ἀλέξανδρον Sol. Λυκόφρονα Cor. ‖ [3-4] ἀπεκάλει Zie. : ἀνε- ‖ 9 [7] τῷ Steph. :
τὸ ‖ [7-8] ἀπόστασιν Rei. : ἀποστασίαν ‖ 2. 1 [1] Νυμφίδιος : -φίδος V
et ante corr. α ‖ Σαβῖνος : Σαμῖνος v Σαλαμῖνος w ‖ [3] ἀπέγνωστο :
ἀπέγνω v ἔγνωστο α[1].

2 et il promit aux gardes du palais et à ceux qu'on appelle prétoriens un don de sept mille cinq cents drachmes* par tête, et un de douze cent cinquante drachmes aux troupes du dehors, sommes si énormes que l'on ne pouvait les réunir sans apporter à tous les habitants de l'empire mille fois plus de maux que Néron ne leur en avait causé.* **3** Cette promesse perdit aussitôt Néron et peu après Galba aussi, car ils abandonnèrent l'un pour avoir l'argent et tuèrent l'autre parce qu'ils ne le touchaient pas. **4** Ensuite, cherchant quelqu'un qui leur en donnerait autant, ils s'épuisèrent en défections et en trahisons avant d'obtenir ce qu'ils avaient espéré. **5** Relater exactement un à un les événements de ce temps, c'est la tâche de l'histoire narrative* ; mais les actes et les malheurs mémorables des Césars, il ne convient pas que, de mon côté, je les passe sous silence.

Antécédents. — **3.** 1 Sulpicius Galba est généralement reconnu comme le plus riche particulier qui soit jamais entré dans la maison des Césars ; il était aussi très considéré pour sa noblesse,* celle de la famille des Servii,* mais il était lui-même plus fier de sa parenté avec Catulus, celui-ci ayant été le premier homme de son temps par sa vertu et sa réputation, même s'il cédait volontiers à d'autres la prééminence du pouvoir.[1] **2** Galba était aussi quelque peu parent de Livie, la femme d'Auguste,* et c'est pourquoi elle le fit sortir du Palatium pour aller prendre ses fonctions de consul.* **3** On dit encore qu'il commanda glorieusement en Germanie, et que, proconsul en Afrique, il fut du petit nombre des gouverneurs dignes d'éloge.* **4** Mais la simplicité de son train de vie, son esprit d'économie et sa modération dans les dépenses le firent accuser

---

1. Il s'agit de Q. Lutatius Catulus Capitolinus, consul en 75 avant J.-C., que Plutarque, *Crassus*, 13, 1, appelle « le plus doux des Romains », et dont il fait un éloge plus grand encore, *Cato min.*, 16, 6. Cf. Suét., *Galba*, 3, 7-8 : « Le père de Galba... eut deux femmes : l'une, Mummia Achaïca, était petite-fille de Catulus, et arrière-petite-fille de Lucius Mummius qui détruisit Corinthe... Il eut deux enfants d'Achaïca, Caïus et Servius. »

τορα Γάλβαν ἀναγορεῦσαι, 2 καὶ δωρεὰν ὑπέσχετο
κατ' ἄνδρα τοῖς αὐλικοῖς καὶ στρατηγικοῖς προσα-   f
γορευομένοις δραχμὰς ἑπτακισχιλίας πεντακοσίας,
τοῖς δ' ἐκτὸς στρατευομένοις πεντήκοντα καὶ δια-
κοσίας ἐπὶ χιλίαις, ὅσον ἀμήχανον ἦν συναγαγεῖν
μὴ πλείονα μυριάκις κακὰ παρασχόντα πᾶσιν 1054
ἀνθρώποις ὧν Νέρων παρέσχε. 3 Τοῦτο γὰρ εὐθὺς μὲν ἀπώλεσε Νέρωνα, μετ' ὀλίγον δὲ Γάλβαν ·
τὸν μὲν γὰρ ὡς ληψόμενοι προήκαντο, τὸν δὲ μὴ
λαμβάνοντες ἀπέκτειναν. 4 Εἶτα τὸν τοσοῦτον
δώσοντα ζητοῦντες ἔφθησαν ἐν ταῖς ἀποστάσεσι καὶ προδοσίαις ἀναλώσαντες αὐτοὺς ἢ τυχόντες
ὧν ἤλπισαν. 5 Τὰ μὲν οὖν καθ' ἕκαστα τῶν γενομένων ἀπαγγέλλειν ἀκριβῶς τῆς πραγματικῆς ἱστο-
ρίας ἐστίν, ὅσα δ' ἄξια λόγου τοῖς τῶν Καισάρων
ἔργοις καὶ πάθεσι συμπέπτωκεν, οὐδ' ἐμοὶ προσήκει
παρελθεῖν.

3. 1 Γάλβας Σουλπίκιος ὅτι μὲν ἰδιώτης πλου-
σιώτατος ἁπάντων εἰς τὸν Καισάρων παρῆλθεν
οἶκον, ὁμολογεῖται · μέγα δ' ἔχων εὐγενείας ἀξίωμα   b
τὸν Σερουίων οἶκον, αὐτὸς ἐφρόνει μεῖζον ἐπὶ τῇ
Κάτλου συγγενείᾳ, πρωτεύσαντος ἀνδρὸς ἀρετῇ
καὶ δόξῃ τῶν καθ' ἑαυτόν, εἰ καὶ τὸ δύνασθαι μᾶλλον ἑκὼν ἑτέροις παρῆκεν. 2 Ἦν δέ τι καὶ Λιβίᾳ
τῇ Καίσαρος γυναικὶ κατὰ γένος προσήκων ὁ Γάλβας, καὶ διὰ τοῦτο Λιβίας παρασχούσης ὕπατος
ἐκ Παλατίου προῆλθε. 3 Λέγεται δὲ καὶ στρατεύματος ἐν Γερμανίᾳ καλῶς ἄρξαι, καὶ Λιβύης
ἀνθύπατος γενόμενος σὺν ὀλίγοις ἐπαινεθῆναι.
4 Τὸ δ' εὔκολον αὐτοῦ τῆς διαίτης καὶ φειδωλὸν
ἐν δαπάναις καὶ ἀπέριττον αἰτίαν ἔσχεν αὐτοκράτο-

2. 4 ²⁻³ ἀποστάσεσι : ἀποκαταστάσεσι V ‖ ³ ἀναλώσαντες : κατα-
ναλ- V ‖ 3. 4 ² ἐν Schaefer : σὺν.

de mesquinerie quand il fut devenu empereur, la réputation d'ordre et de tempérance qu'il avait étant passée
de mode.* 5 Néron, qui n'avait pas encore appris
à craindre les citoyens de grand renom, l'envoya gouverner l'Espagne, car il paraissait doux de nature, et sa
vieillesse en outre semblait une garantie de circonspection. [1]

4. 1 Mais là-bas les odieux procurateurs de Néron
pillèrent cruellement et sauvagement les provinces
de Galba.* Il n'avait d'autre moyen de venir en aide
aux opprimés que de leur manifester sa compassion
et la douleur que lui causaient, comme à eux, ces in-
justices, et c'était là, dans une certaine mesure, un soulagement et une consolation pour ces malheureux,
condamnés et vendus. 2 On avait fait contre Néron
des couplets qui circulaient et se chantaient partout ;
Galba n'y mit pas obstacle et ne partagea pas l'indignation des procurateurs, ce qui augmenta encore l'affection que les gens avaient pour lui, 3 car depuis
sept ans qu'il était gouverneur, [2] il avait eu le temps
de se familiariser avec ses administrés. C'est alors que
Julius Vindex, propréteur de Gaule, s'insurgea contre
Néron.* 4 On dit que, même avant d'en venir à
une révolte ouverte, Vindex avait adressé une lettre
à Galba ; celui-ci ne s'y fia pas, mais ne révéla pas non
plus ni ne dénonça les projets qu'elle annonçait, comme
le firent d'autres gouverneurs, qui communiquèrent
à Néron les lettres reçues et compromirent, en ce qui
dépendait d'eux, cette entreprise, à laquelle ils s'associèrent par la suite, avouant ainsi qu'ils n'étaient pas
moins traîtres à eux-mêmes qu'à Vindex. 5 Puis,
lorsque Vindex eut clairement déclaré la guerre, il écrivit
de nouveau à Galba pour l'engager à accepter l'empire et
à s'offrir lui-même à un corps puissant qui cherchait
une tête, c'est-à-dire aux Gaules qui avaient cent mille

---

1. Cf. Tac., *Hist.*, 1, 49, 8 : « Déjà vieux, il montra le même esprit
de justice à tenir l'Espagne citérieure. » Légat d'Espagne citérieure,
depuis 61, Galba occupait encore ce poste en 68. En 61, il était âgé
de 65 ans.
2. Voir la note précédente.

ρος γενομένου μικρολογίας, ἣν ἕωλόν τινα δόξαν
εὐταξίας ἔφερε καὶ σωφροσύνης. 5 Ἐπέμφθη δ' ὑπὸ   c
Νέρωνος Ἰβηρίας ἄρχων, οὔπω δεδιδαγμένου φοβεῖσθαι τοὺς ἐν ἀξιώματι μεγάλους τῶν πολιτῶν.
Ἐκείνῳ δὲ καὶ φύσει δοκοῦντι πράῳ γεγονέναι
προσετίθει πίστιν εὐλαβείας τὸ γῆρας.

4. 1 Ἐκεῖ δὲ τῶν ἀλιτηρίων ἐπιτρόπων ὡμῶς
καὶ ἀγρίως τὰς ἐπαρχίας ἐκείνῳ διαφορούντων,
ἄλλο μὲν εἶχεν οὐδὲν βοηθεῖν, αὐτῷ δὲ τῷ φανερὸς
εἶναι συναλγῶν καὶ συναδικούμενος ἁμῶς γέ πως
ἀναπνοήν τινα καὶ παραμυθίαν τοῖς καταδικαζο-
μένοις καὶ πωλουμένοις παρέσχε · 2 καὶ ποιημάτων
εἰς Νέρωνα γινομένων καὶ πολλαχοῦ περιφερομένων   d
καὶ ᾀδομένων, οὐκ ἐκώλυεν οὐδὲ συνηγανάκτει τοῖς
ἐπιτρόποις · ἐφ' οἷς ἔτι μᾶλλον ἠγαπᾶτο ὑπὸ τῶν
ἀνθρώπων. 3 Καὶ γὰρ ἦν ἤδη συνήθης ἔτος ὄγδοον
ἐκεῖνο τὴν ἀρχὴν ἔχων, ἐν ᾧ Ἰούλιος Οὐίνδιξ ἐπαν-
έστη Νέρωνι Γαλατίας ὢν στρατηγός. 4 Λέγεται
μὲν οὖν καὶ πρὸ τῆς ἐμφανοῦς ἀποστάσεως γράμματα πρὸς αὐτὸν ἀφικέσθαι παρὰ τοῦ Οὐίνδικος,
οἷς μήτε πιστεῦσαι μήτε μηνῦσαι καὶ κατειπεῖν, ὡς
ἕτεροι τῶν ἡγεμονικῶν ἐπιστολὰς αὐτοῖς γραφείσας
ἔπεμψαν πρὸς Νέρωνα καὶ διέφθειραν ὅσον ἐπ' αὐτοῖς τὴν πρᾶξιν, ἧς ὕστερον μετασχόντες ὡμολόγη-
σαν αὐτῶν οὐδὲν ἧττον ἢ ἐκείνου προδόται γεγονέ-   e
ναι. 5 Ἀλλ' ἐπειδὴ λαμπρῶς τὸν πόλεμον ἐκφήνας
ὁ Οὐίνδιξ ἔγραψε τῷ Γάλβᾳ παρακαλῶν ἀναδέξασθαι
τὴν ἡγεμονίαν καὶ παρασχεῖν ἑαυτὸν ἰσχυρῷ σώματι
ζητοῦντι κεφαλήν, ταῖς Γαλατίαις δέκα μυριάδας

3. 4 ³⁻⁴ ἦν... ἔφερε : δι' ἣν... ἐφέρετο Rei. ‖ 5 ³ ἀξιώματι Alma :
-μασι ‖ μεγάλους : -λοις Rei. ‖ 4. 1 ¹ Ἐκεῖ Sint. : ἐπεὶ ‖ ἐπιτρόπων Xyl. : ἐπίτροπος ὢν ‖ ² ἐκείνῳ Rei. : -νων ‖ ³ αὐτῷ δὲ τῷ φανερὸς Cor. : αὐτὸ δὲ τὸ φανερῶς ‖ ⁶ παρέσχε : παρεῖχε Cor. ‖ 3 ² Ἰούλιος Zie. : Ἰούνιος.

hommes sous les armes et qui pouvaient en armer un nombre encore plus grand.* Galba prit l'avis de ses amis. 6 Plusieurs conseillèrent d'attendre pour voir quel mouvement et quel effet cette initiative produirait à Rome ; 7 mais Titus Vinius, commandant de la garde prétorienne,* leur dit : « Galba, quelle délibération est-ce là ? Nous demander si nous resterons fidèles à Néron, c'est déjà cesser de l'être. Il faut donc, ou bien considérer Néron comme ennemi et ne pas repousser l'alliance de Vindex, ou bien mettre tout de suite Vindex en accusation et lui faire la guerre, parce qu'il veut que les Romains t'aient pour chef plutôt que Néron pour tyran. »

***Sur le chemin du pouvoir suprême.* — 5**. 1 Alors Galba fit connaître par affiche une date à laquelle il affranchirait successivement les esclaves qui le demanderaient.[1] Dès que la rumeur publique en eut répandu la nouvelle, une foule d'hommes avides de changement se rassembla, et on ne l'eut pas plus tôt vu apparaître sur son tribunal que tous d'une seule voix le proclamèrent empereur. 2 Il n'accepta pas ce titre sur-le-champ, mais, après avoir accusé Néron et déploré le meurtre de ses plus illustres victimes, il promit de consacrer tous ses soins à la patrie, sans prendre le nom de César ni d'empereur, en tant que légat du Sénat et du peuple romain.[2] 3 Que Vindex eût bien calculé son coup en appelant Galba à l'empire, c'est ce dont Néron lui-même fournit la preuve : il avait feint de mépriser Vindex

1. Cf. Suét., *Galba*, 10, 1 : ... *quasi manumissioni vacaturus*..., où *quasi* semble indiquer que les affranchissements en question n'étaient qu'un prétexte à rassemblement. La scène décrite ensuite se passa à *Carthago nova* (Carthagène) : cf. Suét., *Galba*, 9, 4, et voir *R. E.*, *s. v.* Sulpicius, n° 63, col. 779 (Fluss).
2. Cf. Suét., *Galba*, 10, 1 : « Il monta sur son tribunal, où l'on exposa devant lui en grand nombre les portraits des citoyens condamnés et tués par Néron, et, ayant à ses côtés un jeune homme de noble naissance exilé dans la plus voisine des îles Baléares et qu'il avait fait venir tout exprès, il déplora l'état de choses présent, et, salué empereur, il se déclara le légat du Sénat et du peuple romain. » Au mot *legatus* de Suétone correspond chez Plutarque στρατηγός, qui désigne ordinairement un préteur.

ἀνδρῶν ὡπλισμένων ἐχούσαις, ἄλλας τε πλείονας
ὁπλίσαι δυναμέναις, προΰθηκε βουλὴν τοῖς φίλοις.
6 Ὧν οἱ μὲν ἠξίουν περιμένειν καραδοκοῦντα
τίνα κίνησιν ἡ Ῥώμη καὶ φορὰν ἕξει πρὸς τὸν νεωτερισμόν · 7 Τίτος δὲ Οὐίνιος ὁ τοῦ στρατηγικοῦ
τάγματος ἡγεμὼν αὐτοῖς εἶπεν « Ὦ Γάλβα, τίνα
τρόπον βουλεύεσθε; τὸ γὰρ ζητεῖν Νέρωνι εἰ πιστοὶ   f
μενοῦμεν, οὐκ ἤδη μενόντων ἐστίν. Ὡς οὖν ὑπάρχον-
τος ἐχθροῦ Νέρωνος οὐ δὴ προετέον τὴν τοῦ Οὐίνδικος φιλίαν, ἢ καὶ κατηγορητέον εὐθὺς αὐτοῦ καὶ
πολεμητέον, ὅτι σὲ βούλεται Ῥωμαίους ἔχειν ἄρχοντα
μᾶλλον ἢ Νέρωνα τύραννον. »

5. 1 Ἐκ τούτου προγράμματι μὲν ἐδήλωσεν ὁ
Γάλβας ἡμέραν ἐν ᾗ τὰς κατὰ μέρος ἐλευθερώσεις   1055
ἀποδώσει τοῖς δεομένοις, λαλιὰ δὲ καὶ φήμη προεκπε-
σοῦσα πλῆθος ἀνθρώπων ἤθροισε προθύμως ἐπὶ τὸν
νεωτερισμόν. Οὐκ ἔφθη γοῦν φανερὸς ἐπὶ τοῦ βήματος γενόμενος καὶ πάντες αὐτὸν ὁμοφώνως αὐτοκράτορα προσεῖπον. 2 Ὁ δὲ ταύτην μὲν εὐθὺς οὐ
προσεδέξατο τὴν προσηγορίαν, κατηγορήσας δὲ τοῦ
Νέρωνος καὶ τῶν ἀνῃρημένων ἀνδρῶν ὑπ' αὐτοῦ
τοὺς ἐπιφανεστάτους ὀλοφυράμενος, ὡμολόγησεν
ἐπιδώσειν τῇ πατρίδι τὴν ἑαυτοῦ πρόνοιαν, οὔτε
Καῖσαρ οὔτ' αὐτοκράτωρ, στρατηγὸς δὲ συγκλήτου
καὶ δήμου Ῥωμαίων ὀνομαζόμενος. 3 Ὅτι δ' ὀρθῶς
ὁ Οὐίνδιξ καὶ λελογισμένως ἐξεκαλεῖτο τὸν Γάλβαν   b
ἐπὶ τὴν ἡγεμονίαν, ἐπιστώσατο μάρτυρι τῷ Νέρωνι.
Προσποιούμενος γὰρ ἐκείνου καταφρονεῖν καὶ παρ'

4. 7 [1] Οὐίνιος Bryan : ὁ δίνιος vel ὁδίνιος ‖ στρατηγικοῦ Xyl. : στρατιωτικοῦ ‖ [2] αὐτοῖς Sint. : αὐτὸς ‖ [3] βουλεύεσθαι [2] : βουλεύεσθαι να[1]
βουλεύῃ Cor. βουλευόμεθα Bekker βεβούλευσαι Zie. ‖ [4] μενοῦμεν
Rei. : μένοιμεν vel μείνοιμεν ‖ οὐκ A[2] : om. cet. ‖ [5] δὴ : δεῖ Va ‖
5. 1 [3] ἀποδώσει : -σοι Lγ ‖ [5] φανερὸς Schaefer : -ρῶς ‖ 3 [2] λελογισμένως : -μένος Va.

et de compter pour rien les événements de Gaule, mais,
en apprenant ce qui concernait Galba (il était en train
de déjeuner après avoir pris son bain), il renversa la
table.[1] 4 Toutefois, le Sénat ayant déclaré Galba
ennemi public, Néron, voulant lui-même en plaisanter
et se donner un air d'assurance devant ses amis, dit que
c'était là une occasion non négligeable qui s'offrait à lui
de s'enrichir, alors qu'il avait besoin d'argent ; 5 que,
lorsque les Gaulois seraient réduits à merci, il s'approprie-
rait leurs dépouilles, et qu'il pouvait disposer des biens de
Galba et les vendre, puisque celui-ci s'était déclaré son
ennemi.* 6 Il mit donc en vente ce qui appartenait à
Galba. Celui-ci, de son côté, l'ayant appris, fit annoncer
publiquement la vente de toutes les propriétés que
Néron possédait en Espagne, et elles trouvèrent, plus
que les siennes, beaucoup d'acquéreurs empressés.

6. 1 Nombreux étaient ceux qui faisaient défection
à Néron, et presque tous se ralliaient à Galba. Seuls,
Clodius Macer en Afrique,[2] et Verginius Rufus qui avait
sous ses ordres en Gaule l'armée de Germanie* agissaient
pour leur propre compte, mais avec des intentions différentes : 2 Clodius, qui s'était rendu coupable de pillages
et de massacres en raison de sa cruauté et de sa cupidité,
flottait manifestement dans l'indécision, étant aussi
incapable de maintenir son autorité que d'y renoncer ;
3 Verginius, lui, commandait les légions les plus fortes,
et, celles-ci, à plusieurs reprises, le proclamant empereur
et voulant le contraindre à accepter ce titre, il déclara que
lui-même ne prendrait pas le pouvoir suprême, et qu'il
ne le laisserait pas remettre à un autre que le Sénat
n'aurait pas choisi. 4 Dès l'abord cette situation
jeta Galba dans un grand trouble. Mais bientôt les armées
de Verginius et de Vindex, faisant pour ainsi dire violence

1. Cf. Suét., *Nero*, 42, 1 : « Lorsqu'il apprit que Galba et les Espagnes
faisaient défection à leur tour, il tomba évanoui et resta longtemps
sans voix, à demi mort ... »
2. Cf. Tac., *Hist.*, 1, 7, 2 : « Clodius Macer qui, en Afrique, fomentait
indubitablement des troubles, fut mis à mort, sur l'ordre de Galba,
par le procurateur Trebonius Garutianus. »

οὐδὲν ἡγεῖσθαι τὰ Γαλατῶν, ἅμα τῷ πυθέσθαι τὰ περὶ
Γάλβαν (ἔτυχε δὲ λελουμένος καὶ ἀριστῶν) ἀνέτρεψε
τὴν τράπεζαν. 4 Οὐ μὴν ἀλλὰ συγκλήτου ψηφι-
σαμένης πολέμιον τὸν Γάλβαν, αὐτός γε παίζειν
καὶ θρασύνεσθαι πρὸς τοὺς φίλους βουλόμενος,
οὐ φαύλην ἔφη πρόφασιν ἐμπεπτωκέναι πορισμοῦ
δεομένῳ χρημάτων αὐτῷ · 5 καὶ τὰ μὲν Γαλατῶν,
ὅταν ὑποχείριοι γένωνται, λαφυραγωγήσεσθαι [καὶ
λίαν], ἡ δὲ Γάλβα πάρεστιν οὐσία χρῆσθαι καὶ
πωλεῖν, ἤδη πολεμίου πεφηνότος. 6 Οὗτός τε δὴ
τὰ Γάλβα πιπράσκειν ἐκέλευε, καὶ Γάλβας ἀκούσας
ὅσα Νέρωνος ἦν ἐν Ἰβηρίᾳ κηρύττων εὕρισκε πολλοὺς προθυμοτέρους ὠνητάς.

6. 1 Ἀφισταμένων δὲ πολλῶν τοῦ Νέρωνος καὶ
πάντων ἐπιεικῶς τῷ Γάλβᾳ προστιθεμένων, μόνοι
Κλώδιος Μάκρος ἐν Λιβύῃ καὶ Οὐεργίνιος Ῥοῦφος
ἐν Γαλατίᾳ τοῦ Γερμανικοῦ στρατεύματος ἡγούμενος
αὐτοὶ καθ᾽ ἑαυτοὺς ἔπραττον, οὐ τὴν αὐτὴν αἵρεσιν
ἔχοντες. 2 Ἀλλ᾽ ὁ μὲν Κλώδιος ἐν ἁρπαγαῖς πραγμάτων γεγονὼς καὶ φόνοις ἀνδρῶν δι᾽ ὠμότητα
καὶ πλεονεξίαν, δῆλος ἦν ἐν τῷ μήτε κατέχειν
μήτ᾽ ἀφιέναι τὴν ἀρχὴν δύνασθαι περιφερόμενος,
3 Οὐεργίνιος δὲ ταγμάτων ἐπιστατῶν δυνατωτάτων,
πολλάκις αὐτὸν ἀναγορευόντων αὐτοκράτορα καὶ
βιαζομένων, οὔτ᾽ αὐτὸς ἔφη λήψεσθαι τὴν ἡγεμονίαν
οὔτ᾽ ἄλλῳ περιόψεσθαι διδομένην ὃν ἂν μὴ ἡ σύγκλητος ἕληται. 4 Ταῦτα τὸν Γάλβαν οὐ μετρίως
ἐθορύβει τὸ πρῶτον · ἐπεὶ δὲ τὰ Οὐεργινίου καὶ
Οὐίνδικος στρατεύματα τρόπον τινὰ βίᾳ τοὺς ἡγεμό-

5. 4 ² γε Sauppe Alma : τε ‖ ⁴ πρόφασιν Sol. : πρόρρησιν ‖ πορισμοῦ
Zie. (χρηματισμοῦ Cor.) : λογισμοῦ ‖ 5 ² λαφυραγωγήσεσθαι : λάφυρα
ποιήσεσθαι Cor. ‖ ²⁻³ καὶ λίαν del. Cor. : καὶ λείαν Sint. κάλλιον
Bernardakis ‖ 6 ³⁻⁴ πολλοὺς : πολλῷ Zie. ‖ ⁴ ὠνητὰς Bryan : ὄντας ‖
6. 1 ² μόνοι Zie. : μόνος ‖ ³ Μάκρος Xyl. (Μᾶκρος Zie.) : μαῦρος.

à leurs chefs, les entraînèrent, comme des cochers incapables de tenir les rênes, en se jetant dans une grande bataille, où Vindex se tua sur les cadavres de vingt mille Gaulois,[1] et le bruit se répandit que les vainqueurs exigeaient pour prix d'une telle victoire que Verginius acceptât l'empire, sous peine de les voir retourner à Néron. 5 Alors Galba, tout plein d'effroi,[2] écrivit à Verginius pour l'inviter à s'entendre avec lui et à sauvegarder à la fois la souveraineté et la liberté des Romains. 6 Puis il s'en retourna avec ses amis à Clunia, ville d'Espagne,* où il passait son temps à se repentir de ce qu'il avait fait et à regretter la vie de loisir dont il avait l'habitude et qui lui était devenue indispensable, plutôt que de s'occuper de ce qu'exigeait la situation présente.*

7. 1 On était alors en été.[3] Un soir, un peu avant la nuit, arriva de Rome un de ses affranchis, Icelus, qui avait couvert le trajet en sept jours. 2 Apprenant que Galba reposait seul, il monta prestement à sa chambre, en ouvrit la porte malgré la résistance des domestiques, entra et annonça que, Néron étant encore vivant, mais ne se montrant pas, l'armée d'abord, puis le peuple et le Sénat avaient proclamé Galba empereur et que, peu après, on avait annoncé la mort de Néron. 3 Il ajouta : « Moi-même, ne me fiant pas à ces dires, je me suis rendu sur les lieux, j'ai vu le cadavre gisant à terre, et c'est alors seulement que je suis parti. » 4 A cette nouvelle, Galba laissa éclater sa joie ; des gens en foule accoururent à sa porte, qui furent remplis grâce à lui d'une ferme confiance. 5 Cependant la rapidité du

---

1. Cf. Dion Cass., 63, 24, 1 sqq. : Verginius Rufus vint en Gaule combattre Vindex, et il assiéga Vesontio (Besançon) ; Vindex, voulant secourir cette ville, fit camper son armée non loin de celle de Rufus. Les deux chefs eurent une entrevue secrète, et l'on suppose qu'ils se mirent d'accord contre Néron. Après quoi, Vindex voulut occuper la cité, mais les soldats de Rufus crurent que l'armée gauloise les attaquait et, d'eux-mêmes, sans ordres, se jetèrent sur elle et l'écrasèrent.

2. Cf. Suét., *Galba*, 11, 1 : *maxime consternatus.*

3. En juin : Néron se donna la mort le 9 juin 68.

νας, ὥσπερ [τοὺς] ἡνιόχους κρατῆσαι χαλινῶν μὴ
δυνηθέντας, εἰς μάχην ἐξενεγκόντα μεγάλην συνέρ-
ραξαν, καὶ Οὐίνδικος ἑαυτὸν ἀνελόντος ἐπὶ δισμυ-
ρίοις Γαλατῶν πεσοῦσι, διῆλθε λόγος ὡς βουλομένων πάντων ἐπὶ νίκῃ τοσαύτῃ τὸν Οὐεργίνιον
ἀναδέξασθαι τὴν ἡγεμονίαν ἢ πάλιν μεταβαλουμένων πρὸς Νέρωνα, 5 τότε δὴ παντάπασι περίφοβος γενόμενος ὁ Γάλβας ἔγραψε τῷ Οὐεργινίῳ παρακαλῶν κοινοπραγεῖν καὶ διαφυλάσσειν ἅμα τὴν
ἡγεμονίαν καὶ τὴν ἐλευθερίαν Ῥωμαίοις · 6 αὖθις
δὲ μετὰ τῶν φίλων εἰς Κλουνίαν, Ἰβηρικὴν πόλιν,
ἀναχωρήσας ἐν τῷ μετανοεῖν περὶ τῶν γεγονότων
καὶ ποθεῖν τὴν συνήθη καὶ σύντροφον ἀπραγμοσύνην
μᾶλλον ἢ πράττειν τι τῶν ἀναγκαίων διέτριβεν.

7. 1 Ἦν δὲ θέρος ἤδη, καὶ βραχὺ πρὸ δείλης
ἧκεν ἀπὸ Ῥώμης Ἴκελος ἀνὴρ ἀπελεύθερος ἑβδο-
μαῖος. 2 Πυθόμενος δὲ τὸν Γάλβαν ἀναπαύεσθαι
καθ' ἑαυτόν, ἐβάδιζε συντόνως ἐπὶ τὸ δωμάτιον αὐτοῦ, καὶ βίᾳ τῶν θαλαμηπόλων ἀνοίξας καὶ παρελθὼν
ἀπήγγειλεν ὅτι καὶ ζῶντος ἔτι τοῦ Νέρωνος, οὐκ
ὄντος δὲ φανεροῦ, τὸ στράτευμα πρῶτον, εἶθ' ὁ
δῆμος καὶ ἡ σύγκλητος αὐτοκράτορα τὸν Γάλβαν
ἀναγορεύσειεν, ὀλίγον δ' ὕστερον ἀπαγγελθείη
τεθνηκὼς ἐκεῖνος · 3 οὐ μὴν αὐτός γε πιστεύσας
ἔφη τοῖς ἀπαγγέλλουσιν, ἀλλ' ἐπελθὼν τῷ νεκρῷ
καὶ κείμενον θεασάμενος, οὕτως ἐξελθεῖν. 4 Ταῦτ'
ἀπαγγελλόμενα λαμπρὸν ἦρε τὸν Γάλβαν, καὶ
συνέδραμε πλῆθος ἀνδρῶν ἐπὶ θύρας ἐκτεθαρρηκότων 1056
ὑπ' αὐτοῦ βεβαίως. 5 Καίτοι τὸ τάχος ἦν ἄπιστον.

6. 4 ⁴ τοὺς del. Cor. : ⟨ζεύγη⟩ τοὺς Zie. ‖ ⁹⁻¹⁰ μεταβαλουμένων
Bryan : -βαλλομ- Vα -βαλομ- ΑΒγ ‖ 6 ² Κλουνίαν Xyl. : κολου-
νίαν ‖ 7. 1 ² Ἴκελος Lipsius : σικελὸς ‖ 2 ⁷ ἀναγορεύσειεν : -σειαν Cor. ‖
4 ⁴ ὑπ' : ὑπὲρ Rei.

messager paraissait incroyable. Mais deux jours après,
Titus Vinius arriva du camp avec d'autres et rapporta en
détail les décrets rendus par le Sénat.* 6 Galba
le promut à un rang plein d'honneur, et donna des anneaux
d'or à son affranchi Icelus, qui changea son nom en celui
de Marcianus et devint le plus influent de ses affranchis.[1]

Nymphidius Sabinus. — **8.** 1 A Rome Nymphidius Sabinus s'était empressé d'attirer à lui toutes les
affaires, non pas doucement et peu à peu, mais d'un seul
coup, sous prétexte que Galba était vieux et qu'il aurait
à peine assez de force pour se faire porter à Rome en litière à cause de son âge (il avait soixante-treize ans)* ;
2 d'ailleurs les troupes en garnison dans la ville étaient
depuis longtemps dévouées à Nymphidius et ne dépen-
daient désormais que de lui seul : à cause de l'importance
de la gratification qu'il leur avait promise, elles le regardaient comme leur bienfaiteur et Galba comme leur
débiteur.[2] 3 Il commença donc par ordonner à son
collègue Tigellin de déposer son épée, puis il offrit des
réceptions et des dîners aux anciens consuls et préteurs,
en mettant de plus en tête des invitations le nom de
Galba. Dans le camp il incita de nombreux soldats à
dire qu'il fallait envoyer demander à Galba Nymphidius
comme préfet du prétoire à perpétuité et sans collègue.*
4 Tout ce que le Sénat faisait pour accroître ses honneurs
et sa puissance, en lui conférant le titre de bienfaiteur,
en accourant tous les jours à sa porte,* en lui demandant
de prendre l'initiative de tout décret, puis de le ratifier,
tout cela accrut encore son audace au point qu'en peu
de temps il devint non seulement odieux, mais aussi

---

1. Cf. Suét., *Galba*, 14, 3 : *libertus Icelus, paulo ante anulis aureis
et Marciani cognomine ornatus...*, et de même Tac., *Hist.*, 1, 13,
1 : Icelus appartenait désormais à l'ordre équestre, dont l'insigne
était un anneau d'or.

2. Voir ci-dessus, 2, 2, et Suétone, *Galba*, 16, 2 : « Les officiers avaient
promis aux soldats, en son absence, quand ils jurèrent fidélité à
Galba, une gratification plus considérable qu'à l'ordinaire, mais
Galba, loin de ratifier ces promesses, affecta de répéter « qu'il
avait coutume de choisir ses troupes, non de les acheter. » Cf. Tac.,
Hist., 1, 5, 4 ; Dion Cass., 63, 3, 3.

Ἀλλὰ καὶ δυσὶν ἡμέραις Οὐίνιος Τίτος πολλά...
τῶν ἀπὸ στρατοπέδου μεθ' ἑτέρων ἀφίκετο, τὰ
δόξαντα τῇ συγκλήτῳ καθ' ἕκαστον ἀπαγγέλλων.
6 Οὗτος μὲν οὖν εἰς τάξιν ἔντιμον προήχθη · τῷ
δ' ἀπελευθέρῳ δακτυλίους τε χρυσοῦς ἔδωκε καὶ
Μαρκιανὸς ὁ Ἴκελος ἤδη καλούμενος εἶχε τὴν
πρώτην ἐν τοῖς ἀπελευθέροις δύναμιν.

8. 1 Ἐν δὲ Ῥώμῃ Νυμφίδιος Σαβῖνος οὐκ ἠρέμα
καὶ κατὰ μικρόν, ἀλλὰ συλλήβδην ὁμοῦ πάντα
πράγματα φέρων περιήνεγκεν εἰς ἑαυτόν, ὡς Γάλβαν
μὲν ὄντα πρεσβύτην καὶ μόλις εἰς Ῥώμην ἐξαρκέ-   b
σοντα φοράδην κομισθῆναι διὰ γῆρας (ἦν γὰρ ἐτῶν
τριῶν καὶ ἑβδομήκοντα) · 2 τὰ δ' αὐτόθι στρατεύματα καὶ πάλαι πρὸς αὐτὸν εὐνόως ἔχοντα καὶ
νῦν ἑνὸς ἐξηρτημένα μόνου διὰ τὸ τῆς δωρεᾶς μέγεθος εὐεργέτην ἐκεῖνον ἡγεῖσθαι, Γάλβαν δὲ χρεω-
φειλέτην. 3 Εὐθὺς οὖν Τιγελλίνῳ μὲν τῷ συνάρχοντι
προσέταξεν ἀποθέσθαι τὸ ξίφος, ὑποδοχὰς δὲ ποιούμενος ἐδείπνιζε τοὺς ὑπατικοὺς καὶ τοὺς ἡγεμονικούς, ἔτι τὸ Γάλβα προτιθεὶς ὄνομα ταῖς κλήσεσιν,
ἔν τε τῷ στρατοπέδῳ πολλοὺς παρεσκεύασε λέγειν
ὡς πεμπτέον ἐστὶ πρὸς Γάλβαν αἰτουμένους ἔπαρχον
εἰσαεὶ Νυμφίδιον ἄνευ συνάρχοντος. 4 Ἃ δ' ἡ   c
σύγκλητος εἰς τιμὴν ἔπραττεν αὐτοῦ καὶ δύναμιν,
ἀνακαλοῦσα εὐεργέτην καὶ συντρέχουσα καθ' ἡμέραν
ἐπὶ θύρας καὶ παντὸς ἐξάρχειν δόγματος ἀξιοῦσα
καὶ βεβαιοῦν, ἔτι περαιτέρω τόλμης ἀνῆγεν αὐτὸν
ὥστ' ὀλίγου χρόνου τοῖς θεραπεύουσι μὴ μόνον

---

7. 5 ² Οὐίνιος Τίτος Cor. : οὔτιτος Va οὔτιτος L ὁ Τίτος ΑΒγ ‖
²⁻³ πολλά... τῶν lac. stat. Sint. : Τίτος Πολλίων τῶν ἀπὸ στρατοπέδου
πτεροφόρων ἀφίκετο Madvig ‖ 6 ² δακτυλίους : δακτύλιον ν δακτυ-
λίων w ‖ ³ ὁ Ἴκελος Sint. : οὐίκελλος vel οὐίκελος ‖ 8. 1 ¹ Σαβῖνος : σαμῖνος ν σαλαμῖνος w ‖ 2 ² εὐνόως : εὐνοϊκῶς Bryan ‖
3 ⁴ προτιθεὶς Zie. : προστ- ‖ 4 ⁵ αὐτὸν Bryan : ἑαυτόν.

redoutable à ses courtisans. 5 Les consuls chargeaient
des esclaves publics de porter les décrets à l'empereur
et leur remettaient ce qu'on appelle les « diplômes » scellés,
au vu desquels les magistrats de chaque ville fournissent
en hâte des voitures aux relais pour accélérer le voyage
des messagers ; Nymphidius s'irrita violemment parce que
les consuls n'avaient pas pris son propre sceau et des
hommes de sa garde pour ce courrier. 6 On dit même
qu'il envisagea des sanctions contre les consuls, mais
qu'ensuite, devant leurs justifications et leurs prières,
il laissa fléchir sa colère. Pour faire plaisir au peuple,
il ne l'empêchait pas de mettre à mal ceux des gens de
Néron qui lui tombaient sous la main. 7 Ainsi l'on
jeta sous les statues de Néron traînées à travers le Forum
le gladiateur Spiculus, qui fut écrasé,[1] et l'on renversa
un délateur nommé Aponius pour faire passer sur lui
des chariots chargés de pierres ; on déchira même plusieurs autres personnes, dont certaines étaient tout à fait
innocentes. 8 Aussi Mauricus,[2] considéré comme l'un
des meilleurs citoyens et qui l'était en effet, dit-il au
Sénat : « Je crains que bientôt nous ne regrettions Néron. »

9. 1 Nymphidius, pensant ainsi se rapprocher
de l'objet de ses espérances, laissait répandre le bruit
qu'il était fils de Caïus César, le successeur de Tibère.[3]
2 Et de fait, Caïus, alors qu'il était encore adolescent,
avait connu, paraît-il, la mère de Nymphidius, femme
dont l'aspect était loin d'être déplaisant, et qui avait
pour parents Callistus, un affranchi de l'empereur, et
une couturière à gages.[4] 3 Mais il semble que les
relations de Caïus avec elle aient été postérieures à
la naissance de Nymphidius, et l'on accusait celui-ci
d'être le fils du gladiateur Martianus, dont Nymphidia

---

1. Spiculus était un *myrmillo* : cf. Suét., *Nero*, 30, 5.
2. Cf. *R. E.*, *s. v.* Junius (Mauricus), n° 94 (Groag), et C. P. Jones,
Plut. and Rome, 24 et 72 sq.
3. Caïus, surnommé Caligula, avait été empereur de 37 à 41.
4. Cf. Tac., *Ann.*, 15, 72 : Nymphidius, « né d'une affranchie qui
prostitua sa beauté aux esclaves et aux affranchis des princes, se
prétendait fils de l'empereur Caïus, parce que le hasard lui avait
donné sa haute stature et son regard farouche. »

ἐπίφθονον, ἀλλὰ καὶ φοβερὸν εἶναι. 5 Τῶν δ᾽ ὑπά
των οἰκέτας δημοσίους προχειρισαμένων τὰ δόγματα
κομίζοντας τῷ αὐτοκράτορι καὶ τὰ καλούμενα διπλώ
ματα σεσημασμένα δόντων, ἃ γνωρίζοντες οἱ κατὰ
πόλιν ἄρχοντες ἐν ταῖς τῶν ὀχημάτων ἀμοιβαῖς
ἐπιταχύνουσι τὰς προπομπὰς τῶν γραμματηφόρων,
οὐ μετρίως ἠγανάκτησεν ὅτι μὴ παρ᾽ αὐτοῦ καὶ   d
σφραγῖδα καὶ στρατιώτας λαβόντες ἀνέπεμψαν,
6 ἀλλὰ λέγεται καὶ βουλεύσασθαι περὶ τῶν ὑπάτων,
εἶτα τὴν ὀργὴν ἀπολογησαμένοις καὶ δεηθεῖσιν
ἀνῆκε. Τῷ δὲ δήμῳ χαριζόμενος οὐκ ἐκώλυε τὸν
παραπίπτοντα τῶν Νέρωνος ἀποτυμπανίζειν. 7 Σπῖ
κλον μὲν οὖν τὸν μονομάχον ἀνδριάσι Νέρωνος ἑλκο
μένοις ὑποβαλόντες ἐν ἀγορᾷ διέφθειραν, Ἀπόνιον
δέ τινα τῶν κατηγορικῶν ἀνατρέψαντες ἁμάξας
λιθοφόρους ἐπήγαγον, ἄλλους δὲ διέσπασαν πολ
λούς, ἐνίους μηδὲν ἀδικοῦντας, 8 ὥστε καὶ Μαύ
ρικον, ἄνδρα τῶν ἀρίστων καὶ ὄντα καὶ δοκοῦντα,   e
πρὸς τὴν σύγκλητον εἰπεῖν ὅτι φοβεῖται μὴ ταχὺ
Νέρωνα ζητήσωσιν.

9. 1 Οὕτω δὲ προσάγων ὁ Νυμφίδιος ἐγγυτέρω
ταῖς ἐλπίσιν οὐκ ἔφευγε Γαΐου Καίσαρος υἱὸς λέ
γεσθαι τοῦ μετὰ Τιβέριον ἄρξαντος. 2 Ἐγνώκει
γὰρ ὁ Γάϊος, ὡς ἔοικε, τὴν τεκοῦσαν αὐτὸν ἔτι μει
ράκιον ὢν οὐκ ἀηδῆ τὴν ὄψιν οὖσαν, ἐκ δ᾽ ἀκεστρίας
ἐπιμισθίου Καλλίστῳ, Καίσαρος ἀπελευθέρῳ, γεγενη
μένην. 3 Ἀλλ᾽ ἦν ἡ πρὸς Γάϊον ἔντευξις αὐτῆς,
ὡς ἔοικε, νεωτέρα τῆς Νυμφιδίου γενέσεως, αἰτίαν
δ᾽ ἔσχεν ἐκ Μαρτιανοῦ τοῦ μονομάχου γεγονέναι,

8. 5 ⁸ ἀνέπεμψαν : ἔπεμψαν Va¹ ‖ 6 ⁴ Νέρωνος ⟨φίλων⟩ Rei. ⟨κολά
κων⟩ vel Νερωνιανῶν Zie. cl. 17, 2, 2 ‖ 8 ¹⁻² Μαύρικον Sint. : Μαύ
ρισκον ‖ ² τῶν ἀρίστων : τὸν ἄριστον Va¹ ‖ 9. 2 ³ ἀηδῆ Va : ἀειδῆ ‖
⁴ ἐπιμισθίου (vel ἐπιμίσθου) Sint. : ἐπὶ μισθῶ οὐ.

s'était éprise à cause de sa célébrité, et la ressemblance
des traits de Nymphidius avec ceux de Martianus rendait
cette origine plus vraisemblable. 4 En tout cas il
reconnaissait avoir Nymphidia pour mère, mais il prétendait que la chute de Néron était son œuvre à lui
seul, et il ne s'en croyait pas suffisamment payé par
les honneurs et les richesses dont il jouissait ; non content
de coucher avec le Sporus de Néron, qu'il avait immédiatement fait venir chez lui d'auprès du bûcher où le cadavre brûlait encore, et qu'il avait pris pour épouse
en l'appelant Poppée,[1] il manœuvrait dans l'ombre
pour s'assurer la succession de l'empire. 5 Il ourdissait
lui-même à Rome, par l'intermédiaire de ses amis, des
intrigues auxquelles certaines femmes et certains sénateurs
participaient secrètement, et, d'autre part, il envoya
l'un de ses familiers, Gellianus, en Espagne comme
observateur.

10. 1 Quant à Galba, depuis la mort de Néron, tout
lui réussissait. Seule, l'attitude douteuse de Verginius
Rufus lui causait encore de l'inquiétude ; il craignait
que celui-ci, chef d'une armée nombreuse et très com-
bative, de plus vainqueur de Vindex et maître d'une
grande partie de l'empire romain qui s'agitait et s'apprêtait à la révolte, à savoir la Gaule entière, ne prêtât l'oreille
à ceux qui l'appelaient à l'empire.[2] 2 Personne n'avait
un plus grand nom que lui, personne ne l'égalait en gloire,
car il avait exercé la plus grande influence sur les affaires
des Romains, qu'il avait délivrés à la fois d'une odieuse
tyrannie et de la guerre des Gaules, 3 mais, restant

---

1. Poppaea Sabina avait été l'épouse de Néron (cf. Suét., *Nero*,
35, 1-5), et Sporus son mignon : Suét., *Nero*, 28, 1-4. Dion Cassius,
63, 13, dit de Néron qu'il appela Sporus Sabina, et, 64, 8, d'Othon
qu'il vécut avec Sporus : voir L. Alma, 64.
2. Sur les hésitations de Verginius et leurs causes, voir Tac., *Hist.*,
1, 8, 6 et surtout 1, 52, 6 : « Verginius avait eu raison d'hésiter, lui
qui appartenait à une famille équestre, avait pour père un inconnu,
et qui, incapable d'exercer le pouvoir, s'il l'avait accepté, avait trouvé
sa sécurité à le refuser ».

τῆς Νυμφιδίας ἐρασθείσης διὰ δόξαν αὐτοῦ, καὶ
μᾶλλον ἐδόκει καθ' ὁμοιότητα τῆς ἰδέας ἐκείνῳ
προσήκειν. 4 Ἀλλ' ὁμολογῶν γε Νυμφιδίας εἶναι   f
μητρός, ἔργον μὲν αὐτοῦ μόνου τὴν Νέρωνος ἐποιεῖτο
κατάλυσιν, ἆθλα δ' αὐτῆς οὐ νομίζων ἱκανὰ καρ-
ποῦσθαι τὰς τιμὰς καὶ τὰ χρήματα καὶ τὸ Σπόρῳ
τοῦ Νέρωνος συγκαθεύδειν, ὃν εὐθὺς ἀπὸ τῆς πυρᾶς
ἔτι καιομένου τοῦ νεκροῦ μεταπεμψάμενος, ἐκεῖνος
ἐν γαμετῆς εἶχε τάξει καὶ Ποππαίαν προσηγόρευεν, 1057
ἐπὶ τὴν διαδοχὴν παρεδύετο τῆς ἡγεμονίας. 5 Καὶ
τὰ μὲν αὐτὸς ἐν Ῥώμῃ διὰ τῶν φίλων ὑπειργάζετο,
καὶ γυναικῶν τινων αὐτῷ καὶ συγκλητικῶν ἀνδρῶν
κρύφα συλλαμβανομένων, ἕνα δὲ τῶν φίλων, Γελ-
λιανόν, εἰς Ἰβηρίαν ἔπεμψε [καὶ παρείκει] κατα-
σκεψόμενον.

10. 1 Τῷ δὲ Γάλβᾳ μετὰ τὴν Νέρωνος τελευτὴν
ἐχώρει πάντα. Οὐεργίνιος δὲ Ῥοῦφος ἀμφίβολος
ὢν ἔτι φροντίδα παρεῖχε μὴ τῷ δυνάμεως πολλῆς
καὶ μαχιμωτάτης ἄρχειν προσειληφὼς τὸ νενικηκέ-
ναι Οὐίνδικα καὶ κεχειρῶσθαι μέγα μέρος τῆς   b
Ῥωμαίων ἡγεμονίας ἐν σάλῳ γενόμενον ἀποστατικῷ,
Γαλατίαν ἅπασαν, ὑπακούσαι τοῖς παρακαλοῦσιν
αὐτὸν ἐπὶ τὴν ἀρχήν. 2 Οὐδενὸς γὰρ ἦν ὄνομα
μεῖζον οὐδ' εἶχε δόξαν οὐδεὶς ὅσην ὁ Οὐεργίνιος,
ὡς μεγίστη ῥοπὴ τοῖς Ῥωμαίων πράγμασι ⟨πρὸς⟩
τυραννίδος ὁμοῦ χαλεπῆς καὶ Γαλατικῶν πολέμων
ἀπαλλαγὴν γενόμενος. 3 Ἀλλ' ἐκεῖνος τότε τοῖς

9. 4 ² αὐτοῦ : Sol. : αὐτοῦ ‖ μόνου : μόνον v μόνως w ‖ ⁴ τὸ Rei. :
τῷ ‖ ⁷ Ποππαίαν Casaubonus : πομπαῖον ‖ 5 ³ γυναικῶν : ὑπα-
τικῶν Alma ‖ ⁵ καὶ παρείκει del. Sint. : ante καὶ παρείκει lac. habet
fere 8 lit. α ⟨Γάλβαν⟩ ἢ παρείκοι Cor. τὰ ἐκεῖ alii ὡσπερεὶ Kron.
τὰ παρ' ἐκείνῳ Thielscher ‖ 10. 1 ⁴ καὶ ΑΒγ : om. cet. ‖ ⁶ γενόμενον Zie. : γενομένην ‖ ἀποστατικῷ Rei. : -κῶς ‖ 2 ³⁻⁵ ⟨πρὸς⟩... ἀπαλλαγὴν Rei. : ἀπαλλαγὴ codd. ἀπαλλαγῇ Cor. Sint. -γῆς Zie.

fidèle à ses premières résolutions, il réservait au Sénat
le choix de l'empereur.[1] 4 Cependant, lorsque la mort
de Néron fut connue, son armée le pressa de nouveau,
et l'un des tribuns de sa garde, dégaînant son épée,
le somma d'opter entre l'empire et le fer. 5 Quand
Fabius Valens, commandant d'une légion, eut le premier
fait prêter serment en faveur de Galba et qu'une lettre
venue de Rome eut annoncé les décrets du Sénat, il
persuada à ses soldats, quoique difficilement et à grand-
peine, de proclamer empereur Galba. 6 Il accueillit
Flaccus Hordeonius envoyé par Galba pour lui succéder,
lui remit son armée*, et alla en personne au-devant de
Galba qui approchait, puis fit route avec lui, sans
recevoir de sa part aucune marque de ressentiment
ni d'honneur. 7 Galba ne lui témoigna pas de ressentiment parce qu'il le respectait, et ne lui rendit pas
d'honneur, retenu qu'il était par ses amis, et surtout par
Titus Vinius* : celui-ci, par jalousie, pensait ainsi rabaisser
Verginius, sans savoir qu'il secondait au contraire le bon
Génie de Verginius, qui désormais le retirait à l'écart
des guerres et de tous les maux dont les autres chefs
eurent à souffrir, pour le mener à une vie sans orage,
au sein d'une vieillesse pleine de paix et de tranquillité.[2]

11. 1 Les envoyés du Sénat rencontrèrent Galba à
Narbonne, ville de Gaule[3] ; ils le saluèrent et l'engagèrent
à se montrer promptement au peuple, qui était impatient
de le voir. 2 Dans toutes les entrevues et les entretiens
qu'il eut avec eux, il leur parla avec bonté et simplicité, et,
lors des repas qu'il leur offrit, bien qu'il eût à sa disposition

---

1. Voir ci-dessus, 6, 3.
2. Voir les deux lettres de Pline le Jeune, 6, 10 et 9, 19. Dans la première Verginius Rufus est appelé *optimus ille et maximus vir*, et
dans les deux est citée l'épitaphe que Rufus avait lui-même composée pour son tombeau :
     Hic situs est Rufus, pulso quo Vindice quondam
     Imperium asseruit non sibi, sed patriae.
Cf. *R. E.*, *s. v.* Verginius, n° 27 (Mauriz Schuster) : Rufus fut consul
pour la troisième fois en 97 ; il avait alors quatre-vingt-trois ans.
3. Plutarque est le seul des auteurs anciens à nous avoir conservé
le souvenir de cette rencontre de Narbonne.

ἐξ ἀρχῆς ἐμμένων λογισμοῖς, ἐφύλαττε τῇ συγκλήτῳ
τὴν αἵρεσιν τοῦ αὐτοκράτορος. 4 Καίτοι φανερᾶς
γε τῆς Νέρωνος τελευτῆς γενομένης, τό τε πλῆθος
ἐνέκειτο τῷ Οὐεργινίῳ πάλιν, καὶ τῶν χιλιάρχων
τις τῶν ἐν τῇ σκηνῇ σπασάμενος τὸ ξίφος ἐκέλευε
τὸν Οὐεργίνιον δέχεσθαι τὴν ἡγεμονίαν ἢ τὸν σίδη-
ρον. 5 Ἐπεὶ δὲ Φάβιος Οὐάλης ἄρχων ἑνὸς τάγματος ὥρκωσε πρῶτος εἰς Γάλβαν καὶ γράμμαθ᾽ ἧκεν
ἀπὸ Ῥώμης περὶ ὧν ἡ σύγκλητος ἐψηφίσατο, χαλεπῶς μὲν καὶ μόλις, ἔπεισε δ᾽ οὖν τοὺς στρατιώτας
αὐτοκράτορα τὸν Γάλβαν ⟨ἀν⟩ειπεῖν · 6 καὶ πέμψαντος αὐτοῦ διάδοχον Φλάκκον Ὀρδεώνιον ἐδέξατο. Καὶ παραδοὺς ἐκείνῳ τὴν δύναμιν αὐτὸς ἀπήντησε τῷ Γάλβᾳ προσχωροῦντι καὶ συνανέστρεφεν
οὔτ᾽ ὀργῆς οὔτε τιμῆς ἐπιδήλου τυγχάνων. 7 Αἴ-
τιος δὲ τοῦ μὲν αὐτὸς ὁ Γάλβας αἰδούμενος τὸν
ἄνδρα, τοῦ δ᾽ οἱ φίλοι καὶ μάλιστα Οὐίνιος Τίτος,
ὑπὸ φθόνου τὸν Οὐεργίνιον οἰόμενος μὲν κολούειν,
ἠγνόει δ᾽ ἄρα τῷ Οὐεργινίου χρηστῷ δαίμονι συν-
εργῶν, ἤδη τὸν ἄνδρα πολέμων καὶ κακῶν ὅσα
τοὺς ἄλλους ἡγεμόνας κατέσχεν, ἐκτὸς εἰς βίον
ἀκύμονα καὶ γῆρας εἰρήνης καὶ ἡσυχίας μεστὸν
ὑπεκτιθεμένῳ.

11. 1 Γάλβαν δὲ περὶ Νάρβωνα, πόλιν Γαλα-
τικήν, οἱ παρὰ τῆς συγκλήτου πρέσβεις ἐντυχόντες
ἠσπάζοντο καὶ παρεκάλουν ἐπιφανῆναι τῷ δήμῳ
ποθοῦντι ταχέως. 2 Ὁ δὲ τάς τε ἄλλας παρεῖχεν
ἐντεύξεις καὶ συνουσίας αὐτοῖς φιλανθρώπους καὶ
δημοτικάς, πρός τε τὰς ἑστιάσεις πολλῆς κατα-

10. 5 ² ἧκεν : εἶχεν V ‖ ⁵ ἀνειπεῖν Rei. : εἰπεῖν ‖ 6 ⁴ προσχωροῦντι w : πρόσω χωροῦντι ‖ 7 ³ Οὐίνιος : Ὀδίνιος vel Ὀδίννιος
codd. et infra ‖ ⁴ τὸν Οὐεργίνιον Cor. : τοῦ Οὐεργινίου ‖ κολούειν Sol. : κωλύειν ‖ ⁵ Οὐεργινίου : -νίῳ Vaˡ.

l'apparat impérial du service de table de Néron, que Nymphidius lui avait adressé, il n'en fit aucun usage et n'employa que ce qui lui appartenait en propre : il se faisait ainsi bien juger et apparaissait comme un homme plein de noblesse d'âme et au-dessus d'un luxe de mauvais goût. 3 Mais bientôt Vinius l'amena à considérer cette magnanimité, ces manières simples et civiles comme étant de la démagogie et une délicatesse qui s'avouait incapable de grandeur, et il le persuada de faire usage des richesses de Néron et de ne rien épargner pour étaler dans les réceptions la magnificence impériale. 4 Finalement, le vieillard donna l'impression qu'il tomberait peu à peu sous la domination de Vinius.*

12. 1 Or ce Vinius était esclave de l'argent au suprême degré et plus que personne d'autre,[1] et il était en outre sujet à l'amour coupable des femmes. 2 Jeune encore et faisant sa première campagne sous les ordres de Calvisius Sabinus, il avait introduit de nuit dans le camp, déguisée en soldat, la femme de son chef, une débauchée, et avait fait l'amour avec elle au quartier général, que les Romains appellent *principia*.* 3 L'empereur Caïus, pour ce motif, l'avait fait mettre en prison, mais après la mort de Caïus[2] il eut la chance d'être relâché.[3] 4 Un soir qu'il dînait chez l'empereur Claude, il déroba une coupe d'argent. Claude, l'ayant su, l'invita de nouveau le lendemain, et il vint ; alors l'empereur ordonna aux serviteurs de ne mettre devant lui aucun vase d'argent, mais seulement de la vaisselle de terre cuite.[4] 5 Si la modération de Claude fit paraître ce vol plus digne de risée que de colère, et plutôt comique, en revanche les abus que Vinius commit pour s'enrichir

---

1. Cf. Suét., *Galba*, 14, 3 : *T. Vinius... cupiditatis immensae.*
2. Caligula mourut en 41.
3. Tacite, *Hist.*, 1, 48, 6, nous apprend que Vinius, après sa sortie de prison, « parcourut sans obstacle la carrière des honneurs et, après sa préture, chargé du commandement d'une légion, s'y fit apprécier. »
4. Chez Tacite, *ibid.*, il s'agit du vol d'une coupe d'or (*scyphum aureum*), après quoi *Claudius postera die soli omnium Vinio fictilibus ministrari jussit.* Cf. Suét., *Claud.*, 32, 4.

σκευῆς καὶ θεραπείας ⟨βασ⟩ιλικῆς παρούσης, ἣν
ἐκ τῶν Νέρωνος ὁ Νυμφίδιος αὐτῷ προσέπεμψεν,
οὐδενὶ χρώμενος ἐκείνων, ἀλλὰ τοῖς ἑαυτοῦ πᾶσιν,
εὐδοκίμει, μεγαλόφρων ἀνὴρ καὶ κρείττων ἀπειρο-
καλίας φαινόμενος. 3 Ταχὺ μέντοι τὰ γενναῖα
ταῦτα καὶ ἄτυφα καὶ πολιτικὰ δημαγωγίαν Οὐίνιος
ἀποφαίνων καὶ κομψότητα μεγάλων ἀπαξιοῦσαν
αὐτήν, ἔπεισε χρήμασί τε χρῆσθαι τοῖς Νέρωνος καὶ
περὶ τὰς ὑποδοχὰς μὴ φείδεσθαι τῆς βασιλικῆς
πολυτελείας. 4 Καὶ ὅλως αἴσθησιν αὐτοῦ κατὰ
μικρὸν ὑπὸ τῷ Οὐινίῳ γενησομένου παρεῖχεν ὁ
πρεσβύτης.

12. 1 Ἦν δὲ Οὐίνιος ἀργυρίου μὲν ἐσχάτως
καὶ παρ' ὁντινοῦν ἥττων, ἔνοχος δὲ καὶ τοῖς περὶ
γυναῖκας ἁμαρτήμασιν. 2 Ἔτι γὰρ ὢν νέος καὶ
στρατευόμενος ὑπὸ Καλβισίῳ Σαβίνῳ τὴν πρώτην
στρατείαν, ἀκόλαστον οὖσαν τὴν γυναῖκα τοῦ ἡγεμόνος παρεισήγαγε νύκτωρ εἰς τὸ στρατόπεδον
ἐν ἐσθῆτι στρατιωτικῇ καὶ διέφθειρεν ἐν τοῖς ἀρχείοις,
ἃ πριγκίπια καλοῦσι Ῥωμαῖοι. 3 Ἐπὶ τούτῳ δὲ
Γάιος Καῖσαρ ἔδησεν αὐτόν· ἐκείνου δ' ἀποθανόντος εὐτυχίᾳ χρησάμενος ἀπελύθη. 4 Δειπνῶν δὲ   1058
παρὰ Κλαυδίῳ Καίσαρι ποτήριον ἀργυροῦν ὑφεί-
λετο· πυθόμενος δ' ὁ Καῖσαρ τῇ ὑστεραίᾳ πάλιν
αὐτὸν ἐπὶ δεῖπνον ἐκάλεσεν, ἐλθόντι δ' ἐκέλευσεν
ἐκείνῳ μηδὲν ἀργυροῦν, ἀλλὰ κεραμεᾶ πάντα προσ-
φέρειν καὶ παρατιθέναι τοὺς ὑπηρέτας. 5 Τοῦτο
μὲν οὖν διὰ τὴν Καίσαρος μετριότητα κωμικώτερον
γενόμενον γέλωτος, οὐκ ὀργῆς ἄξιον ἔδοξεν· ἃ

11. 2 ⁴ βασιλικῆς Grivaeus : ἡλίκης codd. αὐλικῆς Sol. ⟨θαυμασ-
τῆς⟩ ἡλίκης Rei. ‖ ⁵ τῶν Grivaeus : τοῦ ‖ 3 ³ κομψότητα : ⟨ἀ⟩κομ-
ψότητα Sol. Zie. ‖ μεγάλων Sol. et s. s. A : μεγάλην ‖ 12. 4 ⁵ κεραμεᾶ Alma (κεράμεα Sint.) : κεράμια ‖ 5 ²⁻³ κωμικώτερον γενόμενον
Sint. : κωμικωτέραν γενομένην.

quand il tint Galba sous son influence et disposa d'un immense pouvoir furent pour les uns la cause et pour les autres l'occasion de grands malheurs et d'événements tragiques.

13. 1 En effet Nymphidius, dès le retour de Gellianus, qu'il avait envoyé auprès de Galba en quelque sorte comme espion,[1] apprit que Cornelius Laco[2] avait été nommé préfet du palais et de la garde prétorienne,[3] que toute l'autorité appartenait à Vinius, et que Gellianus n'avait jamais pu approcher Galba ni l'entretenir en particulier, parce que tout le monde le suspectait et était en garde contre lui ; ces nouvelles bouleversèrent Nymphidius. 2 Il réunit les chefs de l'armée et leur dit : « Galba est un vieillard personnellement raisonnable et modéré, mais, au lieu de se conduire d'après ses propres idées, il se laisse mal diriger par Vinius et Laco. 3 Donc, avant que ces deux hommes n'aient insensiblement acquis le pouvoir dont Tigellin a disposé dans l'État, il faut envoyer du camp des délégués à l'empereur pour lui représenter qu'en se séparant seulement de ces deux amis, il serait mieux vu de tout le monde et plus désiré. » 4 Mais les paroles de Nymphidius ne persuadèrent pas les officiers, qui jugèrent étrange et déplacé de prescrire à un empereur âgé, comme s'il s'agissait d'un jeune homme qui commence tout juste à goûter du pouvoir, quels amis il devait avoir ou rejeter ; alors il prit une autre voie et envoya des lettres à Galba pour l'effrayer, écrivant tantôt qu'il existait à Rome de nombreuses menaces cachées, tantôt que Clodius Macer[4] retenait en Afrique les convois de blé, une autre fois enfin que les légions de Germanie s'agitaient* et que l'on recevait des renseignements analogues sur les troupes de Syrie et de

1. Voir ci-dessus, 9, 5.
2. Pour l'opinion de Tacite sur ce personnage, voir ci-dessous p. 245, la note à 11, 4, et voir aussi Suétone, *Galba*, 14, 3 : ... *arrogantia so-cordiaque intolerabilis*.
3. Or Nymphidius avait émis la prétention d'être préfet du prétoire « à perpétuité et sans collègue » (ci-dessus, 8, 3).
4. Voir ci-dessus, 6, 1.

δὲ τὸν Γάλβαν ἔχων ὑφ' αὑτῷ καὶ δυνάμενος μέγιστον ἐπὶ χρήμασιν ἔπραττε, τραγικῶν παθῶν καὶ
συμφορῶν μεγάλων τοῖς μὲν αἰτίαν, τοῖς δὲ πρόφασιν
παρέσχεν.

13. 1 Ὁ γὰρ Νυμφίδιος εὐθὺς ἐπανελθόντος
τοῦ Γελλιανοῦ πρὸς αὐτόν, ὃν ἔπεμψε τοῦ Γάλβα   b
τρόπον τινὰ κατάσκοπον, ἀκούσας τῆς μὲν αὐλῆς
καὶ τῶν δορυφόρων ἔπαρχον ἀποδεδεῖχθαι Κορνή-
λιον Λάκωνα, τὸ δὲ σύμπαν εἶναι τοῦ Οὐινίου κράτος, αὑτῷ δὲ μηδέποτε τοῦ Γάλβα στῆναι πλησίον
ἐγγεγονέναι μηδ' ἐντυχεῖν ἰδίᾳ, πάντων αὐτὸν ὑφορω-
μένων καὶ διαφυλαττόντων, ἐθορυβήθη · 2 καὶ συναγαγὼν τοὺς ἡγεμόνας τοῦ στρατεύματος ἔφη
Γάλβαν μὲν αὐτὸν εἶναι πρεσβύτην ἐπιεικῆ καὶ
μέτριον, ἐλάχιστα δὲ τοῖς αὑτοῦ χρώμενον λογισμοῖς ὑπὸ Οὐινίου καὶ Λάκωνος οὐκ εὖ διοικεῖσθαι.
3 Πρὶν οὖν λαθεῖν αὐτοὺς ἣν ἔσχε Τιγελλῖνος
ἰσχὺν ἐν τοῖς πράγμασι κτησαμένους, πεμπτέον
εἶναι [δεῖν] πρὸς τὸν ἡγεμόνα πρέσβεις ἀπὸ στρα-   c
τοπέδου τοὺς διδάξοντας ὅτι τῶν φίλων δύο μόνους τούτους ἀποσκευασάμενος ἡδίων παρέσται
πᾶσι καὶ ποθεινότερος. 4 Ἐπεὶ δὲ ταῦτα λέγων
οὐκ ἔπειθεν, ἀλλ' ἄτοπον ἐδόκει καὶ ἀλλόκοτον
ἡγεμόνα πρεσβύτην, ὥσπερ ἄρτι γευόμενον ἐξουσίας μειράκιον, οἷς χρήσεται φίλοις ἢ μή, ῥυθμίζειν,
ἑτέραν ὁδὸν τραπόμενος ἔγραφε τῷ Γάλβᾳ δεδιττό-
μενος, νῦν μὲν ὡς ὕπουλα καὶ μετέωρα πολλὰ τῆς
πόλεως ἐχούσης, νῦν δὲ Κλώδιον Μάκρον ἐν Λιβύῃ
τὰ σιτηγὰ κατέχειν, αὖθις δὲ παρακινεῖν τὰ Γερμα-
νικὰ τάγματα καὶ περὶ τῶν ἐν Συρίᾳ καὶ Ἰουδαίᾳ

12. 5 [4] ὑφ' αὑτῷ Cor. : ὑπ' αὐτῷ ‖ 13. 1 [4] ἀποδεδεῖχθαι : ὑποδ-
Vα[1] ‖ 3 [3] δεῖν del. Sol. ‖ 4 [7] Μάκρον Steph. : Μάρκον.

Judée.[1] 5 Voyant que Galba ne prêtait aucune attention à ses avis et se méfiait de lui, Nymphidius résolut
de prendre les devants. Cependant Clodius Celsus d'An-
tioche, un homme sensé, qui lui était fidèlement dévoué,
cherchait à le dissuader en disant : « Je ne crois pas qu'il
y aurait à Rome un seul foyer pour proclamer Nymphidius empereur. » 6 Mais beaucoup de gens se moquaient
de Galba, et Mithridate du Pont,[2] raillant sa calvitie
et ses rides, disait : « A présent Galba passe pour être
quelqu'un aux yeux des Romains, mais ils ne l'auront
pas plus tôt vu qu'ils regarderont comme des jours de
honte ceux où il aura porté le titre d'empereur. »

14. 1 Il fut donc résolu que l'on conduirait Nymphidius au camp vers minuit pour le proclamer empereur.
2 Mais, le soir venu, le premier parmi les tribuns militaires, Antonius Honoratus assembla les soldats qu'il avait
sous ses ordres ; il leur reprocha et se reprocha à lui-même
d'avoir accompli tant de volte-face en peu de temps,
non pour des motifs raisonnables, ni pour choisir le meilleur parti, mais sous l'action d'un mauvais Génie qui
les poussait de trahison en trahison. 3 « Notre premier
changement, dit-il, avait pour excuse nos griefs contre
Néron, mais aujourd'hui, pour trahir Galba, pouvons-nous
l'accuser d'avoir assassiné sa mère et fait mourir sa femme ?
Avons-nous à rougir de l'empereur parce qu'il s'exhibe
dans les spectacles lyriques ou tragiques ? 4 Encore
n'est-ce même pas pour de tels motifs que nous avons
accepté d'abandonner Néron, mais parce que Nymphidius nous avait fait croire que cet empereur nous
avait abandonnés le premier et s'était enfui en Égypte.[3]
5 Allons-nous donc sacrifier Galba après Néron et,
prenant pour César le fils de Nymphidia,[4] tuer le parent
de Livie,* comme nous avons fait périr le fils d'Agrippine ?
Ou bien n'allons-nous pas punir Nymphidius de ses

1. L'insurrection juive de 66 n'avait pas encore été entièrement
réprimée : voir L. Homo, *Hist. Rom.*, 3, 307-308.
2. Mithridate VII, cf. *R. E.*, *s. v.*, n° 16 (Wilcken).
3. Voir ci-dessus, 2, 1.
4. Sur Nymphidia, voir ci-dessus, 9, 1-4.

δυνάμεων ὅμοια πυνθάνεσθαι. 5 Τοῦ δὲ Γάλβα
μὴ πάνυ τὸν νοῦν προσέχοντος αὐτῷ μηδὲ πιστεύον-
τος, ἔγνω προεπιχειρεῖν· καίτοι Κλώδιος Κέλσος   d
Ἀντιοχεύς, ἀνὴρ ἔμφρων, εὔνους δ' ἐκείνῳ καὶ
πιστός, ἀπηγόρευε, λέγων οὐκ ἂν οἴεσθαι μίαν ἐν
Ῥώμῃ συνοικίαν Καίσαρα προσειπεῖν Νυμφίδιον.
6 Ἀλλὰ πολλοὶ κατεγέλων, καὶ Μιθριδάτης ὁ Πον-
τικὸς ἐπισκώπτων τὴν φαλακρότητα καὶ ῥυσότητα
τοῦ Γάλβα, νῦν ἔφη τινὰ δοκεῖν εἶναι Ῥωμαίοις,
ὀφθέντα δὲ φανεῖσθαι τῶν ἡμερῶν τούτων, ἃς καλεῖται Καῖσαρ, ὄνειδος.

14. 1 Ἔδοξεν οὖν περὶ μέσας νύκτας εἰς τὴν
παρεμβολὴν παραγαγόντας ἀναδεικνύειν αὐτοκράτορα τὸν Νυμφίδιον. 2 Πρῶτος δὲ τῶν χιλιάρχων   e
Ἀντώνιος Ὀνωρᾶτος ἑσπέρας γενομένης τοὺς
ὑφ' ἑαυτῷ στρατιώτας συναγαγών, ἐκάκιζε μὲν αὐτόν, ἐκάκιζε δ' ἐκείνους ἐν ὀλίγῳ χρόνῳ τροπὰς
τοσαύτας τρεπομένους κατ' οὐδένα λογισμὸν οὐδ' αἵρεσιν ἀμεινόνων, ἀλλὰ δαίμονός τινος αὐτοὺς ἐκ
προδοσίας εἰς προδοσίαν ἐλαύνοντος. 3 Καὶ τὰ
μὲν πρῶτα προφάσεις ἔχειν τὰ Νέρωνος ἐγκλήματα·
νῦν δὲ Γάλβαν προδιδόναι, τίνα φόνον μητρὸς ἐγκα-
λοῦντας ἢ σφαγὴν γυναικός, ἢ ποίαν αἰδουμένους
θυμέλην ἢ τραγῳδίαν τοῦ αὐτοκράτορος; 4 «Ἀλλ'
οὐδ' ἐκεῖνον ἐπὶ τούτοις ὑπεμείναμεν ἐγκαταλιπεῖν,
ἀλλὰ Νυμφιδίῳ πεισθέντες ὅτι πρῶτος ἡμᾶς ἐγκατ-   f
έλιπε καὶ πέφευγεν εἰς Αἴγυπτον. 5 Πότερον οὖν
Νέρωνι Γάλβαν ἐπιθυσώμεθα καὶ τὸν ἐκ Νυμφιδίας
ἑλόμενοι Καίσαρα τὸν ἐκ Λιβίας ἀνέλωμεν, ὡς τὸν
ἐξ Ἀγριππίνης ἀνείλομεν; ἢ τούτῳ δίκην ἐπιθέντες

---

13. 6 ¹ πολλοί : ⟨οἱ⟩ πολλοί Cor. ‖ Μιθριδάτης : Μιθραδάτης να¹
Μιθρηδάτης w ‖ ² ῥυσότητα V : ῥυσσο- ‖ **14.** 3 ² ἔχειν Schaefer :
ἔχει ‖ 5 ² ἐπιθυσώμεθα Steph. : -σό- ‖ ⁴ τούτῳ : πόντῳ V.

crimes, afin de venger Néron et de nous montrer les
gardes honnêtes et loyaux de Galba? » 6 Ces paroles
du tribun lui gagnèrent l'assentiment de tous ses soldats,
qui allèrent trouver leurs camarades et, en les exhortant
à rester fidèles à l'empereur, firent passer de leur côté
le plus grand nombre. 7 Une clameur s'étant élevée,
Nymphidius, soit qu'il fût persuadé, comme le disent
certains, que les soldats l'appelaient déjà, soit qu'il
eût hâte de prendre les devants pour faire cesser l'agitation
et le flottement persistants, s'avança à la lumière de
nombreux flambeaux en tenant à la main le manuscrit
d'une harangue composée par Cingonius Varron,[1] qu'il
avait apprise par cœur pour la réciter aux soldats.
8 Mais voyant la porte du camp fermée et beaucoup
d'hommes en armes sur les murs, il prit peur et, s'avançant vers eux, il demanda quelles étaient leurs intentions
et qui leur avait ordonné de s'armer. 9 Ils répondirent
tous d'une seule voix qu'ils tenaient Galba pour leur
empereur. Alors lui, se joignant à eux, applaudit à leurs
paroles et ordonna à sa suite d'en faire autant. 10 Ceux
qui gardaient la porte le laissèrent entrer avec quelques
acolytes. On lui lança un javelot que Septimius, placé
devant lui, reçut sur son bouclier, puis, comme d'autres
se jetaient sur lui avec leurs épées nues, il s'enfuit ;
on le poursuivit et on l'égorgea dans la chambre d'un
soldat. 11 Son corps fut traîné au milieu du camp,
où on l'entoura d'une palissade pour l'offrir en spectacle
le lendemain à qui voulut le voir.[2]

Premiers actes de l'empereur. — **15**. 1 Ainsi
périt Nymphidius. Informé de sa mort, Galba ordonna
d'exécuter tous ceux de ses complices qui n'avaient
pas été tués aussitôt auprès de lui, entre autres Cingonius[3],

---

1. Cingonius Varron sera bientôt mis à mort, alors qu'il était consul
désigné, sur l'ordre de Galba : cf. ci-dessous, 15, 1, et Tacite, *Hist.*,
1, 6, 2.
2. Tacite, *Hist.*, 1, 5, 1-2 et 1, 37, 6, ainsi que Suétone, *Galba*, 11, 2,
mentionnent le meurtre de Nymphidius Sabinus, mais Plutarque
seul le raconte en détails.
3. Cingonius Varron : voir ci-dessus, 14, 7, et la note.

ὧν δέδρακε, τιμωροὶ μὲν Νέρωνος, Γάλβα δὲ φύλακες 1059
ἀγαθοὶ καὶ πιστοὶ φανῶμεν; » 6 Ταῦτα λέγοντι
τῷ χιλιάρχῳ προσέθεντο πάντες οἱ στρατιῶται,
καὶ τοὺς ἄλλους προσιόντες ἐμμένειν παρεκάλουν
τῇ πρὸς τὸν αὐτοκράτορα πίστει · καὶ τοὺς πλείους
μετέστησαν. 7 Ἀρθείσης δὲ βοῆς, εἴτε πεισθεὶς ὁ
Νυμφίδιος, ὥς φασιν ἔνιοι, καλεῖν αὐτὸν ἤδη τοὺς
στρατιώτας, εἴτε προλαβεῖν σπεύδων τὸ θορυβοῦν
ἔτι καὶ διστάζον, ὑπὸ φωτὶ πολλῷ προῄει, λόγον τινὰ
κομίζων ἐν βιβλίῳ γεγραμμένον ὑπὸ Κιγγωνίου
Βάρρωνος, ὃν ἐκμεμελετήκει πρὸς τοὺς στρατιώτας
εἰπεῖν. 8 Ἰδὼν δὲ κεκλεισμένας τοῦ στρατοπέδου   b
τὰς πύλας καὶ περὶ τὰ τείχη πολλοὺς ὡπλισμένους
ἔδεισε · καὶ προσιὼν ἠρώτα τί βούλονται καὶ τίνος
κελεύσαντος ἐν ὅπλοις γεγόνασιν. 9 Ἀπαντώσης
δ' αὐτῷ παρὰ πάντων μιᾶς φωνῆς Γάλβαν αὐτοκράτορα γινώσκειν, κἀκεῖνος ὁμόσε χωρῶν ἐπευφήμει
καὶ τοὺς ἑπομένους ἐκέλευε. 10 Τῶν δὲ παρὰ τὰς
πύλας παρέντων αὐτὸν εἰσελθεῖν μετ' ὀλίγων, αὐτὸς
ἀκοντίζεται λόγχῃ · καὶ ταύτην μὲν ἐδέξατο πρὸ
αὐτοῦ θυρεῷ Σεπτίμιος, ἄλλων δὲ γυμνοῖς ξίφεσιν
ἐπιφερομένων, φυγὼν καὶ διωχθεὶς ἐν οἰκήματι στρα-
τιώτου σφάττεται. 11 Καὶ τὸν νεκρὸν εἰς μέσον
ἑλκύσαντες καὶ περιβαλόντες κιγκλίδα θέαμα τοῖς   c
βουλομένοις μεθ' ἡμέραν παρέσχον.

15. 1 Οὕτω δὲ τοῦ Νυμφιδίου καταστρέψαντος,
ὁ Γάλβας πυθόμενος καὶ τῶν συνωμοτῶν αὐτοῦ
κελεύσας ἀποθανεῖν ὅσοι μὴ περὶ αὐτὸν εὐθὺς ἀπέ-
θανον, ἐν οἷς ἦν καὶ Κιγγώνιος ὁ τὸν λόγον γράψας

14. 7 ⁴ προῄει : προσῄει Zie. ‖ ⁵ Κιγγωνίου : Κιγγ- codd. plerique ‖ 9 ³ ἐπευφήμει : ἐπεφ- Va¹ ‖ 10 ¹ παρὰ : περὶ Rei. ‖ ² αὐτὸς :
εὐθὺς Am. Cor. ‖ ³ ταύτην Rei. : αὐτὴν ‖ 15. 1 ³ περὶ αὐτὸν Zie. :
δι' αὐτὸν codd. δι' αὐτῶν Sol. Sint.

qui avait écrit la harangue, et Mithridate du Pont.* Bien que cela fût juste, on pensa qu'il était contraire aux lois et à l'humanité de faire mourir sans jugement des hommes d'une telle notoriété. 2 Tous en effet s'attendaient à un autre mode de gouvernement, abusés qu'ils étaient, comme il arrive d'ordinaire, par ce que l'on disait au début. On fut encore plus contrarié de l'ordre qu'il signifia à Petronius Turpilianus, personnage consulaire resté fidèle à Néron, de se donner la mort.* 3 En faisant tuer Macer en Afrique par Trebonius* et Fonteius en Germanie par Valens, [1] il avait pour excuse la crainte que lui inspiraient ces généraux, leurs armes et leurs camps ; 4 mais, pour Turpilianus, vieillard sans défense et sans armes, rien n'empêchait de l'entendre, si l'on voulait garder en fait la modération que l'on affichait par écrit.

5 Tels étaient donc les actes qu'on lui reprochait. Lorsque, en avançant vers Rome, il ne fut plus qu'à environ vingt-cinq stades de la ville, [2] il se heurta à une foule désordonnée et tumultueuse de marins qui avaient occupé la route à l'avance et qui l'entourèrent de tous côtés. 6 C'étaient des gens que Néron avait transformés en soldats et avec lesquels il avait formé une légion. [3] Ils étaient là pour faire confirmer leur statut militaire, et ils empêchaient ceux qui venaient à la rencontre de l'empereur de se faire voir et entendre de lui en poussant des cris et en réclamant pour leur légion des enseignes et un quartier. 7 Comme l'empereur les renvoyait à plus tard pour leur donner la parole, ils prétendirent que ce délai était un refus déguisé, se fâchèrent et le suivirent sans ménager leurs clameurs.

---

1. Cf. Tac., *Hist.*, 1, 7, 2 : « Fonteius Capito, en Germanie, tentait la même entreprise (que Macer) ; Cornelius Aquinus et Fabius Valens, commandants de légions, l'exécutèrent avant d'en avoir reçu l'ordre. Galba... donna son approbation à leur acte. » Fabius Valens a été nommé ci-dessus, 10, 5, et le sera ci-dessous, 22, 10.

2. 25 stades font environ 4 kilomètres.

3. Tacite, *Hist.*, 1, 6, 4, écrit : *remanente ea (legione) quam e classe Nero conscripserat*, et la désigne ensuite, *ibid.*, 1, 31, 3 et 36, 5, par les mots *legio classica* ou *classicorum legio*.

καὶ Μιθριδάτης ὁ Ποντικός, ἔδοξε μὴ νομίμως, εἰ
καὶ δικαίως, μηδὲ δημοτικῶς ἀνῃρηκέναι πρὸ κρί-
σεως ἄνδρας οὐκ ἀσήμους. 2 Ἕτερον γὰρ ἡγεμονίας σχῆμα προσεδέχοντο πάντες, ἐξαπατώμενοι
συνήθως ὑπὸ τῶν ἐν ἀρχῇ λεγομένων. Ἔτι δὲ μᾶλλον ἠνίασεν αὐτοὺς ἀνὴρ ὑπατικὸς καὶ Νέρωνι
πιστὸς ἀποθανεῖν κελευσθείς, Πετρώνιος Τουρπιλιανός. 3 Μάκρον γὰρ ἐν Λιβύῃ διὰ Τρεβωνίου καὶ
Φοντήιον ἐν Γερμανίᾳ διὰ Οὐάλεντος ἀνελὼν πρόφασιν εἶχεν ἐν ὅπλοις καὶ στρατοπέδοις ὄντας φοβηθῆ-
ναι· 4 Τουρπιλιανὸν δέ, γέροντα γυμνὸν καὶ ἄνο-
πλον, λόγου μεταλαβεῖν οὐδὲν ἐκώλυεν, εἴ τις ἦν
ἐπηγγέλλετο μετριότητα τοῖς γράμμασιν ἔργῳ φυ-
λάξειν ἔμελλε.

5 Ταῦτα μὲν οὖν τοιαύτας εἶχε μέμψεις. Ἐπεὶ
δὲ προσιὼν ἀπεῖχε τῆς πόλεως περὶ πέντε καὶ εἴκοσι
σταδίους, ἐνετύγχανεν ἀκοσμίᾳ καὶ θορύβῳ τῶν
ἐρετῶν τὴν ὁδὸν προκατεχόντων καὶ περικεχυμένων
πανταχόθεν. 6 Οὗτοι δ' ἦσαν ⟨οὓς⟩ εἰς ἓν τάγμα
⟨ὁ Νέρων⟩ συλλοχίσας ἀπέφηνε στρατιῶτας· καὶ
τότε παρόντες ἐκβεβαιώσασθαι τὴν στρατείαν,
οὔτ' ὀφθῆναι τοῖς ἀπαντῶσιν οὔτ' ἀκουσθῆναι παρ-
ίεσαν ὑπὸ τοῦ αὐτοκράτορος, ἀλλ' ἐθορύβουν βοῇ
σημεῖα τῷ τάγματι καὶ χώραν αἰτοῦντες. 7 Ἐκείνου δ' ὑπερτιθεμένου καὶ πάλιν εἰπεῖν κελεύσαντος,
ἀρνήσεως σχῆμα τὴν ἀναβολὴν εἶναι φάσκοντες,
ἠγανάκτουν καὶ παρείποντο μὴ φειδόμενοι βοῆς.

15. 2 ⁵⁻⁶ Τουρπιλιανός Xyl. : Τερπουλιανός, item 4 ¹ ‖ 3 ¹ Μάκρον
Alma (Μᾶκρον Zie.) : Μάκρωνα (cf. 6, 1 ³; 13, 4 ⁷) ‖ Τρεβωνίου
vel Τρεβωνί⟨ου Γαρουτι⟩ανοῦ Zie. cl. Tac., Hist., 1, 7 : Τρεβωνιανοῦ ‖
² Φοντήιον Bryan : Φρον- ‖ 4 ² εἴ τις : εἴγ' Schaefer ‖ ³ ἐπηγγέλλετο
Cor. : ἐπαγγέλλεται ‖ γράμμασιν Emp. : πράγμασιν ‖ 5 ¹ εἶχε Kronenberg : ἔχει ‖ 6 ¹⁻² οὓς... ὁ Νέρων add. Ald. et Junt. ‖ ² συλλοχίσας
Rei. : -χήσας ‖ ³ παρόντες Schaefer : παρόντος ‖ στρατείαν Schaefer :
-τιὰν ‖ 7 ² εἰπεῖν : ἐντυχεῖν Latte.

Quelques-uns même ayant tiré leurs épées, Galba les fit charger par sa cavalerie. 8 Aucun d'entre eux ne put tenir, et ils furent tous tués, les uns abattus sur-le-champ, les autres en fuyant. Ce ne fut pas un heureux ni favorable augure pour Galba de faire son entrée dans la ville au milieu d'un si grand carnage et parmi tant de cadavres.* 9 Si auparavant on le méprisait parce qu'on le voyait faible et vieux, alors il devint aux yeux de tous effrayant et terrible.

16. 1 Voulant opérer un grand changement par rapport aux largesses démesurées et aux prodigalités de Néron, il parut manquer à ce qu'exigeaient les convenances. 2 Canus ayant joué de la flûte pour lui lors d'un repas (Canus était un musicien renommé), Galba l'applaudit, le félicita et se fit apporter sa cassette, d'où il tira quelques pièces d'or qu'il lui donna en disant qu'il prenait cette gratification sur ses fonds personnels, et non sur ceux de l'État.[1] 3 Il fit réclamer énergiquement les présents que Néron avait faits aux gens de la scène et de la palestre en ne leur en laissant que le dixième, puis, comme on ne lui rapportait que de petites et maigres sommes (car la plupart des bénéficiaires étaient de grands dépensiers, qui vivaient au jour le jour et dans la débauche), il fit rechercher ceux qui avaient acheté ou reçu d'eux un bien quelconque, dont il exigea la restitution. 4 Cette inquisition, qui n'avait pas de limites et qui s'étendait loin en s'appliquant à un grand nombre de personnes, valut à l'empereur une mauvaise réputation,* mais l'envie et la haine retombaient sur Vinius, qui rendait le maître avare et chiche envers tous les autres pour faire lui-même des gains éhontés en prenant et en vendant tout. 5 Hésiode dit :
« Si tu entames ou achèves une jarre, puises-y tout ton
[saoul » ;[2]

---

1. Ce joueur de flûte Canus est mentionné aussi dans le traité *An seni sit ger. res publ.*, 786 C. Cf. Suét., *Galba*, 12, 5 : « Un flûtiste, nommé Canus, jouissant d'une vogue extraordinaire, reçut de lui cinq deniers, qu'il avait tirés lui-même de sa cassette particulière. »
2. Hésiode, *Travaux et Jours*, 368 ; trad. P. Mazon.

Ἐνίων δὲ καὶ τὰς μαχαίρας σπασαμένων, ἐκέλευσε
τοὺς ἱππεῖς ἐμβαλεῖν αὐτοῖς ὁ Γάλβας. 8 Ὑπέστη
δ' οὐδεὶς ἐκείνων, ἀλλ' οἱ μὲν εὐθὺς ἀνατραπέντες,
οἱ δὲ φεύγοντες διεφθάρησαν, οὐ χρηστὸν οὐδ' αἴσιον
ποιοῦντες τῷ Γάλβᾳ τὸν οἰωνὸν εἰσιόντι διὰ πολλοῦ
φόνου καὶ νεκρῶν τοσούτων εἰς τὴν πόλιν. 9 Ἀλλ' εἰ   f
καί τις αὐτοῦ κατεφρόνει πρότερον ἀσθενοῦς καὶ
γέροντος ὁρωμένου, τότε πᾶσι φρικώδης καὶ φοβερὸς ἐγένετο.

16. 1 Βουλόμενος δὲ τῆς περὶ τὰς δωρεὰς ἀμε-
τρίας καὶ πολυτελείας τοῦ Νέρωνος ἀποδεικνύναι
μεγάλην μεταβολὴν ἀστοχεῖν ἐδόκει τοῦ πρέποντος.   1060
2 Κάνου γὰρ αὐλήσαντος αὐτῷ παρὰ δεῖπνον
(ἀκρόαμα δ' ἦν ὁ Κάνος εὐδοκιμούμενος), ἐπαινέσας
καὶ ἀποδεξάμενος ἐκέλευσεν αὐτῷ κομισθῆναι τὸ
γλωσσόκομον · καὶ λαβὼν χρυσοῦς τινας ἐπέδωκε
τῷ Κάνῳ, φήσας ἐκ τῶν ἰδίων, οὐκ ἐκ τῶν δημοσίων
χαρίζεσθαι. 3 Τὰς δὲ δωρεὰς ἃς Νέρων ἔδωκε
τοῖς περὶ σκηνὴν καὶ παλαίστραν ἀπαιτεῖσθαι συντόνως κελεύσας πλὴν τοῦ δεκάτου μέρους, εἶτα
μικρὰ καὶ γλίσχρα κομιζόμενος (ἀνηλώκεσαν γὰρ
οἱ πλεῖστοι τῶν λαβόντων, ἐφήμεροι καὶ σατυρικοὶ
τοῖς βίοις ἄνθρωποι), τοὺς πριαμένους παρ' αὐτῶν
ἢ λαβόντας ὁτιοῦν ἀνεζήτει καὶ παρ' ἐκείνων ἐξέ-
πραττε. 4 Τοῦ δὲ πράγματος ὅρον οὐκ ἔχοντος,
ἀλλὰ πόρρω νεμομένου καὶ προϊόντος ἐπὶ πολλούς,   b
αὐτὸς μὲν ἠδόξει, φθόνον δὲ καὶ μῖσος εἶχεν Οὐίνιος, ὡς τοῖς μὲν ἄλλοις ἅπασιν ἀνελεύθερον παρέχων
τὸν ἡγεμόνα καὶ μικρολόγον, αὐτὸς δὲ χρώμενος
ἀσώτως καὶ λαμβάνων πάντα καὶ πιπράσκων. 5 Ὁ
μὲν γὰρ Ἡσίοδος
    ἀρχομένου τε πίθου καὶ λήγοντος κορέσασθαι

---

16. 2 ^{1} αὐτῷ V : αὐλῷ cet. ‖ ^{3} κομισθῆναι : ἀποκο- V.

Vinius, lui, voyant Galba faible et vieux, se gorgeait de profits, persuadé que sa Fortune, à peine commencée, était proche de sa fin.*

17. 1 Ce qui faisait tort au vieillard, c'était d'abord la mauvaise administration de Vinius, puis le fait que les bons projets qu'il formait lui-même étaient combattus ou entravés par le même personnage, 2 par exemple en ce qui concernait le châtiment des amis de Néron. Il avait bien fait mettre à mort les scélérats tels que Helius, Polycleitus, Petinus et Patrobius* ; 3 le peuple alors applaudissait et, en les voyant mener au supplice à travers le Forum, criait que c'était là une procession belle et agréable aux dieux, mais que les dieux et les hommes réclamaient le maître et l'initiateur de la tyrannie, Tigellin.* Seulement, ce noble individu avait pris les devants en gagnant Vinius par des arrhes considérables. 4 Ainsi, Turpilianus, qui n'était haï que parce qu'il n'avait pas trahi ni détesté un empereur tel que Néron, mais qui n'était complice d'aucun grand crime, avait péri[1], tandis que ce Tigellin, qui avait rendu Néron digne de mort, puis l'avait abandonné et trahi quand il fut devenu tel,[2] survivait, preuve manifeste qu'il n'était rien que l'on ne pût, en y mettant le prix, obtenir et espérer de Vinius. 5 Aucun spectacle n'était plus ardemment désiré par le peuple que de voir Tigellin conduit au supplice ; les gens ne cessaient de le demander dans tous les théâtres et tous les stades,[3] et ils furent déconcertés par une proclamation de l'empereur disant que Tigellin, miné par une maladie de consomption, n'avait plus longtemps à vivre et les priant de ne pas rendre son pouvoir cruel et tyrannique. 6 Le peuple fut indigné, mais Tigellin et Vinius se moquèrent de lui : le premier offrit un sacrifice pour son

---

1. Sur Petronius Turpilianus, voir ci-dessus, 15, 2-4.
2. Cf. Tac., *Hist.*, 1, 72, 2 : ... *corrupto ad omne facinus Nerone*, ... *ac postremo ejusdem desertor ac proditor.*
3. C'est-à-dire au cirque ; cf. Tac., *Hist.*, 1, 72, 4 : ... *in circum ac theatra*, et voir, pour des cas semblables, P. Veyne, *Le pain et le cirque*, 704-705.

φησὶ δεῖν, ὁ δὲ Οὐίνιος ὁρῶν ἀσθενῆ καὶ γέροντα
τὸν Γάλβαν ἐνεπίμπλατο τῆς τύχης, ὡς ἅμα μὲν
ἀρχομένης, ἅμα δὲ φθινούσης.

17. 1 Ὁ δὲ πρεσβύτης ἠδικεῖτο τὰ μὲν πρῶτα
τοῦ Οὐινίου κακῶς διοικοῦντος, ἃ δ' αὐτὸς ὀρθῶς
προῃρεῖτο διαβάλλοντος ἢ κωλύοντος · 2 οἷον ἦν
τὸ περὶ τὰς κολάσεις τῶν Νερωνιανῶν. Ἀπέκτεινε
γὰρ τοὺς πονηρούς, ἐν οἷς ἦν ὁ Ἥλιος καὶ Πο-
λύκλειτος καὶ Πετῖνος καὶ Πατρόβιος. 3 Ὁ δὲ δῆμος
ἐκρότει, καὶ δι' ἀγορᾶς αὐτῶν ἀγομένων, ἐβόα καλὴν
μὲν εἶναι καὶ θεοφιλῆ πομπήν, ἀπαιτεῖν δὲ καὶ
θεοὺς καὶ ἀνθρώπους τὸν διδάσκαλον καὶ παιδαγωγὸν
τῆς τυραννίδος Τιγελλῖνον. Ἐφθάκει δ' ὁ γενναῖος
προειληφὼς ἀρραβῶσι μεγάλοις τὸν Οὐίνιον. 4 Εἶτα
Τουρπιλιανὸς μέν, ὅτι μὴ προεδίδου μηδ' ἐμίσει
τὸν ἡγεμόνα τοιοῦτον ὄντα μισούμενος, ἄλλο δὲ
μηδ' ἓν μέγα συναδικήσας, ἀπέθανεν · ὁ δὲ καὶ
ποιήσας ἄξιον θανάτου Νέρωνα καὶ γενόμενον τοιοῦτον ἐγκαταλιπὼν καὶ προδοὺς περιῆν, μέγα δίδαγμα
τοῦ μηδὲν ἄπρακτον εἶναι παρὰ Οὐινίῳ μηδ' ἀνέλπιστον τοῖς διδοῦσιν. 5 Οὐδενὸς γὰρ οὕτω θεάμα-
τος ἐρασθεὶς ὁ Ῥωμαίων δῆμος ὡς τοῦ Τιγελλῖνον ἰδεῖν ἀπαγόμενον, οὐδὲ παυσάμενος ἐν πᾶσι θεάτροις καὶ σταδίοις αἰτούμενος ἐκεῖνον, ἐπεπλήχθη
διαγράμματι τοῦ αὐτοκράτορος Τιγελλῖνον μὲν οὐ
πολὺν ἔτι βιώσεσθαι φάσκοντος χρόνον ὑπὸ φθινά-
δος νόσου δαπανώμενον, ἐκείνους δὲ παραιτουμέ-
νου μὴ διαγριαίνειν μηδὲ τυραννικὴν ποιεῖν τὴν
ἡγεμονίαν. 6 Ἀχθομένου δὲ τοῦ δήμου, καταγε-
λῶντες ὁ μὲν Τιγελλῖνος ἔθυσε σωτήρια καὶ παρε-

---

16. 5 ⁵ ἐνεπίμπλατο L : ἐνεπίμπλα ‖ 17. 2 ³ Ἥλιος Sint. :
Ἡλεῖος ‖ 4 ² Τουρπιλιανὸς Xyl. : Περπουλιανὸς.

salut et donna un brillant festin ; le second, en sortant de
dîner chez l'empereur, alla chez Tigellin faire la fête en y
amenant sa fille, qui était veuve.[1] 7 Tigellin, en buvant
à la santé de cette femme, lui fit don de deux cent cinquante mille drachmes, et il ordonna à la première de
ses concubines d'ôter son collier et de le passer au cou
de la fille de Vinius ; ce collier valait, dit-on, cent cinquante mille drachmes.

18. 1 A partir de ce moment, les actes de Galba,
même modérés, furent mal interprétés,* par exemple
ce qu'il fit pour les Gaulois, qui avaient pris les armes
avec Vindex : 2 on crut que ce n'était pas à la bonté
de l'empereur, mais à la vénalité de Vinius qu'ils devaient
la remise de tribut et le droit de cité qui leur furent
accordés.* 3 C'est pourquoi le peuple était mal disposé
à l'égard du pouvoir. Quant aux soldats, qui n'avaient
pas reçu la gratification promise,* ils avaient espéré,
du moins au début, que, s'ils ne la touchaient pas inté-
gralement, ils auraient autant que Néron leur avait
donné, 4 mais Galba, ayant appris qu'ils se plaignaient,
laissa échapper une parole digne d'un grand prince :
il dit qu'il avait l'habitude d'enrôler, non d'acheter
des soldats ; quand ils l'apprirent, ils conçurent contre
lui une haine terrible et féroce.* 5 Ils pensèrent
en effet qu'il ne serait pas le seul à les frustrer, mais
qu'il faisait de cette conduite une loi et qu'il enseignait
aux empereurs qui lui succéderaient à agir de même.
6 Cependant parmi les troupes de Rome il n'y avait encore qu'une sourde fermentation : le respect qu'inspirait
la présence de Galba émoussait l'hostilité et retardait la
révolte, et, comme les soldats n'apercevaient aucune occasion visible de changement, ils comprimaient et dissimulaient en quelque sorte leur malveillance. 7 Mais ceux
qui, en Germanie, avaient été précédemment sous les

1. Cette fille de Vinius s'appelait Crispina : Tac., *Hist.*, 1, 47, 4. Elle
aurait été sauvée sous le règne de Néron par Tigellin ; du moins était-
ce la raison que donnait Vinius à Galba pour faire échapper Tigellin
à la mort, selon Tacite, *Hist.*, 1, 72, 2. Cf. ci-dessous, 21, 1, et voir
Alma, 69-70.

σκεύασε λαμπρὰν ἑστίασιν, ὁ δὲ Οὐίνιος ἀναστὰς
παρὰ τοῦ αὐτοκράτορος μετὰ δεῖπνον ἐκώμασεν
ὡς ἐκεῖνον ἄγων τὴν θυγατέρα χήραν οὖσαν. 7 Καὶ
προῦπιεν ὁ Τιγελλῖνος αὐτῇ πέντε καὶ εἴκοσι μυριάδας ἀργυρίου, καὶ τῶν παλλακίδων τὴν ἀγελαρχοῦ-
σαν ἐκέλευσε τὸν περιδέραιον κόσμον ἀφελομένην
ἐκείνῃ περιάψαι, πεντεκαίδεκα μυριάδων εἶναι λεγό-
μενον.

18. 1 Ἐκ δὲ τούτου καὶ τὰ μετρίως πραττόμενα διαβολὴν εἶχεν, ὡς τὰ πρὸς τοὺς Γαλάτας
Οὐίνδικι συναραμένους. 2 Ἐδόκουν γὰρ οὐ φι-
λανθρωπίᾳ τοῦ αὐτοκράτορος, ἀλλ' ὠνούμενοι παρὰ
Οὐινίου τυγχάνειν ἀνέσεώς τε δασμῶν καὶ πολιτείας. 3 Οἱ μὲν οὖν πολλοὶ διὰ ταῦτα πρὸς τὴν
ἡγεμονίαν ἀπηχθάνοντο, τοὺς δὲ στρατιώτας τὴν
δωρεὰν μὴ κομιζομένους ἐν ἀρχῇ μὲν ἐλπὶς παρῆγεν,
ὡς εἰ καὶ μὴ τοσοῦτον, ἀλλ' ὅσον Νέρων ἔδωκεν
ἀποδώσοντος. 4 Ἐπεὶ δὲ μεμφομένους ἀκούσας
ἀφῆκε φωνὴν ἡγεμόνι μεγάλῳ πρέπουσαν, εἰπὼν
εἰωθέναι καταλέγειν στρατιώτας, οὐκ ἀγοράζειν, 1061
πυθομένοις τοῦτο δεινὸν εἰσῆλθε μῖσος καὶ ἄγριον
πρὸς αὐτόν. 5 Ἐδόκει γὰρ οὐκ αὐτὸς ἀποστε-
ρεῖν μόνος, ἀλλὰ καὶ νομοθετεῖν καὶ διδάσκειν τοὺς
μεθ' αὐτὸν αὐτοκράτορας. 6 Ἀλλὰ τῶν μὲν ἐν
Ῥώμῃ τυφλὸν ἦν ἔτι κίνημα, καί τις αἰδὼς ἅμα
πρὸς παρόντα τὸν Γάλβαν ἀμβλύτητα καὶ μέλλη-
σιν ἐνεποίει τῷ νεωτερισμῷ, καὶ τὸ μηδεμίαν ἀρχὴν
ἐμφανῆ μεταβολῆς ὁρᾶσθαι συνέστελλε καὶ συν-
έκρυπτεν ἁμῶς γέ πως τὴν δυσμένειαν αὐτῶν.
7 Οἱ δὲ πρότερον ὑπὸ Οὐεργινίῳ γενόμενοι, τότε

18. 4 ⁴ πυθομένοις : -μένους V ‖ 5 ² μόνος : μόνον V ‖ ἀλλὰ
καὶ : ἀλλὰ La ‖ 6 ¹ τῶν α : om. V τὸν Junt., unde τὸ editt. ‖
⁴ τῷ νεωτερισμῷ Rei. : τῶν — μῶν.

ordres de Verginius et étaient maintenant commandés par
Flaccus, et qui prétendaient être dignes de grandes
récompenses par leur victoire sur Vindex,* n'en obtenant
aucune, se montraient intraitables envers leurs chefs.
8 Quant à Flaccus lui-même, que de forts accès de goutte
rendaient impotent et qui n'avait aucune expérience
des affaires, ils n'en tenaient absolument aucun compte.*
9 Même, un jour qu'il y avait spectacle et que les
tribuns et les centurions faisaient, suivant l'usage des
Romains, des vœux pour le bonheur de l'empereur
Galba, d'abord la plupart des soldats s'agitèrent
bruyamment, puis, comme les officiers continuaient
les prières, ils répliquèrent : « S'il le mérite. »

Othon. — **19**. 1 Les légions commandées par
Vitellius* lançaient souvent aussi des outrages du même
genre, et Galba en était informé par des lettres de ses
procurateurs. Alors il prit peur et, se jugeant méprisé
non seulement à cause de son âge, mais encore parce
qu'il n'avait pas d'enfant,* il songea à adopter un jeune
homme choisi dans une famille en vue et à le désigner
comme son sucesseur à l'empire. 2 Or il y avait Marcus
Othon, dont la naissance ne manquait pas d'éclat,[1]
mais qui dès l'enfance avait été corrompu par la débauche et l'amour des plaisirs jusqu'à un point où peu
de Romains l'étaient. Et de même qu'Homère appelle
Alexandre « l'époux d'Hélène aux beaux cheveux »,[2]
et, ne trouvant rien d'autre à louer en lui, le désigne
souvent ainsi par le nom de sa femme, de même Othon
était devenu célèbre à Rome par son mariage avec Poppée.
3 Néron s'était épris de Poppée alors qu'elle était
mariée à Crispinus[3], mais, comme il respectait encore
sa femme[4] et craignait sa mère, il chargea Othon de
séduire Poppée. 4 Othon était devenu à cause de

---

1. Sur les antécédents familiaux d'Othon, voir Suétone, *Othon*,
1, et Tacite, *Hist.*, 2, 50, 1.
2. Par exemple *Il.*, 7, 355.
3. Rufrius (ou Rufius) Crispinus était un chevalier, et Poppaea Sabina était elle-même fille d'un chevalier, T. Ollius.
4. Octavie, fille de Claude et sœur de Britannicus.

δ' ὄντες ὑπὸ Φλάκκῳ περὶ Γερμανίαν, μεγάλων
μὲν ἀξιοῦντες αὐτοὺς διὰ τὴν μάχην ἣν ἐμαχέσαντο
πρὸς Οὐίνδικα, μηδενὸς δὲ τυγχάνοντες, ἀπαρηγόρη-   b
τοι τοῖς ἄρχουσιν ἦσαν. 8 Αὐτὸν δὲ τὸν Φλάκκον
ὑπὸ συντόνου ποδάγρας ἀδύνατον ὄντα τῷ σώματι
καὶ πραγμάτων ἄπειρον ἐν οὐδενὶ λόγῳ τὸ παράπαν
ἐποιοῦντο. 9 Καί ποτε θέας οὔσης, καὶ τῶν χιλιάρχων καὶ λοχαγῶν ⟨κατὰ⟩ τὸ Ῥωμαίοις σύνηθες
εὐτυχίαν ἐπευχομένων τῷ αὐτοκράτορι Γάλβᾳ, διεθο-
ρύβησαν οἱ πολλοὶ τὸ πρῶτον, εἶτα ταῖς εὐχαῖς
ἐπιμενόντων ἐκείνων ἀντεφώνουν « ⟨Εἰ⟩ ἄξιος. »

19. 1 Τοιαῦτα δ' ἕτερα καὶ τῶν ὑπὸ Οὐιτελλίῳ
ταγμάτων ὑβριζόντων πολλάκις, ἐπέμπετο γράμματα
τῷ Γάλβᾳ παρὰ τῶν ἐπιτρόπων· ὁ δὲ φοβηθείς, ὡς   c
μὴ μόνον διὰ τὸ γῆρας, ἀλλὰ καὶ διὰ τὴν ἀπαιδίαν
καταφρονούμενος, ἐβουλεύετο παῖδα θέσθαι τῶν
ἐπιφανῶν τινα νεανίσκον καὶ διάδοχον ἀποδεῖξαι
τῆς ἀρχῆς. 2 Ἦν δὲ Μάρκος Ὄθων, ἀνὴρ γένει
μὲν οὐκ ἀφανής, τρυφῇ δὲ καὶ φιληδονίαις εὐθὺς
ἐκ παίδων ἐν ὀλίγοις Ῥωμαίων διεφθαρμένος, ὡς δὲ
τὸν Ἀλέξανδρον Ὅμηρος Ἑλένης πόσιν ἠϋκό-
μοιο, μηδὲν ἔχοντα πρὸς δόξαν ἄλλο σεμνύνων
ἀπὸ τῆς γυναικὸς ὀνομάζει πολλάκις, οὕτως γεγονὼς περιβόητος ἐν Ῥώμῃ διὰ τὸν Ποππαίας γάμον,
3 ἧς ἤρα μὲν ὁ Νέρων Κρισπίνῳ συνούσης, ἔτι
δ' αἰδούμενος τὴν ἑαυτοῦ γυναῖκα καὶ τὴν μητέρα   d
φοβούμενος, ὑφῆκε τὸν Ὄθωνα πειρῶντα τὴν Ποππαίαν. 4 Φίλῳ δὲ τῷ Ὄθωνι καὶ συμβιωτῇ διὰ τὴν

18. 9 ² κατὰ add. Zie. ‖ ⁵ Εἰ add. Ald. οὐκ Steph. ἀνάξιος m. rec.
mg. α ‖ **19**. 1 ¹ Οὐιτελλίῳ Mommsen (cf. Alma, 100, n. 1) : Τιγελλίῳ
vel Τιγελλίνῳ codd. ‖ ² ὑβριζόντων : -ζομένων V ‖ ⁵ ἐβουλεύετο :
ἐβούλετο V ‖ ⁶ νεανίσκον : -κων Rei. Cor. ‖ 2 ⁶ οὕτως : οὗτος
Sol. οὕτω ⟨καὶ οὗτος⟩ Bernard. ‖ ⁷ Ποππαίας : Πομπαίας libri
constanter.

sa vie dissolue le compagnon et l'ami de Néron, qui
prenait plaisir à s'entendre railler par lui de sa parci-
monie et de sa mesquinerie : 5 on dit qu'un jour
Néron s'étant oint d'un parfum précieux et en ayant
aspergé Othon, celui-ci, le recevant à son tour le lendemain,
avait soudain mis en œuvre des tuyaux d'or et d'argent
qui lancèrent de tous les côtés à la fois des essences,
comme si c'eût été de l'eau, et en inondèrent les convives.
6 Othon débaucha donc Poppée pour le compte de
Néron, la séduisit par l'espoir d'être épousée par l'empereur et la décida ainsi à quitter son mari. 7 Il la
prit chez lui comme sa femme et, non content de jouir
de ses faveurs, répugnait à les partager, sans que Poppée
elle-même, dit-on, fût fâchée de cette jalousie. 8 On
prétend en effet qu'elle fermait sa porte à Néron quand
Othon était absent, soit pour prévenir la satiété du plaisir,
soit, comme certains le disent, que son goût pour la
débauche la fît reculer devant un mariage avec Néron
et qu'elle préférât l'avoir pour amant.[1] 9 Quoi qu'il
en soit, Othon fut en danger de mort, et il est surprenant
que Néron, après avoir fait mourir sa femme, qui était
aussi sa sœur,[2] pour épouser Poppée, ait épargné Othon.

20. 1 Mais il était dans les bonnes grâces de Sénèque,
qui par ses conseils et ses prières décida Néron à l'envoyer
comme propréteur en Lusitanie au bord de l'Océan.[3]
2 Il ne se montra pas désagréable pour ses administrés
et ne leur fut pas à charge : il savait bien que cette fonction ne lui avait été conférée que pour adoucir et déguiser
son exil. 3 Lorsque Galba fit sécession, il fut le premier
des gouverneurs à se joindre à lui. Il lui apporta tout
ce qu'il avait de coupes et de tables en or et en argent
et les lui donna pour les fondre et en faire de la monnaie ;

1. Pour tout ceci, comparer Suétone, *Othon*, 1-3, et voir *R. E.*, *s. v.*
Poppaeus, n° 4 (Rudolf Hanslik).
2. Sa sœur par adoption, Néron étant fils adoptif de Claude, père
d'Octavie.
3. Othon, qui pourtant n'avait été que questeur, fut envoyé en Lusitanie en 58 comme *leg. Aug. pr. pr.* Voir Tac., *Hist.*, 1, 13, 5, et Suét.,
Othon, 3, 4.

ἀσωτίαν ἐχρῆτο, καὶ σκωπτόμενος ὑπ' αὐτοῦ πολλάκις εἰς μικρολογίαν καὶ ἀνελευθερίαν ἔχαιρε.
5 Λέγεται δέ ποτε μύρῳ τῶν πολυτελῶν χρισαμέ-
νου τοῦ Νέρωνος καὶ τὸν Ὄθωνα καταβρέξαντος,
ἐκεῖνος πάλιν τῇ ὑστεραίᾳ δεχόμενος αὐτὸν ἅμα
πολλαχόθεν ἀργυροῦς καὶ χρυσοῦς προβαλεῖν ἄφνω
σωλῆνας, ὥσπερ ὕδωρ τὸ μύρον ἐκχέοντας καὶ
κατακλύζοντας. 6 Ἀλλὰ τήν γε Ποππαίαν προμοι-
χεύσας τῷ Νέρωνι καὶ διαφθείρας ταῖς εἰς ἐκεῖνον
ἐλπίσιν ἔπεισεν ἀποστῆναι τοῦ ἀνδρός. 7 Ἐλθούσης
δὲ παρ' αὐτὸν ὡς γαμετῆς οὐκ ἠγάπα μετέχων,
ἀλλ' ἤσχαλλε μεταδιδούς, οὐδ' αὐτῆς ἀχθομένης,
ὥς φασι, τῇ ζηλοτυπίᾳ τῆς Ποππαίας. 8 Καὶ γὰρ
ἀποκλεῖσαι τὸν Νέρωνα λέγεται μὴ παρόντος τοῦ
Ὄθωνος, εἴτε τῆς ἡδονῆς ἀφαιροῦσα τὸ πλήσμιον,
εἶθ', ὥς φασιν ἔνιοι, βαρυνομένη τὸν Καίσαρος γάμον,
ἐραστῇ δὲ μὴ φεύγουσα χρῆσθαι διὰ τὸ φιλακό-
λαστον. 9 Ἐκινδύνευσεν οὖν ὁ Ὄθων ἀποθανεῖν·
καὶ παράλογον ἦν ὅτι τὴν γυναῖκα καὶ ἀδελφὴν
ἀποκτείνας διὰ τὸν Ποππαίας γάμον ἐφείσατο τοῦ
Ὄθωνος.

20. 1 Σενέκαν δ' εἶχεν εὔνουν· κἀκείνου τὸν
Νέρωνα πείσαντος καὶ παραινέσαντος, ἐξεπέμφθη
Λυσιτανῶν στρατηγὸς ἐπὶ τὸν Ὠκεανόν. 2 Καὶ
παρέσχεν ἑαυτὸν οὐκ ἄχαριν οὐδ' ἐπαχθῆ τοῖς
ὑπηκόοις, εἰδὼς φυγῆς ὑποκόρισμα καὶ παρακά-
λυμμα τὴν ἀρχὴν αὐτῷ δεδομένην. 3 Ἀποστάντος
δὲ Γάλβα, πρῶτος αὐτῷ προσεχώρησε τῶν ἡγεμόνων,
καὶ φέρων ὅσον εἶχεν ἐν ἐκπώμασι καὶ τραπέζαις
ἄργυρον καὶ χρυσὸν ἔδωκε κατακόψαι ποιουμένῳ

en outre il lui fit cadeau de ceux de ses serviteurs qui étaient exercés à tenir convenablement la maison d'un haut personnage. 4 Il lui était fidèle en tout, et dans les affaires faisait preuve d'autant de capacité que personne. Il accomplit tout le voyage avec Galba, et pendant plusieurs jours dans la même voiture que lui. 5 En faisant route aussi avec Vinius, il se lia avec celui-ci et gagna sa confiance par son affabilité et ses présents, mais surtout en lui cédant le premier rang ; il s'assura ainsi après lui et grâce à lui une solide influence. Mais il avait sur lui l'avantage de n'être mal vu de personne, parce que tous les services qu'il rendait à ceux qui le sollicitaient étaient gratuits,[1] et parce qu'il se montrait abordable et aimable pour tout le monde. 6 Il favorisait particulièrement les gens de guerre en faisant promouvoir beaucoup d'entre eux à des commandements qu'il obtenait directement de l'empereur, ou par l'entremise de Vinius et des affranchis Icelus et Asiaticus,* car ces personnages étaient les plus puissants à la cour. 7 Toutes les fois qu'il recevait Galba à un repas, il donnait à chacun des soldats de la cohorte qui était de garde une pièce d'or, afin de se les attacher, ayant l'air d'honorer ainsi l'empereur, et usant de cette ruse pour se rendre populaire auprès des soldats.[2]

21. 1 Voyant que Galba délibérait au sujet de sa succession, Vinius lui proposa Othon, et en cela non plus il n'était pas désintéressé : il agissait ainsi en vue du mariage de sa fille, car il avait convenu avec Othon que celui-ci l'épouserait dès qu'il serait proclamé fils adoptif et successeur de l'empereur.* 2 Mais Galba avait toujours montré qu'il plaçait l'intérêt public avant le sien, et qu'il cherchait à adopter non pas l'homme qui lui plaisait le plus, mais celui qui serait le plus utile aux Romains.* 3 On peut croire qu'il n'aurait même

---

1. Alors que Vinius faisait argent de tout : voir ci-dessus, **12, 1** et **16, 4-5**.
2. Cf. Tac., *Hist.*, 1, 24, 2, et Suét., *Otho*, 4, 3.

νόμισμα, καὶ τῶν οἰκετῶν ἐδωρήσατο τοὺς εἰθισμέ- 1062
νους περὶ δίαιταν ἡγεμόνι ἐμμελῶς ὑπουργεῖν.
4 Καὶ τὰ ἄλλα πιστὸς ἦν αὐτῷ, καὶ διδοὺς πεῖραν
οὐδενὸς ἧττον ἐδόκει πραγμάτων ἔμπειρος εἶναι ·
καὶ βαδίζοντι τὴν ὁδὸν ἅπασαν ἐφ' ἡμέρας πολλὰς
συνοχούμενος διετέλεσεν. 5 Ἐν δὲ τῇ συνοδίᾳ καὶ
τῇ συνηθείᾳ τὸν Οὐίνιον ἐξεθεράπευσεν ὁμιλίᾳ καὶ
δώροις, μάλιστα δὲ τῶν πρωτείων ὑφιέμενος αὐτῷ
τό γε μετ' ἐκεῖνον δύνασθαι δι' ἐκεῖνον εἶχε βεβαίως.
Τῷ δ' ἀνεπιφθόνῳ περιῆν, προῖκα συμπράττων πάντα
τοῖς δεομένοις, καὶ παρέχων ἑαυτὸν εὐπροσήγορον   b
καὶ φιλάνθρωπον ἅπασι. 6 Πλεῖστα δὲ τοῖς στρα-
τιωτικοῖς συνελάμβανε καὶ προῆγε πολλοὺς ἐφ' ἡγεμονίας, τὰ μὲν αἰτούμενος ἀπὸ τοῦ αὐτοκράτορος,
τὰ δὲ τὸν Οὐίνιον καὶ τοὺς ἀπελευθέρους παρακαλῶν Ἴκελον καὶ Ἀσιατικόν · οὗτοι γὰρ ἦσαν ἐν
δυνάμει μάλιστα τῶν περὶ τὴν αὐλήν. 7 Ὁσάκις
δὲ τὸν Γάλβαν εἱστία, τὴν παραφυλάττουσαν ἀεὶ
σπεῖραν ἐδέκαζε χρυσοῦν ἑκάστῳ διανέμων, οἷς
τιμᾶν αὐτὸν ἐδόκει καταπολιτευόμενος καὶ δημαγωγῶν τὸ στρατιωτικόν.

21. 1 Ἀλλ' οὖν βουλευομένου γε τοῦ Γάλβα
περὶ διαδοχῆς, τὸν Ὄθωνα παρεισῆγεν ὁ Οὐίνιος,
οὐδὲ τοῦτο προῖκα πράσσων, ἀλλ' ἐπὶ γάμῳ τῆς   c
θυγατρός, ὁμολογίας γενομένης γαμεῖν αὐτὴν τὸν
Ὄθωνα, παῖδα τοῦ Γάλβα καὶ διάδοχον ἀπο-
δειχθέντα τῆς ἡγεμονίας. 2 Ὁ δὲ Γάλβας ἀεὶ μὲν
ἦν δῆλος πρὸ τοῦ ἰδίου τὸ κοινὸν τιθέμενος καὶ ζητῶν
οὐχ αὑτῷ θέσθαι τὸν ἥδιστον, ἀλλὰ Ῥωμαίοις τὸν
ὠφελιμώτατον. 3 Δοκεῖ δὲ μηδ' ἂν ἐπὶ τοῖς ἰδίοις

20. 5 ² τῇ συνηθείᾳ Rei. Vatic. 1013 : ἡ συνήθεια (del. Zie.) ‖ ⁴ τό
γε Sol. : τὸ δὲ codd. τὸ δε⟨ύτερον⟩ Zie. ‖ 6 ⁵ Ἴκελον edd. : Σικέλιον ‖
21. 1 ² διαδοχῆς V : διαδόχου ‖ 3 ¹ ἰδίοις : οἰκείοις V.

pas institué Othon unique héritier de ses biens privés,
le sachant débauché, prodigue et noyé sous une dette
de cinquante millions de drachmes.* Aussi, après avoir
écouté Vinius patiemment et en silence, il ajourna sa
décision. 4 Comme il s'était nommé lui-même consul
avec Vinius pour collègue, on pensa qu'il désignerait
son successeur au commencement de l'année suivante.*
Les soldats désiraient voir Othon proclamé de préférence à tout autre.

22. 1 Alors qu'il hésitait et délibérait encore,
Galba fut surpris par les troubles qui éclatèrent en Germanie. 2 Tous les gens de guerre unanimement haïs-
saient Galba, qui ne leur versait pas la gratification
promise,* et ceux de Germanie alléguaient en outre des
griefs qui leur étaient propres, à savoir que Verginius
Rufus avait été ignominieusement renvoyé,* que ceux des
Gaulois qui avaient combattu contre eux recevaient
des présents* et que l'on punissait tous ceux qui ne
s'étaient pas joints à Vindex, le seul envers qui Galba
fût reconnaissant et dont il vénérait et honorait la mémoire
par des sacrifices funèbres, comme si c'était lui qui
l'avait nommé empereur des Romains. 3 Ces propos
circulaient déjà ouvertement dans le camp lorsqu'arriva
le premier jour de l'année que les Romains appellent les
calendes de janvier. 4 Flaccus* ayant assemblé ses
troupes pour le serment qu'il est d'usage de prêter à
l'empereur, les soldats s'en prirent aux effigies de Galba,
les renversèrent et les mirent en pièces, puis, de leur
propre mouvement, jurèrent fidélité au Sénat et au
peuple romain avant de rompre les rangs.* 5 Les officiers en vinrent à craindre l'anarchie comme forme de
rébellion, de sorte que l'un d'entre eux alla trouver
les autres et leur dit* : 6 « Que nous arrive-t-il,
camarades? Nous n'élisons pas d'autre empereur et
nous ne gardons pas celui qui règne maintenant, comme
si nous refusions d'obéir, non pas seulement à Galba,
mais à tout autre chef et ne voulions plus être aux ordres
de personne. 7 Abandonnons donc Flaccus Hordeonius,
qui n'est rien d'autre qu'une ombre et un fantôme

χρήμασι μόνον ἑλέσθαι τὸν Ὄθωνα κληρονόμον,
ἀκόλαστον εἰδὼς καὶ πολυτελῆ καὶ πεντακισχιλίων
μυριάδων ὀφλήμασι βεβαπτισμένον. Ὅθεν ἀκούσας
τοῦ Οὐινίου σιωπῇ καὶ πρᾴως ὑπερέθετο τὴν διάθε-
σιν. 4 Ἀποδείξας δ᾽ αὐτὸν ὕπατον καὶ συνάρχοντα
τὸν Οὐίνιον, ἐπίδοξος ἦν ἔτους ἀρχῇ τὸν διάδοχον   d
ἀναγορεύσειν. Καὶ τὸ στρατιωτικὸν ἡδέως εἶχε τὸν
Ὄθωνα παρ᾽ ὁντινοῦν ἄλλον ἀναγορευθῆναι.

22. 1 Καταλαμβάνει δ᾽ αὐτὸν ἔτι μέλλοντα καὶ
βουλευόμενον ἐκραγέντα τὰ Γερμανικά. 2 Κοινῇ
γὰρ ἅπαντες οἱ στρατευόμενοι τὸν Γάλβαν ἐμίσουν,
οὐκ ἀποδιδόντα τὴν δωρεάν, ἰδίας δ᾽ ἐκεῖνοι προφάσεις ἐποιοῦντο Οὐεργίνιόν τε Ῥοῦφον ἀπερριμμέ-
νον ἀτίμως καὶ Γαλατῶν τοὺς πολεμήσαντας αὐτοῖς δωρεῶν τυγχάνοντας, ὅσοι δὲ μὴ προσέθεντο
Οὐίνδικι κολαζομένους, ᾧ μόνῳ τὸν Γάλβαν χάριν
εἰδέναι καὶ τιμᾶν τεθνηκότα καὶ γεραίρειν δημοσίοις
ἐναγισμοῖς, ὡς ὑπ᾽ ἐκείνου Ῥωμαίων ἀποδεδειγμένον αὐτοκράτορα. 3 Τοιούτων ἀναφανδὸν ἤδη   e
λόγων ἐν τῷ στρατοπέδῳ περιφερομένων, ἐπῆλθεν
ἡ νουμηνία τοῦ πρώτου μηνός, ἣν καλάνδας Ἰανουα-
ρίας καλοῦσι · 4 τοῦ δὲ Φλάκκου συναγαγόντος
αὐτοὺς ἐπὶ τὸν ὅρκον, ὃν ἔθος ἐστὶν ὀμνύειν ὑπὲρ
τοῦ αὐτοκράτορος, τὰς μὲν εἰκόνας τοῦ Γάλβα
προσελθόντες ἀνέτρεψαν καὶ κατέσπασαν, αὐτοὶ
δ᾽ ὀμόσαντες ὑπὲρ συγκλήτου καὶ δήμου Ῥωμαίων
διελύθησαν. 5 Εἶτα τοῖς ἡγεμονικοῖς παρίστατο
δεδοικέναι τὴν ἀναρχίαν ὡς ἀπόστασιν. Λέγει δέ
τις ἐν αὐτοῖς · 6 « Τί πάσχομεν, ὦ συστρατιῶται,
μήτ᾽ ἄλλον ἡγεμόνα ποιούμενοι μήτε τὸν νῦν ὄντα
φυλάττοντες, ὥσπερ οὐ Γάλβαν, ἀλλ᾽ ὅλως ἄρχοντα   f
καὶ τὸ ἄρχεσθαι φεύγοντες; 7 Φλάκκον μὲν οὖν
Ὀρδεώνιον οὐδὲν ἄλλο ἢ σκιὰν ὄντα Γάλβα καὶ

de Galba, mais nous avons, à un jour de marche d'ici,
Vitellius, commandant de l'autre Germanie,[1] dont le
père a été censeur, trois fois consul et associé d'une
certaine manière au gouvernement de l'empereur
Claude,* et qui, par la pauvreté que quelques-uns lui
reprochent, donne une preuve éclatante de sa probité et
de sa grandeur d'âme. 8 Allons, élisons-le, et montrons
au monde entier que nous savons mieux choisir un
empereur que les Ibères et les Lusitaniens ! » 9 Cet
avis fut approuvé par les uns et rejeté par les autres.
Un porte-enseigne sortit secrètement du camp et alla
pendant la nuit porter cette nouvelle à Vitellius, qu'il
trouva à table avec de nombreux convives. 10 Le
bruit s'en répandit dans tout le camp, et le premier,
Fabius Valens,* chef d'une légion, vint le lendemain,
avec un grand nombre de cavaliers, saluer Vitellius
empereur. 11 Celui-ci, les jours précédents, semblait
repousser ce titre et se dérober sous prétexte qu'il redoutait la grandeur de la charge, mais alors, dit-on,
gorgé de vin et de nourriture dès midi, il parut devant
ses troupes, et accepta le nom de Germanicus, qu'elles
lui donnaient, mais refusa celui de César.[2] 12 Aussitôt l'armée de Flaccus, oubliant ces beaux serments
républicains en faveur du Sénat, jura obéissance à l'empereur Vitellius.

23. 1 C'est ainsi que Vitellius fut proclamé empereur en Germanie. Apprenant la sécession qui s'était
produite là-bas, Galba ne différa pas plus longtemps
l'adoption projetée. 2 Il savait que, parmi ses amis,
les uns se prononçaient en faveur de Dolabella[3], et les
autres, plus nombreux, en faveur d'Othon, mais il ne
voulait lui-même d'aucun des deux, et soudain, sans

1. Aulus Vitellius était gouverneur de Basse Germanie. Voir ci-dessus, 19, 1 et la note.
2. Cf. Tac., *Hist.*, 1, 62, 4 : *Nomen Germanici Vitellio statim addi-
tum ; Caesarem se appellari etiam victor prohibuit.*
3. Cf. *Othon*, 5, 1 : Δολαβέλλας, εὐπατρίδης ἀνήρ. Il appartenait en
effet à l'illustre famille des Cornelii ; cf. *R. E.*, *s. v.* Cornelius, n° 136
(Groag).

εἴδωλον ἐατέον, ἡμέρας δὲ μιᾶς ὁδὸν ἀφέστηκεν
ἡμῶν Οὐιτέλλιος, ὁ τῆς ἑτέρας Γερμανίας ἡγούμενος, πατρός τε τιμητοῦ καὶ τρὶς ὑπάτου γενομένου
καὶ Κλαυδίῳ Καίσαρι τρόπον τινὰ συνάρξαντος, 1063
αὐτός τε τὴν λοιδορουμένην ὑπ᾽ ἐνίων πενίαν δεῖγμα
λαμπρὸν ἔχων χρηστότητος καὶ μεγαλοφροσύνης.
8 Φέρε, τοῦτον ἑλόμενοι δείξωμεν ἀνθρώποις πᾶσιν
ὡς Ἰβήρων καὶ Λυσιτανῶν ἀμείνους ἐσμὲν αὐτοκράτορα αἱρεῖσθαι. » 9 Ταῦτα τῶν μὲν ἤδη προσιεμένων, τῶν δ᾽ οὐ προσιεμένων, εἷς ὑπεξελθὼν σημαιο-
φόρος ἀπήγγειλε τῷ Οὐιτελλίῳ νυκτὸς ἑστιωμένων
πολλῶν παρ᾽ αὐτῷ. 10 Τοῦ δὲ λόγου διαπεσόντος
εἰς τὰ στρατεύματα, πρῶτος Φάβιος Οὐάλης, ἡγεμὼν
ἑνὸς τάγματος, τῇ ὑστεραίᾳ μεθ᾽ ἱππέων συχνῶν
ἐλάσας αὐτοκράτορα τὸν Οὐιτέλλιον προσεῖπεν.
11 Ὁ δὲ τὰς μὲν ἔμπροσθεν ἡμέρας ἐδόκει διω-   b
θεῖσθαι καὶ ἀναδύεσθαι, τὸ μέγεθος τῆς ἀρχῆς
φοβούμενος, τότε δέ φασιν οἴνου διάπλεων καὶ
τροφῆς ὄντα μεσημβρινῆς προελθεῖν καὶ ὑπακοῦσαι
Γερμανικὸν ὄνομα θεμένων αὐτῷ, τὸ δὲ Καίσαρος
οὐ προσδεξάμενον. 12 Εὐθὺς δὲ καὶ τὸ μετὰ Φλάκκου στράτευμα τοὺς καλοὺς ἐκείνους καὶ δημοκρα-
τικοὺς εἰς σύγκλητον ὅρκους ἀφέντες, ὤμοσαν
Οὐιτελλίῳ τῷ αὐτοκράτορι ποιήσειν τὸ προστασσόμενον.

23. 1 Οὕτω μὲν ἀνηγορεύθη Οὐιτέλλιος αὐτοκράτωρ ἐν Γερμανίᾳ. Πυθόμενος δὲ τὸν ἐκεῖ νεωτερισμὸν ὁ Γάλβας οὐκέτι τὴν εἰσποίησιν ἀνεβάλλετο.
2 Γινώσκων δὲ τῶν φίλων ἐνίους μὲν ὑπὲρ Δολα-
βέλλα, τοὺς δὲ πλείστους ὑπὲρ Ὄθωνος ἀρχαι-   c
ρεσιάζοντας, ὧν οὐδέτερον ἐδοκίμαζεν αὐτός, ἄφνω

en avoir rien dit à personne, il fit venir Pison, fils de Crassus et de Scribonia,[1] que Néron avait fait mourir.* Ce jeune homme joignait à une heureuse disposition pour toute sorte de vertus une modestie et une austérité des plus remarquables. Galba descendit avec lui au camp des prétoriens pour le proclamer César et héritier de l'empire. 3 Cependant, au moment même où il sortait du palais, de grands présages l'accompagnèrent, et quand il se mit à prononcer sa harangue dans le camp, tantôt parlant, tantôt lisant, le tonnerre et les éclairs éclatèrent si fréquemment, de si grosses averses et de si épaisses ténèbres se répandirent sur le camp et sur la ville qu'il était manifeste que la divinité n'admettait ni n'approuvait une adoption qui n'aurait pas d'heureuses conséquences.* 4 De leur côté, les soldats étaient sombres et secrètement hostiles parce que même en cette occasion on ne leur donnait pas de gratification. 5 Quant à Pison, l'assistance, qui jugeait de son état d'esprit d'après son visage et sa voix, admira de le voir accueillir une si grande faveur sans en être bouleversé, bien qu'il n'y fût pas insensible.* En revanche, on voyait au maintien d'Othon plus d'une marque de l'amertume et de la colère que lui causait la ruine de ses espérances : alors qu'il avait été jugé le premier digne de l'empire et qu'il était sur le point de l'obtenir, son échec lui montrait en même temps la malveillance et la haine de Galba à son égard. 6 Aussi n'était-il pas non plus exempt de crainte pour l'avenir ; redoutant Pison, accusant Galba, furieux contre Vinius, il se retira, le cœur agité de tant d'émotions. 7 Même alors, les devins et les Chaldéens dont il était toujours entouré ne le laissaient pas abandonner ses espérances et se décourager tout-à-fait ; Ptolémée* surtout lui rappelait avec insistance qu'il avait souvent prédit que Néron ne le tuerait point, mais mourrait le premier, et qu'il lui survivrait et régnerait sur les Romains ;

---

1. Calpurnius Frugi Piso Licinianus aurait été choisi par Galba d'après Tacite, *Hist.*, 1, 14, 1, au cours de *comitia imperii*. Pison, fils de Marcus Licinius Crassus, avait été adopté par Lucius Calpurnius Piso Licinianus. La désignation de Pison eut lieu le 10 janvier 69.

μηδὲν προειπὼν μετεπέμψατο Πείσωνα, Κράσσου καὶ
Σκριβωνίας ἔκγονον, οὓς Νέρων ἀνῃρήκει, νεανίαν
ἐν τῇ πρὸς πᾶσαν ἀρετὴν εὐφυΐᾳ τὸ κόσμιον καὶ
αὐστηρὸν ἐμφανέστατα ἔχοντα· καὶ κατέβαινεν
εἰς τὸ στρατόπεδον ἐκεῖνον ἀποδείξων Καίσαρα
καὶ διάδοχον. 3 Καίτοι μεγάλαι μὲν εὐθὺς ἐξιόντι
διοσημίαι παρηκολούθουν, ἀρξαμένου δὲ τὰ μὲν
λέγειν ἐν τῷ στρατοπέδῳ, τὰ δ' ἀναγινώσκειν,
τοσαυτάκις ἐβρόντησε καὶ κατήστραψε, καὶ τοσοῦτος
ὄμβρος καὶ ζόφος ἐξεχύθη εἰς τὸ στρατόπεδον καὶ   d
τὴν πόλιν ὡς κατάδηλον εἶναι μὴ προσιέμενον
μηδ' ἐπαινοῦν τὸ δαιμόνιον γινομένην οὐκ ἐπ' ἀγαθῷ
τὴν εἰσποίησιν. 4 Ἦν δὲ καὶ τὰ τῶν στρατιωτῶν
ὕπουλα καὶ σκυθρωπά, μηδὲ τότε δωρεᾶς αὐτοῖς
δοθείσης. 5 Τοῦ δὲ Πείσωνος οἱ παρόντες ἐθαύμασαν τῇ τε φωνῇ τεκμαιρόμενοι καὶ τῷ προσώπῳ
τὸ τηλικαύτην χάριν ἀνεκπλήκτως, οὐ μὴν ἀναισθήτως δεχόμενον, ὥσπερ αὖ τοῦ Ὄθωνος ἐπεφαίνετο
πολλὰ σημεῖα τῇ μορφῇ πικρῶς καὶ σὺν ὀργῇ τῆς
ἐλπίδος τὴν ἀπότευξιν φέροντος, ἧς πρῶτος ἀξιωθεὶς
καὶ τοῦ τυχεῖν ἐγγυτάτω γενόμενος, τὸ μὴ τυχεῖν
ἐποιεῖτο σημεῖον ἔχθους ἅμα καὶ κακονοίας τοῦ   e
Γάλβα πρὸς αὐτόν. 6 Ὅθεν οὐδ' ἄφοβος ἦν περὶ
τοῦ μέλλοντος, ἀλλὰ καὶ τὸν Πείσωνα δεδιὼς καὶ
τὸν Γάλβαν προβαλλόμενος καὶ τῷ Οὐινίῳ χαλε-
παίνων, ἀπῄει πολλῶν παθῶν πλήρης. 7 Οὐδὲ
γὰρ τὸ ἐλπίζον ἐκλιπεῖν οὐδ' ἀπαγορεῦσαι παντάπασιν εἴων οἱ περὶ αὐτὸν ὄντες ἀεὶ μάντεις καὶ
Χαλδαῖοι, εἰς τὰ μάλιστα δὲ Πτολεμαῖος, ἰσχυριζό-
μενος τῷ προειπεῖν πολλάκις ὡς οὐκ ἀποκτενεῖ
Νέρων αὐτόν, ἀλλὰ τεθνήξεται πρότερος, αὐτὸς δὲ

---

23. 2 ⁵ Σκριβωνίας Lipsius : κριβίωνος vel κριτίωνος ‖ ⁷ ἐμφανέστατα : ἐκφανέστατον V ‖ 3 ² διοσημίαι Sint. : -μεῖαι ‖ ⁴ τοσαυτάκις :
τοσοῦτον V ‖ 5 ³ ἀνεκπλήκτως Cor. : ἀνεμπ- ‖ οὐ μὴν ⟨οὐδ'⟩ Rei. ‖
7 ⁴ εἰς τὰ del. Sint. ‖ ⁶ πρότερος : -ρον Va¹.

en lui remontrant que la première de ses prédictions s'était vérifiée, il le pressait de ne pas désespérer de la seconde. 8 Othon était principalement encouragé par ceux qui sympathisaient secrètement avec lui et qui gémissaient sur l'ingratitude dont il était victime. Enfin la plupart des gens que Tigellin et Nymphidius avaient élevés aux honneurs, se voyant alors rejetés et réduits à une condition obscure, partageaient sa détresse, s'indignaient avec lui et l'excitaient.

24. 1 Parmi ceux-ci se trouvaient Veturius et Barbius, l'un *option* et l'autre *tesséraire* (ainsi appelle-t-on ceux qui font office de messagers et d'observateurs.)[1] 2 Un affranchi d'Othon, Onomastus, se rendit au camp avec eux, et ils corrompirent, soit par de l'argent, soit par des promesses, des hommes déjà peu sûrs et qui n'attendaient qu'un prétexte pour agir.* 3 Car les quatre jours qui s'écoulèrent entre l'adoption et le meurtre n'auraient pas suffi pour faire basculer la fidélité d'une armée qui eût été saine ; en effet ils* furent tués le sixième jour après , c'est-à-dire, selon le compte des Romains, le dix-huitième avant les calendes de février.* 4 A l'aube de ce jour-là, Galba offrait un sacrifice au Palatium en présence de ses amis. Le sacrificateur Umbricius n'eut pas plus tôt pris en main les entrailles de la victime qu'il déclara sans ambages et très nettement voir les signes d'un grand bouleversement et d'une trahison qui mettait en danger la tête de l'empereur. Peu s'en fallut que la divinité ne livrât ainsi aux mains

---

1. Cf. Tac., *Hist.*, 1, 25, 1 : ... *Barbium Proculum tesserarium spe-culatorum et Veturium optionem eorumdem*... Διοπτήρων chez Plutarque me paraît correspondre au *speculatorum* de Tacite. On peut admettre aussi que le *tesserarius* est celui qui transmet dans les unités la *tessera* donnant le mot d'ordre, remplissant ainsi le rôle de messager (διαγ-γέλων). Cela dit, il est très difficile de préciser le rôle de cette sorte de sous-officiers, intermédiaires entre le soldat et le centurion, — rôle qui paraît avoir changé d'ailleurs au cours des temps. Je m'interroge par exemple sur l'équivalence, chez Polybe, 6, 24, 2-3, du mot οὐραγός avec *optio*. Voir J. Harmand, *L'armée et le soldat à Rome* (1967), 345, avec les notes 155 et 156, et aussi Alma, 59.

περιέσται καὶ ἄρξει Ῥωμαίων · ἐκεῖνο γὰρ ἀληθὲς
ἀποδείξας ἠξίου μηδὲ ταῦτα ἀπελπίζειν. 8 οὐχ
ἥκιστα δ' οἱ συναχθόμενοι κρύφα καὶ συνεπιστέ-
νοντες ὡς ἀχάριστα πεπονθότι · πλεῖστοι δὲ τῶν   f
περὶ Τιγελλῖνον καὶ Νυμφίδιον ἐν τιμῇ γεγονότων
ἀπερριμμένοι τότε καὶ ταπεινὰ πράττοντες, ἐφθείροντο πρὸς αὐτὸν καὶ συνηγανάκτουν καὶ παρώξυνον.

24. 1 Ἐν δὲ τούτοις Οὐετούριος καὶ Βάρβιος,
ὁ μὲν ὀπτίων, ὁ δὲ τεσσεράριος (οὕτω γὰρ καλοῦν-
ται οἱ διαγγέλων καὶ διοπτήρων ὑπηρεσίας τε-
λοῦντες). 2 Μεθ' ὧν Ὄθωνος ἀπελεύθερος Ὀνό-   1064
μαστος ἐπιφοιτῶν τοὺς μὲν ἀργυρίῳ, τοὺς δ' ἐλπίσι
διέφθειρεν, ἤδη σαθροὺς ὄντας καὶ δεομένους προ-
φάσεως. 3 Οὐ γὰρ ἦν ἡμερῶν τεσσάρων ἔργον
ὑγιαίνοντος στρατοπέδου μεταστῆσαι πίστιν, ὅσαι
μεταξὺ τῆς εἰσποιήσεως ἐγένοντο καὶ τῆς σφαγῆς.
Ἕκτῃ γὰρ ἀνῃρέθησαν, ἣν ἄγουσι Ῥωμαῖοι πρὸ
δεκαοκτὼ καλανδῶν Φεβρουαρίων.

4 Ἐκείνῃ γὰρ ἕωθεν εὐθὺς ὁ μὲν Γάλβας ἔθυεν
ἐν Παλατίῳ τῶν φίλων παρόντων, ὁ δὲ θύτης Ὀμβρί-
κιος ἅμα τῷ λαβεῖν εἰς τὰς χεῖρας τοῦ ἱερείου τὰ
σπλάγχνα καὶ προσιδεῖν οὐ δι' αἰνιγμῶν, ἀλλ' ἄντικρυς ἔφη σημεῖα μεγάλης ταραχῆς καὶ μετὰ
δόλου κίνδυνον ἐκ κεφαλῆς ἐπικείμενον τῷ αὐ-   b
τοκράτορι, μονονουχὶ τὸν Ὄθωνα τοῦ θεοῦ χειρὶ

---

23. 8 ⁴ γεγονότων : -νότες Schaefer ‖ ⁵⁻⁶ ἐφθείροντο : ἐφέροντο
Bernard. ‖ **24.** 1 ¹⁻³ Οὐετούριος... ὀπτίων... τεσσεράριος... διαγγέλων καὶ διοπτήρων Lipsius cl. Tac., *Hist.*, 1, 25 : ἰτούριος... ὀπίων...
τεσσενάριος... δι' ἀγγέλων καὶ δι' ὀπτήρων codd. ‖ ²⁻³ post καλοῦν-
ται Zie. add. παρὰ Ῥωμαίοις (propter hiatum !) ‖ 2 ¹⁻² Ὀνόμαστος
Schaefer : ὀνομαστὸς ‖ ³ διέφθειρεν Sint. : -ρον ‖ 3 ² πίστιν Rei. :
πᾶσιν ‖ ⁵ Φεβρουαρίων Rei. : φευρουα- ‖ 4 ⁴ προσιδεῖν Cor. : προι-
δὼν codd. ‖ ⁶ post κίνδυνον Zie. add. ἐνορᾶν.

de l'autorité Othon, 5 qui, placé derrière Galba,
écoutait ce que disait Umbricius et regardait attentivement ce qu'il montrait. 6 Comme Othon se
troublait et que la peur le faisait sans cesse changer de
couleur, son affranchi Onomastus s'approcha et lui dit
que les architectes étaient arrivés et l'attendaient chez
lui : c'était le signal convenu du moment où Othon devait
aller à la rencontre des soldats. 7 Il dit qu'ayant
acheté une vieille maison, il voulait en faire voir aux
vendeurs les parties suspectes, et il s'en alla. Il descendit
par la maison dite de Tibère et se rendit au Forum, à
l'endroit où se dresse la colonne d'or à laquelle aboutissent
tous les chemins tracés de l'Italie.[1]

25. 1   C'est là que les premiers soldats l'accueillirent
dans leurs rangs et le saluèrent du titre d'empereur ;
ils n'étaient, dit-on, pas plus de vingt-trois.[2] 2 Aussi,
bien qu'il ne fût pas moralement aussi timide qu'il
était physiquement faible et efféminé, et qu'il fût au
contraire hardi et intrépide en face du danger,[3] la frayeur
l'envahit ; 3 mais les soldats présents l'empêchèrent
de reculer, et, entourant sa litière de leurs épées nues,
ils ordonnèrent aux porteurs de l'emmener, et lui-même,
criant à tout instant qu'il était perdu, les conjurait de
se hâter. Quelques personnes l'entendirent et furent
plus surprises que troublées par le petit nombre de ceux
qui avaient osé tenter une telle entreprise. 4 Tandis
qu'on le portait ainsi à travers le Forum, d'autres soldats
en nombre égal aux premiers vinrent au-devant de lui,
puis d'autres encore s'approchèrent par groupes de trois
ou quatre. Enfin tous retournèrent au camp en l'appelant
César et en tenant toujours devant lui leurs épées nues.

1. On constate une similitude presque littérale entre ces paragraphes 4-7 et le récit de Tacite, 1, 27, 1-3, où se trouvent mentionnés
la date, le sacrifice de Galba, l'haruspice Umbricius, la présence
d'Othon, l'intervention de l'affranchi Onomastus, qui donne à Othon
le même mot convenu, enfin le chemin que prend alors Othon « par la
maison de Tibère pour gagner le milliaire d'or au-dessous du temple
de Saturne. »

2. Cf. Tac., *Hist.*, 1, 27, 4 : *Ibi tres et viginti speculatores consaluta-
tum imperatorem...*

3. Cf. Tac., *Hist.*, 1, 22, 1 : *Non erat Othonis mollis et corpori similis
animus.*

ληπτὸν παραδιδόντος. 5 Παρῆν γὰρ ὄπισθεν τοῦ
Γάλβα καὶ προσεῖχε τοῖς λεγομένοις καὶ δεικνυμέ-
νοις ὑπὸ τοῦ Ὀμβρικίου. 6 Θορυβουμένῳ δ' αὐτῷ
καὶ χρόας ἀμείβοντι παντοδαπὰς ὑπὸ δέους πα-
ραστὰς Ὀνόμαστος ⟨ὁ⟩ ἀπελεύθερος ἥκειν ἔφη
καὶ περιμένειν αὐτὸν οἴκοι τοὺς ἀρχιτέκτονας. Ἦν
δὲ σύμβολον καιροῦ πρὸς ὃν ἔδει ἀπαντῆσαι τὸν
Ὄθωνα τοῖς στρατιώταις. 7 Εἰπὼν οὖν ὅτι παλαιὰν ἐωνημένος οἰκίαν βούλεται τὰ ὕποπτα δεῖξαι
τοῖς πωληταῖς, ἀπῆλθε, καὶ διὰ τῆς Τιβερίου καλου-
μένης οἰκίας καταβὰς ἐβάδιζεν εἰς ἀγοράν, οὗ
χρυσοῦς εἱστήκει κίων, εἰς ὃν αἱ τετμημέναι τῆς
Ἰταλίας ὁδοὶ πᾶσαι τελευτῶσιν.

25. 1 Ἐνταῦθα τοὺς πρώτους ἐκδεξαμένους αὐτὸν καὶ προσειπόντας αὐτοκράτορά φασι μὴ πλείους
τριῶν καὶ εἴκοσι γενέσθαι. 2 Διό, καίπερ οὐ κατὰ
τὴν τοῦ σώματος μαλακίαν καὶ θηλύτητα τῇ ψυχῇ
διατεθρυμμένος, ἀλλ' ἰταμὸς ὢν πρὸς τὰ δεινὰ καὶ
ἄτρεπτος, ἀπεδειλίασεν. 3 Οἱ δὲ παρόντες οὐκ
εἴων, ἀλλὰ τοῖς ξίφεσι γυμνοῖς περιόντες αὐτοῦ
τὸ φορεῖον ἐκέλευον αἴρεσθαι, παραφθεγγομένου
πολλάκις ἀπολωλέναι καὶ τοὺς φορειαφόρους ἐπιταχύνοντος. Ἐξήκουον γὰρ ἔνιοι θαυμάζοντες μᾶλλον ἢ ταραττόμενοι διὰ τὴν ὀλιγότητα τῶν ἀπο-
τετολμημένων. 4 Φερομένῳ δ' οὕτω δι' ἀγορᾶς
ἀπήντησαν ἕτεροι τοσοῦτοι, καὶ πάλιν κατὰ τρεῖς
καὶ τέτταρας ἄλλοι προσεπέλαζον. Εἶτα συναν-
έστρεφον ἅπαντες ἀνακαλούμενοι Καίσαρα καὶ

24. 5 ³ Ὀμβρικίου : Ὀμβρίου Va¹ ‖ 6 ³ ὁ add. Schaefer ‖ ⁴ αὐτὸν Rei. : αὐτῷ ‖ 7 ³ πωληταῖς Sol. : πολίταις ‖ ⁵ τῆς : ⟨διὰ⟩ τῆς
Zie. ‖ 25. 2 ² τῇ ψυχῇ Cor. (vel τὴν ψυχὴν Zie.) : τῆς ψυχῆς codd. ‖
3 ⁴ φορειαφόρους Schaefer : φορεμφόρους V φορεκφόρους α¹ φορεα-
φόρους α² ‖ ⁴⁻⁵ ἐπιταχύνοντος : -τες Va¹.

5 Celui des tribuns qui était ce jour-là de garde au
camp, Martialis, dit-on, n'était pas du complot, mais,
étonné de ce mouvement inattendu et saisi de crainte,
il laissa entrer les mutins. 6 Quand Othon fut à
l'intérieur, personne ne lui opposa de résistance : les
soldats qui ignoraient ce qui se passait, enveloppés à
dessein par ceux qui le savaient et qui s'étaient groupés
ensemble, se trouvaient isolés un à un ou deux à deux, et
ils suivirent les autres, d'abord par crainte, puis en
se laissant persuader.*

7 La nouvelle fut aussitôt portée au Palatium, à
Galba, alors que le sacrificateur était encore là, tenant les
entrailles de la victime entre ses mains. De la sorte,
même ceux qui ne croyaient pas du tout à ses prédictions
et étaient les plus fermes dans leur incrédulité, furent
frappés de stupeur et admirèrent la divinité. 8 Cependant, comme des gens de toute condition accouraient
en foule du Forum, Vinius, Laco et quelques-uns des
affranchis se placèrent auprès de l'empereur en brandissant
leurs épées nues. Pison s'avança pour haranguer les
gardes du palais,[1] 9 et, comme la légion d'Illyrie
campait sous le portique dit de Vipsanius, on envoya
Marius Celsus, un homme de cœur, pour prévenir la
défection de ces troupes.[2]

La mort. — **26**. 1 Galba délibérant pour décider
s'il s'avancerait dans la ville, Vinius s'y opposait, tandis
que Celsus et Laco l'y engageaient et s'en prenaient
violemment à Vinius. Le bruit courut alors avec insistance
qu'Othon avait été massacré dans le camp, 2 et peu
après on vit Julius Atticus, un des soldats les mieux
connus de la garde, accourir l'épée nue en criant qu'il
avait tué l'ennemi de César ; il se fraya un passage à
travers la foule et montra à Galba son épée ensanglantée.

1. Voir cette harangue de Pison, très développée, chez Tacite, *Hist.*,
1, de 29, 3 à 30, 12.
2. Cf. Tac., *Hist.*, 1, 31, 2 : « On délégua Celsus Marius auprès des
détachements illyriens cantonnés au portique de Vipsanius. » Ce
portique avait été construit au Champ de Mars par M. Vipsanius
Agrippa, qui fut le grand collaborateur et aussi le gendre d'Auguste.

γυμνὰ τὰ ξίφη προϊσχόμενοι. 5 Τῶν δὲ χιλιάρχων
ὁ τὴν φυλακὴν ἔχων τοῦ στρατοπέδου Μαρτίαλις,
ὥς φασι, μὴ συνειδώς, ἐκπλαγεὶς δὲ τῷ ἀπροσδοκήτῳ
καὶ φοβηθεὶς ἐφῆκεν εἰσελθεῖν. 6 Γενομένῳ δ᾽ ἐντὸς
οὐδεὶς ἀντέπεσεν. Οἱ γὰρ ἀγνοοῦντες τὰ πραττόμενα τοῖς εἰδόσι καὶ συνεστῶσιν ἐκ παρασκευῆς
ἐμπεριεχόμενοι καθ᾽ ἕνα καὶ δύο σποράδες ὑπὸ
δέους τὸ πρῶτον, εἶτα πεισθέντες ἐπηκολούθησαν.   e

7 Εἰς δὲ τὸ Παλάτιον εὐθὺς μὲν ἀπηγγέλη τῷ
Γάλβᾳ, παρόντος ἔτι τοῦ θύτου καὶ τῶν ἱερῶν ἐν
χερσὶν ὄντων, ὥστε καὶ τοὺς πάνυ πρὸς τὰ τοιαῦτα
δυσπειθῶς καὶ ἀτενῶς ἔχοντας ἐκπλήττεσθαι καὶ
θαυμάζειν τὸ θεῖον · 8 ὄχλου δὲ παντοδαποῦ συρρέοντος ἐξ ἀγορᾶς, αὐτῷ μὲν Οὐίνιος καὶ Λάκων
καὶ τῶν ἀπελευθέρων ἔνιοι γυμνὰ τὰ ξίφη προϊσχόμενοι παρέστησαν, ὁ δὲ Πείσων προελθὼν τοῖς
φυλάττουσι τὴν αὐλὴν δορυφόροις ἐνετύγχανε.
9 Τοῦ δ᾽ Ἰλλυρικοῦ τάγματος ἐν τῇ καλουμένῃ
παστάδι Βιψανίᾳ στρατοπεδεύοντος, ἀπεστάλη Μάριος Κέλσος, ἀνὴρ ἀγαθός, προκαταληψόμενος.   f

26. 1 Βουλευομένου δὲ τοῦ Γάλβα προελθεῖν,
καὶ Οὐινίου μὲν οὐκ ἐῶντος, Κέλσου δὲ καὶ Λάκωνος
παρορμώντων καὶ σφοδρότερον τοῦ Οὐινίου καθ-
απτομένων, θροῦς διῆλθε πολὺς ὡς ἀνηρημένου
τοῦ Ὄθωνος ἐν τῷ στρατοπέδῳ · 2 καὶ μετὰ μικρὸν
ὤφθη Ἰούλιος Ἄττικος, τῶν οὐκ ἀσήμων ἐν τοῖς
δορυφόροις στρατευόμενος, γυμνῷ τῷ ξίφει προσφε-
ρόμενος καὶ βοῶν ἀνῃρηκέναι τὸν Καίσαρος πολέμιον · ὠσάμενος δὲ διὰ τῶν προεστώτων ἔδειξε τῷ   1065

25. 5 ² Μαρτίαλις Sint. cl. Tac., *Hist.*, 1, 28, 1 : Μαρτιάλιος ‖
⁴ ἐφῆκεν Bryan : ἀφῆκεν ‖ 7 ¹ ἀπηγγέλη ⟨τὸ γεγονός⟩ Zie. ‖ ⁴ ἀτενῶς
Wytt. Cor. : ἀγεννῶς ‖ 9 ² Βιψανίᾳ Sol. : Βαψ- ‖ **26**. 2 ² Ἄττικος
Xyl. cl. Tac., *Hist.*, 1, 35 : Ἀττίκιος.

3   Galba le regarda et lui dit : « Qui t'en a donné l'ordre ? »*
« La foi promise et le serment prêté », répondit l'homme.
La foule cria qu'il avait bien fait et applaudit. Galba
monta dans sa litière et partit pour sacrifier à Jupiter
et se montrer aux citoyens.

4   A peine était-il arrivé au Forum qu'une nouvelle
contraire lui parvint, comme si le vent avait tourné :
Othon était maître du camp. 5 Alors, comme on
peut s'y attendre dans une si grande foule, les uns lui
crient de retourner d'où il vient, les autres d'avancer,
ceux-ci d'avoir confiance, ceux-là de se méfier, et sa
litière, poussée tantôt d'un côté, tantôt de l'autre, comme
au milieu d'une tourmente, ne cesse d'être ballottée
et d'osciller, quand on voit surgir soudain du côté de la
basilique de Paul[1] d'abord des cavaliers, puis des fantassins
criant à tue-tête et d'une seule voix : « Hors d'ici,
ce citoyen[2] ! » 6 Alors la foule se mit à courir,
non pas pour prendre la fuite et se disperser, mais afin
d'occuper les portiques et les endroits élevés du Forum,
comme pour assister à un spectacle. 7 Atilius Vergilio
ayant renversé l'effigie de Galba,* ce fut le début de
la bagarre : les soldats assaillent la litière à coups de
javelots, puis, ayant manqué l'empereur, ils s'élancent
sur lui avec leurs épées dégaînées. 8 Personne ne le
défend, personne ne résiste, excepté un homme que le
soleil vit, seul parmi tant de dizaines de milliers de gens,
se montrer digne de l'empire romain, le centurion Sempronius Densus ; il n'avait jamais reçu de Galba aucun
bienfait personnel, mais, pour obéir à l'honneur et à la loi,
il se plaça devant la litière. 9 Levant d'abord le
sarment de vigne dont les centurions se servent pour
frapper ceux qui le méritent, il criait en ordonnant

1. Cette précision ne figure pas chez Tacite, *Hist.*, 1, 40. Ce que Plutarque appelle « la basilique de Paul » est sans doute la fameuse basilique Æmilia dont on voit aujourd'hui encore les ruines au Forum.
Érigée d'abord en 179 avant J.-C., elle avait été reconstruite en
78 par Lucius Æmilius Paulus, puis somptueusement restaurée par
Auguste après un incendie : cf. Michael Grant, *Le Forum romain*,
136-144.
2. C'est-à-dire Galba, que les mutins considèrent comme déchu.

Γάλβᾳ τὸ ξίφος ᾑμαγμένον. 3 Ὁ δὲ βλέψας πρὸς
αὐτὸν « Τίς σε » εἶπεν « ἐκέλευσε ; » Τοῦ δ' ἀνθρώπου
τὴν πίστιν εἰπόντος καὶ τὸν ὅρκον, ὃν ὤμοσε, καὶ
τοῦ πλήθους ἐπιβοῶντος ὡς εὖ καὶ κροτοῦντος,
ἐμβὰς εἰς τὸ φορεῖον ἐκομίζετο τῷ τε Διῒ θῦσαι καὶ
φανῆναι τοῖς πολίταις βουλόμενος.

4 Ἐμβαλόντος δ' εἰς τὴν ἀγοράν, ὥσπερ τροπαία
πνεύματος, ἀπήντησε φήμη κρατεῖν τὸν Ὄθωνα
τοῦ στρατεύματος. 5 Οἷα δ' ἐν πλήθει τοσούτῳ,
τῶν μὲν ἀναστρέφειν, τῶν δὲ προϊέναι, τῶν δὲ θαρρεῖν, τῶν δ' ἀπιστεῖν βοώντων, καὶ τοῦ φορείου,
καθάπερ ἐν κλύδωνι, δεῦρο κἀκεῖ διαφερομένου
καὶ πυκνὸν ἀπονεύοντος, ἐφαίνοντο πρῶτον ἱππεῖς,
εἶθ' ὁπλῖται διὰ τῆς Παύλου βασιλικῆς προσφερό-
μενοι, μιᾷ φωνῇ μέγα βοῶντες ἐκποδὼν ἵστασθαι   b
τὸν ἰδιώτην. 6 Τῶν μὲν οὖν πολλῶν δρόμος ἦν,
οὐ φυγῇ σκιδναμένων, ἀλλ' ἐπὶ τὰς στοὰς καὶ τὰ
μετέωρα τῆς ἀγορᾶς ὥσπερ θέαν καταλαμβανόντων.
7 Ἀτιλίου δὲ Βεργιλίωνος εἰκόνα Γάλβα προσου-
δίσαντος, ἀρχὴν τοῦ πολέμου ποιησάμενοι περιηκόν-
τισαν τὸ φορεῖον · ὡς δ' οὐκ ἔτυχον αὐτοῦ, προσῆγον
ἐσπασμένοις τοῖς ξίφεσιν. 8 Ἤμυνε δ' οὐδεὶς
οὐδ' ὑπέστη πλὴν ἑνὸς ἀνδρός, ὃν μόνον ἥλιος
ἐπεῖδεν ἐν μυριάσι τοσαύταις ἄξιον τῆς Ῥωμαίων
ἡγεμονίας · Σεμπρώνιος ἦν Δῆνσος ἑκατοντάρχης,
οὐδὲν ἰδίᾳ χρηστὸν ὑπὸ Γάλβα πεπονθώς, τῷ δὲ   c
καλῷ καὶ τῷ νόμῳ βοηθῶν προέστη τοῦ φορείου.
9 Καὶ τὸ κλῆμα πρῶτον, ᾧ κολάζουσιν ἑκατοντάρχαι
τοὺς πληγῶν δεομένους, ἐπαράμενος τοῖς ἐπιφερο-
μένοις ἐβόα καὶ διεκελεύετο φείδεσθαι τοῦ αὐτοκρά-

26. 7 [1] Ἀτιλίου δὲ Βεργιλίωνος Cor. Sint. cl. Tac., *Hist.*, 1, 41 :
Αἰτιλλίου δὲ Σερκέλλωνος ‖ [4] ἐσπασμένοις Junt. : -μένοι ‖ 8 [4] Σεμπρώνιος Steph. : Σεπρ- ‖ ἦν Δῆνσος Sint. cl. Tac., *Hist.*, 1, 43 : Ἰνδισ-
ρος.

aux assaillants d'épargner l'empereur, 10 puis, attaqué
lui-même par les soldats, il tira son épée et se défendit
longtemps avant de tomber, blessé aux jarrets.[1]

27. 1 La litière de Galba fut renversée près de ce
qu'on appelle le lac Curtius[2] ; il roula à terre, couvert de
sa cuirasse, et les soldats accourus le frappèrent. Il leur
tendit la gorge en disant : « Faites, si c'est pour le bien
du peuple romain. »* 2 Après avoir reçu plusieurs
coups aux jambes et aux bras,* il fut égorgé, au dire de
la plupart des auteurs, par un certain Camurius, soldat
de la quinzième légion ; 3 quelques-uns prétendent
que ce fut par Terentius, d'autres par Lecanius, d'autres
enfin par Fabius Fabullus.* Le meurtrier, dit-on, après
lui avoir coupé la tête, la prit en l'emportant dans son
manteau, parce que la calvitie la rendait difficile à
saisir, 4 mais, ses camarades ne lui permettant pas
de la dissimuler et voulant qu'il fît parade de ce bel
exploit, il la mit au bout d'une pique, et c'est en brandissant cette tête d'un vieillard, d'un prince modéré, d'un
souverain pontife, d'un consul qu'il courait à la façon
des bacchantes, en se retournant fréquemment et en
secouant sa pique dégouttante de sang.*

5 Quand cette tête fut apportée à Othon, on dit qu'il
s'écria : « Cela n'est rien, camarades ; montrez-moi celle
de Pison. » 6 Quelques instants plus tard, on la lui
apportait : blessé, le jeune homme s'était enfui, mais
on l'avait poursuivi et il fut égorgé par un certain Murcus
près du sanctuaire de Vesta.* 7 On massacra aussi Vinius, quoiqu'il avouât appartenir à la conjuration contre
Galba, et il criait en effet qu'on le tuait contre la volonté
d'Othon.* 8 A lui aussi on coupa la tête, de même qu'à

---

1. L'héroïque résistance de Sempronius Densus, « centurion dans une
cohorte prétorienne », est racontée aussi avec solennité par Tacite,
Hist., 1, 43, 1-2, mais, selon Tacite, Densus défendait alors Pison,
et non Galba.
2. Cf. Tac., *Hist.*, 1, 41, 2 : *Juxta Curtii lacum trepidatione ferentium
Galba projectus e sella ac provolutus est.* Sur ce « lac Curtius » au Forum,
voir par exemple *Rom.*, 18, 5-6. — Voir aussi Suét., *Gal.*, 20, 5.

τορος. 10 Ἔπειτα συμπλεκομένων αὐτῷ, σπασάμενος τὸ ξίφος ἠμύνατο πολὺν χρόνον, ἕως τυφθεὶς
τὰς ἰγνύας ἔπεσε.

27. 1 Τὸν δὲ Γάλβαν ἀποκλιθέντος τοῦ φορείου
περὶ τὸν Κουρτίου καλούμενον λάκκον ἐκκυλισθέντα
τεθωρακισμένον ἔτυπτον ἐπιδραμόντες. Ὁ δὲ τὴν
σφαγὴν προτείνας « Δρᾶτε » εἶπεν « εἰ τοῦτο τῷ
δήμῳ Ῥωμαίων ἄμεινόν ἐστι. » 2 Πολλὰς μὲν οὖν
ἔλαβε πληγὰς εἴς τε τὰ σκέλη καὶ τοὺς βραχίο-
νας, ἀπέσφαξε δ' αὐτόν, ὡς οἱ πλεῖστοι λέγουσι,
Καμούριός τις ἐκ τοῦ πεντεκαιδεκάτου τάγματος.
3 Ἔνιοι δὲ Τερέντιον, οἱ δὲ Λεκάνιον ἱστοροῦσιν,   d
οἱ δὲ Φάβιον Φάβουλλον, ὃν καί φασιν ἀποκόψαντα
τὴν κεφαλὴν κομίζειν τῷ ἱματίῳ συλλαβόντα διὰ
τὴν ψιλότητα δυσπερίληπτον οὖσαν · 4 ἔπειτα τῶν
σὺν αὐτῷ κρύπτειν οὐκ ἐώντων, ἀλλ' ἐκφανῆ πᾶσι
ποιεῖν τὴν ἀνδραγαθίαν, περιπείραντα περὶ λόγχην
καὶ ἀναπήλαντα πρεσβύτου πρόσωπον ἄρχοντός τε
κοσμίου καὶ ἀρχιερέως καὶ ὑπάτου δρόμῳ χωρεῖν,
ὥσπερ αἱ βάκχαι, πολλάκις μεταστρεφόμενον καὶ
κραδαίνοντα τὴν λόγχην αἵματι καταρρεομένην.

5 Τὸν δ' Ὄθωνα, τῆς κεφαλῆς κομισθείσης,
ἀνακραγεῖν λέγουσιν · « Οὐδέν ἐστι τοῦτο, ὦ συστρα-   e
τιῶται, τὴν Πείσωνός μοι κεφαλὴν δείξατε. »
6 Μετ' ὀλίγον δ' ἧκε κομιζομένη · τρωθεὶς γὰρ
ἔφευγεν ὁ νεανίσκος καὶ καταδιωχθεὶς ὑπὸ Μούρκου
τινὸς ἀπεσφάγη πρὸς τῷ ἱερῷ τῆς Ἑστίας. 7 Ἀπε-
σφάττετο δὲ καὶ Οὐίνιος ὁμολογῶν κοινωνὸς γεγονέναι τῆς ἐπὶ τὸν Γάλβαν συνωμοσίας · ἐβόα γὰρ
ἀποθνῄσκειν παρὰ τὴν Ὄθωνος γνώμην. 8 Ἀλλὰ

26. 10 ² τυφθεὶς Ald. : ὑφεὶς ‖ 27. 3 ¹ Λεκάνιον Cor. cl. Tac., *Hist.*,
1, 41 : Ἀρκάδιον ‖ ² Φάβουλλον Latte : Φάβουλον ‖ ἀποκόψαντα
Bryan : -κρύψαντα ‖ 6 ² Μούρκου Xyl. cl. Tac., *Hist.*, 1, 43 : Μάρκου.

Laco, et on porta ces deux têtes à Othon en lui demandant une récompense. 9 Comme dit Archiloque :

« Nous en tuâmes sept, rattrapés à la course,
    Et nous voilà mille à les avoir occis. »*

De même en cette circonstance, nombre de gens qui n'avaient pas participé au meurtre trempèrent dans le sang leurs mains et leurs épées pour les montrer à Othon en lui présentant par écrit des demandes de gratifications. 10 Plus tard en effet on compta cent vingt de ces auteurs de requêtes, que Vitellius fit rechercher et condamna tous à mort.[1] 11 Marius Celsus aussi était venu au camp. * Comme beaucoup de gens l'accusaient d'avoir conseillé aux soldats de secourir Galba[2], et que la multitude réclamait à grands cris sa mort, Othon n'y consentit pas, 12 mais, craignant de contrarier la foule, il dit qu'on ne devait pas tellement se presser de le tuer, car il y avait des secrets qu'il fallait d'abord tirer de lui ; il le fit donc enchaîner et garder en le remettant à ceux en qui il avait le plus de confiance.[3]

28. 1 Les sénateurs furent aussitôt convoqués, et, comme s'ils étaient devenus d'autres hommes[4] ou que les dieux eussent changé, ils se réunirent pour prêter à Othon le serment que lui-même avait prêté et qu'il n'avait pas tenu. Ils le proclamèrent César et Auguste, alors que les cadavres décapités gisaient encore dans leurs vêtements consulaires au Forum, où on les avait jetés.[5] 2 Comme les têtes ne pouvaient plus servir à rien, celle de Vinius fut vendue à sa fille pour deux mille cinq cents drachmes ; celle de Pison fut remise à sa femme Verania qui l'avait réclamée, et celle de Galba fut donnée aux esclaves de

1. Cf. Tac., *Hist.*, 1, 44, 3.
2. Voir ci-dessus, 25, 9.
3. Cf. Tac., *Hist.*, 1, 45, 3-4 : « Marius Celsus, consul désigné, était resté jusqu'au dernier moment l'ami fidèle de Galba », et toute la suite, qui concorde entièrement avec ce que dit Plutarque ici.
4. Cf. Tac., *Hist.*, 1, 45, 1 : *Alium crederes senatum...*
5. Cf. Tac., *Hist.*, 1, 47, 2-3 : « Le sénat fut convoqué par le préteur urbain..., on décerna à Othon la puissance tribunicienne, le nom d'Auguste et tous les honneurs des princes... Le Forum était encore sanglant ; Othon passa par-dessus les cadavres... »

γὰρ καὶ τούτου τὴν κεφαλὴν ἀποτεμόντες καὶ
Λάκωνος ἐκόμισαν πρὸς τὸν Ὄθωνα, δωρεὰς αἰτοῦντες.
9 Ὡς δέ φησιν Ἀρχίλοχος ·

ἑπτὰ γὰρ νεκρῶν πεσόντων, οὓς ἐμάρψαμεν ποσί,
χίλιοι φονῆές ἐσμεν ·

οὕτως τότε πολλοὶ τοῦ φόνου μὴ συνεφαψάμενοι,
χεῖρας δὲ καὶ ξίφη καθαιμάσσοντες, ἐπεδείκνυντο
καὶ δωρεὰς ᾔτουν βιβλία διδόντες τῷ Ὄθωνι.
10 Εἴκοσι γοῦν καὶ ἑκατὸν εὑρέθησαν ὕστερον ἐκ
τῶν γραμματίων, οὓς Οὐιτέλλιος ἀναζητήσας ἅπαντας ἀπέκτεινεν. 11 Ἧκε δὲ καὶ Μάριος Κέλσος
εἰς τὴν παρεμβολήν. Καὶ πολλῶν αὐτοῦ κατηγο-
ρούντων ὅτι τοὺς στρατιώτας ἔπειθε τῷ Γάλβᾳ
βοηθεῖν, καὶ τοῦ πλήθους ἀποκτιννύειν βοῶντος,
Ὄθων οὐκ ἐβούλετο · 12 φοβούμενος δ' ἀντιλέγειν,
οὐχ οὕτως ἔφη ταχέως ἀποκτενεῖν αὐτόν · εἶναι 1066
γὰρ ἃ δεῖ πρότερον ἐκπυθέσθαι παρὰ τοῦ ἀνδρός.
Ἐκέλευσεν οὖν δήσαντας φυλάττειν καὶ παρέδωκε
τοῖς μάλιστα πιστευομένοις.

28. 1 Εὐθὺς δὲ βουλὴ συνεκαλεῖτο. Καὶ καθάπερ ἄλλοι γεγονότες ἢ θεῶν ἄλλων γεγονότων,
συνελθόντες ὤμνυον ὅρκον ὑπὲρ τοῦ Ὄθωνος, ὃν
αὐτὸς ὀμόσας οὐκ ἐτήρησε · καὶ Καίσαρα καὶ
Σεβαστὸν ἀνηγόρευον, ἔτι τῶν νεκρῶν ἀκεφάλων
ἐν ταῖς ὑπατικαῖς ἐσθῆσιν ἐρριμμένων ἐπὶ τῆς ἀγορᾶς. 2 Ταῖς δὲ κεφαλαῖς ὡς οὐδὲν εἶχον ἔτι
χρῆσθαι, τὴν μὲν Οὐινίου τῇ θυγατρὶ δισχιλίων καὶ
πεντακοσίων δραχμῶν ἀπέδοντο, τὴν δὲ Πείσωνος
ἡ γυνὴ ἔλαβεν Οὐηρανία δεηθεῖσα, τὴν δὲ Γάλβα
τοῖς Πατροβίου [καὶ Οὐιτελλίου] δούλοις ἐδωρή-

27. 9 4 συνεφαψάμενοι : συναψάμενοι Va[1] ‖ 28. 1 1 συνεκαλεῖτο :
συνεκροτεῖτο w ‖ 2 γεγονότων L : -τες ‖ 2 4 Οὐηρανία α[1] : Οὐκρα-
νία V ‖ 5 καὶ Οὐιτελλίου del. Xyl.

Patrobius, 3 qui, après lui avoir fait subir toute sorte
d'odieux outrages, la jetèrent à l'endroit où l'on met à mort
ceux qui sont punis par les empereurs, endroit que l'on appelle Sessorium.[1] 4 Helvidius Priscus[2] enleva le corps
de Galba, avec l'autorisation d'Othon, et un affranchi,
Argius, l'ensevelit pendant la nuit. *

Jugement d'ensemble. — **29**. 1 Tel fut le sort
de Galba, un homme qui, soit par sa naissance soit par
sa richesse, ne le cédait qu'à un petit nombre de Romains
et qui, par l'union de la richesse et de la naissance,
fut le premier de tous ceux de son temps.[3] 2 Sa
vie s'étendit avec honneur et gloire sous les règnes de
cinq empereurs[4], de sorte que sa réputation plutôt
que sa puissance lui permit de renverser Néron... De
tous ceux qui conspiraient alors contre ce dernier, les
uns ne furent jugés dignes de l'empire par personne, et les
autres s'en jugèrent eux-mêmes indignes ; 3 Galba,
lui, fut appelé à l'empire et l'accepta. Dès qu'il eut
prêté son nom à l'audace de Vindex, un mouvement
révolutionnaire que l'on considérait comme une simple
rébellion devint une guerre civile, parce qu'il avait
trouvé un chef capable de régner. 4 Aussi, se pro-
posant moins de s'emparer de l'État pour lui-même
que de se donner à l'État, il voulut commander à des
hommes asservis par un Tigellin et un Nymphidius
de la façon dont Scipion, Fabricius et Camille avaient
commandé aux Romains de leur époque.[5] 5 Bien
qu'étant miné par la vieillesse, il fut, en ce qui concerne
le domaine militaire et les armées, un empereur intègre et
digne du passé de Rome, et si, en se livrant à Vinius,
à Laco et à ses affranchis, qui faisaient trafic de tout,

1. Là donc où Patrobius avait été exécuté par ordre de Galba :
voir ci-dessus, 17, 2.
2. Sur ce personnage, voir Suét., *Vesp.*, 15, et Tac., *Hist.*, 4, 5-6.
3. Voir ci-dessus, 3, 1, et la note.
4. Voir ci-dessus la Notice, p. 135, et Tac., *Hist.*, 1, 49, 3.
5. Plutarque nous a laissé une biographie de Camille, et il avait écrit
celle de Scipion l'Africain, qui est perdue ; quant à C. Fabricius
Luscinus, voir ce qu'il en dit aux chapitres 20 et 21 de la *Vie de Pyrrhos*.

σαντο. 3 Λαβόντες δ' ἐκεῖνοι καὶ πάντα τρόπον
αἰκισάμενοι καὶ καθυβρίσαντες ἔρριψαν ᾗ τοὺς
ὑπὸ τῶν Καισάρων κολαζομένους θανατοῦσιν · ὁ
δὲ τόπος Σησσόριον καλεῖται. 4 Τὸ δὲ σῶμα
τοῦ Γάλβα Πρίσκος Ἑλβίδιος ἀνείλετο τοῦ Ὄθωνος   b
ἐπιτρέψαντος · ἔθαψε δὲ νυκτὸς Ἀργεῖος ἀπελεύθερος.

29. 1 Τοιαῦτα τὰ κατὰ τὸν Γάλβαν, ἄνδρα
μήτε γένει μήτε πλούτῳ πολλῶν ἀπολειφθέντα
Ῥωμαίων, ὁμοῦ δὲ πλούτῳ καὶ γένει πρωτεύσαντα
πάντων τῶν καθ' αὑτόν, 2 πέντε αὐτοκρατόρων
ἡγεμονίαις ἐμβιώσαντα μετὰ τιμῆς καὶ δόξης, ὥστε
τῇ δόξῃ μᾶλλον ἢ τῇ δυνάμει καθελὼν Νέρωνα...
τῶν συνεπιτιθεμένων τότε τοὺς μὲν οὐδεὶς ἠξίωσε
τῆς ἡγεμονίας, οἱ δ' ἑαυτοὺς ἀπηξίωσαν, 3 Γάλβας
δὲ καὶ κληθεὶς καὶ ὑπακούσας αὐτοκράτωρ, καὶ
τῇ Οὐίνδικος ἐμπαρασχὼν ὄνομα τόλμῃ, κίνημα
καὶ νεωτερισμὸν αὐτοῦ λεγομένην τὴν ἀπόστασιν
ἐποίησε πόλεμον ἐμφύλιον, ἀνδρὸς ἡγεμονικοῦ τυχοῦσαν. 4 Ὅθεν οὐχ ἑαυτῷ τὰ πράγματα λαμ-   c
βάνειν, ἀλλὰ μᾶλλον ἑαυτὸν οἰόμενος διδόναι τοῖς
πράγμασιν, ἄρχειν ἠξίου τῶν ὑπὸ Τιγελλίνου καὶ
Νυμφιδίου τετιθασευμένων ὡς Σκιπίων ἦρχε καὶ
Φαβρίκιος καὶ Κάμιλλος τῶν τότε Ῥωμαίων.
5 Ὑπερειπόμενος δὲ τῷ γήρᾳ, ἄχρι τῶν ὅπλων
καὶ τῶν στρατευμάτων ἄκρατος ἦν καὶ ἀρχαῖος
αὐτοκράτωρ, Οὐινίῳ δὲ καὶ Λάκωνι καὶ τοῖς ἀπε-

28. 3 ³ ὑπὸ Cor. : ἀπὸ ‖ ⁴ Σησσόριον Zie. : σηστέρτιον ‖ 29. 2 ¹ post
πέντε v add. οὖν, Sint. δ' ‖ ³ post Νέρωνα lac. stat. Zie. καθελεῖν
Νέρωνα τῶν ⟨γὰρ⟩ vel ⟨δὲ⟩ συνεπιτιθεμένων Cor. ‖ ⁵ ἀπηξίωσαν
Rei. : ἠξίωσαν ‖ 4 ⁴ Σκιπίων : Σκη- codd. ‖ ⁵ Φαβρίκιος : Φαυ-
ρίκιος codd., sed corr. in w ‖ 5 ¹ ἄχρι : μέχρι Sint.

comme Néron s'était livré aux gens les plus insatiables, il ne laissa de regret à personne pour son gouvernement, sa mort du moins inspira de la pitié au plus grand nombre.[1]

---

1. Le jugement de Tacite sur Galba (*Hist.*, 1, 49, 3-8), plus nuancé et sans doute plus sévère, s'accorde assez bien dans l'ensemble avec celui de Plutarque.

λευθέροις πάντα τὰ πράγματα πωλοῦσι παρέχων
ἑαυτόν, οἷον Νέρων παρεῖχε τοῖς ἀπληστοτάτοις,
οὐδένα ποθοῦντα τὴν ἀρχήν, οἰκτείραντας δὲ τοὺς
πολλοὺς τὸν θάνατον ἀπέλιπεν.

d

29. 5 [6] οἰκτείραντας : οἰκτίροντας Richards.

OTHON

Début du règne. — **1**. 1 Le nouvel empereur, au point du jour, alla offrir un sacrifice au Capitole. Là, il se fit amener Marius Celsus,* l'accueillit et lui parla avec bonté en l'invitant à oublier son inculpation plutôt qu'à se souvenir de sa libération. 2 Celsus lui répondit sans bassesse ni ingratitude que le grief même avancé contre lui était garant de son caractère, puisque ce qu'on lui reprochait, c'était de s'être montré fidèle à Galba, envers qui il n'était redevable d'aucune faveur ; les assistants furent satisfaits de l'attitude de l'un et de l'autre, qui fut approuvée des soldats.* 3 Au Sénat Othon tint beaucoup de propos débonnaires et bienveillants. Il partagea le temps qui restait à courir de son consulat avec Verginius Rufus,* et conserva leur dignité à tous les consuls désignés par Néron et par Galba.* 4 Il accorda l'honneur des sacerdoces à ceux que leur âge ou leur réputation y appelait.[1] A tous les sénateurs exilés sous Néron et rentrés sous Galba il rendit tous ceux des biens de chacun qui n'avaient pas été vendus et que l'on put retrouver.[2] 5 Ainsi les premiers et les principaux citoyens qui d'abord tremblaient de frayeur et regardaient Othon, non comme un homme, mais comme une Furie vengeresse ou un démon sanguinaire qui venait soudain de fondre sur l'État, passèrent à de plus douces espérances à l'égard d'un gouvernement qui s'annonçait sous un aspect souriant.*

2. 1 Mais rien ne causa autant de plaisir à tous les Romains, et, en même temps, ne valut à Othon auprès

---

1. Cf. Tac., *Hist.*, 1, 77, 4.
2. Cf. Tac. *Hist.*, 1, 90, 1.

ΟΘΩΝ

1. 1 Ὁ δὲ νεώτερος αὐτοκράτωρ ἅμ' ἡμέρᾳ 1066 e προελθὼν εἰς τὸ Καπιτώλιον ἔθυσε · καὶ κελεύσας Μάριον Κέλσον ἀχθῆναι πρὸς αὐτὸν ἠσπάσατο καὶ διελέχθη φιλανθρώπως, καὶ παρεκάλεσε τῆς αἰτίας ἐπιλαθέσθαι μᾶλλον ἢ τῆς ἀφέσεως μνημονεύειν. 2 Τοῦ δὲ Κέλσου μήτ' ἀγεννῶς ἀποκριναμένου μήτ' ἀναισθήτως, ἀλλὰ φήσαντος αὐτὸ τοῦ τρόπου διδόναι τὸ ἔγκλημα πίστιν, ἐγκεκλῆσθαι γὰρ ὅτι Γάλβᾳ βέβαιον ἑαυτὸν παρέσχεν, ᾧ χάριν οὐδεμίαν ὤφειλεν, ἠγάσθησαν οἱ παρόντες ἀμφοτέρων καὶ τὸ στρατιωτικὸν ἐπήνεσεν. 3 Ἐν δὲ συγκλήτῳ πολλὰ δημοτικὰ καὶ φιλάνθρωπα διαλεχθείς, ὃν   f μὲν αὐτὸς ὑπατεύειν χρόνον ἤμελλε, τούτου μέρος ἔνειμεν Οὐεργινίῳ Ῥούφῳ, τοῖς δ' ἀποδεδειγμένοις ὑπὸ Νέρωνος ἢ Γάλβα πᾶσιν ἐτήρησε τὰς ὑπατείας. 4 Ἱερωσύναις δὲ τοὺς καθ' ἡλικίαν προήκοντας ἢ δόξαν ἐκόσμησε. Τοῖς δ' ἐπὶ Νέρωνος 1067 φυγοῦσι καὶ κατελθοῦσιν ἐπὶ Γάλβα συγκλητικοῖς πᾶσιν ἀπέδωκεν ὅσα μὴ πεπραμένα τῶν κτημάτων ἑκάστου ἐξεύρισκεν. 5 Ὅθεν οἱ πρῶτοι καὶ κράτιστοι πεφρικότες πρότερον, ὡς οὐκ ἀνδρός, ἀλλὰ τινος ἢ Ποινῆς ἢ παλαμναίου δαίμονος ἄφνω τοῖς πράγμασιν ἐπιπεπτωκότος, ἡδίους ἐγένοντο ταῖς ἐλπίσι πρὸς τὴν ἡγεμονίαν ὥσπερ διαμειδιῶσαν.

2. 1 Ὁμοῦ δὲ Ῥωμαίους πάντας οὐδὲν εὔφρανεν

1. 2 ² αὐτὸ Grivaeus : αὐτοῦ ‖ ³ ἐγκεκλῆσθαι Grivaeus : ἐκλεῆσθαι ‖ 4 ⁵ ἑκάστου Steph. : ἕκαστον codd.

d'eux autant de popularité que sa conduite envers Tigellin.[1] 2 Celui-ci était déjà puni en secret par la crainte même du châtiment que la ville réclamait comme une dette publique, et physiquement par des maladies incurables. Les débauches infâmes et inouïes dans lesquelles il se vautrait avec d'impures courtisanes qu'au bord même de la tombe son incontinence et sa lubricité poursuivaient encore, étaient considérées comme la punition suprême et l'équivalent de mille morts par les gens sensés, 3 mais le peuple, lui, supportait avec peine qu'il vît la lumière du soleil, lui qui en avait privé tant de si grands hommes. Othon lui dépêcha donc un émissaire à son domaine campagnard de Sinuessa,[2] où il vivait en entretenant des vaisseaux à l'ancre pour lui permettre de s'enfuir plus loin. 4 Il essaya d'abord de convaincre l'envoyé, en lui offrant beaucoup d'or, de le laisser partir ; n'ayant pu le séduire, il ne lui en fit pas moins des cadeaux et le supplia de lui accorder le temps de se raser, ce qu'ayant obtenu il se coupa la gorge.[3]

3. 1 Après avoir donné au peuple cette très juste satisfaction, l'empereur ne manifesta lui-même nulle rancune à ses ennemis privés. Pour complaire à la foule, il ne refusa pas, au début, d'être appelé Néron dans les théâtres, et, certaines gens ayant dressé publiquement des effigies de Néron, il ne s'y opposa point.* 2 Cluvius Rufus rapporte que des documents[4] expédiés en Espagne à ceux à qui l'on envoyait des courriers portaient le nom de Néron placé en ajout à celui d'Othon,* mais l'empereur, ayant senti le mécontentement qu'en éprouvaient les premiers et les meilleurs des citoyens, renonça à cette pratique.

---

1. Sur Tigellin, voir *Gal*, 17, 3-7, et les notes à cet endroit.
2. Sinuessa était une ville d'eaux célèbre, située au bord de la mer Tyrrhénienne, à la limite du Latium et de la Campanie.
3. Cf. Tac. *Hist.*, 1, 72, 4 : « Tigellin enfin reçut aux eaux de Sinuessa la nouvelle qu'il n'avait plus qu'à mourir, et là, après avoir cherché dans les complaisances de ses concubines et dans leurs baisers de honteux délais, il souilla une vie infâme par une mort tardive et **déshonorante**. »
4. διπλώματα : comparer *Gal.*, 8, 5.

οὕτως οὐδ' ᾠκειώσατο πρὸς αὐτὸν ὡς τὰ περὶ Τιγελλῖνον. 2 Ἐλελήθει μὲν γὰρ ἤδη κολαζόμενος
αὐτῷ τῷ φόβῳ τῆς κολάσεως, ἣν ὡς χρέος ἀπῄτει
δημόσιον ἡ πόλις, καὶ νοσήμασιν ἀνηκέστοις σώματος, αὐτάς τε τὰς ἀνοσίους καὶ ἀρρήτους ἐν γυναιξὶ
πόρναις καὶ ἀκαθάρτοις ἐγκυλινδήσεις, αἷς ἔτι
προσέσπαιρε δυσθανατοῦντος αὐτοῦ τὸ ἀκόλαστον
ἐπιδραττόμενον, ἐσχάτην τιμωρίαν ἐποιοῦντο καὶ
πολλῶν ἀνταξίαν θανάτων οἱ σωφρονοῦντες. 3 Ἡνία
δὲ τοὺς πολλοὺς ὅμως τὸν ἥλιον ὁρῶν μετὰ τοσού-
τους καὶ τοιούτους δι' αὐτὸν οὐχ ὁρῶντας. Ἔπεμψεν
οὖν ἐπ' αὐτὸν ὁ Ὄθων εἰς τοὺς περὶ Σινόεσσαν
ἀγρούς · ἐκεῖ γὰρ διῃτᾶτο πλοίων παρορμούντων,
ὡς φευξόμενος ἀπωτέρω. 4 Καὶ τόν γε πεμφθέντα
χρυσίῳ πολλῷ πείθειν ἐπεχείρησε παρεῖναι · μὴ
πεισθέντι δὲ δῶρα μὲν ἔδωκεν οὐδὲν ἧττον, ἐδεήθη
δ' ὑπομεῖναι ἕως ἂν ἀποξύρηται τὸ γένειον · καὶ
λαβὼν αὐτὸς ἑαυτὸν ἐλαιμοτόμησεν.

3. 1 Οὕτω δὲ τῷ δήμῳ τὴν δικαιοτάτην ἡδονὴν
ἀποδοὺς ὁ Καῖσαρ αὐτὸς ἰδίας ἔχθρας οὐδενὶ τὸ
παράπαν ἐμνησικάκησε, τοῖς δὲ πολλοῖς χαριζόμενος οὐκ ἔφευγε τὸ πρῶτον ἐν τοῖς θεάτροις Νέρων
προσαγορεύεσθαι · καί τινων εἰκόνας Νέρωνος εἰς
τοὐμφανὲς προθεμένων, οὐκ ἐκώλυσε. 2 Κλούβιος
δὲ Ῥοῦφος εἰς Ἰβηρίαν φησὶ κομισθῆναι διπλώματα,
οἷς ἐκπέμπουσι τοὺς γραμματηφόρους, τὸ τοῦ
Νέρωνος θετὸν ὄνομα προσγεγραμμένον ἔχοντα τῷ
τοῦ Ὄθωνος. Οὐ μὴν ἀλλὰ τοὺς πρώτους καὶ κρατίστους αἰσθόμενος ἐπὶ τούτῳ δυσχεραίνοντας ἐπαύσατο.

2. 2 ⁴ αὐτάς Cor. : αὐτός vel αὐτοῦ ‖ ⁵ ἐγκυλινδήσεις αL : κυλ- ‖
⁸ ἀνταξίαν Rei. Cor. : ἀντάξια ‖ 3 ⁵ παρορμούντων vAB : -μών-
των ‖ 4 ³ πεισθέντι Cor. : -τα codd. -τος Schaefer ‖ 3. 2 ¹ Κλούβιος Lipsius : Κλαύδιος ‖ ⁴ θετὸν J. Fr. Gronovius : θεῖον.

3   Il commençait ainsi à bien asseoir son autorité, quand les soldats* lui causèrent des ennuis : ils l'exhortaient à se méfier, à se tenir sur ses gardes et à rabaisser les personnages importants, soit qu'ils fussent vraiment inquiets en raison de l'attachement qu'ils avaient pour lui, soit qu'ils prissent un tel prétexte pour susciter des troubles et des mutineries.   4   Il avait envoyé Crispinus à Ostie pour en ramener la dix-septième cohorte.* Crispinus fit préparer les bagages et placer les armes sur les chariots alors qu'il faisait encore nuit.* Les plus audacieux alors se mirent tous à crier qu'il était venu avec de mauvaises intentions, que le Sénat tramait une révolution, et que les armes étaient expédiées, non pas à César, mais contre César.   5   Ces propos touchent et excitent beaucoup d'entre eux ; les uns s'emparent des chariots, les autres tuent deux centurions et Crispinus lui-même, qui leur tenaient tête. Tous prennent leurs dispositions pour partir et, s'exhortant mutuellement à aller au secours de César, ils marchent sur Rome.   6   Ayant appris que quatre-vingts sénateurs[1] dînaient chez l'empereur, ils se portent vers le palais en disant qu'ils tenaient là une occasion favorable pour exterminer d'un seul coup tous les ennemis de César.   7   La ville, dans l'attente d'un prochain pillage, était en proie à un grand trouble. Dans le palais on courait de tous les côtés, et Othon éprouvait une vive perplexité :   8   il avait peur pour ses invités, et ceux-ci avaient peur de lui ; il les voyait muets, les yeux fixés sur lui, et d'autant plus effrayés que certains d'entre eux avaient amené leurs femmes.*   9   En même temps qu'Othon envoyait ses officiers parler aux soldats pour tâcher de les adoucir,

---

1. Ce nombre ne figure pas chez Tacite, qui écrit seulement, *Hist.*, 1, 81, 1 : « Othon donnait à dîner aux principaux personnages de Rome, hommes et femmes. »

3 Τοιαύτην δὲ τῆς ἡγεμονίας κατάστασιν αὐτῷ   d
λαμβανούσης, οἱ μισθοφόροι χαλεποὺς παρεῖχον
ἑαυτούς, ἀπιστεῖν παρακελευόμενοι καὶ φυλάττεσθαι
καὶ κολούειν τοὺς ἀξιολόγους, εἴτ' ἀληθῶς φοβούμενοι δι' εὔνοιαν, εἴτε προφάσει χρώμενοι ταύτῃ
τοῦ ταράττειν καὶ πολεμοποιεῖν. 4 Κρισπῖνον δὲ
πέμψαντος αὐτοῦ τὴν ἑπτακαιδεκάτην σπεῖραν
Ὠστίας ἀπάξοντα, κἀκείνου νυκτὸς ἔτι συσκευαζο-
μένου καὶ τὰ ὅπλα ταῖς ἁμάξαις ἐπιτιθέντος, οἱ
θρασύτατοι πάντες ἐβόων οὐδὲν ὑγιὲς τὸν Κρισπῖνον
ἥκειν διανοούμενον, ἀλλὰ τὴν σύγκλητον ἐπιχειρεῖν
πράγμασι νεωτέροις καὶ τὰ ὅπλα κατὰ Καίσαρος,
οὐ Καίσαρι παρακομίζεσθαι. 5 Τοῦ δὲ λόγου   e
πολλῶν ἁπτομένου καὶ παροξύνοντος, οἱ μὲν ἐπελαμβάνοντο τῶν ἁμαξῶν, οἱ δὲ τοὺς ἐνισταμένους
ἑκατοντάρχας δύο καὶ τὸν Κρισπῖνον αὐτὸν ἀπέκτειναν, πάντες δὲ διασκευασάμενοι καὶ παρακαλέσαντες
ἀλλήλους Καίσαρι βοηθεῖν ἤλαυνον εἰς τὴν Ῥώμην ·
6 καὶ πυθόμενοι παρ' αὐτῷ δειπνεῖν ὀγδοήκοντα
συγκλητικούς, ἐφέροντο πρὸς τὰ βασίλεια, νῦν
καιρὸν εἶναι λέγοντες ἐν ταὐτῷ πάντας ἀνελεῖν
τοὺς Καίσαρος πολεμίους. 7 Ἡ μὲν οὖν πόλις
ὡς αὐτίκα διαρπαγησομένη θόρυβον εἶχε πολύν,
ἐν δὲ τοῖς βασιλείοις ἦσαν διαδρομαὶ καὶ τὸν Ὄθωνα
δεινὴ κατελάμβανεν ἀπορία. 8 Φοβούμενος γὰρ
ὑπὲρ τῶν ἀνδρῶν, αὐτὸς ἦν φοβερὸς ἐκείνοις, καὶ
πρὸς αὐτὸν ἀνηρτημένους ἑώρα ταῖς ὄψεσιν ἀναύ-   f
δους καὶ περιδεεῖς, ἐνίους καὶ μετὰ γυναικῶν ἥκον-
τας ἐπὶ τὸ δεῖπνον. 9 Ἅμα δὲ τοὺς ἐπάρχους
ἀπέστελλε τοῖς στρατιώταις διαλέγεσθαι καὶ πραΰ-

3. 3 ⁴ κολούειν Bryan : κωλύειν ‖ 4 ³ Ὠστίας ἀπάξοντα Sint. cl.
Tac., Hist., 1, 80, 2 : ὥστινας ἄξοντα ‖ ⁵ πάντες : παραστάντες? Zie. ‖
⁸ παρακομίζεσθαι : παρεκ- v παρεκκομ- Zie. ‖ 7 ² διαρπαγησομένη :
-μένους V.

il dit à ses invités de se lever et les fit sortir par une porte
dérobée. 10 Dans leur fuite ils ne devancèrent que de peu
les soldats qui se précipitaient violemment dans la salle en
demandant ce qu'étaient devenus les ennemis de César.
11 Alors Othon se dressa sur son lit de table, leur parla
longtemps pour les prier de s'apaiser, sans ménager même
ses larmes, et il eut beaucoup de mal à les faire partir.*
12 Le lendemain, il leur fit distribuer douze cent cinquante drachmes par tête,* puis il se rendit au camp, loua
le plus grand nombre de l'affection et du zèle qu'ils lui
témoignaient, mais ajouta qu'il y en avait quelques-
uns parmi eux qui cachaient leur jeu dans de mauvaises
intentions en dénigrant sa modération et le calme de leurs
camarades ; il leur demanda de partager son indignation
contre ceux-là et de l'aider à les punir.* 13 Tous
l'applaudirent et le pressèrent de sévir. Il se contenta
d'en faire arrêter deux dont le châtiment ne devait
affliger personne,* puis il s'en alla.

Vitellius. — **4.** 1 Ceux qui dès lors l'aimaient et
avaient confiance en lui s'étonnaient de ce changement* ;
les autres pensaient que ces mesures étaient rendues
inévitables par les circonstances et qu'il voulait être
populaire auprès des soldats en vue de la guerre. 2 Car,
de fait, on annonçait déjà de source sûre que Vitellius
avait revêtu la dignité et le pouvoir d'un empereur,[1]
et il arrivait tous les jours des courriers rapportant
qu'il ne cessait de recevoir des adhésions ; mais d'autres
faisaient savoir que les armées de Pannonie, de Dalmatie
et de Mœsie, avec leurs chefs, s'étaient déclarées pour
Othon.[2] 3 Bientôt après, celui-ci reçut des lettres
amicales de Mucianus et de Vespasien, qui avaient,
l'un en Syrie, l'autre en Judée, des armées importantes.[3]

---

1. En Germanie, et cela dès le début de janvier 69 : cf. Tac., *Hist.*,
1, 57, 3.
2. Cf. Tac. *Hist.*, 1, 76, 1 : *Primus Othoni fiduciam addidit ex Illyrico
nuntius jurasse in eum Dalmatiae ac Pannoniae et Mœsiae legiones.*
3. Cf. Tac., *Hist.*, 1, 76, 7 : « L'armée de Judée et les légions de
Syrie se déclarèrent pour Othon, l'une grâce à Vespasien, les autres
grâce à Mucianus. »

νειν κελεύσας, ἅμα δὲ τοὺς κεκλημένους ἄνδρας
ἀναστήσας καθ᾽ ἑτέρας θύρας ἀφῆκε · 10 καὶ
μικρὸν ἔφθησαν ὑπεκφυγόντες, βίᾳ τῶν μισθοφόρων
ὠθουμένων εἰς τὸν ἀνδρῶνα καὶ πυνθανομένων τί
γεγόνασιν οἱ Καίσαρος πολέμιοι. 11 Τότε μὲν
οὖν ὀρθὸς ἀπὸ τῆς κλίνης πολλὰ παρηγορήσας   1068
καὶ δεηθεὶς καὶ μηδὲ δακρύων φεισάμενος μόλις
ἀπέπεμψεν αὐτούς · 12 τῇ δ᾽ ὑστεραίᾳ δωρησά-
μενος ἅπαντας κατ᾽ ἄνδρα χιλίαις καὶ διακοσίαις
καὶ πεντήκοντα δραχμαῖς εἰσῆλθεν εἰς τὸ στρατόπεδον, καὶ τὸ μὲν πλῆθος ἐπήνεσεν ὡς πρὸς αὐτὸν
εὔνουν καὶ πρόθυμον, ὀλίγους δέ τινας οὐκ ἐπ᾽ ἀγαθῷ
φήσας ὑποικουρεῖν διαβάλλοντας αὐτοῦ τὴν μετριότητα καὶ τὴν ἐκείνων εὐστάθειαν, ἠξίου συναγανακ-
τεῖν καὶ συγκολάζειν. 13 Ἐπαινούντων δὲ πάντων
καὶ κελευόντων, δύο μόνους παραλαβών, οἷς οὐδεὶς
ἔμελλεν ἄχθεσθαι κολασθεῖσιν, ἀπηλλάγη.

4. 1 Ταῦθ᾽ οἱ μὲν ἀγαπῶντες ἤδη καὶ πιστεύοντες
ἐθαύμαζον τὴν μεταβολήν, οἱ δ᾽ ἀναγκαῖα πολι-   b
τεύματα πρὸς τὸν καιρὸν ἡγοῦντο δημαγωγοῦντος
αὐτοὺς διὰ τὸν πόλεμον. 2 Ἤδη γὰρ ἠγγέλλετο
βεβαίως Οὐιτέλλιος ἀξίωμα καὶ δύναμιν αὐτοκράτορος ἀνειληφώς · καὶ πτεροφόροι συνεχῶς ἐφοίτων
ἀεί τι προσχωρεῖν ἐκείνῳ φράζοντες, ἕτεροι ⟨δὲ⟩
τὰ Παννονικὰ καὶ τὰ Δαλματικὰ καὶ τὰ περὶ Μυσίαν
στρατεύματα δηλοῦντες ᾑρῆσθαι μετὰ τῶν ἡγεμόνων Ὄθωνα. 3 Ταχὺ δ᾽ ἀφίκετο καὶ παρὰ Μου-
κιανοῦ γράμματα καὶ παρὰ Οὐεσπεσιανοῦ φίλια,
τοῦ μὲν ἐν Συρίᾳ, τοῦ δ᾽ ἐν Ἰουδαίᾳ μεγάλας δυνά-

3. 9 ³ ἄνδρας del. Kron. ‖ 10 ² βίᾳ Sint. Zie. : διὰ ‖ 11 ² ἀπὸ : ἐπὶ
Zie. ‖ ⁴ ἀπέπεμψεν L et B corr. : ὑπέπ- ‖ 13 ² παραλαβών Steph. :
παραβαλών codd. συλλαβών Sauppe ‖ **4**. 1 ⁴ αὐτούς Rei. Cor. :
αὐτοῦ ‖ 2 ⁴ δὲ add. Schaefer.

4 Rassuré par ces nouvelles, Othon écrivit à Vitellius,
l'invitant à la conciliation et promettant de lui donner
beaucoup d'argent, ainsi qu'une ville où il mènerait
en paix une existence très facile et très agréable.[1] Vitellius lui fit d'abord une réponse ironique, sans se fâcher.
5 Puis ils s'aigrirent et s'écrivirent mutuellement des
railleries injurieuses et blessantes, se reprochant sot-
tement et de façon ridicule, mais avec vérité, les vices
qui leur étaient communs ; 6 car, en fait de débauches,
de mollesse, d'inexpérience de la guerre, et en ce qui
concernait l'immense quantité de dettes qu'ils avaient
contractées auparavant quand ils étaient pauvres, il eût
été bien difficile de dire lequel des deux l'emportait sur
l'autre.*

7 On parlait alors de beaucoup de prodiges et d'apparitions. Il ne s'agissait le plus souvent que de rumeurs
anonymes et incertaines* ; 8 cependant, au Capitole,
tout le monde vit une Victoire montée sur un char, qui avait
laissé échapper les rênes de ses mains, comme si elle
ne pouvait plus les tenir,[2] et la statue de Caïus César,
dans l'île qui est au milieu du fleuve, sans qu'il y eût ni
tremblement de terre, ni coup de vent, se tourna de l'Occident vers l'Orient, 9 présage qui se produisit, dit-on,
au moment où Vespasien commençait déjà à mettre
ouvertement la main aux affaires.* 10 Enfin la
catastrophe causée par le Tibre fut considérée par
la foule comme un signe fâcheux : sans doute était-ce
bien la saison où les rivières se gonflent le plus, mais jamais
ce fleuve n'était monté si haut et n'avait causé autant
de dégâts et de pertes ; en débordant de son lit, il inonda
une grande partie de la ville, et surtout l'endroit où l'on
détaille le blé destiné à la vente, ce qui provoqua une
grave disette pendant plusieurs jours.*

1. Cf. Tac., *Hist.*, 1, 74, 1 : « Othon ne cessait d'écrire à Vitellius des
lettres pleines de cajoleries dignes d'une femme et répugnantes :
il lui offrait argent, crédit et la retraite qu'il voudrait choisir parmi
les lieux de plaisance pour y mener sa vie de dissipation. »
2. Cf. Tac., *Hist.*, 1, 86, 1 : « Des prodiges augmentaient encore
la terreur... Dans le vestibule du Capitole, disait-on, la Victoire
avait laissé échapper les rênes de son char. »

μεις ἐχόντων. 4 Ὑφ' ὧν ἐπαιρόμενος ἔγραψε τῷ
Οὐιτελλίῳ παραινῶν συμβατικὰ φρονεῖν, ὡς χρήματα   c
πολλὰ δώσοντος αὐτοῦ καὶ πόλιν ἐν ᾗ βιώσεται
ῥᾷστον καὶ ἥδιστον βίον μεθ' ἡσυχίας. Ἀντέγραψε
δὲ κἀκεῖνος αὐτῷ κατειρωνευόμενος ἡσυχῇ πρῶτον ·
5 ἐκ δὲ τούτου διερεθιζόμενοι, πολλὰ βλάσφημα
καὶ ἀσελγῆ χλευάζοντες ἀλλήλοις ἔγραφον, οὐ
ψευδῶς μέν, ἀνοήτως δὲ καὶ γελοίως θατέρου τὸν
ἕτερον ἃ προσῆν ἀμφοτέροις ὀνείδη λοιδοροῦντος.
6 Ἀσωτίας γὰρ καὶ μαλακίας καὶ ἀπειρίας πολέμων καὶ τῶν πρόσθεν ἐπὶ πενίᾳ χρεῶν πλήθους
ἔργον ἦν εἰπεῖν ὁποτέρῳ μεῖον αὐτῶν μέτεστι.

7 Σημείων δὲ καὶ φαντασμάτων πολλῶν λεγομένων, τὰ μὲν ἄλλα φήμας ἀδεσπότους καὶ ἀμφιβόλους
εἶχεν, 8 ἐν δὲ Καπιτωλίῳ Νίκης ἐφεστώσης ἅρματι   d
τὰς ἡνίας πάντες εἶδον ἀφειμένας ἐκ τῶν χειρῶν,
ὥσπερ κρατεῖν μὴ δυναμένης, καὶ τὸν ἐν ⟨τῇ⟩ μεσο-
ποταμίᾳ νήσῳ Γαΐου Καίσαρος ἀνδριάντα μήτε
σεισμοῦ γεγονότος μήτε πνεύματος ἀφ' ἑσπέρας
μεταστραφέντα πρὸς τὰς ἀνατολάς · 9 ὅ φασι
συμβῆναι περὶ τὰς ἡμέρας ἐκείνας ἐν αἷς οἱ περὶ
Οὐεσπεσιανὸν ἐμφανῶς ἤδη τῶν πραγμάτων ἀντε-
λαμβάνοντο. 10 Καὶ τὸ περὶ τὸν Θύμβριν δὲ
σύμπτωμα σημεῖον ἐποιοῦντο οἱ πολλοὶ μοχθηρόν.
Ἦν μὲν γὰρ ὥρα περὶ ἣν μάλιστα οἱ ποταμοὶ
πλήθουσιν, ἀλλ' οὔπω τοσοῦτος ἤρθη πρότερον   e
οὐδ' ἀπώλεσε τοσαῦτα καὶ διέφθειρεν ὑπερχυθεὶς
καὶ κατακλύσας πολὺ μέρος τῆς πόλεως, πλεῖστον
δ' ἐν ᾧ τὸν ἐπὶ πράσει διαπωλοῦσι σῖτον, ὡς δεινὴν
ἀπορίαν ἡμερῶν συχνῶν κατασχεῖν.

4. 4 ¹ τῷ V : om. cet. ‖ ² συμβατικὰ Zie. : στρατιωτικὰ ‖
⁴ Ἀντέγραψε v : -φε ‖ 6 ² χρεῶν w : καὶ χρεῶν cet. ‖ 7 ⁵ τῇ
add. Zie. ‖ 10 ⁴ τοσοῦτος Schaefer : τοιοῦτος ‖ ⁷ διαπωλοῦσι : δια-
τηροῦσι Cor. διασῴζουσι Herw. ‖ ὡς : ὥστε Sauppe.

La guerre. — **5**. 1 Cependant on annonçait que Caecina et Valens, généraux de Vitellius, étaient déjà maîtres des Alpes.* A Rome Dolabella, de famille patricienne, étant soupçonné par les prétoriens de tramer une révolution, l'empereur, soit qu'il le craignît, soit qu'il en craignît d'autres à cause de lui, le fit conduire dans la ville d'Aquinum, tout en le rassurant.* 2 Quand Othon désigna parmi les citoyens investis d'une magistrature ceux qui devaient l'accompagner dans son expédition, il rangea parmi eux Lucius, frère de Vitellius, sans rien ajouter ni retrancher aux honneurs dont il jouissait.* 3 Il prit aussi grand soin de la mère et de la femme de Vitellius, de façon qu'elles n'eussent rien à craindre pour leurs personnes.[1] 4 Il remit la garde de Rome à Flavius Sabinus, frère de Vespasien, soit qu'il le fît en manière d'hommage à Néron (car c'était de Néron que Sabinus avait reçu cette charge, dont Galba l'avait privé), soit plutôt pour montrer à Vespasien, par l'élévation de Sabinus, son bon vouloir et sa confiance.[2] 5 Quant à lui, il s'arrêta à Brixellum, ville d'Italie, sur le Pô,[3] et envoya en avant, comme généraux de ses armées, Marius Celsus, Suetonius Paulinus, et aussi Gallus et Spurinna, hommes de grand renom,* mais qui furent empêchés par les circonstances d'exécuter leurs plans de campagne, en raison de l'indiscipline et de l'insolence des soldats. 6 Ceux-ci en effet refusaient d'obéir à d'autres qu'à l'empereur, sous prétexte que c'était d'eux qu'il tenait son pouvoir. 7 Il est vrai que chez les ennemis non plus tout n'était pas parfaitement sain : les troupes se montraient indociles aux ordres de leurs chefs et faisaient preuve de légèreté et d'arro-

---

1. Cf. Tac., *Hist.*, 1, 75, 4-5.
2. Cf. Tac., *Hist.*, 1, 46, 2 : « On nomma Flavius Sabinus préfet de Rome, conformément au choix de Néron, sous lequel il avait occupé la même charge ; beaucoup aussi voyaient derrière sa personne Vespasien, son frère. »
3. En Gaule cispadane, à l'est de Crémone (aujourd'hui Brescello). Cf. Tac., *Hist.*, 2, 39, 1 : *Profecto Brixellum Othone...*, et Suét., *Oth.*, 9, 2.

5. 1 Ἐπεὶ δὲ τὰς Ἄλπεις κατέχοντες ἤδη προσηγγέλλοντο Καικίνας καὶ Οὐάλης Οὐιτελλίῳ στρατηγοῦντες, ἐν Ῥώμῃ Δολαβέλλας, εὐπατρίδης ἀνήρ, ὑποψίαν παρεῖχε τοῖς μισθοφόροις νεώτερα φρονεῖν. Ἐκεῖνον μὲν οὖν εἴτ' αὐτὸν εἴτ' ἄλλους ⟨δι' αὐτὸν⟩ δεδοικὼς εἰς πόλιν Ἀκύινον παρέπεμψε παραθαρρύνας. 2 Καταλέγων δὲ τῶν ἐν τέλει συνεκδήμους ἔταξεν ἐν τούτοις καὶ Λεύκιον τὸν Οὐιτελλίου ἀδελφόν, οὔτε προσθεὶς οὐδὲν οὔτ' ἀφελὼν ἧς εἶχε τιμῆς. 3 Ἰσχυρῶς δὲ καὶ τῆς μητρὸς ἐπεμελήθη τοῦ Οὐιτελλίου καὶ τῆς γυναικός, ὅπως μηδὲν φοβήσονται περὶ αὐτῶν. 4 Τῆς δὲ Ῥώμης φύλακα Φλαούιον Σαβῖνον, ἀδελφὸν Οὐεσπεσιανοῦ, κατέστησεν, εἴτε καὶ τοῦτο πράξας ἐπὶ τιμῇ Νέρωνος (παρ' ἐκείνου γὰρ εἰλήφει τὴν ἀρχὴν ὁ Σαβῖνος, ἀφείλετο δὲ Γάλβας αὐτόν), εἴτε μᾶλλον εὔνοιαν ἐνεδείκνυτο Οὐεσπεσιανῷ καὶ πίστιν αὔξων Σαβῖνον. 5 Αὐτὸς μὲν οὖν ἐν Βριξίλλῳ, πόλει τῆς Ἰταλίας περὶ τὸν Ἠριδανόν, ἀπελείφθη, στρατηγοὺς δὲ τῶν δυνάμεων ἐξέπεμψε Μάριόν τε Κέλσον καὶ Σουητώνιον Παυλῖνον, ἔτι τε Γάλλον καὶ Σπουρίνναν, ἄνδρας ἐνδόξους, χρήσασθαι δὲ μὴ δυνηθέντας ὑπὸ τῶν πραγμάτων ὡς προῃροῦντο τοῖς ἑαυτῶν λογισμοῖς δι' ἀταξίαν καὶ θρασύτητα τῶν στρατιωτῶν. 6 Οὐ γὰρ ἠξίουν ἑτέρων ἀκούειν, ὡς παρ' αὐτῶν τοῦ αὐτοκράτορος τὸ ἄρχειν ἔχοντος. 7 Ἦν μὲν οὖν οὐδὲ τὰ τῶν πολεμίων ὑγιαίνοντα παντάπασιν οὐδὲ χειρόηθη τοῖς ἡγεμόσιν, ἀλλ' ἔμ-

5. 1 [2] Καικίνας Alma, p. 99 : Κεκίνας ‖ [3] Δολαβέλλας, cf. Gal., 23, 2[2] : Δολοβ- ‖[5-6] εἴτ' ἄλλους ⟨δι' αὐτὸν⟩ Zie. : εἴτ' ἄλλον ‖ [6] Ἀκύινον Zie. : Ἀκύνιον ‖ παρέπεμψε : ἐξέπεμψε V ‖ 3 [3] φοβήσονται Rei. : ἐμφοβήσονται ‖ 5 [2] ἀπελείφθη : ὑπελ- Herwerden ‖ [3-4] Σουητώνιον Sint. : Σουντώνιον vel Σουητώιον ‖ [4] Σπουρίνναν nos, et item infra : Σπουρίναν ‖ [6] ὑπὸ : ἐπὶ Cor.

gance, pour la même cause.* 8 Cependant elles
avaient pour elles l'expérience des combats, et elles
ne fuyaient pas la fatigue, dont elles avaient l'accoutu-
mance. Au contraire les soldats d'Othon étaient amollis
par l'oisiveté et par une longue période de paix, où
ils passaient leur temps dans les théâtres, les fêtes publiques et les spectacles ; ils entendaient dissimuler
leur paresse sous l'apparence de la suffisance et de
l'orgueil en refusant leurs obligations de service, comme
s'ils étaient au-dessus d'elles, et non parce qu'ils étaient
incapables de les supporter. 9 Spurinna voulut les
contraindre, mais il s'en fallut de peu qu'ils n'en vinssent
à le tuer ; ils ne lui épargnèrent aucune injure, aucune
insolence, le traitant de traître et de misérable, qui
gâchait les occasions et ruinait les affaires de l'empereur.
10 Même quelques-uns, étant ivres, se rendirent à
sa tente pendant la nuit pour lui demander des provisions
de route : ils prétendaient aller le dénoncer auprès de
César.*

6. 1 Ce qui sur le moment aida Spurinna et amé-
liora sa situation, ce furent les insultes que son armée
reçut à Placentia.* 2 En effet les Vitelliens, étant
allés attaquer les murs de cette place, raillèrent les
soldats d'Othon, qui se tenaient debout près des créneaux,
en les traitant de comédiens, de danseurs de pyrrhique,
de spectateurs des fêtes pythiques et olympiques[1], qui,
sans aucune expérience des combats et sans avoir
vu la guerre, s'enorgueillissaient d'avoir coupé la tête
à un vieillard désarmé (c'était de Galba qu'ils parlaient),
mais qui ne seraient jamais descendus dans l'arène pour
lutter et combattre à découvert contre des guerriers.[2]
3 Les Othoniens furent tellement émus et enflammés
de colère par ces outrages qu'ils vinrent se jeter aux
pieds de Spurinna en le conjurant de les employer

1. Plutarque transpose pour ses lecteurs grecs.
2. Tacite, qui raconte longuement le siège de Plaisance, écrit, *Hist.*,
2, 21, 7 : « Les uns [à savoir les Vitelliens] accusaient leurs ennemis
de lâcheté et de fainéantise, ne voyant en eux que des soldats gâtés
par le cirque et les théâtres. » Rapprocher ci-dessus, 5, 8.

πληκτα καὶ σοβαρὰ διὰ τὴν αὐτὴν αἰτίαν. 8 Οὐ
μὴν ἀλλ' ἐκείνοις ἐμπειρία γε παρῆν τοῦ μάχεσθαι
καὶ τὸ κάμνειν ἐθάδες ὄντες οὐκ ἔφευγον, οὗτοι
δὲ μαλακοὶ μὲν ἦσαν ὑπὸ σχολῆς καὶ διαίτης ἀπο-
λέμου πλεῖστον χρόνον ἐν θεάτροις καὶ πανηγύρεσι
καὶ παρὰ σκηνὴν βεβιωκότες, ὕβρει δὲ καὶ κόμπῳ
⟨τὴν μαλακίαν⟩ ἐπαμπέχειν ἐβούλοντο, [προσποιή-
σασθαι] τὰς λειτουργίας ὡς κρείττονες ἀπαξιοῦντες,
οὐχ ὡς ἀδύνατοι φέρειν. 9 Ὁ δὲ Σπουρίννας
προσβιαζόμενος αὐτοὺς ἐκινδύνευσε ⟨παρὰ⟩ μικρὸν
ἐλθόντας ἀνελεῖν αὐτόν. Ὕβρεως δὲ καὶ βλασφημίας
οὐδεμιᾶς ἐφείσαντο, προδότην καὶ λυμεῶνα τῶν
Καίσαρος καιρῶν καὶ πραγμάτων λέγοντες.
10 Ἔνιοι δὲ καὶ μεθυσθέντες ἤδη νυκτὸς ἦλθον
ἐπὶ τὴν σκηνὴν ἐφόδιον αἰτοῦντες · εἶναι γὰρ αὐτοῖς πρὸς Καίσαρα βαδιστέον, ὅπως ἐκείνου κατηγο-
ρήσωσιν.

6. 1 Ὤνησε δὲ τὰ πράγματα καὶ Σπουρίνναν
ἐν τῷ παραυτίκα λοιδορία περὶ Πλακεντίαν γενομένη τῶν στρατιωτῶν. 2 Οἱ γὰρ Οὐιτελλίου τοῖς
τείχεσι προσβάλλοντες ἐχλεύαζον τοὺς Ὄθωνος
ἑστῶτας παρὰ τὰς ἐπάλξεις, σκηνικοὺς καὶ πυρ-
ριχιστὰς καὶ Πυθίων καὶ Ὀλυμπίων θεωρούς, πολέμου δὲ καὶ στρατείας ἀπείρους καὶ ἀθεάτους ἀποκα-
λοῦντες, καὶ μέγα φρονοῦντας ἐπὶ τῷ γέροντος
ἀνόπλου κεφαλὴν ἀποτεμεῖν (τὸν Γάλβαν λέγοντες), εἰς δ' ἀγῶνα καὶ μάχην ἀνδρῶν οὐκ ἂν
ἐκφανῶς καταβάντας. 3 Οὕτω γὰρ ἐταράχθησαν
ὑπὸ τούτων τῶν ὀνειδῶν καὶ διεκάησαν ὥστε προσπε-
σεῖν τῷ Σπουρίννᾳ δεόμενοι χρῆσθαι καὶ προστάτ-

5. 8 ³ τὸ Cor. : τοῦ ‖ ⁷ τὴν μαλακίαν add. Zie. ‖ ⁷⁻⁸ προσποιήσασ-
θαι del. Madvig (cf. H. Drexler, *Klio*, 37, 1959, 164, n. 1) ‖ ⁸ ἀπαξιοῦντες : ἀπαξιοῦν Zie. ‖ 9 ² παρὰ add. Herw., Kron., Zie.

et de disposer d'eux à son gré et en protestant qu'ils ne reculeraient devant aucun danger ni aucun effort.* 4 On se battit violemment près des murs, on fit avancer de nombreuses machines,* et les troupes de Spurinna eurent l'avantage : elles repoussèrent leurs adversaires, en firent un grand carnage et conservèrent à leur cause une ville illustre et des plus florissantes de l'Italie.

5 Au reste les généraux d'Othon étaient moins rudes que ceux de Vitellius dans leurs rapports avec les cités et les particuliers. 6 Caecina, l'un des Vitelliens,* n'avait rien de démocratique dans son langage et son extérieur : affreux et étrange avec un corps immense,* c'est accoutré de braies et de moufles à la mode gauloise qu'il parlait aux gens du peuple et aux magistrats, et sa femme l'accompagnait à cheval, escortée par des cavaliers d'élite et brillamment parée.* 7 Quant à l'autre général, Fabius Valens,* ni les pillages faits sur les ennemis, ni les vols, ni les dons extorqués aux alliés n'assouvissaient sa cupidité, et l'on crut que c'était la raison pour laquelle il avait marché lentement et n'était arrivé qu'après la première bataille.[1] 8 D'autres auteurs, il est vrai, reprochent à Caecina de s'être pressé de combattre avant l'arrivée de son collègue pour avoir seul l'honneur de la victoire,[2] et, outre certaines autres fautes moins graves dans lesquelles il tomba, d'avoir engagé la bataille à contre-temps et avec si peu de vigueur que cette rencontre faillit causer la ruine du parti qui était le sien.

7. 1 Car Caecina, repoussé de Placentia,* se jeta sur Crémone, autre ville grande et prospère. Annius Gallus,* qui marchait sur Placentia au secours de Spurinna, ayant appris en route que les gens de cette ville avaient

---

1. Évidemment celle de Plaisance. Cf. Tac., *Hist.*, 2, 30 : « Les soldats de Valens prétendaient que la traîtrise et les retards volontaires de leur général leur avaient fait manquer la bataille. »

2. Cf. Tac., *Hist.*, 2, 30 : « Les deux chefs étaient jaloux l'un de l'autre. Pour Caecina, Valens était un monstre abject ; pour Valens, Caecina une outre gonflée de vent. »

τειν αὐτοῖς οὐδένα κίνδυνον οὐδὲ πόνον ἀπολεγο-
μένοις. 4 Ἰσχυρᾶς δὲ συστάσης τειχομαχίας καὶ
μηχανημάτων πολλῶν προσαχθέντων, ἐκράτησαν οἱ
τοῦ Σπουρίννα, καὶ φόνῳ πολλῷ τοὺς ἐναντίους
ἀποκρουσάμενοι διετήρησαν ἔνδοξον πόλιν καὶ
τῶν Ἰταλῶν οὐδεμιᾶς ἧττον ἀνθοῦσαν.

5 Ἦσαν δὲ καὶ τὰ ἄλλα τῶν Οὐιτελλίου στρατηγῶν
οἱ Ὄθωνος ἐντυχεῖν ἀλυπότεροι καὶ πόλεσι καὶ
ἰδιώταις · 6 ἐκείνων δὲ Καικίνας μὲν οὔτε φωνὴν
οὔτε σχῆμα δημοτικός, ἀλλ' ἐπαχθὴς καὶ ἀλλόκοτος,
σώματος μεγάλου, Γαλατικῶς ἀναξυρίσι καὶ χειρῖσιν
ἐνεσκευασμένος, δήμοις καὶ ἄρχουσι Ῥωμαϊκοῖς
διαλεγόμενος. Καὶ τὴν γυναῖκα παρέπεμπον αὐτῷ
λογάδες ἱππεῖς ὀχουμένην ἵππῳ, κεκοσμημένην
ἐπιφανῶς · 7 Φάβιον δὲ Οὐάλεντα τὸν ἕτερον
στρατηγὸν οὔθ' ἁρπαγαὶ πολεμίων οὔτε κλοπαὶ
καὶ δωροδοκίαι παρὰ συμμάχων ἐνεπίμπλασαν
χρηματιζόμενον, ἀλλὰ καὶ ἐδόκει διὰ τοῦτο βραδέως
ὁδεύων ὑστερῆσαι τῆς προτέρας μάχης. 8 Οἱ δὲ
τὸν Καικίναν αἰτιῶνται σπεύδοντα τὴν νίκην ἑαυτοῦ
γενέσθαι πρὶν ἐκεῖνον ἐλθεῖν, ἄλλοις τε μικροτέ-
ροις περιπεσεῖν ἁμαρτήμασι καὶ μάχην οὐ κατὰ
καιρὸν οὐδὲ γενναίως συνάψαι, μικροῦ πάντα τὰ
πράγματα διαφθείρασαν αὐτοῖς.

7. 1 Ἐπεὶ γὰρ ἀποκρουσθεὶς τῆς Πλακεντίας ὁ
Καικίνας ἐπὶ Κρεμώνην ὥρμησεν, ἑτέραν πόλιν
εὐδαίμονα καὶ μεγάλην, πρῶτος μὲν Ἄννιος Γάλλος
πρὸς Πλακεντίαν Σπουρίννᾳ βοηθῶν, ὡς ἤκουσε
καθ' ὁδὸν τοὺς Πλακεντίνους περιγεγονέναι, κιν-

6. 4 ⁵ Ἰταλῶν : Ἰταλ⟨ικ⟩ῶν Zie. ‖ 6 ⁴ δήμοις Madvig : σημείοις
codd. ἐπισήμοις Latte ‖ ⁶ λογάδες Cor. : λογάδην ‖ 7 ⁵ προτέρας :
πρότερον w ‖ 8 ² ἑαυτοῦ : -τῷ V ‖ 7. 1 ³ Γάλλος Steph. et m. rec.
mg. α : Γάλβας.

eu le dessus, mais que Crémone était en danger, y conduisit
le premier son armée et campa près des ennemis[1] ; ensuite
il fut rejoint là par les autres chefs, venus en renfort.
2 Caecina avait mis en embuscade une infanterie
nombreuse dans des bois touffus, en ordonnant aux
cavaliers de pousser en avant, et, si les ennemis engageaient la bataille, de se retirer peu à peu et de reculer
jusqu'à ce qu'ils les eussent attirés ainsi dans l'embuscade ;
mais des transfuges vinrent en informer Celsus. 3 Celui-
ci lança une contre-attaque avec de valeureux cavaliers,
poursuivit l'ennemi en usant de circonspection, enveloppa
l'embuscade, y jeta la confusion et appela du camp
son infanterie. 4 Si celle-ci était arrivée à temps, il
semble bien qu'il ne serait pas resté un seul ennemi
et qu'elle aurait écrasé et anéanti toute l'armée de Caecina
en appuyant la cavalerie. Mais Paulinus,[2] avançant
avec lenteur[3], arriva trop tard pour aider Celsus et encourut le reproche d'avoir manœuvré d'une manière
inférieure à sa renommée par excès de précaution.[4]
5 La plupart des soldats l'accusèrent même de trahison et excitèrent Othon contre lui : ils se vantaient
d'avoir, eux, remporté la victoire en ajoutant que,
si celle-ci n'avait pas été complète, la faute en était
à la médiocrité des généraux.[5] 6 Mais Othon ne se
fiait pas tellement à eux, bien qu'il tînt surtout à cacher
sa méfiance à leur égard ; il envoya donc aux légions
son frère Titianus et le préfet du prétoire Proculus ;
celui-ci avait toute l'autorité effective, Titianus n'en
possédant que l'apparence. 7 Celsus et Paulinus, traî-
nant leur vain titre de conseillers et d'amis du prince,
n'avaient ni pouvoir ni influence sur les affaires.*
8 Chez les ennemis aussi se produisaient des troubles,

1. Voir Tacite, *Hist.*, 2, 23, 4, d'après qui Gallus campa alors à Bédriac, « bourg situé entre Vérone et Crémone ».
2. Sur C. Suetonius Paulinus, voir ci-dessus, 5, 5 et la note.
3. Cf. Tac., *Hist.*, 2, 25, 2 : *cunctator natura.*
4. Sur ces opérations, voir le récit parallèle de Tacite, *Hist.*, 2, 24,
2-6, selon qui l'embuscade tendue par Caecina se trouvait « à douze
milles de Crémone, au lieu-dit des Castors. »
5. Cf. Tac., *Hist.*, 2, 26, 3-5.

δυνεύειν δὲ τοὺς ἐν Κρεμώνῃ, μετήγαγεν ἐκεῖ τὸ
στράτευμα καὶ κατεστρατοπέδευσε πλησίον τῶν
πολεμίων · ἔπειτα καὶ τῶν ἄλλων ἕκαστος ἐβοήθει
τῷ στρατηγῷ. 2 Τοῦ δὲ Καικίνα λοχίσαντος εἰς
λάσια χωρία καὶ ὑλώδη πολλοὺς ὁπλίτας, ἱππεῖς
δὲ προεξελάσαι κελεύσαντος, κἂν συνάψωσιν οἱ   1070
πολέμιοι, κατὰ μικρὸν ἀναχωρεῖν καὶ ἀναφεύγειν,
ἄχρι ἂν ὑπάγοντες οὕτως ἐμβάλωσιν αὐτοὺς εἰς τὴν
ἐνέδραν, ἐξήγγειλαν αὐτόμολοι τῷ Κέλσῳ. 3 Καὶ
οὗτος μὲν ἱππεῦσιν ἀγαθοῖς ἀντεξελάσας, πεφυ-
λαγμένως δὲ χρώμενος τῇ διώξει καὶ τὴν ἐνέδραν
περισχὼν καὶ συνταράξας ἐκάλει τοὺς ὁπλίτας
ἐκ τοῦ στρατοπέδου. 4 Καὶ δοκοῦσιν ἂν ἐπελθόντες
ἐν καιρῷ μηδένα λιπεῖν τῶν πολεμίων, ἀλλὰ πᾶν
τὸ μετὰ Καικίνα στράτευμα συντρῖψαι καὶ ἀνελεῖν
ἐπισπόμενοι τοῖς ἱππεῦσι · νυνὶ δ' ὁ Παυλῖνος ὀψὲ
καὶ σχολῇ προσβοηθήσας αἰτίαν ἔσχεν ἐνδεέστερον
τῆς δόξης στρατηγῆσαι δι' εὐλάβειαν. 5 Οἱ δὲ
πολλοὶ τῶν στρατιωτῶν καὶ προδοσίαν ἐνεκάλουν
αὐτῷ, καὶ παρώξυνον τὸν Ὄθωνα μεγαληγοροῦντες   b
ὡς νενικηκότων αὐτῶν, τῆς δὲ νίκης οὐκ ἐπὶ πᾶν
προελθούσης κακίᾳ τῶν στρατηγῶν. 6 Ὁ δ' Ὄθων
οὐχ οὕτως ἐπίστευεν αὐτοῖς, ὡς ἐβούλετο μὴ δοκεῖν
ἀπιστεῖν. Ἔπεμψεν οὖν Τιτιανὸν ἐπὶ τὰ στρατεύματα τὸν ἀδελφὸν καὶ Πρόκλον τὸν ἔπαρχον, ὃς
εἶχεν ἔργῳ τὴν πᾶσαν ἀρχήν, πρόσχημα δ' ἦν ὁ
Τιτιανός. 7 Οἱ δὲ περὶ τὸν Κέλσον καὶ Παυλῖνον
ἄλλως ἐφείλκοντο συμβούλων ὄνομα καὶ φίλων,
ἐξουσίαν καὶ δύναμιν ἐν τοῖς πράγμασι μηδεμίαν
ἔχοντες. 8 Ἦν δὲ θορυβώδη καὶ τὰ παρὰ τοῖς πο-

---

7. 2 [1] λοχίσαντος Schaefer : λοχής- ‖ [5] ἄχρι Sint. : ἄχρις ‖ 3 [2] οὗτος Sol. : τοὺς ‖ 4 [4] ἐπισπόμενοι α[2] et s : ἐπισκόμενοι vel ἐπισπώ-
μενοι vel ἐπισπόρησιν codd. ‖ 5 [3] παρώξυνον Schaefer : -ναν ‖ 6 [2] ἐπίστευεν : ἐπίστευσεν V ‖ [4] τὸν [1] : καὶ τὸν α[1] et apographa.

surtout parmi les soldats de Valens, qui, à la nouvelle
du combat livré autour de l'embuscade, s'indignèrent
de n'avoir pas été là pour soustraire à la mort tant
de camarades ; 9 ils s'apprêtaient à frapper leur
général, et il eut beaucoup de peine à les persuader par
ses prières de l'épargner. Puis il les emmena et rejoignit les troupes de Caecina.[1]

Bataille de Bédriac. — **8.** 1 Othon, étant arrivé

au camp de Bédriac (Bédriac est un bourg situé près de
Crémone),[2] tint conseil pour décider si on livrerait
bataille. 2 Proculus et Titianus, voyant les troupes
pleines d'ardeur à la suite de leur récente victoire, furent
d'avis d'engager le combat décisif sans attendre dans
l'inaction que l'enthousiasme de l'armée ne tiédît et
que Vitellius en personne arrivât de Gaule.* 3 Paulinus,
au contraire, fit observer que les ennemis disposaient
pour combattre de tous leurs effectifs, qui étaient au
grand complet, tandis qu'Othon pouvait compter sur l'armée de Moesie et de Pannonie, qui n'était pas moins
importante que celle qu'il avait déjà, s'il attendait
l'occasion propice pour lui au lieu de lutter contre celle
qui favorisait les ennemis, 4 « car, ajoutait-il, l'ardeur
actuelle de nos troupes, pleines de confiance malgré
leur petit nombre, ne saurait tiédir alors qu'elles verraient
s'accroître le nombre de nos combattants ; elles n'en
auraient, au contraire, que plus d'entrain pour la
bataille ; 5 en outre, les délais sont à notre avantage,
parce que nous avons tout en abondance, tandis que
les Vitelliens, campés en pays ennemi, seront bientôt
réduits à manquer du nécessaire. »* Marius Celsus joignit
son suffrage à celui de Paulinus. 6 Quant à Annius
Gallus, il était absent, car il se faisait soigner pour une

---

1. Cf. Tac., *Hist.*, 2, 29.
2. Voir Tac., *Hist.*, 2, 23, 4, et ci-dessus, ma note à 7, 1. Sur ce nom
Bedriacum ou *Betriacum*, qui était peut-être à l'origine *Bebriacum*
(à cause de l'étymologie celtique : cf. *Bibrax*, etc...), voir Lucien
Herr, *Rev. Philol.*, 17, 1893, 208-212. — Ce lieu devait se trouver
« à une vingtaine de milles à l'est de Crémone, au nord du Pô. »
(L. Homo, *Hist. Rom.*, 3, 330).

λεμίοις, μάλιστα δὲ τοῖς ὑπὸ τῷ Οὐάλεντι · καὶ
τῆς περὶ τὴν ἐνέδραν μάχης ἀπαγγελθείσης ἐχαλέ-
παινον, ὅτι μὴ παρεγένοντο μηδ' ἤμυναν ἀνδρῶν
τοσούτων ἀποθανόντων. 9 Μόλις δὲ πείσας καὶ   c
παραιτησάμενος ὡρμημένους αὐτὸν βάλλειν, ἀνέζευξε
καὶ συνῆψε τοῖς περὶ Καικίναν.

8. 1 Ὁ δ' Ὄθων παραγενόμενος εἰς Βητριακὸν
εἰς τὸ στρατόπεδον (ἔστι δὲ πολίχνη πλησίον
Κρεμῶνης τὸ Βητριακόν) ἐβουλεύετο περὶ τῆς μάχης.
2 Καὶ Πρόκλῳ μὲν ἐδόκει καὶ Τιτιανῷ, τῶν στρατευμάτων ὄντων προθύμων καὶ προσφάτου τῆς
νίκης, διαγωνίσασθαι καὶ μὴ καθῆσθαι τὴν ἀκμὴν
ἀμβλύνοντα τῆς δυνάμεως καὶ περιμένοντα Οὐιτέλλιον αὐτὸν ἐκ Γαλατίας ἐπελθεῖν · 3 Παυλῖνος
δὲ τοῖς μὲν πολεμίοις ἔφη πάντας μεθ' ὧν μαχοῦν-
ται παρεῖναι καὶ μηδέν' ἐνδεῖν, Ὄθωνι δὲ τῆς ἤδη   d
παρούσης οὐκ ἐλάττονα προσδόκιμον εἶναι δύναμιν ἐκ Μυσίας καὶ Παννονίας, ἂν τὸν αὐτοῦ περιμένῃ
καιρόν, ἀλλὰ μὴ στρατηγῇ πρὸς τὸν τῶν πολεμίων.
4 Οὐ γὰρ ἀμβλυτέροις γε χρήσεσθαι τότε τοῖς
νῦν θαρροῦσιν ἀπ' ἐλαττόνων, ἂν πλείονας τοὺς
ἀγωνιζομένους προσλάβωσιν, ἀλλ' ἐκ περιουσίας
ἀγωνιεῖσθαι · 5 καὶ χωρὶς δὲ τούτου τὴν διατριβὴν
εἶναι πρὸς αὐτῶν ἐν ἀφθόνοις πᾶσιν ὄντων, ἐκείνοις
δὲ τὸν χρόνον ἀπορίαν παρέξειν τῶν ἀναγκαίων
ἐν πολεμίᾳ καθεζομένοις. Ταῦτα λέγοντι Παυλίνῳ
Μάριος Κέλσος ἐγένετο σύμψηφος. 6 Ἄννιος δὲ
Γάλλος οὐ παρῆν μέν, ἀλλ' ἐθεραπεύετο πεπτωκὼς

7. 9 ² αὐτὸν Bryan : αὐτοὺς ‖ 8. 1 ¹⁻² εἰς Βητριακὸν εἰς τὸ στρατόπεδον : εἰς τὸ ⟨περὶ⟩ Βητριακὸν [εἰς τὸ] στρατόπεδον Zie. ‖ 2 ⁴ ἀμβλύνοντα... περιμένοντα : -τας... -τας Zie. ‖ 3 ² πάντας nos : πάντα ‖
³ μηδέν' nos : μηδὲν ‖ 4 ¹ χρήσεσθαι Α² et Steph. : χρήσασθαι ‖
5 ² ἀφθόνοις Steph. : -νῳ ‖ ⁴ Παυλίνῳ Steph. : Παύλῳ ‖ ⁵ Μάριος :
Μαύριος v Μώριος w.

chute de cheval, mais il répondit à une lettre d'Othon qu'il conseillait de ne pas se hâter et d'attendre l'armée de Mœsie, qui était déjà en route. Cependant Othon ne se rendit pas à ces avis, et ce furent ceux qui pressaient de combattre qui l'emportèrent.*

9. 1 On donne plusieurs motifs de cette décision, différents selon les auteurs. Visiblement les soldats que l'on appelle prétoriens* et qui composent la garde de l'empereur, faisant alors pour la première fois l'expérience d'une véritable campagne et regrettant les passe-temps, la vie paisible et les fêtes dont ils jouissaient à Rome,[1] étaient difficiles à retenir dans leur impatience de combattre, convaincus qu'ils étaient de détruire leurs adversaires au premier choc. 2 Puis il paraît qu'Othon lui-même ne pouvait garder son sang-froid face à l'incertitude de l'avenir, ni supporter, par manque d'habitude et par mollesse, l'évaluation des périls qui le menaçaient ; excédé par les soucis, il voulait, semble-t-il, en finir au plus vite et jeter sa cause au hasard, les yeux fermés, comme dans un précipice.[2] 3 C'est du moins ce que racontait l'orateur Secundus, qui avait été le secrétaire d'Othon.* 4 On pouvait entendre dire aussi par d'autres que les deux armées eurent souvent envie de se réunir et, avant tout, de s'entendre entre elles pour choisir comme empereur, d'un commun accord, le meilleur des généraux présents, sinon de faire convoquer le Sénat et de lui remettre le choix du prince.* 5 Et il n'est pas invraisemblable, quand ni l'un ni l'autre des deux hommes alors proclamés empereurs n'avait une bonne renommée, que de vrais soldats, aguerris et sages, en soient venus à penser qu'il était trop affreux et terrible d'avoir à supporter à présent les maux déplorables que les citoyens s'étaient faits mutuellement jadis à cause de Sylla et

---

1. Comparer ci-dessus, 5, 8-10.
2. Cf. Suét., *Oth.*, 9, 1 « Othon résolut de livrer bataille au plus tôt, soit qu'il ne pût rester plus longtemps dans l'incertitude et qu'il espérât en finir plus facilement avant l'arrivée de Vitellius, soit qu'il fût impuissant à contenir l'ardeur des soldats impatients de se battre. »

ἀφ' ἵππου, γράψαντος δ' Ὄθωνος αὐτῷ συνεβού-
λευσε μὴ σπεύδειν, ἀλλὰ τὴν ἐκ Μυσίας περιμένειν
δύναμιν ἤδη καθ' ὁδὸν οὖσαν. Οὐ μὴν ἐπείθετο
τούτοις, ἀλλ' ἐκράτησαν οἱ πρὸς τὴν μάχην παρ-
ορμῶντες.

9. 1 Αἰτίαι δὲ πλείονες ἄλλαι ὑπ' ἄλλων λέγον-
ται· προδήλως δ' οἱ στρατηγικοὶ προσαγορευόμενοι
καὶ τάξιν ἔχοντες δορυφόρων, τότε πρῶτον ἀληθινῆς
γευόμενοι στρατείας καὶ τὰς ἐν Ῥώμῃ διατριβὰς
καὶ διαίτας ἀπολέμους καὶ πανηγυρικὰς ποθοῦντες,
οὐκ ἦσαν καθεκτοὶ σπεύδοντες ἐπὶ τὴν μάχην, ὡς
εὐθὺς ἐξ ἐπιδρομῆς ἀναρπασόμενοι τοὺς ἐναντίους.
2 Δοκεῖ δὲ μηδ' αὐτὸς Ὄθων ἐξαναφέρειν ἔτι πρὸς
τὴν ἀδηλότητα μηδ' ὑπομένειν ἀηθείᾳ καὶ μαλακότητι   f
τοὺς περὶ τῶν δεινῶν λογισμούς, ἐκπονούμενος δὲ
ταῖς φροντίσι σπεύδειν ἐγκαλυψάμενος, ὥσπερ ἀπὸ
κρημνοῦ, μεθεῖναι τὰ πράγματα πρὸς τὸ συντυχόν.
3 Καὶ τοῦτο μὲν διηγεῖτο Σεκοῦνδος ὁ ῥήτωρ ἐπὶ
τῶν ἐπιστολῶν γενόμενος τοῦ Ὄθωνος· 4 ἑτέρων
δ' ἦν ἀκούειν ὅτι τοῖς στρατεύμασιν ἀμφοτέροις
παρίστανθ' ὁρμαὶ πολλαί, ὡς εἰς ταὐτὸ συνελθεῖν   1071
καὶ μάλιστα μὲν αὐτοὺς ὁμοφρονήσαντας ἐκ τῶν
παρόντων ἡγεμονικῶν ἑλέσθαι τὸν ἄριστον, εἰ δὲ
μή, τὴν σύγκλητον ὁμοῦ καθίσαντας ἐφεῖναι τὴν
αἵρεσιν ἐκείνῃ τοῦ αὐτοκράτορος. 5 Καὶ οὐκ ἀπει-
κός ἐστι μηδετέρου τότε τῶν προσαγορευομένων
αὐτοκρατόρων εὐδοκιμοῦντος, ἐπιπίπτειν τοιούτους
διαλογισμοὺς ⟨τοῖς⟩ γνησίοις καὶ διαπόνοις καὶ
σωφρονοῦσι τῶν στρατιωτῶν, ὡς ἔχθιστον εἴη καὶ
δεινόν, ἃ πάλαι διὰ Σύλλαν καὶ Μάριον, εἶτα Καί-

9. 1 ¹ ἄλλαι ⟨δ'⟩ Sint. Zie. (propter hiatum) ‖ ³ πρῶτον Sauppe :
μᾶλλον ‖ 2 ² μαλακότητι : μαλακία V ‖ ³ τοὺς... λογισμούς Sol.
Sint. : τοῖς... ἐκλογισμοῖς ‖ 4 ³ ὡς om. s, del. Cor. Zie. ‖ 5 ⁴ τοῖς add.
Cor. ‖ ⁵ ἔχθιστον : αἴσχιστον Sch. ‖ ⁶ δεινόν : δεινότατον Sch.

de Marius, puis de César et de Pompée, en offrant l'empire
comme moyen de subvenir à la goinfrerie et à l'ivrognerie
de Vitellius, ou au luxe et aux débauches d'Othon.
6 On soupçonne que c'est parce qu'il était au courant
de ces dispositions d'esprit que Celsus proposait de
différer, dans l'espoir que la situation se dénouerait
sans combat et sans peine, et que c'est parce qu'Othon
en avait peur qu'il hâta la bataille.*

10. 1 Il retourna lui-même à Brixellum, ce qui
fut une faute de plus, non seulement parce qu'il ôta
ainsi à ses troupes le sentiment d'honneur et d'émulation
qu'elles auraient éprouvé en combattant sous ses yeux,
mais encore parce qu'en emmenant avec lui pour sa garde
personnelle les plus vigoureux et les plus dévoués de
ses cavaliers et de ses fantassins, il coupa pour ainsi
dire la pointe de son armée.* 2 Il y eut en ces jours-là un
combat au bord du Pô pour un pont que Caecina voulait
jeter sur le fleuve et à la construction duquel les Othoniens
s'opposèrent de toutes leurs forces ; 3 comme ils n'obte-
naient aucun résultat, ils mirent dans leurs barques du bois
résineux enflammé et enduit de soufre et de poix, et le
vent, commençant soudain à souffler pendant leur traversée, attisa le feu des matériaux préparés contre les
ennemis ; 4 il s'en éleva d'abord de la fumée, puis
une flamme brillante, qui les troubla et les fit sauter
dans le fleuve, où, leurs barques s'étant renversées,
ils furent livrés eux-mêmes aux coups et à la risée de
leurs adversaires.[1] 5 Enfin les Germains attaquèrent
les gladiateurs d'Othon près d'une petite île du fleuve,
les battirent et en tuèrent un bon nombre.[2]

---

1. Passage obscur (« *tota narratio obscurissima* », écrit K. Ziegler),
et dont le texte est sans doute partiellement lacunaire ou corrompu
(surtout au paragraphe 3). La comparaison avec Tacite, *Hist.*, 2, 34,
2-5, qui raconte certainement les mêmes faits, ne permet pourtant
pas d'éclairer complètement le récit trop concis de Plutarque.
2. Cf. Tac., *Hist.*, 2, 35, 1 : « Il y avait une île au milieu du fleuve,
et les gladiateurs tâchaient d'y arriver en faisant force de rames,
mais les Germains les devançaient à la nage », et toute la suite de
ce chapitre. Ici encore Plutarque résume beaucoup sa source.

σαρα καὶ Πομπήιον ᾠκτείροντο δρῶντες ἀλλήλους
καὶ πάσχοντες οἱ πολῖται, ταῦτα νῦν ὑπομένειν
ἢ Οὐιτελλίῳ λαιμαργίας καὶ οἰνοφλυγίας ἢ τρυφῆς
καὶ ἀκολασίας Ὄθωνι τὴν ἡγεμονίαν χορήγημα   b
προθεμένους. 6 Ταῦτ' οὖν ὑπονοοῦσι τούς τε
περὶ τὸν Κέλσον αἰσθανομένους ἐμβαλεῖν διατριβήν,
ἐλπίζοντας ἄνευ μάχης καὶ πόνων κριθήσεσθαι τὰ
πράγματα, καὶ τοὺς περὶ τὸν Ὄθωνα φοβουμένους
ἐπιταχῦναι τὴν μάχην.

10. 1 Αὐτὸς δὲ πάλιν εἰς Βρίξιλλον ἀνεχώρησε,
καὶ τοῦτο προσεξαμαρτών, οὐχ ὅτι [τοῦτο] μόνον
τὴν ἐν ὀφθαλμοῖς αὐτοῦ παρόντος αἰδῶ καὶ φιλοτιμίαν ἀφεῖλε τῶν ἀγωνιζομένων, ἀλλὰ καὶ τοὺς
ἐρρωμενεστάτους καὶ προθυμοτάτους περὶ αὐτὸν
ἱππεῖς καὶ πεζοὺς ἀπαγαγὼν φυλακὴν τοῦ σώματος
ὥσπερεὶ στόμωμα τῆς δυνάμεως ἀπέκοψε. 2 Συνέβη   c
δὲ ταῖς ἡμέραις ἐκείναις καὶ περὶ τὸν Ἠριδανὸν
ἀγῶνα γενέσθαι, τοῦ μὲν Καικίνα ζευγνύντος τὴν
διάβασιν, τῶν δ' Ὄθωνος εἰργόντων καὶ προσμαχομένων. 3 Ὡς δ' οὐδὲν ἐπέραινον, ἐνθεμένων
εἰς τὰ πλοῖα δᾷδα θείου καὶ πίττης ἀνάπλεων, διὰ
τοῦ πόρου πνεῦμα προσπεσὸν ἄφνω τὴν παρεσκευασ-
μένην ὕλην ἐπὶ τοὺς πολεμίους ἐξερρίπιζε. 4 Καπ-
νοῦ δὲ πρῶτον, εἶτα λαμπρᾶς φλογὸς ἐκπεσούσης,
ταραττόμενοι καὶ ἀποπηδῶντες εἰς τὸν ποταμὸν τάς
τε ναῦς ἀνέτρεπον καὶ τὰ σώματα τοῖς πολεμίοις
μετὰ γέλωτος παρεῖχον. 5 Οἱ δὲ Γερμανοὶ τοῖς
Ὄθωνος μονομάχοις περὶ νησῖδα τοῦ ποταμοῦ
προσμίξαντες ἐκράτησαν καὶ διέφθειραν αὐτῶν οὐκ   d
ὀλίγους.

9. 6 ² ἐμβαλεῖν Rei. : ἐμβάλλειν ‖ 10. 1 ¹ Βρίξιλλον Cor. : Βρι-
ξίαλον ‖ ² τοῦτο del. Rei. ‖ ⁵ περὶ Zie. : δι' ‖ ⁷ στόμωμα Doehner :
τι σῶμα ‖ 2 ⁴⁻⁵ προσμαχομένων : προμ- V ‖ 3 ² πλοῖα Sol. : ὅπλα ‖
δᾷδα : δᾷδας Rei. ‖ 4 ⁴ ἀνέτρεπον : ἀπέ- V.

11. 1 A la suite de ces événements, les soldats d'Othon cantonnés à Bédriac se mirent en colère et réclamèrent la bataille. Proculus* les fit sortir de ce bourg et les emmena pour camper à cinquante stades de là,* mais il choisit l'endroit d'une manière si maladroite et ridicule que, bien que l'on fût au printemps[1] et que les plaines d'alentour fussent abondamment arrosées par des sources et des rivières intarissables, on souffrit du manque d'eau.[2] 2 Le lendemain, comme il voulait poursuivre sa route contre les ennemis, qui n'étaient pas à moins de cent stades, Paulinus s'y opposa : il pensait qu'il fallait attendre et ne pas se fatiguer d'avance ni livrer bataille aussitôt après la marche contre des ennemis qui se seraient équipés et rangés en ligne à loisir, tandis qu'eux-mêmes auraient eu tant de chemin à parcourir, embarrassés en outre par les bêtes de somme et les valets d'armes. 3 Les généraux étaient en discussion à ce sujet, lorsqu'un cavalier, de ceux qu'on appelle Numides, arriva de la part d'Othon, avec une lettre ordonnant de ne pas attendre ni différer, mais d'avancer à l'instant contre les ennemis.* 4 En conséquence ils levèrent le camp et se mirent en marche. Caecina, averti de leur approche, en fut troublé et abandonna en hâte les travaux commencés et le fleuve pour regagner son camp, 5 où la plupart des soldats étaient déjà sous les armes et recevaient de Valens le mot d'ordre ; pendant que les corps de troupes se partageaient les postes de combat, l'élite de la cavalerie fut envoyée en avant.*

12. 1 Une rumeur se répand soudain, on ne sait pour quel motif, parmi les premiers rangs des troupes d'Othon : les généraux de Vitellius s'apprêteraient à passer de leur côté. Aussi, dès que les deux armées furent proches l'une de l'autre, les Othoniens saluèrent-ils

---

1. En avril : la bataille de Bédriac fut livrée le 14 avril 69.
2. Cf. Tac., *Hist.*, 2, 39, 2 : « La manœuvre fut dirigée avec tant d'impéritie que, bien qu'on fût au printemps et dans une région sillonnée de rivières, on souffrit du manque d'eau (*penuria aquae fatigarentur*). »

11. 1 Γενομένων δὲ τούτων καὶ τῶν ἐν Βητριακῷ
στρατιωτῶν τοῦ Ὄθωνος ἐκφερομένων μετ' ὀργῆς
ἐπὶ τὴν μάχην, προήγαγεν αὐτοὺς ὁ Πρόκλος ἐκ
τοῦ Βητριακοῦ, καὶ κατεστρατοπέδευσεν ἀπὸ πεντήκοντα σταδίων οὕτως ἀπείρως καὶ καταγελάστως
ὥστε, τῆς μὲν ὥρας ἐαρινῆς οὔσης, τῶν δὲ κύκλῳ
πεδίων πολλὰ νάματα καὶ ποταμοὺς ἀεννάους
ἐχόντων, ὕδατος σπάνει πιέζεσθαι. 2 Τῇ δ' ὑστεραίᾳ βουλόμενον προάγειν ἐπὶ τοὺς πολεμίους
ὁδὸν οὐκ ἐλάττονα σταδίων ἑκατὸν οἱ περὶ τὸν
Παυλῖνον οὐκ εἴων, ἀλλ' ᾤοντο δεῖν περιμένειν
καὶ μὴ προπονεῖν ἑαυτούς, μηδ' εὐθὺς ἐκ πορείας
μάχην τίθεσθαι πρὸς ἄνδρας ὡπλισμένους καὶ παρατεταγμένους καθ' ἡσυχίαν, ἐν ὅσῳ χρόνῳ προΐασιν   e
αὐτοὶ τοσαύτην ὁδὸν ἀναμεμιγμένων ὑποζυγίων καὶ
ἀκολούθων. 3 Οὔσης δὲ περὶ τούτων ἀντιλογίας
ἐν τοῖς στρατηγοῖς, ἦλθε παρ' Ὄθωνος ἱππεὺς τῶν
καλουμένων Νομάδων γράμματα κομίζων κελεύοντα
μὴ μένειν μηδὲ διατρίβειν, ἀλλ' ἄγειν εὐθὺς ἐπὶ
τοὺς πολεμίους. 4 Ἐκεῖνοι μὲν οὖν ἄραντες ἐχώ-
ρουν, ὁ δὲ Καικίνας πυθόμενος τὴν ἔφοδον αὐτῶν
ἐθορυβήθη, καὶ κατὰ σπουδὴν ἀπολιπὼν τὰ ἔργα
καὶ τὸν ποταμὸν ἧκεν εἰς τὸ στρατόπεδον. 5 Ὡπλισμένων δ' ἤδη τῶν πολλῶν, καὶ τὸ σύνθημα παραλαμβανόντων παρὰ τοῦ Οὐάλεντος, ἐν ὅσῳ τὴν τάξιν
διελάγχανε τὰ τάγματα, τοὺς ἀρίστους τῶν ἱππέων
προεξέπεμψαν.

12. 1 Ἐμπίπτει δὲ τοῖς προτεταγμένοις τῶν   f
Ὄθωνος ἐκ δή τινος αἰτίας δόξα καὶ λόγος ὡς
μεταβαλουμένων τῶν Οὐιτελλίου στρατηγῶν πρὸς
αὐτούς. Ὡς οὖν ἐγγὺς ἦσαν, ἠσπάσαντο φιλίως

---

11. 2 ⁵ ἑαυτούς : αὐτούς Zie. ‖ 5 ²⁻³ παραλαμβανόντων : παρα-
λαβόντων Rei. ‖ 12. 1 ³ στρατηγῶν : στρατιωτῶν Zie.

les autres amicalement en les appelant camarades,
2 mais les Vitelliens, loin de répondre courtoisement
à ce salut, l'accueillent avec colère et poussent des cris
hostiles. Ceux qui les avaient salués sont alors pris de
découragement, et soupçonnés de trahison par le reste
de l'armée. Cet incident jeta le trouble parmi eux,
alors que les ennemis en étaient déjà venus aux mains.*
3 Dès lors le désordre régna partout : les bêtes de somme,
égarées parmi les combattants, mettaient beaucoup de
confusion dans les rangs.[1] D'ailleurs, le champ de bataille
étant coupé de beaucoup de fossés et de trous, la crainte
d'y tomber les obligeait à en faire le tour et à combattre
pêle-mêle par pelotons séparés.[2] 4 Il n'y eut que deux
légions (c'est ainsi que les Romains appellent leurs
corps de troupes), l'une de Vitellius, appellée la *Rapace*,
l'autre d'Othon, nommée la *Secourable*, qui, s'étant
déployées dans une plaine nue et découverte, se livrèrent
un combat en règle et se battirent longtemps en bon
ordre.[3] 5 Les soldats d'Othon étaient vigoureux
et braves, mais ils faisaient ce jour-là leur premier essai
de la guerre et de la bataille ; ceux de Vitellius, au
contraire, habitués à la guerre par de nombreux combats,
étaient des vétérans, déjà hors d'âge. 6 Aussi les
Othoniens s'élancèrent-ils sur eux ; ils les firent reculer,
prirent leur aigle et tuèrent presque tous les combattants
des premiers rangs, mais les autres, sous le coup de la
honte et de la colère, se jetèrent à leur tour sur eux,
tuèrent le légat Orfidius qui commandait cette légion
et enlevèrent beaucoup d'enseignes.* 7 Les gladiateurs d'Othon* passaient pour avoir de l'expérience et
de l'audace dans les corps à corps ; Varus Alfenus les
fit charger par ceux qu'on appelle Bataves, les meil-

---

1. Cela avait été prévu par Paulinus : voir ci-dessus, 11, 2.
2. Comparer Tac., *Hist.*, 2, 42, 5 : « Le champ de bataille, embar-
rassé d'arbres et de vignes, donnait à la lutte des aspects divers. »
3. Littéralement : « en conservant leur formation de phalanges ».
Cf. Tac., *Hist.*, 2, 43, 1 : « Le hasard fit qu'entre le Pô et la route
deux légions s'abordèrent en rase campagne : pour Vitellius, c'était
la vingt et unième, surnommée *Rapax*... ; du côté d'Othon, c'était
la première légion, *Adjutrix*... »

συστρατιώτας προσαγορεύσαντες. 2 Ἐκείνων δὲ
τὴν προσαγόρευσιν οὐκ εὐμενῶς, ἀλλὰ μετὰ θυμοῦ
καὶ φωνῆς πολεμικῆς ἀμειψαμένων, τοῖς μὲν ἀσπα-
σαμένοις ἀθυμία, τοῖς δὲ λοιποῖς ὑπόνοια κατὰ
τῶν ἀσπασαμένων ὡς προδιδόντων παρέστη. Καὶ   1072
τοῦτο πρῶτον αὐτοὺς ἐτάραξεν, ἤδη τῶν πολεμίων
ἐν χερσὶν ὄντων. 3 Εἶτα τῶν ἄλλων οὐδὲν ἦν
κόσμῳ γινόμενον, ἀλλὰ πολλὴν μὲν ἀταξίαν τὰ
σκευοφόρα τοῖς μαχομένοις ἐμπλαζόμενα παρεῖχε,
πολλοὺς δὲ τὰ χωρία διασπασμοὺς ἐποίει, τάφρων
ὄντα μεστὰ καὶ ὀρυγμάτων, ἃ φοβούμενοι καὶ πε-
ριιόντες ἠναγκάζοντο φύρδην καὶ κατὰ μέρη πολλὰ
συμπλέκεσθαι τοῖς ἐναντίοις. 4 Μόναι δὲ δύο
λεγεῶνες (οὕτω γὰρ τὰ τάγματα Ῥωμαῖοι καλοῦσιν), ἐπίκλησιν ἡ μὲν Οὐιτελλίου "Ἅρπαξ, ἡ δ' Ὄθωνος Βοηθός, εἰς πεδίον ἐξελίξασαι ψιλὸν καὶ ἀνα-
πεπταμένον νόμιμόν τινα μάχην συμπεσοῦσαι φαλαγ-
γηδὸν ἐμάχοντο πολὺν χρόνον. 5 Οἱ μὲν οὖν Ὄθω-   b
νος ἄνδρες ἦσαν εὔρωστοι καὶ ἀγαθοί, πολέμου
δὲ καὶ μάχης τότε πρῶτον πεῖραν λαμβάνοντες,
οἱ δὲ Οὐιτελλίου πολλῶν ἀγώνων ἐθάδες, ἤδη ⟨δὲ⟩
γηραιοὶ καὶ παρακμάζοντες. 6 Ὁρμήσαντες οὖν
ἐπ' αὐτοὺς οἱ Ὄθωνος ἐώσαντο καὶ τὸν ἀετὸν ἀφεί-
λοντο, πάντας ὁμοῦ τι τοὺς προμάχους ἀποκτεί-
ναντες · οἱ δ' ὑπ' αἰσχύνης καὶ ὀργῆς ἐμπεσόντες
αὐτοῖς τόν τε πρεσβευτὴν τοῦ τάγματος Ὀρφίδιον
ἔκτειναν καὶ πολλὰ τῶν σημείων ἥρπασαν. 7 Τοῖς
δὲ μονομάχοις ἐμπειρίαν τε καὶ θάρσος ἔχειν πρὸς
τὰς συμπλοκὰς δοκοῦσιν ἐπήγαγεν Οὔαρος Ἀλφῆ-
νος τοὺς καλουμένους Βατάβους. Εἰσὶ δὲ Γερμανῶν
ἱππεῖς ἄριστοι, νῆσον οἰκοῦντες ὑπὸ τοῦ Ῥήνου   c

12. 4 ⁵ νόμιμον : μόνιμον Cor. ‖ 5 ⁴ δὲ add. Schaefer ‖ 6 ⁵ πρεσβευτὴν Ald. altera : πρεσβύτην ‖ 7 ⁴ Βατάβους Sol. : βατάλους.

leurs cavaliers de Germanie, qui habitent une île bai-
gnée par le Rhin ; 8 un petit nombre de gladiateurs
soutinrent le choc, mais la plupart prirent la fuite vers
le fleuve et rencontrèrent des cohortes ennemies rangées à cet endroit ; en dépit de leur résistance ils furent
tous pareillement taillés en pièces.* 9 La conduite
la plus honteuse au combat fut celle des prétoriens :
non seulement ils n'eurent pas le cœur d'en venir aux
mains avec leurs adversaires, mais encore ils remplirent
de trouble et de frayeur ceux de leurs camarades
qui tenaient ferme, en fuyant au travers de leurs rangs.
10 Cependant beaucoup des soldats d'Othon, victorieux
de ceux qu'ils avaient eus en face d'eux, s'ouvrirent
un passage au milieu des ennemis vainqueurs pour
regagner leur camp.*

13. 1 Mais, parmi leurs généraux, ni Proculus
ni Paulinus n'osèrent y rentrer avec eux ; ils s'éclip-
sèrent, craignant les soldats, qui déjà rejetaient sur leurs
chefs la responsabilité de la défaite.[1] 2 Annius Gallus
recueillit dans le bourg ceux qui s'étaient regroupés
après la bataille, et il tenta de les consoler en leur disant
que le résultat avait été presque égal des deux côtés,
et que sur plusieurs points ils avaient vaincu les ennemis.[2]
3 Quant à Marius Celsus, il réunit ceux qui exerçaient un
commandement et les engagea à réfléchir sur l'intérêt
général : « Après un tel désastre, dit-il, et un si grand
carnage de citoyens, Othon lui-même, s'il est homme
de cœur, ne saurait vouloir tenter à nouveau la Fortune :
4 il sait que Caton et Scipion, pour avoir refusé après
Pharsale de céder à César vainqueur, encourent le blâme
d'avoir sacrifié sans nécessité tant de braves en Afrique,
et cependant ils combattaient pour la liberté de Rome.[3]
5 En effet, si la Fortune s'offre commune à tous, il
y a du moins un avantage qu'elle n'enlève pas aux hommes

1. Cf. Tac., *Hist.*, 2, 44, 3 : « Suetonius Paulinus et Licinius Proculus prirent des chemins détournés pour éviter le camp. »
2. Cf. Tac., *Hist.*, 2, 44, 6.
3. Cf. *Cés.*, 52, 1 : « Après la bataille de Pharsale, Caton et Scipion
(Metellus) s'étaient enfuis en Libye », où le second périt à Thapsus,
et le premier, comme on sait, à Utique, en 46, deux ans après Pharsale.

περιρρεομένην. 8 Τούτους ὀλίγοι μὲν τῶν μονο-
μάχων ὑπέστησαν, οἱ δὲ πλεῖστοι φεύγοντες ἐπὶ
τὸν ποταμὸν ἐμπίπτουσιν εἰς σπείρας τῶν πολεμίων αὐτόθι τεταγμένας, ὑφ' ὧν ἀμυνόμενοι πάντες
ὁμαλῶς διεφθάρησαν. 9 Αἴσχιστα δ' ἠγωνίσαντο
πάντων οἱ στρατηγικοί, μηδ' ὅσον ἐν χερσὶ γενέσθαι
τοὺς ἐναντίους ὑπομείναντες, ἀλλὰ καὶ τοὺς ἀηττή-
τους ἔτι φόβου καὶ ταραχῆς ἀνεπίμπλασαν φεύγοντες δι' αὐτῶν. 10 Οὐ μὴν ἀλλὰ πολλοί γε τῶν
Ὄθωνος νενικηκότες τοὺς καθ' αὑτοὺς ἐβιάσαντο
καὶ διεξέπεσον διὰ τῶν πολεμίων κρατούντων εἰς τὸ
στρατόπεδον.

13. 1 Τῶν δὲ στρατηγῶν οὔτε Πρόκλος οὔτε
Παυλῖνος συνεισελθεῖν ἐτόλμησαν, ἀλλ' ἐξέκλιναν   d
φοβούμενοι τοὺς στρατιώτας, ἤδη τὴν αἰτίαν ἐπὶ
τοὺς στρατηγοὺς τρέποντας. 2 Ἄννιος δὲ Γάλλος ἀνελάμβανεν ἐν τῇ πόλει καὶ παρεμυθεῖτο
τοὺς ἐκ τῆς μάχης συλλεγομένους, ὡς ἀγχωμάλου
γεγενημένης καὶ πολλοῖς κεκρατηκότας μέρεσι
τῶν πολεμίων. 3 Μάριος δὲ Κέλσος τοὺς ἐν τέλει
συναγαγὼν ἐκέλευσε σκοπεῖν τὸ κοινόν, ὡς ἐπὶ
συμφορᾷ τηλικαύτῃ καὶ φόνῳ τοσούτῳ πολιτῶν
μηδ' Ὄθωνος, εἴπερ ἀνὴρ ἀγαθός ἐστιν, ἐθελήσοντος
ἔτι πειρᾶσθαι τῆς τύχης, 4 ὅπου καὶ Κάτων καὶ
Σκιπίων Καίσαρι κρατοῦντι μετὰ Φάρσαλον εἶξαι
μὴ θελήσαντες, αἰτίαν ἔχουσιν ὡς πολλοὺς καὶ   e
ἀγαθοὺς ἄνδρας ἐν Λιβύῃ παραναλώσαντες οὐκ
ἀναγκαίως, καίπερ ἀγωνιζόμενοι περὶ τῆς Ῥωμαίων
ἐλευθερίας. 5 Τὰ γὰρ ἄλλα κοινὴν ἡ τύχη παρέχουσα πᾶσιν ἑαυτήν, ἓν οὐκ ἀφαιρεῖται τῶν ἀγαθῶν,

12. 8 [1] Τούτους Rei. : τούτοις ‖ [2] ἐπὶ Steph. : ὑπὸ ‖ 9 [2] στρατηγικοί : στρατηγοί V ‖ 13. 2 [4] κεκρατηκότας Bryan : -τες ‖ 3 [4] ἐθελήσοντος Steph. : -σαντος ‖ 4 [2] Σκιπίων Ald. : Σκη-.

de valeur, c'est de bien user de leur raison, même après un échec, pour envisager la conjoncture. » Ces paroles persuadèrent les officiers. 6 Ceux-ci allèrent sonder les soldats, qu'ils trouvèrent disposés à demander la paix, et Titianus fut d'avis d'envoyer une délégation pour traiter d'un accord ; on décida alors que Celsus et Gallus iraient engager des pourparlers avec Caecina et Valens. 7 Ils rencontrèrent en chemin des centurions[1] qui leur dirent que l'armée déjà s'ébranlait pour marcher sur Bédriac et qu'ils étaient eux-mêmes envoyés par leurs généraux pour proposer un accommodement. 8 Celsus et Gallus félicitèrent ces centurions et les prièrent de rebrousser chemin afin de les accompagner auprès de Caecina. 9 Quand ce groupe approcha des Vitelliens, Celsus courut un grand danger, car il se trouva que les cavaliers qui avaient été naguère battus dans l'embuscade* ouvraient la marche de l'armée ; à peine eurent-ils aperçu Celsus qui arrivait qu'ils s'élancèrent sur lui en poussant des cris. 10 Mais les centurions le couvrirent de leurs corps et arrêtèrent la ruée, tandis que les autres officiers criaient aux cavaliers de l'épargner. Caecina, apprenant ce qui se passait, accourut à cheval et fit cesser aussitôt le tumulte des cavaliers, puis il salua courtoisement Celsus, et tous ensemble firent route vers Bédriac. 11 A ce moment Titianus, qui s'était repenti d'avoir envoyé une délégation, fit remonter sur les murs les plus hardis de ses soldats, en appelant les autres à leur prêter main-forte ; 12 mais, quand ils virent Caecina s'avancer à cheval et leur tendre la main, aucun d'eux ne résista. Les uns, du haut des murs, saluèrent les soldats, les autres ouvrirent les portes, sortirent et se mêlèrent aux arrivants.[2] 13 Personne ne commit la moindre violence ; partout ce ne furent

---

1. Ces centurions sont évidemment des Vitelliens.
2. Ici Tacite est beaucoup plus concis que Plutarque ; il écrit seulement *Hist.*, 2, 45, 1-5 : « L'armée vitellienne s'arrêta à cinq milles de Bédriac... On espérait une capitulation volontaire. Le lendemain... on envoya des parlementaires, et les généraux de Vitellius ne refusèrent pas d'accorder la paix... Les portes du camp s'ouvrirent. A ce moment vaincus et vainqueurs fondirent en larmes ... »

τὸ κἂν πταίσωσιν εὐλογιστεῖν πρὸς τὰ συντυγχά-
νοντα. Ταῦτα λέγων ἔπειθε τοὺς ἡγεμονικούς.
6 Ἐπεὶ δὲ πειρώμενοι τοὺς στρατιώτας ἑώρων
εἰρήνης δεομένους, καὶ Τιτιανὸς ἐκέλευε πρεσβεύειν
ὑπὲρ ὁμονοίας, ἔδοξε Κέλσον καὶ Γάλλον βαδίζειν
καὶ διαλέγεσθαι τοῖς περὶ τὸν Καικίναν καὶ Οὐάλεντα.
7 Βαδίζουσι δ' αὐτοῖς ἀπήντησαν ἑκατοντάρχαι
τὴν μὲν δύναμιν ἤδη κεκινημένην λέγοντες ἐρχο-
μένην ἐπὶ τὸ Βητριακόν, αὐτοὶ δ' ὑπὸ τῶν στρατηγῶν
ἀπεστάλθαι περὶ ὁμονοίας. 8 Ἐπαινέσαντες οὖν
οἱ περὶ τὸν Κέλσον ἐκέλευσαν αὐτοὺς ἀναστρέψαν-   f
τας πάλιν ἀπαντᾶν μετ' αὐτῶν τοῖς περὶ τὸν Καικίναν. 9 Ἐπεὶ δ' ἐγγὺς ἦσαν, ἐκινδύνευσεν ὁ Κέλσος.
Ἔτυχον γὰρ οἱ περὶ τὴν ἐνέδραν ἡττημένοι πρότερον ἱππεῖς προεξελαύνοντες. Ὡς οὖν προσιόντα
τὸν Κέλσον κατεῖδον, εὐθὺς βοήσαντες ὥρμησαν
ἐπ' αὐτόν. 10 Οἱ δ' ἑκατοντάρχαι προέστησαν
ἀνείργοντες · καὶ τῶν ἄλλων λοχαγῶν φείδεσθαι
βοώντων οἱ περὶ τὸν Καικίναν πυθόμενοι καὶ προσ-
ελάσαντες τὴν ἀκοσμίαν ταχὺ τῶν ἱππέων ἔπαυσαν,   1073
τὸν δὲ Κέλσον ἀσπασάμενοι φιλοφρόνως ἐβάδιζον
μετ' αὐτῶν εἰς τὸ Βητριακόν. 11 Ἐν δὲ τούτῳ
μετάνοια Τιτιανὸν ἔσχεν ἐκπέμψαντα τοὺς πρέσβεις ·
καὶ τῶν στρατιωτῶν τοὺς θρασυνομένους αὖθις ἀν-
εβίβαζεν ἐπὶ τὰ τείχη καὶ τοὺς ἄλλους παρεκάλει
βοηθεῖν. 12 Τοῦ δὲ Καικίνα προσελάσαντος τῷ
ἵππῳ καὶ τὴν δεξιὰν ὀρέγοντος, οὐδεὶς ἀντέσχεν,
ἀλλ' οἱ μὲν ἀπὸ τῶν τειχῶν ἠσπάζοντο τοὺς στρατιώτας, οἱ δὲ τὰς πύλας ἀνοίξαντες ἐξῄεσαν καὶ
ἀνεμίγνυντο τοῖς προσήκουσιν. 13 Ἠδίκει δ' οὐδείς, ἀλλὰ καὶ φιλοφροσύναι καὶ δεξιώσεις ἦσαν,   b

13. 6 ³ Κέλσον καὶ Γάλλον Sol. : Κέλσῳ καὶ Γάλλῳ.

que témoignages d'amitié et serrements de mains. Tous se rallièrent à Vitellius et lui prêtèrent serment.

14. 1 Voilà ce que rapportent sur cette bataille la plupart de ceux qui y assistèrent, mais ils avouent eux-mêmes n'en pas connaître exactement tous les détails, à cause de la confusion de la lutte et de l'irrégularité du terrain.[1] 2 Plus tard, comme je passais par cette plaine, Mestrius Florus, personnage consulaire et l'un de ceux qui avaient suivi Othon, non par conviction, mais par nécessité, me dit en me montrant un vieux temple que, survenant sur le champ de bataille après le combat, il avait vu là un monceau de cadavres si énorme qu'ils atteignaient le niveau des frontons.[2] 3 Il ajouta qu'il cherchait la raison de ce fait, mais qu'il ne put ni la trouver lui-même ni l'apprendre de personne. Certes, il est normal que, dans les guerres civiles, il périsse plus d'hommes que dans les autres, parce que, en cas de déroute, on ne fait pas de prisonniers, ceux qui les auraient capturés ne pouvant en tirer profit,* mais un tel entassement de morts réunis au même endroit n'est pas facile à expliquer.

La mort. — **15.** 1 La première nouvelle qui parvint à Othon était vague, comme il est habituel pour les événements de cette importance, mais il arriva du champ de bataille des blessés qui rapportèrent ce qu'ils savaient.[3] On ne peut guère s'étonner que ses amis aient voulu l'empêcher de désespérer et l'aient engagé à reprendre courage, mais ce qui dépassa toute croyance, c'est l'affection que lui témoignèrent ses soldats : 2 aucun ne s'en alla, aucun ne passa aux vainqueurs, et l'on n'en vit pas un seul chercher son propre intérêt alors que le prince était découragé. Ils vinrent tous indis-

1. Voir ci-dessus, 12, 3.

2. Sur L. Mestrius Florus, grand ami de Plutarque, voir ci-dessus la Notice, p. 147.

3. Cf. Tac., *Hist.*, 2, 46, 1-2 : « Othon attendait des nouvelles de la bataille... D'abord des bruits affligeants, puis des gens échappés du combat révèlent que tout est perdu. »

ὤμοσαν δὲ πάντες ὑπὲρ τοῦ Οὐιτελλίου καὶ προσεχώρησαν.

14. 1 Οὕτω μὲν οἱ πλεῖστοι τῶν παραγενομένων
ἀπαγγέλλουσι γενέσθαι τὴν μάχην, οὐδ᾽ αὐτοὶ
σαφῶς ὁμολογοῦντες εἰδέναι τὰ καθ᾽ ἕκαστα διὰ
τὴν ἀταξίαν καὶ τὴν ἀνωμαλίαν. 2 Ἐμοὶ δ᾽ ὕστερον
ὁδεύοντι διὰ τοῦ πεδίου Μέστριος Φλῶρος, ἀνὴρ
ὑπατικὸς τῶν τότε μὴ κατὰ γνώμην, ἀλλ᾽ ἀνάγκῃ
μετὰ τοῦ Ὄθωνος γενομένων, νεὼν ὄντα παλαιὸν ἐπι-
δείξας διηγεῖτο μετὰ τὴν μάχην ἐπελθὼν ἰδεῖν
νεκρῶν σωρὸν τηλικοῦτον ὥστε τοὺς ἐπιπολῆς
ἅπτεσθαι τῶν ἀετῶν. 3 Καὶ τὴν αἰτίαν ἔφη ζητῶν
οὔτ᾽ αὐτὸς εὑρεῖν οὔτε παρ᾽ ἄλλου του πυθέσθαι.
Θνήσκειν μὲν γὰρ παρὰ τοῖς ἐμφυλίοις πολέμοις,   c
ὅταν τροπὴ γένηται, πλείονας εἰκός ἐστι τῷ μηδένα
ζωγρεῖν, χρῆσθαι γὰρ οὐκ ἔστι τοῖς ἁλισκομένοις,
ἡ δ᾽ ἐπὶ ταὐτὸ σωρεία καὶ συμφόρησις οὐκ ἔχει τὴν
αἰτίαν εὐσυλλόγιστον.

15. 1 Τῷ δ᾽ Ὄθωνι πρῶτον μὲν ἀσαφής, ὥσπερ
εἴωθε περὶ τῶν τηλικούτων, προσέπεσε λόγος · ἐπεὶ
δὲ καὶ τετρωμένοι τινὲς ἧκον ἐκ τῆς μάχης ἀπαγγέλλοντες, τοὺς μὲν φίλους ἧττον ἄν τις ἐθαύμασεν
οὐκ ἐῶντας ἀπαγορεύειν, ἀλλὰ θαρρεῖν παρακε-
λευομένους, τὸ δὲ τῶν στρατιωτῶν πάθος ἅπασαν
ὑπερέβαλε πίστιν, 2 ὡς οὐδεὶς ἀπῆλθεν οὐδὲ μετ-
έστη πρὸς τοὺς κρατοῦντας, οὐδ᾽ ὤφθη τὸ καθ᾽ αὑτὸν ζητῶν ἀπεγνωσμένου τοῦ ἡγεμόνος, πάντες

13. 13 ³ ὑπὲρ Rei. : περὶ ‖ **14.** 1 ¹ Οὕτω : οὗτοι V ‖ 2 ⁴ νεῶν Rei. :
νέων ‖ ὄντα : τινα Zie. ‖ ⁶ ἐπιπολῆς : ἐπὶ πολλῆς V ‖ ⁷ ἀετῶν Cor. :
ἐναντίων ‖ 3 ² του : τοῦτο V ‖ ³ παρὰ : ἐν Zie. (παρὰ τοὺς ἐμφυ-
λίους πολέμους Schaefer) ‖ ⁶ ταὐτὸ Sol. (τοσοῦτο Cor.) : τοῦτο vel
τούτῳ codd. ‖ ⁷ εὐσυλλόγιστον : ἀσ- V ‖ **15.** 1 ² εἴωθε Cor. : εἰώθει ‖
⁶ στρατιωτῶν : στρατιωτικῶν v (τοῦ στρατιωτικοῦ Schaefer) ‖ 2 ¹ οὐδεὶς Sint. : οὐδὲ ‖ ² οὐδ᾽ Rei. : οὐκ ‖ ²⁻³ αὐτὸν ζητῶν w et ante corr.
α : αὑτὸ (vel αὑτὸν) ζητοῦν.

tinctement à sa porte, l'appelant leur empereur, et
quand il parut, ils se tournèrent vers lui en suppliants,
poussèrent des cris, voulurent lui saisir les mains, se
jetèrent à ses pieds en pleurant et en le conjurant de
ne pas les abandonner, de ne pas les livrer aux ennemis,
mais de les employer corps et âme à son service jusqu'à
leur dernier souffle.* Ils lui faisaient tous ensemble les
mêmes prières. 3 et un simple soldat, des plus obscurs,
tirant son épée : « Sache, César, dit-il, que nous sommes
tous prêts à nous comporter ainsi pour toi », et il se
tua. 4 Mais rien de tout cela ne put fléchir Othon,
et, le visage riant et calme, portant ses regards partout
autour de lui, il déclara : « Cette journée, camarades,
me paraît plus heureuse que celle où vous m'avez fait
empereur, puisque je vous vois dans de telles dispositions
et que je reçois de vous de si grandes marques d'estime.
5 Mais ne me privez pas d'un sort meilleur : celui
de mourir noblement pour tant de si braves citoyens.[1]
Si j'ai été digne de l'empire des Romains, je ne dois
pas craindre de sacrifier ma vie à la patrie. 6 Je
sais que la victoire, pour nos adversaires, n'est ni assurée
ni complète. On annonce que notre armée de Mœsie
se trouve seulement à quelques jours de marche et qu'elle
descend déjà aux bords de l'Adriatique.* L'Asie, la
Syrie, l'Égypte et les troupes qui combattent contre
les Juifs[2] sont avec nous ; nous tenons le Sénat ainsi
que les enfants et les femmes de nos adversaires.[3]
7 Mais ce n'est point contre Annibal, ni Pyrrhos, ni
contre les Cimbres que nous faisons la guerre pour la
possession de l'Italie : des deux côtés, ce sont des Romains
qui combattent contre des Romains, et, que nous soyons
vainqueurs ou vaincus, nous faisons tort à la patrie,

---

1. Dans le discours que Tacite prête à Othon dans la même circonstance, *Hist.*, 2, chap. 47, et qui est assez différent dans le détail de
celui qu'on lit ici, on trouve ces mots : *Pulchrior mors erit* qui sont
évidemment à rapprocher de μή με μείζονος ἀποστερεῖτε τοῦ καλῶς
ἀποθανεῖν.
2. Il s'agit de l'armée de Vespasien, et celle de Syrie était commandée
par Mucianus : voir ci-dessus, 4, 3 et 9, et les notes.
3. Voir ci-dessus, 5, 2-3.

δ' ὁμαλῶς ἐπὶ θύρας ἦλθον, ἐκάλουν αὐτοκράτορα,
προελθόντος ἐγίνοντο προστρόπαιοι μετὰ βοῆς ⟨καὶ⟩   d
ἱκεσίας, χειρῶν ἥπτοντο, προσέπιπτον, ἐδάκρυον,
ἐδέοντο μὴ σφᾶς ἐγκαταλιπεῖν, μὴ προδοῦναι τοῖς
πολεμίοις, ἀλλὰ χρῆσθαι μέχρι ἂν ἐμπνέωσι καὶ
ψυχαῖς καὶ σώμασιν ὑπὲρ αὐτοῦ. Ταῦθ' ὁμοῦ πάντες
ἱκέτευον. 3 Εἷς δὲ τῶν ἀφανεστέρων ἀνατείνας τὸ
ξίφος καὶ εἰπὼν « Ἴσθι, Καῖσαρ, οὕτως ὑπὲρ σοῦ
παρατεταγμένους ἅπαντας », ἀπέσφαξεν ἑαυτόν.
4 Ἀλλὰ τούτων οὐδὲν ἐπέκλασε τὸν Ὄθωνα, φαιδρῷ
δὲ καὶ καθεστῶτι προσώπῳ πανταχόσε τὰς ὄψεις
περιαγαγών, « Ταύτην, » εἶπεν « ὦ συστρατιῶται,
τὴν ἡμέραν ἐκείνης ἐν ᾗ με πρῶτον ἐποιήσατ' αὐτο-   e
κράτορα, μακαριωτέραν ἡγοῦμαι, τοιούτους ὁρῶν
ὑμᾶς καὶ τηλικούτων ἀξιούμενος. 5 Ἀλλὰ μή
⟨με⟩ μείζονος ἀποστερεῖτε τοῦ καλῶς ἀποθανεῖν
ὑπὲρ τοσούτων καὶ τοιούτων πολιτῶν. Εἰ τῆς
Ῥωμαίων ἡγεμονίας ἄξιος γέγονα, δεῖ με τῆς ἐμῆς
ψυχῆς ὑπὲρ τῆς πατρίδος ἀφειδεῖν. 6 Οἶδα τὴν
νίκην τοῖς ἐναντίοις οὔτε βεβαίαν οὔτ' ἰσχυρὰν
οὖσαν. Ἀπαγγέλλουσι τὴν ἐκ Μυσίας ἡμῶν δύναμιν οὐ πολλῶν ἡμερῶν ὁδὸν ἀπέχειν ἤδη καταβαίνουσαν ἐπὶ τὸν Ἀδρίαν. Ἀσία καὶ Συρία καὶ
Αἴγυπτος καὶ τὰ πολεμοῦντα Ἰουδαίοις στρατεύματα μεθ' ἡμῶν, ἥ τε σύγκλητος παρ' ἡμῖν καὶ
τέκνα τῶν ἐναντίων καὶ γυναῖκες. 7 Ἀλλ' οὐκ   f
ἔστι πρὸς Ἀννίβαν οὐδὲ Πύρρον οὐδὲ Κίμβρους ὁ
πόλεμος ὑπὲρ τῆς Ἰταλίας, ἀλλὰ Ῥωμαίοις ⟨Ῥωμαῖοι⟩
πολεμοῦντες ἀμφότεροι τὴν πατρίδα καὶ νικῶντες

---

15. 2 ⁴ θύρας Rei. : -ραις ‖ ⁵ προελθόντος Sint : προελθόντες codd.
προσελθόντες Sol. ‖ προστρόπαιοι Cor. : τρόπαια codd. παντοῖοι Sol. ‖
καὶ add. Rei. (μετὰ πολλῆς Zie. cl. μεταβολῆς v et ante corr. α) ‖
⁷ μή : μηδὲ Cor. ‖ ⁸ μέχρι : μέχρις codd. ‖ 5 ² με add. Schaefer ‖
6 ² οὔτε... οὔτ' Cor. : οὐ... οὐδ' ‖ ⁴⁻⁵ καταβαίνουσαν Sol. : -βαίνουσιν ‖
7 ³ Ῥωμαῖοι add. Sol. Zie.

car même le succès du parti victorieux est un désastre pour
elle. 8 Croyez-moi, j'y ai souvent réfléchi : je puis
mourir plus glorieusement que je ne saurais régner ;
en effet je ne vois pas comment ma victoire pourrait
rendre aux Romains un service aussi grand que le sacrifice de ma vie pour la paix et la concorde, et pour empêcher
que l'Italie revoie jamais une journée comme celle-ci. »*

16. 1 Quand il eut fini de parler, on entreprit
de l'exhorter à renoncer à son dessein, mais il repoussa
ces instances avec fermeté, et il pria ses amis et les
sénateurs présents de s'en aller ; pour ceux qui partaient,
il écrivit aux villes de les accueillir avec honneur et
d'assurer leur sécurité.[1] 2 Ensuite il fit approcher
son neveu Cocceianus, qui était encore un tout jeune
homme, pour l'inviter à prendre courage et à ne pas
craindre Vitellius, dont il avait lui-même protégé la
mère, les enfants et la femme avec autant de soin que
s'ils avaient appartenu à sa propre famille.[2] 3 Il
ajouta : « Si je ne t'ai pas adopté comme fils, malgré
le désir que j'en avais, et si j'ai différé cette adoption,
c'était pour te faire régner avec moi en cas de victoire,
et pour ne pas t'entraîner dans ma perte en cas d'échec.
4 Mais voici, mon enfant, ma dernière recommandation :
n'oublie pas complètement, mais ne te souviens pas
trop que tu as eu un oncle empereur. »[3] 5 Quelques
instants après, il entendit du bruit et des cris à sa porte :
c'étaient les soldats qui, voyant des sénateurs se préparer

1. Le texte de ce paragraphe n'est pas sûr, et K. Ziegler croit y dé-
celer trois lacunes, mais son opinion me paraît contestable, car le
texte parallèle de Tacite, *Hist.*, 2, 48, 1, qu'il cite, n'impose pas,
je crois, cette conclusion.

2. Cf. ci-dessus, 5, 2-3, et Tac., *Hist.*, 2, 47, 6 : « Vitellius aura la joie
de retrouver son frère, sa femme, ses enfants. »

3. Comparer Tac., *Hist.*, 2, 48, 3-6, passage qui commence ainsi :
« Salvius Cocceianus, fils de son frère, était très jeune et tout dé-
semparé », et qui se termine par ces mots : « Reprends courage et
accepte la vie, en prenant garde toutefois d'oublier ou de trop te
souvenir qu'Othon était ton oncle. » Cf. Suét., *Domit.*, 10, 5 : « Domitien fit périr Salvius Cocceianus parce qu'il avait fêté l'anniversaire
de son oncle, l'empereur Othon. »

ἀδικοῦμεν καὶ νικώμενοι. Καὶ γὰρ τὸ ἀγαθὸν τοῦ
κρατοῦντος ἐκείνῃ κακόν ἐστι. 8 Πιστεύσατε πολλάκις ⟨περὶ τούτων διανενοημένῳ⟩, ὅτι δύναμαι
κάλλιον ἀποθανεῖν ἢ ἄρχειν. Οὐ γὰρ ὁρῶ τί τηλικοῦτον Ῥωμαίοις ὄφελος ἔσομαι κρατήσας, ἡλίκον
ἐπιδοὺς ἐμαυτὸν ὑπὲρ εἰρήνης καὶ ὁμονοίας καὶ   1074
τοῦ μὴ πάλιν ἡμέραν τοιαύτην ἐπιδεῖν τὴν Ἰτα-
λίαν. »

16. 1 Τοιαῦτα διαλεχθεὶς καὶ πρὸς τοὺς ἐν-
ίστασθαι καὶ παρακαλεῖν ἐπιχειροῦντας ἀπισχυρισά-
μενος τούς τε φίλους ἐκέλευεν ἀπαλλάττεσθαι καὶ τῶν
συγκλητικῶν τοὺς παρόντας · τοῖς δ᾽ ἀπιοῦσιν
ἐπέστελλε καὶ γράμματα πρὸς τὰς πόλεις, ὅπως
παρακομισθῶσιν ἐντίμως καὶ μετ᾽ ἀσφαλείας. 2 Προσ-
αγ⟨αγ⟩όμενος δὲ τὸν ἀδελφιδοῦν Κοκκηϊανὸν
ἔτι μειράκιον ὄντα, θαρρεῖν παρεκάλει καὶ μὴ δεδιέναι Οὐιτέλλιον, ⟨οὗ⟩ καὶ μητέρα καὶ γενεὰν καὶ
γυναῖκα αὐτός, ὥσπερ οἰκείων κηδόμενος, διαφυ-
λάξαι · 3 διὰ τοῦτο γὰρ οὐδὲ θέσθαι παῖδα βουλόμενος αὐτόν, ἀλλ᾽ ἀναβαλέσθαι [μνημονεύειν   b
ὅτι Καῖσαρ ἀθετεῖ] τὴν εἰσποίησιν, ὅπως συνάρχοι
κρατήσαντος αὐτοῦ, μὴ προσαπόλοιτο πταίσαντος.
4 « Ἐκεῖνο δ᾽, » εἶπεν « ὦ παῖ, παρεγγυῶμαί σοι
τελευταῖον, μήτ᾽ ἐπιλαθέσθαι παντάπασι μήτ᾽ ἄγαν
μνημονεύειν ὅτι Καίσαρα θεῖον ἔσχες. » 5 Γενόμενος δ᾽ ἀπὸ τούτων μετὰ μικρὸν ἤκουσε θορύβου
καὶ βοῆς ἐπὶ θύραις. Οἱ γὰρ στρατιῶται τῶν συγκλη-

15. 8 ² περὶ τούτων διανενοημένῳ add. Sol. ‖ ³⁻⁴ τηλικοῦτον : -το
α ‖ **16**. 1 ⁴ τοὺς παρόντας Dacier : τοῖς παροῦσι α τοῖς μὲν παροῦσιν
V ‖ τοῖς δ᾽ ἀπιοῦσιν Cor. : τοῖς δὲ μὴ παροῦσιν codd., praeter s qui
om. haec verba ‖ 2 ¹⁻² Προσαγαγόμενος Cor. : προσαγόμενος ‖ ² Κοκκηϊανὸν Zie. cl. Tac. et Suet. : Κοκκήϊον ‖ ⁴ οὗ add. Rei. ‖ ⁵⁻⁶ δια-
φυλάξαι : διεφύλαξε Cor. ‖ 3 ¹⁻² βουλόμενος Schaefer : -μενον ‖
²⁻³ μνημονεύειν ὅτι Καῖσαρ ἀθετεῖ del. Schaefer ‖ ⁴ προσαπόλοιτο
Sch. : προαπ- ‖ 5 ³ θύραις Rei. : θύρας.

à partir, menaçaient de les égorger si, au lieu de rester, ils s'éloignaient en abandonnant leur empereur. 6 Celui-ci, craignant pour la vie de ces hommes, sortit donc à nouveau, non plus avec un air doux et un ton de prière, mais avec un visage sévère, et, jetant sur ceux qui causaient le plus de trouble un regard plein de colère, il les congédia soumis et tremblants.*

17. 1 Le soir venu, il eut soif et but un peu d'eau. Ayant deux poignards, il examina longuement la pointe de chacun, puis rendit l'un et, mettant l'autre sous son bras, il appela ses serviteurs.* 2 Il leur parla avec bonté et leur distribua de l'argent, davantage à l'un, moins à l'autre, non point avec prodigalité comme s'il s'agissait du bien d'autrui, mais dans une mesure exactement appropriée à leurs mérites respectifs. 3 Puis il les congédia, et il reposa si bien le reste de la nuit que ses valets de chambre purent constater qu'il dormait profondément.[1] 4 Au point du jour, il appela un affranchi, celui avec lequel il avait réglé le départ des sénateurs, et lui ordonna de s'informer à leur sujet. Ayant appris qu'ils s'en étaient allés avec tout ce dont chacun d'eux avait besoin : « Eh bien ! toi, dit-il à cet affranchi, va te faire voir aux soldats, si tu ne veux pas périr misérablement sous leurs coups, comme m'ayant aidé à mourir. »[2] 5 L'homme une fois sorti, il appuya son poignard sur le sol, le tint droit avec ses deux mains, se laissa tomber de son haut sur la pointe, et ne souffrit que juste le temps de pousser une plainte qui fut entendue par les gens du dehors.* 6 Ses esclaves se lamentèrent, et aussitôt tout le camp et toute la ville retentirent de gémissements. 7 Les soldats se précipitèrent à la porte avec de grands cris de douleur, en s'ac-

---

1. Cf. Tac., *Hist.*, 2, 49, 6 : « Quand il se fut assuré que ses amis étaient partis, il passa tranquillement une nuit qui ne fut pas non plus sans sommeil », — et *Suét.*, *Oth.*, 11, 2 : « Il dormit d'un très profond sommeil. »
2. On peut penser ici à la mort de Caton d'Utique, également soucieux du départ de ses amis avant son suicide : cf. *Caton le Jeune*, 67, 4 et 70, 4-5.

τικῶν τοῖς ἀπιοῦσι διηπείλουν ἀποσφάξειν, εἰ μὴ
παραμενοῦσιν, ἀλλ' οἰχήσονται τὸν αὐτοκράτορα
καταλιπόντες. 6 Πάλιν οὖν προῆλθεν ὑπὲρ τῶν
ἀνδρῶν φοβηθείς, καὶ τοὺς στρατιώτας οὐκέτι δεη-
τικῶς οὐδὲ πρᾷος, ἀλλὰ τραχὺς ὀφθεὶς καὶ μετ' ὀργῆς
εἰς τὸ θορυβοῦν μάλιστα διαβλέψας ἀπελθεῖν ἐποίη-   c
σεν εἴξαντας καὶ διατρέσαντας.

17. 1 Ἤδη δ' ἑσπέρας οὔσης ἐδίψησε, καὶ πιὼν
ὀλίγον ὕδατος, δυεῖν ὄντων αὐτῷ ξιφῶν, ἑκατέρου
κατεμάνθανε τὸ σπάσμα πολὺν χρόνον, καὶ τὸ
ἕτερον ἀπέδωκε, θάτερον δ' εἰς τὰς ἀγκάλας ἀναλαβὼν τοὺς οἰκέτας προσεκαλεῖτο. 2 Καὶ φιλοφρο-
νούμενος διένεμε τῶν χρημάτων τῷ μὲν πλέον, τῷ
δ' ἔλαττον, οὐχ ὥσπερ ἀλλοτρίων ἀφειδῶν, ἀλλὰ τὸ
κατ' ἀξίαν καὶ τὸ μέτριον ἐπιμελῶς φυλάττων.
3 Ἀποπέμψας δὲ τούτους ἤδη τὸ λοιπὸν ἀνεπαύετο
τῆς νυκτός, ὥστε τοὺς κατευναστὰς αἰσθάνεσθαι
βαθέως αὐτοῦ καθεύδοντος. 4 Ὄρθρου δὲ καλέ-
σας ἀπελεύθερον, ᾧ συνδιῴκησε τὰ περὶ τοὺς συγκλητικούς, μαθεῖν προσέταξε · καὶ πυθόμενος γεγο-   d
νέναι τοῖς ἀπερχομένοις ὧν ἕκαστος ἔχρῃζεν, « Ἴθι
τοίνυν » ἔφη « σύ, καὶ ποίει τοῖς στρατιώταις ἐμφανῆ
σεαυτόν, εἰ μὴ θέλεις κακῶς ὑπ' αὐτῶν ἀποθανεῖν
ὡς ἐμοὶ συμπράξας τὸν θάνατον. » 5 Ἐξελθόντος
δὲ τοῦ ἀνθρώπου, τὸ ξίφος ὑποστήσας ὀρθὸν ἀμφοτέραις ταῖς χερσὶ καὶ περιπεσὼν ἄνωθεν, ὅσον ἅπαξ
στενάξαι μόνον ᾔσθετο τοῦ πόνου καὶ τοῖς ἐκτὸς
αἴσθησιν παρέσχεν. 6 Ἀραμένων δὲ τῶν παίδων
οἰμωγήν, εὐθὺς ἅπαν τὸ στρατόπεδον καὶ τὴν πόλιν
ἐπεῖχε κλαυθμός · 7 καὶ μετὰ βοῆς οἱ στρατιῶται
συνέπεσον ἐπὶ τὰς θύρας καὶ ὠλοφύροντο περι-

---

17. 1 ⁵ προσεκαλεῖτο Rei. : προεκ- ‖ 3 ³ βαθέως Sol. : βαρέως ‖
7 ² συνέπεσον Zie. : εἰσέπ-.

cablant eux-mêmes d'invectives pour n'avoir pas veillé
sur leur empereur et ne pas l'avoir empêché de mourir
pour eux. 8 Aucun des siens ne s'éloigna, malgré
l'approche des ennemis, et, après avoir paré le corps
et dressé un bûcher, ils accompagnèrent son convoi
en armes ; ceux qui avaient devancé tout le monde
pour se charger du lit funèbre et le porter en étaient
très fiers. 9 Parmi les autres, les uns, se jetant sur
le cadavre, baisaient sa plaie ; d'autres lui prenaient
les mains ; d'autres se prosternaient de loin. 10 Quelques-
uns, après avoir mis des torches sous le bûcher, s'égor-
gèrent eux-mêmes, et cela visiblement sans avoir reçu de
lui aucun bienfait et sans redouter non plus aucun mauvais
traitement du vainqueur.* 11 Mais il semble qu'aucun tyran, aucun souverain n'eut jamais un désir si
violent, une passion si folle de dominer que ces soldats
n'en avaient d'obéir et de se soumettre à Othon. 12 Ce
sentiment ne les quitta pas, même après sa mort ; il
dura et aboutit finalement à une haine implacable
contre Vitellius.

18. 1 Pour le reste, il convient d'en parler en
temps voulu[1] ; disons seulement ici qu'après avoir mis
en terre les cendres d'Othon, on lui éleva un tombeau
qui ne pouvait exciter l'envie ni par la grandeur du
monument ni par l'orgueil de l'épitaphe. 2 En passant
à Brixellum,[2] j'ai vu cette tombe modeste et qui porte
une inscription que l'on peut traduire ainsi : « A la mémoire
de Marcus Othon ».[3] 3 Il était mort à l'âge de trente-
sept ans, après avoir régné trois mois,* laissant après lui
autant de gens estimables pour louer sa mort que pour

1. Comme Plutarque vient d'écrire le nom de Vitellius, je pense
qu'il renvoie ainsi à sa *Vie de Vitellius*, qui est perdue. Voir ci-dessous,
p. 218
2. Il s'agit sans doute du même voyage en Italie du nord au cours
duquel Plutarque visita le champ de bataille de Bédriac en compagnie
de Mestrius Florus : voir ci-dessus, 14, 2.
3. Cf. Tac., *Hist.*, 2, 49, 12 : « On éleva à Othon un tombeau modeste et destiné à durer », — et Suét., *Vit.*, 10, 6 : *lapidem memoriae
Othonis inscriptum.*

παθοῦντες καὶ λοιδοροῦντες ἑαυτοὺς μὴ φυλάξαν-
τας τὸν αὐτοκράτορα μηδὲ κωλύσαντας ἀποθανεῖν
ὑπὲρ αὐτῶν. 8 Ἀπέστη δ' οὐδεὶς τῶν κατ' αὐτόν,
ἐγγὺς ὄντων τῶν πολεμίων, ἀλλὰ κοσμήσαντες τὸ
σῶμα καὶ πυρὰν κατασκευάσαντες, ἐξεκόμιζον ἐν
τοῖς ὅπλοις οἱ φθάσαντες ὑποδῦναι καὶ βαστάσαι
τὸ λέχος ἐπιγαυρούμενοι. 9 Τῶν δ' ἄλλων οἱ μὲν
τὸ τραῦμα τοῦ νεκροῦ κατεφίλουν προσπίπτοντες,
οἱ δ' ἥπτοντο τῶν χειρῶν, οἱ δὲ προσεκύνουν πόρρω-
θεν. 10 Ἔνιοι δὲ τῇ πυρᾷ λαμπάδας ὑφέντες
ἑαυτοὺς ἀπέσφαξαν, οὐδὲν ἐκδήλως οὔτε πεπονθότες
χρηστὸν ὑπὸ τοῦ τεθνηκότος, οὔτε πείσεσθαι δεινὸν
ὑπὸ τοῦ κρατοῦντος δεδιότες. 11 Ἀλλ' ἔοικε
μηδενὶ τῶν πώποτε τυράννων ἢ βασιλέων δεινὸς
οὕτως ἔρως ἐγγενέσθαι καὶ περιμανὴς τοῦ ἄρχειν
ὡς ἐκεῖνοι τοῦ ἄρχεσθαι καὶ ὑπακούειν Ὄθωνος
ἡράσθησαν · 12 οὕς γε μηδ' ἀποθανόντος ὁ πόθος
προὔλιπεν, ἀλλὰ παρέμεινεν εἰς ἀνήκεστον ἔχθος
Οὐιτελλίῳ τελευτήσας.

18. 1 Τὰ μὲν οὖν ἄλλα καιρὸν οἰκεῖον ἔχει
λεχθῆναι · κρύψαντες δὲ τῇ γῇ τὰ λείψανα τοῦ
Ὄθωνος, οὔτε μεγέθει σήματος οὔτ' ἐπιγραφῆς 1075
ὄγκῳ τὸν τάφον ἐποίησαν ἐπίφθονον. 2 Εἶδον
δ' ἐν Βριξίλλῳ γενόμενος καὶ μνῆμα μέτριον καὶ
τὴν ἐπιγραφὴν οὕτως ἔχουσαν, εἰ μεταφρασθείη ·
« Δηλώσει Μάρκου Ὄθωνος. » 3 Ἀπέθανε δ' Ὄθων
ἔτη μὲν ἑπτὰ καὶ τριάκοντα βιώσας, ἄρξας δὲ τρεῖς
μῆνας, ἀπολιπὼν δὲ μὴ χείρονας μηδ' ἐλάττους
τῶν τὸν βίον αὐτοῦ ψεγόντων τοὺς ἐπαινοῦντας

17. 8 ¹ κατ' αὐτόν Cor. : καθ' ἑαυτὸν codd. καθ' ἑαυτὸν ⟨κηδό-
μενος⟩ Rei. ‖ 10 ¹ ὑφέντες Sol. : ἀφέντες ‖ 18. 2 ² Βριξίλλῳ
edd. : Βριξιάλῳ.

blâmer sa vie. En effet, s'il n'avait pas vécu plus convenablement que Néron, il était mort plus noblement.*

4 Quant à ses soldats, Plotius, l'un des deux préfets du prétoire[1], voulut leur faire prêter serment sur-le-champ à Vitellius, ce qui provoqua leur indignation. 5 Puis, ayant appris que quelques sénateurs restaient encore dans la ville, sans se soucier des autres, ils allèrent importuner Verginius Rufus, se rendant à sa maison en armes pour faire encore appel à lui et le presser de régner ou de négocier en leur nom. 6 Mais Verginius aurait cru commettre une folie en acceptant d'une armée vaincue l'empire qu'il avait refusé des mains d'une armée victorieuse ; il craignait aussi d'aller en délégation auprès des Germains, qu'il pensait avoir souvent contraints d'agir contre leur gré.* Aussi se déroba-t-il en disparaissant par une autre porte.* 7 Quand les soldats le surent, ils consentirent à prêter serment à Vitellius et se joignirent aux troupes de Caecina, dont ils obtinrent le pardon.*

---

1. Le nom de Plotius (Firmus) est corrompu dans les manuscrits de Plutarque et peut être rétabli avec certitude grâce à Tacite : voir l'apparat.

τὸν θάνατον. Βιώσας γὰρ οὐδὲν ἐπιεικέστερον
Νέρωνος ἀπέθανεν εὐγενέστερον.

4 Οἱ δὲ στρατιῶται Πλωτίου τοῦ ἑτέρου τῶν ἐπάρ-
χων ὀμνύειν εὐθὺς εἰς τὸν Οὐιτέλλιον κελεύσαντος ἐδυσχέραινον · 5 καὶ πυθόμενοι τῶν συγκλητικῶν ἐνίους ἔτι παρεῖναι, τοὺς μὲν ἄλλους ἀφῆκαν,
Οὐεργινίῳ δὲ Ῥούφῳ πράγματα παρεῖχον ἅμα   b
τοῖς ὅπλοις ἐλθόντες ἐπὶ τὴν οἰκίαν καὶ κατακαλοῦντες αὖθις καὶ [κατα]κελεύοντες ἄρχειν ἢ
πρεσβεύειν ὑπὲρ αὐτῶν. 6 Ὁ δὲ τὴν ἡγεμονίαν
ἡττωμένων παραλαβεῖν νενικηκότων πρότερον μὴ
θελήσας μανικὸν ἡγεῖτο · πρεσβεύειν δὲ πρὸς τοὺς
Γερμανοὺς δεδιὼς πολλὰ βεβιάσθαι παρὰ γνώμην
ὑπ’ αὐτοῦ δοκοῦντας, ἔλαθε δι’ ἑτέρων θυρῶν ἐκποδὼν ποιήσας ἑαυτόν. 7 Ὡς δὲ τοῦτ’ ἔγνωσαν οἱ
στρατιῶται, τούς θ’ ὅρκους ἐδέξαντο καὶ τοῖς περὶ
τὸν Καικίναν προσέθεντο συγγνώμης τυχόντες.

18. 3 [5] γὰρ : δὲ V ‖ 4 [1] Πλωτίου nos, cl. Tac., *Hist.*, 2, 46, 5
et 49, 7 (cf. *R. E.*, *s. ϱ.* Plotius, 2) : Πολλίωνος ‖ 5 [4-5] κατακαλοῦντες :
παρακ- Rei. ‖ [5] κελεύοντες Sint. : κατακελεύοντες.

APPENDICE

FRAGMENTS
ET MENTIONS DES VIES PERDUES

L'inventaire en a été fait successivement par G. N. Bernardakis, *Plut. Moralia*, 7 (1896), 144-149 ; F. H. Sandbach, *Plut. Moralia*, 7 (1967), 13-17, et par le même éditeur dans la coll. Loeb, *Plut. Moralia*, 15 (1969), 75-85 ; enfin par K. Ziegler, *Plut. Vitae Par.*, 3, 2 (1973). Nous adoptons ici l'ordre alphabétique.

Dans le Catalogue dit « de Lamprias », qui paraît être celui d'une bibliothèque anonyme du IIIe ou du IVe siècle, ne figure pas la Vie de Léonidas (ci-dessous, n° 9) ni celle de Metellus (ci-dessous, n° 10), que Plutarque a eu l'intention d'écrire, mais qu'il n'a peut-être jamais rédigées. En revanche ce même Catalogue mentionne, sous les n°s 35 et 40, les Vies des poètes Hésiode et Aratos (l'auteur des *Phénomènes*)[1] ; sans doute s'agit-il d'indications biographiques que Plutarque avait placées en tête de ses commentaires sur l'œuvre d'Hésiode et sur celle d'Aratos.[2]

---

1. Il ne peut s'agir d'Aratos de Sicyone, ce Catalogue portant sous le n° 24 Ἄρατος καὶ Ἀρταξέρξης.
2. Ce qui nous reste de ces commentaires se trouve édité par Sandbach en dernier lieu dans la coll. Loeb, *Plut. Moralia*, 15, p. 88-96 pour Aratos, et p. 105-226 pour Hésiode.

1. Aristoménès

Cat. Lampr., 39.
Stéphane de Byzance, *s. v.* Ἀνδανία :

Ἐκ ταύτης Ἀριστομένης ἐγένετο ἐπιφανέστατος στρατηγός. Τοῦτον οἱ Λακεδαιμόνιοι πολλάκις αὐτοὺς νική-
σαντα θαυμάσαντες, ὡς μόλις ἐκράτησαν ἐν τοῖς Μεσση-
νιακοῖς, ἀνατεμόντες ἐσκόπουν εἰ παρὰ τοὺς λοιποὺς
ἔστι[1] τι, καὶ εὗρον σπλάγχνον ἐξηλλαγμένον καὶ τὴν
καρδίαν δασεῖαν, ὡς Ἡρόδοτος καὶ Πλούταρχος καὶ
Ῥιανός.

De cette ville[2] est originaire Aristoménès, général
très illustre[3]. Les Lacédémoniens, étonnés des fréquentes
victoires qu'il remporta sur eux, une fois qu'ils l'eurent
à grand-peine vaincu dans les guerres de Messénie, dissé-
quèrent son corps pour voir s'il n'avait rien d'anormal ;
ils lui trouvèrent un viscère déplacé et le cœur velu,[4]
comme le rapportent Hérodote, Plutarque et Rhianos.[5]

2. Auguste

Cat. Lampr., 26.

---

1. Ziegler écrit ⟨ἔν⟩ εστι.
2. Andania est située dans le nord de la Messénie, aux confins
de l'Arcadie.
3. Héros, peut-être légendaire, de la seconde guerre de Messénie,
au VIIe siècle avant J.-C.
4. Cf. Dion Chrys., 35, 3 ; Pline, *N. H.*, 11, 70 : *pectus dissecuere
viventi, hirsutumque cor repertum est.* On rapproche de l'expression
homérique λάσιον κῆρ, et l'on compare Pseudo-Plut., *Parall. min.*,
306 D, à propos de Léonidas : οὗ ἀποθανόντος ὁ βάρβαρος τέμνει τὴν
καρδίαν καὶ εὖρε δασεῖαν.
5. Rhianos, poète alexandrin du IIIe siècle avant J.-C., avait
composé des *Messéniaques.* Quant à Hérodote, il ne nomme nulle
part Aristoménès, mais Plutarque, *De Herod. mal.*, 856 F, écrit :
« Hérodote dit qu'Aristoménès fut enlevé vivant par les Spartiates. »
Cette fausse citation d'Hérodote se trouvait peut-être aussi dans
la *Vie d'Aristoménès.*

3. Caïus César (Caligula)

Cat. Lampr., 31.

4. Claude

Cat. Lampr., 29.

5. Cratès

Cat., Lampr., 37.
Julien, *Orat.*, 7, p. 200 b[1] :

Ἐντυχὼν δὲ τῷ Χαιρωνεῖ Πλουτάρχῳ τὸν Κράτητος ἀναγράψαντι βίον οὐδὲν ἐκ παρέργου μανθάνειν δεήσῃ τὸν ἄνδρα.

Si tu lis la Vie de Cratès[2] écrite par Plutarque de Chéronée, tu n'auras plus rien à apprendre de surcroît sur cet homme.

6. Daïphantos

Cat Lampr., 38.
Plut., *Mulierum virt.*, 244 A-B :

Τὸ δὲ τῶν Φωκίδων ἐνδόξου μὲν οὐ τετύχηκε συγγρα-φέως, οὐδενὸς δὲ τῶν γυναικείων ἔλαττον εἰς ἀρετήν ἐστι, μαρτυρούμενον ἱεροῖς τε μεγάλοις, ἃ δρῶσι Φωκεῖς ἔτι νῦν περὶ Ὑάμπολιν, καὶ δόγμασι παλαιοῖς, ὧν τὸ

---

1. Voir dans la C.U.F., L'empereur Julien, tome 2, 1re partie, p. 169.
2. Cratès de Thèbes, dans la seconde moitié du ive siècle avant J.-C., était un philosophe de l'École cynique, successeur d'Antisthène et du fameux Diogène de Sinope. Plutarque le cite à plusieurs reprises dans les *Moralia*. Voir Diogène Laerce, 6, 86 sqq.

μὲν καθ' ἕκαστον τῆς πράξεως ἐν τῷ Δαϊφάντου βίῳ γέγραπται.

Ce qu'ont fait les Phocidiennes ne se trouve pas rapporté par un historien célèbre, et pourtant cela n'est inférieur en vertu à aucune des prouesses accomplies par des femmes, comme en témoignent d'importants sacrifices offerts aujourd'hui encore à Hyampolis par les Phocidiens, et aussi d'anciens décrets. [1] Tous les détails de l'événement sont exposés dans la Vie de Daïphantos. [2]

7. ÉPAMINONDAS

Cat. Lampr, 7 : Ἐπαμεινώνδας καὶ Σκιπίων (voir ci-dessous les nos 13-14).

Plut., *Vie d'Agésilas*, 28, 6 :

Πολλῶν δὲ σημείων μοχθηρῶν γενομένων, ὡς ἐν τῷ περὶ Ἐπαμεινώνδου γέγραπται...

Des présages sinistres se manifestaient en grand nombre, [3] comme je l'ai écrit dans l'ouvrage consacré à Épaminondas...

1. Cf. *Mul. virt.*, 244 D : « Ce décret des Phocidiens fut appelé par les Grecs le décret du désespoir (*aponoïa*), et en souvenir de cette victoire on célèbre encore maintenant à Hyampolis la fête, entre toutes importante, des *Élaphébolia* en l'honneur d'Artémis. »
2. Ou peut-être Daïphantès, cf. Paus., 10, 1, 8. Ce stratège phocidien, originaire d'Hyampolis (ville de Phocide, située non loin de la béotienne Chéronée, patrie de Plutarque) semble avoir combattu contre les Thessaliens peu avant les guerres médiques. Voir G. Daux, *Pausanias à Delphes*, 136-140, et P. A. Stadter, *Plut. histor. methods : an analysis of the Mul. virt.*, 34-41.
3. Entendez : « sinistres pour les Spartiates ». C'était à la veille de la bataille de Leuctres (371 avant J.-C.)

8. HÉRACLÈS

Cat. Lampr., 34.
Plut., *Vie de Thésée*, 29, 5 :

Ὅτι δ' Ἡρακλῆς πρῶτος ἀπέδωκε νεκροὺς τοῖς πολεμίοις, ἐν τοῖς περὶ Ἡρακλέους γέγραπται.

C'est Héraclès qui, le premier, rendit les morts aux
ennemis, comme je l'ai rapporté dans l'ouvrage consacré
à Héraclès.

Aulu-Gelle, *Nuits attiques*, 1, 1 :

Plutarchus in libro quem de Herculis quantum
inter homines fuit animi corporisque ingenio atque
virtutibus conscripsit, scite subtiliterque ratioci-
natum Pythagoram philosophum dicit in reperienda
modulandaque status longitudinisque ejus praes-
tantia. Nam, cum fere constaret curriculum stadii
quod est Pisis apud Jovem Olympium Herculem
pedibus suis metatum idque fecisse longum pedes
sescentos, cetera quoque stadia in terris Graeciae
ab aliis postea instituta pedum quidem esse numero
sescentum, sed tamen esse aliquantulum breviora,
facile intellexit modum spatiumque plantae Herculis,
ratione proportionis habita, tanto fuisse quam aliorum
procerius quanto Olympicum stadium longius esset
quam cetera. Comprehensa autem mensura Herculani
pedis, secundum naturalem membrorum omnium
inter se competentiam modificatus est atque ita
id collegit, quod erat consequens, tanto fuisse Herculem corpore excelsiorem quam alios quanto Olympicum stadium ceteris pari numero factis anteiret.

Plutarque, dans le livre qu'il a écrit sur la nature
et les vertus du corps et de l'âme d'Héraclès, tant qu'il

fut parmi les hommes, dit que le philosophe Pythagore raisonna avec habileté et précision pour trouver et mesurer la supériorité de taille et hauteur de celui-ci. Comme il était à peu près établi qu'Héraclès avait mesuré de ses pieds la piste du stade qui est à Pise près du sanctuaire de Zeus Olympien, et qu'il lui avait donné une longueur de six cents pieds, que les autres stades établis ensuite par d'autres dans les pays de Grèce avaient bien six cents pieds, mais étaient cependant un peu plus courts, il comprit facilement que la mesure et la grandeur du pied d'Héraclès, une fois établi le rapport proportionnel, dépassait celles des autres d'autant que le stade Olympique était plus long que les autres stades. [1] Ayant établi la mesure du pied d'Héraclès, il fit ses calculs suivant le rapport naturel de tous les membres entre eux et conclut, comme il s'ensuivait, que le corps d'Héraclès était plus grand que les autres d'autant que le stade d'Olympie dépassait les autres stades établis avec le même nombre de pieds[2]. (traduction de René Marache, C. U. F.)

Arnobe, *Adversus nationes*, 4, 25 :

Chaeroneus Plutarchus nostrarum esse partium comprobatur, qui in Oetaeis verticibus Herculem post morborum comitialium ruinas dissolutum in cinerem prodidit.

---

1. « Le stade d'Olympie était en effet un peu plus long que les autres stades grecs avec ses 192,50 m. (Athènes 184,86 m. ; Delphes 177,96 m.) Cela tenait à l'inégalité du pied dans les diverses cités grecques » (note de R. Marache). En divisant les longueurs de ces trois stades par 600, on obtient pour la mesure du pied environ 0,321 m. à Olympie ; 0,308 à Athènes ; 0,296 à Delphes.

2. « La taille d'un homme était six fois la longueur de son pied d'après Vitruve (3,1), ce qui ne coïncide pas avec le canon de Polyclète : cf. Pline, *H. N.*, 234, 19, 55. » (note de R. Marache). En multipliant par 6 la longueur du pied olympique de 0,321 m., on aboutit à une taille de 1,926 m. pour Héraclès.

Plutarque de Chéronée est assurément de notre avis, puisqu'il a rapporté qu'Héraclès fut réduit en cendre au sommet de l'Oeta après avoir été frappé d'une crise d'épilepsie. [1]

9. LÉONIDAS.

Plut., *De Herodoti malignitate*, 32, 866 B :

Ὅσα δ' ἄλλα πρὸς τούτῳ τολμήματα καὶ ῥήματα τῶν Σπαρτιατῶν παραλέλοιπεν ἐν τῷ Λεωνίδου βίῳ γραφήσεται.

(Hérodote) a omis bien d'autres traits d'audace et bien d'autres mots des Spartiates, qui seront rapportés [2] dans ma Vie de Léonidas.

10. METELLUS

Plut., *Vie de Marius*, 29, 12 :

Ἀλλὰ γὰρ ὅσης μὲν ἀπέλαυσεν εὐνοίας παρὰ τὴν φυγὴν καὶ τιμῆς Μέτελλος, ὃν δὲ τρόπον ἐν Ῥόδῳ φιλο-σοφῶν διῃτήθη, βέλτιον ἐν τοῖς περὶ ἐκείνου γραφο-μένοις εἰρήσεται.

Quant aux nombreuses marques d'estime et d'honneur que Metellus [3] reçut dans son exil, et à la manière dont il vécut à Rhodes en philosophe, il vaudra mieux en parler [4] dans l'ouvrage que je lui consacre.

---

1. La description par Sophocle, *Trach.*, v. 765-802, des souffrances éprouvées par Héraclès lorsqu'il eut revêtu la tunique de Nessos peut faire penser en effet à une crise d'épilepsie, d'où cet essai d'interprétation rationaliste de la légende.
2. Ce futur permet de supposer que Plutarque peut-être n'a pas réalisé son projet d'écrire la biographie de Léonidas, qui d'ailleurs n'est pas mentionnée dans le Catalogue de Lamprias.
3. Q. Caecilius Metellus Numidicus, consul en 109 avant J.-C.
4. Ce futur laisse le même doute qu'en ce qui concerne la Vie de

11. Néron

Cat. Lampr., 30.
Plut., *Vie de Galba*, 2, 1 :

Νυμφίδιος γὰρ Σαβῖνος, ὢν ἔπαρχος ὥσπερ εἴρηται
μετὰ Τιγελλίνου τῆς αὐλῆς...

En effet Nymphidius Sabinus, étant préfet du prétoire
avec Tigellin, comme je l'ai dit... [1]

12. Pindare

Cat. Lampr., 36.
Eustathe, Prooemium Commentariorum Pindarico-
rum, c. 25 :

Ἐπιμεμελέτηται ὑπὸ τῶν παλαιῶν καὶ εἰς γένους
ἀναγραφὴν τὴν κατά τε Πλούταρχον καὶ ἑτέρους, παρ' οἷς
φέρεται ὅτι κώμη Θηβαίων αἱ Κυνὸς κεφαλαί [2].

Les anciens auteurs ont pris soin de rapporter aussi
les origines (de Pindare), ainsi Plutarque et d'autres
d'après qui le lieu de sa naissance fut le bourg thébain
de Cynoscéphales. [3]

Léonidas (nº 9) : la Vie de Metellus ne figure pas non plus dans le
Catalogue de Lamprias, et il se peut que Plutarque, en dépit de son
intention, ne l'ait jamais écrite.

1. Évidemment dans la Vie de Néron. Sur l'attitude de Plutarque
à l'égard du « monstre » philhellène, voir par exemple *L'Ant. Class.*,
32, 1963, 38-40.

2. Les manuscrits portent οἱ Κυνοκέφαλοι.

3. Il est probable qu'Eustathe et les auteurs anonymes de biographies de Pindare, ainsi que Pausanias, 9, 23, 2-4, ont eu pour
source principale la Vie écrite par Plutarque : cf. Wilamowitz, *Pindaros*,
58.

13-14 Scipion

Cat. Lampr., 7 : Ἐπαμεινώνδας[1] καὶ Σκιπίων, — et
28 : Σκιπίων Ἀφρικανός.[2]

Plut., *Vie de Pyrrhos*, 8, 5 :

Ἀννίβας δὲ συμπάντων ἀπέφαινε τῶν στρατηγῶν
πρῶτον μὲν ἐμπειρίᾳ καὶ δεινότητι Πύρρον, Σκιπίωνα
δὲ δεύτερον, ἑαυτὸν δὲ τρίτον, ὡς ἐν τοῖς περὶ Σκιπίωνος γέγραπται.

Annibal, quant à lui, déclarait que Pyrrhos était
le premier de tous les généraux par l'expérience et
l'habileté, Scipion le second, et lui-même le troisième,
comme on l'a écrit dans la Vie de Scipion.[3]

Plut., *Vie de Tib. Gracchus*, 21, 7-9 :

Οὐ δεῖ δὲ θαυμάζειν εἰ Νασικᾶν μεμίσηκεν οὕτως ὁ
δῆμος, ὅπου καὶ Σκιπίων ὁ Ἀφρικανός, οὗ δοκοῦσι
Ῥωμαῖοι μηδένα δικαιότερον μηδὲ μᾶλλον ἀγαπῆσαι,
παρὰ μικρὸν ἦλθεν ἐκπεσεῖν καὶ στέρεσθαι τῆς πρὸς
τὸν δῆμον εὐνοίας, ὅτι πρῶτον μὲν ἐν Νομαντίᾳ τὴν
τελευτὴν τοῦ Τιβερίου πυθόμενος ἀνεφώνησεν ἐκ τῶν
Ὁμηρικῶν ·

Ὡς ἀπόλοιτο καὶ ἄλλος, ὅτις τοιαῦτά γε ῥέζοι,
ἔπειτα τῶν περὶ Γάιον καὶ Φούλβιον αὐτοῦ δι' ἐκκλησίας

1. Voir ci-dessus le n° 7.
2. Sur la difficile répartition des fragments ci-dessous entre ces
deux titres du Catalogue de Lamprias, voir F. H. Sandbach *Plutarch's
Moralia*, coll. Loeb, XV, p. 74 sq. J'accepterais volontiers pour ma
part l'hypothèse de K. Herbert, *Am. Journ. Phil.*, 78, 1957, 83-88,
selon qui le premier Africain aurait été le héros de la biographie
isolée (Lampr. 28), et le second, Aemilianus Numantinus, aurait
été mis en parallèle avec Épaminondas (Lampr. 7).
3. Il s'agit évidemment ici du premier (*major*) des deux Africains :
P. Cornelius Scipio Africanus, vainqueur à Zama, consul en 205 et
194. — Cette anecdote très suspecte (voir M. Holleaux, *Études...*,
5, p. 184-207) est racontée différemment dans la Vie de Flamininus,
21, 3-5, et aussi par Tite-Live, 35, 14, 5-12.

πυνθανομένων τί φρονοίη περὶ τῆς Τιβερίου τελευτῆς,
οὐκ ἀρεσκομένην τοῖς ὑπ' ἐκείνου πεπολιτευμένοις ἀπόκρι-
σιν ἔδωκεν. Ἐκ τούτου γὰρ ὁ μὲν δῆμος ἀντέκρουσεν
αὐτῷ λέγοντι, μηδέπω τοῦτο ποιήσας πρότερον, αὐτὸς δὲ τὸν δῆμον εἰπεῖν κακῶς προήχθη. Περὶ μὲν τούτων
ἐν τῷ Σκιπίωνος βίῳ τὰ καθ' ἕκαστα γέγραπται.

Il ne faut pas s'étonner que le peuple ait tellement
haï Nasica, puisque Scipion l'Africain,[1] l'homme que
les Romains semblent avoir aimé à plus juste titre et
plus qu'aucun autre, faillit se voir privé et dépossédé
de l'affection du peuple parce que, quand il apprit à
Numance la mort de Tiberius, il dit aussitôt à haute
voix ce vers d'Homère :

« Périsse comme lui qui voudrait l'imiter ! »[2]

Dans la suite, comme Caïus et Fulvius lui demandaient
dans une assemblée du peuple ce qu'il pensait de la
mort de Tiberius, il fit une réponse dans laquelle il
désapprouvait la politique du tribun. Dès lors le peuple,
quand il parlait, se mit à protester, ce qu'il n'avait jamais
fait auparavant, et Scipion se laissa emporter à injurier
la foule. Cela est rapporté en détail dans notre biographie
de Scipion.

Plut., *Vie de Caïus Gracchus.*, 10, 5 :

Καὶ ὅτε Σκιπίων ὁ Ἀφρικανὸς ἐξ οὐδενὸς αἰτίου προφανοῦς
ἐτελεύτησε καὶ σημεῖά τινα τῷ νεκρῷ πληγῶν καὶ βίας
ἐπιδραμεῖν ἔδοξεν, ὡς ἐν τοῖς περὶ ἐκείνου γέγραπται,
τὸ μὲν πλεῖστον ἐπὶ τὸν Φούλβιον ἦλθε τῆς διαβολῆς,
ἐχθρὸν ὄντα καὶ τὴν ἡμέραν ἐκείνην ἐπὶ τοῦ βήματος

1. Ici, et aussi dans le fragment suivant, il s'agit du second (*minor*)
des deux Africains : P. Cornelius Scipio Aemilianus Africanus, le
vainqueur de Carthage et de Numance, consul en 148 et 134.
2. *Odyssée*, 1, v. 47.

τῷ Σκιπίωνι λελοιδορημένον, ἥψατο δὲ καὶ τοῦ Γαίου ἡ ὑπόνοια.

Lorsque Scipion l'Africain avait été trouvé mort sans aucune cause apparente,[1] bien que l'on crût discerner sur son corps des traces de coups et de violences, comme il est dit dans sa biographie, c'est surtout à Fulvius que s'en prit la calomnie, parce qu'il était l'ennemi de Scipion et qu'il l'avait ce jour-là insulté à la tribune, mais les soupçons atteignirent aussi Caïus.

15. Tibère

Cat. Lampr., 27.
Damascius, *Vita Isidori*, 64 Westermann (= Photius, *Bibl.*, 242 ; *P. G.*, 103, 1265) :

Τούτου (scil. Σεβήρου) ὁ ἵππος... ψηχόμενος σπινθῆρας ἀπὸ τοῦ σώματος πολλούς τε καὶ μεγάλους ἠφίει..., ἀλλὰ καὶ Τιβερίῳ ὄνος, ὡς Πλούταρχος ὁ Χαιρωνεύς φησιν, ἔτι μειρακίῳ ὄντι καὶ ἐν Ῥόδῳ ἐπὶ λόγοις ῥητορικοῖς διατρίβοντι τὴν βασιλείαν διὰ τοῦ αὐτοῦ παθήματος προεμήνυσεν.

Le cheval de ce (Sévère), quand on l'étrillait, produisait beaucoup de grandes étincelles qui jaillissaient de son corps... Quant à Tibère, alors qu'il était encore adolescent et séjournait à Rhodes pour y étudier la rhétorique, c'est un âne, selon Plutarque de Chéronée, qui lui apprit d'avance par ce même phénomène qu'il serait empereur.

1. En 129 avant notre ère.

16. Vitellius

Cat. Lampr., 33.
Plut., *Vie d'Othon*, 18, 1 :

Τὰ μὲν οὖν ἄλλα καιρὸν οἰκεῖον ἔχει λεχθῆναι...

Pour le reste il convient d'en parler en temps voulu...[1]

---

1. Dans le contexte (voir ci-dessus, p. 205), et alors que Vitellius vient d'être nommé en 17, 12, il n'est pas douteux que Plutarque renvoie par ces mots à la Vie de Vitellius, qui faisait suite à celle d'Othon.

NOTES COMPLÉMENTAIRES

Page 16 :   *Art.*, 1, 1

Artaxerxès Iᵉʳ régna de 465 à 424. Cf. Corn. Nepos, *De regibus*, 1, 4 : *At Macrochir praecipuam habet laudem amplissimae pulcherrimaeque corporis formae, quam incredibili ornant virtute belli ; namque illo Perses nemo manu fuit fortior*. Nous constatons que Nepos et Plutarque louent tous les deux ce monarque, mais pour des qualités très différentes. Cf. *Reg. et Imp. Apopht.*, 173 D.

Page 17 :   *Art.*, 2, 3

Cf. Xén., *Anab.*, 1, 1, 1-2 : « Darios, perdant ses forces et sentant que sa fin était proche, voulut avoir ses deux enfants auprès de lui. L'aîné s'y trouvait déjà ; il fit venir Cyrus du gouvernement dont il l'avait fait satrape ; il lui avait aussi donné le commandement de toutes les troupes qui se réunissent à Castoloupédion (en Lydie) ».

Page 17 :   *Art.*, 2, 4

Cf. Hér., 7, 3 : Démarate, roi de Sparte, ayant été dépossédé de la royauté, s'était réfugié en Perse ; il conseilla à Xerxès de faire valoir auprès de Darios Iᵉʳ « qu'il était né, lui, alors que celui-ci était déjà roi et en possession de l'empire des Perses, tandis qu'Artobazanès était né alors que Darios était encore un simple particulier... Xerxès suivit le conseil de Démarate, et Darios, ayant reconnu que ce qu'il disait était juste, le désigna pour être roi. »

Page 18 :   *Art.*, 3, 6

Xénophon, *Anab.*, 1, 1, 3, donne un récit à peine différent : « Après la mort de Darios, quand Artaxerxès fut installé sur le trône, Tissapherne calomnia Cyrus auprès de son frère, prétendant qu'il complotait contre lui. Artaxerxès se laissa persuader et fit arrêter Cyrus dans le dessein de le mettre à mort. Sa mère, ayant obtenu sa grâce, le renvoya dans son gouvernement. »

Page 20 :   *Art.*, 6, 3

Pour comprendre cette phrase, je pense qu'il faut la rapprocher d'un passage de l'*Anabase* de Xénophon, 1, 9, 17-18 : « Cyrus disposait d'une armée digne de ce nom, car les stratèges et les lochages qui vinrent à lui pour gagner de l'argent, reconnurent que *bien servir Cyrus rapportait plus que leur solde mensuelle*. Et si quelqu'un exécutait ponctuellement ses ordres, il ne laissait jamais son zèle sans récompense. » Plutarque, qui lisait l'*Anabase*, veut donc dire, je crois, que Cyrus ne s'en tenait pas, pour le règlement de la solde au compte strict du salaire convenu (τὸ κατὰ μῆνα κέρδος dans le texte de Xénophon), mais qu'il y ajoutait des gratifications « à la mesure » des services rendus.

Page 21 :   *Art.*, 6, 4

Voir ci-dessus, 3, 3.

Page 21 :   *Art.*, 6, 5

Pour ces négociations avec Sparte, voir Xén., *Hell.*, 3, 1, 1, Diod., 14, 19, 4-5 ; sur Cléarque, Xén., *Anab.*, 1, 1, 9.

Page 21 :   *Art.*, 6, 5

Cf. Xén., *Anab.*, 1, 2, 9 : à Célènes, « Cyrus fit la revue et le compte des Grecs dans le parc royal : ils atteignaient au total de onze mille hoplites et d'environ deux mille peltastes. »

Page 22 :   *Art.*, 7, 2

L'*orgye* valant 1^m 776, cela fait 17^m 76. Mais Xénophon, *Anab.*, 1, 7, 14, parlant de la même tranchée, donne des mesures bien différentes : « cinq orgyes de large et trois de profondeur ». Plutarque doit suivre ici un autre auteur, peut-être Ctésias, qui avait tendance à l'exagération. Diodore, 14, 22, 4 donne encore d'autres mesures.

Page 22 :   *Art.*, 7, 2

Environ 74 kilomètres. Ceci s'accorde mieux avec le récit de Xénophon, qui écrit, *Anab.*, 1, 7, 15 : « Cette tranchée remontait dans la plaine sur une longueur de douze parasanges jusqu'au mur de Médie. » Douze parasanges font à peu près 70 kilomètres. Cette tranchée fut établie dans la plaine mésopotamienne, entre l'Euphrate et le Tigre, au nord de Counaxa.

Page 22 :   *Art.*, 7, 2

Cf. Xén., *Anab.*, 1, 7, 16 : « Cette tranchée avait été creusée pour tenir lieu de rempart... Or c'est justement là que Cyrus passa, lui et son armée, et ils se trouvèrent alors de l'autre côté de la tranchée. »

Page 23 :   *Art.*, 7, 6

Cf. Xén., *Anab.*, 1. 8, 10 : « Devant, assez espacés les uns par rapport aux autres, étaient des chars dit chars à faux. On avait fixé aux essieux leurs faux allongées horizontalement ; il y en avait aussi au-dessous, tournées vers le sol, pour déchiqueter tout ce qu'elles rencontraient. L'idée des Perses était de lancer ces chars contre les rangs des Grecs, afin de les disloquer. » Cyrus avait une vingtaine de ces engins, Artaxerxès deux cents : Xén., *Anab.*, 1, 7, 10-11.

Page 23 :   *Art.*, 8, 1

Renvoi à Xénophon, *Anab.*, 1, 8 et 1, 10. Cette bataille eut lieu le 3 septembre 401.

Page 23 :   *Art.*, 8, 4

Plutarque a cependant écrit plus haut, en 6, 5, que Sparte avait enjoint à Cléarque par une scytale de se mettre à la disposition de Cyrus.

Page 24 :   *Art.*, 9, 1

Les Cadusiens habitaient sur la côte sud-ouest de la mer Caspienne : cf. Strabon, 11, 507 sqq. — Artagersès commandait la cavalerie du roi : Xén., *Anab.*, 1, 7, 11.

Page 29 :   *Art.*, 14, 2

Voir ci-dessus, 12, 6.

Page 35 :   *Art.*, 18, 3

Parysatis voyait d'un bon œil les mercenaires grecs qui avaient combattu pour son fils favori, Cyrus.

Page 35 :   *Art.*, 18, 5

Le Thessalien Ménon était soupçonné de s'être entendu secrètement avec les Perses Ariæos et Tissapherne, comme le dit Xénophon, *Anab.*, 2, 5, 28, qui trace de lui, *op. cit.*, 2, 6, 21-29, un portrait fort noir et le termine ainsi : « Quand les stratèges, ses collègues, étaient mis à mort pour avoir marché avec Cyrus contre le roi, Ménon, bien qu'il eût fait la même chose, eut la vie épargnée ; cependant, après la mort de ses collègues, condamné à la peine capitale par le roi, on ne lui trancha pas la tête, comme à Cléarque et aux autres stratèges, ce qui semble être la fin la plus rapide, mais il fut mutilé, et ce n'est qu'après avoir vécu misérablement pendant une année qu'il cessa, dit-on, de vivre. »

Page 35 :   *Art.*, 18, 7

Ils furent décapités : voir la note précédente.

Page 38 :   *Art.*, 20, 3

Tissapherne, satrape d'Ionie, et aussi de Lydie après la mort de Cyrus, voulut en 400 soumettre toutes les villes grecques de son gouvernement, et attaqua Cymè. Les Spartiates envoyèrent alors en Asie Thimbron, qui prit à sa solde les survivants de l'expédition des Dix-Mille, environ cinq mille hommes (Xén., *Anab.*, 6, 6, 1 sqq.). Il fut relevé dans l'été de 399 par Dercyllidas, qui s'en prend surtout à Pharnabaze, satrape de Phrygie et de Bithynie ; mais, en 397, il est contraint de rechercher une trêve avec Pharnabaze et Tissapherne qui ont réuni leurs forces. C'est alors qu'il est remplacé par Agésilas. Voir Xén., *Hell.*, 3, 1 sqq. ; Diod., 14, 36-38.

Page 38 :   *Art.*, 20, 3

Cf. *Agés.*, 7-14 ; Xén., *Hell.*, 3, 4-28 ; Diod, 14, 79 sqq.

Page 40 :   *Art.*, 22, 2

Cf. *Pélop.*, 30, 6 ; *Quaest. Conv.*, 713 E. Voir aussi Athénée, 2, 48 e.

Page 40 :   *Art.*, 22, 6

Cf. *Agés.*, 36-40.

Page 40 :   *Art.*, 22, 6

Cf. Xén., *Hell.*, 6, 3., 12, où l'orateur athénien Callistratos, en 371, exprime la crainte « qu'Antalcidas n'arrive avec l'argent du roi », mais il ne peut s'agir ici chez Plutarque que d'une ambassade postérieure à celle-là (voir la note de J. Hatzfeld à ce passage des *Helléniques*, tome 2, p. 226).

Page 41 :   *Art.*, 22, 10

Cf. Athénée, 2, 48 d-e, d'après Héraclide de Cymè (voir ci-dessus la Notice, p. 12 sq.).

Page 41 :   *Art.*, 22, 11

Ostanès a été nommé ci-dessus, 1, 2 et 5, 5.

Page 41 :   *Art.*, 22, 12

Cf. Xén., *Hell.*, 7. 1, 38 : « Quand les ambassadeurs furent revenus chacun chez eux, Timagoras fut mis à mort sur l'accusation de Léon, qui rapporte que Timagoras n'avait pas voulu faire tente commune avec lui, et que c'était avec Pélopidas qu'il délibérait sur tous les sujets. » Cf. Athénée, 6, 251 b.

Page 41 :   *Art.*, 23, 1

C'est en 396-5 que Tissapherne, satrape d'Ionie (voir ci-dessus, 3, 3 ; 4, 3 ; 6, 6 ; 18, 1 et 20, 3), fut décapité sur l'ordre d'Artaxerxès alors qu'Agésilas guerroyait en Asie : voir Xén., *Hell.*, 3, 4, 25 ; Diod, 14, 80, 8.

Page 41 :   *Art.*, 23, 2

De Babylone, où le roi l'avait reléguée, à la suite de l'empoisonnement de Stateira ; voir ci-dessus , 19, 10.

Page 42 :   *Art.*, 23, 7

Pour ce dernier mot, Dacier a proposé de corriger ἵππων en λίθων, et de comprendre : « et de pierres précieuses. »

Page 42 :   *Art.*, 24, 1

L'Égypte secouait alors le joug de la Perse et se rendait indépendante ; c'est en 373 qu'eut lieu cette expédition pour laquelle le stratège athénien Iphicrate commandait les mercenaires grecs. Voir Beloch, *Gr. Gesch.*[2], 3, 1, 211 sq., et cf. Diod., 15, 29 et 15, 41-43 ; Corn. Nepos, *Iphicr.*, 2, 4.

Page 45 :   *Art.*, 26, 4

La correction de πεντηκοστὸν en πέμπτον καὶ εἰκοστὸν peut paraître tentante, puisque Darios, en 28, 1, sera traité de νεανίσκος. Mais voir ci-dessus la Notice, p. 7.

Page 45 :   *Art.*, 26, 4

C'est-à-dire la tiare, coiffure en forme de turban. Cf. Xén. *Anab.*, 2, 5, 23 : τὴν μὲν γὰρ ἐπὶ τῇ κεφαλῇ τιάραν βασιλεῖ μόνῳ ἔξεστιν ὀρθὴν ἔχειν. Κίταρις ou κίδαρις est « un emprunt oriental quasi certain » (Chantraine, *Dict. étym.*, *s. v.* κίδαρις). Cf. *Ant.*, 54, 8.

Page 46 :   *Art.*, 26, 5

Cf. Justin, 10, 2. — Voir *Pér.*, 24, 11 : « On dit qu'Aspasie fut tellement renommée et célèbre que Cyrus, celui qui fit la guerre au grand Roi pour l'empire de la Perse, donna le nom d'Aspasie à celle de ses concubines qu'il aimait le plus, et qui s'appelait auparavant Miltô. Elle était Phocéenne d'origine et fille d'Hermotimos. Cyrus ayant péri dans le combat, elle fut emmenée chez le roi et jouit auprès de lui d'un grand crédit. » Voir aussi Xénophon, *Anab.*, 1, 10, 2, et Athénée, 13, 576 d.

Page 46 :   *Art.*, 27, 2

Justin, 10, 1, dit qu'Artaxerxès avait 115 fils naturels.

Page 47 :   *Art.*, 27, 4

Cf. Justin, 10, 2 : Artaxerxès, « pour se dégager sans honte de son imprudente promesse, consacra Aspasie au culte du Soleil, qui imposait aux prêtresses la plus rigoureuse chasteté. » — Sur Anaïtis ou Anahita, grande déesse des Perses, voir R. Ghirshman, *L'Iran, des origines à l'Islam*, 151, etc... : c'était une divinité « des eaux, de la fécondité et de la procréation », ce qui rend surprenante son identification à Artémis, — et surtout, du même savant, *Mém. de la Délég. archéol. en Iran*, 45, Mission de Susiane, *Terrasses sacrées*... (Paris, 1976), 1, p. 185 : « Le culte officiel d'Ahuramazda, seul dieu invoqué dans les inscriptions de Darius I, Xerxès, Artaxerxès I et Darius II, s'est enrichi sous Artaxerxès II de ceux d'Anahita et de Mithra, que ce roi annonça dans les inscriptions trouvées dans ses deux capitales, Suse et Ecbatane. »

Page 48 :   *Art.*, 28, 1

Allusion aux menées d'Ochos auprès d'Atossa : voir ci-dessus, 26, 2-3.

Page 48 :   *Art.*, 28, 2

En n'exauçant pas de façon irrévocable la demande de l'héritier du trône au sujet d'Aspasie.

Page 48 :   *Art.*, 28, 4

Trimètre iambique provenant d'une tragédie perdue.

Page 50 :   *Art.*, 30, **1**

Voir ci-dessus la note à 26, 2.

Page 51 :   *Art.*, 30, 9

Artaxerxès III Ochos régna de 359-8 à 338 : voir Beloch, *Gr. Gesch.*[2], 3, 2, 128 sq., et R. Ghirshman, *L'Iran, des origines à l'Islam*, 195-197 : il semble qu'en dépit de sa cruauté Ochos fut un grand souverain.

Page 72 :   *Aratos*, 1, 1

Polycratès de Sicyone, à qui cette biographie est dédiée, n'est pas « otherwise unknown », comme le prétend W. H. Porter dans son édition. Voir K. Ziegler, *R. E., s. v., Plutarchos von Chaironeia*, col. 683. Il faut probablement l'identifier au Polycratès, interlocuteur des *Quæst. Conv.*, 4, qu. 4 et 5, qui, en 667 E, est dit « jouir de ce qu'il y a de plus délicieux dans la mer d'Achaïe ». Voir aussi la dédicace delphique *Syll*[3], 846 (avec la note 3) faite par les Amphictyons et les « Achéens », qui rend vraisemblable que ce Polycratès de Sicyone est bien l'ami de Plutarque, qu'il associe, *De Pythiae orac.*, 409 B, à Pétraios d'Hypata, pour avoir contribué avec lui-même à la restauration du sanctuaire delphique sous le règne de l'empereur Hadrien (cf. *C. R. A. I*, 1971, 178, note 3 dans ma communication sur Hadrien et Delphes ; et C. P. Jones, *Plutarch and Rome*, 40, note 3).

Page 72 :   *Aratos* 1, 1

Chysippe (280-206 avant J.-C.), scholarque et « second fondateur » du Portique après Zénon ; il avait écrit notamment un traité Περὶ παροιμιῶν.

Page 72 :   *Aratos* 1, 2

Grammairien alexandrin, élève d'Aristarque, et parémiographe du IIIe siècle avant notre ère ; voir la *R. E., s. v.*, n° 18. Les mots τίς πατέρ' αἰνήσει ; sont cités par Cicéron, *Ad Att.*, 1, 19, 10.

Page 72 :   *Aratos* 1, 2

Hexamètre dactylique.

Page 72 :   *Artatos* 1, 3

Pind., *Pyth.*, 8, 43 : Φυᾷ τὸ γενναῖον ἐπιπρέπει ἐκ πατέρων παισὶ λῆμα.

Page 73 :   *Aratos* 2, 1

La date de la tyrannie de Cléon est mal connue : « vers 275 » estime Beloch, *Gr. Gesch.*[2], 4, 2, 374. — Pausanias, 2, 8, 2, nomme comme sucesseurs de Cléon Euthydèmos et Timocleídas et ajoute que « le peuple chassa ces deux hommes et mit à sa tête Cleinias, le père d'Aratos. » Sur la possibilité de concilier ces deux traditions, cf. Porter, 50.

Page 73 :   *Aratos* 2, 2

Le meurtre de Cleinias eut lieu en 264 (ou en 268, si l'on préfère le système chronologique de Beloch : voir ci-dessus la Notice, p. 54, note 2).

Page 73 :   *Aratos* 2, 4

De tels détails ne peuvent provenir que des *Mémoires* d'Aratos ; voir ci-dessus la Notice, p. 62 sq.

Page 74 :   *Aratos* 3, 1

Les cinq exercices de l'athlète complet sont en principe le saut, le lancement du javelot et celui du disque, la course à pied et la lutte.

Page 74 :   *Artatos* 3, 2

Plutarque avait pu voir des statues d'Aratos à Sicyone et à Olympie : cf. ci-dessous, 14, 3-4 ; Paus., 2, 7, 5 et 6, 12, 5 ; Polybe, 39, 3, 10.

Page 74 :   *Aratos* 3, 2

Les athlètes antiques avaient la réputation d'être de gros mangeurs, tel Héraclès (leur patron) dans l'*Alceste* d'Euripide ; voir aussi Théocrite, *Id.* 4, v. 34. En outre les athlètes piochaient le sol des gymnases afin de l'amollir et de s'entrainer à l'effort : voir par exemple Athénée, 12, 518 d, où des Sybarites s'étonnent que les athlètes se livrent eux-mêmes à ce travail, au lieu de le laisser à des esclaves. La pioche est fréquemment représentée sur les vases peints qui figurent des scènes de gymnastique.

Page 74 :   *Aratos* 3, 3

Comparer le jugement de Polybe, 4, 8, sur les diverses capacités d'Aratos.

Page 74 :   *Aratos* 3, 5

Myrsilos, chez qui sans doute Plutarque a puisé ces trois exemples de ressemblances étonnantes, est un paradoxographe originaire de Méthymna (Lesbos) qui vivait au IIIe siècle avant notre ère. — Le nom perse d'Orontès est assez fréquent (voir par exemple *Artax.*, 27, 7 ; Xénophon, *Anab.*, 1, 6, 1-11, etc...) ; sans doute s'agit-il d'un satrape.

Page 75 :   *Aratos* 4, 3

Il s'agit bien sûr d'Antigone Gonatas, roi de Macédoine de 277 à 239, et de Ptolémée II Philadelphe, roi d'Égypte de 285 à 247.

Page 75 :   *Aratos* 5, 1

Sur le Mégalopolitain Ecdélos (ou Ecdémos), voir *Philop.*, 1, 3-4, où il se trouve associé à son compatriote Démophanès (ou Mégalophanès) : « C'étaient des disciples d'Arcésilas, et, plus que personne de leur temps, ils avaient orienté la philosophie vers la politique et l'action. Ils délivrèrent leur patrie de la tyrannie en préparant secrètement le meurtre d'Aristodémos [tyran de Mégalopolis]; ils aidèrent aussi Aratos à chasser Nicoclès, tyran de Sicyone », puis allèrent donner de bonnes lois à Cyrène. Cf. Pol., 10, 22 (qui doit être la source de ce passage de la *Vie de Philopoemen*), et voir Koster, p. LXVIII sq. — Arcésilas de Pitanè (Éolide) vécut de 316 à 240 ; scholarque de l'Académie après Cratès, il est considéré comme le fondateur du « moyen platonisme » ; en fait il s'éloigna beaucoup de Platon par sa doctrine du probabilisme.

Page 77 :   *Aratos* 6, 2

En deux endroits le texte de ce paragraphe est incertain. — Peut-être s'agit-il d'un haras du roi de Macédoine dans la région située entre Sicyone et Corinthe, sur laquelle cf. C. H. Skalet, *Chapters in the History of ancient Sicyon*, 32, et voir M. Holleaux, *Études d'épigr. et d'hist. grecques*, 3, 45, en note : « Au chap. 6, il me paraît bien que les ἵπποι αἱ βασιλικαί sont les juments des haras d'Antigone. »

Page 77 :   *Aratos* 6, 2

Cette tour, citée encore ci-dessous (7, 1), se trouvait sans doute à proximité d'Argos, sur la route qui conduisait à Némée, et de là à Sicyone.

Page 78 :   *Aratos* 7, 2

Hyperdexios signifie à la fois favorable et vainqueur. Sans doute s'agit-il d'une épiclèse cultuelle d'Apollon à Sicyone. Il y avait à Sicyone plusieurs sanctuaires de ce dieu : Paus., 2, 7, 8 ; 2, 7, 9 ; 2, 10, 2.

Page 78 :   *Aratos* 7, 4

Sur Ecdélos, voir ci-dessus, 5, 1, et la note.

Page 78 :   *Aratos* 7, 6

Technon, serviteur d'Aratos, a été nommé ci-dessus, 5, 4.

Page 80 :   *Aratos* 9, 1

La distance de Sicyone à Corinthe est d'environ 26 kilomètres.

Page 80 :   *Aratos* 9, 4

Ce qui reporte à l'époque de la bataille d'Ipsos (301 avant J.-C.), dont les conséquences bouleversèrent la Grèce. — Cicéron, *De off.*, 2, 81, écrit qu'Aratos rétablit dans leurs droits *sexcentos exsules*, et aussi que certains de ces bannis étaient en exil depuis cinquante ans.

Page 80 :   *Aratos* 9, 5

Évidemment parce que les nouveaux propriétaires ne voulaient rien rendre aux anciens, ce qui suscitait les troubles civils mentionnés à la fin de ce paragraphe.

Page 81 :   *Aratos* 9, 5

Sur les rapports antérieurs d'Aratos avec Antigone Gonatas, roi de Macédoine de 277 à 239, voir ci-dessus, 4, 3. Antigone, déjà maître en Grèce de places importantes, telles Corinthe, le Pirée, Chalcis, tentait alors d'étendre son influence dans le Péloponnèse.

Page 81 :   *Aratos* 9, 6

C'est-à-dire à la Confédération achéenne qui, à l'ouest de Sicyone, s'était constituée dès le ive siècle, mais avait été dissoute, puis s'était reconstituée, et ne comprenait guère que des bourgades sans grande importance : cf. Pol., 2, 41-43.

Page 81 :   *Aratos* 9, 6

L'Achaïe fut habitée d'abord par des Ioniens, puis par des Éoliens ; mais, à l'époque hellénistique, les inscriptions montrent qu'on y parlait la κοινή dorienne (cf. Beloch, *Gr. Gesch.*[2], 1, 2, 89 sq.)

Page 81 :   *Aratos* 9, 6

Cf. Pol., 2, 38, 2 : « Le peuple qui porte ce nom ancestral [d'Achéen] ne se distingue ni par l'étendue de son territoire et de ses villes, ni par sa richesse ni par la valeur de ses hommes ». Plutarque connaissait bien ce pays, pour s'être rendu, sans doute plusieurs fois, à Patras : cf. *Quaest. Conv.*, 629 F. — La ville achéenne d'Hélicè avait été détruite au ive siècle par un séisme suivi d'un raz de marée.

Page 81 :   *Aratos* 9, 7

Cet éloge de la Confédération achéenne s'inspire évidemment de celui qu'en fait Polybe, 2, 42, mais il porte aussi la marque propre de Plutarque : voir ci-dessus la Notice, p. 68.

Page 81 :   *Aratos* 10, 2

Les assemblées politiques se réunissaient souvent au théâtre : voir 8, 6.

Page 82 :   *Aratos* 11, 1

La stratégie achéenne était une fonction annuelle.

Page 82 :   *Aratos* 11, 1

Dymè, sur la côte, presque à l'extrémité occidentale de l'Achaïe, et Tritaïa, dans l'intérieur non loin de l'Arcadie, font partie des douze villes citées par Polybe, 2, 41, 8, comme constituant la Confédération achéenne.

Page 83 :   *Aratos* 12, 1

Ce voyage eut lieu sans doute en 251-250 : voir Porter, XLVIII. — Sur les relations antérieures d'Aratos avec Ptolémée, voir ci-desus, 4, 3.

Page 83 :   *Aratos* 12, 2

Le nom d'Hydria ou Hydréia (l'île d'Hydra, au sud de l'Argolide) résulte d'une correction, qui n'est pas certaine : voir Beloch, *Gr. Gesch.*[2], 4, 2, 512, note 1. On a songé aussi à Ἀνδρίας, mais il faudrait Ἄνδρου ; voir Koster, LXII, note 3, et Porter, 56. A plusieurs égards pourtant, la mention de l'île d'Andros serait ici plus vraisemblable que celle d'Hydria.

Page 83 :   *Aratos* 12, 3

Ce Timanthès doit sans doute être identifié au peintre mentionné ci-dessous, 32, 6.

Page 83 :   *Aratos* 12, 5

Évidemment un navire de commerce.

Page 84 :   *Aratos* 12, 6

Pamphilos de Sicyone fut un grand peintre du IVe siècle, et Mélanthos était son élève. Cf. Pline, *N. H.* 35, 76 sq., et voir E. Pfuhl, *Malerei ... der Griechen*, 2, paragr. 794-795, et aussi *R. E., s. v.* Mélanthios (forme habituelle de ce nom), no 14 (Lippold).

Page 84 :   *Aratos* 13, 1

Pendant tout le IVe siècle en effet, l'École de peinture de Sicyone jouit de la plus grande renommée : voir par exemple F. Villard, dans *L'Univers des Formes*, Grèce classique, p. 305-307.

Page 84 :   *Aratos* 13, 1

Apelle de Colophon sera notamment le portraitiste attitré d'Alexandre : cf. *Alex.*, 4, 3. On sait qu'il a été le plus célèbre de tous les peintres grecs.

Page 84 :   *Aratos* 13, 2

Ce tyran de Sicyone est nommé par Démosthène, *Cour.*, 48 et 295.

Page 84 :   *Aratos* 13, 4

J'imaginerais volontiers ce tableau, de façon évidemment schématique et approximative, d'après la peinture d'un cratère du Louvre où un guerrier *apobate* se tient près d'un quadrige conduit par Nikè, en supposant Aristratos à la place de ce guerrier : voir M. Metzger, *Les représentations dans la céramique attique du IVe siècle*, p. 360, et planche XLVIII, figure du haut.

Page 85 :   *Aratos* 14, 2

Cicéron, *De off.*, 2, 81-82, parle aussi de cette commission formée de quinze citoyens, et décrit, de façon plus précise et plus détaillée que Plutarque, les énormes difficultés que présentait le règlement envisagé : il note par exemple que « du fait d'un si long laps de temps, beaucoup de biens étaient occupés à la suite d'héritages ou d'achats, ou de dots, sans injustice ». Cicéron avait lu, comme le fera Plutarque, les *Mémoires* d'Aratos.

Page 86 :   *Aratos* 15, 1

Cf. ci-dessus, 9, 5, et 11, 2, avec la note : Aratos avait pourtant accepté pour sa ville ce présent de vingt-cinq talents qu'il n'avait pas sollicité et qui, dans la pensée d'Antigone, devait lui attacher le Sicyonien (voir la remarque générale faite en 14, 1, à propos des « stratèges ou démagogues qui, au prix de sommes moindres, violaient toute justice en asservissant et livrant aux rois leur patrie »). Aratos, partisan acharné de la liberté des cités contre les tyrans et le roi de Macédoine qui les soutenait, considérait d'ailleurs les protectorats d'Antigone comme des terres hostiles, et les garnisons royales le traitaient lui-même en ennemi : cf. ci-dessus, 12, 2-4. Le bon accueil et les subsides considérables reçus par Aratos en Égypte amenèrent Antigone à entreprendre une nouvelle tentative de séduction.

Page 86 :   *Aratos* 15, 1

Peut-être à l'occasion de la fête isthmique du printemps 250 (Porter, 57)? Mais je me demande si à cette date Aratos était déjà revenu d'Égypte.

Page 86 :   *Aratos* 15, 2

Ce festin suivait normalement le sacrifice.

Page 87 :   *Aratos* 16, 2

Il faut comprendre : une année après la fin de sa précédente stratégie, donc en 243-2, car Plutarque indique ci-dessous, 24, 5, que les Achéens n'élisaient jamais le même stratège deux années consécutives.

Page 87 :   *Aratos* 16, 3

En 356 le général athénien Charès, pour assurer la solde de ses troupes, était passé en Asie au service du satrape Artabaze révolté contre le grand roi, et avait défait les troupes royales, ce qui lui avait valu de recevoir d'Artabaze des sommes considérables : cf. Diod., 16, 22, 1, et voir G. Glotz, *Hist. Gr.*, 3, 199 sq.

Page 87 :   *Aratos* 16, 4

En 379 Pélopidas libéra Thèbes : cf. *Pélop.*, 7-14, *De Genio Socr.*, 594 B sqq. — Thrasybule avait chassé d'Athènes les trente tyrans en 403 : cf. Xén., *Hell.*, 2, 4, 2 sqq. — Plutarque a écrit, *Pélop.*, 13, 4 : « Cette libération (de Thèbes), qui rappelait l'entreprise de Thrasybule par le courage de ses auteurs, par les dangers et les combats affrontés, et qui fut couronnée du même succès par la Fortune, fut saluée par les Grecs comme la sœur de la libération d'Athènes. »

Page 88 :   *Aratos* 17, 2

Sur Alexandros, fils de Cratère, voir par exemple Ed. Will, *Hist.*

pol. du monde hellénistique, 1, 285-292. Alexandros, comme son père, fut gouverneur de Corinthe et de l'Eubée ; il se révolta contre son oncle Antigone Gonatas, probablement en 253-2, avant la libération de Sicyone par Aratos. Il mourut, semble-t-il, en 245-4.

Page 88 :   Aratos 17, 4

Amoibeus était un célèbre κιθαρῳδός, c'est-à-dire un chanteur qui s'accompagnait lui-même sur la cithare. Cf. *De virt. mor.*, 443 A, où l'on voit que Zénon de Cition, le fondateur du Stoïcisme, l'avait écouté. D'après Athénée, 14, 623 d, qui se réfère à un traité d'Aristéas Περὶ κιθαρῳδῶν, Amoibeus habitait à Athènes près du théâtre, et, chaque fois qu'il se produisait en public, il recevait par jour un talent attique (6.000 drachmes).

Page 89 :   Aratos 17, 6

On pense à un autre roi de Macédoine, Philippe II, qui, vainqueur à Chéronée, s'était mis « à danser, étant ivre, au milieu des morts, etc... » : cf. *Démost.*, 20, 3.

Page 89 :   Aratos 18, 1

Persaios de Cition était un Stoïcien, élève de Zénon, le fondateur du Portique, et vivait depuis longtemps à la cour d'Antigone : voir D. Babut, *Plut. et le Stoïc.*, 183.

Page 89 :   Aratos 18, 4

Il s'agissait sans doute de changer les pièces d'or macédoniennes contre de la monnaie d'argent, moins compromettante.

Page 94 :   Aratos 22, 3

Voir ci-dessus, 21, 1, où sont mentionnés 400 soldats d'élite, sur lesquels Aratos, en 21, 4, en prélève 100 pour escalader aussitôt le mur.

Page 96 :   Aratos 23, 4

C'est après la victoire de Chéronée, en 338, que Philippe II mit une garnison à Corinthe, où il réunit les Grecs en congrès pour former la Confédération hellénique dont il fut l'*hégémôn*, et que l'on appelle aussi la Ligue de Corinthe. Voir G. Glotz, *Hist. gr.* 3, 370-374. Il y avait donc, en 243, près d'un siècle que Corinthe avait cessé d'être indépendante.

Page 96 :   Aratos 23, 5

Sur Persaios, voir ci-dessus, 18, 1. Cenchrées était l'un des deux ports de Corinthe, celui qui donnait sur le golfe Saronique. Pausanias, 2, 8, 4, dit (sans doute à tort) que Persaios fut mis à mort par Aratos.

Page 96 :   Aratos 23, 6

Cf. Athénée, 4, 162 d, et voir D. Babut, *Plut. et le Stoïcisme*, 183.

Page 96 :   *Aratos* 24, 1

Il ne peut s'agir ici du sanctuaire d'Héra aux portes de Corinthe, dont il a été question ci-dessus, 21, 1 et 22, 3, mais seulement du promontoire qui portait le sanctuaire d'Héra Acraia de Pérachora, non loin de Peiraion (voir le croquis *Bull. Corr. Hell.*, 54, 1930, 468, et H. Payne, *Perachora, The sanctuaries of Hera Akraia and Limenia*, Oxford, 1940). Cf. *Agés.*, 22, 1 ; *Cléom*, 20, 4.

Page 96 :   *Aratos* 24, 1

Léchaïon était l'un des deux ports de Corinthe, celui qui donnait sur le golfe du même nom.

Page 97 :   *Aratos* 24, 4

Cette expédition en Attique eut lieu probablement au printemps de 242. Antigone tenait alors le Pirée, Mounychie, Salamine et le Sounion : cf. Paus., 2, 8, 6, où l'on trouve plus de détails, et voir M. Feyel, *Polybe et l'histoire de Béotie*, 97 sq.

Page 97 :   *Aratos* 24, 5

Sur les dates des stratégies d'Aratos, de 245 à 213, voir par exemple Walbank, *Aratos of Sicyon*, 174 sq., et cf. ci-dessous, 30, 6.

Page 97 :   *Aratos* 25, 1

Aratos avait passé à Argos de nombreuses années de jeunesse avant d'en partir pour libérer Sicyone : voir ci-dessus, 2, 3 sqq.

Page 98 :   *Aratos* 25, 3

Un homme « indigne » ou « méprisé » selon des additions au texte proposées par des éditeurs.

Page 99 :   *Aratos* 26, 5

Le lièvre est un animal peureux, et les chasseurs le tuent souvent à coups de bâton (λαγωϐόλον). Plutarque peut avoir dans l'esprit ce passage de Démosthène disant à Eschine, *Cour.*, 263 : « Tu menais une vie de lièvre, craignant, tremblant, t'attendant à tout instant à recevoir des coups pour les crimes dont tu avais conscience... »

Page 100 :   *Aratos* 27, 2

Les concours néméens étaient de grands jeux panhelléniques, comme ceux d'Olympie, de Delphes et de l'Isthme. Voir par exemple A. Puech, éditeur de Pindare dans la *Coll. Univ. Fr.*, tome 3, Notice générale, p. 9 : « Némée appartenait au territoire de Cléones [voir ci-dessous, 28, 5], qui était située un peu au nord-est, dans la direction de l'Isthme, et à qui la présidence des jeux appartint jusqu'en 460, date où les Argiens l'usurpèrent... La fête revenait tous les deux ans, au cours de la seconde et de la quatrième année de chaque Olympiade ; elle avait lieu au douzième jour du mois de *Panémos*, qui correspondait approximativement à notre mois de juillet. »

Page 101 :   *Aratos* 28, 4

Ce qui équivalait à reconnaître sa défaite.

Page 101 :   *Aratos* 28, 5

Voir ci-dessus, 27, 2, et la note à cet endroit. En 225, c'est-à-dire une dizaine d'années plus tard, les concours néméens furent célébrés à Argos (*Cléom.*, 17, 7), qui n'abandonna donc nullement le patronage de cette fête, comme le montre d'ailleurs ici même le paragraphe 6. — Sur la date de cette célébration des jeux néméens à Cléones (juillet 235), voir Beloch, *Gr. Gesch.*[2], 4, 2, 529.

Page 101 :   *Aratos* 29, 1

Donc en 235 encore, mais à l'automne : cf. Beloch, *Gr. Gesch.*[2], 4, 2, 529.

Page 101 :   *Aratos* 29, 2

Voir ci-dessus 23, 5 et la note à cet endroit.

Page 102 :   *Aratos* 29, 5

Mycènes, au sud de Cléones, est à peu près à mi-chemin de la route de Cléones à Argos.

Page 103 :   *Aratos* 29, 8

Tout ceci est à mettre en rapport avec ce qui a été dit plus haut, 10, 3-5, sur l'aptitude d'Aratos aux coups de main et son inaptitude habituelle aux batailles rangées.

Page 104 :   *Aratos* 30, 7

La troisième et dernière stratégie de Lydiadas date de 230-29, entre la huitième et la neuvième d'Aratos.

Page 104 :   *Aratos* 30, 7

Voir par exemple ci-dessous, 35, 7 : (Ἄρατος) ὑπὸ Λυδιάδου κατηγορήθη.

Page 104 :   *Aratos* 30, 8

Cf. Aristote, *Hist. Anim.*, 6, 7, 563 B : Ὁ δὲ κόκκυξ λέγεται μὲν ὑπό τινων ὡς μεταβάλλει ἐξ ἱέρακος... Voir Thompson, *Glossary of Greek Birds*, 88.

Page 104 :   *Aratos* 31, 1

Mégare faisait alors partie de la Confédération achéenne : cf. ci-dessus, 24, 3.

Page 104 :   *Aratos* 31, 1

Le jeune roi de Sparte se trouvait à Corinthe vers la fin de l'été 241 : cf. *Agis*, 15, 1-5, et voir Beloch, *Gr. Gesch.*[2], 4, 2, 164.

Page 104 :   *Aratos* 31, 2

Les monts de Géranie se trouvent dans l'isthme de Corinthe, au sud-ouest du territoire de Mégare. — Cf. *Agis*, 15, 4 : « Aratos lui-même a écrit pour se justifier que, les paysans ayant rentré déjà presque toutes leurs récoltes, il jugea préférable de laisser passer les ennemis plutôt que de risquer dans une bataille le tout pour le tout. » — Les reproches de lâcheté adressés à Aratos doivent avoir été transmis surtout par l'historien Phylarque (voir ci-dessous, 38, 12).

Page 104 :   *Aratos* 31, 3

Pellène se trouvait à l'extrémité orientale de l'Achaïe, à quelque distance du golfe de Corinthe, aux confins du territoire de Sicyone. Cf. Paus., 7, 27, 1-8. Aratos y avait encore des descendants au temps de Plutarque : voir ci-dessous, 54, 8.

Page 106 :   *Aratos* 32, 5

La source de Plutarque peut être ici Phylarque (voir ci-dessous, 38, 12), mais il est possible aussi que le biographe ait recueilli lui-même une tradition locale de Pellène.

Page 106 :   *Aratos* 32, 5

En effet c'est là un des principaux faits d'armes dont Polybe, 4, 8, 4, crédite Aratos (voir ci-dessus, Notice, p. 54 sq., la traduction de ce passage de Polybe).

Page 106 :   *Aratos* 32, 5

Ce peintre est sans doute identique à l'ami d'Aratos nommé ci-dessus en 12, 3. Voir E. Pfuhl, *Malerei und Zeichnung der Griechen*, 2, paragraphes 888-890.

Page 106 :   *Aratos* 33, 1

Sur ces rapports entre Aratos et l'Étolie, voir R. Flacelière, *Les Aitoliens à Delphes*, 241 sq.

Page 106 :   *Aratos* 33, 1

Cf. R. Flacelière, *ibid.*, 242, note 1 : « On doit probablement identifier ce personnage important à Πανταλέων Πετάλου Πλευρώνιος qui fut cinq fois stratège de la Confédération et dont la quatrième stratégie doit se placer vers 222-1 ; G. Klaffenbach suppose qu'il était alors, en 242-1 ou 241-0, stratège pour la première fois : *Inscr. Gr.* IX, 1², p. xxi, l. 4 sqq., et L. »

Page 106 :   *Aratos* 33, 1

Sur la date de cette alliance (240 ou 239?), voir R. Flacelière, *ibid.*, 242, note 2 ; cf. Pol., 2, 44, 1.

Page 106 :   *Aratos* 33, 2

Pour une précédente tentative d'Aratos sur l'Attique, voir ci-dessus, 24, 3-4.

Page 106 :   *Aratos* 33, 3

Sur Erginos, voir ci-dessus, 18, 3 sqq.

Page 107 :   *Aratos* 33, 6

Thria était un dème attique voisin d'Éleusis ; cf. *Thém.*, 15, 1. — Sur ces diverses tentatives d'Aratos, voir M. Feyel, *Polybe et l'hist. de Béotie*, 97-100. — Cf. *Cléom.*, 16, 5 : « Aratos affirme dans ses Mémoires avoir pris beaucoup de peine et s'être lui-même exposé au danger pour délivrer la ville d'Athènes de sa garnison et des Macédoniens ».

Page 107 :   *Aratos* 34, 2

Sans doute en 233, mais l'on ne sait où situer Phylacia, que certains identifient à Phylacè d'Achaïe Phthiotide, et d'autres à Phylacè d'Arcadie avec plus de vraisemblance : voir Beloch, *Gr. Gesch.*[2], 4, 2, 529 sq. — Quant à Bithys, il est peut-être identique à Βῖθυς Κλέωνος Λυσ[ιμαχεύς], que les Athéniens honorèrent d'un décret, *Syll*[3], 476. Cf. J. et L. Robert, *Bull. épigr.*, 1976, n° 197.

Page 107 :   *Aratos* 34, 2

Sur ce Diogène, voir Beloch, *Gr. Gesch.*[2], 4, 2, 455 sq. Il commandait aussi, semble-t-il, les autres garnisons macédoniennes en Attique.

Page 108 :   *Aratos* 34, 7

Notamment les Dardaniens, peuple qui habitait au nord de la Macédoine.

Page 108 :   *Aratos* 35, 1

Il s'agit certainement de son désir de libérer Argos (voir ci-dessus les chap. 25-29), en dépit d'un singulier faux-sens de Beloch, *Gr. Gesch.*[2], 4, 1, 640, note 1 ; voir Porter, 71.

Page 108 :   *Aratos* 35, 1

Voir ci-dessus, 30, 1 sqq.

Page 109 :   *Aratos* 35, 5

Aristomachos fut stratège en 228-7.

Page 109 :   *Aratos* 35, 7

Pallantion est une ville d'Arcadie, à l'ouest de Tégée.

Page 109 :   *Aratos* 35, 7

Pour l'année 227-6, mais ce fut en réalité la dixième stratégie d'Aratos, et non pas la douzième, comme Plutarque l'écrit par erreur. Cf. *Cléom.*, 4, 8-9, sur cette affaire de Pallantion, et, en ce qui concerne Lydiadas, voir ci-dessus, 30, 7.

Page 109 :   *Aratos* 36, 1

Montagne du sud-ouest de l'Arcadie, aux confins de la Messénie.

Page 110 :   *Aratos* 36, 1

Cf. ci-dessus, 34, 2.

Page 110 :   *Aratos* 36, 3

Cléomène prit une mesure analogue, mais dans son pays, à Sparte : cf. ci-dessous, 38, 4, et *Cléom.*, 11, 3.

Page 110 :   *Aratos* 36, 5

En 227, Aratos avait 44 ans (ou 49 si l'on accepte la date de Beloch pour sa naissance : voir ci-dessus, la Notice, p. 54, note 2) ; Cléomène, né au plus tôt vers 260, n'avait dépassé que de peu la trentaine.

Page 110 :   *Aratos* 37, 2

Lydiadas était en effet de Mégalopolis : cf. 30, 1 sqq.

Page 111 :   *Aratos* 37, 4

On lit le même récit, en termes très voisins, *Cléom.*, 6, 3-7.

Page 111 :   *Aratos* 37, 5

A Aigion, sur la côte du golfe de Corinthe, se trouvait le centre fédéral des Achéens : voir A. Aymard, *Les Assemblées de la Confédération achaïenne*, 277-317.

Page 111 :   *Aratos* 38, 1

Ce combat d'Orchomène (d'Arcadie) n'est pas mentionné dans la *Vie de Cléomène*, où il est pourtant question à maintes reprises (notamment 7, 1 ; 11, 1 ; 19, 4 ; 21, 1-3) de Mégistonous, mari de Cratésicléia, la mère de Cléomène.

Page 111 :   *Aratos* 38, 2

Cette première stratégie de Timoxénos date de 225-4. Cf. *Cléom.*, 15, 1.

Page 112 :   *Aratos* 38, 5

Même métaphore (banale), *Cléom.*, 15, 1.

Page 112 :   *Aratos* 38, 10

C'est la fable du recueil ésopique intitulée *Le sanglier, le cheval et le chasseur* (éd. E. Chambry, *Coll. Univ. Fr.*, n° 328 ; cf. Phèdre, 4, 4). Le sanglier est remplacé par le cerf dans l'apologue tel que le racontait Stésichore d'Himère (Aristote, *Rhét.*, 2, 20, 1393 b). Voir aussi la fable de La Fontaine, 4, 13 : *Le cheval s'étant voulu venger du cerf.* Il s'agit toujours de montrer comment l'homme a domestiqué le cheval sous prétexte de rendre service à cet animal.

Page 113 :   *Aratos* 38, 11

Plutarque ne fait que résumer ici les chapitres 47-50 du livre 2 de Polybe, qui donne beaucoup plus de détails et raconte l'ambassade envoyée à Antigone par les Mégalopolitains, poussés en secret à cette démarche par Aratos. — Les premières négociations d'Aratos avec Doson datent de 227, mais l'alliance ne devint effective qu'en 225 : voir Ed. Will, *Hist. pol. du monde hellénistique*, 1, 340.

Page 113 :   *Aratos* 39, 1

Mantinée, alliée de Sparte, avait été prise par Aratos (ci-dessus, 36, 2-3). Cf. *Cléom.*, 14-1-5, où Plutarque précise que l'Hécatombaion se trouvait sur le territoire de Dymè (ville de l'ouest de l'Achaïe, au nord de la frontière de l'Élide). Cf. Pol., 2, 3-4. La prise de Mantinée et la bataille de l'Hécatombaion eurent lieu dans l'été de 226, selon Beloch, *Gr. Gesch.*[2], 4, 1, 705. — D'après *Cléom.*, 15, 3-4, Cléomène aurait été appelé d'abord par les Achéens à Lerne, où ils devaient tenir leur assemblée, et où le roi de Sparte, malade, ne put venir. Cf. A. Aymard, *Les assemblées de la Conf. achaïenne*, 311 sq.

Page 113 :   *Aratos* 39, 2

Cléom., 17, 2, se lit une version sensiblement différente de ces négociations.

Page 113 :   *Aratos* 39, 3

Comparer *Cléom.*, 17, 4.

Page 114 :   *Aratos* 40, 2

Il semble qu'Aratos ait été désigné comme στρατηγὸς αὐτοκράτωρ avant la fin normale de la stratégie de Timoxénos en 225-4 (cf. ci-dessus, 38, 2) : voir Walbank, *Aratos of Sicyon*, 167-175.

Page 114 :   *Aratos* 40, 3

Cf. Paus., 3, 6, et voir G. Roux, *Pausanias en Corinthie*, 119 sq : le temple que renfermait ce sanctuaire « est communément identifié avec le temple dorique archaïque dont les colonnes massives, pendant longtemps seul vestige de la ville antique, dominent l'agora au nord. »

Page 115 :   *Aratos* 40, 5

Ce récit diffère sensiblement de celui qu'on lit, *Cléom.*, 19, 2 : « Comme Aratos sentait que Corinthe penchait vers Cléomène et voulait se séparer des Achéens, il convoqua les citoyens au *bouleutérion* et se glissa à leur insu jusqu'à la porte de la ville. » Ce *bouleutérion* se trouvait-il dans le sanctuaire d'Apollon? — Cléopatros peut être identique au banni achéen mentionné par une inscription de Delphes : voir P. Amandry, *Bull. Corr. Hell.*, 64-65, 1940-1, 70-75.

Page 115 :   *Aratos* 41, 2

Cf. *Cléom.*, 16, 2, où Plutarque donne le même nombre de 33 années, et pourtant, de 251 (date de la libération de Sicyone qui marque le début de la carrière d'Aratos) jusqu'à 224, il ne s'était écoulé que

27 ans ! Erreur singulière, mais la chronologie n'est pas le fort de Plutarque.

Page 115 :   *Aratos* 41, 3

Les Étoliens étaient alliés aux Achéens : voir ci-dessus, 33, 1. — Aratos avait libéré Athènes : cf. 34, 5-6. Sur Εὐρυκλείδης Μικίωνος Κηφισιεὺς et son frère Micion, cf. *Syll*[3], 491, l. 1-35, et Polybe, 5, 106, selon qui, vers 217, les Athéniens mirent à leur tête Eurycleidès et Micion. Sur cette neutralité d'Athènes, voir Beloch, *Gr. Gesch.*[2], 4, 1, 640.

Page 116 :   *Aratos* 41, 5

Cléom., 19, 8, c'est le Messénien Tritymallos qui est envoyé par Cléomène à Aratos. Il est probable qu'il s'agit du même personnage. — Quant à Mégistonous, on a vu ci-dessus, en 38, 1, qu'il avait été fait prisonnier par Aratos à Orchomène ; ce beau-père de Cléomène avait donc été libéré dans l'intervalle ; voir *Cléom.*, 19, 5-8, où il semblerait que la mission de Tritymallos ou de Tripylos a suivi celle de Mégistonous.

Page 116 :   *Aratos* 41, 5

Voir ci-dessus, 24, 4.

Page 117 :   *Aratos* 42, 3

Cf. *Cléom.*, 19, 9.

Page 117 :   *Aratos* 42, 3

Cléomène, lui, n'y avait pas touché : cf. 41, 4.

Page 117 :   *Aratos* 43, 1

Les dix démiurges fédéraux, élus annuellement comme le stratège, étaient après lui les magistrats achéens les plus importants : cf. Pol., 23, 5, 16, et voir A. Aymard, *Les assemblées de la Conféd. achaïenne*, 322 sq., et *passim*.

Page 117 :   *Aratos* 43, 5

Il avait alors un peu moins de quarante ans, s'il était né en 263-2, comme l'indique Beloch, *Gr. Gesch.*[6], 4, 2, 139.

Page 117 :   *Aratos* 43, 5

Texte probablement corrompu ou lacunaire.

Page 119 :   *Aratos* 44, 4

Cf. *Cléom.*, 20, 7-8, et 21, 1-8, où le récit est beaucoup plus détaillé ; et Pol., 2, 53, 6 sqq.

Page 120 :   *Aratos* 45, 7

Si l'on en croit Polybe, 2, 58, les Mantinéens, en se donnant à Cléomène, avaient commis des crimes inexpiables contre les Achéens qui étaient dans leur ville.

Page 120 :   *Aratos* 45, 7

Citation sans doute approximative et faite de mémoire de Simonide de Céos : cf. Bergk, *Poet. Lyr. Gr.*[4], fr. 226.

Page 120 :   *Aratos* 45, 8

En 224-3 Aratos était stratège pour la onzième fois.

Page 120 :   *Aratos* 45, 8

Cf. Paus., 8, 8, 11. Antigonéia fut membre de la Confédération achéenne ; des monnaies de la ville portent l'inscription Ἀχαιῶν Ἀντιγονέων (voir Head, *Hist. Num.*, 352).

Page 121 :   *Aratos* 46, 2

Littéralement : « qui n'était pas encore tout à fait un μειράκιον. » Le futur Philippe V, fils de Démétrios II et dont Antigone Doson était le tuteur, étant né en 237 (cf. Beloch, *Gr. Gesch.*[2], 4, 2, 139), se trouvait en 222 dans sa seizième année ; cf. Pol., 4, 5, 3.

Page 121 :   *Aratos* 47, 1

Cf. Pol., 4, 7, 6-7 : « ... les Achéens étaient alors insouciants (ῥα-θύμως, cf. ῥαθυμίαν chez Plutarque) en ce qui concernait la préparation militaire... Après la chute de Cléomène, tous les Péloponnésiens négligeaient la préparation au métier des armes. »

Page 121 :   *Aratos* 47, 2

Polybe, 4, 7, 2, nomme Patrai et Pharai. Mais Δυμαίων chez Plutarque résulte d'une correction.

Page 121 :   *Aratos* 47, 3

C'était, en 221-0, la deuxième (ou troisième?) stratégie de Timoxénos.

Page 122 :   *Aratos* 47, 3

Cf. Pol., 4, 7, 10 : « Aratos reçut de Timoxénos le sceau public cinq jours avant la date légale. »

Page 122 :   *Aratos* 47, 6

Cf. Pol., 4, 15, 1 : « Les Achéens décidèrent d'envoyer des ambassades en Épire, en Phocide, en Acarnanie *et auprès de Philippe* », et aussi Pol., 4, 19, 1. Ce fut l'origine de la guerre dite « des Alliés » contre l'Étolie (220-217) : voir R. Flacelière, *Les Aitoliens à Delphes*, 288-294.

Page 122 :   *Aratos* 48, 1

Apellès, un des tuteurs préposés par Antigone Doson au jeune roi, était profondément hostile à Aratos et aux Achéens (Pol., 4, 76, 1 sqq.), de même que Mégaléas, chef du secrétariat royal (Pol., 4, 87, 8).

Page 122 : *Aratos* 48, 2

Épératos fut stratège en 218-7. Voir le jugement que porte sur lui Polybe, 5, 1, 7 et 5, 30, 1, et qui est en accord avec celui de Plutarque, ce qui n'a rien d'étonnant, puisque Plutarque, selon toute vraisemblance, suit ici Polybe.

Page 123 : *Aratos* 48, 7

Cf. Pol., 5, 15-16 et 5, 28.

Page 123 : *Aratos* 49, 1

Voir le jugement de Polybe, 10, 26, qui écrit notamment au par. 7 : « Jamais un roi n'a montré de plus grandes qualités ni de plus graves défauts que Philippe. Mais je crois que ses qualités étaient naturelles, tandis que ses défauts lui sont venus avec l'âge. » Sur cette *métabolè* de Philippe, voir aussi M. Holleaux, *Ét. d'épigr. et d'hist. gr.*, 5, 301. Cf. ci-dessous, 51, 4, et la note.

Page 123 : *Aratos* 49, 2

Ce fils d'Aratos a été nommé plus haut en 42, 2-3. La lubricité de Philippe est décrite en termes vifs par Polybe, 10, 26, 2-6. Cf. *Cléom.*, 16, 5 : « Aratos introduisit les Macédoniens dans sa patrie, à son foyer et *jusque dans son gynécée.* » Cf. aussi Pol., 5, 27, 3, où l'on voit Philippe, à Sicyone, décliner l'invitation des magistrats et aller loger dans la maison d'Aratos. Enfin Tite-Live, 27, 31, 8, a écrit : *Uni etiam principi Achaeorum Arato adempta uxor nomine Polycratia ac spe regiarum nuptiarum in Macedoniam asportata fuerat.* Beloch, *Gr. Gesch.*[2], 4, 2, 140, et M. Holleaux (voir ci-dessus la Notice p. 61) ont pensé que cette Polycratéia d'Argos, bru d'Aratos, fut peut-être la mère de Persée.

Page 124 : *Aratos* 50, 3

Le théâtre de Messène (cf. Paus., 4, 32, 6) se trouve naturellement au bas et sur les pentes du mont Ithome, à peu de distance de l'agora et du stade. Là, comme à Sicyone (ci-dessus, 8, 6) et à Corinthe (23, 1), le théâtre est le lieu de réunion de l'assemblée.

Page 125 : *Aratos* 50, 9

Voir ci-dessus, 48, 5 : Philippe avait remporté dans toute l'île de Crète un grand succès politique (grâce aux conseils d'Aratos).

Page 125 : *Aratos* 50, 10

La ressemblance étroite de tout ce passage, depuis le paragraphe 5, avec Polybe, 7, 12, 1-10, ne saurait être fortuite : voir ci-dessus la Notice, p. 64.

Page 125 :　　　*Aratos* 51, 1

Ou plutôt en Illyrie, vers la fin de l'été de 214. Philippe s'était allié l'année précédente à Annibal, et cette expédition fait partie de ce que les historiens appellent la première guerre de Macédoine. Philippe attaqua par mer Apollonia et Oricos, mais, surpris et battu par le préteur M. Laevinus, il fut contraint de brûler sa flotte et de retourner en Macédoine par voie de terre. Voir par exemple M. Holleaux, *Rome, la Grèce et les mon. hellénistiques*, 188-193 ; Ed. Will, *Hist. pol. du monde hellénistique*, 2, 73 sq.

Page 126 :　　　*Aratos* 51, 4

Voir ci-dessus 49, 1, et la note à ce passage. Pour Plutarque, Philippe a toujours eu une mauvaise nature, que la timidité a d'abord dissimulée, tandis que, pour Polybe, il avait au départ une bonne nature, altérée ensuite et corrompue. Mais les deux auteurs constatent le même changement, tout en l'interprétant chacun à sa manière.

Page 126 :　　　*Aratos* 52, 2

Cf. Pol., 8, 12, 2 : « Philippe fit empoisonner Aratos avec l'aide de Taurion, qui dirigeait pour lui les affaires du Péloponnèse. »

Page 127 :　　　*Aratos* 52, 4

Cf. Pol., 8, 12, 5 : πρὸς ἕνα τῶν ὑπηρετῶν Κεφάλωνα διὰ τὴν συνήθειαν οὐκ ἔστεξε τὸν λόγον, et ensuite : εἶπε « ταῦτα τἀπίχειρα τῆς φιλίας, ὦ Κεφάλων, κεκομίσμεθα τῆς πρὸς Φίλιππον. » Voir ci-dessus la Notice, p. 61.

Page 127 :　　　*Aratos* 53, 1

En 213-2 ; pour plusieurs historiens (cf. Walbank, *Aratos of Sicyon*, 157 et 175), cette dernière stratégie d'Aratos aurait été la seizième, et non pas la dix-septième. Plutarque s'est trompé déjà une fois en ce qui concerne la numérotation des stratégies d'Aratos : voir ci-dessus la note à 35, 7.

Page 127 :　　　*Aratos* 53, 2

C'était en effet une règle générale de n'enterrer personne à l'intérieur des murs d'une cité. Les héros pourtant échappaient à cette loi, cf. *Thésée*, 36, 4 : « Thésée est enterré au milieu de la cité, près de l'endroit où se trouve l'actuel gymnase. » Voir R. Martin, *Rech. sur l'agora grecque*, 194-201.

Page 127 :　　　*Aratos* 53, 3

Voir Parke-Wormell, *The delphic oracle*, 1, 260, et 2, n° 358, où une lacune est supposée entre les vers 2 et 3. Cet oracle rendu au nom d'Apollon *Loxias* a paru obscur à Ziegler, ce qui est normal. Il n'en est pas moins clair que, dans un langage alambiqué, l'oracle accorde implicitement à Aratos la qualité de héros, ce qui autorise sa sépulture à l'intérieur de la ville, et c'est bien ainsi que le comprirent les Sicyoniens.

Page 127 :   *Aratos* 53, 5

Anthestérion correspond à février. Plutarque disant, *Cam.*, 19, 7, que le mois Daesios correspond à Thargélion (mai), on a voulu le mettre en contradiction avec lui-même. Mais dans la *Vie de Camille*, et aussi *Alex.*, 16, 2, il s'agit du mois Daesios du calendrier *macédonien* ; or, ici, l'on attend un mois du calendrier *sicyonien*, qui sans doute comportait un mois Daesios situé dans l'année à une autre place que le Daesios macédonien. Cf. Skalet, *Chapters in the History of ancient Sicyon*, 85.

Page 127 :   *Aratos* 53, 5

Sotéria, c'est-à-dire fête du salut. On voit d'ailleurs au paragraphe suivant que le sacrifice était offert ce jour-là par le prêtre de Zeus *Sotèr*.

Page 128 :   *Aratos* 54, 3

Aratos le Jeune avait été stratège des Achéens en 219-8, et devait donc avoir alors une trentaine d'années. Il mourut probablement peu de temps après son père, en tout cas avant 198 (cf. Tite-Live, 32, 21). L'Aratos qui fut envoyé vers l'Égypte en 181 (Pol., 24, 6, 3) ne peut donc avoir été qu'Aratos III, fils d'Aratos le Jeune.

Page 128 :   *Aratos* 54, 5

Ce fils s'appelait Démétrios ; il est question de lui encore au paragraphe 7.

Page 129 :   *Aratos* 54, 7

Cf. *Paul-Ém.*, 8, 9 : « Philippe mourut de chagrin et de découragement [en 179], ayant reconnu qu'il avait fait périr injustement l'un de ses deux fils, Démétrios, à la suite d'une calomnie de l'autre [Persée], qui ne le valait pas. » Voir aussi Pol., 23, 7 et Tite-Live, 40, 20-24 et 54.

Page 129 :   *Aratos* 54, 7

Cf. *Paul-Ém.*, 8, 11 : « On dit que Persée n'était même pas enfant légitime, mais que la femme de Philippe le reçut nouveau-né des mains d'une couturière d'Argos, nommée Gnathaenion, et qu'elle avait réussi à le faire passer pour son propre fils. » Cette histoire n'a pas paru convaincante, et plusieurs érudits pensent que Persée était le fils de Polycratéia d'Argos, épouse d'Aratos le Jeune et maîtresse de Philippe. Voir ci-dessus la Notice, p. 61, où je cite quelques lignes de M. Holleaux.

Page 152 :   *Galba*, 1, 1

Le stratège Iphicrate, dans la première moitié du ive siècle avant J.-C., créa le corps des *peltastes* dont l'armement était plus léger que celui des hoplites. Il mena plusieurs campagnes contre Sparte, et passa une partie de sa vie en Thrace, au service du roi Cotys dont il épousa la fille.

Page 153 :   *Galba*, 1, 5

Cf. *Reg. et Imp. Apopht.*, 181 F ; *De Alex. fort. aut virt.*, or. 2, 336 F.
— Sur l'orateur athénien Démade, voir par exemple *Phoc.*, 1, 1-3.

Page 153 :   *Galba*, 1, 8

Qui sont ces quatre empereurs ? Entre la mort de Néron en juin
68 et celle de Vitellius en décembre 69, il s'est écoulé environ un
an et demi, et les règnes de Galba et d'Othon sont compris à l'intérieur
de ce laps de temps. Pour pouvoir prendre à la lettre l'indication
de Plutarque (moins de dix mois), il faut faire entrer en ligne de
compte le préfet du prétoire Nymphidius Sabinus, qui assura en
quelque sorte l'interrègne entre Néron et Galba, et qui aspirait lui-
même à l'empire ; en effet, entre juin 68 (mort de Néron) et avril 69
(mort d'Othon), l'intervalle n'est que de dix mois. Voir Laur. Alma,
p. 58.

Page 153 :   *Galba*, 1, 9

Il s'agit évidemment de Nymphidius Sabinus, dont les intrigues
et la mort seront racontées ci-dessous, chap. 2 et 8-14.

Page 153 :   *Galba*, 2, 1

Plutarque renvoie ainsi à la *Vie de Néron*, qu'il avait écrite et
qui a disparu.

Page 154 :   *Galba*, 2, 2

C'est-à-dire : deniers.

Page 154 :   *Galba*, 2, 2

Pour ces *donativa*, voir ci-dessous, 8, 2, et Suét., *Galba*, 16, 1.

Page 154 :   *Galba*, 2, 5

Traduction approximative de l'expression ἱστορία πραγματική,
qui remonte à Polybe et qui désigne l'histoire des faits, des événements :
voir P. Pédech, *La méthode hist. de Polybe*, 21-32, et spécialement,
p. 30, où P. Pédech, définissant la position de Plutarque et citant
Alex., 1, 2, écrit : « A l'histoire appartient le récit des affaires publiques,
la politique et la guerre. La biographie se réserve l'étude de la vie
privée et du caractère. »

Page 154 :   *Galba*, 3, 1

Voir ci-dessous, 29, 1, et en outre : Tacite, *Hist.*, 1, 49, 4 (*Vetus
in familia nobilitas, magnae opes*) ; Suétone, *Galba*, 2-3.

Page 154 :   *Galba* 3, 1

Servius n'était en réalité que le *praenomen* de Servius Sulpicius
Galba, qui appartenait à l'illustre famille des Sulpicii : cf. Aur. Victor,
Caes., 6, 1, et Suétone, *Galba*, 3, où l'on trouve la liste de ses ancêtres
les plus fameux. A propos de l'inscription de Delphes en l'honneur

de Caius Sulpicius Galba, voir Cl. Vatin, *Bull. Corr. Hell.*, 96, 1972, 253-258, qui conclut ainsi : « C. Sulpicius Galba, l'historien [cité par Plutarque, *Rom.*, 17, 5], a été sans doute proconsul d'Achaïe... Mais c'est son fils, futur consul de 5 et père de l'empereur, qui reçoit les honneurs delphiques et non lui. »

Page 154 :   *Galba*, 3, 2

H. Peter, *Die Quellen Plut. in den Biogr. der Römer*, 38 sq., a prétendu que cette affirmation est infirmée par Suétone, *Galba*, 2 : *Neroni Galba successit nullo gradu contingens Caesarum domum.* Mais, en réalité, si Galba n'avait par sa naissance aucun titre à la succession de Néron, ce que reconnaît Plutarque en 3, 1 (ἰδιώτης), il pouvait être « quelque peu parent » (τι προσήκων) de Livie. Suétone, *Galba*, 3, 7, nous apprend que le père de Galba eut pour seconde femme Livia Ocellina, qui pouvait avoir une parenté, d'ailleurs non attestée, avec Livia Augusta. Sur les excellents rapports de Galba avec Livie, voir Suétone, *Galba*, 5, 3.

Page 154 :   *Galba*, 3, 2

Le nouveau consul sortait de sa maison particulière pour aller revêtir sa charge. Galba fut consul en 33, sous Tibère (cf. Suét., *Galba.*, 6, 1 ; Dion Cassius, 58, 20, 9), mais, à cette date, Livie était morte depuis plusieurs années. Voir *R. E., s. v.* Sulpicius, n° 63, col. 776 (Fluss).

Page 154 :   *Galba*, 3, 3

Cf. Tac., *Hist.*, 1, 49, 7-8 : « Alors qu'il était dans la force de l'âge, il se distingua en Germanie et connut la gloire militaire [en 38, sous Caligula : voir L. Homo, *Hist. Rom.*, 3, 243]. Proconsul, il gouverna l'Afrique avec modération [en 44-45, sous Claude : voir L. Homo, *Hist. Rom.*, 3, 267]. »

Page 155 :   *Galba*, 3, 4

Tacite, *Hist.*,1, 49, 5-8, écrit : *pecuniae alienae non adpetens, suae parcus, publicae avarus*, et conclut : « Supérieur apparemment à la condition privée tant qu'il fut homme privé, et, de l'aveu de tous, digne de l'empire, s'il n'avait pas été empereur. »

Page 155 :   *Galba*, 4, 1

Sur les procurateurs impériaux, chargés en principe de réprimer les abus des publicains dans le recouvrement des impôts, voir par exemple L. Homo, *Hist. Rom.*, 3, 132. Sur l'avidité fiscale de Néron, cf. Suét., *Nero*, chap. 32.

Page 155 :   *Galba*, 4, 3

C. Julius Vindex, Gaulois d'origine, était propréteur de la Lyonnaise : cf. Suét., *Néro*, 40, 1 ; Dion Cass., 63, 22, 1.

Page 156 :   *Galba*, 4, 5
Cf. Suét., *Galba*, 9, 4.

Page 156 :   *Galba*, 4, 7

C'est-à-dire de la garde personnelle du gouverneur. Cf. Suét., *Galba*, 10, 3, et voir la *R. E.*, *s. v.* Vinius, nº 5 (R. Hanslik).

Page 157 :   *Galba*, 5, 5

Cf. Suét., *Nero*, 40, 6 : « Ce fut à Naples qu'il apprit le soulèvement des Gaules, précisément le jour où il avait tué sa mère, mais il accueillit cette nouvelle avec tant d'indifférence et de tranquillité qu'on soupçonna même qu'il s'en réjouissait, comme s'il allait avoir le droit de dépouiller, suivant le droit de la guerre, de si riches provinces. » Voir aussi Dion Cass., 63, 26, 3 : « Il espérait vaincre Vindex et trouver là une occasion d'enrichissement et de meurtres. »

Page 157 :   *Galba* 6, 1

L. Verginius Rufus commandait l'armée de Germanie Supérieure. Cf. Dion Cass., 63, 24-25.

Page 158 :   *Galba*, 6, 6

Clunia est une ville de Tarraconaise, que Suétone, *Galba*, 9, 5, mentionne à propos d'un prodige. Galba était donc revenu de Carthago nova (voir ci-dessus la note à 5, 1) à Clunia.

Page 158 :   *Galba*, 6, 6

Cf. Suét., *Galba*, 9, 3 : « Peu à peu il s'abandonna à l'oisiveté et à la paresse, pour ne point donner ombrage à Néron, et, comme il aimait à le répéter, « parce que l'on n'oblige personne à rendre compte de son inaction. »

Page 159 :   *Galba*, 7, 5

Titus Vinius a été nommé ci-dessus, 4, 7, mais son nom ici est incertain, le texte des manuscrits étant corrompu.

Page 159 :   *Galba*, 8, 1

Cf. Tac., *Hist.*, 1, 49, 3 ; Suét., *Galba*, 23, et voir ci-dessus la Notice, p. 135, note 1.

Page 159 :   *Galba*, 8, 3

Voir ci-dessus, 2, 1.

Page 159 :   *Galba*, 8, 4

Comme les *clients* avaient coutume de le faire pour leur *patron*.

Page 162 :   *Galba*, 10, 6

Hordeonius Flaccus devint donc gouverneur de Germanie Supérieure. Il était consulaire, mais on ignore quand il avait été consul. Tacite, *Hist.*, 1, 9, 1 et 1, 56, 1 parle de lui comme d'un incapable. Voir *R. E.*, *s. v.* Hordeonius, nº 3 (Gaheis).

Page 162 :   *Galba*, 10, 7

Titus Vinius Rufinus, chef de la garde personnelle de Galba, a déjà été nommé ci-dessus, 4, 7 et 7, 5.

Page 163 :   *Galba*, 11, 4

Cf. Tac., *Hist.*, 1, 6, 1 : *Invalidum senem Titus Vinius et Cornelius Laco, alter deterrimus mortalium, alter ignavissimus... destruebant.*

Page 163 :   *Galba*, 12, 2

Cf. Tac. *Hist.*, 1, 48, 5 : *in ipsis principiis stuprum ausa.* Mais, dans le récit de Tacite, la femme de Calvisius Sabinus s'était d'elle-même introduite dans le camp, poussée par la curiosité (*mala cupidine visendi situm castrorum*). Cette femme s'appelait Cornelia ; C. Calvisius Sabinus était gouverneur de Pannonie, et Vinius, l'un de ses tribuns militaires : cf. Dion Cass., 59, 18, 4, et voir la *R. E., s. v.* Vinius, nº 5 (R. Hanslik).

Page 164 :   *Galba*, 13, 4

Vitellius commandait l'armée de Germanie Inférieure.

Page 165 :   *Galba*, 14, 5

Voir ci-dessus, 3, 2, et la note à cet endroit.

Page 167 :   *Galba* 15, 1

Mithridate VII : voir ci-dessus, 13, 6.

Page 167 :   *Galba*, 15, 2

Cf. Tac., *Hist.*, 1, 6, 2, et *Ann.*, 14, 39 et 15, 72 : le consulaire Petronius Turpilianus avait été sous Néron gouverneur de Bretagne. Voir L. Homo, *Hist. Rom.*, 3, 305.

Page 167 :   *Galba*, 15, 3

Voir ci-dessus, 6, 1 et la note à cet endroit.

Page 168 :   *Galba*, 15, 8

Cf. Tac., *Hist.*, 1, 6, 3 : « Son entrée dans Rome après le meurtre de milliers de soldats sans armes avait été d'un funeste présage, et les meurtriers eux-mêmes en avaient été épouvantés », — et Suét., *Galba*, 12, 3 : « Il voulut contraindre les rameurs de la flotte, que Néron avait transformés en légionnaires, à reprendre leur ancien état ; mais, comme ils refusaient et s'obstinaient même à réclamer leur aigle et leurs enseignes, non seulement il les fit disperser par sa cavalerie, mais encore il les décima. »

Page 168 :   *Galba*, 16, 4

Pour cette tentative de récupération des sommes follement dépensées par Néron, voir Tacite, *Hist.*, 1, 20, qui dit que ces prodigalités atteignaient un total de deux milliards deux cents millions de sesterces, et que Galba, pour opérer ces rentrées, nomma trente chevaliers romains, commission d'espèce nouvelle et fort incommode par l'étendue de sa tâche... Ce n'était partout que ventes aux enchères, et les procès ne cessaient d'agiter la ville. » Voir aussi Suétone, *Galba*, 15, où il est question d'une commission de cinquante chevaliers.

Page 169 :   *Galba*, 16, 5

Sur l'avidité de Vinius, voir ci-dessus, 12, 1-5. Sur la hâte inspirée à certains par l'âge de Galba, cf. Tac., *Hist.*, 1, 7, 4 : *tamquam apud senem festinantes*, et sur l'impopularité croissante de Vinius, *id.*, *ibid.*, 12, 4.

Page 169 :   *Galba*, 17, 2

Helius, affranchi de Néron, est connu par Tacite, *Ann.*, 13, 1 ; Suét., *Nero.*, 23, 1 ; Dion Cass., 63, 12 ; Polycleitus et Patrobius par Tacite, Hist., *Hist.*, 1, 37, 9 et 49, 2. Le nom de Petinus ne se trouve pas ailleurs ; on a suggéré de l'identifier à Vatinius, Tac., *Hist.*, 1, 37, 9.

Page 169 :   *Galba*, 17, 3

Tigellin avait été préfet du prétoire : voir ci-dessus, 2, 1, et 8, 3.

Page 170 :   *Galba*, 18, 1

Cf. Tac., *Hist.*, 1, 7, 3 : ... *et inviso semel principi seu bene seu male facta parem invidiam adferebant.*

Page 170 :   *Galba*, 18, 2

Voir ci-dessous, 22, 2, et Tacite, *Hist.*, 1, 8, 3 : « Les Gaules, outre la mémoire de Vindex, étaient liées à Galba par le don récent du droit de cité et par un allègement du tribut. »

Page 170 :   *Galba*, 18, 3

Cf. ci-dessus, 2, 2.

Page 170 :   *Galba*, 18, 4

Comparer Tac., *Hist.*, 1, 5, 4 : *Accessit Galbae vox pro republica honesta, ipsi anceps, legi a se militem, non emi,* — et Suét., *Galba*, 16, 2.

Page 171 :   *Galba*, 18, 7

Voir ci-dessus, 6, 4, et cf. Suét., *Galba*, 16, 4 : « La colère grondait surtout dans l'armée de Haute Germanie, frustrée des récompenses attendues pour l'aide qu'elle avait prêtée contre les Gaulois et contre Vindex. »

Page 171 :   *Galba*, 18, 8

Flaccus Hordeonius : voir ci-dessus, 10, 6, et la note. Cf. Tac., *Hist.*, 1, 9, 1 : *Superior exercitus legatum Hordeonium Flaccum spernebat, senecta ac debilitate pedum invalidum, sine constantia, sine auctoritate.*

Page 171 :   *Galba*, 19, 1

Il s'agit des légions de Basse Germanie : cf. Tac., *Hist.*, 1, 9, 2. Aulus Vitellius est le futur empereur.

Page 171 :   *Galba*, 19, 1

Cf. Suét., *Galba*, 17, 1 : ... *despectui esse non tam senectam suam quam orbitatem ratus...*

Page 173 :   *Galba*, 20, 6

Pour Icelus, voir ci-dessus, 7, 1-6. Quant à Asiaticus, cf. Alma, 73, d'après qui Plutarque aurait mis ici par erreur le nom de cet affranchi de Vitellius, dont celui-ci fera un chevalier ; cf. Suét., *Vit.*, 12, et Tac., *Hist.*, 2, 57, 5. Le nom qu'on attendrait ici est celui de Cornelius Laco, nommé ci-dessus, 13, 1, puisque Tacite, *Hist.*, 1, 13, 1, nomme comme favoris de Galba Vinius, Laco et Icelus.

Page 173 :   *Galba*, 21, 1

Cf. Tac. *Hist.*, 1, 13, 3 : « La rumeur publique, considérant que Vinius avait une fille veuve et qu'Othon était célibataire, les désignai déjà comme beau-père et gendre. » Cette fille de Vinius s'appelait Crispina : voir ci-dessus, 17, 6 et la note.

Page 173 :   *Galba*, 21, 2

Cf. Tac., *Hist.*, 1, 13, 4 : *Credo et rei publicae curam subisse frustra a Nerone translatae si apud Othonem relingueretur.*

Page 174 :   *Galba*, 21, 3

Sur les dettes d'Othon et les extorsions de fonds qu'il pratiquait, cf. Suét., *Otho*, 5, 3-4.

Page 174 :   *Galba*, 21, 4

De l'année 69.

Page 174 :   *Galba*, 22, 2

Ce *donativum* avait été promis par Nymphidius : cf. ci-dessus, 2, 2, et 18, 4.

Page 174 :   *Galba*, 22, 2

Voir ci-dessus, 10, 1-7.

Page 174 :   *Galba*, 22, 2

Voir ci-dessus, 18, 1-2.

Page 174 :　　　*Galba*, 22, 4

Flaccus Hordeonius, le successeur de Verginius Rufus : voir ci-dessus, 10, 6 et 18, 8, ainsi que les notes à ces deux endroits.

Page 174 :　　　*Galba*, 22, 4

Cf. Suét., *Galba*, 16, 4-5 ; Tac., *Hist.*, 1, 12, 1-2 et surtout 1, 55-57, où ces événements sont racontés avec beaucoup plus de détails.

Page 174 :　　　*Galba*, 22, 5

Cependant Tacite, *Hist.*, 1, 55, 5 écrit : « Personne pourtant ne fit une harangue ou ne monta sur le tribunal. » Sur les divergences entre le récit de Plutarque et celui de Tacite, cf. Alma, 73-75.

Page 175 :　　　*Galba*, 22, 7

Sur Lucius Vitellius, qui fut chargé de gouverner en l'absence de Claude lors de l'expédition de Bretagne, cf. Tac. *Hist.*, 1, 9, 2 et 1, 62, 6 ; Suét., *Vit.*, 2, 6-8.

Page 175 :　　　*Galba*, 22, 10

Fabius Valens a déjà été nommé ci-dessus, 10, 5 et 15, 3. Tacite, *Hist.*, 1, 57, 1, dit qu'il était *promptissimus e legatis* ; voir aussi *id.*, *ibid.*, 1, 62, 5.

Page 176 :　　　*Galba*, 23, 2

Erreur : c'est Claude qui avait fait mourir les parents de Pison, cf. Sénèque, *Apocoloc.*, 11-2, et voir à ce sujet les remarques de Fabia, *Les sources de Tacite...*, 20 sq.

Page 176 :　　　*Galba*, 23, 3

Cf. Tac. *Hist.*, 1, 18, 1 : « Ce quatrième jour avant les Ides de janvier fut marqué par d'affreux orages, des coups de tonnerre et des éclairs ; toutes les menaces du ciel le troublèrent de façon extraordinaire. »

Page 176 :　　　*Galba*, 23, 5

Cf. Tac., *Hist.*, 1, 17, 1 : « Pison parut, dit-on, aux personnes qui avaient les yeux fixés sur lui... ne trahir aucun trouble ni aucun sentiment de joie débordante. »

Page 176 :　　　*Galba*, 23, 7

Sur cet astrologue, qu'Othon avait connu dans l'entourage de Poppée, cf. Tac., *Hist.*, 1, 22, 3-4. Suétone, *Othon*, 4, 1 et 6, 1 l'appelle Seleucus.

Page 177 :　　　*Galba*, 24, 2

Cf. Tac., *Hist.*, 1, 25, 1 : « Le crime étant décidé, Othon en confia l'exécution à l'un de ses affranchis Onomastus, qui lui amena Barbius Proculus ... et Veturius ... »

Page 177 :   *Galba*, 24, 3

A savoir Galba et Pison.

Page 177 :   *Galba*, 24, 3

C'est précisément la date que donne Tacite, *Hist.*, 1, 27, 1. Il s'écoula en effet quatre jours pleins entre le 10 (jour de l'adoption) et le 15 janvier (jour du meurtre), mais, selon la manière de compter habituelle aux Anciens, le 15 est le sixième jour après le 10.

Page 179 :   *Galba*, 25, 6

Pour tout ce passage, comparer Tacite, *Hist.*, 1, 27, 4 et 28 : « Comme le petit nombre de ses adhérents l'effrayait, ils le placent en hâte sur une litière, tirent leurs épées et l'enlèvent ; en route, un nombre à peu près égal de soldats grossit leur troupe, quelques-uns complices, la plupart abasourdis, certains avec des cris et l'épée haute, les autres en silence, et attendant que l'événement leur donnât du courage. Le chef du poste de garde au camp était le tribun Julius Martialis. Sous le coup d'un attentat si grave et si soudain, ou peut-être craignant que ... sa résistance ne causât sa perte, il donna lieu à beaucoup de soupçonner sa complicité ; tous les autres, tribuns et centurions, préférèrent le présent à un avenir incertain et honorable, et telle fut la disposition des esprits que ce détestable attentat fut osé par un petit nombre, voulu par beaucoup et subi par tous. »

Page 180 :   *Galba*, 26, 3

Cf. Tac., *Hist.*, 1, 35, 2-3 : *Obvius in Palatio Julius Atticus speculator, cruentem gladium ostentans, occisum a se Othonem exclamavit, et Galba « Commilito », inquit « quis jussit? ».*

Page 180 :   *Galba*, 26, 7

Cf. Tac., *Hist.*, 1, 41, 1 : *... vexillarius comitatae Galbam cohortis (Atilium Vergilionem tradunt) dereptam Galbae imaginem solo adflixit.*

Page 181 :   *Galba*, 27, 1

Sur les dernières paroles de Galba, voir Tac., *Hist.*, 1, 41, 3-4 : « Les uns prétendent que, d'une voix suppliante, il demanda quel mal il avait fait, priant qu'on lui accordât quelques jours pour s'acquitter du *donativum* ; d'autres, en plus grand nombre, disent qu'il tendit lui-même sa gorge aux meurtriers en s'écriant : « Allez, frappez, si le bien de l'État l'exige. »

Page 181 :   *Galba*, 27, 2

Cf. Tac., *Hist.*, 1, 41, 7 : *Ceteri crura brachiaque (nam pectus tegebatur) fœde laniavere.*

Page 181 :   *Galba*, 27, 3

Comparer Tac., *Hist.*, 1, 41, 6, d'après qui le meurtrier de Galba aurait été Terentius ou Lecanius, ou plutôt, selon la tradition la plus courante, Camurius, « soldat de la quinzième légion ». Tacite ne nomme pas Fabius Fabullus.

Page 181 :   *Galba*, 27, 4

Les mots ὥσπερ αἱ βάκχαι suffisent à évoquer la scène des *Bacchantes* d'Euripide où Agavé, égarée par Dionysos, revient de la montagne en portant comme un trophée de chasse la tête de Penthée, son propre fils qu'elle a déchiré de ses mains, scène longuement rappelée par Plutarque dans la *Vie de Crassus*, chap. 33.

Page 181 :   *Galba*, 27, 6

Cf. Tac., *Hist.*, 1, 43, 3 : « Pison réussit à se sauver dans le temple de Vesta... lorsque se présentèrent, par les ordres d'Othon qui brûlait spécialement de le faire périr, Sulpicius Florus... et Statius Murcus, *speculator*, qui arrachèrent Pison de sa retraite et le massacrèrent aux portes du temple. »

Page 181 :   *Galba*, 27, 7

Cf. Tac., *Hist.*, 1, 42. Vinius était en effet l'ami d'Othon, dont il avait appuyé la candidature auprès de Galba : voir ci-dessus, 20, 5 et 21, 1.

Page 182 :   *Galba*, 27, 9

Archiloque, éd. F. Lasserre-A. Bonnard (C. U. F.), fr. 99, p. 32.

Page 182 :   *Galba*, 27, 11

Avec toute une foule : *ruere cuncti in castra* (Tac., *Hist.*, 1, 45, 1). Voir la remarque d'Alma, 77-78.

Page 183 :   *Galba*, 28, 4

Comparer Tacite, *Hist.*, 1, 47, 4 : « Pison fut enseveli par sa femme Verania et par son frère Scribonianus ; Titus Vinius par sa fille Crispina ; on chercha et l'on racheta leurs têtes, que les meurtriers avaient conservées comme objets de vente », et *ibid.*, 49, 1-2 : « Le corps de Galba longtemps abandonné avait été grâce à la licence des ténèbres le jouet de mille outrages ; son intendant Argius, autrefois son esclave, lui assura une humble sépulture dans les jardins qu'il possédait avant d'être empereur. Sa tête percée de coups et attachée à une pique par des valets fut retrouvée le lendemain devant le tombeau de Patrobius, affranchi de Néron, qui avait été puni par Galba. » Voir aussi sur tout cela Suétone, *Gal.*, 20, 6-8.

Page 185 :   *Othon*, 1, 1

Cf. Tac., *Hist.*, 1, 71, 2 : « Marius Celsus, consul désigné, qu'Othon avait feint d'emprisonner pour le soustraire à la rage des soldats, est mandé par lui au Capitole. » Voir *Gal.*, 27, 11.

Page 185 :   *Othon*, 1, 2

Comparer Tac. *Hist.*, 1, 71, 3-5, où on lit notamment : « Celsus confessa son crime d'être resté obstinément fidèle à Galba, et se fit un mérite de l'exemple qu'il avait donné... Agréable aux grands de l'État, fêtée par le peuple, la grâce de Celsus ne fut pas non plus mal vue des soldats... »

Page 185 : *Othon*, 1, 3

Sur Verginius Rufus, voir par exemple *Gal.*, 10, 7, et la note. — Cf. Tac., *Hist.*, 1, 77, 2 : « Othon se nomma consul avec son frère Titianus jusqu'aux calendes de mars ; il attribua les mois suivants à Verginius pour séduire en quelque façon l'armée de Germanie. »

Page 185 : *Othon*, 1, 3

Cf. Tac., *Hist.*, 1, 77, 3 : « Les autres consulats demeurèrent, conformément aux désignations de Néron ou de Galba...-»

Page 185 : *Othon*, 1, 5

L'appréciation de Tacite, *Hist.*, 1, 77, 1, est nettement moins favorable.

Page 186 : *Othon*, 3, 1

Othon avait été l'ami de Néron avant de se brouiller avec lui : voir *Gal.*, 19, 2-8. Cf. Tac., *Hist.*, 1, 78 : « On crut même qu'il avait agité l'idée de célébrer la mémoire de Néron, dans l'espoir de charmer la multitude ; ce qui est sûr, c'est que quelques-uns exposèrent en public les images de Néron, et même, à certains jours, le peuple et les soldats, dans la pensée qu'ils ajoutaient à sa noblesse et à sa gloire, crièrent : « Vive Néron Othon ».

Page 186 : *Othon*, 3, 2

L'historien Cluvius Rufus était renseigné là-dessus de première main, car il était gouverneur de la Tarraconaise : voir ci-dessus la Notice, p. 145, et Tacite, *Hist.*, 1, 76, 2 : « Un avis semblable (de ralliement à Othon) arriva d'Espagne, ce qui valut à Cluvius Rufus d'être loué par un édit (*edictum*). »

Page 187 : *Othon*, 3, 3

C'est-à-dire les prétoriens ; cf. Suét., *Oth.*, 8, 3, qui écrit avant de raconter la même histoire que Plutarque va rapporter dans ce qui suit : « Les prétoriens donnèrent à Othon une preuve de leur attachement et de leur fidélité, qui faillit causer le massacre de l'ordre sénatorial. » Voir ci-dessous la note à 9, 1.

Page 187 : *Othon*, 3, 4

Cf. Tac., *Hist.*, 1, 80, 2 : « La dix-septième cohorte avait été appelée par ordre d'Othon de la colonie d'Ostie à Rome ; le soin de l'équiper [sans doute en vue de la guerre imminente contre Vitellius] fut confié à Varius Crispinus, un des tribuns des prétoriens. »

Page 187 :   *Othon*, 3, 4

Tacite., *Hist.*, 1, 80, 3 écrit : *incipiente nocte*, mais, pour la suite, son récit est largement en accord avec celui de Plutarque.

Page 187 :   *Othon*, 3, 8

Cf. Tac., *Hist.*, 1, 81, 1 : Les invités, « tremblants, se demandent si cette furie chez les soldats est l'effet du hasard ou une ruse de l'empereur... Ils cherchaient à lire dans les yeux d'Othon, et, comme il arrive quand les esprits inclinent au soupçon, la crainte qu'éprouvait Othon, il l'inspirait lui-même aux autres (*cum timeret Otho, timebatur*). » Plutarque a conservé ce trait en écrivant : φοβούμενος γὰρ ὑπὲρ τῶν ἀνδρῶν αὐτὸς ἦν φοβερὸς ἐκείνοις, mais sans la concision du latin.

Page 188 :   *Othon*, 3, 11

Cf. Tac., *Hist.*, 1, 82, 2 : « Othon, en dépit des convenances de son rang, monta sur un lit de table et, à force de prières et de larmes, il put les contenir, mais avec peine. »

Page 188 :   *Othon*, 3, 12

Ces 1.250 deniers correspondent exactement aux cinq mille sesterces que mentionne Tacite, *Hist.*, 1, 82, 5.

Page 188 :   *Othon*, 3, 12

Tacite prête à Othon en cette circonstance un long discours, *Hist.*, 1, 83-84.

Page 188 :   *Othon*, 3, 13

Cf. Tac., *Hist.*, 1, 84, 5 et 85, 1 : « Il avait donné l'ordre de ne sévir que contre deux coupables. »

Page 188 :   *Othon*, 4, 1

Il faut entendre : ils s'étonnaient de cette faiblesse de l'empereur envers des prétoriens qui avaient tué un tribun militaire, deux centurions et avaient envahi le palais. Plutarque doit songer à ce qu'il écrivait plus haut, en 3, 3 : « Il commençait ainsi à bien asseoir son autorité. »

Page 189 :   *Othon*, 4, 6

Cf. Tac., *Hist.*, 1, 74, 2 : « D'abord ils s'écrivirent tous deux avec assez de douceur, puis à cette stupide et déshonorante dissimulation succédèrent des injures comme en échangent ceux qui vont en venir aux mains ; ils se jetèrent à la tête leurs attentats aux mœurs et leurs scandales : ni l'un ni l'autre n'avait tort (*neuter falso*). »

Page 189 :   *Othon*, 4, 7

Plutarque doit penser ici aux présages que rapporte par exemple

Tacite, *Hist.*, 1, 86, 1 : « Un bœuf avait parlé en Étrurie, etc... »
Voir ci-dessus la Notice, p. 149 sq.

Page 189 :   *Othon*, 4, 9

D'ordinaire Caïus César, chez Plutarque, c'est Caligula (voir par
exemple ci-dessus, *Gal.*, 9, 1), mais cf. Tac., *Hist.*, 1, 86, 1 : « La
statue du divin Jules élevée dans l'île du Tibre s'était tournée par
un temps calme et serein de l'Occident vers l'Orient. » (Cf. Suét.,
Vesp., 5, 10). Or le grand César s'appelait *Caïus* Julius Caesar. Il
est donc possible que Plutarque ait voulu parler ici du « divin Jules »,
mais cette désignation est pour le moins très ambiguë. — Vespasien
commandait alors contre les Juifs en Judée, donc en Orient (voir
ci-dessus, 4, 3). Cependant, pour ce commentaire de Plutarque,
voir Alma, 80-81.

Page 189 :   *Othon*, 4, 10

Cf. Tac., *Hist.*, 1, 86, 2-3 : « Ce qui mit le comble à la peur, ce fut
la subite inondation du Tibre... La famine se répandit dans le peuple,
faute de grain et par disette d'aliments. »

Page 190 :   *Othon*, 5, 1

Aulus Caecina Alienus, questeur en Bétique, était passé à Galba,
puis à Vitellius (cf. *R. E.*, *s. v.* Caecina, 10 (Groag). C. Fabius Valens
aussi s'était d'abord rallié à Galba : cf. *Gal.*, 10, 5 ; 15, 3 et 22, 10
(où on le voit saluer Vitellius empereur). Cf. Tac., *Hist.*, 1, 89, 3
(*Caecina jam Alpes transgressus*), et 2, 11, 6.

Page 190 :   *Othon*, 5, 1

Sur Cn. Cornelius Dolabella, voir ci-dessus, *Gal.*, 23, 2, et la note
à cet endroit. Cf. Tac., *Hist.*, 1, 88, 1 : « Cornelius Dolabella fut re-
légué dans la colonie d'Aquinum [dans le Latium], et soumis à une
surveillance qui n'était ni étroite, ni dissimulée : on n'avait rien
à lui reprocher, mais l'antiquité de sa noblesse et sa parenté avec
Galba l'avaient signalé. » B. Latzarus n'a pas tort d'écrire : « Othon,
fidèle à sa méthode, donne une satisfaction apparente aux prétoriens
tout en sauvant Dolabella. »

Page 190 :   *Othon*, 5, 2

Cf. Tac., *Hist.*, 1, 88, 2-3 : « Beaucoup de magistrats et nombre
de consulaires reçurent d'Othon l'ordre de partir en guerre avec lui... ;
parmi eux était Lucius Vitellius, et Othon le traita comme les autres,
sans le considérer comme le frère d'un empereur ni d'un ennemi. »
Cf. *id.*, *ibid.*, 2, 54.

Page 190 :   *Othon*, 5, 5

Sur Marius Celsus, voir ci-dessus *Gal.*, 25, 9 et 27, 11-12 ; *Oth.*
1, 2. Il est nommé avec C. Suetonius Paulinus (ou Paullinus, cf.
R. E., *s. v.* Suetonius, 3 (Miltner) par Tacite, *Hist.*, 2, 39, 1. Annius

Gallus Appius est cité notamment par Tacite, *Hist.*, 2, 23, 1, ainsi que Vestricius Spurinna (cf. *R. E.*, *s. v.* Vestricius (H. Gundel).

Page 191 :   *Othon*, 5, 7

C'était d'elles que Vitellius, de son côté, tenait son titre d'empereur.

Page 191 :   *Othon*, 5, 10

Cf. Tac., *Hist.*, 2, 18-19, et surtout 18, 1 : « Spurinna occupait Plaisance... Les soldats, indociles et sans expérience de la guerre, arrachaient les enseignes et les étendards..., et, comme leur chef essayait de les retenir, le menaçaient de la pointe de leurs traits, sans écouter ni centurions, ni tribuns ; bien plus, ils ne cessaient de crier qu'Othon était trahi... »

Page 191 :   *Othon*, 6, 1

Plaisance, sur le Pô, à l'ouest de Crémone.

Page 192 :   *Othon*, 6, 3

Cette prétendue explication de la victoire othonienne de Plaisance paraît fort invraisemblable.

Page 192 :   *Othon*, 6, 4

Cf. Tac., *Hist.*, 2, 21, 6.

Page 192 :   *Othon*, 6, 6

Sur Caecina, voir ci-dessus, 5, 1 et la note.

Page 192 :   *Othon*, 6, 6

Cf. Tac., *Hist.*, 1, 53, 1 : *Caecina... corpore ingens...*

Page 192 :   *Othon*, 6, 6

Cf. Tac., *Hist.*, 2, 20, 2-3 : « L'accoutrement de Caecina paraissait aux municipes et aux colonies trahir un orgueil insolent, car c'est en casaque rayée et vêtu des braies gauloises qu'il haranguait les citoyens en toge. De son côté, sa femme Salonina... montait, assise sur la pourpre, un superbe cheval, et cela indisposait ou blessait tout le monde ... »

Page 192 :   *Othon*, 6, 7

Sur Fabius Valens, voir ci-dessus, 5, 1, et la note.

Page 192 :   *Othon*, 7, 1

Cf. Tac., *Hist.*, 1, 24, 3 : *(Caecina) pulsus Placentia...*

Page 192 :   *Othon*, 7, 1

Voir ci-dessus, 5, 5 et la note.

Page 193 :   *Othon*, 7, 7

L. Salvius Otho Titianus et Licinius Proculus. Cf. Tac., *Hist.*, 2, 39, 1 : « Depuis le départ d'Othon pour Brixellum, l'honneur du commandement appartenait à son frère Titianus, mais les pouvoirs effectifs étaient aux mains du préfet Proculus ; Celsus et Suetonius (Paulinus) dont personne n'utilisait l'expérience, n'étaient là, sous le vain nom de généraux, que pour couvrir les fautes d'autrui. »

Page 194 :   *Othon*, 8, 2

Cf. Tac., *Hist.*, 2, 31, 3 et 33, 2.

Page 194 :   *Othon*, 8, 5

Le discours de Suetonius Paulinus, Tac., *Hist.*, 2, chap. 32, développe les mêmes arguments en faveur de la temporisation et en ajoute d'autres.

Page 195 :   *Othon*, 8, 6

Cf. Tac., 2, 33, 1-2.

Page 195 :   *Othon*, 9, 1

στρατηγικοί. Plus haut, en 3, 3 notamment, Plutarque les a appelés μισθοφόροι. Sa traduction des mots latins est souvent imprécise et changeante.

Page 195 :   *Othon*, 9, 3

ἐπὶ τῶν ἐπιστολῶν = *ab epistulis*. Julius Secundus est l'un des interlocuteurs du *Dialogue des orateurs* de Tacite, qui dit notamment de lui et de Marcus Aper, en 2, 1 : *celeberrima tum ingenia fori nostri*. Voir *R. E.*, *s. v.* Julius, 470 (Gerth) ; C. P. Jones, *Plutarch and Rome*, 50, et ci-dessus la Notice, p. 146.

Page 195 :   *Othon*, 9, 4

Cf. Tac., *Hist.*, 2, 37, 1 : « Je trouve chez quelques auteurs que les deux armées, effrayées par la guerre ou peut-être dégoûtées de leurs princes..., se demandèrent si elles ne déposeraient par les armes pour délibérer en commun ou pour s'en remettre au Sénat du choix d'un empereur... »

Page 196 :   *Othon*, 9, 6

Cf. Tac., *Hist.*, 2, 37, 2 : « Pour moi, si je puis accorder que quelques-uns souhaitaient secrètement voir la paix succéder à la discorde, et un prince honnête et intègre aux hommes les plus méchants et les plus perdus de vices, je me refuse à croire que Paulinus avec sa sagesse ait pu attendre de la multitude, dans un siècle à ce point corrompu, une telle modération... » Plutarque parle de Celsus là où Tacite nomme Paulinus, mais, comme il écrit τοὺς περὶ τὸν Κέλσον, il peut s'agir pour lui, non seulement de Celsus lui-même, mais des autres généraux qui partageaient son opinion, et notamment de Paulinus.

Page 196 :   *Othon*, 10, 1

Cf. Tac., *Hist.*, 2, 33, 3-5 : « Les mêmes qui avaient donné l'avis
le plus détestable déterminèrent Othon à se rendre à Brixellum...
Ce fut le premier jour fatal au parti othonien, car l'empereur emmena avec lui une troupe solide de cohortes prétoriennes, de gardes
du corps et de cavaliers, et ce départ brisa l'énergie de ceux qui restaient... »

Page 197 :   *Othon*, 11, 1

C'était lui qui décidait : voir ci-dessus, 7, 6.

Page 197 :   *Othon*, 11, 1

C'est-à-dire à neuf kilomètres environ, mais Tacite, *Hist.*, 2, 39, 2,
parle de quatre milles, ce qui ne fait que six kilomètres.

Page 197 :   *Othon*, 11, 3

Cf. Tac., *Hist.*, 2, 40, 2-3 : « Celsus et Paulinus se refusaient à opposer
à l'ennemi des soldats harassés par la marche et alourdis par leurs
bagages, ... mais un Numide accourut à toute bride avec un message
menaçant d'Othon, où, après avoir gourmandé la paresse de ses
généraux, il exigeait qu'on en vînt à une action décisive... »

Page 197 :   *Othon*, 11, 5

Voir ci-dessus, 10, 2, et Tac., *Hist*, 2, 41, 1-2 : « Le même jour, pendant
que Caecina était occupé à surveiller la construction du pont...,
en toute hâte des patrouilleurs annoncèrent l'arrivée de l'ennemi. Caecina revint à cheval au camp et trouva le signal du combat donné
par Fabius Valens et les soldats en armes. »

Page 198 :   *Othon*, 12, 2

Cf. Tac., *Hist.*, 2, 42, 1-3 : « Les soldats étaient frappés d'effroi,
quand une fausse joie les paralysa : il s'était trouvé des gens pour
affirmer mensongèrement que Vitellius était abandonné par son armée...
Leur ardeur guerrière était tombée ; ils saluèrent même l'ennemi,
qui répondit par le cri de guerre ; la plupart de leurs camarades, ne
sachant pourquoi ils saluaient, craignirent d'être trahis. »

Page 198 :   *Othon*, 12, 6

Cf. Tac., *Hist.*, 2, 43, 2 : « Les soldats (de la légion othonienne
Adjutrix) culbutèrent les premiers rangs de la vingt et unième (vitellienne, la *Rapax*) et lui enlevèrent son aigle ; mais celle-ci, la douleur
enflammant son courage, repoussa à son tour la première, tua son
commandant, le légat Orfidius Benignus, et prit à l'ennemi un grand
nombre d'enseignes et de fanions. »

Page 198 :   *Othon*, 12, 7

Ce corps de gladiateurs a déjà été nommé plus haut, en 10, 5.

Page 199 :   *Othon*, **12, 8**

Cf. Tac., *Hist.*, 2, 43, 5 : « Un secours arriva (aux généraux de Vitellius), celui de Varus Alfenus avec ses Bataves ; ceux-ci venaient de mettre en déroute une troupe de gladiateurs qui avait passé l'eau dans des barques, mais que des cohortes placées sur la rive opposée avaient massacrée sur le fleuve même ; dans ces conditions, les Bataves vainqueurs se portèrent sur le flanc ennemi. »

Page 199 :   *Othon*, **12, 10**

Cf. Tac., *Hist.*, 2, 44, 1 : « Leur centre rompu, les Othoniens s'enfuirent en désordre dans la direction de Bédriac. »

Page 200 :   *Othon*, **13, 9**

Sur cette embuscade, voir ci-dessus, 7, 2 sqq. : Celsus avait vaincu et failli anéantir les troupes placées en embuscade par Caecina et les cavaliers vitelliens chargés de les couvrir.

Page 201 :   *Othon*, **14, 3**

Cf. Tac., *Hist.*, 2, 44, 1 : « Les Othoniens s'enfuirent en masse dans la direction de Bédriac. La distance était considérable, les routes encombrées de cadavres, là où le carnage avait été plus grand ; *car dans les guerres civiles les prisonniers ne sont pas convertis en butin.* »

Page 202 :   *Othon*, **15, 2**

Cf. Tac., *Hist.*, 2, 46, 3-5 : « Les soldats criaient à l'empereur d'avoir bon courage, qu'il lui restait encore de nouvelles forces et qu'eux-mêmes étaient décidés à tout oser et à tout souffrir... Ceux qui assistaient de loin à la scène tendaient leurs mains, les plus rapprochés embrassaient ses genoux. »

Page 202 :   *Othon*, **15, 6**

Indication plutôt vague, en tout cas moins précise que celle de Tacite, *Hist.*, 2, 46, 8 : « Les troupes venues de Mœsie en avant-garde ...annonçaient que les légions étaient arrivées à Aquilée. » Voir ci-dessus, 8, 3.

Page 203 :   *Othon*, **15, 8**

Voir ci-dessus la note à 15, 5.

Page 204 :   *Othon*, **16, 6**

Cf. Tac., *Hist.*, 2, 49, 1-3 ; Suét., *Oth.*, 11, 1.

Page 204 :   *Othon*, **17, 1**

Cf. Tac., *Hist.*, 2, 49, 4-5 : « Vers le soir il eut soif et but une gorgée d'eau bien fraîche. Alors, s'étant fait apporter deux poignards, il en éprouva la pointe et mit l'un d'eux sous son oreiller. » Voir aussi Suétone, *Oth.*, 11, 2, dont le texte est ici presque littéralement semblable à celui de Tacite.

Page 204 :   *Othon*, **17**, 5

Cf. Tac., *Hist.*, 2, 49, 6 : « Au point du jour il appuya le fer contre sa poitrine », et Suét., *Oth.*, 11, 3 : « Il ne s'éveilla que vers le point du jour et se perça d'un seul coup au-dessous du sein gauche. »

Page 205 :   *Othon*, **17**, 10

Cf. Suét. *Oth.* 11 3 : « Suivant ses recommandations on hâta le convoi funèbre », — et Tac., *Hist.*, 2, 49, 8 — : « On hâta ses funérailles ; il l'avait demandé par des prières intéressées, craignant que sa tête ne fût coupée pour être livrée aux outrages. Son corps fut porté par les cohortes prétoriennes, au milieu des éloges et des larmes, les soldats baisant sa blessure et ses mains. Quelques soldats se tuèrent auprès du bûcher, non qu'ils eussent des remords ou de la crainte, mais par émulation d'honneur. Et bientôt, à Bédriac, à Placentia et dans d'autres cantonnements, ce genre de trépas se multiplia. » Voir aussi Suét., *Oth.*, 12, 4-5.

Page 205 :   *Othon*, **18**, 3

Cf. Tac., *Hist.*, 2, 49, 13. Suétone, *Oth.*, 11, 3, précise : « Il était dans sa trente-huitième année et mourut le quatre-vingt-quinzième jour de son principat.

Page 206 :   *Othon*, **18**, 3

Les jugements de Tacite, *Hist.*, 2, 50, 2-3, et de Suétone, *Oth.* 12, 5, concordent entièrement avec celui de Plutarque.

Page 206 :   *Othon*, **18**, 6

Voir ci-dessus, *Gal.*, 6, 3 et 10, 4-7.

Page 206 :   *Othon*, **18**, 6

Cf. Tac., *Hist.*, 2, 51, 2 : « Les soldats pensèrent à Verginius et le prièrent, tout en le menaçant, tantôt de recueillir l'empire, tantôt de se charger de parlementer avec Caecina et Valens ; Verginius, s'échappa sans être vu par le derrière de sa maison, au moment où l'on forçait la porte. »

Page 206 :   *Othon*, **18**, 7

Cf. Tac., *Hist.*, 2, 51, 3 : « Celles des cohortes qui cantonnaient à Brixellum trouvèrent en Rubrius Gallus un porte-parole, et le pardon leur fut accordé sur-le-champ. »

TABLE DES MATIÈRES

ACHEVÉ D'IMPRIMER
EN FÉVRIER 1979
SUR LES PRESSES DE
L'IMPRIMERIE DAUPELEY-GOUVERNEUR
A NOGENT-LE-ROTROU

—————

VÉLIN TEINTÉ
DES PAPETERIES DE GUYENNE

4530 — 2 - 1979
Dépôt légal :
éditeur, n° 2091
impr., 1er trim. 1979. — 1919